Zivilprozeßordnung

für das Deutsche Reich

in der Fassung der Bekanntmachung vom 13. Mai 1924

mit 62 Ergänzungs- und Zusatz-Gesetzen und -Verordnungen

Textausgabe mit Verweisungen und Sachregister

Vierte Auflage

Herausgegeben von

J. Schiedermair

Rat am Obersten Landesgericht, München.

1929

München, Berlin und Leipzig

J. Schweitzer Verlag (Arthur Sellier).

Druck von Oscar Brandstetter in Leipzig.

Vorbemerkung.

Die Ausgabe bringt zunächst einen Text der Zivilprozeßordnung in der geltenden Fassung; daran schließen sich die sonstigen verfahrensrechtlichen Vorschriften, die bei ihrer Anwendung mit zu berücksichtigen sind oder sonst der Geltendmachung zivilrechtlicher Ansprüche dienen, und zwar im Teil I die Einführungs- und unmittelbaren Änderungsgesetze und -Verordnungen, im Teil II die Ergänzungsgesetze, im Teil III die Gesetze und Verordnungen über Sonderverfahren, im Teil IV die Kosten-Gesetze und -Verordnungen. Die Ausgabe wird gerade dadurch eine Ergänzung für die Kommentare und Handbücher der Zivilprozeßordnung, die die Nebengesetze nur in beschränktem Umfang enthalten, werden. Es ist Wert auf korrekte, sämtliche Änderungen berücksichtigende Texte gelegt; die Nachweise für die Änderungen sind am Eingang der einzelnen Gesetze und Verordnungen zusammengestellt. Dem Buche sind zwei Inhaltsübersichten vorangestellt: Inhaltsübersicht I, die die Gesetze und Verordnungen in der systematischen Anordnung des Buches enthält, und Inhaltsübersicht II, die, chronologisch angelegt, den Fundort für die dem Benützer nach der Zeit des Erlasses bekannten Gesetze und Verordnungen ergibt.

I. Inhaltsübersicht nach der Anordnung des Buches.

I. Teil. Die Zivilprozeßordnung mit Einführungs- und unmittelbaren Änderungs-Gesetzen und -Verordnungen.

1. Zivilprozeßordnung in der Fassung vom 13. Mai 1924.

Erstes Buch. Allgemeine Bestimmungen.

Erster Abschnitt. Gerichte.

	§§	Seite
Erster Titel. Sachliche Zuständigkeit	1—11	1
Zweiter Titel. Gerichtsstand	12—37	3
Dritter Titel. Vereinbarung über die Zuständigkeit der Gerichte	38—40	8
Vierter Titel. Ausschließung und Ablehnung der Gerichtspersonen	41—49	8
Zweiter Abschnitt. Parteien.		
Erster Titel. Parteifähigkeit. Prozeßfähigkeit	50—58	11
Zweiter Titel. Streitgenossenschaft	59—63	12
Dritter Titel. Beteiligung Dritter am Rechtsstreit	64—77	13
Vierter Titel. Prozeßbevollmächtigte und Beistände	78—90	16
Fünfter Titel. Prozeßkosten	91—107	19
Sechster Titel. Sicherheitsleistung	108—113	24
Siebenter Titel. Armenrecht	114—127	25

	§§	Seite
Dritter Abschnitt. Verfahren.		
Erster Titel. Mündliche Verhandlung .	128—165	29
Zweiter Titel. Zustellungen:		
I. Zustellungen auf Betreiben der Parteien	166—207	37
II. Zustellungen von Amts wegen . .	208—213	46
Dritter Titel. Ladungen, Termine und Fristen	214—229	47
Vierter Titel. Folgen der Versäumung. Wiedereinsetzung in den vorigen Stand	230—238	50
Fünfter Titel. Unterbrechung und Aussetzung des Verfahrens	239—252	52
Zweites Buch. Verfahren in erster Instanz.		
Erster Abschnitt. Verfahren vor den Landgerichten.		
Erster Titel. Verfahren bis zum Urteil	253—299	56
Zweiter Titel. Urteil	300—329	68
Dritter Titel. Versäumnisurteil . . .	330—347	76
Vierter Titel. Verfahren vor dem Einzelrichter	348—350	79
Fünfter Titel. Allgemeine Bestimmungen über die Beweisaufnahme	355—370	81
Sechster Titel. Beweis durch Augenschein	371—372	84
Siebenter Titel. Zeugenbeweis	373—401	85
Achter Titel. Beweis durch Sachverständige	402—414	93
Neunter Titel. Beweis durch Urkunden	415—444	96
Zehnter Titel. Beweis durch Eid . . .	445—477	101
Elfter Titel. Verfahren bei der Abnahme von Eiden	478—484	107
Zwölfter Titel. Sicherung des Beweises	485—494	108
Zweiter Abschnitt. Verfahren vor den Amtsgerichten	495—510b	110
Drittes Buch. Rechtsmittel.		
Erster Abschnitt. Berufung	511—544	116

§§ Seite

Zweiter Abschnitt. Revision . . . . . . 545—566 124

Dritter Abschnitt. Beschwerde . . . . . 567—577 131

Viertes Buch. Wiederaufnahme des Verfahrens . . . . 578—591 134

Fünftes Buch. Urkunden- und Wechselprozeß . . . . 592—605 138

Sechstes Buch. Ehesachen. Feststellung des Rechtsverhältnisses zwischen Eltern und Kindern. Entmündigungssachen.

Erster Abschnitt. Verfahren in Ehesachen 606—639 141

Zweiter Abschnitt. Verfahren in Rechtsstreitigkeiten, welche die Feststellung des Rechtsverhältnisses zwischen Eltern und Kindern zum Gegenstande haben . . . . 640—644 148

Dritter Abschnitt. Verfahren in Entmündigungssachen . . . . 645—687 149

Siebentes Buch. Mahnverfahren . . . . 688—703 157

Achtes Buch. Zwangsvollstreckung.

Erster Abschnitt. Allgemeine Bestimmungen 704—802 161

Zweiter Abschnitt. Zwangsvollstreckung wegen Geldforderungen.

Erster Titel. Zwangsvollstreckung in das bewegliche Vermögen:

I. Allgemeine Bestimmungen . . . 803—807 185

II. Zwangsvollstreckung in körperliche Sachen . . . . 808—827 186

III. Zwangsvollstreckung in Forderungen und andere Vermögensrechte . . . . 828—863 192

Zweiter Titel. Zwangsvollstreckung in das unbewegliche Vermögen . . . 864—871 204

§§ Seite

Dritter Titel. Verteilungsverfahren . . 872–882 205

Dritter Abschnitt. Zwangsvollstreckung zur Erwirkung der Herausgabe von Sachen und zur Erwirkung von Handlungen oder Unterlassungen . 883–898 207

Vierter Abschnitt. Offenbarungseid u. Haft 899–915 211

Fünfter Abschnitt. Arrest und einstweilige Verfügung 916–945 214

Neuntes Buch. Aufgebotsverfahren . . 946–1024 220

Zehntes Buch. Schiedsrichterliches Verfahren 1025–1048 236

2. Einführungsgesetz zur Zivilprozeßordnung vom 30. Januar 1877 241

3. Verordnung, betr. die Begründung der Revision in bürgerlichen Rechtsstreitigkeiten vom 28. Dezember 1879 248

4. Gesetz, betr. die Begründung der Revision in bürgerlichen Rechtsstreitigkeiten vom 15. März 1881 251

5. Gesetz, betr. die Begründung der Revision in bürgerlichen Rechtsstreitigkeiten vom 24. Juni 1886 252

6. Gesetz, betr. die Begründung der Revision in bürgerlichen Rechtsstreitigkeiten vom 30. März 1893 253

7. Einführungsgesetz zu dem Gesetz, betr. Änderungen der ZPO. vom 17. Mai 1898 254

8. Gesetz, betr. Änderungen des GVG., der ZPO., des GKG. und der GebO. für RAnw. vom 1. Juni 1909 254

9. Gesetz, betr. die Zuständigkeit des Reichsgerichts vom 22. Mai 1910 254

	§§	Seite
10. Verordnung über das Verfahren in bürgerlichen Rechtsstreitigkeiten vom 13. Februar 1924		255

II. Teil. Ergänzungsgesetze und Verordnungen zur Zivilprozeßordnung.

	§§	Seite
11. Gerichtsverfassungsgesetz vom 22. März 1924		257
Erster Titel. Richteramt	1–11	257
Zweiter Titel. Gerichtsbarkeit	12–21	259
Dritter Titel. Amtsgerichte	22–27	261
Vierter Titel. Schöffengerichte	28–58	265
Fünfter Titel. Landgerichte	59–78	272
Sechster Titel. Schwurgerichte	79–92	278
Siebenter Titel. Kammern für Handelssachen	93–114	280
Achter Titel. Oberlandesgerichte	115–122	286
Neunter Titel. Reichsgericht	123–140	287
Zehnter Titel. Staatsanwaltschaft	141–152	291
Elfter Titel. Geschäftsstelle	153–153	294
Zwölfter Titel. Zustellungs- und Vollstreckungsbeamte	154–155	294
Dreizehnter Titel. Rechtshilfe	156–168	295
Vierzehnter Titel. Öffentlichkeit u. Sitzungspolizei	169–183	297
Fünfzehnter Titel. Gerichtssprache	184–191	299
Sechzehnter Titel. Beratung u. Abstimmung	192–198	301
Siebzehnter Titel. Gerichtsferien	199–202	302
12. Einführungsgesetz zum Gerichtsverfassungsgesetze vom 27. Januar 1877		304
13. Die Verfassung des Deutschen Reichs vom 11. August 1919 (Auszug)		308
14. Gesetz über die Zulassung der Frauen zu den Ämtern und Berufen der Rechtspflege vom 11. Juli 1922		312

	§§	Seite
15. Rechtsanwaltsordnung v. 1. Juli 1878		313
Erster Abschnitt. Zulassung zur Rechtsanwaltschaft	1–25	313
Zweiter Abschnitt. Rechte und Pflichten der Rechtsanwälte	26–40	319
Dritter Abschnitt. Anwaltskammern	41–61	322
Vierter Abschnitt. Ehrengerichtliches Verfahren	62–97	327
Fünfter Abschnitt. Rechtsanwaltschaft bei dem Reichsgerichte	98–102	334
Sechster Abschnitt. Schluß- und Übergangsbestimmungen	103–116	335
16. Bekanntmachung, betr. die Stellvertretung von Rechtsanwälten und die Beschlußfähigkeit der Anwaltskammern vom 9. März 1916		335
17. Gesetz zur Entlastung der Gerichte vom 11. März 1921		336
18. Bekanntmachung zur Entlastung der Gerichte v. 9. September 1915 in der Fassung vom 13. Mai 1924.		
Mahnverfahren vor den Amtsgerichten	1–5	338
Bewilligung von Zahlungsfristen	6–6	339
Verfahren bis zum Urteil	7–8	339
Urteil und Zwangsvollstreckung	9–17	340
Schiedsurteil	18–20	342
Schlußvorschrift	21–21	345
19. Zweite Verordnung zur Durchführung der Verordnung zur Beschleunigung des Verfahrens in bürgerl. Rechtsstreitigkeiten vom 27. Juni 1924		345
20. Gesetz zur Entlastung des Reichsgerichts vom 21. Dezember 1925		347

	§§	Seite
21. Verordnung über die Einschränkung öffentlicher Bekanntmachungen vom 14. Februar 1924		347
22. Bekanntmachung über das Mindestgebot bei der Versteigerung gepfändeter Sachen vom 8. Oktober 1914		348
23. Gesetz, betr. die Beschlagnahme des Arbeits- oder Dienstlohns vom 21. Juni 1869		350
24. Verordnung über Lohnpfändung vom 25. Juni 1919		352
25. Weiteres Gesetz über Lohn- und Gehaltspfändung vom 27. Februar 1928		354
26. Reichsversicherungsordnung vom 19. Juli 1911, in der Neufassung vom 15. Dezember 1924 (Auszug)		355
27. Angestelltenversicherungsgesetz vom 20. Dezember 1911, in der Neufassung vom 28. Mai 1924 (Auszug)		356
28. Reichsknappschaftsgesetz vom 23. Juni 1923, in der Neufassung vom 1. Juli 1926 (Auszug)		356
29. Reichsversorgungsgesetz vom 13. Mai 1920, in der Neufassung vom 22. Dezember 1927 (Auszug)		357
30. Wehrmachtversorgungsgesetz vom 4. August 1921, in der Neufassung vom 19. September 1925 (Auszug)		359
31. Bek., betr. die Festsetzung des Begriffs Militärbehörde vom 4. November 1922		364
32. Erlaß des Reichswehrministers über die Vertretung des Reichsfiskus vom 28. März 1923		367

	§§	Seite
33. Bek. des Reichswehrministers über die Vertretung des Reichsfiskus als Drittschuldner bei Pfändung des Diensteinkommens der Angehörigen des Reichsheeres usw. vom 16. Januar 1925 . .		368
34. Verordnung über die Todeserklärung Kriegsverschollener vom 9. August 1917		371
35. Gesetz über die Todeserklärung Kriegsverschollener vom 20. Februar 1925 . .		375
36. Verordnung über Vermögensstrafen und Bußen vom 6. Februar 1924		375
37. Zweite Verordnung zur Durchführung des Münzgesetzes vom 12. Dezember 1924 (Auszug)		380
38. Gesetz zur Änderung der Bezeichnungen „Gerichtsschreiberei“, „Gerichtsschreiber“ und „Gerichtsdiener“ vom 9. Juli 1927		380
39. Verordnung über die Abänderung des Wortlauts verschiedener Gesetze und Verordnungen aus Anlaß des Fortfalls der Bezeichnungen „Gerichtsschreiberei“ und „Gerichtsschreiber“ vom 30. November 1927		381
40. Das Haager Abkommen über den Zivilprozeß vom 17. Juli 1905		382
I. Mitteilung gerichtlicher und außergerichtlicher Urkunden	1—7	384
II. Ersuchungsschreiben	8—16	386
III. Sicherheitsleistung für die Prozeßkosten	17—19	388
IV. Armenrecht	20—23	390
V. Personalhaft	24	391
VI. Schlußbestimmungen	25—29	391

	§§	Seite
41. Gesetz zur Ausführung des Abkommens über den Zivilprozeß vom 5. April 1909.		
I. Mitteilung gerichtlicher und außergerichtlicher Urkunden	1–2	393
II. Ersuchungsschreiben	3–4	394
III. Sicherheitsleistung für Prozeßkosten	5–9	395
IV. Schlußbestimmungen	10	396
42. Gesetz über den Beitritt von Staaten zum Haager Abkommen über internationales Privatrecht vom 16. September 1924		396
43. Bekanntmachung über den Beitritt von Staaten zu dem Haager Abkommen über internationales Privatrecht vom 9. September 1926 (Auszug)		396
44. Gesetz über Mieterschutz und Mieteinigungsämter vom 1. Juni 1923 in der Neufassung vom 17. Februar 1928		398
1. Abschnitt: Mieterschutz	1–36	398
a) Beendigung von Mietverhältnissen durch Kündigung oder Zeitablauf	1–1o	398
b) Aufhebung von Mietverhältnissen durch Urteil	1p–18	403
c) Besondere Mietverhältnisse. Sonstige Vorschriften	19–36	414
2. Abschnitt: Mieteinigungsämter	37–47	423
3. Abschnitt: Schluß- und Übergangsvorschriften	48–54	428
45. Anordnung für das Verfahren vor dem Mieteinigungsamt und der Beschwerdestelle vom 19. September 1923		433
46. Pachtschutzordnung vom 9. Juni 1920, in der Neufassung vom 23. Juli 1925		441
47. Arbeitsgerichtsgesetz v. 23. Dezember 1926		446
Erster Teil: Allgemeine Bestimmungen	1–13	446

	§§	Seite
Zweiter Teil: Aufbau der Arbeitsgerichtsbehörden	14–45	452
Erster Abschnitt: Arbeitsgerichte	14–32	452
Zweiter Abschnitt: Landesarbeitsgerichte	33–39	460
Dritter Abschnitt: Reichsarbeitsgericht	40–45	462
Dritter Teil: Verfahren vor den Arbeitsgerichtsbehörden	46–90	463
Erster Abschnitt: Urteilsverfahren	46–79	463
1. Unterabschnitt: Erster Rechtszug	46–63	463
2. Unterabschnitt: Berufungsverfahren	64–71	470
3. Unterabschnitt: Revisionsverfahren	72–77	471
4. Unterabschnitt: Beschwerdeverfahren	78	473
5. Unterabschnitt: Wiederaufnahme des Verfahrens	79	474
Zweiter Abschnitt: Beschlußverfahren	80–90	474
1. Unterabschnitt: Erster Rechtszug	80–84	474
2. Unterabschnitt: Rechtsbeschwerdeverfahren	85–89	475
3. Unterabschnitt: Beschwerdeverfahren	90	477
Vierter Teil: Vereinbarter Ausschluß der Arbeitsgerichtsbarkeit. Vereinbarte Vorverfahren	91–107	477
Erster Abschnitt: Schiedsvertrag in Arbeitsstreitigkeiten	91–101	477
Zweiter Abschnitt: Gütevertrag	101–105	482
Dritter Abschnitt: Schiedsgutachtenvertrag	106–107	482
Fünfter Teil: Ausführungs- und Übergangsvorschriften	108–122	483
48. Verordnung über das Schlichtungswesen vom 30. Oktober 1923		487
Artikel I. Schlichtung		487
Artikel III. Ausführungs- und Übergangsbestimmungen		489
49. Zweite Verordnung zur Ausführung der Verordnung über das Schlichtungswesen vom 29. Dezember 1923		491

	§§	Seite
I. Einrichtung der Schlichtungsbehörden	1–8	491
1. Schlichtungsausschüsse	1–5	491
2. Schlichter	6–7	494
3. Tätigkeit der Schlichtungsbehörden außerhalb der Schlichtung	8	495
II. Verfahren vor dem Vorsitzenden des Schlichtungsausschusses, dem Schlichter und der Schlichtungskammer	9–22	495
1. Allgemeine Vorschriften	9–19	495
2. Vorverfahren	20	499
3. Verfahren vor der Schlichtungskammer	21	500
4. Verfahren nach der mündlichen Verhandlung	22	501
III. Verbindlichkeitserklärung von Schiedssprüchen	23–25	501
IV. Befugnisse der obersten Landesbehörde	26	502

IV. Teil. Kosten- und Gebührengesetze und -Verordnungen.

	§§	Seite
50. Gesetz über die Erstattung von Prozeßkosten vom 18. Dezember 1923		503
51. Gerichtskostengesetz vom 5. Juli 1927		503
1. Abschnitt. Allgemeine Bestimmungen	1–7	504
2. Abschnitt. Gebühren in bürgerlichen Rechtsstreitigkeiten	8–39	505
3. Abschnitt. Gebühren im Konkursverfahren und im Vergleichsverfahren zur Abwendung des Konkurses	40–48o	514
4. Abschnitt. Gebühren in Strafsachen	49–70	516
5. Abschnitt. Auslagen	71–73	521
6. Abschnitt. Kostenzahlung und Kostenvorschuß	74–89	523
7. Abschnitt. Schlußbestimmungen	90–91	527

§§ Seite

52. Gesetz über die Gerichtskosten und die Gebühren der Rechtsanwälte v. 28. Januar 1927 528

53. Weitere Verordnung zur Entlastung der Gerichte und über die Gerichtskosten v. 13. Dezember 1923 (Auszug) 529

54. Verordnung über die Entschädigung der Arbeitgeber- und Arbeitnehmer-Beisitzer der Arbeitsgerichtsbehörden vom 24. Juni 1927 531

55. Gebührenordnung für Zeugen und Sachverständige v. 21. Dezember 1925. 533

56. Gesetz über die Gebühren der Zeugen und Sachverständigen vom 21. Dezember 1925 537

57. Gebührenordnung für Rechtsanwälte vom 20. Mai 1898 i. d. F. vom 5. Juli 1927 538

1. Abschnitt. Allgemeine Bestimmungen . 1–8 538
2. Abschnitt. Gebühren in bürgerlichen Rechtsstreitigkeiten 9–52 539
3. Abschnitt. Gebühren im Konkursverfahren und im Vergleichsverfahren zur Abwendung des Konkurses 53–62 551
4. Abschnitt. Gebühren in Strafsachen . . 63–75 553
5. Abschnitt. Auslagen 76–83 555
6. Abschnitt. Einforderung von Gebühren und Auslagen 84–86 556
7. Abschnitt. Schlußbestimmungen 87–94 557

58. Gesetz über die Erstattung von Rechtsanwaltsgebühren in Armensachen vom 6. Februar 1923 559

59. Weiteres Gesetz über die Erstattung von Rechtsanwaltsgebühren in Armensachen vom 14. Juli 1928 560

§§ Seite

60. Gebührenordnung für Gerichtsvollzieher vom 14. Dezember 1922 561
61. Gesetz zur Änderung der Gebührenordnung für Gerichtsvollzieher vom 14. Dez. 1922 570
62. Fünfte Verordnung über die Gebühren der Gerichtsvollzieher vom 18. Dez. 1923 . 571
63. Gesetz zur Änderung der Gebührenordnung für Gerichtsvollzieher vom 14. Juli 1928 572
Sachregister 573

II. Inhaltsübersicht

nach der zeitlichen Reihenfolge der Gesetze u. Verordnungen.

1. Ges. v. 21. Juni 1869 (BGBl. 242) 350
2. Ges. v. 27. Jan. 1877 (RGBl. 41) 257
3. Ges. v. 27. Jan. 1877 (RGBl. 77) 304
4. Ges. v. 30. Jan. 1877 (RGBl. 83) 1
5. Ges. v. 30. Jan. 1877 (RGBl. 244) 241
6. Ges. v. 1. Juli 1878 (RGBl. 177) 313
7. VO. v. 28. Sept. 1879 (RGBl. 299) 248
8. Ges. v. 15. März 1881 (RGBl. 38) 251
9. Ges. v. 24. Juni 1886 (RGBl. 207) 252
10. Ges. v. 30. März 1893 (RGBl. 139) 253
11. Ges. v. 17. Mai 1898 (RGBl. 332) 254
12. Ges. v. 17. Mai 1898 (RGBl. 371) 257
13. Ges. v. 20. Mai 1898 (RGBl. 410) 1
14. Ges. v. 20. Mai 1898 (RGBl. 692) 538
15. Abkommen v. 17. Juli 1905 (RGBl. 1909, 410) . . . 382
16. Ges. v. 5. April 1909 (RGBl. 430) 393
17. Ges. v. 1. Juni 1909 (RGBl. 475) 254
18. Ges. v. 22. Mai 1910 (RGBl. 767) 254
19. Ges. v. 19. Juli 1911 (RGBl. 509) 355
20. Ges. v. 20. Dez. 1911 (RGBl. 989) 356
21. Bek. v. 8. Okt. 1914 (RGBl. 427) 349

Seite
22. Bek. v. 9. Sept. 1915 (RGBl. 562) 338
23. Bek. v. 9. März 1916 (RGBl. 156) 335
24. BO. v. 18. April 1916 (RGBl. 296) 371
25. BO. v. 9. Aug. 1917 (RGBl. 703) 371
26. BO. v. 25. Juni 1919 (RGBl. 589) 352
27. Reichsverfassung v. 11. Aug. 1919 (RGBl. 1383) . . 308
28. Ges. v. 12. Mai 1920 (RGBl. 989) 357
29. BO. v. 9. Juni 1920 (RGBl. 1193) 441
30. Ges. v. 11. März 1921 (RGBl. 229) 336
31. Ges. v. 4. Aug. 1921 (RGBl. 993) 359
32. Ges. v. 11. Juli 1922 (RGBl. 573) 312
33. Bek. v. 4. Nov. 1922 (RGBl. 1926 II 285) 364
34. Ges. v. 14. Dez. 1922 (RGBl. 914) 570
35. Ges. v. 14. Dez. 1922 (RGBl. 917) 561
36. Ges. v. 6. Febr. 1923 (RGBl. 103) 559
37. Erlaß v. 28. März 1923 (RMBl. 347) 367
38. BO. v. 19. April 1923 (RGBl. 258) 325
39. Ges. v. 1. Juni 1923 (RGBl. 353) 398
40. Ges. v. 23. Juni 1923 (RGBl. 431) 356
41. Anordnung v. 19. Sept. 1923 (RGBl. 889) 433
42. BO. v. 30. Okt. 1923 (RGBl. 1043) 487
43. Ges. v. 13. Dez. 1923 (RGBl. 1186) 503
44. BO. v. 13. Dez. 1923 (RGBl. 1186) 529
45. BO. v. 13. Dez. 1923 (RGBl. 1189) 571
46. BO. v. 29. Dez. 1923 (RGBl. 1924, 9) 491
47. BO. v. 4. Jan. 1924 (RGBl. 15) 306
48. BO. v. 6. Febr. 1924 (RGBl. 44) 375
49. BO. v. 13. Febr. 1924 (RGBl. 255) 255
50. BO. v. 14. Febr. 1924 (RGBl. 119) 347
51. Ges. v. 22. März 1924 (RGBl. 299) 257
52. Bek. v. 13. Mai 1924 (RGBl. 437) . . . . . 1, Anm. 1
53. Bek. v. 13. Mai 1924 (RGBl. 552) 338
54. Ges. v. 28. Mai 1924 (RGBl. 563) 356
55. BO. v. 27. Juni 1924 (RGBl. 660) 345
56. Ges. v. 16. Sept. 1924 (RGBl. II 363) 396
57. BO. v. 12. Dez. 1924 (RGBl. 775) 380
58. Ges. v. 15. Dez. 1924 (RGBl. 779) 355
59. Bek. v. 16. Jan. 1925 (RMBl. 94) 368

Seite

60. Ges. v. 20. Febr. 1925 (RGBl. 15) 375
61. Ges. v. 23. Juli 1925 (RGBl. 152) 441
62. Ges. v. 19. Sept. 1925 (RGBl. 349 u. 389) 359
63. Ges. v. 21. Dez. 1925 (RGBl. 470) 537
64. Bek. v. 21. Dez. 1925 (RGBl. 471) 533
65. Ges. v. 21. Dez. 1925 (RGBl. 475) 347
66. VO. v. 21. Dez. 1925 (RGBl. 476) 125
67. Ges. v. 1. Juli 1926 (RGBl. 369) 356
68. Bek. v. 9. Sept. 1926 (RGBl. II 553) 396
69. Ges. v. 23. Dez. 1926 (RGBl. 507) 446
70. Ges. v. 28. Januar 1927 (RGBl. 53) 528
71. Ges. v. 7. März 1927 (RGBl. 71) 315
72. VO. v. 24. Juni 1927 (RGBl. 129) 531
73. Ges. v. 5. Juli 1927 (RGBl. 152) 503
74. Ges. v. 5. Juli 1927 (RGBl. 152, 162) 538
75. Ges. v. 9. Juli 1927 (RGBl. 175) 380
76. VO. v. 30. Nov. 1927 (RGBl. 334) 381
77. Ges. v. 22. Dez. 1927 (RGBl. 515) 357
78. Ges. v. 17. Febr. 1928 (RGBl. 25) 398
79. Ges. v. 27. Febr. 1928 (RGBl. 45) 354
80. Ges. v. 30. März 1928 (RGBl. 135) 274
81. Ges. v. 14. Juli 1928 (RGBl. 914) 572
82. Ges. v. 14. Juli 1928 (RGBl. 917) 560

I. Teil. Die Zivilprozeßordnung mit Einführungs- und unmittelbaren Änderungs-Gesetzen und -Verordnungen.

1. Zivilprozeßordnung[1][2].

In der Fassung vom 13. Mai 1924 (RGBl. 437).
Geändert durch § 2 der 2. DurchfVO. zum Münzgesetz vom 12. Dezember 1924 (RGBl. 775) mit Art. II u. IV der Entl.-VO. v. 13. Dez. 1923 (RGBl. 1186), durch Ges. v. 9. Juli 1927 (RGBl. 175), durch Art. 1 u. 3 der VO. v. 30. November 1927 (RGBl. 334), durch Art. 2 des Ges. v. 27. Febr. 1928 (RGBl. 45).

Erstes Buch.

Allgemeine Bestimmungen.

Erster Abschnitt.

Gerichte.

Erster Titel.

Sachliche Zuständigkeit der Gerichte.

§ 1. Die sachliche Zuständigkeit der Gerichte wird durch das Gesetz über die Gerichtsverfassung bestimmt.

§ 2. Insoweit nach dem Gesetze über die Gerichtsverfassung die Zuständigkeit der Gerichte von dem Werte des Streitgegenstandes abhängt, kommen die nachfolgenden Vorschriften zur Anwendung.

§ 3. Der Wert des Streitgegenstandes wird von dem Gerichte nach freiem Ermessen festgesetzt; dasselbe kann eine beantragte Be-

[1] S. hierzu die Bekanntmachung des Textes der Zivilprozeßordnung v. 13. Mai 1924 (RGBl. 437).

Auf Grund des Artikel VIII der Verordnung über das Verfahren in bürgerlichen Rechtsstreitigkeiten vom 13. Februar 1924 (RGBl. I S. 135) wird der Text der Zivilprozeßordnung in der vom 1. Juni 1924 ab geltenden Fassung sowie ferner bekanntgemacht, daß die im § 511a Abs. 1, im § 546 Abs. 1 und im § 567 Abs. 2 der Zivilprozeßordnung vorgesehenen Wertgrenzen gemäß der im Artikel I Nr. 2, 3 der weiteren Verordnung zur Entlastung der Gerichte

weisaufnahme sowie von Amts wegen die Einnahme des Augenscheins und die Begutachtung durch Sachverständige anordnen.

§ 4. Für die Wertsberechnung ist der Zeitpunkt der Erhebung der Klage, in der Berufungs- und Revisionsinstanz der Zeitpunkt der Einlegung des Rechtsmittels, entscheidend; Früchte, Nutzungen, Zinsen und Kosten bleiben unberücksichtigt, wenn sie als Nebenforderungen geltend gemacht werden.

Bei Ansprüchen aus Wechseln im Sinne der Wechselordnung sind Zinsen, Kosten und Provision, welche außer der Wechselsumme gefordert werden, als Nebenforderungen anzusehen.

§ 5. Mehrere in einer Klage geltend gemachte Ansprüche werden zusammengerechnet; eine Zusammenrechnung des Gegenstandes der Klage und der Widerklage findet nicht statt.

§ 6. Der Wert des Streitgegenstandes wird bestimmt: durch den Wert einer Sache, wenn deren Besitz, und durch den Betrag einer Forderung, wenn deren Sicherstellung oder ein Pfandrecht Gegenstand des Streits ist. Hat der Gegenstand des Pfandrechts einen geringeren Wert, so ist dieser maßgebend.

§ 7. Der Wert einer Grunddienstbarkeit wird durch den Wert, welchen dieselbe für das herrschende Grundstück hat, und wenn der Betrag, um welchen sich der Wert des dienenden Grundstücks durch die Dienstbarkeit mindert, größer ist, durch diesen Betrag bestimmt.

§ 8. Ist das Bestehen oder die Dauer eines Pacht- oder Mietverhältnisses streitig, so ist der Betrag des auf die gesamte streitige Zeit fallenden Zinses und, wenn der fünfundzwanzigfache Betrag des einjährigen Zinses geringer ist, dieser Betrag für die Wertsberechnung entscheidend.

§ 9. Der Wert des Rechts auf wiederkehrende Nutzungen oder Leistungen wird nach dem Werte des einjährigen Bezugs berechnet, und zwar:

---

und über die Gerichtskosten vom 13. Dezember 1923 (RGBl. I S. 1186) erfolgten Festsetzung bis auf weiteres

im § 511a Abs. 1 . . . . 50 (Goldmark),
im § 546 Abs. 1 . . . . 1800 (Goldmark),
im § 567 Abs. 2 . . . . 30 (Goldmark)

betragen.

¹) Wegen der nunmehrigen Festsetzung der Revisionssumme s. die VO. 21. Dezember 1925 (unten bei § 546 ZPO.). Die für §§ 511a Abs. 1 und 567 Abs. 2 bestimmten Wertgrenzen sind durch die gleichhohen Reichsmarksätze ersetzt; s. § 2 der DurchfVO. zum Münzgesetz v. 12. Dez. 1924 (RGBl. 775) mit Art. II u. IV der EntlVO. v. 13. Dez. 1923 (RGBl. 1186).

auf den zwölfundeinhalbfachen Betrag, wenn der künftige Wegfall des Bezugsrechts gewiß, die Zeit des Wegfalls aber ungewiß ist;

auf den fünfundzwanzigfachen Betrag, bei unbeschränkter oder bestimmter Dauer des Bezugsrechts. Bei bestimmter Dauer des Bezugsrechts ist der Gesamtbetrag der künftigen Bezüge maßgebend, wenn er der geringere ist.

§ 10. Das Urteil eines Landgerichts kann nicht aus dem Grunde angefochten werden, weil die Zuständigkeit des Amtsgerichts begründet gewesen sei.

§ 11. Ist die Unzuständigkeit eines Gerichts auf Grund der Bestimmungen über die sachliche Zuständigkeit der Gerichte rechtskräftig ausgesprochen, so ist diese Entscheidung für das Gericht bindend, bei welchem die Sache später anhängig wird.

Zweiter Titel.
Gerichtsstand.

§ 12. Das Gericht, bei welchem eine Person ihren allgemeinen Gerichtsstand hat, ist für alle gegen dieselbe zu erhebenden Klagen zuständig, sofern nicht für eine Klage ein ausschließlicher Gerichtsstand begründet ist.

§ 13. Der allgemeine Gerichtsstand einer Person wird durch den Wohnsitz bestimmt.

§ 14. Ist der für den Wohnsitz einer Militärperson maßgebende Garnisonort in mehrere Gerichtsbezirke geteilt, so wird der als Wohnsitz geltende Bezirk von der Landesjustizverwaltung durch allgemeine Anordnung bestimmt.

§ 15. Deutsche, welche das Recht der Exterritorialität genießen, sowie die im Ausland angestellten Beamten des Reichs oder eines deutschen Landes behalten in Ansehung des Gerichtsstandes den Wohnsitz, welchen sie in dem Heimatstaate hatten. In Ermangelung eines solchen Wohnsitzes gilt die Hauptstadt des Heimatstaats als ihr Wohnsitz; ist die Hauptstadt in mehrere Gerichtsbezirke geteilt, so wird der als Wohnsitz geltende Bezirk von der Landesjustizverwaltung durch allgemeine Anordnung bestimmt. Gehört ein Deutscher einem deutschen Lande nicht an, so gilt als sein Wohnsitz die Stadt Berlin; ist die Stadt Berlin in mehrere Gerichtsbezirke geteilt, so wird der als Wohnsitz geltende Bezirk von dem Reichsminister der Justiz durch allgemeine Anordnung bestimmt.

Auf Wahlkonsuln finden diese Bestimmungen keine Anwendung.

§ 16. Der allgemeine Gerichtsstand einer Person, welche keinen Wohnsitz hat, wird durch den Aufenthaltsort im Deutschen Reiche und, wenn ein solcher nicht bekannt ist, durch den letzten Wohnsitz bestimmt.

§ 17. Der allgemeine Gerichtsstand der Gemeinden, der Korporationen sowie derjenigen Gesellschaften, Genossenschaften oder anderen Vereine und derjenigen Stiftungen, Anstalten und Vermögensmassen, welche als solche verklagt werden können, wird durch den Sitz derselben bestimmt. Als Sitz gilt, wenn nicht ein anderes erhellt, der Ort, wo die Verwaltung geführt wird.

Gewerkschaften haben den allgemeinen Gerichtsstand bei dem Gerichte, in dessen Bezirke das Bergwerk liegt, Behörden, wenn sie als solche verklagt werden können, bei dem Gerichte ihres Amtssitzes.

Neben dem durch die Vorschriften dieses Paragraphen bestimmten Gerichtsstand ist ein durch Statut oder in anderer Weise besonders geregelter Gerichtsstand zulässig.

§ 18. Der allgemeine Gerichtsstand des Fiskus wird durch den Sitz der Behörde bestimmt, welche berufen ist, den Fiskus in dem Rechtsstreit zu vertreten.

§ 19. Ist der Ort, an welchem eine Behörde ihren Sitz hat, in mehrere Gerichtsbezirke geteilt, so wird der Bezirk, welcher im Sinne der §§ 17, 18 als Sitz der Behörde gilt, für die Reichsbehörden von dem Reichsminister der Justiz, im übrigen von der Landesjustizverwaltung durch allgemeine Anordnung bestimmt.

§ 20. Wenn Personen an einem Orte unter Verhältnissen, welche ihrer Natur nach auf einen Aufenthalt von längerer Dauer hinweisen, insbesondere als Dienstboten, Hand- und Fabrikarbeiter, Gewerbegehilfen, Studierende, Schüler oder Lehrlinge sich aufhalten, so ist das Gericht des Aufenthaltsorts für alle Klagen zuständig, welche gegen diese Personen wegen vermögensrechtlicher Ansprüche erhoben werden.

Diese Bestimmung findet auf Militärpersonen, welche selbständig einen Wohnsitz nicht begründen können, in der Art Anwendung, daß an die Stelle des Gerichts des Aufenthaltsorts das Gericht des Garnisonorts tritt. Die Vorschrift des § 14 findet entsprechende Anwendung.

§ 21. Hat jemand zum Betriebe einer Fabrik, einer Handlung oder eines anderen Gewerbes eine Niederlassung, von welcher aus unmittelbar Geschäfte geschlossen werden, so können gegen ihn alle Klagen, welche auf den Geschäftsbetrieb der Niederlassung Bezug haben, bei dem Gerichte des Ortes erhoben werden, wo die Niederlassung sich befindet.

Der Gerichtsstand der Niederlassung ist auch für Klagen gegen Personen begründet, welche ein mit Wohn- und Wirtschaftsgebäuden versehenes Gut als Eigentümer, Nutznießer oder Pächter bewirtschaften, soweit diese Klagen die auf die Bewirtschaftung des Gutes sich beziehenden Rechtsverhältnisse betreffen.

§ 22. Das Gericht, bei welchen Gemeinden, Korporationen, Gesellschaften, Genossenschaften oder andere Vereine den allgemeinen Gerichtsstand haben, ist für die Klagen zuständig, welche von denselben gegen ihre Mitglieder als solche oder von den Mitgliedern in dieser Eigenschaft gegen einander erhoben werden.

§ 23. Für Klagen wegen vermögensrechtlicher Ansprüche gegen eine Person, welche im Deutschen Reiche keinen Wohnsitz hat, ist das Gericht zuständig, in dessen Bezirk sich Vermögen derselben oder der mit der Klage in Anspruch genommene Gegenstand befindet. Bei Forderungen gilt als der Ort, wo das Vermögen sich befindet, der Wohnsitz des Schuldners und, wenn für die Forderung eine Sache zur Sicherheit haftet, auch der Ort, wo die Sache sich befindet.

§ 24. Für Klagen, durch welche das Eigentum, eine dingliche Belastung oder die Freiheit von einer solchen geltend gemacht wird, für Grenzscheidungs-, Teilungs- und Besitzklagen ist, sofern es sich um unbewegliche Sachen handelt, das Gericht ausschließlich zuständig, in dessen Bezirk die Sache belegen ist.

Bei den eine Grunddienstbarkeit, eine Reallast oder ein Vorkaufsrecht betreffenden Klagen ist die Lage des dienenden oder belasteten Grundstücks entscheidend.

§ 25. In dem dinglichen Gerichtsstande kann mit der Klage aus einer Hypothek, Grundschuld oder Rentenschuld die Schuldklage, mit der Klage auf Umschreibung oder Löschung einer Hypothek, Grundschuld oder Rentenschuld die Klage auf Befreiung von der persönlichen Verbindlichkeit, mit der Klage auf Anerkennung einer Reallast die Klage auf rückständige Leistungen erhoben werden, wenn die verbundenen Klagen gegen denselben Beklagten gerichtet sind.

§ 26. In dem dinglichen Gerichtsstande können persönliche Klagen, welche gegen den Eigentümer oder Besitzer einer unbeweglichen Sache als solchen gerichtet werden, sowie Klagen wegen Beschädigung eines Grundstücks oder in betreff der Entschädigung wegen Enteignung eines Grundstücks erhoben werden.

§ 27. Klagen, welche die Feststellung des Erbrechts, Ansprüche des Erben gegen einen Erbschaftsbesitzer, Ansprüche aus Vermächtnissen oder sonstigen Verfügungen von Todes wegen, Pflichtteilsansprüche oder die Teilung der Erbschaft zum Gegenstande haben, können vor dem Gericht erhoben werden, bei welchem der Erblasser zur Zeit seines Todes den allgemeinen Gerichtsstand gehabt hat.

Ist der Erblasser ein Deutscher und hatte er zur Zeit seines Todes im Inlande keinen allgemeinen Gerichtsstand, so können die im Abs. 1 bezeichneten Klagen vor dem Gericht erhoben werden, in dessen Bezirke der Erblasser seinen letzten inländischen Wohnsitz hatte; in Ermangelung eines solchen Wohnsitzes finden die Vorschriften des § 15 Abs. 1 Satz 2, 3 entsprechende Anwendung.

§ 28. In dem Gerichtsstand der Erbschaft können auch Klagen wegen anderer Nachlaßverbindlichkeiten erhoben werden, solange sich der Nachlaß noch ganz oder teilweise im Bezirke des Gerichts befindet oder die vorhandenen mehreren Erben noch als Gesamtschuldner haften.

§ 29. Für Klagen auf Feststellung des Bestehens oder Nichtbestehens eines Vertrags, auf Erfüllung oder Aufhebung eines solchen, sowie auf Entschädigung wegen Nichterfüllung oder nicht gehöriger Erfüllung ist das Gericht des Ortes zuständig, wo die streitige Verpflichtung zu erfüllen ist.

§ 30. Für Klagen aus den auf Messen und Märkten, mit Ausnahme der Jahr- und der Wochenmärkte, geschlossenen

Handelsgeschäften (Meß- und Marktsachen) ist das Gericht des Meß- oder Marktorts zuständig, wenn die Erhebung der Klage erfolgt, während der Beklagte oder ein zur Prozeßführung berechtigter Vertreter desselben am Orte oder im Bezirke des Gerichts sich aufhält.

§ 31. Für Klagen, welche aus einer Vermögensverwaltung von dem Geschäftsherrn gegen den Verwalter oder von dem Verwalter gegen den Geschäftsherrn erhoben werden, ist das Gericht des Ortes zuständig, wo die Verwaltung geführt ist.

§ 32. Für Klagen aus unerlaubten Handlungen ist das Gericht zuständig, in dessen Bezirke die Handlung begangen ist.

§ 33. Bei dem Gerichte der Klage kann eine Widerklage erhoben werden, wenn der Gegenanspruch mit dem in der Klage geltend gemachten Anspruche oder mit den gegen denselben vorgebrachten Verteidigungsmitteln in Zusammenhang steht.

Diese Bestimmung findet keine Anwendung, wenn die Zuständigkeit des Gerichts für eine Klage wegen des Gegenanspruchs auch durch Vereinbarung nicht würde begründet werden können.

§ 34. Für Klagen der Prozeßbevollmächtigten, der Beistände, der Zustellungsbevollmächtigten und der Gerichtsvollzieher wegen Gebühren und Auslagen ist das Gericht des Hauptprozesses zuständig.

§ 35. Unter mehreren zuständigen Gerichten hat der Kläger die Wahl.

§ 36. Die Bestimmung des zuständigen Gerichts erfolgt durch das im Instanzenzuge zunächst höhere Gericht:

1. wenn das an sich zuständige Gericht in einem einzelnen Falle an der Ausübung des Richteramts rechtlich oder tatsächlich verhindert ist;
2. wenn es mit Rücksicht auf die Grenzen verschiedener Gerichtsbezirke ungewiß ist, welches Gericht für den Rechtsstreit zuständig sei;
3. wenn mehrere Personen, welche bei verschiedenen Gerichten ihren allgemeinen Gerichtsstand haben, als Streitgenossen im allgemeinen Gerichtsstande verklagt werden sollen und für den Rechtsstreit ein gemeinschaftlicher besonderer Gerichtsstand nicht begründet ist;

4. wenn die Klage in dem dinglichen Gerichtsstande erhoben werden soll und die Sache in den Bezirken verschiedener Gerichte belegen ist;
5. wenn in einem Rechtsstreite verschiedene Gerichte sich rechtskräftig für zuständig erklärt haben;
6. wenn verschiedene Gerichte, von welchen eines für den Rechtsstreit zuständig ist, sich rechtskräftig für unzuständig erklärt haben.

§ 37. Die Entscheidung über das Gesuch um Bestimmung des zuständigen Gerichts kann ohne vorgängige mündliche Verhandlung erfolgen.

Eine Anfechtung des Beschlusses, welcher das zuständige Gericht bestimmt, findet nicht statt.

Dritter Titel.

Vereinbarung über die Zuständigkeit der Gerichte.

§ 38. Ein an sich unzuständiges Gericht erster Instanz wird durch ausdrückliche oder stillschweigende Vereinbarung der Parteien zuständig.

§ 39. Stillschweigende Vereinbarung ist anzunehmen, wenn der Beklagte, ohne die Unzuständigkeit geltend zu machen, zur Hauptsache mündlich verhandelt hat.

§ 40. Die Vereinbarung hat keine rechtliche Wirkung, wenn sie nicht auf ein bestimmtes Rechtsverhältnis und die aus demselben entspringenden Rechtsstreitigkeiten sich bezieht.

Die Vereinbarung ist unzulässig, wenn der Rechtsstreit andere als vermögensrechtliche Ansprüche betrifft, oder wenn für die Klage ein ausschließlicher Gerichtsstand begründet ist.

Vierter Titel.

Ausschließung und Ablehnung der Gerichtspersonen.

§ 41. Ein Richter ist von der Ausübung des Richteramts kraft Gesetzes ausgeschlossen:
1. in Sachen, in welchen er selbst Partei ist, oder in Ansehung welcher er zu einer Partei in dem Verhältnisse eines Mitberechtigten, Mitverpflichteten oder Regreßpflichtigen steht;
2. in Sachen seines Ehegatten, auch wenn die Ehe nicht mehr besteht;

3. in Sachen einer Person, mit welcher er in gerader Linie verwandt, verschwägert oder durch Adoption verbunden, in der Seitenlinie bis zum dritten Grade verwandt oder bis zum zweiten Grade verschwägert ist, auch wenn die Ehe, durch welche die Schwägerschaft begründet ist, nicht mehr besteht;
4. in Sachen, in welchen er als Prozeßbevollmächtigter oder Beistand einer Partei bestellt oder als gesetzlicher Vertreter einer Partei aufzutreten berechtigt ist oder gewesen ist;
5. in Sachen, in welchen er als Zeuge oder Sachverständiger vernommen ist;
6. in Sachen, in welchen er in einer früheren Instanz oder im schiedsrichterlichen Verfahren bei der Erlassung der angefochtenen Entscheidung mitgewirkt hat, sofern es sich nicht um die Tätigkeit eines beauftragten oder ersuchten Richters handelt.

§ 42. Ein Richter kann sowohl in den Fällen, in welchen er von der Ausübung des Richteramts kraft Gesetzes ausgeschlossen ist, als auch wegen Besorgnis der Befangenheit abgelehnt werden.

Wegen Besorgnis der Befangenheit findet die Ablehnung statt, wenn ein Grund vorliegt, welcher geeignet ist, Mißtrauen gegen die Unparteilichkeit eines Richters zu rechtfertigen.

Das Ablehnungsrecht steht in jedem Falle beiden Parteien zu.

§ 43. Eine Partei kann einen Richter wegen Besorgnis der Befangenheit nicht mehr ablehnen, wenn sie bei demselben, ohne den ihr bekannten Ablehnungsgrund geltend zu machen, in eine Verhandlung sich eingelassen oder Anträge gestellt hat.

§ 44. Das Ablehnungsgesuch ist bei dem Gerichte, welchem der Richter angehört, anzubringen; es kann vor der Geschäftsstelle zu Protokoll erklärt werden.

Der Ablehnungsgrund ist glaubhaft zu machen; zur Versicherung an Eides Statt darf die Partei nicht zugelassen werden. Zur Glaubhaftmachung kann auf das Zeugnis des abgelehnten Richters Bezug genommen werden.

Der abgelehnte Richter hat sich über den Ablehnungsgrund dienstlich zu äußern.

Wird ein Richter, bei welchem die Partei in eine Verhandlung sich eingelassen oder Anträge gestellt hat, wegen Besorgnis der Befangenheit abgelehnt, so ist glaubhaft zu machen, daß der Ablehnungsgrund erst später entstanden oder der Partei bekannt geworden sei.

§ 45. Über das Ablehnungsgesuch entscheidet das Gericht, welchem der Abgelehnte angehört; wenn dasselbe durch Ausscheiden des abgelehnten Mitglieds beschlußunfähig wird, das im Instanzenzuge zunächst höhere Gericht.

Wird ein Amtsrichter abgelehnt, so entscheidet das Landgericht. Einer Entscheidung bedarf es nicht, wenn der Amtsrichter das Ablehnungsgesuch für begründet hält.

§ 46. Die Entscheidung über das Ablehnungsgesuch kann ohne vorgängige mündliche Verhandlung erfolgen.

Gegen den Beschluß, durch welchen das Gesuch für begründet erklärt wird, findet kein Rechtsmittel, gegen den Beschluß, durch welchen das Gesuch für unbegründet erklärt wird, findet sofortige Beschwerde statt.

§ 47. Ein abgelehnter Richter hat vor Erledigung des Ablehnungsgesuchs nur solche Handlungen vorzunehmen, welche keinen Aufschub gestatten.

§ 48. Das für die Erledigung eines Ablehnungsgesuchs zuständige Gericht hat auch dann zu entscheiden, wenn ein solches Gesuch nicht angebracht ist, ein Richter aber von einem Verhältnis Anzeige macht, welches seine Ablehnung rechtfertigen könnte, oder wenn aus anderer Veranlassung Zweifel darüber entstehen, ob ein Richter kraft Gesetzes ausgeschlossen sei.

Die Entscheidung erfolgt ohne vorgängiges Gehör der Parteien.

§ 49. Die Bestimmungen dieses Titels finden auf den Urkundsbeamten der Geschäftsstelle entsprechende Anwendung; die Entscheidung erfolgt durch das Gericht, bei welchem er angestellt ist.

Zweiter Abschnitt.
Parteien.
Erster Titel.
Parteifähigkeit. Prozeßfähigkeit.

§ 50. Parteifähig ist, wer rechtsfähig ist.

Ein Verein, der nicht rechtsfähig ist, kann verklagt werden; in dem Rechtsstreite hat der Verein die Stellung eines rechtsfähigen Vereins.

§ 51. Die Fähigkeit einer Partei, vor Gericht zu stehen, die Vertretung nicht prozeßfähiger Parteien durch andere Personen (gesetzliche Vertreter) und die Notwendigkeit einer besonderen Ermächtigung zur Prozeßführung bestimmt sich nach den Vorschriften des bürgerlichen Rechtes, soweit nicht die nachfolgenden Paragraphen abweichende Bestimmungen enthalten.

§ 52. Eine Person ist insoweit prozeßfähig, als sie sich durch Verträge verpflichten kann.

Die Prozeßfähigkeit einer Frau wird dadurch, daß sie Ehefrau ist, nicht beschränkt.

§ 53. Wird in einem Rechtsstreit eine prozeßfähige Person durch einen Pfleger vertreten, so steht sie für den Rechtsstreit einer nicht prozeßfähigen Person gleich.

§ 54. Einzelne Prozeßhandlungen, zu welchen nach den Vorschriften des bürgerlichen Rechts eine besondere Ermächtigung erforderlich ist, sind ohne dieselbe gültig, wenn die Ermächtigung zur Prozeßführung im allgemeinen erteilt oder die Prozeßführung auch ohne eine solche Ermächtigung im allgemeinen statthaft ist.

§ 55. Ein Ausländer, welchem nach dem Rechte seines Landes die Prozeßfähigkeit mangelt, gilt als prozeßfähig, wenn ihm nach dem Rechte des Prozeßgerichts die Prozeßfähigkeit zusteht.

§ 56. Das Gericht hat den Mangel der Parteifähigkeit, der Prozeßfähigkeit, der Legitimation eines gesetzlichen Vertreters und der erforderlichen Ermächtigung zur Prozeßführung von Amts wegen zu berücksichtigen.

Die Partei oder deren gesetzlicher Vertreter kann zur Prozeßführung mit Vorbehalt der Beseitigung des Mangels zugelassen werden, wenn mit dem Verzuge Gefahr für die Partei verbunden ist. Das Endurteil darf erst erlassen werden, nachdem die für die Beseitigung des Mangels zu bestimmende Frist abgelaufen ist.

§ 57. Soll eine nicht prozeßfähige Partei verklagt werden, welche ohne gesetzlichen Vertreter ist, so hat der Vorsitzende des Prozeßgerichts derselben, falls mit dem Verzuge Gefahr verbunden ist, auf Antrag bis zu dem Eintritt des gesetzlichen Vertreters einen besonderen Vertreter zu bestellen.

Der Vorsitzende kann einen solchen Vertreter auch bestellen, wenn in den Fällen des § 20 eine nicht prozeßfähige Person bei dem Gericht ihres Aufenthaltsorts oder Garnisonorts verklagt werden soll.

§ 58. Soll ein Recht an einem Grundstück, das von dem bisherigen Eigentümer nach § 928 des Bürgerlichen Gesetzbuchs aufgegeben und von dem Aneignungsberechtigten noch nicht erworben worden ist, im Wege der Klage geltend gemacht werden, so hat der Vorsitzende des Prozeßgerichts auf Antrag einen Vertreter zu bestellen, welchem bis zur Eintragung eines neuen Eigentümers die Wahrnehmung der sich aus dem Eigentum ergebenden Rechte und Verpflichtungen im Rechtsstreit obliegt.

Zweiter Titel.

Streitgenossenschaft.

§ 59. Mehrere Personen können als Streitgenossen gemeinschaftlich klagen oder verklagt werden, wenn sie in Ansehung des Streitgegenstandes in Rechtsgemeinschaft stehen oder wenn sie aus demselben tatsächlichen und rechtlichem Grunde berechtigt oder verpflichtet sind.

§ 60. Mehrere Personen können auch dann als Streitgenossen gemeinschaftlich klagen oder verklagt werden, wenn gleichartige und auf einem im wesentlichen gleichartigen tatsächlichen und rechtlichen Grunde beruhende Ansprüche oder Verpflichtungen den Gegenstand des Rechtsstreits bilden.

§ 61. Streitgenossen stehen, soweit nicht aus den Vorschriften des bürgerlichen Rechts oder dieses Gesetzes sich ein anderes ergibt, dem Gegner dergestalt als einzelne gegenüber, daß die Handlungen des einen Streitgenossen dem anderen weder zum Vorteile noch zum Nachteile gereichen.

§ 62. Kann das streitige Rechtsverhältnis allen Streitgenossen gegenüber nur einheitlich festgestellt werden, oder ist die Streitgenossenschaft aus einem sonstigen Grunde eine notwendige, so werden, wenn ein Termin oder eine Frist nur von einzelnen Streitgenossen versäumt wird, die säumigen Streitgenossen als durch die nicht säumigen vertreten angesehen.

Die säumigen Streitgenossen sind auch in dem späteren Verfahren zuzuziehen.

§ 63. Das Recht zur Betreibung des Prozesses steht jedem Streitgenossen zu; er muß, wenn er den Gegner zu einem Termine ladet, auch die übrigen Streitgenossen laden.

Dritter Titel.

Beteiligung Dritter am Rechtsstreite.

§ 64. Wer die Sache oder das Recht, worüber zwischen anderen Personen ein Rechtsstreit anhängig geworden ist, ganz oder teilweise für sich in Anspruch nimmt, ist bis zur rechtskräftigen Entscheidung dieses Rechtsstreits berechtigt, seinen Anspruch durch eine gegen beide Parteien gerichtete Klage bei demjenigen Gerichte geltend zu machen, vor welchem der Rechtsstreit in erster Instanz anhängig wurde.

§ 65. Der Hauptprozeß kann auf Antrag einer Partei bis zur rechtskräftigen Entscheidung über die Hauptintervention ausgesetzt werden.

§ 66. Wer ein rechtliches Interesse daran hat, daß in einem zwischen anderen Personen anhängigen Rechtstreite die eine Partei obsiege, kann dieser Partei zum Zwecke ihrer Unterstützung beitreten.

Die Nebenintervention kann in jeder Lage des Rechtsstreits bis zur rechtskräftigen Entscheidung desselben, auch in Verbindung mit der Einlegung eines Rechtsmittels erfolgen.

§ 67. Der Nebenintervenient muß den Rechtsstreit in der Lage annehmen, in welcher sich dieser zur Zeit seines Beitritts befindet; er ist berechtigt, Angriffs- und Verteidigungsmittel geltend zu machen und alle Prozeßhandlungen wirksam vorzunehmen, insoweit nicht seine Erklärungen und Handlungen mit Erklärungen und Handlungen der Hauptpartei in Widerspruch stehen.

§ 68. Der Nebenintervenient wird im Verhältnis zu der Hauptpartei mit der Behauptung nicht gehört, daß der Rechtsstreit, wie derselbe dem Richter vorgelegen habe, unrichtig entschieden sei; er wird mit der Behauptung, daß die Hauptpartei den Rechtsstreit mangelhaft geführt habe, nur insoweit gehört, als er durch die Lage des Rechtsstreits zur Zeit seines Beitritts oder durch Erklärungen und Handlungen der Hauptpartei verhindert worden ist, Angriffs- oder Verteidigungsmittel geltend zu machen, oder als Angriffs- oder Verteidigungsmittel, welche ihm unbekannt waren, von der Hauptpartei absichtlich oder durch grobes Verschulden nicht geltend gemacht sind.

§ 69. Insofern nach den Vorschriften des bürgerlichen Rechtes die Rechtskraft der in dem Hauptprozeß erlassenen Entscheidung auf das Rechtsverhältnis des Nebenintervenienten zu dem Gegner von Wirksamkeit ist, gilt der Nebenintervenient im Sinne des § 61 als Streitgenosse der Hauptpartei.

§ 70. Der Beitritt des Nebenintervenienten erfolgt durch Zustellung eines Schriftsatzes. Derselbe muß enthalten:

1. die Bezeichnung der Parteien und des Rechtsstreits;
2. die bestimmte Angabe des Interesses, welches der Nebenintervenient hat;
3. die Erklärung des Beitritts.

Außerdem finden die allgemeinen Bestimmungen über die vorbereitenden Schriftsätze Anwendung.

§ 71. Über den Antrag auf Zurückweisung einer Nebenintervention wird nach vorgängiger mündlicher Verhandlung unter den Parteien und dem Nebenintervenienten entschieden. Der Nebenintervenient ist zuzulassen, wenn er sein Interesse glaubhaft macht.

Gegen das Zwischenurteil findet sofortige Beschwerde statt.

Solange nicht die Unzulässigkeit der Intervention rechtskräftig ausgesprochen ist, wird der Intervenient im Hauptverfahren zugezogen.

§ 72. Eine Partei, welche für den Fall des ihr ungünstigen Ausganges des Rechtsstreits einen Anspruch auf Gewährleistung oder Schadloshaltung gegen einen Dritten erheben zu können glaubt oder den Anspruch eines Dritten besorgt, kann bis zur rechtskräftigen Entscheidung des Rechtsstreits dem Dritten gerichtlich den Streit verkünden.

Der Dritte ist zu einer weiteren Streitverkündung berechtigt.

§ 73. Die Streitverkündung erfolgt durch Zustellung eines Schriftsatzes, in welchem der Grund der Streitverkündung und die Lage des Rechtsstreits anzugeben ist.

Abschrift des Schriftsatzes ist dem Gegner mitzuteilen.

§ 74. Wenn der Dritte dem Streitverkünder beitritt, so bestimmt sich sein Verhältnis zu den Parteien nach den Grundsätzen über die Nebenintervention.

Lehnt der Dritte den Beitritt ab, oder erklärt er sich nicht, so wird der Rechtsstreit ohne Rücksicht auf ihn fortgesetzt.

In allen Fällen dieses Paragraphen kommen gegen den Dritten die Vorschriften des § 68 mit der Abweichung zur Anwendung, daß statt der Zeit des Beitritts diejenige Zeit entscheidet, zu welcher der Beitritt infolge der Streitverkündung möglich war.

§ 75. Wird von dem verklagten Schuldner einem Dritten, welcher die geltend gemachte Forderung für sich in Anspruch nimmt, der Streit verkündet, und tritt der Dritte in den Streit ein, so ist der Beklagte, wenn er den Betrag der Forderung zugunsten der streitenden Gläubiger unter Verzicht auf das Recht zur Rücknahme hinterlegt, auf seinen Antrag aus dem Rechtsstreit unter Verurteilung in die durch seinen unbegründeten Widerspruch veranlaßten Kosten zu entlassen und der Rechtsstreit über die Berechtigung an der Forderung zwischen den streitenden Gläubigern allein fortzusetzen. Dem Obsiegenden ist der hinterlegte Betrag zuzusprechen und der Unterliegende auch zur Erstattung der dem Beklagten entstandenen, nicht durch dessen unbegründeten Widerspruch veranlaßten Kosten, einschließlich der Kosten der Hinterlegung, zu verurteilen.

§ 76. Wer als Besitzer einer Sache verklagt ist, die er auf Grund eines Rechtsverhältnisses der im § 868 des Bürgerlichen Gesetzbuchs bezeichneten Art zu besitzen behauptet, kann, wenn er dem mittelbaren Besitzer vor der Verhandlung zur Hauptsache den Streit verkündet und ihn unter Benennung an den Kläger zur Erklärung ladet, bis zu dieser Erklärung oder bis zum Schlusse des Termins, in welchem sich der Benannte zu erklären hat, die Verhandlung zur Hauptsache verweigern.

Bestreitet der Benannte die Behauptung des Beklagten oder erklärt er sich nicht, so ist der Beklagte berechtigt, dem Klageantrage zu genügen.

Wird die Behauptung des Beklagten von dem Benannten als richtig anerkannt, so ist dieser berechtigt, mit Zustimmung des Beklagten an dessen Stelle den Prozeß zu übernehmen. Die Zustimmung des Klägers ist nur insoweit erforderlich, als derselbe Ansprüche geltend macht, welche unabhängig davon sind, daß der Beklagte auf Grund eines Rechtsverhältnisses der im Abs. 1 bezeichneten Art besitzt.

Hat der Benannte den Prozeß übernommen, so ist der Beklagte auf seinen Antrag von der Klage zu entbinden. Die Entscheidung ist in Ansehung der Sache selbst auch gegen den Beklagten wirksam und vollstreckbar.

§ 77. Ist von dem Eigentümer einer Sache oder von demjenigen, dem ein Recht an einer Sache zusteht, wegen einer Beeinträchtigung des Eigentums oder seines Rechtes Klage auf Beseitigung der Beeinträchtigung oder auf Unterlassung weiterer Beeinträchtigungen erhoben, so finden die Vorschriften des § 76 entsprechende Anwendung, sofern der Beklagte die Beeinträchtigung in Ausübung des Rechtes eines Dritten vorgenommen zu haben behauptet.

Vierter Titel.

Prozeßbevollmächtigte und Beistände.

§ 78. Vor den Landgerichten und vor allen Gerichten höherer Instanz müssen die Parteien sich durch einen bei dem Prozeßgerichte zugelassenen Rechtsanwalt als Bevollmächtigten vertreten lassen (Anwaltsprozeß).

Diese Vorschrift findet auf das Verfahren vor einem beauftragten oder ersuchten Richter sowie auf Prozeßhandlungen, welche vor dem Urkundsbeamten der Geschäftsstelle vorgenommen werden können, keine Anwendung.

Ein bei dem Prozeßgerichte zugelassener Rechtsanwalt kann sich selbst vertreten.

§ 79. Insoweit eine Vertretung durch Anwälte nicht geboten ist, können die Parteien den Rechtsstreit selbst oder durch jede prozeßfähige Person als Bevollmächtigten führen.

§ 80. Der Bevollmächtigte hat die Bevollmächtigung durch eine schriftliche Vollmacht nachzuweisen und diese zu den Gerichtsakten abzugeben.

Das Gericht kann auf Antrag des Gegners die öffentliche Beglaubigung einer Privaturkunde anordnen. Wird der Antrag zurückgewiesen, so ist dagegen kein Rechtsmittel zulässig. Bei der Beglaubigung bedarf es weder der Zuziehung von Zeugen noch der Aufnahme eines Protokolls.

§ 81. Die Prozeßvollmacht ermächtigt zu allen den Rechtsstreit betreffenden Prozeßhandlungen, einschließlich derjenigen, welche durch eine Widerklage, eine Wiederaufnahme des Verfahrens und die Zwangsvollstreckung veranlaßt werden; zur Bestellung eines Vertreters sowie eines Bevollmächtigten für die höheren Instanzen; zur Beseitigung des Rechtsstreits durch Vergleich, Verzichtleistung auf den Streitgegenstand oder Anerkennung des von dem Gegner geltend gemachten Anspruchs; zur Empfangnahme der von dem Gegner zu erstattenden Kosten.

§ 82. Die Vollmacht für den Hauptprozeß umfaßt die Vollmacht für das eine Hauptintervention, einen Arrest oder eine einstweilige Verfügung betreffende Verfahren.

§ 83. Eine Beschränkung des gesetzlichen Umfanges der Vollmacht hat dem Gegner gegenüber nur insoweit rechtliche Wirkung, als diese Beschränkung die Beseitigung des Rechtsstreits durch Vergleich, Verzichtleistung auf den Streitgegenstand oder Anerkennung des von dem Gegner geltend gemachten Anspruchs betrifft.

Insoweit eine Vertretung durch Anwälte nicht geboten ist, kann eine Vollmacht für einzelne Prozeßhandlungen erteilt werden.

§ 84. Mehrere Bevollmächtigte sind berechtigt, sowohl gemeinschaftlich als einzeln die Partei zu vertreten. Eine abweichende Bestimmung der Vollmacht hat dem Gegner gegenüber keine rechtliche Wirkung.

§ 85. Die von dem Bevollmächtigten vorgenommenen Prozeßhandlungen sind für die Partei in gleicher Art verpflichtend, als wenn sie von der Partei selbst vorgenommen wären. Dies gilt von Geständnissen und anderen tatsächlichen

Erklärungen, insoweit nicht dieselben von der miterschienenen Partei sofort widerrufen oder berichtigt werden.

§ 86. Die Vollmacht wird weder durch den Tod des Vollmachtgebers noch durch eine Veränderung in betreff seiner Prozeßfähigkeit oder seiner gesetzlichen Vertretung aufgehoben; der Bevollmächtigte hat jedoch, wenn er nach Aussetzung des Rechtsstreits für den Nachfolger im Rechtsstreit auftritt, eine Vollmacht desselben beizubringen.

§ 87. Dem Gegner gegenüber erlangt die Kündigung des Vollmachtvertrags erst durch die Anzeige des Erlöschens der Vollmacht, in Anwaltsprozessen erst durch die Anzeige der Bestellung eines anderen Anwalts rechtliche Wirksamkeit.

Der Bevollmächtigte wurde durch die von seiner Seite erfolgte Kündigung nicht gehindert, für den Vollmachtgeber so lange zu handeln, bis dieser für Wahrnehmung seiner Rechte in anderer Weise gesorgt hat.

§ 88. Der Mangel der Vollmacht kann von dem Gegner in jeder Lage des Rechtsstreits gerügt werden.

Das Gericht hat den Mangel der Vollmacht von Amts wegen zu berücksichtigen, insoweit eine Vertretung durch Anwälte nicht geboten ist.

§ 89. Handelt jemand für eine Partei als Geschäftsführer ohne Auftrag oder als Bevollmächtigter ohne Beibringung einer Vollmacht, so kann er gegen oder ohne Sicherheitsleistung für Kosten und Schäden zur Prozeßführung einstweilen zugelassen werden. Das Endurteil darf erst erlassen werden, nachdem die für die Beibringung der Genehmigung zu bestimmende Frist abgelaufen ist. Ist zu der Zeit, zu welcher das Endurteil erlassen wird, die Genehmigung nicht beigebracht, so ist der einstweilen zur Prozeßführung Zugelassene zum Ersatze der dem Gegner infolge der Zulassung erwachsenen Kosten zu verurteilen; auch hat er dem Gegner die infolge der Zulassung entstandenen Schäden zu ersetzen.

Die Partei muß die Prozeßführung gegen sich gelten lassen, wenn sie auch nur mündlich Vollmacht erteilt oder wenn sie die Prozeßführung ausdrücklich oder stillschweigend genehmigt hat.

§ 90. Insoweit eine Vertretung durch Anwälte nicht geboten ist, kann eine Partei mit jeder prozeßfähigen Person als Beistand erscheinen.

Das von dem Beistand Vorgetragene gilt als von der Partei vorgebracht, insoweit es nicht von dieser sofort widerrufen oder berichtigt wird.

Fünfter Titel.

Prozeßkosten.

§ 91. Die unterliegende Partei hat die Kosten des Rechtsstreits zu tragen, insbesondere die dem Gegner erwachsenen Kosten zu erstatten, soweit dieselben zur zweckentsprechenden Rechtsverfolgung oder Rechtsverteidigung notwendig waren. Die Kostenerstattung umfaßt auch die Entschädigung des Gegners für die durch notwendige Reisen oder durch die notwendige Wahrnehmung von Terminen entstandene Zeitversäumnis; die für die Entschädigung von Zeugen geltenden Vorschriften finden entsprechende Anwendung.

Die Gebühren und Auslagen des Rechtsanwalts der obsiegenden Partei sind in allen Prozessen zu erstatten, Reisekosten eines auswärtigen Rechtsanwalts jedoch nur insoweit, als die Zuziehung zur zweckentsprechenden Rechtsverfolgung oder Rechtsverteidigung notwendig war. Die Kosten mehrerer Rechtsanwälte sind nur insoweit zu erstatten, als sie die Kosten eines Rechtsanwalts nicht übersteigen, oder als in der Person des Rechtsanwalts ein Wechsel eintreten mußte.

Zu den Kosten des Rechtsstreits im Sinne der Abs. 1, 2 gehören auch die Kosten eines vorausgegangenen Güteverfahrens; dies gilt nicht, wenn zwischen der Beendigung des Güteverfahrens und der Klageerhebung mehr als ein Jahr verstrichen ist.

Abs. 3 findet entsprechende Anwendung auf die Gebühren, die durch ein Güteverfahren vor einer Gütestelle der im § 495a Abs. 1 Nr. 1 bezeichneten Art entstanden sind.

§ 92. Wenn jede Partei teils obsiegt, teils unterliegt, so sind die Kosten gegeneinander aufzuheben oder verhältnismäßig zu teilen. Sind die Kosten gegeneinander aufgehoben, so fallen die Gerichtskosten jeder Partei zur Hälfte zur Last.

Das Gericht kann der einen Partei die gesamten Prozeßkosten auferlegen, wenn die Zuvielforderung der anderen Partei eine verhältnismäßig geringfügige war und keine besonderen Kosten veranlaßt hat, oder wenn der Betrag der

Forderung der anderen Partei von der Festsetzung durch richterliches Ermessen, von der Ausmittelung durch Sachverständige oder von einer gegenseitigen Berechnung abhängig war.

§ 93. Hat der Beklagte nicht durch sein Verhalten zur Erhebung der Klage Veranlassung gegeben, so fallen dem Kläger die Prozeßkosten zur Last, wenn der Beklagte den Anspruch sofort anerkennt.

§ 94. Macht der Kläger einen auf ihn übergegangenen Anspruch geltend, ohne daß er vor der Erhebung der Klage dem Beklagten den Übergang mitgeteilt und auf Verlangen nachgewiesen hat, so fallen ihm die Prozeßkosten insoweit zur Last, als sie dadurch entstanden sind, daß der Beklagte durch die Unterlassung der Mitteilung oder des Nachweises veranlaßt worden ist, den Anspruch zu bestreiten.

§ 95. Die Partei, welche einen Termin oder eine Frist versäumt, oder die Verlegung eines Termins, die Vertagung einer Verhandlung, die Anberaumung eines Termins zur Fortsetzung der Verhandlung oder die Verlängerung einer Frist durch ihr Verschulden veranlaßt, hat die dadurch verursachten Kosten zu tragen.

§ 96. Die Kosten eines ohne Erfolg gebliebenen Angriffs- oder Verteidigungsmittels können der Partei auferlegt werden, welche dasselbe geltend gemacht hat, auch wenn sie in der Hauptsache obsiegt.

§ 97. Die Kosten eines ohne Erfolg eingelegten Rechtsmittels fallen der Partei zur Last, welche dasselbe eingelegt hat.

Die Kosten der Berufungsinstanz sind der obsiegenden Partei ganz oder teilweise aufzuerlegen, wenn sie auf Grund eines neuen Vorbringens obsiegt, welches sie nach freiem Ermessen des Gerichts in erster Instanz geltend zu machen imstande war oder mit dem sie in erster Instanz nach §§ 279, 279a, 283 Abs. 2 zurückgewiesen worden ist.

Die Kosten der Revisionsinstanz in Rechtsstreitigkeiten über Ansprüche, für welche die Landgerichte ohne Rücksicht auf den Wert des Streitgegenstandes ausschließlich zuständig sind, hat auch im Falle des Obsiegens die Reichs- oder die Staatskasse zu tragen, wenn der Wert des Streitgegenstandes die Summe von fünfhundert Reichsmark nicht übersteigt und der

Vertreter des Reichs oder des Staates die Revision eingelegt hat.

§ 98. Die Kosten eines abgeschlossenen Vergleichs sind als gegeneinander aufgehoben anzusehen, wenn nicht die Parteien ein anderes vereinbart haben. Dasselbe gilt von den Kosten des durch Vergleich erledigten Rechtsstreits, soweit nicht über dieselben bereits rechtskräftig erkannt ist.

§ 99. Die Anfechtung der Entscheidung über den Kostenpunkt ist unzulässig, wenn nicht gegen die Entscheidung in der Hauptsache ein Rechtsmittel eingelegt wird.

Ist die Hauptsache durch eine auf Grund eines Anerkenntnisses ausgesprochene Verurteilung erledigt, so kann die Entscheidung über den Kostenpunkt selbständig angefochten werden.

Ist eine Entscheidung in der Hauptsache nicht ergangen, so findet gegen die Entscheidung über den Kostenpunkt, mit der Beschränkung des § 567 Abs. 2, sofortige Beschwerde statt. Vor der Entscheidung über die Beschwerde ist der Gegner zu hören.

§ 100. Besteht der unterliegende Teil aus mehreren Personen, so haften dieselben für die Kostenerstattung nach Kopfteilen.

Bei einer erheblichen Verschiedenheit der Beteiligung am Rechtsstreite kann nach dem Ermessen des Gerichts die Beteiligung zum Maßstab genommen werden.

Hat ein Streitgenosse ein besonderes Angriffs- oder Verteidigungsmittel geltend gemacht, so sind die übrigen Streitgenossen für die durch dasselbe veranlaßten Kosten nicht verhaftet.

Werden mehrere Beklagte als Gesamtschuldner verurteilt, so haften sie auch für die Kostenerstattung, unbeschadet der Vorschrift des Abs. 3, als Gesamtschuldner. Die Vorschriften des bürgerlichen Rechts, nach denen sich diese Haftung auf die im Abs. 3 bezeichneten Kosten erstreckt, bleiben unberührt.

§ 101. Die durch eine Nebenintervention verursachten Kosten sind dem Gegner der Hauptpartei aufzuerlegen, soweit derselbe nach den Bestimmungen der §§ 91—98 die Kosten des Rechtsstreits zu tragen hat; soweit dies nicht der Fall ist, sind sie dem Nebenintervenienten aufzuerlegen.

Gilt der Nebenintervenient als Streitgenosse der Hauptpartei (§ 69), so sind die Vorschriften des § 100 maßgebend.

§ 102. Urkundsbeamte der Geschäftsstelle, gesetzliche Vertreter, Rechtsanwälte und andere Bevollmächtigte sowie Gerichtsvollzieher können durch das Prozeßgericht auch von Amts wegen zur Tragung derjenigen Kosten verurteilt werden, welche sie durch grobes Verschulden veranlaßt haben.

Die Entscheidung kann ohne mündliche Verhandlung erfolgen. Vor der Entscheidung ist der Beteiligte zu hören.

Gegen die Entscheidung findet sofortige Beschwerde statt.

§ 103. Der Anspruch auf Erstattung der Prozeßkosten kann nur auf Grund eines zur Zwangsvollstreckung geeigneten Titels geltend gemacht werden.

Das Gesuch um Festsetzung des zu erstattenden Betrags ist bei der Geschäftsstelle des Gerichts erster Instanz anzubringen. Die Kostenberechnung, die zur Mitteilung an den Gegner bestimmte Abschrift derselben und die zur Rechtfertigung der einzelnen Ansätze dienenden Belege sind beizufügen.

§ 104. Die Entscheidung über das Festsetzungsgesuch erfolgt durch den Urkundsbeamten der Geschäftsstelle. Sie ist den Parteien von Amts wegen zuzustellen, dem Gegner des Antragstellers unter Beifügung der Abschrift der Kostenberechnung.

Zur Berücksichtigung eines Ansatzes genügt, daß dieser glaubhaft gemacht ist. Hinsichtlich der einem Rechtsanwalt erwachsenen Auslagen an Post-, Telegraphen- und Fernsprechgebühren genügt die Versicherung des Rechtsanwalts, daß diese Auslagen entstanden sind.

Über Erinnerungen gegen den Festsetzungsbeschluß entscheidet das Gericht, dessen Geschäftsstelle den Beschluß erlassen hat. Die Erinnerungen sind binnen einer Notfrist von zwei Wochen, welche mit der Zustellung des Beschlusses beginnt, zu erheben. Die Entscheidung kann ohne vorgängige mündliche Verhandlung erfolgen. Das Gericht kann vor der Entscheidung anordnen, daß die Vollstreckung des Festsetzungsbeschlusses auszusetzen sei. Gegen die Entscheidung des Gerichts findet sofortige Beschwerde statt.

§ 105. Der Festsetzungsbeschluß kann auf das Urteil und die Ausfertigungen gesetzt werden, sofern bei der Anbringung des Gesuchs eine Ausfertigung des Urteils noch nicht erteilt ist und eine Verzögerung der Ausfertigung nicht eintritt. Eine besondere Ausfertigung und Zustellung des Festsetzungsbeschlusses findet in diesem Falle nicht statt. Den Parteien ist der festgesetzte Betrag mitzuteilen, dem Gegner des Antragstellers unter Beifügung der Abschrift der Kostenberechnung. Die Verbindung des Festsetzungsbeschlusses mit dem Urteil soll unterbleiben, sofern dem Festsetzungsgesuch auch nur teilweise nicht entsprochen wird.

Der Anbringung eines Festsetzungsgesuchs bedarf es nicht, wenn die Partei vor der Verkündung des Urteils die Berechnung ihrer Kosten eingereicht hat; in diesem Falle ist die dem Gegner mitzuteilende Abschrift der Kostenberechnung von Amts wegen anzufertigen.

§ 106. Sind die Prozeßkosten ganz oder teilweise nach Quoten verteilt, so hat in den in erster Instanz vor einem Landgericht verhandelten Sachen die Partei den Gegner vor Anbringung des Festsetzungsgesuchs aufzufordern, die Berechnung seiner Kosten binnen einer einwöchigen Frist bei der Geschäftsstelle einzureichen. In den in erster Instanz vor einem Amtsgerichte verhandelten Sachen ist die Aufforderung nach Anbringung eines Festsetzungsgesuchs von der Geschäftsstelle zu erlassen. Die Vorschriften des § 105 finden keine Anwendung.

Nach fruchtlosem Ablaufe der einwöchigen Frist erfolgt die Entscheidung ohne Rücksicht auf die Kosten des Gegners, unbeschadet des Rechts des letzteren, den Anspruch auf Erstattung nachträglich geltend zu machen. Der Gegner haftet für die Mehrkosten, welche durch das nachträgliche Verfahren entstehen.

§ 107. Ergeht nach der Kostenfestsetzung eine Entscheidung, durch welche der Wert des Streitgegenstandes festgesetzt wird, so ist, falls diese Entscheidung von der Wertsberechnung abweicht, welche der Kostenfestsetzung zugrunde liegt, auf Antrag die Kostenfestsetzung entsprechend abzuändern. Über den Antrag entscheidet der Urkundsbeamte der Geschäftsstelle des Gerichts erster Instanz.

Der Antrag ist binnen der Frist von einem Monat bei der Geschäftsstelle anzubringen. Die Frist beginnt mit der Zustellung und, wenn es einer solchen nicht bedarf, mit der Verkündung des den Wert des Streitgegenstandes festsetzenden Beschlusses.

Die Vorschriften des § 104 Abs. 3 finden Anwendung.

Sechster Titel.
Sicherheitsleistung.

§ 108. In den Fällen der Bestellung einer prozessualischen Sicherheit kann das Gericht nach freiem Ermessen bestimmen, in welcher Art und Höhe die Sicherheit zu leisten ist. Soweit das Gericht eine Bestimmung nicht getroffen hat und die Parteien ein anderes nicht vereinbart haben, ist die Sicherheitsleistung durch Hinterlegung von Geld oder solchen Wertpapieren zu bewirken, welche nach § 234 Abs. 1, 3 des Bürgerlichen Gesetzbuchs zur Sicherheitsleistung geeignet sind.

Die Vorschriften des § 234 Abs. 2 und des § 235 des Bürgerlichen Gesetzbuchs finden entsprechende Anwendung.

§ 109. Ist die Veranlassung für eine Sicherheitsleistung weggefallen, so hat auf Antrag das Gericht, welches die Bestellung der Sicherheit angeordnet oder zugelassen hat, eine Frist zu bestimmen, binnen welcher ihm die Partei, zu deren Gunsten die Sicherheit geleistet ist, die Einwilligung in die Rückgabe der Sicherheit zu erklären oder die Erhebung der Klage wegen ihrer Ansprüche nachzuweisen hat.

Nach Ablauf der Frist hat das Gericht auf Antrag die Rückgabe der Sicherheit anzuordnen, wenn nicht inzwischen die Erhebung der Klage nachgewiesen ist.

Die Anträge und die Einwilligung in die Rückgabe der Sicherheit können vor der Geschäftsstelle zu Protokoll erklärt werden. Die Entscheidungen können ohne vorgängige mündliche Verhandlung erfolgen.

Gegen den Beschluß, durch welchen der im Abs. 1 vorgesehene Antrag abgelehnt wird, steht dem Antragsteller, gegen die im Abs. 2 bezeichnete Entscheidung steht beiden Teilen die sofortige Beschwerde zu.

§ 110. Ausländer, welche als Kläger auftreten, haben dem Beklagten auf dessen Verlangen wegen der Prozeßkosten Sicherheit zu leisten.

Diese Verpflichtung tritt nicht ein:

1. wenn nach den Gesetzen des Staates, welchem der Kläger angehört, ein Deutscher in gleichem Falle zur Sicherheitsleistung nicht verpflichtet ist;
2. im Urkunden- oder Wechselprozesse;

3. bei Widerklagen;
4. bei Klagen, welche infolge einer öffentlichen Aufforderung angestellt werden;
5. bei Klagen aus Rechten, welche im Grundbuch eingetragen sind.

§ 111. Der Beklagte kann auch dann Sicherheitsleistung verlangen, wenn im Laufe des Rechtsstreits der Kläger die Eigenschaft eines Deutschen verliert oder die Voraussetzung, unter welcher der Ausländer von der Sicherheitsleistung befreit war, wegfällt, und nicht ein zur Deckung ausreichender Teil des erhobenen Anspruchs unbestritten ist.

§ 112. Die Höhe der zu leistenden Sicherheit wird von dem Gerichte nach freiem Ermessen festgesetzt.

Bei der Festsetzung ist derjenige Betrag der Prozeßkosten zugrunde zu legen, welchen der Beklagte wahrscheinlich aufzuwenden haben wird. Die dem Beklagten durch eine Widerklage erwachsenen Kosten sind hierbei nicht zu berücksichtigen.

Ergibt sich im Laufe des Rechtsstreits, daß die geleistete Sicherheit nicht hinreicht, so kann der Beklagte die Leistung einer weiteren Sicherheit verlangen, sofern nicht ein zur Deckung ausreichender Teil des erhobenen Anspruchs unbestritten ist.

§ 113. Das Gericht hat dem Kläger bei Anordnung der Sicherheitsleistung eine Frist zu bestimmen, binnen welcher die Sicherheit zu leisten sei. Nach Ablauf der Frist ist auf Antrag des Beklagten, wenn die Sicherheit bis zur Entscheidung nicht geleistet ist, die Klage für zurückgenommen zu erklären oder, wenn über ein Rechtsmittel des Klägers zu verhandeln ist, dasselbe zu verwerfen.

Siebenter Titel.

Armenrecht.

§ 114. Wer außerstande ist, ohne Beeinträchtigung des für ihn und seine Familie notwendigen Unterhalts die Kosten des Prozesses zu bestreiten, hat auf Bewilligung des Armenrechts Anspruch, wenn die beabsichtigte Rechtsverfolgung oder Rechtsverteidigung nicht mutwillig oder aussichtslos erscheint.

Ausländer haben auf das Armenrecht nur insoweit Anspruch, als die Gegenseitigkeit verbürgt ist.

§ 115. Durch die Bewilligung des Armenrechts erlangt die Partei:

1. die einstweilige Befreiung von der Berichtigung der rückständigen und künftig erwachsenden Gerichtskosten, einschließlich der Gebühren der Beamten, der den Zeugen und den Sachverständigen zu gewährenden Vergütung und der sonstigen baren Auslagen, sowie der Stempelsteuer;
2. die Befreiung von der Sicherheitsleistung für die Prozeßkosten;
3. das Recht, daß ihr zur vorläufig unentgeltlichen Bewirkung von Zustellungen und von Vollstreckungshandlungen ein Gerichtsvollzieher und, insoweit eine Vertretung durch Anwälte geboten ist, zur vorläufig unentgeltlichen Wahrnehmung ihrer Rechte ein Rechtsanwalt beigeordnet werde.

Ist in vermögensrechtlichen Streitigkeiten die arme Partei imstande, die Kosten des Prozesses ohne Beeinträchtigung des für sie und ihre Familie notwendigen Unterhalts zu einem Bruchteil zu bestreiten, so ist in dem Beschluß über die Bewilligung des Armenrechts zu bestimmen, daß wegen dieses Teiles die aus Abs. 1 sich ergebende einstweilige Befreiung von der Berichtigung der Gerichtskosten sowie der Gebühren und Auslagen des Anwalts nicht eintritt.

§ 116. Insoweit nicht eine Vertretung durch Anwälte geboten oder ein Anwalt gemäß § 34 der Rechtsanwaltsordnung beigeordnet ist, kann einer armen Partei, welche nicht im Bezirke des Prozeßgerichts wohnt, zur unentgeltlichen Wahrnehmung ihrer Rechte in der mündlichen Verhandlung ein Justizbeamter, der nicht als Richter angestellt ist, oder ein Rechtskundiger, der die vorgeschriebene erste Prüfung für den Justizdienst bestanden hat, auf Antrag beigeordnet werden. Die infolgedessen erwachsenden baren Auslagen werden von der Staatskasse bestritten und als Gerichtskosten in Ansatz gebracht.

§ 117. Die Bewilligung des Armenrechts hat auf die Verpflichtung zur Erstattung der dem Gegner erwachsenden Kosten keinen Einfluß.

§ 118. Das Gesuch um Bewilligung des Armenrechts ist bei dem Prozeßgericht anzubringen; es kann vor der Geschäftsstelle zu Protokoll erklärt werden.

Dem Gesuch ist ein von der obrigkeitlichen Behörde der Partei ausgestelltes Zeugnis beizufügen, in welchem unter Angabe des Standes oder Gewerbes, der Vermögens- und Familienverhältnisse der Partei sowie des Betrags der von dieser zu entrichtenden direkten Staatssteuern das Unvermögen zur Bestreitung der Prozeßkosten ausdrücklich bezeugt wird. Für Personen, welche unter Vormundschaft oder Kuratel stehen, kann das Zeugnis auch von der vormundschaftlichen Behörde ausgestellt werden; soll von einem unehelichen Kinde ein Anspruch auf Unterhalt gegen seinen Vater geltend gemacht werden, so bedarf es des Zeugnisses nicht.

In dem Gesuch ist das Streitverhältnis unter Angabe der Beweismittel darzulegen.

§ 118a. Wird in Streitigkeiten über vermögensrechtliche Ansprüche vor dem Landgericht auf ein Armenrechtsgesuch der Gegner zu Protokoll der Geschäftsstelle gehört und einigen sich hierbei beide Parteien über den streitigen Anspruch, so ist der Vergleich zu richterlichem Protokoll zu nehmen. Richter in diesem Sinne ist der Vorsitzende der Kammer oder ein von ihm beauftragtes Kammermitglied.

§ 119. Die Bewilligung des Armenrechts erfolgt für jede Instanz besonders, für die erste Instanz einschließlich der Zwangsvollstreckung.

In der höheren Instanz bedarf es des Nachweises des Unvermögens nicht, wenn das Armenrecht in der vorherigen Instanz bewilligt war. Hat der Gegner das Rechtsmittel eingelegt, so ist in der höheren Instanz nicht zu prüfen, ob die Rechtsverfolgung oder Rechtsverteidigung der Partei mutwillig oder aussichtslos erscheint.

§ 120. Die Bewilligung des Armenrechts für den Kläger, den Berufungskläger und den Revisionskläger hat zugleich für den Gegner die einstweilige Befreiung von den im § 115 Abs. 1 Nr. 1 bezeichneten Kosten zur Folge.

§ 121. Das Armenrecht kann zu jeder Zeit entzogen werden, wenn sich ergibt, daß eine Voraussetzung der Bewilligung nicht vorhanden war oder nicht mehr vorhanden ist.

§ 122. Das Armenrecht erlischt mit dem Tode der Person, welcher es bewilligt ist.

§ 123. Die Gerichtskosten, von deren Berichtigung die arme Partei einstweilen befreit ist, können von dem in die Prozeßkosten verurteilten Gegner nach Maßgabe der für die Beitreibung rückständiger Gerichtskosten geltenden Vorschriften eingezogen werden.

Die Gerichtskosten, von deren Berichtigung der Gegner der armen Partei einstweilen befreit ist, sind von demselben einzuziehen, soweit er in die Prozeßkosten verurteilt oder der Rechtsstreit ohne Urteil über die Kosten beendigt ist.

§ 124. Die für die arme Partei bestellten Gerichtsvollzieher und Rechtsanwälte sind berechtigt, ihre Gebühren und Auslagen von dem in die Prozeßkosten verurteilten Gegner beizutreiben.

Eine Einrede aus der Person der armen Partei ist nur insoweit zulässig, als die Aufrechnung von Kosten verlangt wird, welche nach der in demselben Rechtsstreit über die Kosten erlassenen Entscheidung von der armen Partei zu erstatten sind.

§ 125. Die zum Armenrechte zugelassene Partei ist zur Nachzahlung der Beträge, von deren Berichtigung sie einstweilen befreit war, verpflichtet, sobald sie ohne Beeinträchtigung des für sie und ihre Familie notwendigen Unterhalts dazu imstande ist.

Dasselbe gilt in betreff derjenigen Beträge, von deren Berichtigung der Gegner einstweilen befreit war, soweit die arme Partei in die Prozeßkosten verurteilt ist.

§ 126. Über das Gesuch um Bewilligung des Armenrechts, über die Entziehung desselben und über die Verpflichtung zur Nachzahlung der Beträge, von deren Berichtigung die zum Armenrechte zugelassene Partei oder der Gegner einstweilen befreit ist, kann ohne vorgängige mündliche Verhandlung entschieden werden.

§ 127. Gegen den Beschluß, durch welchen das Armenrecht bewilligt wird, findet kein Rechtsmittel, gegen den Beschluß, durch welchen das Armenrecht verweigert oder entzogen oder die Nachzahlung von Kosten angeordnet wird, findet die Beschwerde statt.

Dritter Abschnitt.

Verfahren.

Erster Titel.

Mündliche Verhandlung.

§ 128. Die Verhandlung der Parteien über den Rechtsstreit vor dem erkennenden Gerichte ist eine mündliche.

§ 129. In Anwaltsprozessen wird die mündliche Verhandlung durch Schriftsätze vorbereitet; die Nichtbeachtung dieser Vorschrift hat Rechtsnachteile in der Sache selbst nicht zur Folge.

In anderen Prozessen können vorbereitende Schriftsätze gewechselt werden.

§ 130. Die vorbereitenden Schriftsätze sollen enthalten:

1. die Bezeichnung der Parteien und ihrer gesetzlichen Vertreter nach Namen, Stand oder Gewerbe, Wohnort und Parteistellung; die Bezeichnung des Gerichts und des Streitgegenstandes; die Zahl der Anlagen;
2. die Anträge, welche die Partei in der Gerichtssitzung zu stellen beabsichtigt;
3. die Angabe der zur Begründung der Anträge dienenden tatsächlichen Verhältnisse;
4. die Erklärung über die tatsächlichen Behauptungen des Gegners;
5. die Bezeichnung der Beweismittel, welcher sich die Partei zum Nachweis oder zur Widerlegung tatsächlicher Behauptungen bedienen will, sowie die Erklärung über die von dem Gegner bezeichneten Beweismittel;
6. in Anwaltsprozessen die Unterschrift des Anwalts, in anderen Prozessen die Unterschrift der Partei selbst oder desjenigen, welcher für dieselbe als Bevollmächtigter oder als Geschäftsführer ohne Auftrag handelt.

§ 131. Dem vorbereitenden Schriftsatze sind die in den Händen der Partei befindlichen Urkunden, auf welche in dem Schriftsatze Bezug genommen wird, in Urschrift oder in Abschrift beizufügen.

Kommen nur einzelne Teile einer Urkunde in Betracht, so genügt die Beifügung eines Auszugs, welcher den Eingang, die zur Sache gehörende Stelle, den Schluß, das Datum und die Unterschrift enthält.

Sind die Urkunden dem Gegner bereits bekannt oder von bedeutendem Umfang, so genügt die genaue Bezeichnung derselben mit dem Erbieten, Einsicht zu gewähren.

§ 132. Der vorbereitende Schriftsatz, welcher neue Tatsachen oder ein anderes neues Vorbringen enthält, ist mindestens eine Woche, wenn er einen Zwischenstreit betrifft, mindestens drei Tage vor der mündlichen Verhandlung zuzustellen.

Der vorbereitende Schriftsatz, welcher eine Gegenerklärung auf neues Vorbringen enthält, ist mindestens drei Tage vor der mündlichen Verhandlung zuzustellen. Die Zustellung einer schriftlichen Gegenerklärung ist nicht erforderlich, wenn es sich um einen Zwischenstreit handelt.

§ 133. Die Parteien haben eine für das Prozeßgericht bestimmte Abschrift ihrer vorbereitenden Schriftsätze und der Anlagen auf der Geschäftsstelle niederzulegen.

Diese Niederlegung erfolgt zugleich mit der Überreichung der Urschrift, wenn eine Terminsbestimmung oder wenn die Zustellung unter Vermittelung der Geschäftsstelle erwirkt werden soll, andernfalls sofort nach erfolgter Zustellung des Schriftsatzes.

§ 134. Die Partei ist, wenn sie rechtzeitig aufgefordert wird, verpflichtet, die in ihren Händen befindlichen Urkunden, auf welche sie in einem vorbereitenden Schriftsatze Bezug genomman hat, vor der mündlichen Verhandlung auf der Geschäftsstelle niederzulegen und den Gegner von der Niederlegung zu benachrichtigen.

Der Gegner hat zur Einsicht der Urkunden eine Frist von drei Tagen. Die Frist kann auf Antrag von dem Vorsitzenden verlängert oder abgekürzt werden.

§ 135. Den Rechtsanwälten steht es frei, die Mitteilung von Urkunden von Hand zu Hand gegen Empfangsbescheinigung zu bewirken.

Gibt ein Rechtsanwalt die ihm eingehändigte Urkunde nicht binnen der bestimmten Frist zurück, so ist er auf Antrag nach vorgängiger mündlicher Verhandlung zur unverzüglichen Zurückgabe zu verurteilen.

Gegen das Zwischenurteil findet sofortige Beschwerde att.

§ 136. Der Vorsitzende eröffnet und leitet die mündliche Verhandlung.

Er erteilt das Wort und kann es demjenigen, welcher seinen Anordnung nicht Folge leistet, entziehen.

Er hat Sorge zu tragen, daß die Sache erschöpfende Erörterung finde und die Verhandlung ohne Unterbrechung zu Ende geführt werde; erforderlichenfalls hat er die Sitzung zur Fortsetzung der Verhandlung sofort zu bestimmen.

Er schließt die Verhandlung, wenn nach Ansicht des Gerichts die Sache vollständig erörtert ist, und verkündet die Urteile und Beschlüsse des Gerichts.

§ 137. Die mündliche Verhandlung wird dadurch eingeleitet, daß die Parteien ihre Anträge stellen.

Die Vorträge der Parteien sind in freier Rede zu halten; sie haben das Streitverhältnis in tatsächlicher und rechtlicher Beziehung zu umfassen.

Eine Bezugnahme auf Schriftstücke ist zulässig, soweit keine der Parteien widerspricht und das Gericht sie für angemessen hält. Die Vorlesung von Schriftstücken findet nur insoweit statt, als es auf den wörtlichen Inhalt derselben ankommt.

In Anwaltsprozessen ist neben dem Anwalt auch der Partei selbst auf Antrag das Wort zu gestatten.

§ 138. Jede Partei hat sich über die von dem Gegner behaupteten Tatsachen zu erklären.

Tatsachen, welche nicht ausdrücklich bestritten werden, sind als zugestanden anzusehen, wenn nicht die Absicht, sie bestreiten zu wollen, aus den übrigen Erklärungen der Partei hervorgeht.

Eine Erklärung mit Nichtwissen ist nur über Tatsachen zulässig, welche weder eigene Handlungen der Partei noch Gegenstand ihrer eigenen Wahrnehmung gewesen sind.

§ 139. Der Vorsitzende hat dahin zu wirken, daß die Parteien über alle erheblichen Tatsachen sich vollständig erklären und die sachdienlichen Anträge stellen, insbesondere auch ungenügende Angaben der geltend gemachten Tatsachen ergänzen und die Beweismittel bezeichnen. Er hat zu diesem Zwecke, soweit erforderlich, das Sach- und Streitverhältnis mit den Parteien nach der tatsächlichen und der rechtlichen Seite zu erörtern und Fragen zu stellen.

Der Vorsitzende hat auf die Bedenken aufmerksam zu machen, welche in Ansehung der von Amts wegen zu berücksichtigenden Punkte obwalten.

Er hat jedem Mitglied des Gerichts auf Verlangen zu gestatten, Fragen zu stellen.

§ 140. Wird eine auf die Sachleitung bezügliche Anordnung des Vorsitzenden oder eine von dem Vorsitzenden oder einem Gerichtsmitgliede gestellte Frage von einer bei der Verhandlung beteiligten Person als unzulässig beanstandet, so entscheidet das Gericht.

§ 141. Das Gericht kann das persönliche Erscheinen einer Partei zur Aufklärung des Sachverhalts anordnen; von der Anordnung soll abgesehen werden, wenn der Partei wegen weiter Entfernung ihres Aufenthaltsorts vom Gerichtssitz oder aus sonstigen wichtigen Gründen die persönliche Wahrnehmung des Termins nicht zugemutet werden kann.

Wird das Erscheinen angeordnet, so ist die Partei von Amts wegen zu laden. Die Ladung ist der Partei selbst zuzustellen, auch wenn sie einen Prozeßbevollmächtigten bestellt hat.

Bleibt die Partei im Termin aus, so können gegen sie die gleichen Strafen wie gegen einen im Vernehmungstermine nicht erschienenen Zeugen, jedoch mit Ausnahme der Haftstrafe verhängt werden. Dies gilt nicht, wenn die Partei zur Verhandlung einen Vertreter entsendet, der zur Aufklärung des Tatbestandes in der Lage und zur Abgabe der gebotenen Erklärungen, insbesondere zu einem Vergleichsabschlusse, ermächtigt ist. Die Partei ist auf die Folgen ihres Ausbleibens in der Ladung hinzuweisen.

§ 142. Das Gericht kann anordnen, daß eine Partei die in ihren Händen befindlichen Urkunden, auf welche sie sich bezogen hat, sowie Stammbäume, Pläne, Risse und sonstige Zeichnungen vorlege.

Das Gericht kann anordnen, daß die vorgelegten Schriftstücke während einer von ihm zu bestimmenden Zeit auf der Geschäftsstelle verbleiben.

Das Gericht kann anordnen, daß von den in fremder Sprache abgefaßten Urkunden eine durch einen beeidigten Dolmetscher angefertigte Übersetzung beigebracht werde.

§ 143. Das Gericht kann anordnen, daß die Parteien die in ihrem Besitze befindlichen Akten vorlegen, soweit dieselben aus Schriftstücken bestehen, welche die Verhandlung und Entscheidung der Sache betreffen.

§ 144. Das Gericht kann die Einnahme des Augenscheins sowie die Begutachtung durch Sachverständige anordnen.

Das Verfahren richtet sich nach den Vorschriften, welche eine auf Antrag angeordnete Einnahme des Augenscheins oder Begutachtung durch Sachverständige zum Gegenstande haben.

§ 145. Das Gericht kann anordnen, daß mehrere in einer Klage erhobene Ansprüche in getrennten Prozessen verhandelt werden.

Dasselbe gilt, wenn der Beklagte eine Widerklage erhoben hat und der Gegenanspruch mit dem in der Klage geltend gemachten Anspruch nicht in rechtlichem Zusammenhange steht.

Macht der Beklagte die Aufrechnung einer Gegenforderung geltend, welche mit der in der Klage geltend gemachten Forderung nicht in rechtlichem Zusammenhange steht, so kann das Gericht anordnen, daß über die Klage und über die Aufrechnung getrennt verhandelt werde; die Vorschriften des § 302 finden Anwendung.

§ 146. Das Gericht kann anordnen, daß bei mehreren auf denselben Anspruch sich beziehenden selbständigen Angriffs- oder Verteidigungsmitteln (Klagegründen, Einreden, Repliken usw.) die Verhandlung zunächst auf eines oder einige dieser Angriffs- oder Verteidigungsmittel zu beschränken sei.

§ 147. Das Gericht kann die Verbindung mehrerer bei ihm anhängiger Prozesse derselben oder verschiedener Parteien zum Zwecke der gleichzeitigen Verhandlung und Entscheidung anordnen, wenn die Ansprüche, welche den Gegenstand dieser Prozesse bilden, in rechtlichem Zusammenhange stehen oder in einer Klage hätten geltend gemacht werden können.

§ 148. Das Gericht kann, wenn die Entscheidung des Rechtsstreits ganz oder zum Teil von dem Bestehen oder Nichtbestehen eines Rechtsverhältnisses abhängt, welches den Gegenstand eines anderen anhängigen Rechtsstreits bildet oder von einer Verwaltungsbehörde festzustellen ist, anordnen, daß die Verhandlung bis zur Erledigung des anderen Rechtsstreits oder bis zur Entscheidung der Verwaltungsbehörde auszusetzen sei.

§ 149. Das Gericht kann, wenn sich im Laufe eines Rechtsstreits der Verdacht einer strafbaren Handlung ergibt, deren Ermittelung auf die Entscheidung von Einfluß ist, die Aussetzung der Verhandlung bis zur Erledigung des Strafverfahrens anordnen.

§ 150. Das Gericht kann die von ihm erlassenen, eine Trennung, Verbindung oder Aussetzung betreffenden Anordnungen wieder aufheben.

§ 151. Hängt die Entscheidung eines Rechtsstreits davon ab, ob eine Ehe nichtig ist, so hat das Gericht, wenn die Nichtigkeit nur im Wege der Nichtigkeitsklage geltend gemacht werden kann, auf Antrag das Verfahren auszusetzen und, falls die Nichtigkeitsklage noch nicht erhoben ist, eine Frist zur Erhebung der Klage zu bestimmen. Ist die Nichtigkeitsklage erledigt oder wird sie nicht vor dem Ablauf der bestimmten Frist erhoben, so ist die Aufnahme des ausgesetzten Verfahrens zulässig.

§ 152. Hängt die Entscheidung eines Rechtsstreits davon ab, ob eine im Wege der Anfechtungsklage angefochtene Ehe anfechtbar ist, so hat das Gericht auf Antrag das Verfahren auszusetzen. Ist der Rechtsstreit über die Anfechtungsklage erledigt, so findet die Aufnahme des ausgesetzten Verfahrens statt.

§ 153. Hängt die Entscheidung eines Rechtsstreits davon ab, ob ein Kind, dessen Ehelichkeit im Wege der Anfechtungsklage angefochten worden ist, unehelich ist, so finden die Vorschriften des § 152 entsprechende Anwendung.

§ 154. Wird im Laufe eines Rechtsstreits streitig, ob zwischen den Parteien eine Ehe bestehe oder nicht bestehe, und hängt von der Entscheidung dieser Frage die Entscheidung des Rechtsstreits ab, so hat das Gericht auf Antrag das Verfahren auszusetzen, bis der Streit über das Bestehen oder Nichtbestehen der Ehe im Wege der Feststellungsklage erledigt ist.

Diese Vorschrift findet entsprechende Anwendung, wenn im Laufe eines Rechtsstreits streitig wird, ob zwischen den Parteien ein Eltern- und Kindesverhältnis bestehe oder nicht bestehe oder ob der einen Partei die elterliche Gewalt über die andere zustehe oder nicht zustehe, und von der Entscheidung dieser Fragen die Entscheidung des Rechtsstreits abhängt.

§ 155. In den Fällen der §§ 151—153 kann das Gericht auf Antrag die Anordnung, durch welche das Verfahren ausgesetzt ist, aufheben, wenn die Betreibung des Rechtsstreits verzögert wird, welcher die Nichtigkeit oder die Anfechtung der Ehe oder die Anfechtung der Ehelichkeit zum Gegenstande hat.

§ 156. Das Gericht kann die Wiedereröffnung einer Verhandlung, welche geschlossen war, anordnen.

§ 157. Das Gericht kann Bevollmächtigte und Beistände, welche das mündliche Verhandeln vor Gericht geschäftsmäßig betreiben, zurückweisen.

Das Gericht kann Parteien, Bevollmächtigten und Beiständen, denen die Fähigkeit zum geeigneten Vortrag mangelt, den weiteren Vortrag untersagen. Einer Partei, welche einen ihr abgetretenen Anspruch geltend macht, kann der Vortrag auch untersagt werden, wenn die Partei das mündliche Verhandeln vor Gericht geschäftsmäßig betreibt und ihr nach der Überzeugung des Gerichts der Anspruch abgetreten ist, um eine Zurückweisung auf Grund der Vorschrift des Abs. 1 zu vermeiden.

Eine Anfechtung dieser Anordnungen findet nicht statt.

Die Vorschriften der Abs. 1, 2 finden auf Rechtsanwälte, die Vorschrift des Abs. 1 auf Personen, denen das mündliche Verhandeln vor Gericht durch eine seitens der Justizverwaltung getroffene Anordnung gestattet ist, keine Anwendung. Die Justizverwaltung soll für Gerichte, bei denen zur Vertretung der Parteien durch Rechtsanwälte ausreichende Gelegenheit geboten ist, eine solche Anordnung nicht treffen.

§ 158. Ist eine bei der Verhandlung beteiligte Person zur Aufrechterhaltung der Ordnung von dem Orte der Verhandlung entfernt worden, so kann auf Antrag gegen sie in gleicher Weise verfahren werden, als wenn sie freiwillig sich entfernt hätte. Dasselbe gilt in den Fällen des vorhergehenden Paragraphen sofern die Untersagung oder Zurückweisung bereits bei einer früheren Verhandlung geschehen war.

§ 159. Über die mündliche Verhandlung vor dem Gericht ist ein Protokoll aufzunehmen.

Das Protokoll enthält:

1. den Ort und den Tag der Verhandlung;

2. die Namen der Richter, des Urkundsbeamten der Geschäftsstelle und des etwa zugezogenen Dolmetschers;
3. die Bezeichnung des Rechtsstreits;
4. die Namen der erschienenen Parteien, gesetzlichen Vertreter, Bevollmächtigten und Beistände;
5. die Angabe, daß öffentlich verhandelt oder die Öffentlichkeit ausgeschlossen ist.

§ 160. Der Gang der Verhandlung ist nur im allgemeinen anzugeben.

Durch Aufnahme in das Protokoll sind festzustellen:
1. die Anerkenntnisse, Verzichtleistungen und Vergleiche, durch welche der geltend gemachte Anspruch ganz oder teilweise erledigt wird;
2. die Anträge und Erklärungen, deren Feststellung vorgeschrieben ist;
3. die Aussagen der Zeugen und Sachverständigen, sofern dieselben früher nicht abgehört waren oder von ihrer früheren Aussage abweichen;
4. das Ergebnis eines Augenscheins;
5. die Entscheidungen (Urteile, Beschlüsse und Verfügungen) des Gerichts, sofern sie nicht dem Protokoll schriftlich beigefügt sind;
6. die Verkündung der Entscheidungen.

Der Aufnahme in das Protokoll steht die Aufnahme in eine Schrift gleich, welche dem Protokoll als Anlage beigefügt und als solche in demselben bezeichnet ist.

§ 161. Die Feststellung der Aussagen der Zeugen und Sachverständigen kann unterbleiben, wenn die Vernehmung vor dem Prozeßgericht erfolgt und das Endurteil der Berufung nicht unterliegt. In diesem Falle ist in dem Protokoll nur zu bemerken, daß die Vernehmung stattgefunden habe.

§ 162. Das Protokoll ist insoweit, als es die Nr. 1—4 des § 160 betrifft, den Beteiligten vorzulesen oder zur Durchsicht vorzulegen. In dem Protokoll ist zu bemerken, daß dies geschehen und die Genehmigung erfolgt sei oder welche Einwendungen erhoben sind.

§ 163. Das Protokoll ist von dem Vorsitzenden und dem Urkundsbeamten der Geschäftsstelle zu unterschreiben.

Ist der Vorsitzende verhindert, so unterschreibt für ihn der älteste beisitzende Richter. Im Falle der Verhinderung des Amtsrichters genügt die Unterschrift des Urkundsbeamten der Geschäftsstelle.

Von der Zuziehung eines Protokollführers kann nach Bestimmung des Vorsitzenden abgesehen werden.

§ 163a. Niederschriften größeren Umfanges, insbesondere über die Aussagen von Zeugen und Sachverständigen und über das Ergebnis eines Augenscheins, können in einer gebräuchlichen Kurzschrift als Anlage des Protokolls (§ 160 Abs. 2) aufgenommen werden. In diesem Falle ist die Anlage stets den Beteiligten vorzulesen und allein von dem Urkundsbeamten der Geschäftsstelle zu unterzeichnen. § 162 Satz 2 findet Anwendung. Nach Beendigung des Termins ist unverzüglich eine Übertragung der Anlage des Protokolls in die gewöhnliche Schrift anzufertigen und von dem Urkundsbeamten der Geschäftsstelle zu beglaubigen. Die Übertragung tritt für das weitere Verfahren an die Stelle der Anlage.

Der Nachweis der Unrichtigkeit der Übertragung ist jederzeit zulässig.

§ 164. Die Beobachtung der für die mündliche Verhandlung vorgeschriebenen Förmlichkeiten kann nur durch das Protokoll bewiesen werden. Gegen den diese Förmlichkeiten betreffenden Inhalt desselben ist nur der Nachweis der Fälschung zulässig.

§ 165. Zu den Verhandlungen, welche außerhalb der Sitzung vor Amtsrichtern oder vor beauftragten oder ersuchten Richtern stattfinden, ist ein Urkundsbeamter der Geschäftsstelle gleichfalls zuzuziehen.

Zweiter Titel.

Zustellungen.

I. Zustellungen auf Betreiben der Parteien.

§ 166. Die von den Parteien zu betreibenden Zustellungen erfolgen durch Gerichtsvollzieher.

In dem Verfahren vor den Amtsgerichten kann die Partei den Gerichtsvollzieher unter Vermittlung der Geschäftsstelle des Prozeßgerichts mit der Zustellung beauftragen. Das gleiche gilt für Anwaltsprozesse in Ansehung der Zustellungen, durch welche eine Notfrist gewahrt werden soll.

§ 167. Die mündliche Erklärung einer Partei genügt, um den Gerichtsvollzieher zur Vornahme der Zustellung, die Geschäftsstelle zur Beauftragung eines Gerichtsvollziehers mit der Zustellung zu ermächtigen.

Ist eine Zustellung durch einen Gerichtsvollzieher bewirkt, so wird bis zum Beweise des Gegenteils angenommen, daß dieselbe im Auftrag der Partei erfolgt sei.

§ 168. Insoweit eine Zustellung unter Vermittlung der Geschäftsstelle zulässig ist, hat diese einen Gerichtsvollzieher mit der erforderlichen Zustellung zu beauftragen, sofern nicht die Partei erklärt hat, daß sie selbst einen Gerichtsvollzieher beauftragen wolle; in Anwaltsprozessen ist die Erklärung nur zu berücksichtigen, wenn sie in dem zuzustellenden Schriftsatz enthalten ist.

§ 169. Die Partei hat dem Gerichtsvollzieher und, wenn unter Vermittlung der Geschäftsstelle zuzustellen ist, dieser neben der Urschrift des zuzustellenden Schriftstücks eine der Zahl der Personen, welchen zuzustellen ist, entsprechende Zahl von Abschriften zu übergeben.

Die Zeit der Übergabe ist auf der Urschrift und den Abschriften zu vermerken und der Partei auf Verlangen zu bescheinigen.

§ 170. Die Zustellung besteht, wenn eine Ausfertigung zugestellt werden soll, in deren Übergabe, in den übrigen Fällen in der Übergabe einer beglaubigten Abschrift des zuzustellenden Schriftstücks.

Die Beglaubigung geschieht durch den Gerichtsvollzieher, bei den auf Betreiben von Rechtsanwälten oder in Anwaltsprozessen zuzustellenden Schriftstücken durch den Anwalt.

§ 171. Die Zustellungen, welche an eine Partei bewirkt werden sollen, erfolgen für die nicht prozeßfähigen Personen an die gesetzlichen Vertreter derselben.

Bei Behörden, Gemeinden und Korporationen sowie bei Vereinen, welche als solche klagen und verklagt werden können, genügt die Zustellung an die Vorsteher.

Bei mehreren gesetzlichen Vertretern sowie bei mehreren Vorstehern genügt die Zustellung an einen derselben.

§ 172. Die Zustellung für Unteroffiziere oder Mannschaften der Wehrmacht erfolgt an den Chef der zunächst vorgesetzten Kommandobehörde (Chef der Kompagnie, Eskadron, Batterie usw.).

§ 173. Die Zustellung erfolgt an den Generalbevollmächtigten sowie in den durch den Betrieb eines Handelsgewerbes hervorgerufenen Rechtsstreitigkeiten an den Prokuristen mit gleicher Wirkung wie an die Partei selbst.

§ 174. Wohnt eine Partei weder am Orte des Prozeßgerichts noch innerhalb des Amtsgerichtsbezirks, in welchem das Prozeßgericht seinen Sitz hat, so kann das Gericht, falls sie nicht einen in diesem Orte oder Bezirke wohnhaften Prozeßbevollmächtigten bestellt hat, auf Antrag anordnen, daß sie eine daselbst wohnhafte Person zum Empfange der für sie bestimmten Schriftstücke bevollmächtige. Diese Anordnung kann ohne vorgängige mündliche Verhandlung erfolgen. Eine Anfechtung des Beschlusses findet nicht statt.

Wohnt die Partei nicht im Deutschen Reiche, so ist sie auch ohne vorgängige Anordnung des Gerichts zur Benennung eines Zustellungsbevollmächtigten verpflichtet, falls sie nicht einen in dem durch den ersten Absatz bezeichneten Orte oder Bezirke wohnhaften Prozeßbevollmächtigten bestellt hat.

§ 175. Der Zustellungsbevollmächtigte ist bei der nächsten gerichtlichen Verhandlung oder, wenn die Partei vorher dem Gegner einen Schriftsatz zustellen läßt, in diesem zu benennen. Geschieht dies nicht, so können alle späteren Zustellungen bis zur nachträglichen Benennung in der Art bewirkt werden, daß der Gerichtsvollzieher das zu übergebende Schriftstück unter der Adresse der Partei nach ihrem Wohnort zur Post gibt. Die Zustellung wird mit der Aufgabe zur Post als bewirkt angesehen, selbst wenn die Sendung als unbestellbar zurückkommt.

Die Postsendungen sind mit der Bezeichnung „Einschreiben" zu versehen, wenn die Partei es verlangt und zur Zahlung der Mehrkosten sich bereit erklärt.

§ 176. Zustellungen, welche in einem anhängigen Rechtsstreit geschehen sollen, müssen an den für die Instanz bestellten Prozeßbevollmächtigten erfolgen.

§ 177. Ist der Aufenthalt eines Prozeßbevollmächtigten unbekannt, so hat das Prozeßgericht auf Antrag die Zustellung an den Zustellungsbevollmächtigten, in Ermangelung eines solchen an den Gegner selbst zu bewilligen.

Die Entscheidung über den Antrag kann ohne vorgängige mündliche Verhandlung erlassen werden. Eine Anfechtung der die Zustellung bewilligenden Entscheidung findet nicht statt.

§ 178. Als zu der Instanz gehörig sind im Sinne des § 176 auch diejenigen Prozeßhandlungen anzusehen, welche das Verfahren vor dem Instanzgericht infolge eines Einspruchs, einer Aufhebung des Urteils des Instanzgerichts, einer Wiederaufnahme des Verfahrens oder eines neuen Vorbringens in der Zwangsvollstreckungsinstanz zum Gegenstande haben. Das Verfahren vor dem Vollstreckungsgericht ist als zur ersten Instanz gehörig anzusehen.

§ 179. (Fortgefallen.)

§ 180. Die Zustellungen können an jedem Orte erfolgen, wo die Person, welcher zugestellt werden soll, angetroffen wird.

Hat die Person an diesem Orte eine Wohnung oder ein Geschäftslokal, so ist die außerhalb der Wohnung oder des Geschäftslokals an sie erfolgte Zustellung nur gültig, wenn die Annahme nicht verweigert ist.

§ 181. Wird die Person, welcher zugestellt werden soll, in ihrer Wohnung nicht angetroffen, so kann die Zustellung in der Wohnung an einen zu der Familie gehörenden erwachsenen Hausgenossen oder an eine in der Familie dienende erwachsene Person erfolgen.

Wird eine solche Person nicht angetroffen, so kann die Zustellung an den in demselben Hause wohnenden Hauswirt oder Vermieter erfolgen, wenn diese zur Annahme des Schriftstücks bereit sind.

§ 182. Ist die Zustellung nach diesen Bestimmungen nicht ausführbar, so kann sie dadurch erfolgen, daß das zu übergebende Schriftstück auf der Geschäftsstelle des Amtsgerichts, in dessen Bezirke der Ort der Zustellung gelegen ist, oder an diesem Orte bei der Postanstalt oder dem Gemeindevorsteher oder dem Polizeivorsteher niedergelegt und die Niederlegung sowohl durch eine an der Tür der Wohnung zu befestigende schriftliche Anzeige, als auch, soweit tunlich, durch mündliche Mitteilung an zwei in der Nachbarschaft wohnende Personen bekanntgemacht wird.

§ 183. Für Gewerbetreibende, welche ein besonderes Geschäftslokal haben, kann, wenn sie in dem Geschäftslokale nicht angetroffen werden, die Zustellung an einen darin anwesenden Gewerbegehilfen erfolgen.

Wird ein Rechtsanwalt, ein Notar oder ein Gerichtsvollzieher in seinem Geschäftslokale nicht angetroffen, so kann die Zustellung an einen darin anwesenden Gehilfen oder Schreiber erfolgen.

§ 184. Wird der gesetzliche Vertreter oder der Vorsteher einer Behörde, einer Gemeinde, einer Korporation oder eines Vereins, welchem zugestellt werden soll, in dem Geschäftslokale während der gewöhnlichen Geschäftsstunden nicht angetroffen, oder ist er an der Annahme verhindert, so kann die Zustellung an einen anderen in dem Geschäftslokal anwesenden Beamten oder Bediensteten bewirkt werden.

Wird der gesetzliche Vertreter oder der Vorsteher in seiner Wohnung nicht angetroffen, so finden die Bestimmungen der §§ 181, 182 nur Anwendung, wenn ein besonderes Geschäftslokal nicht vorhanden ist.

§ 185. Die Zustellung an eine der in den §§ 181, 183 und im § 184 Abs. 1 bezeichneten Personen hat zu unterbleiben, wenn die Person an dem Rechtsstreit als Gegner der Partei, an welche die Zustellung erfolgen soll, beteiligt ist.

§ 186. Wird die Annahme der Zustellung ohne gesetzlichen Grund verweigert, so ist das zu übergebende Schriftstück am Orte der Zustellung zurückzulassen.

§ 187. Ergibt sich aus den Erklärungen einer Partei, daß eine ihr unter Verletzung der Vorschriften der §§ 181—186 zugestellte Ladung in ihre Hände gelangt ist, so ist die Zustellung als mit dem Zeitpunkt bewirkt anzusehen, in welchem die Partei nach ihren Erklärungen die Ladung erhalten hat.

§ 188. Zur Nachtzeit, sowie an Sonntagen und allgemeinen Feiertagen darf eine Zustellung, sofern sie nicht durch Aufgabe zur Post bewirkt wird, nur mit richterlicher Erlaubnis erfolgen. Die Nachtzeit umfaßt in dem Zeitraum vom 1. April bis 30. September die Stunden von neun Uhr abends bis vier Uhr morgens und in dem Zeitraum vom 1. Oktober bis 31. März die Stunden von neun Uhr abends bis sechs Uhr morgens.

Die Erlaubnis wird von dem Vorsitzenden des Prozeßgerichts erteilt; sie kann auch von dem Amtsrichter, in dessen Bezirke die Zustellung erfolgen soll, und in Angelegenheiten, welche durch einen beauftragten oder ersuchten Richter zu erledigen sind, von diesem erteilt werden.

Die Verfügung, durch welche die Erlaubnis erteilt wird, ist bei der Zustellung abschriftlich mitzuteilen.

Eine Zustellung, bei welcher die Bestimmungen dieses Paragraphen nicht beobachtet sind, ist gültig, wenn die Annahme nicht verweigert ist.

§ 189. Ist bei einer Zustellung an den Vertreter mehrerer Beteiligter oder an einen von mehreren Vertretern die Übergabe der Ausfertigung oder Abschrift eines Schriftstücks erforderlich, so genügt die Übergabe nur einer Ausfertigung oder Abschrift.

Einem Zustellungsbevollmächtigten mehrerer Beteiligter sind so viele Ausfertigungen oder Abschriften zu übergeben, als Beteiligte vorhanden sind.

§ 190. Über die Zustellung ist eine Urkunde aufzunehmen.

Dieselbe ist auf die Urschrift des zuzustellenden Schriftstücks oder auf einen mit derselben zu verbindenden Bogen zu setzen.

Eine durch den Gerichtsvollzieher beglaubigte Abschrift der Zustellungsurkunde ist auf das bei der Zustellung zu übergebende Schriftstück oder auf einen mit demselben zu verbindenden Bogen zu setzen.

Die Zustellungsurkunde ist der Partei, für welche die Zustellung erfolgt, zu übermitteln.

§ 191. Die Zustellungsurkunde muß enthalten:

1. Ort und Zeit der Zustellung;
2. die Bezeichnung der Person, für welche zugestellt werden soll;
3. die Bezeichnung der Person, an welche zugestellt werden soll;
4. die Bezeichnung der Person, welcher zugestellt ist; in den Fällen der §§ 181, 183, 184 die Angabe des Grundes, durch welchen die Zustellung an die bezeichnete Person ge-

rechtfertigt wird; wenn nach § 182 verfahren ist, die Bemerkung, wie die darin enthaltenen Vorschriften befolgt sind;

5. im Falle der Verweigerung der Annahme die Erwähnung, daß die Annahme verweigert und das zu übergebende Schriftstück am Orte der Zustellung zurückgelassen ist;
6. die Bemerkung, daß eine Ausfertigung oder eine beglaubigte Abschrift des zuzustellenden Schriftstücks und daß eine beglaubigte Abschrift der Zustellungsurkunde übergeben ist;
7. die Unterschrift des die Zustellung vollziehenden Beamten.

§ 192. Ist die Zustellung durch Aufgabe zur Post (§ 175) erfolgt, so muß die Zustellungsurkunde den Bestimmungen des vorstehenden Paragraphen unter Nr. 2, 3, 7 entsprechen und außerdem ergeben, zu welcher Zeit, unter welcher Adresse und bei welcher Postanstalt die Aufgabe geschehen ist.

§ 193. Zustellungen können auch durch die Post erfolgen.

§ 194. Wird durch die Post zugestellt, so hat der Gerichtsvollzieher einen durch sein Dienstsiegel verschlossenen, mit der Adresse der Person, an welche zugestellt werden soll, versehenen und mit einer Geschäftsnummer bezeichneten Briefumschlag, in welchem die zuzustellende Ausfertigung oder die beglaubigte Abschrift des zuzustellenden Schriftstücks enthalten ist, der Post mit dem Ersuchen zu übergeben, die Zustellung einem Postboten des Bestimmungsorts aufzutragen.

Der Gerichtsvollzieher hat auf dem bei der Zustellung zu übergebenden Schriftstück zu vermerken, für welche Person er dasselbe der Post übergibt, und auf der Urschrift des zuzustellenden Schriftstücks oder auf einem mit derselben zu verbindenden Bogen zu bezeugen, daß die Übergabe in der im Abs. 1 bezeichneten Art und für wen sie geschehen ist.

§ 195. Die Zustellung durch den Postboten erfolgt in Gemäßheit der Bestimmungen der §§ 180—186.

Über die Zustellung ist von dem Postboten eine Urkunde aufzunehmen, welche den Bestimmungen des § 191 Nr. 1, 3—5, 7 entsprechen und außerdem die Übergabe des seinem Verschlusse, seiner Adresse und seiner Geschäftsnummer nach bezeichneten Briefumschlags sowie der Abschrift der Zustellungsurkunde bezeugen muß.

Die Urkunde ist von dem Postboten der Postanstalt und von dieser dem Gerichtsvollzieher zu überliefern, welcher mit derselben in Gemäßheit der Bestimmung des § 190 Abs. 4 zu verfahren hat.

§ 196. Insoweit eine Zustellung unter Vermittlung der Geschäftsstelle zulässig ist, kann dieselbe unmittelbar die Post um Bewirkung der Zustellung ersuchen. In diesem Falle finden die Vorschriften der §§ 194, 195 auf die Geschäftsstelle entsprechende Anwendung; die erforderliche Beglaubigung erfolgt durch den Urkundsbeamten der Geschäftsstelle.

§ 197. Ist eine Zustellung durch einen Gerichtsvollzieher bewirkt, obgleich sie durch die Post hätte erfolgen können, so hat die zur Erstattung der Prozeßkosten verurteilte Partei die Mehrkosten nicht zu tragen.

§ 198. Sind die Parteien durch Anwälte vertreten, so kann die Zustellung von Anwalt zu Anwalt erfolgen.

Zum Nachweise der Zustellung genügt das mit Datum und Unterschrift versehene schriftliche Empfangsbekenntnis des Anwalts, welchem zugestellt worden ist. Der Anwalt, welcher zustellt, hat dem anderen Anwalt auf Verlangen eine Bescheinigung über die Zustellung zu erteilen.

§ 199. Eine im Auslande zu bewirkende Zustellung erfolgt mittels Ersuchens der zuständigen Behörde des fremden Staates oder des in diesem Staate residierenden Konsuls oder Gesandten des Reichs.

§ 200. Zustellungen an Deutsche, welche das Recht der Exterritorialität genießen, erfolgen, wenn dieselben zur Mission des Reichs gehören, mittels Ersuchens des Reichsministers des Auswärtigen; wenn dieselben zur Mission eines deutschen Landes gehören, mittels Ersuchens des Ministers der auswärtigen Angelegenheiten dieses Landes.

Zustellungen an die Vorsteher der Reichskonsulate erfolgen mittels Ersuchens des Reichsministers des Auswärtigen.

§ 201. Zustellungen an Personen, welche zu einem im Ausland befindlichen oder zu einem mobilen Truppenteil oder zur Besatzung eines in Dienst gestellten Kriegsfahrzeugs gehören, können mittels Ersuchens der vorgesetzten Kommandobehörde erfolgen.

§ 202. Die erforderlichen Ersuchungsschreiben werden von dem Vorsitzenden des Prozeßgerichts erlassen.

Die Zustellung wird durch das schriftliche Zeugnis der ersuchten Behörden oder Beamten, daß die Zustellung erfolgt sei, nachgewiesen.

§ 203. Ist der Aufenthalt einer Partei unbekannt, so kann die Zustellung durch öffentliche Bekanntmachung erfolgen.

Die öffentliche Zustellung ist auch dann zulässig, wenn bei einer im Ausland zu bewirkenden Zustellung die Befolgung der für diese bestehenden Vorschriften unausführbar ist oder keinen Erfolg verspricht.

Das gleiche gilt, wenn die Zustellung aus dem Grunde nicht bewirkt werden kann, weil die Wohnung einer nach den §§ 18, 19 des Gerichtsverfassungsgesetzes der Gerichtsbarkeit nicht unterworfenen Person der Ort der Zustellung ist.

§ 204. Die öffentliche Zustellung wird, nachdem sie auf ein Gesuch der Partei vom Prozeßgerichte bewilligt ist, durch die Geschäftsstelle von Amts wegen besorgt. Die Entscheidung über das Gesuch kann ohne vorgängige mündliche Verhandlung erlassen werden.

Die öffentliche Zustellung erfolgt durch Anheftung der zuzustellenden Ausfertigung oder einer beglaubigten Abschrift des zuzustellenden Schriftstücks an die Gerichtstafel. Enthält das Schriftstück eine Ladung, so ist außerdem die einmalige Einrückung eines Auszugs des Schriftstücks in den Deutschen Reichsanzeiger erforderlich.

Das Prozeßgericht kann anordnen, daß der Auszug noch in andere Blätter und zu mehreren Malen eingerückt werde.

§ 205. In dem Auszug des Schriftstücks müssen das Prozeßgericht, die Parteien, der Gegenstand des Prozesses, der Antrag, der Zweck der Ladung und die Zeit, zu welcher der Geladene erscheinen soll, bezeichnet werden.

§ 206. Das eine Ladung enthaltende Schriftstück gilt als an dem Tage zugestellt, an welchem seit der letzten Einrückung des Auszugs in die öffentlichen Blätter ein Monat verstrichen ist. Das Prozeßgericht kann bei Bewilligung der öffentlichen

Zustellung den Ablauf einer längeren Frist für erforderlich erklären.

Enthält das Schriftstück keine Ladung, so ist dasselbe als zugestellt anzusehen, wenn seit der Anheftung des Schriftstücks an die Gerichtstafel zwei Wochen verstrichen sind.

Auf die Gültigkeit der Zustellung hat es keinen Einfluß, wenn das anzuheftende Schriftstück von dem Orte der Anheftung zu früh entfernt wird.

§ 207. Wird auf ein Gesuch, welches die Zustellung eines demselben beigefügten Schriftstücks mittels Ersuchens anderer Behörden oder Beamten oder mittels öffentlicher Bekanntmachung betrifft, die Zustellung demnächst bewirkt, so treten, insoweit durch die Zustellung eine Frist gewahrt und der Lauf der Verjährung oder einer Frist unterbrochen wird, die Wirkungen der Zustellung bereits mit der Überreichung des Gesuchs ein.

Wird ein Schriftsatz, dessen Zustellung unter Vermittelung der Geschäftsstelle erfolgen soll, innerhalb einer Frist von zwei Wochen nach der Einreichung bei der Geschäftsstelle zugestellt, so tritt, sofern durch die Zustellung eine Notfrist gewahrt wird, die Wirkung der Zustellung bereits mit der Einreichung ein.

II. Zustellungen von Amts wegen.

§ 208. Auf die von Amts wegen zu bewirkenden Zustellungen finden die Vorschriften über die Zustellungen auf Betreiben der Parteien entsprechende Anwendung, soweit nicht aus den nachfolgenden Bestimmungen sich Abweichungen ergeben.

§ 209. Für die Bewirkung der Zustellung hat die Geschäftsstelle Sorge zu tragen.

§ 210. Die Beglaubigung der bei der Zustellung zu übergebenden Abschrift geschieht durch den Urkundsbeamten der Geschäftsstelle.

§ 210a. Ein Schriftsatz, durch welchen ein Rechtsmittel eingelegt wird, ist dem Prozeßbevollmächtigten derjenigen Instanz, deren Entscheidung angefochten wird, in Ermangelung eines solchen dem Prozeßbevollmächtigten erster Instanz zuzustellen. Ist von der Partei bereits ein Prozeßbevollmächtigter für die höhere, zur Verhandlung und Entscheidung über das

Rechtsmittel zuständige Instanz bestellt, so kann die Zustellung auch an diesen Prozeßbevollmächtigten erfolgen.

Ist ein Prozeßbevollmächtigter, welchem nach Maßgabe des Abs. 1 zugestellt werden kann, nicht vorhanden, oder ist sein Aufenthalt unbekannt, so erfolgt die Zustellung an den von der Partei, wenngleich nur für die erste Instanz bestellten Zustellungsbevollmächtigten, in Ermangelung eines solchen an die Partei selbst, und zwar an diese durch Aufgabe zur Post, wenn sie einen Zustellungsbevollmächtigten zu bestellen hatte, die Bestellung aber unterlassen hat.

§ 211. Die Geschäftsstelle hat das zu übergebende Schriftstück in einem durch das Gerichtssiegel verschlossenen, mit der Adresse der Person, an welche zugestellt werden soll, versehenen und mit einer Geschäftsnummer bezeichneten Briefumschlag einem Gerichtswachtmeister oder der Post zur Zustellung auszuhändigen. Auf den Briefumschlag ist der Vermerk zu setzen: Vereinfachte Zustellung.

Die auf dem Briefumschlag angegebene Geschäftsnummer ist in den Akten zu vermerken.

Die Vorschrift des § 194 Abs. 2 findet keine Anwendung.

§ 212. Die Beurkundung der Zustellung durch den Gerichtswachtmeister oder den Postboten erfolgt nach den Vorschriften des § 195 Abs. 2 mit der Maßgabe, daß eine Abschrift der Zustellungsurkunde nicht zu übergeben, der Tag der Zustellung jedoch auf dem Briefumschlage zu vermerken ist.

Die Zustellungsurkunde ist der Geschäftsstelle zu überliefern.

§ 212a. Bei Zustellungen an einen Anwalt genügt zum Nachweis der Zustellung das mit Datum und Unterschrift versehene schriftliche Empfangsbekenntnis des Anwalts.

§ 213. Ist die Zustellung durch Aufgabe zur Post (§ 175) erfolgt, so hat der Urkundsbeamte der Geschäftsstelle in den Akten zu vermerken, zu welcher Zeit und unter welcher Adresse die Aufgabe geschehen ist. Der Aufnahme einer Zustellungsurkunde bedarf es nicht.

Dritter Titel.

Ladungen, Termine und Fristen.

§ 214. Die Ladung zu einem Termin erfolgt durch die Partei, welche über die Hauptsache oder über einen Zwischenstreit mündlich verhandeln will.

Ist mit der Ladung zugleich eine Klageschrift oder ein anderer Schriftsatz zuzustellen, so ist die Ladung in den Schriftsatz aufzunehmen.

§ 215. In Anwaltsprozessen muß die Ladung zur mündlichen Verhandlung, sofern die Zustellung nicht an einen Rechtsanwalt erfolgt, die Aufforderung an den Gegner enthalten, einen bei dem Prozeßgerichte zugelassenen Anwalt zu bestellen.

§ 216. Die Ladung ist zum Zwecke der Terminsbestimmung bei der Geschäftsstelle einzureichen.

Die Bestimmung der Termine erfolgt binnen vierundzwanzig Stunden durch den Vorsitzenden.

Auf Sonntage und allgemeine Feiertage sind Termine nur in Notfällen anzuberaumen.

§ 217. Die Frist, welche in einer anhängigen Sache zwischen der Zustellung der Ladung und dem Terminstag liegen soll (Ladungsfrist), beträgt in Anwaltsprozessen mindestens eine Woche, in anderen Prozessen mindestens drei Tage, in Meß- und Marktsachen mindestens vierundzwanzig Stunden.

§ 218. Zu Terminen, welche in verkündeten Entscheidungen bestimmt sind, ist eine Ladung der Parteien unbeschadet der Vorschriften des § 141 Abs. 2 nicht erforderlich.

§ 219. Die Termine werden an der Gerichtsstelle abgehalten, sofern nicht die Einnahme eines Augenscheins an Ort und Stelle, die Verhandlung mit einer am Erscheinen vor Gericht verhinderten Person oder eine sonstige Handlung erforderlich ist, welche an der Gerichtsstelle nicht vorgenommen werden kann.

Der Reichspräsident und der Präsident eines deutschen Landes sind nicht verpflichtet, persönlich an der Gerichtsstelle zu erscheinen.

§ 220. Der Termin beginnt mit dem Aufruf der Sache.

Der Termin ist von einer Partei versäumt, wenn sie bis zum Schlusse desselben nicht verhandelt.

§ 221. Der Lauf einer richterlichen Frist beginnt, sofern nicht bei Festsetzung derselben ein anderes bestimmt wird, mit der Zustellung des Schriftstücks, in welchem die Frist festgesetzt ist, und, wenn es einer solchen Zustellung nicht bedarf, mit der Verkündung der Frist.

Der Lauf einer gesetzlichen oder richterlichen Frist, deren Beginn von einer Zustellung abhängig ist, beginnt mit dieser auch gegen diejenige Partei, welche die Zustellung hat bewirken lassen.

§ 222. Für die Berechnung der Fristen gelten die Vorschriften des Bürgerlichen Gesetzbuchs.

Fällt das Ende einer Frist auf einen Sonntag oder allgemeinen Feiertag, so endigt die Frist mit Ablauf des nächstfolgenden Werktags.

Bei der Berechnung einer Frist, welche nach Stunden bestimmt ist, werden Sonntage und allgemeine Feiertage nicht mitgerechnet.

§ 223. Der Lauf einer Frist wird durch die Gerichtsferien gehemmt. Der noch übrige Teil der Frist beginnt mit dem Ende der Ferien zu laufen. Fällt der Anfang der Frist in die Ferien, so beginnt der Lauf der Frist mit dem Ende derselben.

Die vorstehenden Bestimmungen finden auf Notfristen und Fristen in Feriensachen keine Anwendung.

Notfristen sind nur diejenigen Fristen, welche in diesem Gesetz als solche bezeichnet werden.

§ 224. Durch Vereinbarung der Parteien können Fristen, mit Ausnahme der Notfristen, abgekürzt werden.

Auf Antrag können richterliche und gesetzliche Fristen abgekürzt oder verlängert werden, wenn erhebliche Gründe glaubhaft gemacht sind, gesetzliche Fristen jedoch nur in den besonders bestimmten Fällen.

Im Falle der Verlängerung wird die neue Frist von dem Ablauf der vorigen Frist an berechnet, wenn nicht im einzelnen Falle ein anderes bestimmt ist.

§ 225. Über das Gesuch um Abkürzung oder Verlängerung einer Frist kann ohne vorgängige mündliche Verhandlung entschieden werden.

Die Abkürzung oder wiederholte Verlängerung darf nur nach vorgängigem Gehöre des Gegners bewilligt werden.

Eine Anfechtung des Beschlusses, durch welchen das Gesuch um Verlängerung einer Frist zurückgewiesen ist, findet nicht statt.

§ 226. Einlassungsfristen, Ladungsfristen sowie diejenigen Fristen, welche für die Zustellung vorbereitender Schriftsätze bestimmt sind, können auf Antrag abgekürzt werden.

Die Abkürzung der Einlassungs- und der Ladungsfristen wird dadurch nicht ausgeschlossen, daß infolge der Abkürzung die mündliche Verhandlung durch Schriftsätze nicht vorbereitet werden kann.

Der Vorsitzende kann bei Bestimmung des Termins die Abkürzung ohne vorgängiges Gehör des Gegners und des sonst Beteiligten verfügen; diese Verfügung ist dem Beteiligten abschriftlich mitzuteilen.

§ 227. Das Gericht kann aus erheblichen Gründen auf Antrag oder von Amts wegen einen Termin aufheben. Beschlüsse hierüber können ohne mündliche Verhandlung ergehen.

Der Beschluß über die Aufhebung eines Termins ist, falls er ohne mündliche Verhandlung ergeht, mit Gründen zu versehen. Auch die Zurückweisung eines Antrags auf Aufhebung eines Termins ist unanfechtbar.

Die Vorschriften der Abs. 1, 2 gelten auch für die Verlegung eines Termins und für die Vertagung einer Verhandlung.

§ 228. (Fortgefallen).

§ 229. Die in diesem Titel dem Gericht und dem Vorsitzenden beigelegten Befugnisse stehen dem beauftragten oder ersuchten Richter in bezug auf die von diesen zu bestimmenden Termine und Fristen zu.

Vierter Titel.

Folgen der Versäumung. Wiedereinsetzung in den vorigen Stand.

§ 230. Die Versäumung einer Prozeßhandlung hat zur allgemeinen Folge, daß die Partei mit der vorzunehmenden Prozeßhandlung ausgeschlossen wird.

§ 231. Einer Androhung der gesetzlichen Folgen der Versäumung bedarf es nicht; dieselben treten von selbst ein, sofern nicht dieses Gesetz einen auf Verwirklichung des Rechtsnachteils gerichteten Antrag erfordert.

Im letzteren Falle kann, solange nicht der Antrag gestellt und die mündliche Verhandlung über denselben geschlossen ist, die versäumte Prozeßhandlung nachgeholt werden.

§ 232. Auf Grund der den Minderjährigen und den ihnen gleichgestellten Personen als solchen zustehenden Rechte findet die Aufhebung der Folgen einer Versäumung nicht statt.

Insofern die Aufhebung der Folgen einer unverschuldeten Versäumung zulässig ist, wird eine Versäumung, welche in der Verschuldung eines Vertreters ihren Grund hat, als eine unverschuldete nicht angesehen.

§ 233. Einer Partei, welche durch Naturereignisse oder andere unabwendbare Zufälle verhindert worden ist, eine Notfrist oder die Frist zur Begründung der Berufung oder der Revision oder die ihr gemäß § 519 Abs. 6, § 554 Abs. 7 gesetzte Frist einzuhalten, ist auf Antrag die Wiedereinsetzung in den vorigen Stand zu erteilen.

Hat eine Partei die Einspruchsfrist versäumt, so ist ihr die Wiedereinsetzung auch dann zu erteilen, wenn sie von der Zustellung des Versäumnisurteils ohne ihr Verschulden keine Kenntnis erlangt hat.

§ 234. Die Wiedereinsetzung muß innerhalb einer zweiwöchigen Frist beantragt werden.

Die Frist beginnt mit dem Tage, an welchem das Hindernis gehoben ist.

Nach Ablauf eines Jahres, von dem Ende der versäumten Frist an gerechnet, kann die Wiedereinsetzung nicht mehr beantragt werden.

§ 235. Die Wiedereinsetzung in den vorigen Stand gegen die Versäumung einer Notfrist ist der Partei auf Antrag auch dann zu erteilen, wenn spätestens am dritten Tage vor Ablauf der Notfrist das zur Wahrung derselben zuzustellende Schriftstück dem Gerichtsvollzieher oder, sofern die Zustellung unter Vermittelung der Geschäftsstelle erfolgen soll, der Geschäftsstelle zum Zwecke der Zustellung übergeben ist.

Die Wiedereinsetzung muß innerhalb einer einmonatigen Frist nach Ablauf der versäumten Notfrist beantragt werden.

§ 236. Die Form des Antrags auf Wiedereinsetzung richtet sich nach den Vorschriften, welche für die versäumte Prozeßhandlung gelten. Der Antrag muß enthalten:

1. die Angabe der die Wiedereinsetzung begründenden Tatsachen;
2. die Angabe der Mittel für deren Glaubhaftmachung;
3. die Nachholung der versäumten Prozeßhandlung oder, wenn diese bereits nachgeholt ist, die Bezugnahme hierauf.

Im Falle der Versäumung der im § 466 bezeichneten Notfrist ist der Antrag auf Wiedereinsetzung und Abnahme des Eides auch dann bei dem Prozeßgericht einzureichen, wenn die Abnahme des Eides durch einen beauftragten oder ersuchten Richter erfolgen sollte.

Im Falle des § 235 Abs. 1 kann die Wiedereinsetzung auch in dem für die mündliche Verhandlung bestimmten Termine ohne vorgängige Zustellung eines Schriftsatzes beantragt werden, wenn die Zustellung der Ladung zu dem Termin innerhalb der einmonatigen Frist nach Ablauf der versäumten Notfrist erfolgt ist.

§ 237. Über den Antrag auf Wiedereinsetzung entscheidet das Gericht, welchem die Entscheidung über die nachgeholte Prozeßhandlung zusteht.

§ 238. Das Verfahren über den Antrag auf Wiedereinsetzung ist mit dem Verfahren über die nachgeholte Prozeßhandlung zu verbinden. Das Gericht kann jedoch das Verfahren zunächst auf die Verhandlung und Entscheidung über den Antrag beschränken.

Auf die Entscheidung über die Zulässigkeit des Antrags und auf die Anfechtung der Entscheidung finden die Vorschriften Anwendung, welche in diesen Beziehungen für die nachgeholte Prozeßhandlung gelten. Der Partei, welche den Antrag gestellt hat, steht jedoch der Einspruch nicht zu.

Die Kosten der Wiedereinsetzung fallen dem Antragsteller zur Last, soweit sie nicht durch einen unbegründeten Widerspruch des Gegners entstanden sind.

Wird die Wiedereinsetzung gegen die im § 466 bezeichnete Notfrist beantragt, so ist der Termin zur mündlichen Verhandlung über die Zulässigkeit der Wiedereinsetzung vor dem Prozeßgerichte von Amts wegen zu bestimmen und den Parteien bekanntzumachen. Sollte die Abnahme des Eides vor dem Prozeßgericht erfolgen, so ist der Termin zugleich zur nachträglichen Abnahme des Eides und weiteren mündlichen Verhandlung zu bestimmen.

Fünfter Titel.

Unterbrechung und Aussetzung des Verfahrens.

§ 239. Im Falle des Todes einer Partei tritt eine Unterbrechung des Verfahrens bis zu dessen Aufnahme durch die Rechtsnachfolger ein.

Wird die Aufnahme verzögert, so können die Rechtsnachfolger zur Aufnahme und zugleich zur Verhandlung der Hauptsache geladen werden.

Der die Ladung enthaltende Schriftsatz ist den Rechtsnachfolgern selbst zuzustellen. Die Ladungsfrist wird von dem Vorsitzenden bestimmt.

Erscheinen die Rechtsnachfolger in dem Termine nicht, so ist auf Antrag die behauptete Rechtsnachfolge als zugestanden anzunehmen und zur Hauptsache zu verhandeln.

Der Erbe ist vor der Annahme der Erbschaft zur Fortsetzung des Rechtsstreits nicht verpflichtet.

§ 240. Im Falle der Eröffnung des Konkurses über das Vermögen einer Partei wird das Verfahren, wenn es die Konkursmasse betrifft, unterbrochen, bis dasselbe nach den für den Konkurs geltenden Bestimmungen aufgenommen oder das Konkursverfahren aufgehoben wird.

§ 241. Verliert eine Partei die Prozeßfähigkeit oder stirbt der gesetzliche Vertreter einer Partei oder hört die Vertretungsbefugnis desselben auf, ohne daß die Partei prozeßfähig geworden ist, so wird das Verfahren unterbrochen, bis der gesetzliche Vertreter oder der neue gesetzliche Vertreter von seiner Bestellung dem Gegner Anzeige macht, oder bis der Gegner seine Absicht, das Verfahren fortzusetzen, dem Vertreter anzeigt.

Diese Vorschrift findet entsprechende Anwendung, wenn eine Nachlaßverwaltung angeordnet wird.

§ 242. Tritt während des Rechtsstreits zwischen einem Vorerben und einem Dritten über einen der Nacherbfolge unterliegenden Gegenstand der Fall der Nacherbfolge ein, so finden, sofern der Vorerbe befugt war, ohne Zustimmung des Nacherben über den Gegenstand zu verfügen, hinsichtlich der Unterbrechung und der Aufnahme des Verfahrens die Vorschriften des § 239 entsprechende Anwendung.

§ 243. Wird im Falle der Unterbrechung des Verfahrens durch den Tod einer Partei ein Nachlaßpfleger bestellt oder ist ein zur Führung des Rechtsstreits berechtigter Testamentsvollstrecker vorhanden, so kommen die Vorschriften des § 241 und, wenn über den Nachlaß der Konkurs eröffnet wird, die

Vorschriften des § 240 in betreff der Aufnahme des Verfahrens zur Anwendung.

§ 244. Stirbt in Anwaltsprozessen der Anwalt einer Partei oder wird derselbe unfähig, die Vertretung der Partei fortzuführen, so tritt eine Unterbrechung des Verfahrens ein, bis der bestellte neue Anwalt von seiner Bestellung dem Gegner Anzeige macht.

Wird diese Anzeige verzögert, so kann die Partei selbst zur Verhandlung der Hauptsache geladen oder zur Bestellung eines neuen Anwalts binnen einer von dem Vorsitzenden zu bestimmenden Frist aufgefordert werden. Wird dieser Aufforderung nicht Folge geleistet, so ist das Verfahren als aufgenommen anzusehen. Bis zur nachträglichen Anzeige der Bestellung eines neuen Anwalts können alle Zustellungen an die zur Anzeige verpflichtete Partei, sofern diese weder am Orte des Prozeßgerichts noch innerhalb des Amtsgerichtsbezirkes wohnt, in welchem das Prozeßgericht seinen Sitz hat, durch Aufgabe zur Post (§ 175) erfolgen.

§ 245. Hört infolge eines Krieges oder eines anderen Ereignisses die Tätigkeit des Gerichts auf, so wird für die Dauer dieses Zustandes das Verfahren unterbrochen.

§ 246. Fand in den Fällen des Todes, des Verlustes der Prozeßfähigkeit, des Wegfalls des gesetzlichen Vertreters, der Anordnung einer Nachlaßverwaltung oder des Eintritts der Nacherbfolge (§§ 239, 241, 242) eine Vertretung durch einen Prozeßbevollmächtigten statt, so tritt eine Unterbrechung des Verfahrens nicht ein; das Prozeßgericht hat jedoch auf Antrag des Bevollmächtigten, in den Fällen des Todes und der Nacherbfolge auch auf Antrag des Gegners die Aussetzung des Verfahrens anzuordnen.

Die Dauer der Aussetzung und die Aufnahme des Verfahrens richtet sich nach den Vorschriften der §§ 239, 241—243; in den Fällen des Todes und der Nacherbfolge ist der die Ladung enthaltende Schriftsatz auch dem Bevollmächtigten zuzustellen.

§ 247. Befindet sich eine Partei zu Kriegszeiten im Militärdienst, oder hält sich eine Partei an einem Orte auf, welcher durch obrigkeitliche Anordnung oder durch Krieg oder durch andere Zufälle von dem Verkehre mit dem Prozeßgericht abgeschnitten ist, so kann dasselbe auch von Amts wegen die Aussetzung des Verfahrens bis zur Beseitigung des Hindernisses anordnen.

§ 248. Das Gesuch um Aussetzung des Verfahrens ist bei dem Prozeßgericht anzubringen; es kann vor der Geschäftsstelle zu Protokoll erklärt werden.

Die Entscheidung kann ohne vorgängige mündliche Verhandlung erfolgen.

§ 249. Die Unterbrechung und Aussetzung des Verfahrens hat die Wirkung, daß der Lauf einer jeden Frist aufhört und nach Beendigung der Unterbrechung oder Aussetzung die volle Frist von neuem zu laufen beginnt.

Die während der Unterbrechung oder Aussetzung von einer Partei in Ansehung der Hauptsache vorgenommenen Prozeßhandlungen sind der anderen Partei gegenüber ohne rechtliche Wirkung.

Durch die nach dem Schlusse einer mündlichen Verhandlung eintretende Unterbrechung wird die Verkündung der auf Grund dieser Verhandlung zu erlassenden Entscheidung nicht gehindert.

§ 250. Die Aufnahme eines unterbrochenen oder ausgesetzten Verfahrens und die in diesem Titel erwähnten Anzeigen erfolgen durch Zustellung eines Schriftsatzes.

§ 251. Das Gericht hat das Ruhen des Verfahrens anzuordnen, wenn beide Parteien dies beantragen und anzunehmen ist, daß wegen Schwebens von Vergleichsverhandlungen oder aus sonstigen wichtigen Gründen diese Anordnung zweckmäßig ist. Die Anordnung hat auf den Lauf der im § 233 Abs. 1 bezeichneten Fristen keinen Einfluß.

Vor Ablauf von drei Monaten kann das Verfahren nur mit Zustimmung des Gerichts aufgenommen werdem.

§ 251a. Erscheinen in einem Termine beide Parteien nicht, oder stellt beim Ausbleiben einer Partei, ohne daß es zur Vertagung kommt, die erschienene Partei keine Anträge zur Sache, so kann das Gericht nach Lage der Akten entscheiden. Ein Urteil darf in diesem Falle nur in einem besonderen, auf mindestens eine Woche hinaus anzusetzenden Termin verkündet werden, und nur, wenn in einem früheren Termin eine mündliche Verhandlung stattgefunden hat. Das Gericht hat der nicht erschienenen Partei durch eingeschriebenen Brief den Verkündungstermin bekanntzugeben. Die Verkündung unterbleibt, wenn eine nicht erschienene Partei dies vor dem Verkündungstermin beantragt und glaubhaft macht, daß sie in dem Verhandlungstermin ohne ihr Verschulden ausgeblieben ist.

Ergeht eine Entscheidung nach Lage der Akten nicht, so bestimmt das Gericht von Amts wegen einen neuen Termin zur mündlichen Verhandlung und gibt ihn den Parteien bekannt oder ordnet das Ruhen des Verfahrens an.

§ 252. Gegen die Entscheidung, durch welche auf Grund der Vorschriften dieses Titels oder auf Grund anderer gesetzlicher Bestimmungen die Aussetzung des Verfahrens angeordnet oder abgelehnt wird, findet Beschwerde, im Falle der Ablehnung sofortige Beschwerde statt.

Zweites Buch.

Verfahren in erster Instanz.

Erster Abschnitt.

Verfahren vor den Landgerichten.

Erster Titel.

Verfahren bis zum Urteil.

§ 253. Die Erhebung der Klage erfolgt durch Zustellung eines Schriftsatzes.

Derselbe muß enthalten:

1. die Bezeichnung der Parteien und des Gerichts;
2. die bestimmte Angabe des Gegenstandes und des Grundes des erhobenen Anspruchs sowie einen bestimmten Antrag;
3. die Ladung des Beklagten vor das Prozeßgericht zur mündlichen Verhandlung des Rechtsstreits.

Die Klageschrift soll ferner enthalten:

1. die Aufforderung, etwaige gegen die Behauptungen des Klägers vorzubringende Einwendungen und Beweismittel unverzüglich durch den zu bestellenden Anwalt (§ 215) in einem Schriftsatz dem Kläger und dem Gerichte mitzuteilen;
2. die Angabe des Wertes des Streitgegenstandes, wenn hiervon die Zuständigkeit des Gerichts abhängt und der

Streitgegenstand nicht in einer bestimmten Geldsumme besteht.

Außerdem finden die allgemeinen Bestimmungen über die vorbereitenden Schriftsätze auch auf die Klageschrift Anwendung.

§ 254. Wird mit der Klage auf Rechnungslegung oder auf Vorlegung eines Vermögensverzeichnisses oder auf Leistung des Offenbarungseides die Klage auf Herausgabe desjenigen verbunden, was der Beklagte aus dem zugrunde liegenden Rechtsverhältnisse schuldet, so kann die bestimmte Angabe der Leistungen, welche der Kläger beansprucht, vorbehalten werden, bis die Rechnung mitgeteilt, das Vermögensverzeichnis vorgelegt oder der Offenbarungseid geleistet ist.

§ 255. Hat der Kläger für den Fall, daß der Beklagte nicht vor dem Ablauf einer ihm zu bestimmenden Frist den erhobenen Anspruch befriedigt, das Recht, Schadensersatz wegen Nichterfüllung zu fordern oder die Aufhebung eines Vertrags herbeizuführen, so kann er verlangen, daß die Frist im Urteil bestimmt wird.

Das gleiche gilt, wenn dem Kläger das Recht, die Anordnung einer Verwaltung zu verlangen, für den Fall zusteht, daß der Beklagte nicht vor dem Ablauf einer ihm zu bestimmenden Frist die beanspruchte Sicherheit leistet, sowie im Falle des § 2193 Abs. 2 des Bürgerlichen Gesetzbuchs für die Bestimmung einer Frist zur Vollziehung der Auflage.

§ 256. Auf Feststellung des Bestehens oder Nichtbestehens eines Rechtsverhältnisses, auf Anerkennung einer Urkunde oder auf Feststellung der Unechtheit derselben kann Klage erhoben werden, wenn der Kläger ein rechtliches Interesse daran hat, daß das Rechtsverhältnis oder die Echtheit oder Unechtheit der Urkunde durch richterliche Entscheidung alsbald festgestellt werde.

§ 257. Ist die Geltendmachung einer nicht von einer Gegenleistung abhängigen Geldforderung oder die Geltendmachung des Anspruchs auf Räumung eines Grundstücks, eines Wohnraums oder eines anderen Raumes an den Eintritt eines Kalendertags geknüpft, so kann Klage auf künftige Zahlung oder Räumung erhoben werden.

§ 258. Bei wiederkehrenden Leistungen kann auch wegen der erst nach Erlassung des Urteils fällig werdenden Leistungen Klage auf künftige Entrichtung erhoben werden.

§ 259. Klage auf künftige Leistung kann außer den Fällen der §§ 257, 258 erhoben werden, wenn den Umständen nach die Besorgnis gerechtfertigt ist, daß der Schuldner sich der rechtzeitigen Leistung entziehen werde.

§ 260. Mehrere Ansprüche des Klägers gegen denselben Beklagten können, auch wenn sie auf verscheidenen Gründen beruhen, in einer Klage verbunden werden, wenn für sämtliche Ansprüche das Prozeßgericht zuständig und dieselbe Prozeßart zulässig ist.

§ 261. Die Klageschrift ist zum Zwecke der Bestimmung des Termins zur mündlichen Verhandlung bei der Geschäftsstelle des Prozeßgerichts einzureichen.

Der Termin soll nur so weit hinausgerückt werden, als es zur Wahrung der Einlassungsfrist geboten erscheint.

Nach erfolgter Bestimmung des Termins hat der Kläger für die Zustellung der Klageschrift Sorge zu tragen.

§ 262. Zwischen der Zustellung der Klageschrift und dem Termin zur mündlichen Verhandlung muß ein Zeitraum von mindestens zwei Wochen liegen (Einlassungsfrist). In Meß- und Marktsachen beträgt die Einlassungsfrist mindestens vierundzwanzig Stunden.

Ist die Zustellung im Ausland vorzunehmen, so hat der Vorsitzende bei Festsetzung des Termins die Einlassungsfrist zu bestimmen.

§ 263. Durch die Erhebung der Klage wird die Rechtshängigkeit der Streitsache begründet.

Die Rechtshängigkeit hat folgende Wirkungen:

1. wenn während der Dauer der Rechtshängigkeit von einer Partei die Streitsache anderweit anhängig gemacht wird, so kann der Gegner die Einrede der Rechtshängigkeit erheben;
2. die Zuständigkeit des Prozeßgerichts wird durch eine Veränderung der sie begründenden Umstände nicht berührt.

§ 264. Nach dem Eintritt der Rechtshängigkeit ist eine Änderung der Klage zulässig, wenn der Beklagte einwilligt oder das Gericht sie für sachdienlich erachtet.

§ 265. Die Rechtshängigkeit schließt das Recht der einen oder der anderen Partei nicht aus, die in Streit befangene Sache zu veräußern oder den geltend gemachten Anspruch abzutreten.

Die Veräußerung oder Abtretung hat auf den Prozeß keinen Einfluß. Der Rechtsnachfolger ist nicht berechtigt, ohne Zustimmung des Gegners den Prozeß als Hauptpartei an Stelle des Rechtsvorgängers zu übernehmen oder eine Hauptintervention zu erheben. Tritt der Rechtsnachfolger als Nebenintervenient auf, so findet der § 69 keine Anwendung.

Hat der Kläger veräußert oder abgetreten, so kann ihm, sofern das Urteil nach § 325 gegen den Rechtsnachfolger nicht wirksam sein würde, der Einwand entgegengesetzt werden, daß er zur Geltendmachung des Anspruchs nicht mehr befugt sei.

§ 266. Ist über das Bestehen oder Nichtbestehen eines Rechts, welches für ein Grundstück in Anspruch genommen wird, oder einer Verpflichtung, welche auf einem Grundstück ruhen soll, zwischen dem Besitzer und einem Dritten ein Rechtsstreit anhängig, so ist im Falle der Veräußerung des Grundstücks der Rechtsnachfolger berechtigt und auf Antrag des Gegners verpflichtet, den Rechtsstreit in der Lage, in welcher er sich befindet, als Hauptpartei zu übernehmen.

Diese Bestimmung kommt insoweit nicht zur Anwendung, als ihr Vorschriften des bürgerlichen Rechts zugunsten derjenigen, welche Rechte von einem Nichtberechtigten herleiten, entgegenstehen. In einem solchen Falle findet, wenn der Kläger veräußert hat, die Vorschrift des § 265 Abs. 3 Anwendung.

§ 267. Die Vorschriften des bürgerlichen Rechts über die sonstigen Wirkungen der Rechtshängigkeit bleiben unberührt. Diese Wirkungen sowie alle Wirkungen, welche durch die Vorschriften des bürgerlichen Rechts an die Anstellung, Mitteilung oder gerichtliche Anmeldung der Klage, an die Ladung oder Einlassung des Beklagten geknüpft werden, treten unbeschadet der Vorschrift des § 207 mit der Erhebung der Klage ein.

§ 268. Als eine Änderung der Klage ist es nicht anzusehen, wenn ohne Änderung des Klagegrundes

1. die tatsächlichen oder rechtlichen Anführungen ergänzt oder berichtigt werden;

2. der Klageantrag in der Hauptsache oder in bezug auf Nebenforderungen erweitert oder beschränkt wird;
3. statt des ursprünglich geforderten Gegenstandes wegen einer später eingetretenen Veränderung ein anderer Gegenstand oder das Interesse gefordert wird.

§ 269. Die Einwilligung des Beklagten in die Änderung der Klage ist anzunehmen, wenn derselbe, ohne der Änderung zu widersprechen, sich in einer mündlichen Verhandlung auf die abgeänderte Klage eingelassen hat.

§ 270. Eine Anfechtung der Entscheidung, daß eine Änderung der Klage nicht vorliege oder daß die Änderung zuzulassen sei, findet nicht statt.

§ 271. Die Klage kann ohne Einwilligung des Beklagten nur bis zum Beginne der mündlichen Verhandlung des Beklagten zur Hauptsache zurückgenommen werden.

Die Zurücknahme der Klage erfolgt, wenn sie nicht bei der mündlichen Verhandlung erklärt wird, durch Zustellung eines Schriftsatzes. Abschrift desselben ist sofort nach erfolgter Zustellung auf der Geschäftsstelle niederzulegen.

Die Zurücknahme der Klage hat zur Folge, daß der Rechtsstreit als nicht anhängig geworden anzusehen ist; sie verpflichtet den Kläger, die Kosten des Rechtsstreits zu tragen, sofern nicht über dieselben bereits rechtskräftig erkannt ist. Auf Antrag des Beklagten ist diese Verpflichtung durch Urteil auszusprechen.

Wird die Klage von neuem angestellt, so kann der Beklagte die Einlassung verweigern, bis die Kostenerstattung erfolgt ist.

§ 272. Jede Partei hat dem Gegner solche tatsächliche Behauptungen, Beweismittel und Anträge, auf welche derselbe voraussichtlich ohne vorhergehende Erkundigung keine Erklärung abgeben kann, vor der mündlichen Verhandlung mittels vorbereitenden Schriftsatzes so zeitig mitzuteilen, daß der Gegner die erforderliche Erkundigung noch einzuziehen vermag.

§ 272a. Kann eine Partei in der mündlichen Verhandlung auf eine Behauptung des Gegners eine Erklärung nicht abgeben, weil ihr die Behauptung nicht rechtzeitig vor dem Termine mitgeteilt ist, so kann auf ihren Antrag das Gericht eine Frist bestimmen, innerhalb deren sie die Erklärung in einem Schriftsatz nachbringen kann, und gleichzeitig einen Termin zur Verkündung einer Entscheidung anberaumen, der auch über eine Woche hinaus angesetzt werden kann. Wird bis zu dem Termin die Zustellung des Schriftsatzes an den Gegner nachgewiesen und eine Abschrift von ihm dem Gericht eingereicht, so ist sein Inhalt bei der Entscheidung zu berücksichtigen; wird der Schriftsatz bis zu dem Termin nicht eingereicht, so gilt die Behauptung des Gegners als nicht bestritten.

§ 272b. Der Vorsitzende oder ein von ihm zu bestimmendes Mitglied des Prozeßgerichts hat schon vor der mündlichen Verhandlung alle Anordnungen zu treffen, die angebracht erscheinen, damit der Rechtsstreit tunlichst in einer mündlichen Verhandlung erledigt wird.

Zu diesem Zwecke kann er insbesondere

1. den Parteien die Ergänzung oder Erläuterung ihrer vorbereitenden Schriftsätze sowie die Vorlegung von Urkunden, Stammbäumen, Plänen, Rissen und Zeichnungen aufgeben;
2. Behörden oder Beamte um Mitteilung von Urkunden oder um Erteilung einer amtlichen Auskunft ersuchen;
3. das persönliche Erscheinen der Parteien anordnen;
4. Zeugen, auf welche eine Partei sich bezogen hat, zur mündlichen Verhandlung laden oder von ihnen nach Maßgabe des Vorschriften des § 377 Abs. 3, 4 schriftliche Auskünfte einholen;
5. die Einnahme des Augenscheins sowie die Begutachtung durch Sachverständige anordnen und ausführen oder Sachverständige zur mündlichen Verhandlung laden.

Anordnungen der unter Nr. 4, 5 bezeichneten Art sollen nur ergehen, wenn der Beklagte dem Klageanspruche bereits widersprochen hat. Erfordert die Ausführung der Anordnung die Abhaltung eines Termins, so ist dieser tunlichst mit dem Termin zur mündlichen Verhandlung zu verbinden.

Die Parteien sind von jeder Anordnung zu benachrichtigen. Die Benachrichtigung kann unterbleiben, wenn es nach dem Ermessen des Vorsitzenden oder des von ihm beauftragten Mitglieds für die Wahrnehmung der Rechte der Parteien nicht wesentlich ist, daß sie vor dem Termin zur mündlichen Verhandlung von der Anordnung Kenntnis erhalten. Wird das persönliche Erscheinen der Parteien angeordnet, so finden die Vorschriften des § 141 Abs. 2, 3 Anwendung.

§ 273. Die mündliche Verhandlung erfolgt nach den allgemeinen Vorschriften.

§ 274. Prozeßhindernde Einreden sind gleichzeitig und vor der Verhandlung des Beklagten zur Hauptsache vorzubringen.

Als solche Einreden sind nur anzusehen:

1. die Einrede der Unzuständigkeit des Gerichts,
2. die Einrede der Unzulässigkeit des Rechtswegs,
3. die Einrede, daß die Entscheidung des Rechtsstreits durch Schiedsrichter zu erfolgen habe,
4. die Einrede der Rechtshängigkeit,
5. die Einrede der mangelnden Sicherheit für die Prozeßkosten,
6. die Einrede, daß die zur Erneuerung des Rechtsstreits erforderliche Erstattung der Kosten des früheren Verfahrens noch nicht erfolgt sei,
7. die Einrede der mangelnden Parteifähigkeit, der mangelnden Prozeßfähigkeit oder der mangelnden gesetzlichen Vertretung.

Nach dem Beginne der mündlichen Verhandlung des Beklagten zur Hauptsache können prozeßhindernde Einreden nur geltend gemacht werden, wenn dieselben entweder solche sind, auf welche der Beklagte wirksam nicht verzichten kann oder wenn der Beklagte glaubhaft macht, daß er ohne sein Verschulden nicht imstande gewesen sei, dieselben vor der Verhandlnug zur Hauptsache geltend zu machen.

§ 275. Über prozeßhindernde Einreden ist besonders zu verhandeln und durch Urteil zu entscheiden, wenn das Gericht auf Antrag oder von Amts wegen die abgesonderte Verhandlung anordnet.

Das Urteil, durch welches die prozeßhindernde Einrede verworfen wird, ist in betreff der Rechtsmittel als Endurteil anzusehen; das Gericht kann jedoch auf Antrag anordnen, daß zur Hauptsache zu verhandeln sei.

§ 276. Ist auf Grund der Bestimmungen über die örtliche oder sachliche Zuständigkeit der Gerichte die Unzuständigkeit des Gerichts auszusprechen, so hat das angegangene Gericht, sofern das zuständige Gericht bestimmt werden kann, auf Antrag des Klägers durch Beschluß sich für unzuständig zu erklären und den Rechtsstreit an das zuständige Gericht zu verweisen. Sind mehrere Gerichte zuständig, so erfolgt die Verweisung an das vom Kläger gewählte Gericht.

Eine Anfechtung des Beschlusses findet nicht statt; mit der Verkündung des Beschlusses gilt der Rechtsstreit als bei dem im Beschlusse bezeichneten Gericht anhängig. Der Beschluß ist für dieses Gericht bindend.

Die im Verfahren vor dem angegangenen Gericht erwachsenen Kosten werden als Teil der Kosten behandelt, welche bei dem im Beschlusse bezeichneten Gericht erwachsen. Dem Kläger sind die entstandenen Mehrkosten auch dann aufzuerlegen, wenn er in der Hauptsache obsiegt.

§ 277. (Fortgefallen.)

§ 278. Angriffs- und Verteidigungsmittel (Einreden, Widerklage, Repliken usw.) können bis zum Schlusse derjenigen mündlichen Verhandlung, auf welche das Urteil ergeht, geltend gemacht werden.

Das Gericht hat, wenn durch das nachträgliche Vorbringen eines Angriffs- oder Verteidigungsmittels die Erledigung des Rechtsstreits verzögert wird, der obsiegenden Partei, welche nach freier richterlicher Überzeugung imstande war, das Angriffs- oder Verteidigungsmittel zeitiger geltend zu machen, die Prozeßkosten ganz oder teilweise aufzuerlegen.

§ 279. Angriffs- oder Verteidigungsmittel, die von einer Partei nachträglich vorgebracht werden, können zurückgewiesen werden, wenn durch deren Zulassung die Erledigung des Rechtsstreits verzögert werden würde und nach der freien Überzeugung des Gerichts die Partei in der Absicht, den Prozeß zu verschleppen, oder aus grober Nachlässigkeit das Angriffs- oder Verteidigungsmittel nicht früher vorgebracht hat.

§ 279a. Erachtet das Gericht bestimmte Punkte für aufklärungsbedürftig, so soll es den Parteien aufgeben, sich innerhalb bestimmter Frist über die streitigen Punkte zu erklären. Wird einer solchen Anordnung nicht Folge geleistet, so kann die Erklärung, wenn sie später nachgeholt wird, für die Instanz unberücksichtigt bleiben, wenn die Partei die Verspätung nicht genügend entschuldigt.

§ 280. Bis zum Schlusse derjenigen mündlichen Verhandlung, auf welche das Urteil ergeht, kann der Kläger durch Erweiterung des Klagantrags, der Beklagte durch Erhebung einer Widerklage beantragen, daß ein im Laufe des Prozesses streitig gewordenes Rechtsverhältnis, von dessen Bestehen oder Nichtbestehen die Entscheidung des Rechtsstreits ganz oder zum Teil abhängt, durch richterliche Entscheidung festgestellt werde.

§ 281. Die Rechtshängigkeit eines erst im Laufe des Prozesses erhobenen Anspruchs tritt mit dem Zeitpunkt ein, in welchem der Anspruch in der mündlichen Verhandlung geltend gemacht oder ein den Erfordernissen des § 253 Abs. 2 Nr. 2 entsprechender Schriftsatz zugestellt oder gemäß § 496 Abs. 4 mitgeteilt wird.

§ 282. Jede Partei hat unter Bezeichnung der Beweismittel, deren sie sich zum Nachweis oder zur Widerlegung tatsächlicher Behauptungen bedienen will, den Beweis anzutreten und über die von der Gegenpartei angegebenen Beweismittel sich zu erklären.

In betreff der einzelnen Beweismittel wird die Beweisantretung und die Erklärung auf dieselbe durch Vorschriften des sechsten bis zehnten Titels bestimmt.

§ 283. Beweismittel und Beweiseinreden können bis zum Schlusse derjenigen mündlichen Verhandlung, auf welche das Urteil ergeht, geltend gemacht werden.

Auf das nachträgliche Vorbringen von Beweismitteln und Beweiseinreden finden die Vorschriften des § 278 Abs. 2 und der §§ 279, 279a entsprechende Anwendung.

§ 284. Die Beweisaufnahme und die Anordnung eines besonderen Beweisaufnahmeverfahrens durch Beweisbeschluß wird durch die Vorschriften des fünften bis elften Titels bestimmt.

§ 285. Über das Ergebnis der Beweisaufnahme haben die Parteien unter Darlegung des Streitverhältnisses zu verhandeln

Ist die Beweisaufnahme nicht vor dem Prozeßgericht erfolgt, so haben die Parteien das Ergebnis derselben auf Grund der Beweisverhandlungen vorzutragen.

§ 286. Das Gericht hat unter Berücksichtigung des gesamten Inhalts der Verhandlungen und des Ergebnisses einer etwaigen

Beweisaufnahme nach freier Überzeugung zu entscheiden, ob eine tatsächliche Behauptung für wahr oder für nicht wahr zu erachten sei. In dem Urteile sind die Gründe anzugeben, welche für die richterliche Überzeugung leitend gewesen sind.

An gesetzliche Beweisregeln ist das Gericht nur in den durch dieses Gesetz bezeichneten Fällen gebunden.

§ 287. Ist unter den Parteien streitig, ob ein Schaden entstanden sei und wie hoch sich der Schaden oder ein zu ersetzendes Interesse belaufe, so entscheidet hierüber das Gericht unter Würdigung aller Umstände nach freier Überzeugung. Ob und inwieweit eine beantragte Beweisaufnahme oder von Amts wegen die Begutachtung durch Sachverständige anzuordnen sei, bleibt dem Ermessen des Gerichts überlassen. Das Gericht kann anordnen, daß der Beweisführer den Schaden oder das Interesse eidlich schätze. In diesem Falle hat das Gericht zugleich den Betrag zu bestimmen, welchen die eidliche Schätzung nicht übersteigen darf.

Die Vorschriften des Abs. 1 Satz 1, 2 finden bei vermögensrechtlichen Streitigkeiten auch in anderen Fällen entsprechende Anwendung, soweit unter den Parteien die Höhe einer Forderung streitig ist und die vollständige Aufklärung aller hierfür maßgebenden Umstände mit Schwierigkeiten verbunden ist, die zu der Bedeutung des streitigen Teiles der Forderung in keinem Verhältnis stehen.

§ 288. Die von einer Partei behaupteten Tatsachen bedürfen insoweit keines Beweises, als sie im Laufe des Rechtsstreits von dem Gegner bei einer mündlichen Verhandlung oder zum Protokoll eines beauftragten oder ersuchten Richters zugestanden sind.

Zur Wirksamkeit des gerichtlichen Geständnisses ist dessen Annahme nicht erforderlich.

§ 289. Die Wirksamkeit des gerichtlichen Geständnisses wird dadurch nicht beeinträchtigt, daß demselben eine Behauptung hinzugefügt wird, welche ein selbständiges Angriffs- oder Verteidigungsmittel enthält.

Inwiefern eine vor Gericht erfolgte einräumende Erklärung ungeachtet anderer zusätzlicher oder einschränkender Behauptungen als ein Geständnis anzusehen sei, bestimmt sich nach der Beschaffenheit des einzelnen Falles.

§ 290. Der Widerruf hat auf die Wirksamkeit des gerichtlichen Geständnisses nur dann Einfluß, wenn die widerrufende Partei beweist, daß das Geständnis der Wahrheit nicht entspreche und durch einen Irrtum veranlaßt sei. In diesem Falle verliert das Geständnis seine Wirksamkeit.

§ 291. Tatsachen, welche bei dem Gericht offenkundig sind, bedürfen keines Beweises.

§ 292. Stellt das Gesetz für das Vorhandensein einer Tatsache eine Vermutung auf, so ist der Beweis des Gegenteils zulässig, sofern nicht das Gesetz ein anderes vorschreibt. Dieser Beweis kann auch durch Eideszuschiebung nach Maßgabe der §§ 445ff. geführt werden.

§ 293. Das in einem anderen Staate geltende Recht, die Gewohnheitsrechte und Statuten bedürfen des Beweises nur insofern, als sie dem Gericht unbekannt sind. Bei Ermittelung dieser Rechtsnormen ist das Gericht auf die von den Parteien beigebrachten Nachweise nicht beschränkt; es ist befugt, auch andere Erkenntnisquellen zu benutzen und zum Zwecke einer solchen Benutzung das Erforderliche anzuordnen.

§ 294. Wer eine tatsächliche Behauptung glaubhaft zu machen hat, kann sich aller Beweismittel, mit Ausnahme der Eideszuschiebung, bedienen, auch zur Versicherung an Eides Statt zugelassen werden.

Eine Beweisaufnahme, welche nicht sofort erfolgen kann, ist unstatthaft.

§ 295. Die Verletzung einer das Verfahren und insbesondere die Form einer Prozeßhandlung betreffenden Vorschrift kann nicht mehr gerügt werden, wenn die Partei auf die Befolgung der Vorschrift verzichtet, oder wenn sie bei der nächsten mündlichen Verhandlung, welche auf Grund des betreffenden Verfahrens stattgefunden hat oder in welcher auf dasselbe Bezug genommen ist, den Mangel nicht gerügt hat, obgleich sie erschienen und ihr der Mangel bekannt war oder bekannt sein mußte.

Die vorstehende Bestimmung kommt nicht zur Anwendung, wenn Vorschriften verletzt sind, auf deren Befolgung eine Partei wirksam nicht verzichten kann.

§ 296. Das Gericht kann in jeder Lage des Rechtsstreits die gütliche Beilegung desselben oder einzelner Streitpunkte versuchen oder die Parteien zum Zwecke des Sühneversuchs vor einen beauftragten oder ersuchten Richter verweisen.

Zum Zwecke des Sühneversuchs kann das persönliche Erscheinen der Parteien angeordnet werden. Wird das Erscheinen angeordnet, so finden die Vorschriften des § 141 Abs. 2 Anwendung.

§ 297. Die Anträge müssen aus den vorbereitenden Schriftsätzen verlesen werden.

Soweit vorbereitende Schriftsätze nicht mitgeteilt oder die Anträge in solchen nicht enthalten sind, muß die Verlesung aus einem dem Protokoll als Anlage beizufügenden Schriftsatz erfolgen.

Dasselbe gilt von Anträgen, welche von früher verlesenen in wesentlichen Punkten abweichen.

Die Verlesung kann durch eine Bezugnahme auf die die Anträge enthaltenden Schriftsätze ersetzt werden, soweit das Gericht es für ausreichend erachtet.

Die Nichtbeachtung dieser Vorschriften hat die Nichtberücksichtigung der Anträge zur Folge.

§ 298. Soweit es sich nicht um Anträge (§ 297) handelt, sind wesentliche Erklärungen, welche in vorbereitenden Schriftsätzen nicht enthalten sind, oder wesentliche Abweichungen von dem Inhalt solcher Schriftsätze, mögen die Abweichungen in Zusätzen, Weglassungen oder sonstigen Abänderungen bestehen, auf Antrag durch Schriftsätze, welche dem Protokoll als Anlage beizufügen sind, festzustellen.

In gleicher Weise sind auf Antrag auch Geständnisse sowie die Erklärungen über Annahme oder Zurückschiebung zugeschobener Eide festzustellen.

§ 299. Die Parteien können von den Prozeßakten Einsicht nehmen und sich aus denselben durch die Geschäftsstelle Ausfertigungen, Auszüge und Abschriften erteilen lassen.

Dritten Personen kann der Vorstand des Gerichts ohne Einwilligung der Parteien die Einsicht der Akten nur gestatten, wenn ein rechtliches Interesse glaubhaft gemacht wird.

Die Entwürfe zu Urteilen, Beschlüssen und Verfügungen, die zur Vorbereitung derselben gelieferten Arbeiten, sowie die Schriftstücke, welche Abstimmungen oder Strafverfügungen betreffen, werden weder vorgelegt noch abschriftlich mitgeteilt.

Zweiter Titel.
Urteil.

§ 300. Ist der Rechtsstreit zur Endentscheidung reif, so hat das Gericht dieselbe durch Endurteil zu erlassen.

Dasselbe gilt, wenn von mehreren zum Zwecke gleichzeitiger Verhandlung und Entscheidung verbundenen Prozessen nur der eine zur Endentscheidung reif ist.

§ 301. Ist von mehreren in einer Klage geltend gemachten Ansprüchen nur der eine, oder ist nur ein Teil eines Anspruchs oder bei erhobener Widerklage nur die Klage oder die Widerklage zur Endentscheidung reif, so hat das Gericht dieselbe durch Endurteil (Teilurteil) zu erlassen.

Die Erlassung eines Teilurteils kann unterbleiben, wenn das Gericht sie nach Lage der Sache nicht für angemessen erachtet.

§ 302. Hat der Beklagte die Aufrechnung einer Gegenforderung geltend gemacht, welche mit der in der Klage geltend gemachten Forderung nicht in rechtlichem Zusammenhange steht, so kann, wenn nur die Verhandlung über die Forderung zur Entscheidung reif ist, diese unter Vorbehalt der Entscheidung über die Aufrechnung erfolgen.

Enthält das Urteil keinen Vorbehalt, so kann die Ergänzung des Urteils nach Vorschrift des § 321 beantragt werden.

Das Urteil, welches unter Vorbehalt der Entscheidung über die Aufrechnung ergeht, ist in betreff der Rechtsmittel und der Zwangsvollstreckung als Endurteil anzusehen.

In betreff der Aufrechnung, über welche die Entscheidung vorbehalten ist, bleibt der Rechtsstreit anhängig. Soweit sich in dem weiteren Verfahren ergibt, daß der Anspruch des Klägers, unbegründet war, ist das frühere Urteil aufzuheben, der Kläger mit dem Anspruch abzuweisen und über die Kosten anderweit zu entscheiden. Der Kläger ist zum Ersatze des Schadens verpflichtet, der dem Beklagten durch die Vollstreckung des Urteils oder durch eine zur Abwendung der Vollstreckung gemachte Leistung entstanden ist. Der Beklagte kann den Anspruch auf Schadensersatz in dem anhängigen Rechtsstreit geltend machen; wird der Anspruch geltend gemacht, so ist er als zur

Zeit der Zahlung oder Leistung rechtshängig geworden anzusehen.

§ 303. Ist ein Zwischenstreit zur Entscheidung reif, so kann die Entscheidung durch Zwischenurteil erfolgen.

§ 304. Ist ein Anspruch nach Grund und Betrag streitig, so kann das Gericht über den Grund vorab entscheiden.

Das Urteil ist in betreff der Rechtsmittel als Endurteil anzusehen; das Gericht kann jedoch, wenn der Anspruch für begründet erklärt ist, auf Antrag anordnen, daß über den Betrag zu verhandeln sei.

§ 305. Durch die Geltendmachung der dem Erben nach den §§ 2014, 2015 des Bürgerlichen Gesetzbuchs zustehenden Einreden wird eine unter dem Vorbehalte der beschränkten Haftung ergehende Verurteilung des Erben nicht ausgeschlossen.

Das gleiche gilt für die Geltendmachung der Einreden, die im Falle der fortgesetzten Gütergemeinschaft dem überlebenden Ehegatten nach dem § 1489 Abs. 2 und den §§ 2014, 2015 des Bürgerlichen Gesetzbuchs zustehen.

§ 306. Verzichtet der Kläger bei der mündlichen Verhandlung auf den geltend gemachten Anspruch, so ist er auf Grund des Verzichts mit dem Anspruch abzuweisen, wenn der Beklagte die Abweisung beantragt.

§ 307. Erkennt eine Partei den gegen sie geltend gemachten Anspruch bei der mündlichen Verhandlung ganz oder zum Teil an, so ist sie auf Antrag dem Anerkenntnisse gemäß zu verurteilen.

§ 308. Das Gericht ist nicht befugt, einer Partei etwas zuzusprechen, was nicht beantragt ist. Dies gilt insbesondere von Früchten, Zinsen und anderen Nebenforderungen.

Über die Verpflichtung, die Prozeßkosten zu tragen, hat das Gericht auch ohne Antrag zu erkennen.

§ 309. Das Urteil kann nur von denjenigen Richtern gefällt werden, welche der dem Urteil zugrunde liegenden Verhandlung beigewohnt haben.

§ 310. Die Verkündung des Urteils erfolgt in dem Termin, in welchem die mündliche Verhandlung geschlossen wird, oder in einem sofort anzuberaumenden Termin, welcher nicht über eine Woche hinaus angesetzt werden soll.

§ 311. Die Verkündung des Urteils erfolgt durch Vorlesung der Urteilsformel. Versäumnisurteile, Urteile, welche auf Grund eines Anerkenntnisses erlassen werden, sowie Urteile, welche die Folge der Zurücknahme der Klage oder des Verzichts auf den Klaganspruch oder welche den Eintritt der in einem bedingten Endurteil ausgedrückten Folgen aussprechen, können verkündet werden, auch wenn die Urteilsformel noch nicht schriftlich abgefaßt ist.

Wird die Verkündung der Entscheidungsgründe für angemessen erachtet, so erfolgt sie durch Vorlesung der Gründe oder durch mündliche Mitteilung des wesentlichen Inhalts.

§ 312. Die Wirksamkeit der Verkündung eines Urteils ist von der Anwesenheit der Parteien nicht abhängig. Die Verkündung gilt auch derjenigen Partei gegenüber als bewirkt, welche den Termin versäumt hat.

Die Befugnis einer Partei, auf Grund eines verkündeten Urteils das Verfahren fortzusetzen oder von dem Urteil in anderer Weise Gebrauch zu machen, ist von der Zustellung an den Gegner nicht abhängig, soweit nicht dieses Gesetz ein anderes bestimmt.

§ 313. Das Urteil enthält:

1. die Bezeichnung der Parteien, ihrer gesetzlichen Vertreter und der Prozeßbevollmächtigten nach Namen, Stand oder Gewerbe, Wohnort und Parteistellung;
2. die Bezeichnung des Gerichts und die Namen der Richter, welche bei der Entscheidung mitgewirkt haben;
3. eine gedrängte Darstellung des Sach- und Streitstandes auf Grundlage der mündlichen Vorträge der Parteien unter Hervorhebung der gestellten Anträge (Tatbestand);
4. die Entscheidungsgründe;
5. die von der Darstellung des Tatbestandes und der Entscheidungsgründe äußerlich zu sondernde Urteilsformel.

Die Darstellung des Tatbestandes kann durch eine Bezugnahme auf den Inhalt der vorbereitenden Schriftsätze und auf die zum Sitzungsprotokoll erfolgten Feststellungen ersetzt werden, soweit sich aus ihnen der Sach- und Streitstand richtig und vollständig ergibt. In jedem Falle sind jedoch die erhobenen Ansprüche genügend zu kennzeichnen und die dazu vorgebrachten Angriffs- und Verteidigungsmittel ihrem Wesen nach hervorzuheben.

Wird durch Versäumnisurteil oder Anerkenntnisurteil nach dem Antrag des Klägers erkannt, so kann das Urteil in abgekürzter Form auf die bei den Akten befindliche Urschrift oder Abschrift der Klage oder ein auf damit zu verbindendes Blatt gesetzt werden. In diesem Falle ist das Urteil als Versäumnisurteil oder Anerkenntnisurteil zu bezeichnen. Des Tatbestandes, der Entscheidungsgründe und der Bezeichnung der mitwirkenden Richter bedarf es nicht. Der Bezeichnung der Parteien, ihrer gesetzlichen Vertreter und der Prozeßbevollmächtigten bedarf es nur insoweit, als von den Angaben der Klageschrift abgewichen wird. In der Urteilsformel kann auf die Klageschrift Bezug genommen werden. Wird das Urteil auf ein Blatt gesetzt, das mit der Klageschrift verbunden wird, so soll die Verbindungsstelle mit dem Gerichtssiegel versehen oder die Verbindung mit Schnur und Siegel bewirkt werden.

§ 314. Der Tatbestand des Urteils liefert rücksichtlich des mündlichen Parteivorbringens Beweis. Dieser Beweis kann nur durch das Sitzungsprotokoll entkräftet werden.

§ 315. Das Urteil ist von den Richtern, welche bei der Entscheidung mitgewirkt haben, zu unterschreiben. Ist ein Richter verhindert, seine Unterschrift beizufügen, so wird dies unter Angabe des Verhinderungsgrundes von dem Vorsitzenden und bei dessen Verhinderung von dem ältesten beisitzenden Richter unter dem Urteil bemerkt.

Ein Urteil, welches bei der Verkündung noch nicht in vollständiger Form abgefaßt war, ist vor Ablauf einer Woche, vom Tage der Verkündung an gerechnet, in vollständiger Abfassung der Geschäftsstelle zu übergeben. Kann dies ausnahmsweise nicht geschehen, so ist innerhalb der Woche das von den Richtern unterschriebene Urteil unter Weglassung des Tatbestandes und der Entscheidungsgründe der Geschäftsstelle zu übergeben. In diesem Falle sind Tatbestand und Entscheidungsgründe alsbald nachträglich anzufertigen, von den Richtern besonders zu unterschreiben und der Geschäftsstelle zu übergeben.

Der Urkundsbeamte der Geschäftsstelle hat auf dem Urteil den Tag der Verkündung zu bemerken und diese Bemerkung zu unterschreiben.

§ 316. (Fortgefallen.)

§ 317. Die Zustellung der Urteile erfolgt auf Betreiben der Parteien.

Solange das Urteil nicht verkündet und nicht unterschrieben ist, dürfen Ausfertigungen, Auszüge und Abschriften desselben nicht erteilt werden. Die Ausfertigung der Urteile erfolgt, sofern nicht von der Partei ein anderes beantragt wird, unter Weglassung des Tatbestandes und der Entscheidungsgründe. Die Zustellung einer solchen Ausfertigung steht, soweit nicht ein anderes bestimmt ist, in den Wirkungen der Zustellung eines vollständigen Urteils gleich.

Die Ausfertigungen und Auszüge der Urteile sind von dem Urkundsbeamten der Geschäftsstelle zu unterschreiben und mit dem Gerichtssiegel zu versehen.

Ist das Urteil nach § 313 Abs. 3 in abgekürzter Form hergestellt, so erfolgt die Ausfertigung in gleicher Weise unter Benutzung einer beglaubigten Abschrift der Klageschrift oder in der Weise, daß das Urteil durch Aufnahme der im § 313 Abs. 1 Nr. 1, 2, 5 bezeichneten Angaben vervollständigt wird. Die Abschrift der Klageschrift kann durch den Urkundsbeamten der Geschäftsstelle oder durch den Rechtsanwalt des Klägers beglaubigt werden.

§ 318. Das Gericht ist an die Entscheidung, welche in den von ihm erlassenen End- und Zwischenurteilen enthalten ist, gebunden.

§ 319. Schreibfehler, Rechnungsfehler und ähnliche offenbare Unrichtigkeiten, welche in dem Urteil vorkommen, sind jederzeit von dem Gericht auch von Amts wegen zu berichtigen.

Über die Berichtigung kann ohne vorgängige mündliche Verhandlung entschieden werden. Der Beschluß, welcher eine Berichtigung ausspricht, wird auf dem Urteil und dem Ausfertigungen bemerkt.

Gegen den Beschluß, durch welchen der Antrag auf Berichtigung zurückgewiesen wird, findet kein Rechtsmittel, gegen den Beschluß, welcher eine Berichtigung ausspricht, findet sofortige Beschwerde statt.

§ 320. Enthält der Tatbestand des Urteils Unrichtigkeiten, welche nicht unter die Bestimmung des vorstehenden Paragraphen fallen, Auslassungen, Dunkelheiten oder Widersprüche, so kann die Berichtigung binnen einer einwöchigen Frist durch Zustellung eines Schriftsatzes beantragt werden.

Die Frist beginnt mit der Zustellung des in vollständiger Form abgefaßten Urteils. Der Antrag kann schon vor dem Beginne der Frist gestellt werden. Die Berichtigung des Tatbestandes ist ausgeschlossen, wenn sie nicht binnen drei Monaten seit der Verkündung des Urteils beantragt wird.

Der Schriftsatz muß den Antrag auf Berichtigung und die Ladung des Gegners zur mündlichen Verhandlung enthalten.

Das Gericht entscheidet ohne vorgängige Beweisaufnahme. Bei der Entscheidung wirken nur diejenigen Richter mit, welche bei dem Urteil mitgewirkt haben. Ist ein Richter verhindert, so gibt bei Stimmengleichheit die Stimme des Vorsitzenden und bei dessen Verhinderung die Stimme des ältesten Richters den Ausschlag. Eine Anfechtung des Beschlusses findet nicht statt. Der Beschluß, welcher eine Berichtigung ausspricht, wird auf dem Urteil und den Ausfertigungen bemerkt.

Die Berichtigung des Tatbestandes hat eine Änderung des übrigen Teils des Urteils nicht zur Folge.

§ 321. Wenn ein nach dem ursprünglich festgestellten oder nachträglich berechtigten Tatbestande von einer Partei geltend gemachter Haupt- oder Nebenanspruch oder wenn der Kostenpunkt bei der Endentscheidung ganz oder teilweise übergangen ist, so ist auf Antrag das Urteil durch nachträgliche Entscheidung zu ergänzen.

Die nachträgliche Entscheidung muß binnen einer einwöchigen Frist, welche mit der Zustellung des Urteils beginnt, durch Zustellung eines Schriftsatzes beantragt werden.

Der Schriftsatz muß den Antrag auf Ergänzung und die Ladung des Gegners zur mündlichen Verhandlung enthalten.

Die mündliche Verhandlung hat nur den nicht erledigten Teil des Rechtsstreits zum Gegenstande.

§ 322. Urteile sind der Rechtskraft nur insoweit fähig, als über den durch die Klage oder durch die Widerklage erhobenen Anspruch entschieden ist.

Hat der Beklagte die Aufrechnung einer Gegenforderung geltend gemacht, so ist die Entscheidung, daß die Gegenforderung nicht besteht, bis zur Höhe des Betrags, für welchen die Aufrechnung geltend gemacht worden ist, der Rechtskraft fähig.

§ 323. Tritt im Falle der Verurteilung zu künftig fällig werdenden wiederkehrenden Leistungen eine wesentliche Änderung derjenigen Verhältnisse ein, welche für die Verurteilung zur Entrichtung der Leistungen, für die Bestimmung der Höhe der Leistungen oder der Dauer ihrer Entrichtung maßgebend waren, so ist jeder Teil berechtigt, im Wege der Klage eine entsprechende Abänderung des Urteils zu verlangen.

Die Klage ist nur insoweit zulässig, als die Gründe, auf welche sie gestützt wird, erst nach dem Schlusse der mündlichen Verhandlung, in der eine Erweiterung des Klagantrags oder die Geltendmachung von Einwendungen spätestens hätte erfolgen müssen, entstanden sind und durch Einspruch nicht mehr geltend gemacht werden können.

Die Abänderung des Urteils darf nur für die Zeit nach Erhebung der Klage erfolgen.

Die vorstehenden Bestimmungen finden entsprechende Anwendung auf die Schuldtitel des § 794 Nr. 1 und 5, soweit darin Leistungen der im Abs. 1 bezeichneten Art übernommen worden sind.

§ 324. Ist bei einer nach den §§ 843—845 oder nach den §§ 1578—1582 des Bürgerlichen Gesetzbuchs erfolgten Verurteilung zur Entrichtung einer Geldrente nicht auf Sicherheitsleistung erkannt, so kann der Berechtigte gleichwohl Sicherheitsleistung verlangen, wenn sich die Vermögensverhältnisse des Verpflichteten erheblich verschlechtert haben; unter der gleichen Voraussetzung kann er eine Erhöhung der in dem Urteil bestimmten Sicherheit verlangen.

§ 325. Das rechtskräftige Urteil wirkt für und gegen die Parteien und diejenigen Personen, welche nach dem Eintritt der Rechtshängigkeit Rechtsnachfolger der Parteien geworden sind oder den Besitz der in Streit befangenen Sache in solcher Weise erlangt haben, daß eine der Parteien oder ihr Rechtsnachfolger mittelbarer Besitzer geworden ist.

Die Vorschriften des bürgerlichen Rechtes zugunsten derjenigen, welche Rechte von einem Nichtberechtigten herleiten, finden entsprechende Anwendung.

Betrifft das Urteil einen Anspruch aus einer eingetragenen Reallast, Hypothek, Grundschuld oder Rentenschuld, so wirkt es im Falle einer Veräußerung des belasteten Grundstücks in Ansehung des Grundstücks gegen den Rechtsnachfolger auch dann, wenn dieser die Rechtshängigkeit nicht gekannt hat. Gegen den Ersteher eines im Wege der Zwangsversteigerung veräußerten Grundstücks wirkt das Urteil nur dann, wenn die Rechtshängigkeit spätestens im Versteigerungstermin vor der Aufforderung zur Abgabe von Geboten angemeldet worden ist.

§ 326. Ein Urteil, das zwischen einem Vorerben und einem Dritten über einen gegen den Vorerben als Erben gerichteten Anspruch oder über einen der Nacherbfolge unterliegenden Gegenstand ergeht, wirkt, sofern es vor dem Eintritt der Nacherbfolge rechtskräftig wird, für den Nacherben.

Ein Urteil, das zwischen einem Vorerben und einem Dritten über einen der Nacherbfolge unterliegenden Gegenstand ergeht, wirkt auch gegen den Nacherben, sofern der Vorerbe befugt ist, ohne Zustimmung des Nacherben über den Gegenstand zu verfügen.

§ 327. Ein Urteil, das zwischen einem Testamentsvollstrecker und einem Dritten über ein der Verwaltung des Testamentsvollstreckers unterliegendes Recht ergeht, wirkt für und gegen den Erben.

Das gleiche gilt von einem Urteil, welches zwischen einem Testamentsvollstrecker und einem Dritten über einen gegen den Nachlaß gerichteten Anspruch ergeht, wenn der Testamentsvollstrecker zur Führung des Rechtsstreits berechtigt ist.

§ 328. Die Anerkennung des Urteils eines ausländischen Gerichts ist ausgeschlossen:

1. wenn die Gerichte des Staates, dem das ausländische Gericht angehört, nach den deutschen Gesetzen nicht zuständig sind;
2. wenn der unterlegene Beklagte ein Deutscher ist und sich auf den Prozeß nicht eingelassen hat, sofern die den Prozeß einleitende Ladung oder Verfügung ihm weder in dem Staate des Prozeßgerichts in Person noch durch Gewährung deutscher Rechtshilfe zugestellt ist;
3. wenn in dem Urteil zum Nachteil einer deutschen Partei von den Vorschriften des Artikel 13 Abs. 1, 3 oder der Artikel 17, 18, 22 des Einführungsgesetzes zum Bürger-

lichen Gesetzbuch oder von der Vorschrift des auf den Artikel 13 Abs. 1 bezüglichen Teiles des Artikel 27 desselben Gesetzes oder im Falle des Artikel 9 Abs. 3 zum Nachteil der Ehefrau eines für tot erklärten Ausländers von der Vorschrift des Artikel 13 Abs. 2 abgewichen ist;
4. wenn die Anerkennung des Urteils gegen die guten Sitten oder gegen den Zweck eines deutschen Gesetzes verstoßen würde;
5. wenn die Gegenseitigkeit nicht verbürgt ist.

Die Vorschrift der Nr. 5 steht der Anerkennung des Urteils nicht entgegen, wenn das Urteil einen nicht vermögensrechtlichen Anspruch betrifft und nach den deutschen Gesetzen ein Gerichtsstand im Inland nicht begründet war.

§ 329. Die auf Grund einer mündlichen Verhandlung ergehenden Beschlüsse des Gerichts müssen verkündet werden.

Die Vorschriften der §§ 309, 310 finden auf Beschlüsse des Gerichts, die Vorschriften des § 312 und des § 317 Abs. 1, Abs. 2 Satz 1, Abs. 3 auf Beschlüsse des Gerichts und auf Verfügungen des Vorsitzenden sowie eines beauftragten oder ersuchten Richters entsprechende Anwendung.

Nicht verkündete Beschlüsse des Gerichts und nicht verkündete Verfügungen des Vorsitzenden und eines beauftragten oder ersuchten Richters sind den Parteien von Amts wegen zuzustellen.

Dritter Titel.
Versäumnisurteil.

§ 330. Erscheint der Kläger im Termin zur mündlichen Verhandlung nicht, so ist auf Antrag das Versäumnisurteil dahin zu erlassen, daß der Kläger mit der Klage abzuweisen sei.

§ 331. Beantragt der Kläger gegen den im Termin zur mündlichen Verhandlung nicht erschienenen Beklagten das Versäumnisurteil, so ist das tatsächliche mündliche Vorbringen des Klägers als zugestanden anzunehmen.

Soweit dasselbe den Klageantrag rechtfertigt, ist nach dem Antrag zu erkennen; soweit dies nicht der Fall, ist die Klage abzuweisen.

§ 331a. Beim Ausbleiben einer Partei im Termin zur mündlichen Verhandlung kann der Gegner statt eines Versäumnisurteils eine Entscheidung nach Lage der Akten beantragen; dem Antrag ist zu entsprechen, wenn der Sachverhalt für eine derartige Entscheidung hinreichend geklärt erscheint. Die Vorschriften des § 251a Abs. 1 Satz 2—4 finden entsprechende Anwendung.

§ 332. Als Verhandlungstermine im Sinne der vorstehenden Paragraphen sind auch diejenigen Termine anzusehen, auf welche die mündliche Verhandlung vertagt ist oder welche zur Fortsetzung derselben vor oder nach dem Erlaß eines Beweisbeschlusses bestimmt sind.

§ 333. Als nicht erschienen ist auch diejenige Partei anzusehen, welche in dem Termin zwar erscheint, aber nicht verhandelt.

§ 334. Wenn eine Partei in dem Termin verhandelt, sich jedoch über Tatsachen, Urkunden oder Eideszuschiebungen nicht erklärt, so finden die Vorschriften dieses Titels keine Anwendung.

§ 335. Der Antrag auf Erlassung eines Versäumnisurteils oder einer Entscheidung nach Lage der Akten ist zurückzuweisen:

1. wenn die erschienene Partei die vom Gerichte wegen eines von Amts wegen zu berücksichtigenden Umstandes erforderte Nachweisung nicht zu beschaffen vermag;
2. wenn die nicht erschienene Partei nicht ordnungsmäßig, insbesondere nicht rechtzeitig geladen war;
3. wenn der nicht erschienenen Partei ein tatsächliches mündliches Vorbringen oder ein Antrag nicht rechtzeitig mittels Schriftsatzes mitgeteilt war.

Wird die Verhandlung vertagt, so ist die nicht erschienene Partei zu dem neuen Termin zu laden.

§ 336. Gegen den Beschluß, durch welchen der Antrag auf Erlassung des Versäumnisurteils zurückgewiesen wird, findet sofortige Beschwerde statt. Wird der Beschluß aufgehoben, so ist die nicht erschienene Partei zu dem neuen Termin nicht zu laden.

Die Ablehnung eines Antrages auf Entscheidung nach Lage der Akten ist unanfechtbar.

§ 337. Das Gericht kann von Amts wegen die Verhandlung über den Antrag auf Erlassung des Versäumnisurteils oder einer Entscheidung nach Lage der Akten vertagen, wenn es dafür hält, daß die von dem Vorsitzenden bestimmte Einlassungs- oder Ladungsfrist zu kurz bemessen oder daß die Partei durch Naturereignisse oder durch andere unabwendbare Zufälle am Erscheinen verhindert worden sei. Die nicht erschienene Partei ist zu dem neuen Termin zu laden.

§ 338. Der Partei, gegen welche ein Versäumnisurteil erlassen ist, steht gegen dasselbe der Einspruch zu.

§ 339. Die Einspruchsfrist beträgt zwei Wochen; sie ist eine Notfrist und beginnt mit der Zustellung des Versäumnisurteils.

Muß die Zustellung im Ausland oder durch öffentliche Bekanntmachung erfolgen, so hat das Gericht die Einspruchsfrist im Versäumnisurteil oder nachträglich durch besonderen Beschluß, welcher ohne vorgängige mündliche Verhandlung erlassen werden kann, zu bestimmen.

§ 340. Die Einlegung des Einspruchs erfolgt durch Einreichung der Einspruchsschrift bei dem Prozeßgerichte.

Die Einspruchsschrift muß enthalten:

1. die Bezeichnung des Urteils, gegen welches der Einspruch gerichtet wird;
2. die Erklärung, daß gegen dieses Urteil Einspruch eingelegt werde.

Die Einspruchsschrift soll zugleich dasjenige enthalten, was zur Vorbereitung der Verhandlung über die Hauptsache erforderlich ist.

§ 340a. Der Termin zur mündlichen Verhandlung über den Einspruch und die Hauptsache ist von Amts wegen zu bestimmen und den Parteien bekanntzumachen. Mit der Bekanntmachung ist der Gegenpartei die Einspruchsschrift von Amts wegen zuzustellen. Die erforderliche Zahl von beglaubigten Abschriften soll die Partei mit der Einspruchsschrift einreichen.

§ 341. Das Gericht hat von Amts wegen zu prüfen, ob der Einspruch an sich statthaft und ob er in der gesetzlichen Form und Frist eingelegt sei. Fehlt es an einem dieser Erfordernisse, so ist der Einspruch als unzulässig zu verwerfen.

§ 342. Ist der Einspruch zulässig, so wird der Prozeß in die Lage zurückversetzt, in welcher er sich vor Eintritt der Versäumnis befand.

§ 343. Insoweit die Entscheidung, welche auf Grund der neuen Verhandlung zu erlassen ist, mit der in dem Versäumnisurteil enthaltenen Entscheidung übereinstimmt, ist auszusprechen, daß diese Entscheidung aufrechtzuerhalten sei. Insoweit diese Voraussetzung nicht zutrifft, wird das Versäumnisurteil in dem neuen Urteil aufgehoben.

§ 344. Ist das Versäumnisurteil in gesetzlicher Weise ergangen, so sind die durch die Versäumnis veranlaßten Kosten, soweit sie nicht durch einen unbegründeten Widerspruch des Gegners entstanden sind, der säumigen Partei auch dann aufzuerlegen, wenn infolge des Einspruchs eine abändernde Entscheidung erlassen wird.

§ 345. Einer Partei, die den Einspruch eingelegt hat, aber in der zur mündlichen Verhandlung bestimmten Sitzung oder in derjenigen Sitzung, auf welche die Verhandlung vertagt ist, nicht erscheint oder nicht zur Hauptsache verhandelt, steht gegen das Versäumnisurteil, durch welches der Einspruch verworfen wird, ein weiterer Einspruch nicht zu.

§ 346. In betreff des Verzichts auf den Einspruch und der Zurücknahme desselben finden die Vorschriften über den Verzicht auf die Berufung und über die Zurücknahme derselben entsprechende Anwendung.

§ 347. Die Vorschriften dieses Titels finden auf das Verfahren, welches eine Widerklage oder die Bestimmung des Betrags eines dem Grunde nach bereits festgestellten Anspruchs zum Gegenstande hat, entsprechende Anwendung.

War ein Termin lediglich zur Verhandlung über einen Zwischenstreit bestimmt, so beschränkt sich das Versäumnisverfahren und das Versäumnisurteil auf die Erledigung dieses Zwischenstreits. Die Vorschriften dieses Titels finden entsprechende Anwendung.

Vierter Titel.

Verfahren vor dem Einzelrichter.

§ 348. Zur Vorbereitung der Entscheidung des Prozeßgerichts ist jede Sache zunächst vor dem Einzelrichter zu verhandeln, der auch den Termin hierzu bestimmt. Es kann jedoch nach Bestimmung des Vorsitzenden hiervon abgesehen werden, wenn eine Vorbereitung nach den Umständen nicht erforderlich erscheint.

§ 349. Der Einzelrichter hat zunächst die gütliche Beilegung des Rechtsstreits zu versuchen. Kommt ein Vergleich nicht zustande, so hat der Einzelrichter für eine erschöpfende Erörterung des gesamten Sach- und Streitverhältnisses zu sorgen. Er hat zu entscheiden:

1. über Verweisungen in den Fällen der §§ 97, 98 des Gerichtsverfassungsgesetzes;
2. über prozeßhindernde Einreden der im §§ 274 Abs. 2 Nr. 1, 4—7 bezeichneten Art, soweit über sie besonders verhandelt und entschieden wird;
3. bei Zurücknahme der Klage, Verzicht auf den geltend gemachten Anspruch oder Anerkenntnis des Anspruchs;
4. bei Versäumnis einer Partei. In diesem Falle kann der Einzelrichter auch eine Entscheidung nach Lage der Akten gemäß § 331a erlassen;
5. in den Fällen des § 251a, soweit der Einzelrichter hier die Entscheidung nach Lage der Akten für angezeigt hält.

Im übrigen hat der Einzelrichter die Sache so weit zu fördern, daß sie tunlichst durch eine Verhandlung vor dem Prozeßgericht erledigt werden kann. Ist eine Beweisaufnahme erforderlich, so kann der Einzelrichter nach seinem Ermessen entweder selbst die Beweise anordnen und erheben oder dies dem Prozeßgerichte vorbehalten. Ist die Sache zur Verhandlung vor dem Prozeßgerichte reif, so wird der Termin hierzu von Amts wegen anberaumt.

Im Einverständnis beider Parteien kann der Einzelrichter bei Streitigkeiten über vermögensrechtliche Ansprüche an Stelle des Prozeßgerichts entscheiden.

§ 350. Einzelrichter im Sinne der §§ 348, 349 ist in Sachen der Zivilkammern der Vorsitzende oder ein von ihm zu bestimmendes Mitglied der Kammer, in Sachen der Kammern für Handelssachen der Vorsitzende.

Für die Anfechtung von Entscheidungen des Einzelrichters gelten dieselben Vorschriften wir für die Anfechtung entsprechender Entscheidungen des Prozeßgerichts.

§ 351. (Fortgefallen.)
§ 352. (Fortgefallen.)
§ 353. (Fortgefallen.)
§ 354. (Fortgefallen.)

Fünfter Titel.

Allgemeine Bestimmungen über die Beweisaufnahme.

§ 355. Die Beweisaufnahme erfolgt vor dem Prozeßgerichte. Sie ist nur in den durch dieses Gesetz bestimmten Fällen einem Mitgliede des Prozeßgerichts oder einem anderen Gerichte zu übertragen.

Eine Anfechtung des Beschlusses, durch welchen die eine oder die andere Art der Beweisaufnahme angeordnet wird, findet nicht statt.

§ 356. Steht der Aufnahme des Beweises ein Hindernis von ungewisser Dauer entgegen, so ist eine Frist zu bestimmen, nach deren fruchtlosem Ablaufe das Beweismittel nur benutzt werden kann, wenn dadurch das Verfahren nicht verzögert wird. Die Bestimmung der Frist kann ohne mündliche Verhandlung erfolgen.

§ 357. Den Parteien ist gestattet, der Beweisaufnahme beizuwohnen.

§ 357a. Beschließt das Gericht eine Beweiserhebung, so soll die Aufnahme des Beweises, soweit dies tunlich ist, sofort erfolgen, insbesondere sollen Zeugen und Sachverständige, falls sie zur Stelle sind oder ihre unverzügliche Gestellung möglich ist, sofort vernommen werden. Ein Eid soll im Regelfalle nur dann sofort vorgenommen werden, wenn seine Zuschiebung und seine Annahme schon in vorbereitenden Schriftsätzen erklärt waren.

§ 358. Erfordert die Beweisaufnahme ein besonderes Verfahren, so ist dasselbe durch Beweisbeschluß anzuordnen.

§ 359. Der Beweisbeschluß enthält:

1. die Bezeichnung der streitigen Tatsachen, über welche der Beweis zu erheben ist;
2. die Bezeichnung der Beweismittel unter Benennung der zu vernehmenden Zeugen und Sachverständigen;

3. die Bezeichnung der Partei, welche sich zum Nachweise oder zur Widerlegung tatsächlicher Behauptungen auf das Beweismittel berufen hat;
4. die Eidesnorm, wenn die Abnahme eines zugeschobenen oder zurückgeschobenen Eides angeordnet wird.

§ 360. Vor der Erledigung des Beweisbeschlusses kann keine Partei dessen Änderung auf Grund der früheren Verhandlungen verlangen. Das Gericht kann jedoch auf Antrag einer Partei oder von Amts wegen den Beweisbeschluß auch ohne erneute mündliche Verhandlung insoweit ändern, als der Gegner zustimmt oder es sich nur um die Berichtigung oder Ergänzung der im Beschluß angegebenen Beweistatsachen oder um die Vernehmung anderer als der im Beschluß angegebenen Zeugen oder Sachverständigen handelt. Die gleiche Befugnis hat der beauftragte oder ersuchte Richter. Die Parteien sind tunlichst vorher zu hören und in jedem Falle von der Änderung unverzüglich zu benachrichtigen.

§ 361. Soll die Beweisaufnahme durch ein Mitglied des Prozeßgerichts erfolgen, so wird bei der Verkündung des Beweisbeschlusses durch den Vorsitzenden der beauftragte Richter bezeichnet und der Termin zur Beweisaufnahme bestimmt.

Ist die Terminsbestimmung unterblieben, so erfolgt sie durch den beauftragten Richter; wird derselbe verhindert, den Auftrag zu vollziehen, so ernennt der Vorsitzende ein anderes Mitglied.

§ 362. Soll die Beweisaufnahme durch ein anderes Gericht erfolgen, so ist das Ersuchungsschreiben von dem Vorsitzenden zu erlassen.

Die auf die Beweisaufnahme sich beziehenden Verhandlungen werden in Urschrift von dem ersuchten Richter der Geschäftsstelle des Prozeßgerichts übersendet, welche die Parteien von dem Eingang benachrichtigt.

§ 363. Soll die Beweisaufnahme im Ausland erfolgen, so hat der Vorsitzende die zuständige Behörde um Aufnahme des Beweises zu ersuchen.

Kann die Beweisaufnahme durch einen Reichskonsul erfolgen, so ist das Ersuchen an diesen zu richten.

§ 364. Wird eine ausländische Behörde ersucht, den Beweis aufzunehmen, so kann das Gericht anordnen, daß der Beweisführer das Ersuchungsschreiben zu besorgen und die Erledigung des Ersuchens zu betreiben habe.

Das Gericht kann sich auf die Anordnung beschränken, daß der Beweisführer eine den Gesetzen des fremden Staates entsprechende öffentliche Urkunde über die Beweisaufnahme beizubringen habe.

In beiden Fällen ist in dem Beweisbeschlusse eine Frist zu bestimmen, binnen welcher von dem Beweisführer die Urkunde auf der Geschäftsstelle niederzulegen ist. Nach fruchtlosem Ablaufe dieser Frist kann die Urkunde nur benutzt werden, wenn dadurch das Verfahren nicht verzögert wird.

Der Beweisführer hat den Gegner, wenn möglich, von dem Orte und der Zeit der Beweisaufnahme so zeitig in Kenntnis zu setzen, daß derselbe seine Rechte in geeigneter Weise wahrzunehmen vermag. Ist die Benachrichtigung unterblieben, so hat das Gericht zu ermessen, ob und inwieweit der Beweisführer zur Benutzung der Beweisverhandlung berechtigt sei.

§ 365. Der beauftragte oder ersuchte Richter ist ermächtigt, falls sich später Gründe ergeben, welche die Beweisaufnahme durch ein anderes Gericht sachgemäß erscheinen lassen, dieses Gericht um die Aufnahme des Beweises zu ersuchen. Die Parteien sind von dieser Verfügung in Kenntnis zu setzen.

§ 366. Erhebt sich bei der Beweisaufnahme vor einem beauftragten oder ersuchten Richter ein Streit, von dessen Erledigung die Fortsetzung der Beweisaufnahme abhängig und zu dessen Entscheidung der Richter nicht berechtigt ist, so erfolgt die Erledigung durch das Prozeßgericht.

Der Termin zur mündlichen Verhandlung über den Zwischenstreit ist von Amts wegen zu bestimmen und den Parteien bekanntzumachen.

§ 367. Erscheint eine Partei oder erscheinen beide Parteien in dem Termine zur Beweisaufnahme nicht, so ist die Beweisaufnahme gleichwohl insoweit zu bewirken, als dies nach Lage der Sache geschehen kann.

Eine nachträgliche Beweisaufnahme oder eine Vervollständigung der Beweisaufnahme ist bis zum Schlusse derjenigen mündlichen Verhandlung, auf welche das Urteil ergeht, auf Antrag anzuordnen, wenn das Verfahren dadurch nicht verzögert wird oder wenn die Partei glaubhaft macht, daß sie ohne ihr Verschulden außerstande gewesen sei, in dem früheren Termin zu erscheinen, und im Falle des Antrags auf Vervollständigung, daß durch ihr Nichterscheinen eine wesentliche Unvollständigkeit der Beweisaufnahme veranlaßt sei.

§ 368. Wird ein neuer Termin zur Beweisaufnahme oder zur Fortsetzung derselben erforderlich, so ist dieser Termin, auch wenn der Beweisführer oder beide Parteien in dem früheren Termin nicht erschienen waren, von Amts wegen zu bestimmen.

§ 369. Entspricht die von einer ausländischen Behörde vorgenommene Beweisaufnahme den für das Prozeßgericht geltenden Gesetzen, so kann daraus, daß sie nach den ausländischen Gesetzen mangelhaft ist, kein Einwand entnommen werden.

§ 370. Erfolgt die Beweisaufnahme vor dem Prozeßgerichte, so ist der Termin, in welchem die Beweisaufnahme stattfindet, zugleich zur Fortsetzung der mündlichen Verhandlung bestimmt.

In dem Beweisbeschlusse, welcher anordnet, daß die Beweisaufnahme vor einem beauftragten oder ersuchten Richter erfolgen solle, kann zugleich der Termin zur Fortsetzung der mündlichen Verhandlung vor dem Prozeßgerichte bestimmt werden. Ist dies nicht geschehen, so wird nach Beendigung der Beweisaufnahme dieser Termin von Amts wegen bestimmt und den Parteien bekanntgemacht.

Sechster Titel.

Beweis durch Augenschein.

§ 371. Die Antretung des Beweises durch Augenschein erfolgt durch die Bezeichnung des Gegenstandes des Augenscheins und durch die Angabe der zu beweisenden Tatsachen.

§ 372. Das Prozeßgericht kann anordnen, daß bei der Einnahme des Augenscheins ein oder mehrere Sachverständige zuzuziehen seien.

Es kann einem Mitglied des Prozeßgerichts oder einem anderen Gerichte die Einnahme des Augenscheins übertragen, auch die Ernennung der zuzuziehenden Sachverständigen überlassen.

Siebenter Titel.

Zeugenbeweis.

§ 373. Die Antretung des Zeugenbeweises erfolgt durch die Benennung der Zeugen und die Bezeichnung der Tatsachen, über welche die Vernehmung der Zeugen stattfinden soll.

§ 374. (Fortgefallen.)

§ 375. Die Aufnahme des Zeugenbeweises kann einem Mitglied des Prozeßgerichts oder einem anderen Gericht übertragen werden:

1. wenn zur Ausmittlung der Wahrheit die Vernehmung des Zeugen an Ort und Stelle dienlich erscheint;
2. wenn die Beweisaufnahme vor dem Prozeßgericht erheblichen Schwierigkeiten unterliegen würde;
3. wenn der Zeuge verhindert ist, vor dem Prozeßgerichte zu erscheinen;
4. wenn der Zeuge in großer Entfernung von dem Sitze des Prozeßgerichts sich aufhält.

Der Reichspräsident und der Präsident eines deutschen Landes sind durch ein Mitglied des Prozeßgerichts oder durch ein anderes Gericht in ihrer Wohnung zu vernehmen.

§ 376. Öffentliche Beamte, auch wenn sie nicht mehr im Dienste sind, dürfen über Umstände, auf welche sich ihre Pflicht zur Amtsverschwiegenheit bezieht, als Zeugen nur mit Genehmigung ihrer vorgesetzten Dienstbehörde oder der ihnen zuletzt vorgesetzt gewesenen Dienstbehörde vernommen werden. Für die Mitglieder der Reichsregierung bedarf es der Genehmigung der Reichsregierung, für die Mitglieder einer Landesregierung der Genehmigung der Landesregierung.

Die Genehmigung darf nur versagt werden, wenn die Ablegung des Zeugnisses dem Wohle des Reichs oder eines deutschen Landes Nachteil bereiten würde.

Die Genehmigung ist durch das Prozeßgericht einzuholen und dem Zeugen bekanntzumachen.

Der Reichspräsident und der Präsident eines deutschen Landes können unter der Voraussetzung des Abs. 2 das Zeugnis verweigern. Dies gilt auch für einen früheren Präsidenten, soweit es sich um Tatsachen handelt, die sich während seiner Amtsführung ereignet haben oder die ihm infolge seiner Amtsführung bekanntgeworden sind.

§ 377. Die Ladung der Zeugen ist von der Geschäftsstelle unter Bezugnahme auf den Beweisbeschluß auszufertigen und von Amts wegen zuzustellen. Das Gericht kann statt der Zustellung eine andere Form der Benachrichtigung anordnen.

Die Ladung muß enthalten:

1. die Bezeichnung der Parteien;
2. den Gegenstand der Vernehmung;
3. die Anweisung, zur Ablegung des Zeugnisses bei Vermeidung der durch das Gesetz angedrohten Strafen in dem nach Zeit und Ort zu bezeichnenden Termin zu erscheinen.

Bildet den Gegenstand der Vernehmung eine Auskunft, die der Zeuge voraussichtlich an der Hand seiner Bücher oder anderer Aufzeichnungen zu geben hat, so kann das Gericht anordnen, daß der Zeuge zum Termin nicht zu erscheinen braucht, wenn er vorher eine schriftliche Beantwortung der Beweisfrage unter eidesstattlicher Versicherung ihrer Richtigkeit einreicht.

Das gleiche kann auch in anderen Fällen geschehen, sofern das Gericht nach Lage der Sache, insbesondere mit Rücksicht auf den Inhalt der Beweisfrage, eine schriftliche Erklärung des Zeugen für ausreichend erachtet und die Parteien damit einverstanden sind.

§ 378. Die Ladung eines Soldaten als Zeugen erfolgt durch Ersuchen der Militärbehörde.

§ 379. Das Gericht kann die Ladung davon abhängig machen, daß der Beweisführer einen Vorschuß zur Deckung der Staatskasse wegen der durch die Vernehmung des Zeugen erwachsenden Auslagen hinterlegt.

Erfolgt die Hinterlegung nicht binnen der bestimmten Frist, so unterbleibt die Ladung, wenn die Hinterlegung nicht so zeitig nachgeholt wird, daß die Vernehmung ohne Verzögerung des Verfahrens erfolgen kann.

§ 380. Ein ordnungsmäßig geladener Zeuge, welcher nicht erscheint, ist, ohne daß es eines Antrags bedarf, in die durch das Ausbleiben verursachten Kosten sowie zu einer Ordnungsstrafe in Geld[1]) und für den Fall, daß diese nicht beigetrieben werden kann, zur Strafe der Haft bis zu sechs Wochen zu verurteilen.

Im Falle wiederholten Ausbleibens ist die Strafe noch einmal zu erkennen, auch kann die zwangsweise Vorführung des Zeugen angeordnet werden. Angehörige der Reichswehr werden durch die Militärbehörde vorgeführt.

Gegen diese Beschlüsse findet die Beschwerde statt.

[1]) Höhe der Geldstrafe 1—1000 RM. nach der VO. v. 6. Februar 1924 (RGBl. 44) Art. II mit VO. v. 12. Dez. 1924 (RGBl. 775) § 2.

§ 381. Die Verurteilung in Strafe und Kosten sowie die Anordnung der zwangsweisen Vorführung unterbleiben, wenn das Ausbleiben des Zeugen genügend entschuldigt ist. Erfolgt nachträglich genügende Entschuldigung, so werden die gegen den Zeugen getroffenen Anordnungen wieder aufgehoben.

Die Anzeigen und Gesuche des Zeugen können schriftlich oder zum Protokoll der Geschäftsstelle oder mündlich in dem zur Vernehmung bestimmten neuen Termin angebracht werden.

§ 382. Die Mitglieder der Reichsregierung oder einer Landesregierung sind an ihrem Amtssitz oder, wenn sie sich außerhalb ihres Amtssitzes aufhalten, an ihrem Aufenthaltsorte zu vernehmen.

Die Mitglieder des Reichsrats oder des Staatsrats eines deutschen Landes sind während ihres Aufenthalts am Sitze des Reichsrats oder des Staatsrats an diesem Sitze, und die Mitglieder des Reichstags, des Reichswirtschaftsrats oder eines Landtags während der Tagung und ihres Aufenthalts am Orte der Versammlung an diesem Orte zu vernehmen.

Zu einer Abweichung von den vorstehenden Bestimmungen bedarf es:

für die Mitglieder der Reichsregierung der Genehmigung der Reichsregierung,

für die Mitglieder einer Landesregierung der Genehmigung der Landesregierung, für die Mitglieder des Reichstags, des Reichsrats, des Reichswirtschaftsrats, eines Landtags oder eines Staatsrats der Genehmigung dieser Versammlungen.

§ 383. Zur Verweigerung des Zeugnisses sind berechtigt:

1. der Verlobte einer Partei;
2. der Ehegatte einer Partei, auch wenn die Ehe nicht mehr besteht;
3. diejenigen, welche mit einer Partei in gerader Linie verwandt, verschwägert oder durch Adoption verbunden, oder in der Seitenlinie bis zum dritten Grade verwandt oder bis zum zweiten Grade verschwägert sind, auch wenn die Ehe, durch welche die Schwägerschaft begründet ist, nicht mehr besteht;
4. Geistliche in Ansehung desjenigen, was ihnen bei der Ausübung der Seelsorge anvertraut ist;
5. Personen, welchen kraft ihres Amtes, Standes oder Gewerbes Tatsachen anvertraut sind, deren Geheimhaltung durch die Natur derselben oder durch gesetzliche Vorschrift geboten ist, in betreff der Tatsachen, auf welche die Verpflichtung zur Verschwiegenheit sich bezieht.

Die unter Nr. 1—3 bezeichneten Personen sind vor der Vernehmung über ihr Recht zur Verweigerung des Zeugnisses zu belehren.

Die Vernehmung der unter Nr. 4, 5 bezeichneten Personen ist, auch wenn das Zeugnis nicht verweigert wird, auf Tatsachen nicht zu richten, in Ansehung welcher erhellt, daß ohne Verletzung der Verpflichtung zur Verschwiegenheit ein Zeugnis nicht abgelegt werden kann.

§ 384. Das Zeugnis kann verweigert werden:

1. über Fragen, deren Beantwortung dem Zeugen oder einer Person, zu welcher derselbe in einem der im § 383 Nr. 1—3 bezeichneten Verhältnisse steht, einen unmittelbaren vermögensrechtlichen Schaden verursachen würde;
2. über Fragen, deren Beantwortung dem Zeugen oder einem der im § 383 Nr. 1—3 bezeichneten Angehörigen desselben zur Unehre gereichen oder die Gefahr strafgerichtlicher Verfolgung zuziehen würde;

3. über Fragen, welche der Zeuge nicht würde beantworten können, ohne ein Kunst- oder Gewerbegeheimnis zu offenbaren.

§ 385. In den Fällen des § 383 Nr. 1—3 und des § 384 Nr. 1 darf der Zeuge das Zeugnis nicht verweigern:

1. über die Errichtung und den Inhalt eines Rechtsgeschäfts, bei dessen Errichtung er als Zeuge zugezogen war;
2. über Geburten, Verheiratungen oder Sterbefälle von Familienmitgliedern;
3. über Tatsachen, welche die durch das Familienverhältnis bedingten Vermögensangelegenheiten betreffen;
4. über diejenigen auf das streitige Rechtsverhältnis sich beziehenden Handlungen, welche von ihm selbst als Rechtsvorgänger oder Vertreter einer Partei vorgenommen sein sollen.

Die im § 383 Nr. 4, 5 bezeichneten Personen dürfen das Zeugnis nicht verweigern, wenn sie von der Verpflichtung zur Verschwiegenheit entbunden sind.

§ 386. Der Zeuge, welcher das Zeugnis verweigert, hat vor dem zu seiner Vernehmung bestimmten Termin schriftlich oder zum Protokoll der Geschäftsstelle oder in diesem Termin die Tatsachen, auf welche er die Weigerung gründet, anzugeben und glaubhaft zu machen.

Zur Glaubhaftmachung genügt in den Fällen des § 383 Nr. 4, 5 die mit Berufung auf einen geleisteten Diensteid abgegebene Versicherung.

Hat der Zeuge seine Weigerung schriftlich oder zum Protokoll der Geschäftsstelle erklärt, so ist er nicht verpflichtet, in dem zu seiner Vernehmung bestimmten Termin zu erscheinen.

Von dem Eingang einer Erklärung des Zeugen oder von der Aufnahme einer solchen zum Protokoll hat die Geschäftsstelle die Parteien zu benachrichtigen.

§ 387. Über die Rechtmäßigkeit der Weigerung wird von dem Prozeßgerichte nach Anhörung der Parteien entschieden.

Der Zeuge ist nicht verpflichtet, sich durch einen Anwalt vertreten zu lassen.

Gegen das Zwischenurteil findet sofortige Beschwerde statt.

§ 388. Hat der Zeuge seine Weigerung schriftlich oder zum Protokoll der Geschäftsstelle erklärt und ist er in dem Termin nicht erschienen, so hat auf Grund seiner Erklärungen ein Mitglied des Prozeßgerichts Bericht zu erstatten.

§ 389. Erfolgt die Weigerung vor einem beauftragten oder ersuchten Richter, so sind die Erklärungen des Zeugen, wenn sie nicht schriftlich oder zum Protokoll der Geschäftsstelle abgegeben sind, nebst den Erklärungen der Parteien in das Protokoll aufzunehmen.

Zur mündlichen Verhandlung vor dem Prozeßgerichte werden der Zeuge und die Parteien von Amts wegen geladen.

Auf Grund der von dem Zeugen und den Parteien abgegebenen Erklärungen hat ein Mitglied des Prozeßgerichts Bericht zu erstatten. Nach dem Vortrag des Berichterstatters können der Zeuge und die Parteien zur Begründung ihrer Anträge das Wort nehmen; neue Tatsachen oder Beweismittel dürfen nicht geltend gemacht werden.

§ 390. Wird das Zeugnis oder die Eidesleistung ohne Angabe eines Grundes oder, nachdem der vorgeschützte Grund rechtskräftig für unerheblich erklärt ist, verweigert, so ist der Zeuge, ohne daß es eines Antrags bedarf, in die durch die Weigerung verursachten Kosten sowie zu einer Ordnungsstrafe in Geld[1]) und für den Fall, daß diese nicht beigetrieben werden kann, zur Strafe der Haft bis zu sechs Wochen zu verurteilen.

Im Fall wiederholter Weigerung ist auf Antrag zur Erzwingung des Zeugnisses die Haft anzuordnen, jedoch nicht über den Zeitpunkt der Beendigung des Prozesses in der Instanz hinaus. Die Vorschriften über die Haft im Zwangsvollstreckungsverfahren finden entsprechende Anwendung.

Gegen diese Beschlüsse findet die Beschwerde statt.

[1]) S. § 380 Anm. 1.

§ 391. Jeder Zeuge ist, soweit nicht ein anderes bestimmt ist, zu beeidigen.

Die Parteien können auf die Beeidigung verzichten.

§ 392. Die Beeidigung erfolgt nach der Vernehmung. Mehrere Zeugen können gleichzeitig beeidigt werden. Die

Eidesnorm geht dahin, daß der Zeuge nach bestem Wissen die reine Wahrheit gesagt und nichts verschwiegen habe.

§ 393. Unbeeidigt sind zu vernehmen:

1. Personen, welche zur Zeit der Vernehmung das sechzehnte Lebensjahr noch nicht vollendet oder wegen mangelnder Verstandesreife oder wegen Verstandesschwäche von dem Wesen und der Bedeutung des Eides keine genügende Vorstellung haben;
2. Personen, welche nach den Bestimmungen der Strafgesetze unfähig sind, als Zeugen eidlich vernommen zu werden;
3. die nach § 383 Nr. 1—3 und § 384 Nr. 1, 2 zur Verweigerung des Zeugnisses berechtigten Personen, sofern sie von diesem Rechte keinen Gebrauch machen, die im § 384 Nr. 1, 2 bezeichneten Personen jedoch nur dann, wenn sie lediglich über solche Tatsachen vorgeschlagen sind, auf welche sich das Recht zur Verweigerung des Zeugnisses bezieht;
4. Personen, welche ein rechtliches Interesse daran haben, daß in dem Rechtsstreite die eine Partei obsiege, Personen, welche einen in dem Rechtsstreite geltend gemachten Anspruch übertragen haben, auch dann, wenn sie zur Gewährleistung nicht verpflichtet sind.

Das Prozeßgericht kann die Beeidigung der unter den beiden letzten Nummern bezeichneten Personen anordnen.

§ 394. Jeder Zeuge ist einzeln und in Abwesenheit der später abzuhörenden Zeugen zu vernehmen.

Zeugen, deren Aussagen sich widersprechen, können einander gegenübergestellt werden.

§ 395. Die Vernehmung beginnt damit, daß der Zeuge über Vornamen und Zunamen, Alter, Stand oder Gewerbe und Wohnort befragt wird. Erforderlichenfalls sind ihm Fragen über solche Umstände, welche seine Glaubwürdigkeit in der vorliegenden Sache betreffen, insbesondere über seine Beziehungen zu den Parteien vorzulegen.

§ 396. Der Zeuge ist zu veranlassen, dasjenige, was ihm von dem Gegenstande seiner Vernehmung bekannt ist, im Zusammenhang anzugeben.

Zur Aufklärung und zur Vervollständigung der Aussage, sowie zur Erforschung des Grundes, auf welchem die Wissenschaft des Zeugen beruht, sind nötigenfalls weitere Fragen zu stellen.

Der Vorsitzende hat jedem Mitglied des Gerichts auf Verlangen zu gestatten, Fragen zu stellen.

§ 397. Die Parteien sind berechtigt, dem Zeugen diejenigen Fragen vorlegen zu lassen, welche sie zur Aufklärung der Sache oder der Verhältnisse des Zeugen für dienlich erachten.

Der Vorsitzende kann den Parteien gestatten, und hat ihren Anwälten auf Verlangen zu gestatten, an den Zeugen unmittelbar Fragen zu richten.

Zweifel über die Zulässigkeit einer Frage entscheidet das Gericht.

§ 398. Das Prozeßgericht kann nach seinem Ermessen die wiederholte Vernehmung eines Zeugen anordnen.

Hat ein beauftragter oder ersuchter Richter bei der Vernehmung die Stellung der von einer Partei angeregten Frage verweigert, so kann das Prozeßgericht die nachträgliche Vernehmung des Zeugen über diese Frage anordnen.

Bei der wiederholten oder der nachträglichen Vernehmung kann der Richter statt der nochmaligen Beeidigung dem Zeugen die Richtigkeit seiner Aussage unter Berufung auf den früher geleisteten Eid versichern lassen.

§ 399. Die Partei kann auf einen Zeugen, welchen sie vorgeschlagen hat, verzichten, der Gegner kann aber verlangen, daß der erschienene Zeuge vernommen und, wenn die Vernehmung bereits begonnen hat, daß dieselbe fortgesetzt werde.

§ 400. Der mit der Beweisaufnahme betraute Richter ist ermächtigt, im Falle des Nichterscheinens oder der Zeugnisverweigerung die gesetzlichen Verfügungen zu treffen, auch dieselben, soweit dieses überhaupt zulässig ist, selbst nach Erledigung des Auftrags wieder aufzuheben, über die Zulässigkeit einer dem Zeugen vorgelegten Frage vorläufig zu entscheiden und die nochmalige Vernehmung eines Zeugen vorzunehmen.

§ 401. Jeder Zeuge hat nach Maßgabe der Gebührenordnung auf Entschädigung für Zeitversäumnis und, wenn sein Erscheinen eine Reise erforderlich macht, auf Erstattung der

Kosten Anspruch, welche durch die Reise und den Aufenthalt am Orte der Vernehmung verursacht werden.

Bei schriftlicher Beantwortung der Beweisfrage (§ 377 Abs. 3, 4) hat der Zeuge Anspruch auf Erstattung der ihm durch die Beantwortung entstandenen Auslagen.

Achter Titel.

Beweis durch Sachverständige.

§ 402. Auf den Beweis durch Sachverständige finden die Vorschriften über den Beweis durch Zeugen entsprechende Anwendung, insoweit nicht in den nachfolgenden Paragraphen abweichende Bestimmungen enthalten sind.

§ 403. Die Antretung des Beweises erfolgt durch die Bezeichnung der zu begutachtenden Punkte.

§ 404. Die Auswahl der zuzuziehenden Sachverständigen und die Bestimmung ihrer Anzahl erfolgt durch das Prozeßgericht. Dasselbe kann sich auf die Ernennung eines einzigen Sachverständigen beschränken. Es kann an Stelle der zuerst ernannten Sachverständigen andere ernennen.

Sind für gewisse Arten von Gutachten Sachverständige öffentlich bestellt, so sollen andere Personen nur dann gewählt werden, wenn besondere Umstände es erfordern.

Das Gericht kann die Parteien auffordern, Personen zu bezeichnen, welche geeignet sind, als Sachverständige vernommen zu werden.

Einigen sich die Parteien über bestimmte Personen als Sachverständige, so hat das Gericht dieser Einigung Folge zu geben; das Gericht kann jedoch die Wahl der Parteien auf eine bestimmte Anzahl beschränken.

§ 405. Das Prozeßgericht kann den mit der Beweisaufnahme betrauten Richter zur Ernennung der Sachverständigen ermächtigen. Derselbe hat in diesem Falle die in dem vorstehenden Paragraphen dem Prozeßgerichte beigelegten Befugnisse auszuüben.

§ 406. Ein Sachverständiger kann aus denselben Gründen, welche zur Ablehnung eines Richters berechtigen, abgelehnt werden. Ein Ablehnungsgrund kann jedoch nicht daraus entnommen werden, daß der Sachverständige als Zeuge vernommen worden ist.

Das Ablehnungsgesuch ist bei demjenigen Gericht oder Richter, von welchem die Ernennung des Sachverständigen erfolgt ist, vor der Vernehmung desselben, bei schriftlicher Begutachtung vor erfolgter Einreichung des Gutachtens anzubringen. Nach diesem Zeitpunkt ist die Ablehnung nur zulässig, wenn glaubhaft gemacht wird, daß der Ablehnungsgrund vorher nicht geltend gemacht werden konnte. Das Ablehnungsgesuch kann vor der Geschäftsstelle zu Protokoll erklärt werden.

Der Ablehnungsgrund ist glaubhaft zu machen; zur Versicherung an Eides Statt darf die Partei nicht zugelassen werden.

Die Entscheidung erfolgt von dem im zweiten Absatz bezeichneten Gericht oder Richter; eine vorgängige mündliche Verhandlung der Beteiligten ist nicht erforderlich.

Gegen den Beschluß, durch welchen die Ablehnung für begründet erklärt wird, findet kein Rechtsmittel, gegen den Beschluß, durch welchen dieselbe für unbegründet erklärt wird, findet sofortige Beschwerde statt.

§ 407. Der zum Sachverständigen Ernannte hat der Ernennung Folge zu leisten, wenn er zur Erstattung von Gutachten der erforderten Art öffentlich bestellt ist oder wenn er die Wissenschaft, die Kunst oder das Gewerbe, deren Kenntnis Voraussetzung der Begutachtung ist, öffentlich zum Erwerbe ausübt oder wenn er zur Ausübung derselben öffentlich bestellt oder ermächtigt ist.

Zur Erstattung des Gutachtens ist auch derjenige verpflichtet, welcher sich zu derselben vor Gericht bereit erklärt hat.

§ 408. Dieselben Gründe, welche einen Zeugen berechtigen, das Zeugnis zu verweigern, berechtigen einen Sachverständigen zur Verweigerung des Gutachtens. Das Gericht kann auch aus anderen Gründen einen Sachverständigen von der Verpflichtung zur Erstattung des Gutachtens entbinden.

Die Vernehmung eines öffentlichen Beamten als Sachverständigen findet nicht statt, wenn die vorgesetzte Behörde des Beamten erklärt, daß die Vernehmung den dienstlichen Interessen Nachteile bereiten würde.

Wer bei einer richterlichen Entscheidung mitgewirkt hat, soll über Fragen, die den Gegenstand der Entscheidung gebildet haben, nicht als Sachverständiger vernommen werden.

§ 409. Im Falle des Nichterscheinens oder der Weigerung eines zur Erstattung des Gutachtens verpflichteten Sachverständigen wird dieser zum Ersatze der Kosten und zu einer Ordnungsstrafe in Geld[1]) verurteilt. Im Falle wiederholten Ungehorsams kann die Strafe noch einmal erkannt werden.

Gegen den Beschluß findet Beschwerde statt.

[1]) S. § 380 Anm. 1.

§ 410. Die Beeidigung des Sachverständigen erfolgt vor oder nach Erstattung des Gutachtens. Die Eidesnorm geht dahin, daß der Sachverständige das von ihm erforderte Gutachten unparteiisch und nach bestem Wissen und Gewissen erstatten werde oder erstattet habe.

Ist der Sachverständige für die Erstattung von Gutachten der betreffenden Art im allgemeinen beeidigt, so genügt die Berufung auf den geleisteten Eid; sie kann auch in einem schriftlichen Gutachten erklärt werden.

§ 411. Wird schriftliche Begutachtung angeordnet, so hat der Sachverständige das von ihm unterschriebene Gutachten auf der Geschäftsstelle niederzulegen. Das Gericht kann ihm hierzu eine Frist bestimmen.

Versäumt ein zur Erstattung des Gutachtens verpflichteter Sachverständiger die Frist, so kann er zu einer Ordnungsstrafe in Geld[1]) verurteilt werden. Der Straffestsetzung muß eine Strafandrohung unter Setzung einer Nachfrist vorausgehen. Im Falle wiederholter Fristversäumnis kann die Strafe in der gleichen Wese noch einmal erkannt werden. § 409 Abs. 2 findet entsprechende Anwendung.

Das Gericht kann das Erscheinen des Sachverständigen anordnen, damit derselbe das schriftliche Gutachten erläutere.

[1]) S. § 380 Anm. 1.

§ 412. Das Gericht kann eine neue Begutachtung durch dieselben oder durch andere Sachverständige anordnen, wenn es das Gutachten für ungenügend erachtet.

Das Gericht kann die Begutachtung durch einen anderen Sachverständigen anordnen, wenn ein Sachverständiger nach Erstattung des Gutachtens mit Erfolg abgelehnt ist.

§ 413. Der Sachverständige hat nach Maßgabe der Gebührenordnung auf Entschädigung für Zeitversäumnis, auf Erstattung der ihm verursachten Kosten und außerdem auf angemessene Vergütung seiner Mühewaltung Anspruch.

§ 414. Insoweit zum Beweise vergangener Tatsachen oder Zustände, zu deren Wahrnehmung eine besondere Sachkunde erforderlich war, sachkundige Personen zu vernehmen sind, kommen die Vorschriften über den Zeugenbeweis zur Anwendung.

Neunter Titel.

Beweis durch Urkunden.

§ 415. Urkunden, welche von einer öffentlichen Behörde innerhalb der Grenzen ihrer Amtsbefugnisse oder von einer mit öffentlichem Glauben versehenen Person innerhalb des ihr zugewiesenen Geschäftskreises in der vorgeschriebenen Form aufgenommen sind (öffentliche Urkunden), begründen, wenn sie über eine vor der Behörde oder der Urkundsperson abgegebene Erklärung errichtet sind, vollen Beweis des durch die Behörde oder die Urkundsperson beurkundeten Vorganges.

Der Beweis, daß der Vorgang unrichtig beurkundet sei, ist zulässig.

§ 416. Privaturkunden begründen, sofern sie von den Ausstellern unterschrieben oder mittels gerichtlich oder notariell beglaubigten Handzeichens unterzeichnet sind, vollen Beweis dafür, daß die in denselben enthaltenen Erklärungen von den Ausstellern abgegeben sind.

§ 417. Die von einer Behörde ausgestellten, eine amtliche Anordnung, Verfügung oder Entscheidung enthaltenden öffentlichen Urkunden begründen vollen Beweis ihres Inhalts.

§ 418. Öffentliche Urkunden, welche einen anderen als den in den §§ 415, 417 bezeichneten Inhalt haben, begründen vollen Beweis der darin bezeugten Tatsachen.

Der Beweis der Unrichtigkeit der bezeugten Tatsachen ist zulässig, sofern nicht die Landesgesetze diesen Beweis ausschließen oder beschränken.

Beruht das Zeugnis nicht auf eigener Wahrnehmung der Behörde oder der Urkundsperson, so findet die Vorschrift des ersten Absatzes nur dann Anwendung, wenn sich aus den

Landesgesetzen ergibt, daß die Beweiskraft des Zeugnisses von der eigenen Wahrnehmung unabhängig ist.

§ 419. Inwiefern Durchstreichungen, Radierungen, Einschaltungen oder sonstige äußere Mängel die Beweiskraft einer Urkunde ganz oder teilweise aufheben oder mindern, entscheidet das Gericht nach freier Überzeugung.

§ 420. Die Antretung des Beweises erfolgt durch die Vorlegung der Urkunde.

§ 421. Befindet sich die Urkunde nach der Behauptung des Beweisführers in den Händen des Gegners, so erfolgt die Antretung des Beweises durch den Antrag, dem Gegner die Vorlegung der Urkunde aufzugeben.

§ 422. Der Gegner ist zur Vorlegung der Urkunde verpflichtet, wenn der Beweisführer nach den Vorschriften des bürgerlichen Rechts die Herausgabe oder die Vorlegung der Urkunde verlangen kann.

§ 423. Der Gegner ist auch zur Vorlegung derjenigen in seinen Händen befindlichen Urkunden verpflichtet, auf welche er im Prozeß zur Beweisführung Bezug genommen hat, selbst wenn dieses nur in einem vorbereitenden Schriftsatz geschehen ist.

§ 424. Der Antrag soll enthalten:

1. die Bezeichnung der Urkunde;
2. die Bezeichnung der Tatsachen, welche durch die Urkunde bewiesen werden sollen;
3. die möglichst vollständige Bezeichnung des Inhalts der Urkunde;
4. die Angabe der Umstände, auf welche die Behauptung sich stützt, daß die Urkunde sich in dem Besitze des Gegners befindet;
5. die Bezeichnung des Grundes, welcher die Verpflichtung zur Vorlegung der Urkunde ergibt. Der Grund ist glaubhaft zu machen.

§ 425. Erachtet das Gericht die Tatsache, welche durch die Urkunde bewiesen werden soll, für erheblich und den Antrag für begründet, so ordnet es, wenn der Gegner zugesteht, daß die Urkunde sich in seinen Händen befinde, oder wenn der Gegner sich über den Antrag nicht erklärt, die Vorlegung der Urkunde an.

§ 426. Bestreitet der Gegner, daß die Urkunde sich in seinem Besitze befinde, so hat er einen Eid dahin zu leisten:

> daß er nach sorgfältiger Nachforschung die Überzeugung erlangt habe, daß die Urkunde in seinem Besitze sich nicht befinde, daß er die Urkunde nicht in der Absicht abhanden gebracht habe, deren Benutzung dem Beweisführer zu entziehen, daß er auch nicht wisse, wo die Urkunde sich befinde.

Das Gericht kann eine der Lage der Sache entsprechende Änderung der vorstehenden Eidesnorm beschließen.

Auf die Leistung des Eides durch Streitgenossen, gesetzliche Vertreter und die im § 473 Abs. 2, 3 bezeichneten Personen finden die Vorschriften der §§ 472—474 entsprechende Anwendung.

Hat eine öffentliche Behörde Urkunden vorzulegen, so wird der Eid von dem Beamten geleistet, welchem die Verwahrung der Urkunden übertragen ist.

§ 427. Kommt der Gegner der Anordnung, die Urkunde vorzulegen oder den Eid zu leisten, nicht nach, so ist, wenn der Beweisführer eine Abschrift der Urkunde beigebracht hat, diese Abschrift als richtig anzusehen. Ist eine Abschrift der Urkunde nicht beigebracht, so können die Behauptungen des Beweisführers über die Beschaffenheit und den Inhalt der Urkunde als erwiesen angenommen werden.

§ 428. Befindet sich die Urkunde nach der Behauptung des Beweisführers in den Händen eines Dritten, so erfolgt die Antretung des Beweises durch den Antrag, zur Herbeischaffung der Urkunde eine Frist zu bestimmen.

§ 429. Der Dritte ist aus denselben Gründen wie der Gegner des Beweisführers zur Vorlegung einer Urkunde verpflichtet; er kann zur Vorlegung nur im Wege der Klage genötigt werden.

§ 430. Zur Begründung des nach § 428 zu stellenden Antrags hat der Beweisführer den Erfordernissen des § 424 Nr. 1—3, 5 zu genügen und außerdem glaubhaft zu machen, daß die Urkunde sich in den Händen des Dritten befinde.

§ 431. Ist die Tatsache, welche durch die Urkunde bewiesen werden soll, erheblich und der Antrag den Bestimmungen des vorstehenden Paragraphen entsprechend, so hat das Gericht eine Frist zur Vorlegung der Urkunde zu bestimmen.

Die Bestimmung der Frist kann ohne mündliche Verhandlung erfolgen.

Der Gegner kann die Fortsetzung des Verfahrens vor dem Ablauf der Frist beantragen, wenn die Klage gegen den Dritten erledigt ist oder wenn der Beweisführer die Erhebung der Klage oder die Betreibung des Prozesses oder der Zwangsvollstreckung verzögert.

§ 432. Befindet sich die Urkunde nach der Behauptung des Beweisführers in den Händen einer öffentlichen Behörde oder eines öffentlichen Beamten, so erfolgt die Antretung des Beweises durch den Antrag, die Behörde oder den Beamten um die Mitteilung der Urkunde zu ersuchen.

Diese Vorschrift findet auf Urkunden, welche die Parteien nach den gesetzlichen Vorschriften ohne Mitwirkung des Gerichts zu beschaffen imstande sind, keine Anwendung.

Verweigert die Behörde oder der Beamte die Mitteilung der Urkunde in Fällen, in welchen eine Verpflichtung zur Vorlegung auf § 422 gestützt wird, so finden die Bestimmungen der §§ 428—431 Anwendung.

§ 433. (Fortgefallen.)

§ 434. Wenn die Vorlegung einer Urkunde bei der mündlichen Verhandlung wegen erheblicher Hindernisse nicht erfolgen kann oder wegen der Wichtigkeit der Urkunde und der Besorgnis des Verlustes oder der Beschädigung bedenklich erscheint, so kann das Prozeßgericht anordnen, daß die Vorlegung vor einem seiner Mitglieder oder vor einem anderen Gerichte geschehe.

§ 435. Eine öffentliche Urkunde kann in Urschrift oder in einer beglaubigten Abschrift, welche hinsichtlich der Beglaubigung die Erfordernisse einer öffentlichen Urkunde an sich trägt, vorgelegt werden; das Gericht kann jedoch anordnen, daß der Beweisführer die Urschrift vorlege oder die Tatsachen angebe und glaubhaft mache, welche ihn an der Vorlegung der Urschrift verhindern. Bleibt die Anordnung erfolglos, so entscheidet das Gericht nach freier Überzeugung, welche Beweiskraft der beglaubigten Abschrift beizulegen sei.

§ 436. Der Beweisführer kann nach erfolgter Vorlegung einer Urkunde nur mit Zustimmung des Gegners auf dieses Beweismittel verzichten.

§ 437. Urkunden, welche nach Form und Inhalt als von einer öffentlichen Behörde oder von einer mit öffentlichem Glauben versehenen Person errichtet sich darstellen, haben die Vermutung der Echtheit für sich.

Das Gericht kann, wenn es die Echtheit für zweifelhaft hält, auch von Amts wegen die Behörde oder die Person, von welcher die Urkunde errichtet sein soll, zu einer Erklärung über die Echtheit veranlassen.

§ 438. Ob eine Urkunde, welche als von einer ausländischen Behörde oder von einer mit öffentlichem Glauben versehenen Person des Auslandes errichtet sich darstellt, ohne näheren Nachweis als echt anzusehen sei, hat das Gericht nach den Umständen des Falles zu ermessen.

Zum Beweise der Echtheit einer solchen Urkunde genügt die Legalisation durch einen Konsul oder Gesandten des Reichs.

§ 439. Über die Echtheit einer Privaturkunde hat sich der Gegner des Beweisführers nach Vorschrift des § 138 zu erklären.

Befindet sich unter der Urkunde eine Namensunterschrift, so ist die Erklärung auf die Echtheit der Unterschrift zu richten.

Erfolgt die Erklärung nicht, so ist die Urkunde als anerkannt anzusehen, wenn nicht die Absicht, die Echtheit bestreiten zu wollen, aus den übrigen Erklärungen der Partei hervorgeht.

§ 440. Die Echtheit einer nicht anerkannten Privaturkunde ist zu beweisen.

Steht die Echtheit der Namensunterschrift fest oder ist das unter einer Urkunde befindliche Handzeichen gerichtlich oder notariell beglaubigt, so hat die über der Unterschrift oder dem Handzeichen stehende Schrift die Vermutung der Echtheit für sich.

§ 441. Der Beweis der Echtheit oder Unechtheit einer Urkunde kann auch durch Schriftvergleichung geführt werden.

In diesem Falle hat der Beweisführer zur Vergleichung geeignete Schriften vorzulegen oder deren Mitteilung in Gemäßheit der Bestimmung des § 432 zu beantragen und erforderlichenfalls den Beweis der Echtheit derselben anzutreten.

Befinden sich zur Vergleichung geeignete Schriften in den Händen des Gegners, so ist dieser auf Antrag des Beweisführers zur Vorlegung verpflichtet. Die Bestimmungen der §§ 421—426 finden entsprechende Anwendung. Kommt der Gegner der Anordnung, die zur Vergleichung geeigneten Schriften vorzulegen oder den im § 426 bestimmten Eid zu leisten, nicht nach, so gilt der Echtheitsbeweis als geführt.

Macht der Beweisführer glaubhaft, daß in den Händen eines Dritten geeignete Vergleichungsschriften sich befinden, deren Vorlegung er im Wege der Klage zu erwirken imstande sei, so finden die Vorschriften des § 431 entsprechende Anwendung.

§ 442. Über das Ergebnis der Schriftvergleichung hat das Gericht nach freier Überzeugung, geeignetenfalls nach Anhörung von Sachverständigen, zu entscheiden.

§ 443. Urkunden, deren Echtheit bestritten ist oder deren Inhalt verändert sein soll, werden bis zur Erledigung des Rechtsstreits auf der Geschäftsstelle verwahrt, sofern nicht ihre Auslieferung an eine andere Behörde im Interesse der öffentlichen Ordnung erforderlich ist.

§ 444. Ist eine Urkunde von einer Partei in der Absicht, deren Benutzung dem Gegner zu entziehen, beseitigt oder zur Benutzung untauglich gemacht, so können die Behauptungen des Gegners über die Beschaffenheit und den Inhalt der Urkunde als bewiesen angesehen werden.

Zehnter Titel.

Beweis durch Eid.

§ 445. Die Eideszuschiebung ist nur über Tatsachen zulässig, welche in Handlungen des Gegners, seiner Rechtsvorgänger oder Vertreter bestehen oder welche Gegenstand der Wahrnehmung dieser Personen gewesen sind.

§ 446. Die Eideszuschiebung über eine Tatsache, deren Gegenteil das Gericht für erwiesen erachtet, ist unzulässig.

§ 447. Eine nicht beweispflichtige Partei übernimmt durch Eideszuschiebung nicht die Beweispflicht.

§ 448. Die Zurückschiebung des Eides ist nur insofern zulässig, als nach den Bestimmungen des § 445 die Zuschiebung desselben zulässig sein würde.

Sie findet nicht statt, wenn die Partei, welcher der Eid, zugeschoben ist, nicht aber die Gegenpartei über ihre eigene Handlung oder Wahrnehmung zu schwören haben würde.

§ 449. Der Eid kann nur der Partei, nicht einem Dritten zugeschoben oder zurückgeschoben werden. Die Zuschiebung oder Zurückschiebung an einen Nebenintervenienten findet nur statt, wenn dieser als Streitgenosse der Hauptpartei anzusehen ist (§ 69).

§ 450. Das Gericht kann anordnen, daß die in den §§ 445, 448, 449 enthaltenen Beschränkungen für die Zuschiebung und Zurückschiebung des Eides nicht zur Anwendung kommen sollen, wenn die Parteien in betreff des zu leistenden Eides einig sind und der Eid sich auf Tatsachen bezieht.

§ 451. Die Antretung des Beweises erfolgt durch die Erklärung, daß dem Gegner über die bestimmt zu bezeichnende Tatsache der Eid zugeschoben werde.

§ 452. Die Partei, welcher der Eid zugeschoben ist, hat sich zu erklären, ob sie den Eid annehme oder zurückschiebe, selbst wenn sie Einwendungen in Beziehung auf die Eideszuschiebung vorbringt.

Gibt die Partei keine Erklärung ab oder schiebt sie in einem Falle, in welchem die Zurückschiebung unzulässig ist, den Eid zurück, ohne denselben bedingt anzunehmen, so wird der Eid als verweigert angesehen.

§ 453. Durch die Zuschiebung, Annahme oder Zurückschiebung des Eides wird die Geltendmachung anderer Beweismittel von seiten der einen oder anderen Partei nicht ausgeschlossen. Werden andere Beweismittel geltend gemacht, so gilt der Eid nur für den Fall als zugeschoben, daß die Antretung des Beweises durch die anderen Beweismittel erfolglos bleibt.

§ 454. Werden andere Beweismittel geltend gemacht, so ist die Partei, welcher der Eid zugeschoben wurde, nicht verpflichtet, sich über die Eideszuschiebung früher zu erklären, als bis die Eideszuschiebung nach Aufnahme oder sonstiger Erledigung der anderen Beweismittel wiederholt ist.

Sind andere Beweise aufgenommen, so kann die vorher abgegebene Erklärung widerrufen werden.

§ 455. Wegen unterbliebener Erklärung auf eine Eideszuschiebung kann der Eid nur dann als verweigert angesehen werden, wenn die Partei durch das Gericht zur Erklärung über den Eid aufgefordert ist.

§ 456. Der zurückgeschobene Eid gilt auch ohne ausdrückliche Erklärung über die Annahme als von dem Beweisführer angenommen.

§ 457. Die Zurückschiebung des Eides kann außer dem Falle des § 454 Abs. 2 widerrufen werden, wenn der Schwurpflichtige wegen wissentlicher Verletzung der Eidespflicht rechtskräftig verurteilt oder wenn glaubhaft gemacht wird, daß der Gegner erst nach erfolgter Zurückschiebung des Eides von einer solchen Verurteilung Kenntnis erlangt habe.

§ 458. Die Annahme oder Zurückschiebung des Eides kann außer den Fällen des § 454 Abs. 2 und des § 457 nicht widerrufen werden.

§ 459. Über eine Tatsache, welche in einer Handlung des Schwurpflichtigen besteht oder Gegenstand seiner Wahrnehmung gewesen ist, wird der Eid[1]) dahin geleistet:

daß die Tatsache wahr oder nicht wahr sei.

Ist eine solche Tatsache vom Gegner des Schwurpflichtigtigen behauptet und kann dem letzteren nach den Umständen des Falles nicht zugemutet werden, daß er die Wahrheit oder Nichtwahrheit derselben beschwöre, so kann das Gericht auf Antrag die Leistung des Eides dahin anordnen:

daß der Schwurpflichtige nach sorgfältiger Prüfung und Erkundigung die Überzeugung erlangt habe, daß die Tatsache wahr oder nicht wahr sei.

Über andere Tatsachen wird der Eid dahin geleistet:

daß der Schwurpflichtige nach sorgfältiger Prüfung und Erkundigung die Überzeugung erlangt oder nicht erlangt habe, daß die Tatsache wahr sei.

[1]) Weglassung der religiösen Eidesform: Art. 136 u. 177 RVerfassung.

§ 460. Auf die Leistung eines Eides ist durch bedingtes Endurteil zu erkennen.

Die Eidesleistung erfolgt erst nach Eintritt der Rechtskraft des Urteils.

§ 461. Sind die Parteien über die Erheblichkeit und die Norm des Eides einverstanden oder dient der Eid zur Erledigung eines Zwischenstreits oder hängt die Entscheidung über einzelne selbständige Angriffs- und Verteidigungsmittel von der Leistung eines Eides ab, so kann die Leistung des Eides durch Beweisbeschluß angeordnet werden.

Das gleiche gilt, wenn die Voraussetzungen für die Anfechtung eines nach § 460 zu erlassenden Endurteils unzweifelhaft nicht gegeben sind.

§ 462. In dem bedingten Urteil ist die Eidesnorm und die Folge sowohl der Leistung als der Nichtleistung des Eides so genau, als die Lage der Sache dies gestattet, festzustellen.

Der Eintritt dieser Folge wird durch Endurteil ausgesprochen.

§ 463. Durch Leistung des Eides wird voller Beweis der beschworenen Tatsache begründet.

Der Beweis des Gegenteils findet nur unter denselben Voraussetzungen statt, unter welchen ein rechtskräftiges Urteil wegen Verletzung der Eidespflicht angefochten werden kann.

§ 464. Die Erlassung des Eides von seiten des Gegners hat dieselbe Wirkung wie die Leistung des Eides.

Die Verweigerung der Eidesleistung hat zur Folge, daß das Gegenteil der zu beschwörenden Tatsache als voll bewiesen gilt.

§ 465. Erscheint der Schwurpflichtige in dem zur Eidesleistung bestimmten Termine nicht, so ist auf Antrag der Eid als verweigert anzusehen und zur Hauptsache zu verhandeln.

§ 466. Der Schwurpflichtige kann die Folge der Versäumung des zur Eidesleistung bestimmten Termins dadurch beseitigen, daß er nachträglich bei dem Gerichte die Abnahme des Eides beantragt. Der Antrag ist nur innerhalb der Notfrist von einer Woche nach dem Termin zulässig; er kann zum Protokoll der Geschäftsstelle erfolgen.

§ 467. Gilt der Eid infolge der Versäumung des Termins als verweigert, so ist, falls auf die Verhandlung in der Hauptsache ein Urteil oder ein Beweisbeschluß ergeht, diese Entscheidung in einem besonderen, über eine Woche hinaus anzusetzenden Termin zu verkünden; für den Fall, daß die Abnahme des Eides rechtzeitig beantragt wird, ist der Termin zur Eidesleistung und zur weiteren mündlichen Verhandlung bestimmt. Hat die Verhandlung die Erlassung eines Urteils oder eines Beweisbeschlusses nicht zur Folge, so ist, wenn die Abnahme des Eides rechtzeitig beantragt wird, der nächste Termin zur mündlichen Verhandlung auch zur Eidesleistung bestimmt.

Ist die Abnahme des Eides einem Mitglied des Prozeßgerichts oder einem anderen Gerichte übertragen, so ist, wenn der Schwurpflichtige in dem Termin nicht erscheint, jedoch innerhalb der Notfrist die Abnahme des Eides beantragt, zu diesem Zwecke ein neuer Termin anzuberaumen.

§ 468. Erscheint der Schwurpflichtige auch in dem zweiten zur Eidesleistung bestimmten Termin nicht, so ist ein nochmaliger Antrag auf Abnahme des Eides nicht zulässig.

§ 469. Der Schwurpflichtige, welcher frühere Behauptungen zurücknimmt oder früher bestrittene Tatsachen zugesteht, kann sich zur Leistung eines beschränkteren Eides erbieten, selbst wenn der Eid bereits durch bedingtes Urteil auferlegt ist. Auch können unerhebliche Umstände, welche in die Eidesnorm aufgenommen sind, berichtigt werden.

§ 470. Ist der Eid durch bedingtes Urteil auferlegt, so kann, auch nach Eintritt der Rechtskraft, die Zuschiebung sowie die Zurückschiebung des Eides widerrufen werden, wenn der Schwurpflichtige wegen wissentlicher Verletzung der Eidespflicht rechtskräftig verurteilt oder wenn glaubhaft gemacht wird, daß der Gegner erst nach erfolgter Zuschiebung oder Zurückschiebung des Eides von einer solchen Verurteilung Kenntnis erlangt habe.

§ 471. Wenn der Schwurpflichtige stirbt, wenn er zur Leistung des Eides unfähig wird oder wenn er aufhört, gesetzlicher Vertreter zu sein, so können beide Parteien in Ansehung der betreffenden Beweisführung alle Rechte ausüben, welche ihnen vor der Zuschiebung des Eides zustanden.

Dasselbe gilt, wenn infolge der Verurteilung des Schwurpflichtigen wegen wissentlicher Verletzung der Eidespflicht die Zuschiebung oder Zurückschiebung des Eides widerrufen wird.

Ist der Eid durch bedingtes Urteil auferlegt, so wird unter Aufhebung des Urteils in der Sache anderweit erkannt.

§ 472. Der Eid über eine Tatsache, welche für ein allen Streitgenossen gegenüber nur einheitlich festzustellendes Rechtsverhältnis von Einfluß ist, muß allen Streitgenossen zugeschoben oder zurückgeschoben werden, sofern nicht rücksichtlich einzelner Streitgenossen die Zuschiebung oder Zurückschiebung unzulässig ist. In jedem Falle bedarf es zur Zuschiebung oder zur Zurückschiebung der übereinstimmenden Erklärung aller Streitgenossen. Über die Annahme des Eides haben sich nur diejenigen Streitgenossen zu erklären, welchen der Eid zugeschoben ist.

Ist der von allen oder von einigen Streitgenossen zu leistende Eid von einem oder mehreren derselben, oder ist der von einem Teile der Streitgenossen zu leistende Eid von allen Schwurpflichtigen verweigert oder als von ihnen verweigert anzusehen, so entscheidet das Gericht nach freier Überzeugung, ob die Behauptung, deren Beweis durch Eideszuschiebung angetreten ist, für wahr zu erachten sei. Erklären einzelne Streitgenossen, daß sie den Eid nicht leisten werden, so ist in Ansehung der übrigen Streitgenossen die Leistung des Eides nicht anzuordnen oder der Eid nicht abzunehmen, sofern das Gericht denselben für unerheblich erachtet.

§ 473. Ist eine Partei nicht prozeßfähig, so ist die Zuschiebung oder Zurückschiebung des Eides nur an ihren gesetzlichen Vertreter und nur insoweit zulässig, als die vertretene Partei, wenn sie den Prozeß in Person führte, oder der Vertreter, wenn er selbst Partei wäre, dieselbe zulassen müßte.

Minderjährigen, welche das sechzehnte Lebensjahr vollendet haben, sowie Volljährigen, welche wegen Geistesschwäche, Verschwendung oder Trunksucht entmündigt sind, kann über Tatsachen, die in Handlungen derselben bestehen oder Gegenstand ihrer Wahrnehmungen gewesen sind, der Eid zugeschoben oder zurückgeschoben werden, sofern dies von dem Gericht auf Antrag des Gegners nach den Umständen des Falles für zulässig erklärt wird. Das gleiche gilt von einer prozeßfähigen Partei, die in dem Rechtsstreit durch einen Pfleger vertreten wird.

Auf Volljährige, welche unter vorläufige Vormundschaft gestellt sind, finden in betreff der Zuschiebung oder Zurückschiebung des Eides diejenigen Vorschriften Anwendung, welche nach Abs. 1, 2 bei eingetretener Entmündigung gelten.

§ 474. Sind mehrere gesetzliche Vertreter vorhanden, so finden die Vorschriften des § 472 entsprechende Anwendung. Betrifft der Eid die eigenen Handlungen oder Wahrnehmungen nur einiger oder eines der Vertreter, so ist er von den übrigen nicht zu leisten.

§ 475. Ist das Ergebnis der Verhandlungen und einer etwaigen Beweisaufnahme nicht ausreichend, um die Überzeugung des Gerichts von der Wahrheit oder Unwahrheit der zu erweisenden Tatsache zu begründen, so kann das Gericht der einen oder der anderen Partei über eine streitige Tatsache einen Eid auferlegen.

§ 476. Der richterliche Eid kann allen Streitgenossen oder gesetzlichen Vertretern, er kann einigen oder einem derselben auferlegt werden.

§ 477. Die Bestimmungen der §§ 457—471, 473 finden auf den richterlichen Eid entsprechende Anwendung.

Ist der Schwurpflichtige wegen wissentlicher Verletzung der Eidespflicht rechtskräftig verurteilt, so ist der Antrag des Gegners, den richterlichen Eid zurückzunehmen, gerechtfertigt, wenngleich der Gegner schon vor der Auferlegung des Eides von dieser Verurteilung Kenntnis gehabt hat.

Der richterliche Eid wird durch bedingtes Urteil auferlegt.

Elfter Titel.

Verfahren bei der Abnahme von Eiden.

§ 478. Der Eid muß von dem Schwurpflichtigen in Person geleistet werden.

§ 479. Das Prozeßgericht kann anordnen, daß die Eidesleistung vor einem seiner Mitglieder oder vor einem anderen Gericht erfolge, wenn der Schwurpflichtige am Erscheinen vor dem Prozeßgerichte verhindert ist oder in großer Entfernung von dem Sitze desselben sich aufhält.

Der Reichspräsident und der Präsident eines deutschen Landes leisten den Eid in ihrer Wohnung vor einem Mitglied des Prozeßgerichts oder vor einem anderen Gerichte.

§ 480. Vor der Leistung des Eides hat der Richter den Schwurpflichtigen in angemessener Weise auf die Bedeutung des Eides hinzuweisen.

§ 481. Der Eid wird in der Weise geleistet, daß der Richter die Eidesnorm mit der Eingangsformel:

„Sie schwören bei Gott[1]) dem Allmächtigen und Allwissenden"

vorspricht und der Schwurpflichtige darauf die Worte spricht (Eidesformel):

„Ich schwöre es, so wahr mir Gott helfe!"

Der Schwörende soll bei der Eidesleistung die rechte Hand erheben.

Sollen mehrere Personen gleichzeitig einen Eid leisten, so wird die Eidesformel von jedem Schwurpflichtigen einzeln gesprochen.

[1]) S. § 459 Anm.

§ 482. (Fortgefallen.)

§ 483. Stumme, welche schreiben können, leisten den Eid mittels Abschreibens und Unterschreibens der die Eidesnorm enthaltenden Eidesformel.

Stumme, welche nicht schreiben können, leisten den Eid mit Hilfe eines Dolmetschers durch Zeichen.

§ 484. Der Eidesleistung wird gleichgeachtet, wenn ein Mitglied einer Religionsgesellschaft, welcher das Gesetz den Gebrauch gewisser Beteuerungsformeln an Stelle des Eides gestattet, eine Erklärung unter der Beteuerungsformel dieser Religionsgesellschaft abgibt.

Zwölfter Titel.

Sicherung des Beweises.

§ 485. Auf Gesuch einer Partei kann die Einnahme des Augenscheins und die Vernehmung von Zeugen und Sachverständigen zur Sicherung des Beweises angeordnet werden. Der Antrag ist nur zulässig, wenn der Gegner zustimmt oder zu besorgen ist, daß das Beweismittel verloren oder die Benutzung desselben erschwert werde, oder wenn der gegenwärtige Zustand einer Sache festgestellt werden soll und der Antragsteller ein rechtliches Interesse an dieser Feststellung hat.

§ 486. Das Gesuch ist bei dem Gericht anzubringen, vor welchem der Rechtsstreit anhängig ist; es kann vor der Geschäftsstelle zu Protokoll erklärt werden.

In Fällen dringender Gefahr kann das Gesuch auch bei dem Amtsgericht angebracht werden, in dessen Bezirke die zu vernehmenden Personen sich aufhalten oder der in Augenschein zu nehmende Gegenstand sich befindet.

Bei dem bezeichneten Amtsgerichte muß das Gesuch angebracht werden, wenn der Rechtsstreit noch nicht anhängig ist.

§ 487. Das Gesuch muß enthalten:

1. die Bezeichnung des Gegners;
2. die Bezeichnung der Tatsachen, über welche die Beweisaufnahme erfolgen soll;
3. die Bezeichnung der Beweismittel unter Benennung der zu vernehmenden Zeugen und Sachverständigen;
4. die Darlegung des Grundes, welcher die Besorgnis rechtfertigt, daß das Beweismittel verloren oder die Benutzung desselben erschwert werde. Dieser Grund ist glaubhaft zu machen.

§ 488. (Fortgefallen.)

§ 489. (Fortgefallen.)

§ 490. Die Entscheidung über das Gesuch kann ohne vorgängige mündliche Verhandlung erfolgen.

In dem Beschlusse, durch welchen dem Gesuche stattgegeben wird, sind die Tatsachen, über welche der Beweis zu erheben ist, und die Beweismittel unter Benennung der zu vernehmenden Zeugen und Sachverständigen zu bezeichnen. Eine Anfechtung dieses Beschlusses findet nicht statt.

§ 491. Der Beweisführer ist verpflichtet, sofern es nach den Umständen des Falles geschehen kann, unter Zustellung des Beschlusses und einer Abschrift des Gesuchs zu dem für die Beweisaufnahme bestimmten Termin den Gegner so zeitig zu laden, daß derselbe in diesem Termin seine Rechte wahrzunehmen vermag.

Die Nichtbefolgung dieser Vorschrift steht der Beweisaufnahme nicht entgegen.

§ 492. Die Beweisaufnahme erfolgt nach den für die Aufnahme des betreffenden Beweismittels überhaupt geltenden Vorschriften.

Das Protokoll über die Beweisaufnahme ist bei dem Gerichte, welches dieselbe angeordnet hat, aufzubewahren.

§ 493. Jede Partei hat das Recht, die Beweisverhandlungen in dem Prozesse zu benutzen.

War der Gegner in dem Termin nicht erschienen, in welchem die Beweisaufnahme erfolgte, so ist der Beweisführer zur Benutzung der Beweisverhandlungen nur dann berechtigt, wenn der Gegner zu dem Termin rechtzeitig geladen war oder wenn der Beweisführer glaubhaft macht, daß ohne sein Verschulden die Ladung unterblieben oder nicht rechtzeitig erfolgt sei.

§ 494. Wird von dem Beweisführer ein Gegner nicht bezeichnet, so ist das Gesuch nur dann zulässig, wenn der Beweisführer glaubhaft macht, daß er ohne sein Verschulden außerstande sei, den Gegner zu bezeichnen.

Wird dem Gesuche stattgegeben, so kann das Gericht dem unbekannten Gegner zur Wahrnehmung seiner Rechte bei der Beweisaufnahme einen Vertreter bestellen.

Zweiter Abschnitt.

Verfahren vor den Amtsgerichten.

§ 495. Auf das Verfahren vor den Amtsgerichten finden die Vorschriften über das Verfahren vor den Landgerichten Anwendung, soweit nicht aus den allgemeinen Bestimmungen des ersten Buches, aus den nachfolgenden besonderen Bestimmungen und aus der Verfassung der Amtsgerichte sich Abweichungen ergeben.

§ 495a. Der Erhebung der Klage muß ein Güteverfahren vorangehen. Dies gilt nicht:

1. wenn wegen des Anspruchs innerhalb des letzten Jahres vor einer durch die Landesjustizverwaltung eingerichteten oder anerkannten Gütestelle ein Ausgleich unter den Parteien erfolglos versucht worden ist;
2. wenn wegen des Anspruchs bereits ein Güteantrag wegen Aussichtslosigkeit des Anspruchs zurückgewiesen ist;
3. in Urkunden- und Wechselprozessen;
4. für Widerklagen;
5. wenn die Zustellung an den Gegner im Ausland oder durch öffentliche Bekanntmachung erfolgen muß;

6. wenn nach dem Ermessen des Gerichts die alsbaldige Klageerhebung durch einen sonstigen wichtigen Grund gerechtfertigt wird, insbesondere wenn mit Rücksicht auf die Art des Anspruchs, die Verhältnisse der Beteiligten oder besondere Umstände der Versuch einer gütlichen Beilegung aussichtslos erscheint.

Ist nach der erfolglosen Beendigung eines Güteverfahrens ein Jahr verstrichen, so bedarf es zur Erhebung der Klage eines erneuten Güteverfahrens.

§ 496. Die Zustellungen erfolgen unbeschadet der Vorschrift des § 317 Abs. 1 von Amts wegen. Im Güteverfahren kann die Zustellung durch Übersendung mittels eingeschriebenen Briefes ersetzt werden; auch eine sonstige Form der Bekanntmachung genügt, sofern sie durch ein mit Datum und eigenhändiger Unterschrift des Empfängers versehenes Empfangsbekenntnis nachgewiesen wird.

Die Klage sowie sonstige Anträge und Erklärungen einer Partei, die zugestellt werden sollen, sind bei dem Gerichte schriftlich einzureichen oder mündlich zum Protokoll der Geschäftsstelle anzubringen. Die Partei soll den Schriftsätzen, welche sie bei dem Gericht einreicht, die für die Zustellung erforderliche Zahl von Abschriften beifügen.

Soll durch die Zustellung eine Frist gewahrt oder die Verjährung unterbrochen werden, so tritt die Wirkung, sofern die Zustellung demnächst erfolgt, bereits mit der Einrichtung oder Anbringung des Antrags oder der Erklärung ein. In Ansehung der Wahrung einer Frist oder der Unterbrechung der Verjährung hat der Güteantrag dieselbe Wirkung wie eine Klageerhebung. Ein zurückgenommener Güteantrag gilt als nicht gestellt.

Auf Bestimmung des Gerichts kann die Mitteilung von Anträgen und Erklärungen ohne besondere Form erfolgen.

§ 497. Ladungen durch die Partei finden nicht statt. Die Termine werden von Amts wegen bestimmt. Nach Bestimmung des Termins ist die Ladung der Parteien durch die Geschäftsstelle zu veranlassen.

Die Ladung einer Partei ist nicht erforderlich, wenn der Termin der Partei bei Einreichung oder Anbringung der Klage oder des Antrags, auf Grund dessen die Terminsbestimmung stattfindet, mitgeteilt worden ist. Die erfolgte Mitteilung ist zu den Akten zu vermerken.

§ 498. Dem Beklagten ist mit der Ladung die Klageschrift oder das die Klage enthaltende Protokoll zuzustellen. Im Güteverfahren ist dem Antragsgegner der Güteantrag unter Hinweis auf die Versäumnisfolgen zuzustellen oder gemäß § 496 Abs. 1 Satz 2 mitzuteilen.

Mit der Zustellung der Klageschrift ist die Aufforderung an den Beklagten zu verbinden, etwaige gegen die Behauptungen des Klägers vorzubringende Einwendungen und Beweismittel unter genauer Bezeichnung der zu beweisenden Tatsachen unverzüglich dem Gerichte mitzuteilen. § 253 Abs. 3 Nr. 1 findet keine Anwendung.

Die Klage gilt unbeschadet der Bestimmung im § 496 Abs. 3 erst mit der Zustellung an den Beklagten als erhoben.

§ 499. Die Frist zur Einlassung auf einen Güteantrag oder auf eine Klage beträgt mindestens drei Tage, wenn die Zustellung an einem Orte erfolgt, der Sitz des Prozeßgerichts ist oder im Bezirke des Prozeßgerichts liegt oder von dem ein Teil zu diesem Bezirke gehört, mindestens eine Woche, wenn die Zustellung sonst im Inland erfolgt; in Meß- und Marktsachen mindestens 24 Stunden.

Ist die Zustellung im Ausland vorzunehmen, so hat das Gericht bei Festsetzung des Termins die Einlassungsfrist zu bestimmen.

§ 499a. Der Antragsteller hat in dem Güteantrag anzugeben, welche Ansprüche er gegen seinen Gegner erhebt und auf welche Tatsachen er sie stützt. Gleichzeitig soll er seine Beweismittel bezeichnen und die Gründe, aus denen der Gegner den Anspruch bestreitet, soweit sie ihm bekannt sind, mitteilen. Besitzt der Antragsteller auf die Sache bezügliche Urkunden, so soll er sie in Urschrift oder Abschrift beifügen.

§ 499b. Erscheint der erhobene Anspruch von vornherein aussichtslos, so kann das Gericht den Antrag durch Beschluß zurückweisen. Die Zurückweisung ist zu begründen und unterliegt keinem Rechtsmittel.

In allen anderen Fällen beraumt das Gericht unverzüglich Termin zur Güteverhandlung an.

Das Gericht kann die zur Vorbereitung der Güteverhandlung ihm dienlich erscheinenden Maßnahmen treffen. Ordnet das Gericht das persönliche Erscheinen der Parteien an, so finden die Vorschriften des § 141 Abs. 2, 3 Anwendung.

§ 499c. In der Güteverhandlung erörtert das Gericht das gesamte Streitverhältnis in freier Würdigung aller Umstände mit den Parteien und sucht einen gütlichen Ausgleich herbeizuführen. Zur Aufklärung des Sachverhalts kann ein Augenschein eingenommen werden, andere Beweise können insoweit erhoben werden, als die Beweiserhebung sofort geschehen kann. Inwieweit Zeugen oder Sachverständige eidlich oder uneidlich vernommen werden, bleibt dem Ermessen des Gerichts überlassen. Ein Beweis durch Parteieid findet nicht statt.

§ 499d. Die örtliche Zuständigkeit des Gerichts bestimmt sich nach den für das Streitverfahren geltenden Vorschriften. Ist das angegangene Amtsgericht örtlich unzuständig und ist die Unzuständigkeit von dem Antragsgegner geltend gemacht, so hat sich das Gericht durch Beschluß für unzuständig zu erklären. Die Vorschriften des § 276 finden entsprechende Anwendung.

§ 499e. Einigen sich die Parteien in der Güteverhandlung nicht, so wird der Rechtsstreit auf den bis zur Beendigung der Verhandlung zu stellenden Antrag einer Partei soweit möglich sofort, sonst in einem alsbald anzuberaumenden neuen Termin streitig verhandelt. Für das Streitverfahren gilt in diesem Falle, auch in Ansehung des Eintritts der Rechtshängigkeit, der Güteantrag als Klageschrift; es sind jedoch Änderungen und Ergänzungen zu berücksichtigen, die der Antragsteller in der Güteverhandlung etwa vorgebracht hat.

Wird bei Erfolglosigkeit des Einigungsversuchs weder der Güteantrag zurückgenommen noch der Antrag auf Eintritt in das Streitverfahren gestellt, so erteilt das Gericht beiden Parteien eine Bescheinigung darüber, daß das Güteverfahren erfolglos geblieben ist. In der Bescheinigung ist anzugeben, welcher Anspruch den Gegenstand des Verfahrens gebildet hat.

§ 499f. Bleiben im Termin zur Güteverhandlung beide Parteien aus, so erklärt das Gericht durch Beschluß den Güteantrag für zurückgenommen.

Bleibt nur eine Partei aus, so wird auf Antrag der erschienenen Partei sofort in das Streitverfahren eingetreten. Der Güteantrag gilt auch in diesem Falle nach § 496 Abs. 1 Satz 2, § 499e Abs. 1 Satz 2 als Klageschrift. Auf das weitere Verfahren finden die allgemeinen Vorschriften über das Versäumnisverfahren entsprechende Anwendung.

§ 499g. Über die wesentlichen Ergebnisse der Güteverhandlung ist ein Protokoll aufzunehmen. In diesem sind insbesondere festzustellen:

1. der Abschluß eines Vergleichs;
2. die Erklärung einer Zurücknahme des Güteantrags;
3. Beschlüsse des Gerichs und deren Verkündung;
4. von dem Antragsteller mündlich vorgebrachte Ergänzungen und Änderungen des Güteantrags;
5. die Aussagen von Zeugen und Sachverständigen und das Ergebnis eines Augenscheins;
6. der Eintritt in das Streitverfahren.

Die Aufnahme der unter Nr. 4 und 5 vorgesehenen Erklärungen und Ergebnisse kann unterbleiben, wenn die Verhandlung noch in demselben Termin zu einer endgültigen Erledigung der Sache führt.

§ 500. An ordentlichen Gerichtstagen können die Parteien ohne vorherigen Antrag und ohne Terminsbestimmung zur Güteverhandlung vor Gericht erscheinen. In diesem Falle ist, wenn bei Beendigung des Termins die Sache im Güteverfahren anhängig bleibt, der wesentliche Inhalt des mündlich gestellten Antrags in das Protokoll aufzunehmen. Führt der Termin zu einem Eintritt in das Streitverfahren, so wird die Klage durch mündlichen Vortrag erhoben und zu Protokoll genommen; nach der Klageerhebung kann jede Partei die Vertagung des Termins verlangen.

§ 500a. Soll das Streitverfahren vor dem Amtsgericht unmittelbar durch Klage eingeleitet werden, so hat der Kläger bei der Einreichung oder Anbringung der Klage entweder eine gerichtliche Bescheinigung darüber beizubringen, daß innerhalb des letzten Jahres über den Anspruch ein Güteverfahren erfolglos beendigt worden ist oder, erforderlichenfalls unter Glaubhaftmachung, darzulegen, daß einer der Fälle vorliegt, in denen es eines Güteverfahrens nicht bedarf (§ 495a Abs. 1).

Eine Klage, die dieser Vorschrift nicht genügt, gilt als Güteantrag.

§ 501. (Fortgefallen.)

§ 502. (Fortgefallen.)

§ 503. (Fortgefallen.)

§ 504. Die Vorschrift, daß prozeßhindernde Einreden gleichzeitig und vor der Verhandlung zur Hauptsache vorzubringen sind, findet nur insoweit Anwendung, als die Einrede der Unzuständigkeit des Gerichts und die Einrede, daß die Entscheidung des Rechtsstreits durch Schiedsrichter zu erfolgen habe, vor der Verhandlung zur Hauptsache geltend zu machen sind.

Ist das Amtsgericht sachlich unzuständig, so hat es vor der Verhandlung des Beklagten zur Hauptsache denselben auf die Unzuständigkeit aufmerksam zu machen.

§ 505. (Fortgefallen.)

§ 506. Wird durch Widerklage oder durch Erweiterung des Klagantrags (§ 268 Nr. 2, 3) ein Anspruch erhoben, der zur Zuständigkeit der Landgerichte gehört, oder wird in Gemäßheit des § 280 die Feststellung eines Rechtsverhältnisses beantragt, für welches die Landgerichte zuständig sind, so hat das Amtsgericht, sofern eine Partei vor weiterer Verhandlung zur Hauptsache darauf anträgt, durch Beschluß sich für unzuständig zu erklären und den Rechtsstreit an das Landgericht zu verweisen.

Die Vorschriften des § 276 Abs. 2, Abs. 3 Satz 1 finden entsprechende Anwendung.

§ 507. Die Vorschriften des § 297 finden keine Anwendung.

§ 508. Die Geschäftsstelle hat die Zustellung des Versäumnisurteils zu vermitteln, sofern nicht die Partei, welche das Urteil erwirkt hat, erklärt hat, selbst einen Gerichtsvollzieher mit der Zustellung beauftragen zu wollen.

Die im § 339 Abs. 1 bezeichnete Frist beträgt eine Woche.

Eine Verweisung des Rechtsstreits an ein anderes Gericht nach §§ 276, 506 findet nur statt, wenn das Amtsgericht den Einspruch für zulässig erachtet. Das Gericht, an welches der Rechtsstreit verwiesen wird, ist an die Entscheidung des Amtsgerichts, durch welche der Einspruch zugelassen wird, gebunden.

§ 509. (Fortgefallen.)

§ 510. Wegen unterbliebener Erklärung ist eine Urkunde nur dann als anerkannt anzusehen, wenn die Partei durch das Gericht zur Erklärung über die Echtheit der Urkunde aufgefordert ist.

§ 510a. Anträge sowie die Erklärungen über Annahme oder Zurückschiebung zugeschobener Eide sind durch das Sitzungsprotokoll festzustellen; anstatt der Feststellung genügt die Bezugnahme auf den Inhalt eines vorbereitenden Schriftsatzes.

Sonstige Erklärungen einer Partei, insbesondere Geständnisse, sind durch das Protokoll insoweit festzustellen, als das Gericht bei dem Schlusse der mündlichen Verhandlung die Feststellung für angemessen erachtet.

§ 510b. Erfolgt die Verurteilung zur Vornahme einer Handlung, so kann der Beklagte zugleich auf Antrag des Klägers für den Fall, daß die Handlung nicht binnen einer zu bestimmenden Frist vorgenommen ist, zur Zahlung einer Entschädigung verurteilt werden; das Gericht hat die Entschädigung nach freiem Ermessen festzusetzen.

§ 510c. (Fortgefallen.)

Drittes Buch.

Rechtsmittel.

Erster Abschnitt.

Berufung.

§ 511. Die Berufung findet gegen die in erster Instanz erlassenen Endurteile statt.

§ 511a. In Rechtsstreitigkeiten über vermögensrechtliche Ansprüche ist die Zulässigkeit der Berufung durch einen Wert des Beschwerdegegenstandes bedingt, der den vom Reichsminister der Justiz nach Anhörung eines Ausschusses des Reichstags mit Zustimmung des Reichsrats festzusetzenden Betrag übersteigt.

In betreff des Wertes des Beschwerdegegenstandes kommen die §§ 3—9 zur Anwendung.

Der Berufungskläger hat diesen Wert glaubhaft zu machen; zur Versicherung an Eides Statt darf er nicht zugelassen werden.

Insoweit es sich um die Unzulässigkeit des Rechtswegs handelt sowie in Rechtsstreitigkeiten über Ansprüche, für welche die Landgerichte ohne Rücksicht auf den Wert des Streitgegenstandes ausschließlich zuständig sind, findet die Berufung ohne Rücksicht auf den Wert des Beschwerdegegenstandes statt.

Wegen der für die seit 1. Juni 1924 verkündeten Urteile geltenden Berufungssumme s. S. 1. Vom 1. Jan. 1924 bis dahin war die Berufungssumme 50 GM. (VO. v. 13. Dez. 1923, RGBl. 1186). Wegen früherer Berufungssummen s. Bek. v. 9. Sept. 1918/18. Mai 1916; Ges. v. 11. März 1921; Ges. v. 8. Juli 1922; Ges. v. 27. März 1923; VO. v. 23. Juli 1923; VO. v. 15. Sept. 1923; VO. v. 30. Okt. 1923 (RGBl. 1915, 562; 1916, 393; 1921, 229; 1922, 569; 1923, 217, 742, 884, 1041).

§ 512. Der Beurteilung des Berufungsgerichts unterliegen auch diejenigen Entscheidungen, welche dem Endurteile vorausgegangen sind, sofern nicht dieselben nach den Vorschriften dieses Gesetzes unanfechtbar oder mit der Beschwerde anfechtbar sind.

§ 512a. Die Berufung kann in Streitigkeiten über vermögensrechtliche Ansprüche nicht darauf gestützt werden, daß das Gericht erster Instanz seine örtliche Zuständigkeit mit Unrecht angenommen hat.

§ 513. Ein Versäumnisurteil kann von der Partei, gegen welche es erlassen ist, mit der Berufung nicht angefochten werden.

Ein Versäumnisurteil, gegen welches der Einspruch an sich nicht statthaft ist, unterliegt der Berufung insoweit, als dieselbe darauf gestützt wird, daß der Fall der Versäumung nicht vorgelegen habe.

§ 514. Die Wirksamkeit eines nach Erlassung des Urteils erklärten Verzichts auf das Recht der Berufung ist nicht davon abhängig, daß der Gegner die Verzichtleistung angenommen hat.

§ 515. Die Zurücknahme der Berufung ist ohne Einwilligung des Berufungsbeklagten nur bis zum Beginne der mündlichen Verhandlung des Berufungsbeklagten zulässig.

Die Zurücknahme erfolgt, wenn sie nicht bei der mündlichen Verhandlung erklärt wird, durch Zustellung eines Schriftsatzes. Abschrift desselben ist sofort nach erfolgter Zustellung auf der Geschäftsstelle niederzulegen.

Die Zurücknahme hat den Verlust des Rechtsmittels und die Verpflichtung zur Folge, die durch das Rechtsmittel entstandenen Kosten zu tragen. Auf Antrag des Gegners sind diese Wirkungen durch Urteil auszusprechen.

§ 516. Die Berufungsfrist beträgt einen Monat; sie ist eine Notfrist und beginnt mit der Zustellung des Urteils, spätestens aber mit dem Ablauf von fünf Monaten nach der Verkündung.

§ 517. Wird innerhalb der Berufungsfrist ein Urteil in Gemäßheit des § 321 durch eine nachträgliche Entscheidung ergänzt, so beginnt mit der Zustellung der nachträglichen Entscheidung der Lauf der Berufungsfrist auch für die Berufung gegen das zuerst ergangene Urteil von neuem. Wird gegen beide Urteile von derselben Partei Berufung eingelegt, so sind beide Berufungen miteinander zu verbinden.

§ 518. Die Einlegung der Berufung erfolgt durch Einreichung der Berufungsschrift bei dem Berufungsgerichte.

Die Berufungsschrift muß enthalten:

1. die Bezeichnung des Urteils, gegen welches die Berufung gerichtet wird;
2. die Erklärung, daß gegen dieses Urteil Berufung eingelegt werde.

Mit der Berufungsschrift soll eine Ausfertigung oder beglaubigte Abschrift des Urteils, gegen welches die Berufung sich richtet, sowie der Nachweis der Zustellung des Urteils dem Berufungsgerichte vorgelegt oder angegeben werden, daß das Urteil nicht zugestellt sei.

Die allgemeinen Bestimmungen über die vorbereitenden Schriftsätze finden auch auf die Berufungsschrift Anwendung.

§ 519. Der Berufungskläger muß die Berufung begründen.

Die Berufungsbegründung erfolgt, sofern sie nicht bereits in der Berufungsschrift enthalten ist, durch Einreichung eines Schriftsatzes bei dem Berufungsgerichte. Die Frist für die Berufungsbegründung beträgt einen Monat; sie beginnt mit der Einlegung der Berufung und kann auf Antrag von dem Vorsitzenden verlängert werden.

Die Berufungsbegründung muß enthalten:

1. die Erklärung, inwieweit das Urteil angefochten wird und welche Abänderungen des Urteils beantragt werden (Berufungsanträge);
2. die Angabe der neuen Tatsachen, Beweismittel und Beweiseinreden, welche die Partei geltend zu machen beabsichtigt.

In der Berufungsbegründung soll ferner der Wert des nicht in einer bestimmten Geldsumme bestehenden Beschwerdegegenstandes angegeben werden, wenn von ihm die Zulässigkeit der Berufung abhängt.

Die allgemeinen Bestimmungen über die vorbereitenden Schriftsätze finden auch auf die Berufungsbegründung Anwendung.

Sofern nicht dem Berufungskläger das Armenrecht bewilligt ist oder Gebührenfreiheit zusteht, hat der Vorsitzende eine Frist zu bestimmen, innerhalb deren der Berufungskläger den Nachweis zu erbringen hat, daß er die für die Berufungsinstanz von ihm erforderte Prozeßgebühr gezahlt hat. Die Frist kann auf Antrag von dem Vorsitzenden verlängert werden. Wird der Nachweis nicht vor Ablauf der Frist erbracht, so gilt die Berufung als nicht in der gesetzlichen Form begründet. Hat der Berufungskläger die Bewilligung des Armenrechts vor Ablauf der Frist beantragt, so wird der Lauf der Frist bis zum Ablauf von zwei Wochen nach Zustellung des auf dieses Gesuch ergehenden Beschlusses und, wenn vor Ablauf der Frist gegen den Beschluß Beschwerde eingelegt wird, bis zur Zustellung des auf die Beschwerde ergehenden Beschlusses gehemmt.

§ 519a. Die Berufungsschrift und die Berufungsbegründung sind der Gegenpartei von Amts wegen zuzustellen. Mit der Zustellung der Berufungsschrift ist der Zeitpunkt mitzuteilen, in dem die Berufung eingelegt ist. Die erforderliche Zahl von beglaubigten Abschriften soll der Beschwerdeführer mit der Berufungsschrift oder der Berufungsbegründung einreichen.

§ 519b. Das Berufungsgericht hat von Amts wegen zu prüfen, ob die Berufung an sich statthaft und ob die Einlegung und Begründung in der gesetzlichen Frist und Form erfolgt ist. Mangelt es an einem dieser Erfordernisse, so ist die Berufung als unzulässig zu verwerfen.

Die Entscheidung kann ohne mündliche Verhandlung durch Beschluß erfolgen; sie unterliegt in diesem Falle der sofortigen Beschwerde, sofern gegen ein Urteil gleichen Inhalts die Revision zulässig wäre.

§ 520. Wird die Berufung nicht durch Beschluß als unzulässig verworfen, so ist der Termin zur mündlichen Verhandlung von Amts wegen zu bestimmen und den Parteien bekanntzumachen. In der Bekanntmachung soll der Berufungsbeklagte, sofern die Zustellung nicht an einen Rechtsanwalt erfolgt, darauf hingewiesen werden, daß er sich vor dem Berufungsgerichte durch einen bei diesem Gerichte zugelassenen Rechtsanwalt als Bevollmächtigten vertreten lassen muß.

In betreff der Frist, welche zwischen dem Zeitpunkt der Bekanntmachung des Termins und der mündlichen Verhandlung liegen muß, finden die Vorschriften des § 262 entsprechende Anwendung.

§ 521. Der Berufungsbeklagte kann sich der Berufung anschließen, selbst wenn er auf die Berufung verzichtet hat oder wenn die Berufungsfrist verstrichen ist.

Die Vorschriften über die Anfechtung des Versäumnisurteils durch Berufung finden auch auf die Anfechtung desselben durch Anschließung Anwendung.

§ 522. Die Anschließung verliert ihre Wirkung, wenn die Berufung zurückgenommen oder als unzulässig verworfen wird.

Hat der Berufungsbeklagte innerhalb der Berufungsfrist sich der erhobenen Berufung angeschlossen, so wird es so angesehen, als habe er die Berufung selbständig eingelegt.

§ 522a. Die Anschließung erfolgt durch Einreichung der Berufungsanschlußschrift bei dem Berufungsgerichte.

Die Anschlußberufung muß vor Ablauf der Berufungsbegründungsfrist (§ 519 Abs. 2) und, sofern sie nach deren Ablauf eingelegt wird, in der Anschlußschrift begründet werden.

Die Vorschriften des § 518 Abs. 2, 4, des § 519 Abs. 3, 5 und der §§ 519a, 519b finden entsprechende Anwendung.

§ 523. Auf das weitere Verfahren finden die in erster Instanz für das Verfahren vor den Landgerichten geltenden Vorschriften entsprechende Anwendung, soweit nicht Abweichungen aus den Bestimmungen dieses Abschnitts sich ergeben.

§ 523a. Die Vorschrift des § 349 Abs. 3 findet keine Anwendung.

§ 524. (Fortgefallen.)

§ 525. Vor dem Berufungsgerichte wird der Rechtsstreit in den durch die Anträge bestimmten Grenzen von neuem verhandelt.

§ 526. Bei der mündlichen Verhandlung haben die Parteien das durch die Berufung angefochtene Urteil sowie die dem Urteil vorausgegangenen Entscheidungen nebst den Entscheidungsgründen und den Beweisverhandlungen insoweit vorzutragen, als dies zum Verständnis der Berufungsanträge und zur Prüfung der Richtigkeit der angefochtenen Entscheidung erforderlich ist.

Im Falle der Unrichtigkeit oder Unvollständigkeit des Vortrags hat der Vorsitzende dessen Berichtigung oder Vervollständigung, nötigenfalls unter Wiedereröffnung der Verhandlung, zu veranlassen.

§ 527. Eine Änderung der Klage ist nur mit Einwilligung des Gegners statthaft.

§ 528. Prozeßhindernde Einreden, auf welche die Partei wirksam verzichten kann, dürfen nur geltend gemacht werden, wenn die Partei glaubhaft macht, daß sie ohne ihr Verschulden außerstande gewesen sei, dieselben in erster Instanz vorzubringen. Das gleiche gilt, wenn bei vermögensrechtlichen Ansprüchen für die Klage ein ausschließlicher Gerichtsstand oder die Zuständigkeit eines Gewerbe- oder Kaufmannsgerichts[1]) begründet ist, von der Einrede der Unzuständigkeit des Gerichts, sofern der Beklagte in erster Instanz zur Hauptsache mündlich verhandelt hat; eine Prüfung der Zuständigkeit von Amts wegen findet nicht statt.

[1]) Nun eines Arbeitsgerichts, § 116 des ArbGGes. v. 23. Dez. 1926.

§ 529. Die Parteien können Angriffs- und Verteidigungsmittel, welche in erster Instanz nicht geltend gemacht sind, insbesondere neue Tatsachen und Beweismittel, vorbringen.

Angriffs- und Verteidigungsmittel sowie Beweismittel und Beweiseinreden, die in erster Instanz nicht geltend gemacht worden sind, können zurückgewiesen werden, wenn durch deren Zulassung die Erledigung des Rechtsstreits verzögert werden würde und nach der freien Überzeugung des Gerichts die Partei in der Absicht, den Prozeß zu verschleppen, oder aus grober Nachlässigkeit sie nicht früher vorgebracht hat. Das gleiche gilt von solchem Vorbringen, das in erster Instanz nach den §§ 279, 279a, 283 Abs. 2 zurückgewiesen worden ist.

Die Vorschrift des Abs. 2 findet entsprechende Anwendung, wenn der Berufungskläger ein neues Vorbringen, dessen Geltendmachung in der Berufungsinstanz zulässig ist, entgegen der Vorschrift des § 519 nicht in der Berufungsbegründung mitgeteilt hat.

Neue Ansprüche dürfen, abgesehen von den Fällen des § 268 Nr. 2, 3, nur mit Einwilligung des Gegners erhoben werden.

Macht der Beklagte die Aufrechnung einer Gegenforderung geltend, so ist die hierauf gegründete Einwendung zurückzuweisen, wenn nicht der Kläger in die Geltendmachung einwilligt oder der Beklagte glaubhaft macht, daß er ohne sein Verschulden außerstande gewesen ist, die Aufrechnung in erster Instanz geltend zu machen.

§ 530. Die Verletzung einer das Verfahren erster Instanz betreffenden Vorschrift kann in der Berufungsinstanz nicht mehr gerügt werden, wenn in Gemäßheit der Bestimmung des § 295 die Partei das Rügerecht bereits in erster Instanz verloren hat.

§ 531. Die in erster Instanz unterbliebenen oder verweigerten Erklärungen über Tatsachen, Urkunden und Eideszuschiebungen können in der Berufungsinstanz nachgeholt werden.

§ 532. Das in erster Instanz abgelegte gerichtliche Geständnis behält seine Wirksamkeit auch für die Berufungsinstanz.

§ 533. Die in erster Instanz erfolgte Annahme oder Zurückschiebung eines Eides behält ihre Wirksamkeit auch für die Berufungsinstanz.

Dasselbe gilt von der Leistung, von der Verweigerung der Leistung und von der Erlassung eines Eides, wenn die Entscheidung, durch welche die Leistung des Eides angeordnet ist, von dem Berufungsgerichte für gerechtfertigt erachtet wird.

§ 534. Ein nicht oder nicht unbedingt für vorläufig vollstreckbar erklärtes Urteil erster Instanz ist, soweit es durch die Berufungsanträge nicht angefochten wird, auf den im Laufe der mündlichen Verhandlung gestellten Antrag von dem Berufungsgerichte durch Beschluß für vorläufig vollstreckbar zu erklären.

Das gleiche gilt, wenn der Berufungskläger neue Angriffs- oder Verteidigungsmittel oder Beweismittel und Beweiseinreden vorbringt, durch welche die Erledigung des Rechtsstreits verzögert wird, und nach der freien Überzeugung des Gerichts die Verspätung des Vorbringens auf der Absicht der Prozeßverschleppung oder auf Nachlässigkeit beruht.

Eine Anfechtung der Entscheidung findet nicht statt.

§ 535. (Fortgefallen.)

§ 536. Das Urteil erster Instanz darf nur insoweit abgeändert werden, als eine Abänderung beantragt ist.

§ 537. Gegenstand der Verhandlung und Entscheidung des Berufungsgerichts sind alle einen zuerkannten oder aberkannten Anspruch betreffenden Streitpunkte, über welche in Gemäßheit der Anträge eine Verhandlung und Entscheidung erforderlich ist, selbst wenn über diese Streitpunkte in erster Instanz nicht verhandelt oder nicht entschieden ist. Das Berufungsgericht hat ein von ihm erlassenes bedingtes Urteil zu erledigen. Dasselbe kann ein in erster Instanz erlassenes bedingtes Urteil erledigen, wenn die Berufung zurückgewiesen ist.

§ 538. Das Berufungsgericht hat die Sache, insofern eine weitere Verhandlung derselben erforderlich ist, an das Gericht erster Instanz zurückzuverweisen:

1. wenn durch das angefochtene Urteil ein Einspruch als unzulässig verworfen ist;
2. wenn durch das angefochtene Urteil nur über prozeßhindernde Einreden entschieden ist;
3. wenn im Falle eines nach Grund und Betrag streitigen Anspruchs durch das angefochtene Urteil über den Grund des Anspruchs vorab entschieden oder die Klage abgewiesen ist, es sei denn, daß der Streit über den Betrag des Anspruchs zur Entscheidung reif ist;
4. wenn das angefochtene Urteil im Urkunden- oder Wechselprozeß unter Vorbehalt der Rechte erlassen ist;

5. wenn das angefochtene Urteil ein Versäumnisurteil ist.

Im Falle der Nr. 2 hat das Berufungsgericht die sämtlichen prozeßhindernden Einreden zu erledigen.

§ 539. Leidet das Verfahren erster Instanz an einem wesentlichen Mangel, so kann das Berufungsgericht unter Aufhebung des Urteils und des Verfahrens, soweit das letztere durch den Mangel betroffen wird, die Sache an das Gericht erster Instanz zurückverweisen.

§ 540. (Fortgefallen.)

§ 541. (Fortgefallen.)

§ 542. Die Vorschriften über das Versäumnisverfahren in erster Instanz finden entsprechende Anwendung.

Beantragt der Berufungskläger gegen den im Termin zur mündlichen Verhandlung nicht erschienenen Berufungsbeklagten das Versäumnisurteil, so ist, soweit das festgestellte Sachverhältnis nicht entgegensteht, das tatsächliche mündliche Vorbringen des Berufungsklägers für zugestanden zu erachten und in Ansehung einer zulässigerweise beantragten Beweisaufnahme anzunehmen, daß sie das in Aussicht gestellte Ergebnis gehabt habe.

§ 543. Bei der Darstellung des Tatbestandes im Urteil ist eine Bezugnahme auf das Urteil voriger Instanz nicht ausgeschlossen.

§ 544. Die Geschäftsstelle des Berufungsgerichts hat innerhalb 24 Stunden, nachdem die Berufungsschrift eingereicht ist, von der Geschäftsstelle des Gerichts erster Instanz die Prozeßakten einzufordern.

Nach Erledigung der Berufung sind die Akten der Geschäftsstelle des Gerichts erster Instanz nebst einer beglaubigten Abschrift des in der Berufungsinstanz erlassenen Urteils zurückzusenden.

Zweiter Abschnitt.

Revision.

§ 545. Die Revision findet gegen die in der Berufungsinstanz von den Oberlandesgerichten erlassenen Endurteile statt.

Gegen Urteile, durch welche über die Anordnung, Abänderung oder Aufhebung eines Arrestes oder einer einstweiligen Verfügung entschieden wird, ist die Revision nicht zulässig.

§ 546. In Rechtsstreitigkeiten über vermögensrechtliche Ansprüche ist die Zulässigkeit der Revision durch einen Wert des Beschwerdegegenstandes bedingt, der den vom Reichsminister der Justiz nach Anhörung eines Ausschusses des Reichstages mit Zustimmung des Reichsrats festzusetzenden Betrag übersteigt.

In betreff des Wertes des Beschwerdegegenstandes kommen die Vorschriften der §§ 3—9 zur Anwendung.

Der Revisionskläger hat diesen Wert glaubhaft zu machen; zur Versicherung an Eides Statt darf er nicht zugelassen werden.

1. S. hierzu die VO. über die Revision in bürgerl. Rechtsstreitigkeiten v. 21. Dez. 1925 (RGBl. 476), die bestimmt:

Auf Grund des § 546 Abs. 1 der ZPO. wird nach Anhörung eines Ausschusses des Reichstags mit Zustimmung des Reichsrats verordnet:

§ 1. Die im § 546 Abs. 1 der ZPO. vorgesehene Wertgrenze beträgt 4000 Reichsmark.

§ 2. Die Verordnung tritt am 1. Januar 1926 in Kraft.

Hinsichtlich der Revision gegen Entscheidungen, die vor diesem Zeitpunkt verkündet sind, finden die bisherigen Vorschriften Anwendung.

2. Bis 1. Januar 1926 war die Revisionssumme seit 1. Januar 1924 auf Grund der VOen. v. 18. Dez. 1923 (RGBl. 1186) u. v. 13. Mai 1924 (s. diese S. 1) 1800 GM. Wegen früherer Revisionssummen s. die in der Anm. zu § 511a angeführten Gesetze u. Verordnungen ab 8. Juli 1922.

§ 547. Ohne Rücksicht auf den Wert des Beschwerdegegenstandes findet die Revision statt:

1. insoweit es sich um die Unzulässigkeit des Rechtswegs oder die Unzulässigkeit der Berufung handelt;
2. in den Rechtsstreitigkeiten über Ansprüche, für welche die Landgerichte ohne Rücksicht auf den Wert des Streitgegenstandes ausschließlich zuständig sind.

§ 548. Der Beurteilung des Revisionsgerichts unterliegen auch diejenigen Entscheidungen, welche dem Endurteile vorausgegangen sind, sofern nicht dieselben nach den Vorschriften dieses Gesetzes unanfechtbar sind.

§ 549. Die Revision kann nur darauf gestützt werden, daß die Entscheidung auf der Verletzung eines Reichsgesetzes oder eines Gesetzes, dessen Geltungsbereich sich über den Bezirk des Berufungsgerichts hinaus erstreckt, beruhe.

In Rechtsstreitigkeiten über vermögensrechtliche Ansprüche kann die Revision nicht darauf gestützt werden, daß das Gericht seine örtliche Zuständigkeit mit Unrecht angenommen hat.

§ 550. Das Gesetz ist verletzt, wenn eine Rechtsnorm nicht oder nicht richtig angewendet worden ist.

§ 551. Eine Entscheidung ist stets als auf einer Verletzung des Gesetzes beruhend anzusehen:

1. wenn das erkennende Gericht nicht vorschriftsmäßig besetzt war;
2. wenn bei der Entscheidung ein Richter mitgewirkt hat, welcher von der Ausübung des Richteramts kraft Gesetzes ausgeschlossen war, sofern nicht dieses Hindernis mittels eines Ablehnungsgesuchs ohne Erfolg geltend gemacht ist;
3. wenn bei der Entscheidung ein Richter mitgewirkt hat, obgleich derselbe wegen Besorgnis der Befangenheit abgelehnt und das Ablehnungsgesuch für begründet erklärt war;
4. wenn das Gericht seine Zuständigkeit oder Unzuständigkeit mit Unrecht angenommen hat;
5. wenn eine Partei in dem Verfahren nicht nach Vorschrift der Gesetze vertreten war, sofern sie nicht die Prozeßführung ausdrücklich oder stillschweigend genehmigt hat;
6. wenn die Entscheidung auf Grund einer mündlichen Verhandlung ergangen ist, bei welcher die Vorschriften über die Öffentlichkeit des Verfahrens verletzt sind;
7. wenn die Entscheidung nicht mit Gründen versehen ist.

§ 552. Die Revisionsfrist beträgt einen Monat; sie ist eine Notfrist und beginnt mit der Zustellung des in vollständiger Form abgefaßten Urteils, spätestens aber mit Ablauf von fünf Monaten nach der Verkündung des Urteils.

§ 553. Die Einlegung der Revision erfolgt durch Einreichung der Revisionsschrift bei dem Revisionsgerichte. Die Revisionsschrift muß enthalten:

1. die Bezeichnung des Urteils, gegen welches die Revision gerichtet wird;

2. die Erklärung, daß gegen dieses Urteil die Revision eingelegt werde.

Die allgemeinen Bestimmungen über die vorbereitenden Schriftsätze finden auch auf die Revisionsschrift Anwendung.

§ 553a. Mit der Revisionsschrift soll eine Ausfertigung oder beglaubigte Abschrift des Urteils, gegen welches die Revision sich richtet, sowie der Nachweis der Zustellung des Urteils dem Revisionsgerichte vorgelegt oder angegeben werden, daß das Urteil nicht zugestellt sei.

Die Revisionsschrift ist der Gegenpartei von Amts wegen zuzustellen. Hierbei ist der Zeitpunkt mitzuteilen, in dem die Revision eingelegt ist. Die erforderliche Zahl von beglaubigten Abschriften soll der Beschwerdeführer mit der Revisionsschrift einreichen.

§ 554. Der Revisionskläger muß die Revision begründen.

Die Revisionsbegründung erfolgt, sofern sie nicht bereits in der Revisionsschrift enthalten ist, durch Einreichung eines Schriftsatzes bei dem Revisionsgerichte. Die Frist für die Revisionsbegründung beträgt einen Monat; sie beginnt mit der Einlegung der Revision und kann auf Antrag von dem Vorsitzenden verlängert werden.

Die Revisionsbegründung muß enthalten:

1. die Erklärung, inwieweit das Urteil angefochten und dessen Aufhebung beantragt werde (Revisionsanträge);
2. die Angabe der Revisionsgründe, und zwar:
   a) die Bezeichnung der verletzten Rechtsnorm;
   b) insoweit die Revision darauf gestützt wird, daß das Gesetz in bezug auf das Verfahren verletzt sei, die Bezeichnung der Tatsachen, welche den Mangel ergeben.

In der Revisionsbegründung soll ferner der Wert des nicht in einer bestimmten Geldsumme bestehenden Beschwerdegegenstandes angegeben werden, wenn die Zulässigkeit der Revision von diesem Werte abhängt.

Die Vorschriften des § 553 Abs. 2 und des § 553a Abs. 2 Satz 1, 3 finden auf die Revisionsbegründung entsprechende Anwendung.

Nach dem Ablauf der Begründungsfrist ist die Geltendmachung neuer Revisionsgründe nicht zulässig.

Sofern nicht dem Revisionskläger das Armenrecht bewilligt ist oder Gebührenfreiheit zusteht, hat der Vorsitzende eine Frist zu bestimmen, innerhalb derer der Revisionskläger den Nachweis zu erbringen hat, daß er die für die Revisionsinstanz von ihm erforderte Prozeßgebühr gezahlt hat. Wird der Nachweis nicht vor dem Ablauf der Frist erbracht, so gilt die Revision als nicht in gesetzlicher Form begründet. Hat der Revisionskläger die Bewilligung des Armenrechts vor Ablauf der Frist beantragt, so wird der Lauf der Frist bis zum Ablauf von zwei Wochen nach Zustellung des auf dieses Gesuch ergehenden Beschlusses gehemmt.

§ 554a. Das Revisionsgericht hat von Amts wegen zu prüfen, ob die Revision an sich statthaft und ob die Einlegung und Begründung in der gesetzlichen Form und Frist erfolgt sei. Mangelt es an einem dieser Erfordernisse, so ist die Revision als unzulässig zu verwerfen.

Die Entscheidung kann ohne vorgängige mündliche Verhandlung durch Beschluß erfolgen.

§ 555. Wird die Revision nicht durch Beschluß als unzulässig verworfen, so ist der Termin zur mündlichen Verhandlung von Amts wegen zu bestimmen und den Parteien bekanntzumachen.

In betreff der Frist, welche zwischen dem Zeitpunkt der Bekanntmachung des Termins und der mündlichen Verhandlung liegen muß, finden die Vorschriften des § 262 entsprechende Anwendung.

§ 556. Der Revisionsbeklagte kann sich bis zum Ablauf der Begründungsfrist der Revision anschließen, selbst wenn er auf die Revision verzichtet hat.

Die Anschließung erfolgt durch Einreichung der Revisionsanschlußschrift bei dem Revisionsgerichte. Die Anschlußrevision muß in der Anschlußschrift begründet werden. Die Vorschriften des § 521 Abs. 2, der §§ 522, 553, des § 553a Abs. 2 Satz 1, 3, des § 554 Abs. 3, 6 und des § 554a finden entsprechende Anwendung.

§ 557. Auf das weitere Verfahren finden die in erster Instanz für das Verfahren vor den Landgerichten geltenden Vorschriften entsprechende Anwendung, soweit nicht Abweichungen aus den Bestimmungen dieses Abschnitts sich ergeben.

§ 557a. Die Vorschriften der §§ 348—350 finden keine Anwendung.

§ 558. Die Verletzung einer das Verfahren der Berufungsinstanz betreffenden Vorschrift kann in der Revisionsinstanz nicht mehr gerügt werden, wenn in Gemäßheit der Bestimmung des § 295 die Partei das Rügerecht bereits in der Berufungsinstanz verloren hat.

§ 559. Der Prüfung des Revisionsgerichts unterliegen nur die von den Parteien gestellten Anträge und, soweit die Revision darauf gestützt wird, daß das Gesetz in bezug auf das Verfahren verletzt sei, nur die nach Maßgabe der §§ 554, 556 geltend gemachten Revisionsgründe. Bei der Prüfung, ob sonst das Gesetz verletzt sei, ist das Revisionsgericht an die von den Parteien geltend gemachten Revisionsgründe nicht gebunden.

§ 560. Ein nicht oder nicht unbedingt für vorläufig vollstreckbar erklärtes Urteil des Berufungsgerichts ist, insoweit dasselbe durch die Revisionsanträge nicht angefochten wird, auf den im Laufe der mündlichen Verhandlung gestellten Antrag von dem Revisionsgerichte für vorläufig vollstreckbar zu erklären.

§ 561. Der Beurteilung des Revisionsgerichts unterliegt nur dasjenige Parteivorbringen, welches aus dem Tatbestande des Berufungsurteils oder dem Sitzungsprotokoll ersichtlich ist. Außerdem können nur die im § 554 Abs. 3 Nr. 2b erwähnten Tatsachen berücksichtigt werden.

Hat das Berufungsgericht festgestellt, daß eine tatsächliche Behauptung wahr oder nicht wahr sei, so ist diese Feststellung für das Revisionsgericht bindend, es sei denn, daß in bezug auf die Feststellung ein zulässiger und begründeter Revisionsangriff erhoben ist.

§ 562. Die Entscheidung des Berufungsgerichts über das Bestehen und den Inhalt von Gesetzen, auf deren Verletzung die Revision nach § 549 nicht gestützt werden kann, ist für die auf die Revision ergehende Entscheidung maßgebend.

§ 563. Ergeben die Entscheidungsgründe zwar eine Gesetzesverletzung, stellt die Entscheidung selbst aber aus anderen Gründen sich als richtig dar, so ist die Revision zurückzuweisen.

§ 564. Insoweit die Revision für begründet erachtet wird, ist das angefochtene Urteil aufzuheben.

Erfolgt die Aufhebung des Urteils wegen eines Mangels des Verfahrens, so ist zugleich das Verfahren insoweit aufzuheben, als es durch den Mangel betroffen wird.

§ 565. Im Falle der Aufhebung des Urteils ist die Sache zur anderweiten Verhandlung und Entscheidung an das Berufungsgericht zurückzuverweisen. Die Zurückverweisung kann an einen anderen Senat des Berufungsgerichts erfolgen.

Das Berufungsgericht hat die rechtliche Beurteilung, welche der Aufhebung zugrunde gelegt ist, auch seiner Entscheidung zugrunde zu legen.

Das Revisionsgericht hat jedoch in der Sache selbst zu entscheiden:

1. wenn die Aufhebung des Urteils nur wegen Gesetzesverletzung bei Anwendung des Gesetzes auf das festgestellte Sachverhältnis erfolgt und nach letzterem die Sache zur Endentscheidung reif ist;
2. wenn die Aufhebung des Urteils wegen Unzuständigkeit des Gerichts oder wegen Unzulässigkeit des Rechtswegs erfolgt.

Kommt in den Fällen der Nr. 1 und 2 für die in der Sache selbst zu erlassende Entscheidung die Anwendbarkeit von Gesetzen, auf deren Verletzung die Revision nach § 549 nicht gestützt werden kann, in Frage, so kann die Sache zur anderweiten Verhandlung und Entscheidung an das Berufungsgericht zurückverwiesen werden.

§ 566. Die für die Berufung geltenden Vorschriften über die Anfechtbarkeit der Versäumnisurteile, über die Verzichtleistung auf das Rechtsmittel und die Zurücknahme desselben, über die Vertagung der mündlichen Verhandlung, über die Verhandlung prozeßhindernder Einreden, über den Vortrag der Parteien bei der mündlichen Verhandlung und über die Einforderung und Zurücksendung der Prozeßakten finden auf die Revision entsprechende Anwendung.

§ 566a. Gegen die in erster Instanz erlassenen Endurteile der Landgerichte kann mit den folgenden Maßgaben unter Übergehung der Berufungsinstanz unmittelbar die Revision eingelegt werden.

Die Übergehung der Berufungsinstanz bedarf der Einwilligung des Gegners. Die schriftliche Erklärung der Einwilligung ist der Revisionsschrift beizufügen; sie kann auch von dem Prozeßbevollmächtigten der ersten Instanz abgegeben werden.

Die Revision kann nicht auf Mängel des Verfahrens gestützt werden.

Die Einlegung der Revision und die Erklärung des Einverständnisses damit gelten als Verzicht auf das Rechtsmittel der Berufung.

Verweist das Revisionsgericht die Sache zur anderweitigen Verhandlung und Entscheidung zurück, so kann die Zurückverweisung nach seinem Ermessen auch an dasjenige Oberlandesgericht erfolgen, das für die Berufung zuständig gewesen wäre. In diesem Falle gelten für das Verfahren vor dem Oberlandesgerichte die gleichen Grundsätze, wie wenn der Rechtsstreit auf eine ordnungsmäßig eingelegte Berufung beim Oberlandesgericht anhängig geworden wäre.

Die Vorschrift im § 565 Abs. 2 findet in allen Fällen der Zurückverweisung entsprechende Anwendung.

Von der Einlegung der Revision nach Abs. 1 hat die Geschäftsstelle des Revisionsgerichts innerhalb vierundzwanzig Stunden der Geschäftsstelle des Landgerichts Nachricht zu geben.

Dritter Abschnitt.

Beschwerde.

§ 567. Das Rechtsmittel der Beschwerde findet in den in diesem Gesetze besonders hervorgehobenen Fällen und gegen solche, eine vorgängige mündliche Verhandlung nicht erfordernde Entscheidungen statt, durch welche ein das Verfahren betreffendes Gesuch zurückgewiesen ist.

Im Falle des § 99 Abs. 3 unterliegt die Entscheidung einer sofortigen Beschwerde nur, wenn die Beschwerdesumme den vom Reichsminister der Justiz nach Anhörung eines Ausschusses des Reichstags mit Zustimmung des Reichsrats festzusetzenden Betrag übersteigt.

Gegen die Entscheidungen der Oberlandesgerichte ist eine Beschwerde nicht zulässig. Ausgenommen sind Beschlüsse, durch die eine Berufung nach § 519b als unzulässig verworfen wird.

Wegen der für die Zeit seit 1. Juni 1924 festgesetzten Beschwerdesumme s. S. 1. Bis dahin war die Beschwerdesumme seit 1. Jan. 1924 30 GM. (VO. v. 13. Dez. 1923, RGBl. 1186). Wegen früherer Beschwerdesummen s. die in der Anm. zu § 511a angeführten Gesetze und Verordnungen.

§ 568. Über die Beschwerde entscheidet das im Instanzenzuge zunächst höhere Gericht.

Gegen die Entscheidung des Beschwerdegerichts ist, soweit nicht in derselben ein neuer selbständiger Beschwerdegrund enthalten ist, eine weitere Beschwerde nicht zulässig.

Entscheidungen der Landgerichte in betreff der Prozeßkosten unterliegen nicht der weiteren Beschwerde.

§ 569. Die Beschwerde wird bei dem Gericht eingelegt, von welchem oder von dessen Vorsitzenden die angefochtene Entscheidung erlassen ist; sie kann in dringenden Fällen auch bei dem Beschwerdegericht eingelegt werden.

Die Einlegung erfolgt durch Einreichung einer Beschwerdeschrift. Die Einlegung kann auch durch Erklärung zum Protokoll der Geschäftsstelle erfolgen, wenn der Rechtsstreit bei einem Amtsgericht anhängig ist oder anhängig war, wenn die Beschwerde das Armenrecht betrifft oder von einem Zeugen oder Sachverständigen erhoben wird.

§ 570. Die Beschwerde kann auf neue Tatsachen und Beweise gestützt werden.

§ 571. Erachtet das Gericht oder der Vorsitzende, dessen Entscheidung angefochten wird, die Beschwerde für begründet, so haben sie derselben abzuhelfen; andernfalls ist die Beschwerde vor Ablauf einer Woche dem Beschwerdegerichte vorzulegen.

§ 572. Die Beschwerde hat nur dann aufschiebende Wirkung, wenn sie gegen eine der in den §§ 109, 380, 390, 409, 619, 656, 678 erwähnten Entscheidungen gerichtet ist.

Das Gericht oder der Vorsitzende, dessen Entscheidung angefochten wird, kann anordnen, daß die Vollziehung derselben auszusetzen sei.

Das Beschwerdegericht kann vor der Entscheidung eine einstweilige Anordnung erlassen; es kann insbesondere anordnen, daß die Vollziehung der angefochtenen Entscheidung auszusetzen sei.

§ 573. Die Entscheidung über die Beschwerde kann ohne vorgängige mündliche Verhandlung erfolgen.

Ordnet das Gericht eine schriftliche Erklärung an, so kann die Abgabe derselben durch einen Anwalt erfolgen, der bei dem Gerichte zugelassen ist, von welchem oder von dessen Vorsitzenden die angefochtene Entscheidung erlassen ist. In den Fällen, in welchen die Beschwerde zum Protokoll der Geschäftsstelle eingelegt werden darf, kann auch die Erklärung zum Protokoll der Geschäftsstelle abgegeben werden.

§ 574. Das Beschwerdegericht hat von Amts wegen zu prüfen, ob die Beschwerde an sich statthaft und ob sie in der gesetzlichen Form und Frist eingelegt sei. Mangelt es an einem dieser Erfordernisse, so ist die Beschwerde als unzulässig zu verwerfen.

§ 575. Erachtet das Beschwerdegericht die Beschwerde für begründet, so kann es demjenigen Gericht oder Vorsitzenden, von welchem die beschwerende Entscheidung erlassen war, die erforderliche Anordnung übertragen.

§ 576. Wird die Änderung einer Entscheidung des beauftragten oder ersuchten Richters oder des Urkundsbeamten der Geschäftsstelle verlangt, so ist die Entscheidung des Prozeßgerichts nachzusuchen.

Die Beschwerde findet gegen die Entscheidung des Prozeßgerichts statt.

Die Bestimmung des ersten Absatzes gilt auch für das Reichsgericht und die Oberlandesgerichte.

§ 577. Für die Fälle der sofortigen Beschwerde gelten die nachfolgenden besonderen Bestimmungen.

Die Beschwerde ist binnen einer Notfrist von zwei Wochen, welche mit der Zustellung, in den Fällen der §§ 336 und 952 Abs. 4 mit der Verkündung der Entscheidung beginnt, einzulegen. Die Einlegung bei dem Beschwerdegerichte genügt zur Wahrung der Notfrist, auch wenn der Fall für dringlich nicht erachtet wird. Liegen die Erfordernisse der Nichtigkeits- oder der Restitutionsklage vor, so kann die Beschwerde auch nach Ablauf der Notfrist innerhalb der für diese Klagen geltenden Notfristen erhoben werden.

Das Gericht ist zu einer Änderung seiner der Beschwerde unterliegenden Entscheidung nicht befugt.

In den Fällen des § 576 muß auf dem für die Einlegung der Beschwerde vorgeschriebenen Wege die Entscheidung des Prozeßgerichts binnen der Notfrist nachgesucht werden. Das Prozeßgericht hat das Gesuch, wenn es demselben nicht entsprechen will, dem Beschwerdegerichte vorzulegen.

Viertes Buch.

Wiederaufnahme des Verfahrens.

§ 578. Die Wiederaufnahme eines durch rechtskräftiges Endurteil geschlossenen Verfahrens kann durch Nichtigkeitsklage und durch Restitutionsklage erfolgen.

Werden beide Klagen von derselben Partei oder von verschiedenen Parteien erhoben, so ist die Verhandlung und Entscheidung über die Restitutionsklage bis zur rechtskräftigen Entscheidung über die Nichtigkeitsklage auszusetzen.

§ 579. Die Nichtigkeitsklage findet statt:

1. wenn das erkennende Gericht nicht vorschriftsmäßig besetzt war;
2. wenn ein Richter bei der Entscheidung mitgewirkt hat, welcher von der Ausübung des Richteramts kraft des Gesetzes ausgeschlossen war, sofern nicht dieses Hindernis mittels eines Ablehnungsgesuchs oder eines Rechtsmittels ohne Erfolg geltend gemacht ist;
3. wenn bei der Entscheidung ein Richter mitgewirkt hat, obgleich derselbe wegen Besorgnis der Befangenheit abgelehnt und das Ablehnungsgesuch für begründet erklärt war;
4. wenn eine Partei in dem Verfahren nicht nach Vorschrift der Gesetze vertreten war, sofern sie nicht die Prozeßführung ausdrücklich oder stillschweigend genehmigt hat.

In den Fällen Nr. 1, 3 findet die Klage nicht statt, wenn die Nichtigkeit mittels eines Rechtsmittels geltend gemacht werden konnte.

§ 580. Die Restitutionsklage findet statt:

1. wenn der Gegner durch Leistung eines Parteieides, auf welche das Urteil gegründet ist, sich einer vorsätzlichen

oder fahrlässigen Verletzung der Eidespflicht schuldig gemacht hat;

2. wenn eine Urkunde, auf welche das Urteil gegründet ist, fälschlich angefertigt oder verfälscht war;
3. wenn durch Beeidigung eines Zeugnisses oder eines Gutachtens, auf welche das Urteil gegründet ist, der Zeuge oder der Sachverständige sich einer vorsätzlichen oder fahrlässigen Verletzung der Eidespflicht schuldig gemacht hat;
4. wenn das Urteil von dem Vertreter der Partei oder von dem Gegner oder dessen Vertreter durch eine in Beziehung auf den Rechtsstreit verübte Handlung erwirkt ist, welche mit einer im Wege des gerichtlichen Strafverfahrens zu verhängenden öffentlichen Strafe bedroht ist;
5. wenn ein Richter bei dem Urteil mitgewirkt hat, welcher sich in Beziehung auf den Rechtsstreit einer Verletzung seiner Amtspflichten gegen die Partei schuldig gemacht hat, sofern diese Verletzung mit einer im Wege des gerichtlichen Strafverfahrens zu verhängenden öffentlichen Strafe bedroht ist;
6. wenn ein strafgerichtliches Urteil, auf welches das Urteil gegründet ist, durch ein anderes rechtskräftig gewordenes Urteil aufgehoben ist;
7. wenn die Partei
   a) ein in derselben Sache erlassenes, früher rechtskräftig gewordenes Urteil, oder
   b) eine andere Urkunde auffindet oder zu benutzen in den Stand gesetzt wird, welche eine ihr günstigere Entscheidung herbeigeführt haben würde.

   Diese Bestimmung kommt in dem unter b bezeichneten Falle nicht zur Anwendung, wenn das angefochtene Urteil darauf beruht, daß auf Grund einer Eidesleistung des Gegners die betreffende Tatsache oder deren Gegenteil für bewiesen erachtet ist.

§ 581. In den Fällen der vorhergehenden Paragraphen Nr. 1—5 findet die Restitutionsklage nur statt, wenn wegen der strafbaren Handlung eine rechtskräftige Verurteilung ergangen ist, oder wenn die Einleitung oder Durchführung eines Strafverfahrens aus anderen Gründen als wegen Mangels an Beweis nicht erfolgen kann.

Der Beweis der Tatsachen, welche die Restitutionsklage begründen, kann durch Eideszuschiebung nicht geführt werden.

§ 582. Die Restitutionsklage ist nur zulässig, wenn die Partei ohne ihr Verschulden außerstande war, den Restitutionsgrund in dem früheren Verfahren, insbesondere durch Einspruch oder Berufung oder mittels Anschließung an eine Berufung, geltend zu machen.

§ 583. Mit den Klagen können Anfechtungsgründe, durch welche eine dem angefochtenen Urteil vorausgegangene Entscheidung derselben oder einer unteren Instanz betroffen wird, geltend gemacht werden, sofern das angefochtene Urteil auf dieser Entscheidung beruht.

§ 584. Für die Klagen ist ausschließlich zuständig: das Gericht, welches in erster Instanz erkannt hat; wenn das angefochtene Urteil oder auch nur eines von mehreren angefochtenen Urteilen von dem Berufungsgericht erlassen wurde, oder wenn ein in der Revisionsinstanz erlassenes Urteil auf Grund des § 580 Nr. 1—3, 6, 7 angefochten wird, das Berufungsgericht; wenn ein in der Revisionsinstanz erlassenes Urteil auf Grund der §§ 579, 580 Nr. 4, 5 angefochten wird, das Revisionsgericht.

Sind die Klagen gegen einen Vollstreckungsbefehl gerichtet, so gehören sie ausschließlich vor das Amtsgericht, dessen Geschäftsstelle den Befehl erlassen hat; wenn der Anspruch nicht zur Zuständigkeit der Amtsgerichte gehört, vor das für den Rechtsstreit über den Anspruch zuständige Gericht.

§ 585. Auf die Erhebung der Klagen und das weitere Verfahren finden die allgemeinen Vorschriften entsprechende Anwendung, sofern nicht aus den Bestimmungen dieses Gesetzes sich eine Abweichung ergibt.

§ 586. Die Klagen sind vor Ablauf der Notfrist eines Monats zu erheben.

Die Frist beginnt mit dem Tage, an welchem die Partei von dem Anfechtungsgrunde Kenntnis erhalten hat, jedoch nicht vor eingetretener Rechtskraft des Urteils. Nach Ablauf von fünf Jahren, von dem Tage der Rechtskraft des Urteils an gerechnet, sind die Klagen unstatthaft.

Die Vorschriften des vorstehenden Absatzes finden auf die Nichtigkeitsklage wegen mangelnder Vertretung keine Anwendung; die Frist für Erhebung der Klage läuft von dem Tage, an welchem der Partei und bei mangelnder Prozeßfähigkeit dem gesetzlichen Vertreter derselben das Urteil zugestellt ist.

§ 587. In der Klage muß die Bezeichnung des Urteils, gegen welches die Nichtigkeits- oder Restitutionsklage gerichtet wird, und die Erklärung, welche dieser Klagen erhoben werde, enthalten sein.

§ 588. Als vorbereitender Schriftsatz soll die Klage enthalten:

1. die Bezeichnung des Anfechtungsgrundes;
2. die Angabe der Beweismittel für die Tatsachen, welche den Grund und die Einhaltung der Notfrist ergeben;
3. die Erklärung, inwieweit die Beseitigung des angefochtenen Urteils und welche andere Entscheidung in der Hauptsache beantragt werde.

Dem Schriftsatze, durch welchen eine Restitutionsklage erhoben wird, sind die Urkunden, auf welche dieselbe gestützt wird, in Urschrift oder in Abschrift beizufügen. Befinden sich die Urkunden nicht in den Händen des Klägers, so hat er zu erklären, welchen Antrag er wegen Herbeischaffung derselben zu stellen beabsichtigt.

§ 589. Das Gericht hat von Amts wegen zu prüfen, ob die Klage an sich statthaft und ob sie in der gesetzlichen Form und Frist erhoben sei. Mangelt es an einem dieser Erfordernisse, so ist die Klage als unzulässig zu verwerfen.

Die Tatsachen, welche ergeben, daß die Klage vor Ablauf der Notfrist erhoben ist, sind glaubhaft zu machen.

§ 590. Die Hauptsache wird, insoweit sie von dem Anfechtungsgrunde betroffen ist, von neuem verhandelt.

Das Gericht kann anordnen, daß die Verhandlung und Entscheidung über Grund und Zulässigkeit der Wiederaufnahme des Verfahrens vor der Verhandlung über die Hauptsache erfolge. In diesem Falle ist die Verhandlung über die Hauptsache als Fortsetzung der Verhandlung über Grund und Zulässigkeit der Wiederaufnahme des Verfahrens anzusehen.

Das für die Klagen zuständige Revisionsgericht hat die Verhandlung über Grund und Zulässigkeit der Wiederaufnahme des Verfahrens zu erledigen, auch wenn diese Erledigung von der Feststellung und Würdigung bestrittener Tatsachen abhängig ist.

§ 591. Rechtsmittel sind insoweit zulässig, als sie gegen die Entscheidungen der mit den Klagen befaßten Gerichte überhaupt stattfinden.

Fünftes Buch.

Urkunden- und Wechselprozeß.

§ 592. Ein Anspruch, welcher die Zahlung einer bestimmten Geldsumme oder die Leistung einer bestimmten Quantität anderer vertretbarer Sachen oder Wertpapiere zum Gegenstande hat, kann im Urkundenprozeß geltend gemacht werden, wenn die sämtlichen zur Begründung des Anspruchs erforderlichen Tatsachen durch Urkunden bewiesen werden können. Als ein Anspruch, welcher die Zahlung einer Geldsumme zum Gegenstande hat, gilt auch der Anspruch aus einer Hypothek, einer Grundschuld oder einer Rentenschuld.

§ 593. Die Klage muß die Erklärung enthalten, daß im Urkundenprozeß geklagt werde.

Die Urkunden müssen in Urschrift oder in Abschrift der Klage oder einem vorbereitenden Schriftsatze beigefügt werden. Im letzteren Falle muß zwischen der Zustellung des Schriftsatzes und dem Termin zur mündlichen Verhandlung ein der Einlassungsfrist gleicher Zeitraum liegen.

§ 594. (Fortgefallen.)

§ 595. Widerklagen sind nicht statthaft.

Als Beweismittel sind bezüglich der Echtheit oder Unechtheit einer Urkunde sowie bezüglich anderer als der im § 592 erwähnten Tatsachen nur Urkunden und Eideszuschiebung zulässig.

Die Antretung des Urkundenbeweises kann nur durch Vorlegung der Urkunden erfolgen.

Die Leistung eines Eides ist durch Beweisbeschluß anzuordnen.

§ 596. Der Kläger kann, ohne daß es der Einwilligung des Beklagten bedarf, bis zum Schlusse der mündlichen Verhandlung von dem Urkundenprozesse in der Weise abstehen, daß der Rechtsstreit im ordentlichen Verfahren anhängig bleibt.

§ 597. Insoweit der in der Klage geltend gemachte Anspruch an sich oder infolge einer Einrede des Beklagten als unbegründet sich darstellt, ist der Kläger mit dem Anspruch abzuweisen.

Ist der Urkundenprozeß unstatthaft, ist insbesondere ein dem Kläger obliegender Beweis nicht mit den im Urkundenprozeß zulässigen Beweismitteln angetreten oder mit solchen Beweismitteln nicht vollständig geführt, so wird die Klage als in der gewählten Prozeßart unstatthaft abgewiesen, selbst wenn in dem Termin zur mündlichen Verhandlung der Beklagte nicht erschienen ist oder der Klage nur auf Grund von Einwendungen widersprochen hat, welche rechtlich unbegründet oder im Urkundenprozeß unstatthaft sind.

§ 598. Einwendungen des Beklagten sind, wenn der dem Beklagten obliegende Beweis derselben nicht mit den im Urkundenprozeß zulässigen Beweismitteln angetreten oder mit solchen Beweismitteln nicht vollständig geführt ist, als im Urkundenprozeß unstatthaft zurückzuweisen.

§ 599. Dem Beklagten, welcher dem geltend gemachten Anspruch widersprochen hat, ist in allen Fällen, in denen er verurteilt wird, die Ausführung seiner Rechte vorzubehalten.

Enthält das Urteil keinen Vorbehalt, so kann die Ergänzung des Urteils nach Vorschrift des § 321 beantragt werden.

Das Urteil, welches unter Vorbehalt der Rechte ergeht, ist in betreff der Rechtsmittel und der Zwangsvollstreckung als Endurteil anzusehen.

§ 600. Wird dem Beklagten die Ausführung seiner Rechte vorbehalten, so bleibt der Rechtsstreit im ordentlichen Verfahren anhängig.

Soweit sich in diesem Verfahren ergibt, daß der Anspruch des Klägers unbegründet war, finden die Vorschriften des § 302 Abs. 4 Satz 2—4 Anwendung.

Erscheint in diesem Verfahren eine Partei nicht, so finden die Vorschriften über das Versäumnisurteil entsprechende Anwendung.

§ 601. (Fortgefallen.)

§ 602. Werden im Urkundenprozesse Ansprüche aus Wechseln im Sinne der Wechselordnung geltend gemacht (Wechselprozeß), so kommen die nachfolgenden besonderen Vorschriften zur Anwendung.

§ 603. Wechselklagen können sowohl bei dem Gerichte des Zahlungsorts als bei dem Gericht angestellt werden, bei welchem der Beklagte seinen allgemeinen Gerichtsstand hat.

Wenn mehrere Wechselverpflichtete gemeinschaftlich verklagt werden, so ist außer dem Gerichte des Zahlungsorts jedes Gericht zuständig, bei welchem einer der Beklagten seinen allgemeinen Gerichtsstand hat.

§ 604. Die Klage muß die Erklärung enthalten, daß im Wechselprozeß geklagt werde.

Die Einlassungsfrist beträgt mindestens vierundzwanzig Stunden, wenn die Klage an dem Orte, der Sitz des Prozeßgerichts ist, zugestellt wird; mindestens drei Tage, wenn die Klage an einem anderen Orte zugestellt wird, der im Bezirke des Prozeßgerichts oder, falls dieses ein Amtsgericht ist, im Bezirke des dem Amtsgericht übergeordneten Landgerichts liegt, oder von dem ein Teil zu diesem Bezirke gehört; mindestens eine Woche, wenn die Klage sonst im Inland zugestellt wird. Das gleiche gilt von der Ladungsfrist, soweit sie nicht nach den allgemeinen Bestimmungen kürzer als die im ersten Satze festgesetzte Einlassungsfrist ist.

In den höheren Instanzen beträgt die Einlassungs- und Ladungsfrist mindestens vierundzwanzig Stunden, wenn die Zustellung der Berufungs- oder Revisionsschrift oder der Ladung an dem Orte erfolgt, der Sitz des höheren Gerichts ist; mindestens drei Tage, wenn die Zustellung an einem anderen Orte erfolgt, der ganz oder zum Teil in dem Landgerichtsbezirke liegt, in welchem das höhere Gericht seinen Sitz hat; mindestens eine Woche, wenn die Zustellung sonst im Inland erfolgt.

§ 605. Soweit es zur Erhaltung des wechselmäßigen Anspruchs der rechtzeitigen Protesterhebung nicht bedarf, ist als Beweismittel bezüglich der Präsentation des Wechsels Eideszuschiebung zulässig.

Zur Berücksichtigung einer Nebenforderung genügt, daß sie glaubhaft gemacht ist.

Sechstes Buch.

Ehesachen. Feststellung des Rechtsverhältnisses zwischen Eltern und Kindern. Entmündigungssachen.

Erster Abschnitt.

Verfahren in Ehesachen.

§ 606. Für die Rechtsstreitigkeiten, welche die Scheidung, Nichtigkeit oder Anfechtung einer Ehe oder die Feststellung des Bestehens oder Nichtbestehens einer Ehe zwischen den Parteien oder die Herstellung des ehelichen Lebens zum Gegenstande haben (Ehesachen), ist das Landgericht, bei welchem der Ehemann seinen allgemeinen Gerichtsstand hat, ausschließlich zuständig.

Ist der Ehemann ein Deutscher und hat er im Inland keinen allgemeinen Gerichtsstand, so kann die Klage bei dem Landgericht erhoben werden, in dessen Bezirk er den letzten Wohnsitz im Inland hatte; in Ermangelung eines solchen Wohnsitzes finden die Vorschriften des § 15 Abs. 1 Satz 2, 3 entsprechende Anwendung. Das gleiche gilt, sofern der Ehemann im Inland keinen allgemeinen Gerichtsstand hat, in dem Falle, daß der Ehemann die Reichsangehörigkeit verloren, die Ehefrau sie aber behalten hat, oder daß beide Ehegatten die Reichsangehörigkeit verloren haben, der Ehemann aber eine andere Staatsangehörigkeit nicht erworben hat.

Ist eine Deutsche eine Ehe mit einem Ausländer eingegangen und hat dieser im Inland keinen allgemeinen Gerichtsstand, so können die Nichtigkeitsklage und die Anfechtungsklage von der Ehefrau bei dem Landgericht erhoben werden, in dessen Bezirke sie den letzten Wohnsitz im Inland hatte; in Ermangelung eines solchen Wohnsitzes finden die Vorschriften des § 15 Abs. 1 Satz 2, 3 entsprechende Anwendung. Das gleiche gilt, sofern nicht nach Abs. 2 Satz 2 ein Gerichtsstand begründet ist, in dem Falle, daß eine Deutsche eine Ehe mit einem Deutschen eingegangen ist, dieser aber die Reichsangehörigkeit verloren und im Inland keinen allgemeinen Gerichtsstand hat.

Sind beide Ehegatten Ausländer, so kann die Scheidungsklage im Inland nur erhoben werden, wenn das inländische Gericht auch nach den Gesetzen des Staates zuständig ist, dem der Ehemann angehört.

§ 607. In Ehesachen ist die Staatsanwaltschaft zur Mitwirkung befugt.

Der Verhandlung vor dem erkennenden Gerichte sowie vor einem beauftragten oder ersuchten Richter kann der Staatsanwalt beiwohnen. Er ist von dem ersten zur mündlichen Verhandlung bestimmten Termin von Amts wegen in Kenntnis zu setzen.

Er kann sich über die zu erlassende Entscheidung gutachtlich äußern und, sofern es sich um die Aufrechterhaltung einer Ehe handelt, neue Tatsachen und Beweismittel vorbringen.

Im Sitzungsprotokoll ist der Name des Staatsanwalts anzugeben, auch sind in dasselbe die von dem Staatsanwalte gestellten Anträge aufzunehmen.

§ 608. Der Vorsitzende darf den Termin zur mündlichen Verhandlung über eine Scheidungsklage oder über eine Klage auf Herstellung des ehelichen Lebens erst festsetzen, wenn den nachfolgenden Vorschriften über den Sühneversuch genügt ist.

§ 609. Der Kläger hat bei dem Amtsgerichte, vor welchem der Ehemann seinen allgemeinen Gerichtsstand hat, die Anberaumung eines Sühnetermins zu beantragen.

Bestimmt sich das für die Klage zuständige Landgericht nach den Vorschriften des § 606 Abs. 2, so finden diese Vorschriften auf die Bestimmung des für den Sühnetermin zuständigen Amtsgerichts entsprechende Anwendung.

§ 610. Die Parteien müssen in dem Sühnetermin persönlich erscheinen; Beistände können zurückgewiesen werden.

Erscheint der Kläger oder erscheinen beide Parteien im Sühnetermin nicht, so muß der Kläger die Anberaumung eines neuen Sühnetermins beantragen. Erscheint der Kläger, aber nicht der Beklagte, so ist der Sühneversuch als mißlungen anzusehen.

§ 611. Der Sühneversuch ist nicht erforderlich, wenn der Aufenthalt des Beklagten unbekannt oder im Ausland ist, wenn dem Sühneversuch ein anderes schwer zu beseitigendes Hindernis entgegensteht, welches von dem Kläger nicht verschuldet ist, oder wenn die Erfolglosigkeit des Sühneversuchs mit Bestimmtheit vorauszusehen ist.

Über das Vorhandensein dieser Voraussetzungen entscheidet der Vorsitzende des Landgerichts ohne vorgängiges Gehör des Beklagten.

§ 612. In Ehesachen ist ein in der Geschäftsfähigkeit beschränkter Ehegatte prozeßfähig; dies gilt jedoch insoweit nicht, als nach § 1336 Abs. 2 Satz 2 des Bürgerlichen Gesetzbuchs nur sein gesetzlicher Vertreter die Ehe anfechten kann.

Für einen geschäftsunfähigen Ehegatten wird der Rechtsstreit durch den gesetzlichen Vertreter geführt. Der gesetzliche Vertreter ist jedoch zur Erhebung der Klage auf Herstellung des ehelichen Lebens nicht befugt; zur Erhebung der Scheidungsklage oder der Anfechtungsklage bedarf er der Genehmigung des Vormundschaftsgerichts.

§ 613. Der Bevollmächtigte des klagenden Ehegatten bedarf einer besonderen, auf den Rechtsstreit gerichteten Vollmacht. Das Gericht hat den Mangel der Vollmacht von Amts wegen zu berücksichtigen.

§ 614. Bis zum Schlusse derjenigen mündlichen Verhandlung, auf welche das Urteil ergeht, können andere als die in der Klage vorgebrachten Klagegründe geltend gemacht werden.

Das neue Vorbringen und die Erhebung einer Widerklage ist von einem Sühneversuche nicht abhängig.

§ 615. Die Klage auf Herstellung des ehelichen Lebens, die Scheidungsklage und die Anfechtungsklage können verbunden werden.

Die Verbindung einer anderen Klage mit den erwähnten Klagen sowie die Erhebung einer Widerklage anderer Art ist unstatthaft.

§ 616. Der Kläger, welcher mit der Scheidungsklage oder der Anfechtungsklage abgewiesen ist, kann das Recht, die Scheidung zu verlangen oder die Ehe anzufechten, nicht mehr auf Tatsachen gründen, welche er in dem früheren Rechtsstreit geltend gemacht hat oder welche er in dem früheren Rechtsstreit oder durch Verbindung der Klagen geltend machen konnte. Das gleiche gilt im Falle der Abweisung der Scheidungsklage oder der Anfechtungsklage für den Beklagten in Ansehung der Tatsachen, auf welche er eine Widerklage zu gründen imstande war.

§ 617. Die Vorschrift über die Wirkung eines Anerkenntnisses kommt nicht zur Anwendung.

Die Vorschriften über die Folgen der unterbliebenen oder verweigerten Erklärung über Tatsachen oder über die Echtheit von Urkunden, die Vorschriften über den Verzicht der Parteien auf die Beeidigung von Zeugen und Sachverständigen, die Vorschriften über die Wirkung eines gerichtlichen Geständnisses und der Erlassung eines Eides sowie die Vorschriften über die Eideszuschiebung und den Antrag, dem Gegner die Vorlegung einer Urkunde aufzugeben, finden keine Anwendung in Ansehung solcher Tatsachen, welche die Scheidung oder die Anfechtung der Ehe oder das Recht, die Herstellung des ehelichen Lebens zu verweigern, begründen sollen.

In einem Rechtsstreit, welcher die Nichtigkeit der Ehe oder die Feststellung des Bestehens oder Nichtbestehens einer Ehe zwischen den Parteien zum Gegenstande hat, finden die im Abs. 2 bezeichneten Vorschriften sowohl in Ansehung solcher Tatsachen, welche die Nichtigkeit oder das Nichtbestehen der Ehe, als auch in Ansehung solcher Tatsachen keine Anwendung, welche die Gültigkeit oder das Bestehen der Ehe begründen sollen.

§ 618. Die Vorschrift des § 261 Abs. 2 kommt nicht zur Anwendung.

Erscheint der Beklagte in dem auf die Klage zur mündlichen Verhandlung anberaumten Termin nicht, so kann erst in einem neuen, auf Antrag des Klägers zu bestimmenden Termin verhandelt werden.

Der Beklagte ist zu jedem Termin, welcher nicht in seiner Gegenwart anberaumt wurde, zu laden.

Die Vorschriften der Abs. 2, 3 finden keine Anwendung, wenn der Beklagte durch öffentliche Zustellung geladen, aber nicht erschienen ist.

Ein Versäumnisurteil gegen den Beklagten ist unzulässig.

Die Vorschriften der Abs. 2—5 finden auf den Widerbeklagten entsprechende Anwendung.

§ 619. Das Gericht kann das persönliche Erscheinen einer Partei anordnen und dieselbe über die von ihr, von dem Gegner oder von dem Staatsanwalte behaupteten Tatsachen vernehmen.

Ist die zu vernehmende Partei am Erscheinen vor dem Prozeßgerichte verhindert oder hält sie sich in großer Entfernung von dem Sitze desselben auf, so kann die Vernehmung durch einen beauftragten oder ersuchten Richter erfolgen.

Gegen die nicht erschienene Partei ist wie gegen einen im Vernehmungstermin nicht erschienenen Zeugen zu verfahren; auf Haft darf nicht erkannt werden.

§ 620. Hat der Kläger die Aussetzung des Verfahrens über eine Scheidungsklage beantragt, so darf das Gericht auf Scheidung nicht erkennen, bevor die Aussetzung stattgefunden hat. Die Aussetzung ist von Amts wegen anzuordnen, wenn die Scheidung auf Grund des § 1568 des Bürgerlichen Gesetzbuchs beantragt ist und die Aussicht auf Aussöhnung der Parteien nicht ausgeschlossen erscheint.

Auf Grund dieser Bestimmungen darf die Aussetzung im Laufe des Rechtsstreits nur einmal, und höchstens auf zwei Jahre, angeordnet werden.

§ 621. Die Aussetzung des Verfahrens über eine Klage auf Herstellung des ehelichen Lebens kann das Gericht von Amts wegen anordnen, wenn eine Aussöhnung der Parteien nicht unwahrscheinlich ist.

Auf Grund dieser Bestimmung darf die Aussetzung im Laufe des Rechtsstreits nur einmal, und höchstens auf ein Jahr, angeordnet werden.

§ 622. Zum Zwecke der Aufrechterhaltung der Ehe kann das Gericht Tatsachen, welche von den Parteien nicht vorgebracht sind, berücksichtigen und die Aufnahme von Beweisen von Amts wegen anordnen. Vor der Entscheidung sind die Parteien zu hören.

Diese Vorschriften finden in einem Rechtsstreit, welcher die Nichtigkeit der Ehe oder die Feststellung des Bestehens oder Nichtbestehens einer Ehe zwischen den Parteien zum Gegenstande hat, auch zum Zwecke der Ermittlung, ob die Ehe nichtig ist oder nicht besteht, Anwendung.

§ 623. Auf Scheidung wegen Geisteskrankheit darf nicht erkannt werden, bevor das Gericht einen oder mehrere Sachverständige über den Geisteszustand des Beklagten gehört hat.

§ 624. Wird wegen Ehebruchs auf Scheidung erkannt und ergibt sich aus den Verhandlungen, mit welcher Person der Ehebruch begangen worden ist, so ist diese Person in dem Urteil festzustellen.

§ 625. Urteile, durch welche auf Scheidung oder Nichtigkeit der Ehe erkannt ist, sind von Amts wegen zuzustellen.

§ 626. Die Vorschriften über die Zurückweisung verspäteten Vorbringens finden in der Berufungsinstanz nur insoweit Anwendung, als der Berufungskläger sein neues Vorbringen entgegen der Vorschrift des § 519 nicht in der Berufungsbegründung mitgeteilt oder die Partei nach der freien Überzeugung des Gerichts in der Absicht, den Prozeß zu verschleppen, ihre Angriffs- oder Verteidigungsmittel nicht früher vorgebracht hat.

§ 627. Hat der Rechtsstreit die Scheidung, Nichtigkeit oder Anfechtung der Ehe zum Gegenstande, so kann das Gericht auf Antrag eines der Ehegatten durch einstweilige Verfügung für die Dauer des Rechtsstreits das Getrenntleben der Ehegatten gestatten, die gegenseitige Unterhaltspflicht der Ehegatten nach Maßgabe des § 1361 des Bürgerlichen Gesetzbuchs ordnen, wegen der Sorge für die Person der gemeinschaftlichen minderjährigen Kinder, soweit es sich nicht um die gesetzliche Vertretung handelt, Anordnungen treffen und die Unterhaltspflicht der Ehegatten den Kindern gegenüber im Verhältnis der Ehegatten zueinander regeln.

Die einstweilige Verfügung ist zulässig, sobald der Termin zur mündlichen Verhandlung oder im Falle einer Scheidungsklage der Termin zum Sühneversuche bestimmt oder im Wege der Widerklage die Scheidung beantragt oder die Ehe angefochten ist.

Von der einstweiligen Verfügung hat das Prozeßgericht, wenn ein gemeinschaftliches minderjähriges Kind der Ehegatten vorhanden ist, dem Vormundschaftsgerichte Mitteilung zu machen.

Im übrigen gelten für die einstweilige Verfügung die Bestimmungen der §§ 936—944.

§ 628. Stirbt einer der Ehegatten vor der Rechtskraft des Urteils, so ist der Rechtsstreit in Ansehung der Hauptsache als erledigt anzusehen.

§ 629. Das auf eine Nichtigkeitsklage oder eine Anfechtungsklage ergehende Urteil wirkt, sofern es bei Lebzeiten beider Ehegatten rechtskräftig wird, für und gegen alle. Ist jedoch die Nichtigkeitsklage auf Grund des § 1326 des Bürgerlichen Gesetzbuchs erhoben, so wirkt das Urteil, durch welches sie abgewiesen wird, gegen den Dritten, mit dem die frühere Ehe geschlossen war, nur dann, wenn er an dem Rechtsstreit teilgenommen hat.

Diese Vorschriften gelten auch für ein Urteil, durch welches das Bestehen oder Nichtbestehen einer Ehe festgestellt wird.

§ 630. Nach dem Eintritt der Rechtskraft des Urteils hat das Prozeßgericht, wenn ein gemeinschaftliches minderjähriges Kind der Ehegatten vorhanden ist, dem Vormundschaftsgerichte Mitteilung zu machen.

§ 631. Für die Nichtigkeitsklage gelten die in den nachfolgenden Paragraphen enthaltenen besonderen Vorschriften.

§ 632. Die Klage kann von jedem der Ehegatten sowie von dem Staatsanwalt erhoben werden, im Falle des § 1326 des Bürgerlichen Gesetzbuchs auch von dem Dritten, mit dem die frühere Ehe geschlossen war. Im übrigen kann die Klage von einem Dritten nur erhoben werden, wenn für ihn von der Nichtigkeit der Ehe ein Recht oder von der Gültigkeit der Ehe eine Verpflichtung abhängt.

Die von dem Staatsanwalt oder einem Dritten erhobene Klage ist gegen beide Ehegatten, die von einem Ehegatten erhobene Klage ist gegen den anderen Ehegatten zu richten.

§ 633. Mit der Nichtigkeitsklage kann nur eine Klage auf Feststellung des Bestehens oder Nichtbestehens einer Ehe zwischen den Parteien verbunden werden.

Eine Widerklage ist nur statthaft, wenn sie eine Nichtigkeitsklage oder eine Feststellungsklage der im Abs. 1 bezeichneten Art ist.

§ 634. Der Staatsanwalt kann, auch wenn er die Klage nicht erhoben hat, den Rechtsstreit betreiben, insbesondere selbständig Anträge stellen und Rechtsmittel einlegen.

§ 635. Das Versäumnisurteil gegen den im Termin zur mündlichen Verhandlung nicht erschienenen Kläger ist dahin zu erlassen, daß die Klage als zurückgenommen gelte.

§ 636. Wird ein Rechtsmittel von dem Staatsanwalt oder einer Privatpartei eingelegt, so sind im ersteren Falle die Privatparteien, im letzteren Falle die übrigen Privatparteien und der Staatsanwalt, sofern derselbe Partei ist, für das Rechtsmittelverfahren als die Gegner anzusehen.

§ 637. In den Fällen, in welchen der als Partei auftretende Staatsanwalt unterliegt, ist die Staatskasse zur Erstattung der dem obsiegenden Gegner erwachsenen Kosten in Gemäßheit der Bestimmungen des fünften Titels des zweiten Abschnitts des ersten Buchs zu verurteilen.

§ 638. Die Vorschriften der §§ 633, 635 finden auf die Klage, welche die Feststellung des Bestehens oder Nichtbestehens einer Ehe zwischen den Parteien zum Gegenstande hat, entsprechende Anwendung.

§ 639. Im Sinne dieses Abschnitts ist unter Scheidung auch die Aufhebung der ehelichen Gemeinschaft zu verstehen.

Zweiter Abschnitt.

Verfahren in Rechtsstreitigkeiten, welche die Feststellung des Rechtsverhältnisses zwischen Eltern und Kindern zum Gegenstande haben.

§ 640. Auf einen Rechtsstreit, der die Feststellung des Bestehens oder Nichtbestehens eines Eltern- und Kindesverhältnisses zwischen den Parteien oder die Feststellung des Bestehens oder Nichtbestehens der elterlichen Gewalt der einen Partei über die andere zum Gegenstande hat, finden die Vorschriften der §§ 607, 613, des § 617 Abs. 1, 3 und der §§ 618, 619, 622, 625, 626, 628, 635 entsprechende Anwendung.

Mit einer der im Abs. 1 bezeichneten Klagen kann eine Klage anderer Art nicht verbunden werden. Eine Widerklage anderer Art kann nicht erhoben werden.

§ 641. Wird die Ehelichkeit eines Kindes oder die Anerkennung der Ehelichkeit von dem Ehemanne der Mutter durch Erhebung der Anfechtungsklage angefochten, so finden die Vorschriften der §§ 607, 613, des § 617 Abs. 1, 2, der §§ 618, 619, des § 622 Abs. 1 und der §§ 625, 626, 628 entsprechende Anwendung.

Der Ehemann ist prozeßfähig, auch wenn er in der Geschäftsfähigkeit beschränkt ist. Für einen geschäftsunfähigen Ehemann wird der Rechtsstreit durch den gesetzlichen Vertreter geführt; der gesetzliche Vertreter kann die Anfechtungsklage nur mit Genehmigung des Vormundschaftsgerichts erheben.

Mit der einen Anfechtungsklage kann nur die andere Anfechtungsklage verbunden werden. Eine Widerklage kann nicht erhoben werden.

§ 642. Ist in den Fällen der §§ 640, 641 der Beklagte ein Deutscher und hat er im Inland keinen allgemeinen Gerichtsstand, so kann die Klage bei dem Landgericht erhoben werden, in dessen Bezirk er den letzten Wohnsitz im Inland hatte; in Ermangelung eines solchen Wohnsitzes finden die Vorschriften des § 15 Abs. 1 Satz 2, 3 entsprechende Anwendung. Das gleiche gilt, sofern der Beklagte im Inland keinen allgemeinen Gerichtsstand hat, in dem Falle, daß der Beklagte die Reichsangehörigkeit verloren, der Kläger sie aber behalten hat, oder daß beide Parteien die Reichsangehörigkeit verloren haben, der Beklagte aber eine andere Staatsangehörigkeit nicht erworben hat.

§ 643. In den Fällen der §§ 640, 641 wirkt das Urteil, sofern es bei Lebzeiten der Parteien rechtkräftig wird, für und gegen alle. Ein Urteil, welches das Bestehen des Eltern- und Kindesverhältnisses oder der elterlichen Gewalt feststellt, wirkt jedoch gegenüber einem Dritten, welcher das elterliche Verhältnis oder die elterliche Gewalt für sich in Anspruch nimmt, nur dann, wenn er an dem Rechtsstreit teilgenommen hat.

§ 644. Die Vorschriften der §§ 640—643 gelten nicht für einen Rechtsstreit, der die Feststellung des Bestehens oder Nichtbestehens der unehelichen Vaterschaft zum Gegenstande hat.

Dritter Abschnitt.

Verfahren in Entmündigungssachen.

§ 645. Die Entmündigung wegen Geisteskrankheit oder wegen Geistesschwäche erfolgt durch Beschluß des Amtsgerichts.

Der Beschluß wird nur auf Antrag erlassen.

§ 646. Der Antrag kann von dem Ehegatten, einem Verwandten oder demjenigen gesetzlichen Vertreter des zu Entmündigenden gestellt werden, welchem die Sorge für die Person zusteht. Gegen eine Person, die unter elterlicher Gewalt oder unter Vormundschaft steht, kann der Antrag von einem Verwandten nicht gestellt werden. Gegen eine Ehefrau kann der Antrag von einem Verwandten nur gestellt werden, wenn auf Aufhebung der ehelichen Gemeinschaft erkannt ist oder wenn der Ehemann die Ehefrau verlassen hat oder wenn der Ehemann zur Stellung des Antrags dauernd außerstande oder sein Aufenthalt dauernd unbekannt ist.

In allen Fällen ist auch der Staatsanwalt bei dem vorgesetzten Landgerichte zur Stellung des Antrags befugt.

§ 647. Der Antrag kann bei dem Gerichte schriftlich eingereicht oder zum Protokoll der Geschäftsstelle angebracht werden. Er soll eine Angabe der ihn begründenden Tatsachen und die Bezeichnung der Beweismittel enthalten.

§ 648. Für die Einleitung des Verfahrens ist das Amtsgericht, bei welchem der zu Entmündigende seinen allgemeinen Gerichtsstand hat, ausschließlich zuständig.

Gegen einen Deutschen, welcher im Inland keinen allgemeinen Gerichtsstand hat, kann der Antrag bei dem Amtsgerichte gestellt werden, in dessen Bezirke der zu Entmündigende den letzten Wohnsitz im Inland hatte; in Ermangelung eines solchen Wohnsitzes finden die Vorschriften des § 15 Abs. 1 Satz 2, 3 entsprechende Anwendung.

§ 649. Das Gericht kann vor der Einleitung des Verfahrens die Beibringung eines ärztlichen Zeugnisses anordnen.

§ 650. Das Gericht kann nach der Einleitung des Verfahrens, wenn es mit Rücksicht auf die Verhältnisse des zu Entmündigenden erforderlich erscheint, die Verhandlung und Entscheidung dem Amtsgericht überweisen, in dessen Bezirke der zu Entmündigende sich aufhält.

Die Überweisung ist nicht mehr zulässig, wenn das Gericht den zu Entmündigenden vernommen hat (§ 654 Abs. 1).

Wird die Übernahme abgelehnt, so entscheidet das im Instanzenzuge zunächst höhere Gericht.

§ 651. Wenn nach der Übernahme des Verfahrens durch das Gericht, an welches die Überweisung erfolgt ist, ein Wechsel im

Aufenthaltsorte des zu Entmündigenden eintritt, so ist dieses Gericht zu einer weiteren Überweisung befugt.

Die Vorschriften des § 650 finden entsprechende Anwendung.

§ 652. Der Staatsanwalt kann in allen Fällen das Verfahren durch Stellung von Anträgen betreiben und den Terminen beiwohnen. Er ist von der Einleitung des Verfahrens sowie von einer nach den §§ 650, 651 erfolgten Überweisung und von allen Terminen in Kenntnis zu setzen.

§ 653. Das Gericht hat unter Benutzung der in dem Antrag angegebenen Tatsachen und Beweismittel von Amts wegen die zur Feststellung des Geisteszustandes erforderlichen Ermittlungen zu veranstalten und die erheblich erscheinenden Beweise aufzunehmen. Zuvor ist dem zu Entmündigenden Gelegenheit zur Bezeichnung von Beweismitteln zu geben, desgleichen demjenigen gesetzlichen Vertreter des zu Entmündigenden, welchem die Sorge für die Person zusteht, sofern er nicht die Entmündigung beantragt hat.

Für die Vernehmung und Beeidigung der Zeugen und Sachverständigen kommen die Bestimmungen im siebenten und achten Titel des ersten Abschnitts des zweiten Buches zur Anwendung. Die Anordnung der Haft im Falle des § 390 kann von Amts wegen erfolgen.

§ 654. Der zu Entmündigende ist persönlich unter Zuziehung eines oder mehrerer Sachverständiger zu vernehmen. Zu diesem Zwecke kann die Vorführung des zu Entmündigenden angeordnet werden.

Die Vernehmung kann auch durch einen ersuchten Richter erfolgen.

Die Vernehmung darf nur unterbleiben, wenn sie mit besonderen Schwierigkeiten verbunden oder nicht ohne Nachteil für den Gesundheitszustand des zu Entmündigenden ausführbar ist.

§ 655. Die Entmündigung darf nicht ausgesprochen werden, bevor das Gericht einen oder mehrere Sachverständige über den Geisteszustand des zu Entmündigenden gehört hat.

§ 656. Mit Zustimmung des Antragstellers kann das Gericht anordnen, daß der zu Entmündigende auf die Dauer von höchstens sechs Wochen in eine Heilanstalt gebracht werde, wenn dies nach ärztlichem Gutachten zur Feststellung des Geisteszustandes geboten erscheint und ohne Nachteil für den Gesundheitszustand des zu Entmündigenden ausführbar ist. Vor der Entscheidung sind die im § 646 bezeichneten Personen soweit tunlich zu hören.

Gegen den Beschluß, durch welchen die Unterbringung angeordnet wird, steht dem zu Entmündigenden, dem Staatsanwalt und binnen der für den zu Entmündigenden laufenden Frist den sonstigen im § 646 bezeichneten Personen die sofortige Beschwerde zu.

§ 657. Sobald das Gericht die Anordnung einer Fürsorge für die Person oder das Vermögen des zu Entmündigenden für erforderlich hält, ist der Vormundschaftsbehörde zum Zwecke dieser Anordnung Mitteilung zu machen.

§ 658. Die Kosten des Verfahrens sind, wenn die Entmündigung erfolgt, von dem Entmündigten, andernfalls von der Staatskasse zu tragen.

Insoweit einen der im § 646 Abs. 1 bezeichneten Antragsteller bei Stellung des Antrags nach dem Ermessen des Gerichts ein Verschulden trifft, können demselben die Kosten ganz oder teilweise zur Last gelegt werden.

§ 659. Der über die Entmündigung zu erlassende Beschluß ist dem Antragsteller und dem Staatsanwalte von Amts wegen zuzustellen.

§ 660. Der die Entmündigung aussprechende Beschluß ist von Amts wegen der Vormundschaftsbehörde mitzuteilen und, wenn der Entmündigte unter elterlicher Gewalt oder unter Vormundschaft steht, auch demjenigen gesetzlichen Vertreter zuzustellen, welchem die Sorge für die Person des Entmündigten zusteht. Im Falle der Entmündigung wegen Geistesschwäche ist der Beschluß außerdem dem Entmündigten selbst zuzustellen.

§ 661. Die Entmündigung wegen Geisteskrankheit tritt, wenn der Entmündigte unter elterlicher Gewalt oder unter Vormundschaft steht, mit der Zustellung des Beschlusses an denjenigen gesetzlichen Vertreter, welchem die Sorge für die Person zusteht, anderenfalls mit der Bestellung des Vormundes in Wirksamkeit.

Die Entmündigung wegen Geistesschwäche tritt mit der Zustellung des Beschlusses an den Entmündigten in Wirksamkeit.

§ 662. Der die Entmündigung ablehnende Beschluß ist von Amts wegen auch demjenigen zuzustellen, dessen Entmündigung beantragt war.

§ 663. Gegen den Beschluß, durch welchen die Entmündigung abgelehnt wird, steht dem Antragsteller und dem Staatsanwalte die sofortige Beschwerde zu.

In dem Verfahren vor dem Beschwerdegerichte finden die Vorschriften der §§ 652, 653 entsprechende Anwendung.

§ 664. Der die Entmündigung aussprechende Beschluß kann im Wege der Klage binnen der Frist eines Monats angefochten werden.

Zur Erhebung der Klage sind der Entmündigte selbst, derjenige gesetzliche Vertreter des Entmündigten, welchem die Sorge für die Person zusteht, und die übrigen im § 646 bezeichneten Personen befugt.

Die Frist beginnt im Falle der Entmündigung wegen Geisteskrankheit für den Entmündigten mit dem Zeitpunkt, in welchem er von der Entmündigung Kenntnis erlangt, für die übrigen Personen mit dem Zeitpunkt, in welchem die Entmündigung in Wirksamkeit tritt. Im Falle der Entmündigung wegen Geistesschwäche beginnt die Frist für den gesetzlichen Vertreter des unter elterlicher Gewalt oder unter Vormundschaft stehenden Entmündigten mit dem Zeitpunkt, in welchem ihm der Beschluß zugestellt wird, für den Entmündigten selbst und die übrigen Personen mit der Zustellung des Beschlusses an den Entmündigten.

§ 665. Für die Klage ist das Landgericht ausschließlich zuständig, in dessen Bezirke das Amtsgericht, welches über die Entmündigung entschieden hat, seinen Sitz hat.

§ 666. Die Klage ist gegen den Staatsanwalt zu richten.

Wird die Klage von dem Staatsanwalt erhoben, so ist sie gegen denjenigen gesetzlichen Vertreter des Entmündigten zu richten, welchem die Sorge für die Person zusteht.

Hat eine der im § 646 Abs. 1 bezeichneten Personen die Entmündigung beantragt, so ist dieselbe unter Mitteilung der Klage zum Termin zur mündlichen Verhandlung zu laden. Dieselbe gilt im Falle des Beitritts im Sinne des § 62 als Streitgenosse der Hauptpartei.

§ 667. Mit der die Entmündigung anfechtenden Klage kann eine andere Klage nicht verbunden werden.

Eine Widerklage ist unzulässig.

§ 668. Will der Entmündigte die Klage erheben, so ist ihm auf seinen Antrag von dem Vorsitzenden des Prozeßgerichts ein Rechtsanwalt als Vertreter beizuordnen.

§ 669. Bei der mündlichen Verhandlung haben die Parteien die Ergebnisse der bei dem Amtsgerichte stattgehabten Sachuntersuchung, soweit es zur Prüfung der Richtigkeit des angefochtenen Beschlusses erforderlich ist, vollständig vorzutragen.

Im Falle der Unrichtigkeit oder Unvollständigkeit des Vortrags hat der Vorsitzende dessen Berichtigung oder Vervollständigung, nötigenfalls unter Wiedereröffnung der Verhandlung, zu veranlassen.

§ 670. Die Vorschriften des § 617 Abs. 1, 3 und der §§ 618, 622 finden entsprechende Anwendung.

Der Parteieid ist ausgeschlossen.

§ 671. Die Bestimmungen der §§ 654, 655 finden in dem Verfahren über die Anfechtungsklage entsprechende Anwendung.

Von der Vernehmung Sachverständiger darf das Gericht Abstand nehmen, wenn es das vor dem Amtsgericht abgegebene Gutachten für genügend erachtet.

§ 672. Wird die Anfechtungsklage für begründet erachtet, so ist der die Entmündigung aussprechende Beschluß aufzuheben. Die Aufhebung tritt erst mit der Rechtskraft des Urteils in Wirksamkeit. Auf Antrag können jedoch zum Schutze der Person oder des Vermögens des Entmündigten einstweilige Verfügungen nach Maßgabe der §§ 936—944 getroffen werden.

§ 673. Unterliegt der Staatsanwalt, so ist die Staatskasse zur Erstattung der dem obsiegenden Gegner erwachsenen Kosten in Gemäßheit der Bestimmungen des fünften Titels des zweiten Abschnitts des ersten Buches zu verurteilen.

Ist die Klage von dem Staatsanwalt erhoben, so hat die Staatskasse in allen Fällen die Kosten des Rechtsstreits zu tragen.

§ 674. Das Prozeßgericht hat der Vormundschaftsbehörde und dem Amtsgerichte von jedem in der Sache erlassenen Endurteile Mitteilung zu machen.

§ 675. Die Wiederaufhebung der Entmündigung erfolgt auf Antrag des Entmündigten oder desjenigen gesetzlichen Vertreters des Entmündigten, welchem die Sorge für die Person zusteht, oder des Staatsanwalts durch Beschluß des Amtsgerichts.

§ 676. Für die Wiederaufhebung der Entmündigung ist das Amtsgericht ausschließlich zuständig, bei welchem der Entmündigte seinen allgemeinen Gerichtsstand hat.

Ist der Entmündigte ein Deutscher und hat er im Inland keinen allgemeinen Gerichtsstand, so kann der Antrag bei dem Amtsgerichte gestellt werden, welches über die Entmündigung entschieden hat. Das gleiche gilt, wenn ein Ausländer, welcher im Inland entmündigt worden ist, im Inland keinen allgemeinen Gerichtsstand hat.

Die Bestimmungen des § 647 und der §§ 649—655 finden entsprechende Anwendung.

§ 677. Die Kosten des Verfahrens sind von dem Entmündigten, wenn das Verfahren von dem Staatsanwalt ohne Erfolg beantragt ist, von der Staatskasse zu tragen.

§ 678. Der über die Wiederaufhebung der Entmündigung zu erlassende Beschluß ist dem Antragsteller und im Falle der Wiederaufhebung dem Entmündigten sowie dem Staatsanwalte von Amts wegen zuzustellen.

Gegen den Beschluß, durch welchen die Entmündigung aufgehoben wird, steht dem Staatsanwalte die sofortige Beschwerde zu.

Die rechtskräftig erfolgte Wiederaufhebung ist der Vormundschaftsbehörde mitzuteilen.

§ 679. Wird der Antrag auf Wiederaufhebung von dem Amtsgericht abgelehnt, so kann dieselbe im Wege der Klage beantragt werden.

Zur Erhebung der Klage ist derjenige gesetzliche Vertreter des Entmündigten, welchem die Sorge für die Person zusteht, und der Staatsanwalt befugt.

Will der gesetzliche Vertreter die Klage nicht erheben, so kann der Vorsitzende des Prozeßgerichts dem Entmündigten einen Rechtsanwalt als Vertreter beiordnen.

Auf das Verfahren finden die Vorschriften der §§ 665—667, 669—674 entsprechende Anwendung.

§ 680. Die Entmündigung wegen Verschwendung oder wegen Trunksucht erfolgt durch Beschluß des Amtsgerichts.

Der Beschluß wird nur auf Antrag erlassen.

Auf das Verfahren finden die Vorschriften des § 646 Abs. 1 und der §§ 647, 648, 653, 657, 663 entsprechende Anwendung.

Eine Mitwirkung der Staatsanwaltschaft findet nicht statt.

Die landesgesetzlichen Vorschriften, nach welchen eine Gemeinde oder ein der Gemeinde gleichstehender Verband oder ein Armenverband berechtigt ist, die Entmündigung wegen Verschwendung oder wegen Trunksucht zu beantragen, bleiben unberührt.

§ 681. Ist die Entmündigung wegen Trunksucht beantragt, so kann das Gericht die Beschlußfassung über die Entmündigung aussetzen, wenn Aussicht besteht, daß der zu Entmündigende sich bessern werde.

§ 682. Die Kosten des amtsgerichtlichen Verfahrens sind, wenn die Entmündigung erfolgt, von dem Entmündigten, anderenfalls von dem Antragsteller zu tragen.

§ 683. Der über die Entmündigung zu erlassende Beschluß ist dem Antragsteller und dem zu Entmündigenden von Amts wegen zuzustellen.

Der die Entmündigung aussprechende Beschluß tritt mit der Zustellung an den Entmündigten in Wirksamkeit. Der Vormundschaftsbehörde ist ein solcher Beschluß von Amts wegen mitzuteilen.

§ 684. Der die Entmündigung aussprechende Beschluß kann binnen der Frist eines Monats von dem Entmündigten im Wege der Klage angefochten werden.

Die Frist beginnt mit der Zustellung des Beschlusses an den Entmündigten.

Die Klage ist gegen denjenigen, welcher die Entmündigung beantragt hatte, falls aber dieser verstorben, oder sein Aufenthalt unbekannt oder im Ausland ist, gegen den Staatsanwalt zu richten.

Auf das Verfahren finden die Vorschriften der §§ 665, 667, 669, 670, 672—674 entsprechende Anwendung.

§ 685. Die Wiederaufhebung der Entmündigung erfolgt auf Antrag des Entmündigten oder desjenigen gesetzlichen

Vertreters des Entmündigten, welchem die Sorge für die Person zusteht, durch Beschluß des Amtsgerichts unter entsprechender Anwendung der §§ 647, 653, des § 676 Abs. 1, 2, des § 677 und des § 678 Abs. 1, 3.

§ 686. Wird der Antrag auf Wiederaufhebung von dem Amtsgericht abgelehnt, so kann dieselbe im Wege der Klage beantragt werden.

Zur Erhebung der Klage ist derjenige gesetzliche Vertreter des Entmündigten befugt, welchem die Sorge für die Person zusteht. Will dieser die Klage nicht erheben, so kann der Vorsitzende des Prozeßgerichts dem Entmündigten einen Rechtsanwalt als Vertreter beiordnen.

Die Klage ist gegen denjenigen, welcher die Entmündigung beantragt hatte, falls aber dieser verstorben, oder sein Aufenthalt unbekannt oder im Ausland ist, gegen den Staatsanwalt zu richten.

Auf das Verfahren finden die Vorschriften der §§ 665, 667, 669, 670, 672—674 entsprechende Anwendung.

§ 687. Die Entmündigung einer Person wegen Verschwendung oder wegen Trunksucht sowie die Wiederaufhebung einer solchen Entmündigung ist von dem Amtsgericht öffentlich bekanntzumachen.

Siebentes Buch.

Mahnverfahren.

§ 688. Wegen eines Anspruchs, welcher die Zahlung einer bestimmten Geldsumme oder die Leistung einer bestimmten Quantität anderer vertretbarer Sachen oder Wertpapiere zum Gegenstande hat, ist auf Gesuch des Gläubigers ein bedingter Zahlungsbefehl zu erlassen. Als ein Anspruch, welcher die Zahlung einer Geldsumme zum Gegenstande hat, gilt auch der Anspruch aus einer Hypothek, einer Grundschuld oder einer Rentenschuld.

Das Mahnverfahren findet nicht statt, wenn nach Inhalt des Gesuchs die Geltendmachung des Anspruchs von einer noch nicht erfolgten Gegenleistung abhängig ist oder wenn die Zustellung des Zahlungsbefehls im Ausland oder durch öffentliche Bekanntmachung erfolgen müßte.

§ 689. Die Zahlungsbefehle werden von den Amtsgerichten erlassen.

Zuständig ist das Amtsgericht, welches für die im ordentlichen Verfahren erhobene Klage zuständig sein würde, wenn die Amtsgerichte in erster Instanz sachlich unbeschränkt zuständig wären.

§ 690. Das Gesuch muß enthalten:

1. die Bezeichnung der Parteien nach Namen, Stand oder Gewerbe und Wohnort;
2. die Bezeichnung des Gerichts;
3. die bestimmte Angabe des Betrags oder Gegenstandes und des Grundes des Anspruchs;
4. das Gesuch um Erlassung des Zahlungsbefehls.

§ 691. Entspricht das Gesuch nicht den Bestimmungen der vorstehenden Paragraphen oder ergibt sich aus dem Inhalt des Gesuchs, daß der Anspruch überhaupt oder zur Zeit nicht begründet ist, so wird dasselbe zurückgewiesen.

Das Gesuch ist auch dann zurückzuweisen, wenn der Zahlungsbefehl nur in Ansehung eines Teiles des Anspruchs nicht erlassen werden kann; vor der Zurückweisung ist der Gläubiger zu hören.

Eine Anfechtung der zurückweisenden Verfügung findet nicht statt.

§ 692. Der Zahlungsbefehl enthält die im § 690 Nr. 1—3 bezeichneten Erfordernisse des Gesuchs und außerdem den Befehl an den Schuldner, binnen einer vom Tage der Zustellung laufenden Frist von einer Woche bei Vermeidung sofortiger Zwangsvollstreckung den Gläubiger wegen des Anspruchs nebst den dem Betrage nach zu bezeichnenden Kosten des Verfahrens und den geforderten Zinsen zu befriedigen oder, wenn er Einwendungen gegen den Anspruch habe, bei dem Gerichte Widerspruch zu erheben. Die Widerspruchsfrist ist den Vorschriften über die Einlassungsfrist entsprechend zu bemessen, falls diese weniger als eine Woche betragen würde.

§ 693. Die Zustellung des Zahlungsbefehls an den Schuldner erfolgt von Amts wegen.

Soll durch die Zustellung eine Frist gewahrt oder die Verjährung unterbrochen werden, so tritt die Wirkung, wenn die Zustellung demnächst erfolgt, bereits mit der Einreichung oder Anbringung des Gesuchs um Erlassung des Zahlungsbefehls ein.

Die Geschäftsstelle hat von der Zustellung des Zahlungsbefehls den Gläubiger in Kenntnis zu setzen.

§ 694. Der Schuldner kann gegen den Anspruch oder einen Teil desselben Widerspruch erheben, solange der Vollstreckungsbefehl nicht verfügt ist.

Das Gericht hat den Gläubiger von dem rechtzeitig erhobenen Widerspruch in Kenntnis zu setzen und dem Schuldner auf Verlangen eine Bescheinigung darüber zu erteilen, daß er rechtzeitig Widerspruch erhoben habe.

Einer Zurückweisung des nicht rechtzeitig erhobenen Widerspruchs bedarf es nicht.

§ 695. (Fortgefallen.)

§ 696. Wird rechtzeitig Widerspruch erhoben, so ist auf Antrag einer Partei vor dem Amtsgerichte, das den Zahlungsbefehl erlassen hat, ein Termin anzuberaumen. Der Antrag kann schon in dem Gesuch um Erlassung des Zahlungsbefehls gestellt werden.

Der Termin ist zur Güteverhandlung anzuberaumen. Hat der Gläubiger eine Bescheinigung über die Erfolglosigkeit eines vorangegangenen Güteverfahrens beigebracht oder, erforderlichenfalls unter Glaubhaftmachung, dargelegt, daß es gemäß § 495a eines Güteverfahrens nicht bedarf, so ist alsbald Termin zur Streitverhandlung anzuberaumen. Das gleiche gilt, wenn der Anspruch zur Zuständigkeit der Landgerichte gehört.

Wird nach der Erhebung des Widerspruchs alsbald ein Termin zur Streitverhandlung anberaumt oder wird der Rechtsstreit im Anschluß an das Güteverfahren gemäß §§ 499e, 499f Abs. 2 im Streitverfahren verhandelt, so gilt die Streitsache als mit Zustellung des Zahlungsbefehls rechtshängig geworden.

Zur Herstellung eines Urteils in abgekürzter Form (§ 313 Abs. 3, § 317 Abs. 4) kann der Zahlungsbefehl an Stelle der Klageschrift benutzt werden.

§ 697. Ist ein Anspruch erhoben, der zur Zuständigkeit der Landgerichte gehört, so hat das Amtsgericht, sofern eine Partei vor der Verhandlung zur Hauptsache darauf anträgt, durch Beschluß sich für unzuständig zu erklären und den Rechtsstreit an das Landgericht zu verweisen; die Vorschriften des § 276 Abs. 2, Abs. 3 Satz 1 finden Anwendung.

Ist der Antrag auf Verweisung schon in dem Gesuch um Erlassung des Zahlungsbefehls gestellt oder mit dem Widerspruche verbunden worden, so kann die Entscheidung über den Antrag ohne vorgängige mündliche Verhandlung erfolgen. Wird die Verweisung beschlossen, so gilt der Rechtsstreit mit der Zustellung des Beschlusses als bei dem Landgericht anhängig.

§ 698. Die Kosten des Mahnverfahrens sind im Falle der rechtzeitigen Erhebung des Widerspruchs als ein Teil der Kosten des entstehenden Rechtsstreits anzusehen.

§ 699. Der Zahlungsbefehl ist nach Ablauf der darin bestimmten Frist auf Gesuch des Gläubigers für vorläufig vollstreckbar zu erklären, sofern nicht vor der Vollstreckbarkeitserklärung von dem Schuldner Widerspruch erhoben ist. Die Vollstreckbarkeitserklärung erfolgt durch einen von dem Urkundsbeamten der Geschäftsstelle auf den Zahlungsbefehl zu setzenden Vollstreckungsbefehl. In den Vollstreckungsbefehl sind die von dem Gläubiger zu berechnenden Kosten des bisherigen Verfahrens aufzunehmen. Die Zustellung des Vollstreckungsbefehls erfolgt auf Betreiben des Gläubigers. Der Urkundsbeamte der Geschäftsstelle hat die Zustellung zu vermitteln, sofern nicht der Gläubiger erklärt hat, selbst einen Gerichtsvollzieher mit der Zustellung beauftragen zu wollen.

Will der Urkundsbeamte der Geschäftsstelle dem Gesuche des Gläubigers nicht entsprechen, so hat er das Gesuch dem Gerichte zur Entscheidung vorzulegen. Gegen den Beschluß des Gerichts, durch welchen das Gesuch zurückgewiesen wird, findet sofortige Beschwerde statt.

§ 700. Der Vollstreckungsbefehl steht einem für vorläufig vollstreckbar erklärten, auf Versäumnis erlassenen Endurteile gleich; im Falle seiner Erlassung gilt der Anspruch als mit der Zustellung des Zahlungsbefehls im Streitverfahren rechtshängig geworden. Gegen den Vollstreckungsbefehl findet der Einspruch statt; die Vorschriften über den Einspruch gegen ein von dem Amtsgericht erlassenes Versäumnisurteil finden entsprechende Anwendung. Gehört der Anspruch nicht vor die

Amtsgerichte, so findet eine Verweisung des Rechtsstreits an das Landgericht nach § 697 nur statt, wenn das Amtsgericht den Einspruch für zulässig erachtet. Das Landgericht ist an die Entscheidung des Amtsgerichts, durch welche der Einspruch zugelassen wird, gebunden.

§ 701. Wird in dem Falle, wenn Widerspruch nicht erhoben ist, die Erlassung des Vollstreckungsbefehls nicht binnen einer sechsmonatigen Frist, welche mit Ablauf der im Zahlungsbefehle bestimmten Frist beginnt, nachgesucht, so verliert der Zahlungsbefehl seine Kraft. Dasselbe gilt, wenn die Erlassung des Vollstreckungsbefehls rechtzeitig nachgesucht ist, das Gesuch aber zurückgewiesen wird.

§ 702. Das Gesuch um Erlassung eines Zahlungsbefehls oder eines Vollstreckungsbefehls sowie die Erhebung eines Widerspruchs werden der anderen Partei abschriftlich nicht mitgeteilt; im Falle ihrer mündlichen Anbringung ist die Aufnahme eines Protokolls nicht erforderlich.

§ 703. Des Nachweises einer Vollmacht bedarf es nicht, wenn für den Gläubiger die Erlassung eines Zahlungsbefehls nachgesucht oder für den Schuldner Widerspruch gegen einen Zahlungsbefehl erhoben wird.

Achtes Buch.

Zwangsvollstreckung.

Erster Abschnitt.

Allgemeine Bestimmungen.

§ 704. Die Zwangsvollstreckung findet statt aus Endurteilen, welche rechtskräftig oder für vorläufig vollstreckbar erklärt sind.

Urteile in Ehesachen und in Rechtsstreitigkeiten, welche die Feststellung des Rechtsverhältnisses zwischen Eltern und Kindern zum Gegenstande haben, dürfen nicht für vorläufig vollstreckbar erklärt werden.

§ 705. Die Rechtskraft der Urteile tritt vor Ablauf der für die Einlegung des zulässigen Rechtsmittels oder des zulässigen Einspruchs bestimmten Frist nicht ein. Der Eintritt der Rechtskraft wird durch rechtzeitige Einlegung des Rechtsmittels oder des Einspruchs gehemmt.

§ 706. Zeugnisse über die Rechtskraft der Urteile sind auf Grund der Prozeßakten von der Geschäftsstelle des Gerichts erster Instanz und, solange der Rechtsstreit in einer höheren Instanz anhängig ist, von der Geschäftsstelle des Gerichts dieser Instanz zu erteilen.

Insoweit die Erteilung des Zeugnisses davon abhängt, daß gegen das Urteil ein Rechtsmittel nicht eingelegt ist, genügt ein Zeugnis der Geschäftsstelle des für das Rechtsmittel zuständigen Gerichts, daß bis zum Ablauf der Notfrist eine Rechtsmittelschrift nicht eingereicht sei. Eines Zeugnisses der Geschäftsstelle des Revisionsgerichts, daß eine Revisionsschrift nach § 566a nicht eingereicht sei, bedarf es nicht.

§ 707. Wird die Wiedereinsetzung in den vorigen Stand oder eine Wiederaufnahme des Verfahrens beantragt, so kann das Gericht auf Antrag anordnen, daß die Zwangsvollstreckung gegen oder ohne Sicherheitsleistung einstweilen eingestellt werde oder nur gegen Sicherheitsleistung stattfinde, und daß die erfolgten Vollstreckungsmaßregeln gegen Sicherheitsleistung aufzuheben seien. Die Einstellung der Zwangsvollstreckung ohne Sicherheitsleistung ist nur zulässig, wenn glaubhaft gemacht wird, daß die Vollstreckung einen nicht zu ersetzenden Nachteil bringen würde.

Die Entscheidung kann ohne vorgängige mündliche Verhandlung erfolgen. Eine Anfechtung des Beschlusses findet nicht statt.

§ 708. Auch ohne Antrag sind für vorläufig vollstreckbar zu erklären:

1. Urteile, welche auf Grund eines Anerkenntnisses eine Verurteilung aussprechen (§ 307);
2. Urteile, welche den Eintritt der in einem bedingten Endurteil ausgedrückten Folgen aussprechen;
3. Versäumnisurteile;
4. Urteile, welche im Urkunden- oder Wechselprozeß erlassen werden;
5. Urteile, durch welche Arreste oder einstweilige Verfügungen aufgehoben werden;

6. Urteile, welche die Verpflichtung zur Entrichtung von Alimenten oder zur Entrichtung einer nach den §§ 843, 844 des Bürgerlichen Gesetzbuchs geschuldeten Geldrente aussprechen, soweit die Entrichtung für die Zeit nach der Erhebung der Klage und für das der Erhebung der Klage vorausgehende letzte Vierteljahr zu erfolgen hat;
7. Urteile der Oberlandesgerichte in vermögensrechtlichen Streitigkeiten.

§ 709. Urteile sind ferner ohne Antrag für vorläufig vollstreckbar zu erklären, wenn sie betreffen:

1. Streitigkeiten zwischen dem Vermieter und dem Mieter oder Untermieter von Wohnräumen oder anderen Räumen oder zwischen dem Mieter und dem Untermieter solcher Räume wegen Überlassung, Benutzung oder Räumung sowie wegen Zurückhaltung der von dem Mieter oder dem Untermieter in die Mietsräume eingebrachten Sachen;
2. Streitigkeiten zwischen Dienstherrschaft und Gesinde, zwischen Arbeitgebern und Arbeitern hinsichtlich des Dienst- oder Arbeitsverhältnisses sowie die im § 4 des Gewerbegerichtsgesetzes in der Fassung der Bekanntmachung vom 29. September 1901 (Reichsgesetzbl. S. 353) und des Gesetzes vom 14. Januar 1922 (Reichsgesetzbl. I S. 155) bezeichneten Streitigkeiten, sofern sie während der Dauer des Dienst-, Arbeits- oder Lehrverhältnisses entstehen[1]);
3. Streitigkeiten zwischen Reisenden und Wirten, Fuhrleuten, Schiffern, Flößern oder Auswanderungsexpedienten in den Einschiffungshäfen, welche über Wirtszechen, Fuhrlohn, Überfahrtsgelder, Beförderung der Reisenden und ihrer Habe und über Verlust und Beschädigung der letzteren sowie Streitigkeiten zwischen Reisenden und Handwerkern, welche aus Anlaß der Reise entstanden sind;
4. andere vermögensrechtliche Ansprüche, sofern der Gegenstand der Verurteilung an Geld oder Geldeswert die Summe von fünfhundert Reichsmark nicht übersteigt; in betreff des Wertes des Gegenstandes kommen die Vorschriften der §§ 3—9 zur Anwendung.

---

[1]) Nr. 2 dürfte durch das Arbeitsgerichtsgesetz vom 23. Dez. 1926 (unter Nr. 47) gegenstandslos geworden sein.

§ 710. Andere Urteile sind gegen eine der Höhe nach zu bestimmende Sicherheit für vorläufig vollstreckbar zu erklären. Auf Antrag sind sie auch ohne Sicherheitsleistung für vorläufig vollstreckbar zu erklären, wenn glaubhaft gemacht wird, daß der Gläubiger zur Sicherheitsleistung nicht in der Lage ist und daß die Aussetzung der Vollstreckung ihm einen schwer zu ersetzenden oder einen schwer zu ermittelnden Nachteil bringen würde.

§ 711. (Fortgefallen.)

§ 712. Wird glaubhaft gemacht, daß die Vollstreckung des Urteils dem Schuldner einen nicht zu ersetzenden Nachteil bringen würde, so ist in den Fällen der §§ 708, 709, 710 Satz 1 auf Antrag des Schuldners auszusprechen, daß dasselbe nicht vorläufig vollstreckbar sei; in den Fällen des § 710 Satz 2 ist der Antrag des Gläubigers zurückzuweisen.

§ 713. Das Gericht kann auf Antrag die vorläufige Vollstreckbarkeit von einer vorgängigen Sicherheitsleistung abhängig machen. Diese Vorschrift findet auf die im § 708 Nr. 7 bezeichneten Urteile keine Anwendung.

Das Gericht hat auf Antrag dem Schuldner nachzulassen, durch Sicherheitsleistung oder durch Hinterlegung die Vollstreckung abzuwenden, wenn nicht der Gläubiger sich erbietet, vor der Vollstreckung Sicherheit zu leisten.

§ 713a. Die in den §§ 712 und 713 zugunsten des Schuldners zugelassenen Anordnungen sollen nicht ergehen, wenn die Voraussetzungen, unter denen ein Rechtsmittel gegen das Urteil stattfindet, nach dem Ermessen des Gerichts unzweifelhaft nicht vorliegen.

§ 714. Die in den §§ 710—713 erwähnten Anträge sind vor dem Schlusse der mündlichen Verhandlungen zu stellen, auf welche das Urteil ergeht.

§ 715. In den Fällen der §§ 710, 713 kann das Gericht, welches die Sicherheitsleistung angeordnet oder zugelassen hat, auf Antrag die Rückgabe der von dem Gläubiger geleisteten Sicherheit anordnen, wenn ein Zeugnis über die Rechtskraft des für vorläufig vollstreckbar erklärten Urteils vorgelegt wird. Die Vorschriften des § 109 Abs. 3 finden entsprechende Anwendung.

§ 716. Ist eine Entscheidung über die vorläufige Vollstreckbarkeit nicht erfolgt, so kommen wegen Ergänzung des Urteils die Vorschriften des § 321 zur Anwendung.

§ 717. Die vorläufige Vollstreckbarkeit tritt mit der Verkündung eines Urteils, welches die Entscheidung in der Hauptsache oder die Vollstreckbarkeitserklärung aufhebt oder abändert, insoweit außer Kraft, als die Aufhebung oder Abänderung erfolgt.

Wird ein für vorläufig vollstreckbar erklärtes Urteil aufgehoben oder abgeändert, so ist der Kläger zum Ersatze des Schadens verpflichtet, der dem Beklagten durch die Vollstreckung des Urteils oder durch eine zur Abwendung der Vollstreckung gemachte Leistung entstanden ist. Der Beklagte kann den Anspruch auf Schadensersatz in dem anhängigen Rechtsstreit geltend machen; wird der Anspruch geltend gemacht, so ist er als zur Zeit der Zahlung oder Leistung rechtshängig geworden anzusehen.

Die Vorschriften des Abs. 2 finden auf die im § 708 Nr. 7 bezeichneten Urteile der Oberlandesgerichte keine Anwendung. Soweit ein solches Urteil aufgehoben oder abgeändert wird, ist der Kläger auf Antrag des Beklagten zur Erstattung des von diesem auf Grund des Urteils Gezahlten oder Geleisteten zu verurteilen. Die Erstattungspflicht des Klägers bestimmt sich nach den Vorschriften über die Herausgabe einer ungerechtfertigten Bereicherung. Wird der Antrag gestellt, so ist der Anspruch auf Erstattung als zur Zeit der Zahlung oder Leistung rechtshängig geworden anzusehen; die mit der Rechtshängigkeit nach den Vorschriften des bürgerlichen Rechtes verbundenen Wirkungen treten mit der Zahlung oder Leistung auch dann ein, wenn der Antrag nicht gestellt wird.

§ 718. In der Berufungsinstanz ist über die vorläufige Vollstreckbarkeit auf Antrag vorab zu verhandeln und zu entscheiden.

Eine Anfechtung der in der Berufungsinstanz über die vorläufige Vollstreckbarkeit erlassenen Entscheidung findet nicht statt.

§ 719. Wird gegen ein für vorläufig vollstreckbar erklärtes Urteil der Einspruch oder die Berufung eingelegt, so finden die Vorschriften des § 707 entsprechende Anwendung.

Wird Revision gegen ein für vorläufig vollstreckbar erklärtes Urteil eingelegt, so hat das Revisionsgericht auf Antrag anzuordnen, daß die Zwangsvollstreckung einstweilen eingestellt werde, wenn glaubhaft gemacht wird, daß die Vollstreckung einen nicht zu ersetzenden Nachteil bringen würde.

Die Entscheidung kann ohne mündliche Verhandlung erfolgen.

§ 720. Ist in Gemäßheit des § 713 Abs. 2 dem Schuldner nachgelassen, durch Sicherheitsleistung oder durch Hinterlegung die Vollstreckung abzuwenden, so ist gepfändetes Geld oder der Erlös gepfändeter Gegenstände zu hinterlegen.

§ 721. Wird auf Räumung einer Wohnung erkannt, so kann das Gericht auf Antrag dem Schuldner eine den Umständen nach angemessene Frist zur Räumung gewähren.

Auf den Antrag finden die Vorschriften der §§ 714, 716 entsprechende Anwendung.

§ 722. Aus dem Urteil eines ausländischen Gerichts findet die Zwangsvollstreckung nur statt, wenn ihre Zulässigkeit durch ein Vollstreckungsurteil ausgesprochen ist.

Für die Klage auf Erlassung desselben ist das Amtsgericht oder Landgericht, bei welchem der Schuldner seinen allgemeinen Gerichtsstand hat, und in Ermangelung eines solchen das Amtsgericht oder Landgericht zuständig, bei welchem in Gemäßheit des § 23 gegen den Schuldner Klage erhoben werden kann.

§ 723. Das Vollstreckungsurteil ist ohne Prüfung der Gesetzmäßigkeit der Entscheidung zu erlassen.

Das Vollstreckungsurteil ist erst zu erlassen, wenn das Urteil des ausländischen Gerichts nach dem für dieses Gericht geltenden Rechte die Rechtskraft erlangt hat. Es ist nicht zu erlassen, wenn die Anerkennung des Urteils nach § 328 ausgeschlossen ist.

§ 724. Die Zwangsvollstreckung erfolgt auf Grund einer mit der Vollstreckungsklausel versehenen Ausfertigung des Urteils (vollstreckbare Ausfertigung).

Die vollstreckbare Ausfertigung wird von dem Urkundsbeamten der Geschäftsstelle des Gerichts erster Instanz und, wenn der Rechtsstreit bei einem höheren Gericht anhängig ist, von dem Urkundsbeamten der Geschäftsstelle dieses Gerichts erteilt.

§ 725. Die Vollstreckungsklausel:

„Vorstehende Ausfertigung wird dem usw. (Bezeichnung der Partei) zum Zwecke der Zwangsvollstreckung erteilt"

ist der Ausfertigung des Urteils am Schlusse beizufügen, von dem Urkundsbeamten der Geschäftsstelle zu unterschreiben und mit dem Gerichtssiegel zu versehen.

§ 726. Von Urteilen, deren Vollstreckung nach ihrem Inhalt von dem durch den Gläubiger zu beweisenden Eintritt einer anderen Tatsache als einer dem Gläubiger obliegenden Sicherheitsleistung abhängt, darf eine vollstreckbare Ausfertigung nur erteilt werden, wenn der Beweis durch öffentliche oder öffentlich beglaubigte Urkunden geführt wird.

Hängt die Vollstreckung von einer Zug um Zug zu bewirkenden Leistung des Gläubigers an den Schuldner ab, so ist der Beweis, daß der Schuldner befriedigt oder im Verzuge der Annahme ist, nur dann erforderlich, wenn die dem Schuldner obliegende Leistung in der Abgabe einer Willenserklärung besteht.

§ 727. Eine vollstreckbare Ausfertigung kann für den Rechtsnachfolger des in dem Urteil bezeichneten Gläubigers sowie gegen denjenigen Rechtsnachfolger des in dem Urteil bezeichneten Schuldners und denjenigen Besitzer der in Streit befangenen Sache, gegen welche das Urteil nach § 325 wirksam ist, erteilt werden, sofern die Rechtsnachfolge oder das Besitzverhältnis bei dem Gericht offenkundig ist oder durch öffentliche oder öffentlich beglaubigte Urkunden nachgewiesen wird.

Ist die Rechtsnachfolge oder das Besitzverhältnis bei dem Gericht offenkundig, so ist dies in der Vollstreckungsklausel zu erwähnen.

§ 728. Ist gegenüber dem Vorerben ein nach § 326 dem Nacherben gegenüber wirksames Urteil ergangen, so finden auf die Erteilung einer vollstreckbaren Ausfertigung für und gegen den Nacherben die Vorschriften des § 727 entsprechende Anwendung.

Das gleiche gilt, wenn gegenüber einem Testamentsvollstrecker ein nach § 327 dem Erben gegenüber wirksames Urteil ergangen ist, für die Erteilung einer vollstreckbaren Ausfertigung für und gegen den Erben. Eine vollstreckbare Ausfertigung kann gegen den Erben erteilt werden, auch wenn die Verwaltung des Testamentsvollstreckers noch besteht.

§ 729. Hat jemand das Vermögen eines anderen durch Vertrag mit diesem nach der rechtskräftigen Feststellung einer Schuld des anderen übernommen, so finden auf die Erteilung einer vollstreckbaren Ausfertigung des Urteils gegen den Übernehmer die Vorschriften des § 727 entsprechende Anwendung.

Das gleiche gilt für die Erteilung einer vollstreckbaren Ausfertigung gegen denjenigen, welcher ein unter Lebenden erworbenes Handelsgeschäft unter der bisherigen Firma fortführt, in Ansehung der Verbindlichkeiten, für welche er nach § 25 Abs. 1 Satz 1, Abs. 2 des Handelsgesetzbuchs haftet, sofern sie vor dem Erwerbe des Geschäfts gegen den früheren Inhaber rechtskräftig festgestellt worden sind.

§ 730. In den Fällen des § 726 Abs. 1 und der §§ 727—729 darf die vollstreckbare Ausfertigung nur auf Anordnung des Vorsitzenden erteilt werden.

Vor der Entscheidung kann der Schuldner gehört werden.

Die Anordnung ist in der Vollstreckungsklausel zu erwähnen.

§ 731. Kann der nach dem § 726 Abs. 1 und den §§ 727—729 erforderliche Nachweis durch öffentliche oder öffentlich beglaubigte Urkunden nicht geführt werden, so hat der Gläubiger bei dem Prozeßgericht erster Instanz aus dem Urteil auf Erteilung der Vollstreckungsklausel Klage zu erheben.

§ 732. Über Einwendungen des Schuldners, welche die Zulässigkeit der Vollstreckungsklausel betreffen, entscheidet das Gericht, von dessen Geschäftsstelle die Vollstreckungsklausel erteilt ist. Die Entscheidung kann ohne vorgängige mündliche Verhandlung erfolgen.

Das Gericht kann vor der Entscheidung eine einstweilige Anordnung erlassen; es kann insbesondere anordnen, daß die Zwangsvollstreckung gegen oder ohne Sicherheitsleistung einstweilen einzustellen oder nur gegen Sicherheitsleistung fortzusetzen sei.

§ 733. Eine weitere vollstreckbare Ausfertigung darf derselben Partei, sofern nicht die zuerst erteilte Ausfertigung zurückgegeben wird, nur auf Anordnung des Vorsitzenden erteilt werden.

Vor der Entscheidung kann der Schuldner gehört werden.

Die Geschäftsstelle hat von der Erteilung der weiteren Ausfertigung, wenn die Entscheidung, durch welche dieselbe angeordnet wird, nicht verkündet ist, den Gegner in Kenntnis zu setzen.

Die weitere Ausfertigung ist als solche unter Erwähnung der Entscheidung ausdrücklich zu bezeichnen.

§ 734. Vor der Aushändigung einer vollstreckbaren Ausfertigung ist auf der Urschrift des Urteils zu bemerken, für welche Partei und zu welcher Zeit die Ausfertigung erteilt ist.

§ 735. Zur Zwangsvollstreckung in das Vermögen eines nicht rechtsfähigen Vereins genügt ein gegen den Verein ergangenes Urteil.

§ 736. Zur Zwangsvollstreckung in das Gesellschaftsvermögen einer nach § 705 des Bürgerlichen Gesetzbuchs eingegangenen Gesellschaft ist ein gegen alle Gesellschafter ergangenes Urteil erforderlich.

§ 737. Bei dem Nießbrauch an einem Vermögen ist wegen der vor der Bestellung des Nießbrauchs entstandenen Verbindlichkeiten des Bestellers die Zwangsvollstreckung in die dem Nießbrauch unterliegenden Gegenstände ohne Rücksicht auf den Nießbrauch zulässig, wenn der Besteller zu der Leistung und der Nießbraucher zur Duldung der Zwangsvollstreckung verurteilt ist.

Das gleiche gilt bei dem Nießbrauch an einer Erbschaft für die Nachlaßverbindlichkeiten.

§ 738. Ist die Bestellung des Nießbrauchs an einem Vermögen nach der rechtskräftigen Feststellung einer Schuld des Bestellers erfolgt, so finden auf die Erteilung einer in Ansehung der dem Nießbrauch unterliegenden Gegenstände vollstreckbaren Ausfertigung des Urteils gegen den Nießbraucher die Vorschriften der §§ 727, 730—732 entsprechende Anwendung.

Das gleiche gilt bei dem Nießbrauch an einer Erbschaft für die Erteilung einer vollstreckbaren Ausfertigung des gegen den Erblasser ergangenen Urteils.

§ 739. Bei dem Güterstande der Verwaltung und Nutznießung, der Errungenschaftsgemeinschaft oder der Fahrnisgemeinschaft ist die Zwangsvollstreckung in das eingebrachte Gut der Ehefrau nur zulässig, wenn die Ehefrau zu der Leistung und der

Ehemann zur Duldung der Zwangsvollstreckung in das eingebrachte Gut verurteilt ist.

§ 740. Bei dem Güterstande der allgemeinen Gütergemeinschaft, der Errungenschaftsgemeinschaft oder der Fahrnisgemeinschaft ist zur Zwangsvollstreckung in das Gesamtgut ein gegen den Ehemann ergangenes Urteil erforderlich und genügend.

§ 741. Betreibt die Ehefrau selbständig ein Erwerbsgeschäft, so ist zur Zwangsvollstreckung in das eingebrachte Gut und in das Gesamtgut ein gegen die Ehefrau ergangenes Urteil genügend, es sei denn, daß zur Zeit des Eintritts der Rechtshängigkeit der Einspruch des Ehemanns gegen den Betrieb des Erwerbsgeschäfts oder der Widerruf seiner Einwilligung zu dem Betrieb im Güterrechtsregister eingetragen war.

§ 742. Ist der Güterstand der Verwaltung und Nutznießung, der Errungenschaftsgemeinschaft oder der Fahrnisgemeinschaft erst eingetreten, nachdem ein von der Ehefrau oder gegen sie geführter Rechtsstreit rechtshängig geworden ist, so finden auf die Erteilung einer in Ansehung des eingebrachten Gutes der Ehefrau vollstreckbaren Ausfertigung des Urteils für oder gegen den Ehemann die Vorschriften der §§ 727, 730—732 entsprechende Anwendung.

Das gleiche gilt für die Erteilung einer in Ansehung des Gesamtguts vollstreckbaren Ausfertigung, wenn die allgemeine Gütergemeinschaft oder die Fahrnisgemeinschaft erst eingetreten ist, nachdem ein von der Ehefrau oder gegen sie geführter Rechtsstreit rechtshängig geworden ist.

§ 743. Nach der Beendigung der allgemeinen Gütergemeinschaft, der Errungenschaftsgemeinschaft oder der Fahrnisgemeinschaft ist vor der Auseinandersetzung die Zwangsvollstreckung in das Gesamtgut nur zulässig, wenn beide Ehegatten zu der Leistung oder der eine Ehegatte zu der Leistung und der andere zur Duldung der Zwangsvollstreckung verurteilt sind.

§ 744. Ist die Beendigung der allgemeinen Gütergemeinschaft, der Errungenschaftsgemeinschaft oder der Fahrnisgemeinschaft nach der Beendigung eines Rechtsstreits des Ehemanns eingetreten, so finden auf die Erteilung einer in Ansehung des Gesamtguts vollstreckbaren Ausfertigung des Urteils gegen die

Ehefrau die Vorschriften der §§ 727, 730—732 entsprechende Anwendung.

§ 745. Im Falle der fortgesetzten Gütergemeinschaft ist zur Zwangsvollstreckung in das Gesamtgut ein gegen den überlebenden Ehegatten ergangenes Urteil erforderlich und genügend.

Nach der Beendigung der fortgesetzten Gütergemeinschaft finden die Vorschriften der §§ 743, 744 mit der Maßgabe Anwendung, daß an die Stelle des Ehemanns der überlebende Ehegatte, an die Stelle der Ehefrau die anteilsberechtigten Abkömmlinge treten.

§ 746. Zur Zwangsvollstreckung in das der elterlichen Nutznießung unterliegende Vermögen des Kindes ist ein gegen das Kind ergangenes Urteil genügend.

§ 747. Zur Zwangsvollstreckung in einen Nachlaß ist, wenn mehrere Erben vorhanden sind, bis zur Teilung ein gegen alle Erben ergangenes Urteil erforderlich.

§ 748. Unterliegt ein Nachlaß der Verwaltung eines Testamentsvollstreckers, so ist zur Zwangsvollstreckung in den Nachlaß ein gegen den Testamentsvollstrecker ergangenes Urteil erforderlich und genügend.

Steht dem Testamentsvollstrecker nur die Verwaltung einzelner Nachlaßgegenstände zu, so ist die Zwangsvollstreckung in diese Gegenstände nur zulässig, wenn der Erbe zu der Leistung, der Testamentsvollstrecker zur Duldung der Zwangsvollstreckung verurteilt ist.

Zur Zwangsvollstreckung wegen eines Pflichtteilsanspruchs ist im Falle des Abs. 1 wie im Falle des Abs. 2 ein sowohl gegen den Erben als gegen den Testamentsvollstrecker ergangenes Urteil erforderlich.

§ 749. Auf die Erteilung einer vollstreckbaren Ausfertigung eines für oder gegen den Erblasser ergangenen Urteils für oder gegen den Testamentsvollstrecker finden die Vorschriften der §§ 727, 730—732 entsprechende Anwendung. Auf Grund einer solchen Ausfertigung ist die Zwangsvollstreckung nur in die der Verwaltung des Testamentsvollstreckers unterliegenden Nachlaßgegenstände zulässig.

§ 750. Die Zwangsvollstreckung darf nur beginnen, wenn die Personen, für und gegen welche sie stattfinden soll, in dem Urteil oder in der demselben beigefügten Vollstreckungsklausel namentlich bezeichnet sind und das Urteil bereits zugestellt ist oder gleichzeitig zugestellt wird.

Handelt es sich um die Vollstreckung eines Urteils, dessen vollstreckbare Ausfertigung nach § 726 Abs. 1 erteilt worden ist, oder soll ein Urteil, welches nach den §§ 727—729, 738, 742, 744, dem § 745 Abs. 2 und dem § 749 für oder gegen eine der dort bezeichneten Personen wirksam ist, für oder gegen eine dieser Personen vollstreckt werden, so muß außer dem zu vollstreckenden Urteil auch die demselben beigefügte Vollstreckungsklausel und, sofern die Vollstreckungsklausel auf Grund öffentlicher oder öffentlich beglaubigter Urkunden erteilt ist, auch eine Abschrift dieser Urkunden vor Beginn der Zwangsvollstreckung zugestellt sein oder gleichzeitig mit Beginn derselben zugestellt werden.

§ 751. Ist die Geltendmachung des Anspruchs von dem Eintritt eines Kalendertags abhängig, so darf die Zwangsvollstreckung nur beginnen, wenn der Kalendertag abgelaufen ist.

Hängt die Vollstreckung von einer dem Gläubiger obliegenden Sicherheitsleistung ab, so darf der Beginn der Zwangsvollstreckung nur erfolgen, wenn die Sicherheitsleistung durch eine öffentliche oder öffentlich beglaubigte Urkunde nachgewiesen und eine Abschrift dieser Urkunde bereits zugestellt ist oder gleichzeitig zugestellt wird.

§ 752. Gegen einen Angehörigen der Wehrmacht darf die Zwangsvollstreckung erst beginnen, nachdem von derselben die vorgesetzte Militärbehörde Anzeige erhalten hat.

Dem Gläubiger ist auf Verlangen der Empfang der Anzeige von der Militärbehörde zu bescheinigen.

§ 753. Die Zwangsvollstreckung erfolgt, soweit sie nicht den Gerichten zugewiesen ist, durch Gerichtsvollzieher, welche dieselbe im Auftrag des Gläubigers zu bewirken haben.

Der Gläubiger kann wegen Erteilung des Auftrags zur Zwangsvollstreckung die Mitwirkung der Geschäftsstelle in Anspruch nehmen. Der von der Geschäftsstelle beauftragte Gerichtsvollzieher gilt als von dem Gläubiger beauftragt.

§ 754. In dem schriftlichen oder mündlichen Auftrag zur Zwangsvollstreckung in Verbindung mit der Übergabe der vollstreckbaren Ausfertigung liegt die Beauftragung des Gerichtsvollziehers, die Zahlungen oder sonstigen Leistungen in

Empfang zu nehmen, über das Empfangene wirksam zu quittieren und dem Schuldner, wenn dieser seiner Verbindlichkeit genügt hat, die vollstreckbare Ausfertigung auszuliefern.

§ 755. Dem Schuldner und Dritten gegenüber wird der Gerichtsvollzieher zur Vornahme der Zwangsvollstreckung und der im § 754 bezeichneten Handlungen durch den Besitz der vollstreckbaren Ausfertigung ermächtigt. Der Mangel oder die Beschränkung des Auftrags kann diesen Personen gegenüber von dem Gläubiger nicht geltend gemacht werden.

§ 756. Hängt die Vollstreckung von einer Zug um Zug zu bewirkenden Leistung des Gläubigers an den Schuldner ab, so darf der Gerichtsvollzieher die Zwangsvollstreckung nicht beginnen, bevor er dem Schuldner die diesem gebührende Leistung in einer den Verzug der Annahme begründenden Weise angeboten hat, sofern nicht der Beweis, daß der Schuldner befriedigt oder im Verzuge der Annahme ist, durch öffentliche oder öffentlich beglaubigte Urkunden geführt wird und eine Abschrift dieser Urkunden bereits zugestellt ist oder gleichzeitig zugestellt wird.

§ 757. Der Gerichtsvollzieher hat nach Empfang der Leistungen dem Schuldner die vollstreckbare Ausfertigung nebst einer Quittung auszuliefern, bei teilweiser Leistung diese auf der vollstreckbaren Ausfertigung zu bemerken und dem Schuldner Quittung zu erteilen.

Das Recht des Schuldners, nachträglich eine Quittung des Gläubigers selbst zu fordern, wird durch diese Bestimmungen nicht berührt.

§ 758. Der Gerichtsvollzieher ist befugt, die Wohnung und die Behältnisse des Schuldners zu durchsuchen, soweit der Zweck der Vollstreckung dies erfordert.

Er ist befugt, die verschlossenen Haustüren, Zimmertüren und Behältnisse öffnen zu lassen.

Er ist, wenn er Widerstand findet, zur Anwendung von Gewalt befugt und kann zu diesem Zwecke die Unterstützung der polizeilichen Vollzugsorgane nachsuchen. Ist militärische Hülfe erforderlich, so hat er sich an das Vollstreckungsgericht zu wenden.

§ 759. Wird bei einer Vollstreckungshandlung Widerstand geleistet oder ist bei einer in der Wohnung des Schuldners erfolgenden Vollstreckungshandlung weder der Schuldner noch eine zur Familie desselben gehörige oder in dieser Familie dienende erwachsene Person gegenwärtig, so hat der Gerichtsvollzieher zwei erwachsene Personen oder einen Gemeinde- oder Polizeibeamten als Zeugen zuzuziehen.

§ 760. Jeder Person, welche bei dem Vollstreckungsverfahren beteiligt ist, muß auf Begehren Einsicht der Akten des Gerichtsvollziehers gestattet und Abschrift einzelner Aktenstücke erteilt werden.

§ 761. Zur Nachtzeit (§ 188 Abs. 1) sowie an Sonntagen und allgemeinen Feiertagen darf eine Vollstreckungshandlung nur mit Erlaubnis des Amtsrichters erfolgen, in dessen Bezirke die Handlung vorgenommen werden soll.

Die Verfügung, durch welche die Erlaubnis erteilt wird, ist bei der Zwangsvollstreckung vorzuzeigen.

§ 762. Der Gerichtsvollzieher hat über jede Vollstreckungshandlung ein Protokoll aufzunehmen.

Das Protokoll muß enthalten:

1. Ort und Zeit der Aufnahme;
2. den Gegenstand der Vollstreckungshandlung unter kurzer Erwähnung der wesentlichen Vorgänge;
3. die Namen der Personen, mit welchen verhandelt ist;
4. die Unterschrift dieser Personen und die Bemerkung, daß die Unterzeichnung nach vorgängiger Vorlesung oder Vorlegung zur Durchsicht und nach vorgängiger Genehmigung erfolgt sei;
5. die Unterschrift des Gerichtsvollziehers.

Hat einem der unter Nr. 4 bezeichneten Erfordernisse nicht genügt werden können, so ist der Grund anzugeben.

§ 763. Die Aufforderungen und sonstigen Mitteilungen, welche zu den Vollstreckungshandlungen gehören, sind von dem Gerichtsvollzieher mündlich zu erlassen und vollständig in das Protokoll aufzunehmen.

Kann die mündliche Ausführung nicht erfolgen, so hat der Gerichtsvollzieher eine Abschrift des Protokolls unter entsprechender Anwendung der §§ 172, 181—186 zuzustellen oder, wenn demjenigen, an welchen die Aufforderung oder Mitteilung zu richten ist, am Orte der Zwangsvollstreckung nicht zugestellt werden kann, durch die Post zu übersenden. Die

Befolgung dieser Vorschrift muß zum Protokoll bemerkt werden. Eine öffentliche Zustellung findet nicht statt.

§ 764. Die den Gerichten zugewiesene Anordnung von Vollstreckungshandlungen und Mitwirkung bei solchen gehört zur Zuständigkeit der Amtsgerichte als Vollstreckungsgerichte.

Als Vollstreckungsgericht ist, sofern nicht das Gesetz ein anderes Amtsgericht bezeichnet, dasjenige Amtsgericht anzusehen, in dessen Bezirke das Vollstreckungsverfahren stattfinden soll oder stattgefunden hat.

Die Entscheidungen des Vollstreckungsgerichts können ohne vorgängige mündliche Verhandlung erfolgen.

§ 765. Hängt die Vollstreckung von einer Zug um Zug zur bewirkenden Leistung des Gläubigers an den Schuldner ab, so darf das Vollstreckungsgericht eine Vollstreckungsmaßregel nur anordnen, wenn der Beweis, daß der Schuldner befriedigt oder im Verzuge der Annahme ist, durch öffentliche oder öffentlich beglaubigte Urkunden geführt wird und eine Abschrift dieser Urkunden bereits zugestellt ist. Der Zustellung bedarf es nicht, wenn bereits der Gerichtsvollzieher die Zwangsvollstreckung nach § 756 begonnen hatte und der Beweis durch das Protokoll des Gerichtsvollziehers geführt wird.

§ 766. Über Anträge, Einwendungen und Erinnerungen, welche die Art und Weise der Zwangsvollstreckung oder das bei derselben vom Gerichtsvollzieher zu beobachtende Verfahren betreffen, entscheidet das Vollstreckungsgericht. Dasselbe ist befugt, die im § 732 Abs. 2 bezeichneten Anordnungen zu erlassen.

Dem Vollstreckungsgerichte steht auch die Entscheidung zu, wenn ein Gerichtsvollzieher sich weigert, einen Vollstreckungsauftrag zu übernehmen oder eine Vollstreckungshandlung dem Auftrag gemäß auszuführen, oder wenn in Ansehung der von dem Gerichtsvollzieher in Ansatz gebrachten Kosten Erinnerungen erhoben werden.

§ 767. Einwendungen, welche den durch das Urteil festgestellten Anspruch selbst betreffen, sind von dem Schuldner im Wege der Klage bei dem Prozeßgericht erster Instanz geltend zu machen.

Dieselben sind nur insoweit zulässig, als die Gründe, auf denen sie beruhen, erst nach dem Schlusse derjenigen mündlichen

Verhandlung, in welcher Einwendungen in Gemäßheit der Bestimmungen dieses Gesetzes spätestens hätten geltend gemacht werden müssen, entstanden sind und durch Einspruch nicht mehr geltend gemacht werden können.

Der Schuldner muß in der von ihm zu erhebenden Klage alle Einwendungen geltend machen, welche er zur Zeit der Erhebung der Klage geltend zu machen imstande war.

§ 768. Die Bestimmungen des § 767 Abs. 1, 3 finden entsprechende Anwendung, wenn in den Fällen des § 726 Abs. 1, der §§ 727—729, 738, 742, 744, des § 745 Abs. 2 und des § 749 der Schuldner den bei der Erteilung der Vollstreckungsklausel als bewiesen angenommenen Eintritt der Voraussetzung für die Erteilung der Vollstreckungsklausel bestreitet, unbeschadet der Befugnis des Schuldners, in diesen Fällen Einwendungen gegen die Zulässigkeit der Vollstreckungsklausel in Gemäßheit des § 732 zu erheben.

§ 769. Das Prozeßgericht kann auf Antrag anordnen, daß bis zur Erlassung des Urteils über die in den §§ 767, 768 bezeichneten Einwendungen die Zwangsvollstreckung gegen oder ohne Sicherheitsleistung eingestellt oder nur gegen Sicherheitsleistung fortgesetzt werde und daß die erfolgten Vollstreckungsmaßregeln gegen Sicherheitsleistung aufzuheben seien. Die tatsächlichen Behauptungen, welche den Antrag begründen, sind glaubhaft zu machen.

In dringenden Fällen kann das Vollstreckungsgericht eine solche Anordnung erlassen, unter Bestimmung einer Frist, innerhalb welcher die Entscheidung des Prozeßgerichts beizubringen sei. Nach fruchtlosem Ablauf der Frist wird die Zwangsvollstreckung fortgesetzt.

Die Entscheidung über diese Anträge kann ohne vorgängige mündliche Verhandlung erfolgen.

§ 770. Das Prozeßgericht kann in dem Urteil, durch welches über die Einwendungen entschieden wird, die in dem vorstehenden Paragraphen bezeichneten Anordnungen erlassen oder die bereits erlassenen Anordnungen aufheben, abändern oder bestätigen. In betreff der Anfechtung einer solchen Entscheidung finden die Vorschriften des § 718 entsprechende Anwendung.

§ 771. Behauptet ein Dritter, daß ihm an dem Gegenstande der Zwangsvollstreckung ein die Veräußerung hinderndes Recht zustehe, so ist der Widerspruch gegen die Zwangsvollstreckung im Wege der Klage bei dem Gerichte geltend zu machen, in dessen Bezirke die Zwangsvollstreckung erfolgt.

Wird die Klage gegen den Gläubiger und den Schuldner gerichtet, so sind diese als Streitgenossen anzusehen.

Auf die Einstellung der Zwangsvollstreckung und die Aufhebung der bereits erfolgten Vollstreckungsmaßregeln finden die Vorschriften der §§ 769, 770 entsprechende Anwendung. Die Aufhebung einer Vollstreckungsmaßregel ist auch ohne Sicherheitsleistung zulässig.

§ 772. Solange ein Veräußerungsverbot der in den §§ 135, 136 des Bürgerlichen Gesetzbuchs bezeichneten Art besteht, soll der Gegenstand, auf welchen es sich bezieht, wegen eines persönlichen Anspruchs oder auf Grund eines infolge des Verbots unwirksamen Rechtes nicht im Wege der Zwangsvollstreckung veräußert oder überwiesen werden. Auf Grund des Veräußerungsverbots kann nach Maßgabe des § 771 Widerspruch erhoben werden.

§ 773. Ein Gegenstand, der zu einer Vorerbschaft gehört, soll nicht im Wege der Zwangsvollstreckung veräußert oder überwiesen werden, wenn die Veräußerung oder die Überweisung im Falle des Eintritts der Nacherbfolge nach § 2115 des Bürgerlichen Gesetzbuchs dem Nacherben gegenüber unwirksam ist. Der Nacherbe kann nach Maßgabe des § 771 Widerspruch erheben.

§ 774. Findet nach § 741 die Zwangsvollstreckung in das eingebrachte Gut der Ehefrau oder in das Gesamtgut statt, so kann der Ehemann nach Maßgabe des § 771 Widerspruch erheben, wenn das gegen die Ehefrau ergangene Urteil in Ansehung des eingebrachten Gutes oder des Gesamtgutes ihm gegenüber unwirksam ist.

§ 775. Die Zwangvollstreckung ist einzustellen oder zu beschränken:

1. wenn die Ausfertigung einer vollstreckbaren Entscheidung vorgelegt wird, aus welcher sich ergibt, daß das zu vollstreckende Urteil oder dessen vorläufige Vollstreckbarkeit aufgehoben oder daß die Zwangsvollstreckung für unzulässig erklärt oder deren Einstellung angeordnet ist;

2. wenn die Ausfertigung einer gerichtlichen Entscheidung vorgelegt wird, aus welcher sich ergibt, daß die einstweilige Einstellung der Vollstreckung oder einer Vollstreckungsmaßregel angeordnet ist;
3. wenn eine öffentliche Urkunde vorgelegt wird, aus welcher sich ergibt, daß die zur Abwendung der Vollstreckung nachgelassene Sicherheitsleistung oder Hinterlegung erfolgt ist;
4. wenn eine öffentliche Urkunde oder eine von dem Gläubiger ausgestellte Privaturkunde vorgelegt wird, aus welcher sich ergibt, daß der Gläubiger nach Erlassung des zu vollstreckenden Urteils befriedigt ist oder Stundung bewilligt hat;
5. wenn ein Postschein vorgelegt wird, aus welchem sich ergibt, daß nach Erlassung des Urteils die zur Befriedigung des Gläubigers erforderliche Summe zur Auszahlung an den letzteren bei der Post eingezahlt ist.

§ 776. In den Fällen des § 775 Nr. 1, 3 sind zugleich die bereits erfolgten Vollstreckungsmaßregeln aufzuheben. In den Fällen der Nr. 4, 5 bleiben diese Maßregeln einstweilen bestehen; dasselbe gilt in den Fällen der Nr. 2, sofern nicht durch die betreffende Entscheidung auch die Aufhebung der bisherigen Vollstreckungshandlungen angeordnet ist.

§ 777. Hat der Gläubiger eine bewegliche Sache des Schuldners im Besitz, in Ansehung deren ihm ein Pfandrecht oder ein Zurückbehaltungsrecht für seine Forderung zusteht, so kann der Schuldner der Zwangsvollstreckung in sein übriges Vermögen nach § 766 widersprechen, soweit die Forderung durch den Wert der Sache gedeckt ist. Steht dem Gläubiger ein solches Recht in Ansehung der Sache auch für eine andere Forderung zu, so ist der Widerspruch nur zulässig, wenn auch diese Forderung durch den Wert der Sache gedeckt ist.

§ 778. Solange der Erbe die Erbschaft nicht angenommen hat, ist eine Zwangsvollstreckung wegen eines Anspruchs, der sich gegen den Nachlaß richtet, nur in den Nachlaß zulässig.

Wegen eigener Verbindlichkeiten des Erben ist eine Zwangsvollstreckung in den Nachlaß vor der Annahme der Erbschaft nicht zulässig.

§ 779. Eine Zwangsvollstreckung, welche zur Zeit des Todes des Schuldners gegen diesen bereits begonnen hatte, wird in den Nachlaß desselben fortgesetzt.

Ist bei einer Vollstreckungshandlung die Zuziehung des Schuldners nötig, so hat, wenn die Erbschaft noch nicht angenommen oder wenn der Erbe unbekannt oder es ungewiß ist, ob er die Erbschaft angenommen hat, das Vollstreckungsgericht auf Antrag des Gläubigers dem Erben einen einstweiligen besonderen Vertreter zu bestellen. Die Bestellung hat zu unterbleiben, wenn ein Nachlaßpfleger bestellt ist oder wenn die Verwaltung des Nachlasses einem Testamentsvollstrecker zusteht.

§ 780. Der als Erbe des Schuldners verurteilte Beklagte kann die Beschränkung seiner Haftung nur geltend machen, wenn sie ihm im Urteil vorbehalten ist.

Der Vorbehalt ist nicht erforderlich, wenn der Fiskus als gesetzlicher Erbe verurteilt wird oder wenn das Urteil über eine Nachlaßverbindlichkeit gegen einen Nachlaßverwalter oder einen anderen Nachlaßpfleger oder gegen einen Testamentsvollstrecker, dem die Verwaltung des Nachlasses zusteht, erlassen wird.

§ 781. Bei der Zwangsvollstreckung gegen den Erben des Schuldners bleibt die Beschränkung der Haftung unberücksichtigt, bis auf Grund derselben gegen die Zwangsvollstreckung von dem Erben Einwendungen erhoben werden.

§ 782. Der Erbe kann auf Grund der ihm nach den §§ 2014, 2015 des Bürgerlichen Gesetzbuchs zustehenden Einreden nur verlangen, daß die Zwangsvollstreckung für die Dauer der dort bestimmten Fristen auf solche Maßregeln beschränkt wird, die zur Vollziehung eines Arrestes zulässig sind. Wird vor dem Ablauf der Frist die Eröffnung des Nachlaßkonkurses beantragt, so ist auf Antrag die Beschränkung der Zwangsvollstreckung auch nach dem Ablauf der Frist aufrechtzuerhalten, bis über die Eröffnung des Konkursverfahrens rechtskräftig entschieden ist.

§ 783. In Ansehung der Nachlaßgegenstände kann der Erbe die Beschränkung der Zwangsvollstreckung nach § 782 auch gegenüber den Gläubigern verlangen, die nicht Nachlaßgläubiger sind, es sei denn, daß er für die Nachlaßverbindlichkeiten unbeschränkt haftet.

§ 784. Ist eine Nachlaßverwaltung angeordnet oder der Nachlaßkonkurs eröffnet, so kann der Erbe verlangen, daß Maßregeln der Zwangsvollstreckung, die zugunsten eines Nachlaßgläubigers in sein nicht zum Nachlaß gehörendes Vermögen erfolgt sind, aufgehoben werden, es sei denn, daß er für die Nachlaßverbindlichkeiten unbeschränkt haftet.

Im Falle der Nachlaßverwaltung steht dem Nachlaßverwalter das gleiche Recht gegenüber Maßregeln der Zwangsvollstreckung zu, die zugunsten eines anderen Gläubigers als eines Nachlaßgläubigers in den Nachlaß erfolgt sind.

§ 785. Die Erledigung der auf Grund der §§ 781—784 erhobenen Einwendungen erfolgt nach den Bestimmungen der §§ 767, 769, 770.

§ 786. Die Bestimmungen des § 780 Abs. 1 und der §§ 781—785 finden auf die nach § 1489 des Bürgerlichen Gesetzbuchs eintretende beschränkte Haftung. Die Bestimmungen des § 780 Abs. 1 und der §§ 781, 785 finden auf die nach den §§ 419, 1480, 1504, 2187 des Bürgerlichen Gesetzbuchs eintretende beschränkte Haftung entsprechende Anwendung.

§ 787. Soll durch die Zwangsvollstreckung ein Recht an einem Grundstück, das von dem bisherigen Eigentümer nach § 928 des Bürgerlichen Gesetzbuchs aufgegeben und von dem Aneignungsberechtigten noch nicht erworben worden ist, geltend gemacht werden, so hat das Vollstreckungsgericht auf Antrag einen Vertreter zu bestellen, dem bis zur Eintragung eines neuen Eigentümers die Wahrnehmung der sich aus dem Eigentum ergebenden Rechte und Verpflichtungen im Zwangsvollstreckungsverfahren obliegt.

§ 788. Die Kosten der Zwangsvollstreckung fallen, soweit sie notwendig waren (§ 91), dem Schuldner zur Last; sie sind zugleich mit dem zur Zwangsvollstreckung stehenden Anspruch beizutreiben. Als Kosten der Zwangsvollstreckung gelten auch die Kosten der Ausfertigung und der Zustellung des Urteils.

Die Kosten der Zwangsvollstreckung sind dem Schuldner zu erstatten, wenn das Urteil, aus welchem dieselbe erfolgt ist, aufgehoben wird.

§ 789. Wird zum Zwecke der Vollstreckung das Einschreiten einer Behörde erforderlich, so hat das Gericht die Behörde um ihr Einschreiten zu ersuchen.

§ 790. Soll die Zwangsvollstreckung gegen einen Soldaten in Kasernen und anderen militärischen Dienstgebäuden oder auf Kriegsfahrzeugen erfolgen, so hat auf Antrag des Gläubigers das Vollstreckungsgericht die zuständige Militärbehörde um die Zwangsvollstreckung zu ersuchen.

Die gepfändeten Gegenstände sind einem von dem Gläubiger zu beauftragenden Gerichtsvollzieher zu übergeben.

§ 791. Soll die Zwangsvollstreckung in einem ausländischen Staate erfolgen, dessen Behörden im Wege der Rechtshilfe die Urteile deutscher Gerichte vollstrecken, so hat auf Antrag des Gläubigers das Prozeßgericht erster Instanz die zuständige Behörde des Auslandes um die Zwangsvollstreckung zu ersuchen.

Kann die Vollstreckung durch einen Reichskonsul erfolgen, so ist das Ersuchen an diesen zu richten.

§ 792. Bedarf der Gläubiger zum Zwecke der Zwangsvollstreckung eines Erbscheins oder einer anderen Urkunde, die dem Schuldner auf Antrag von einer Behörde, einem Beamten oder einem Notar zu erteilen ist, so kann er die Erteilung an Stelle des Schuldners verlangen.

§ 793. Gegen Entscheidungen, welche im Zwangsvollstreckungsverfahren ohne vorgängige mündliche Verhandlung erfolgen können, findet sofortige Beschwerde statt.

§ 794. Die Zwangsvollstreckung findet ferner statt:

1. aus Vergleichen, welche nach Erhebung der Klage oder in einem Güteverfahren zwischen den Parteien oder zwischen einer Partei und einem Dritten zur Beilegung des Rechtsstreits seinem ganzen Umfang nach oder in betreff eines Teiles des Streitgegenstandes vor einem deutschen Gericht oder vor einer Gütestelle der im § 495a Abs. 1 Nr. 1 bezeichneten Art abgeschlossen sind, sowie aus Vergleichen, die gemäß § 118a zu richterlichem Protokoll genommen sind;
2. aus Kostenfestsetzungsbeschlüssen;
3. aus Entscheidungen, gegen welche das Rechtsmittel der Beschwerde stattfindet;
4. aus Vollstreckungsbefehlen;
5. aus Urkunden, welche von einem deutschen Gericht oder von einem deutschen Notar innerhalb der Grenzen seiner

Amtsbefugnisse in der vorgeschriebenen Form aufgenommen sind, sofern die Urkunde über einen Anspruch errichtet ist, welcher die Zahlung einer bestimmten Geldsumme oder die Leistung einer bestimmten Quantität anderer vertretbarer Sachen oder Wertpapiere zum Gegenstande hat, und der Schuldner sich in der Urkunde der sofortigen Zwangsvollstreckung unterworfen hat. Als ein Anspruch, welcher die Zahlung einer Geldsumme zum Gegenstande hat, gilt auch der Anspruch aus einer Hypothek, einer Grundschuld oder einer Rentenschuld.

Soweit nach den Vorschriften der §§ 737, 739, 743, des § 745 Abs. 2 und des § 748 Abs. 2 die Verurteilung eines Beteiligten zur Duldung der Zwangsvollstreckung erforderlich ist, wird sie dadurch ersetzt, daß der Beteiligte in einer nach Abs. 1 Nr. 5 aufgenommenen Urkunde die sofortige Zwangsvollstreckung in die seinem Rechte unterworfenen Gegenstände bewilligt.

§ 795. Auf die Zwangsvollstreckung aus den in dem vorstehenden Paragraphen erwähnten Schuldtiteln finden die Bestimmungen der §§ 724—793 entsprechende Anwendung, soweit nicht in den §§ 795a—800 abweichende Vorschriften enthalten sind.

§ 795a. Die Zwangsvollstreckung aus einem Kostenfestsetzungsbeschlusse, der gemäß § 105 auf das Urteil gesetzt ist, erfolgt auf Grund einer vollstreckbaren Ausfertigung des Urteils; einer besonderen Vollstreckungsklausel für den Festsetzungsbeschluß bedarf es nicht.

§ 796. Vollstreckungsbefehle bedürfen der Vollstreckungsklausel nur, wenn die Zwangsvollstreckung für einen anderen als den in dem Befehle bezeichneten Gläubiger oder gegen einen anderen als den in dem Befehle bezeichneten Schuldner erfolgen soll.

Einwendungen, welche den Anspruch selbst betreffen, sind nur insoweit zulässig, als die Gründe, auf denen sie beruhen, nach Zustellung des Vollstreckungsbefehls entstanden sind.

Für Klagen auf Erteilung der Vollstreckungsklausel sowie für Klagen, durch welche die den Anspruch selbst betreffenden Einwendungen geltend gemacht werden oder der bei der Erteilung der Vollstreckungsklausel als bewiesen angenommene

Eintritt der Voraussetzung für die Erteilung der Vollstreckungsklausel bestritten wird, ist das Amtsgericht zuständig, dessen Geschäftsstelle den Vollstreckungsbefehl erlassen hat. Gehört der Anspruch nicht vor die Amtsgerichte, so sind die Klagen bei dem zuständigen Landgerichte zu erheben.

§ 797. Die vollstreckbare Ausfertigung gerichtlicher Urkunden wird von dem Urkundsbeamten der Geschäftsstelle des Gerichts erteilt, welches die Urkunde verwahrt.

Die vollstreckbare Ausfertigung notarieller Urkunden wird von dem Notar erteilt, welcher die Urkunde verwahrt. Befindet sich die Urkunde in der Verwahrung einer Behörde, so hat diese die vollstreckbare Ausfertigung zu erteilen.

Die Entscheidung über Einwendungen, welche die Zulässigkeit der Vollstreckungsklausel betreffen, sowie die Entscheidung über Erteilung einer weiteren vollstreckbaren Ausfertigung erfolgt bei gerichtlichen Urkunden von dem im ersten Absatz bezeichneten Gerichte, bei notariellen Urkunden von dem Amtsgerichte, in dessen Bezirke der im zweiten Absatz bezeichnete Notar oder die daselbst bezeichnete Behörde den Amtssitz hat.

Auf die Geltendmachung von Einwendungen, welche den Anspruch selbst betreffen, findet die beschränkende Vorschrift des § 767 Abs. 2 keine Anwendung.

Für Klagen auf Erteilung der Vollstreckungsklausel sowie für Klagen, durch welche die den Anspruch selbst betreffenden Einwendungen geltend gemacht werden oder der bei der Erteilung der Vollstreckungsklausel als bewiesen angenommene Eintritt der Voraussetzung für die Erteilung der Vollstreckungsklausel bestritten wird, ist das Gericht, bei welchem der Schuldner im Deutschen Reiche seinen allgemeinen Gerichtsstand hat, und in Ermangelung eines solchen das Gericht zuständig, bei welchem in Gemäßheit des § 23 gegen den Schuldner Klage erhoben werden kann.

§ 797a. Bei Vergleichen, die vor Gütestellen der im § 495a Abs. 1 Nr. 1 bezeichneten Art geschlossen sind, wird die Vollstreckungsklausel von dem Urkundsbeamten der Geschäftsstelle desjenigen Amtsgerichts erteilt, in dessen Bezirke die Gütestelle ihren Sitz hat.

Über Einwendungen, welche die Zulässigkeit der Vollstreckungsklausel betreffen, entscheidet das im Abs. 1 bezeichnete Gericht.

§ 797 Abs. 5 findet entsprechende Anwendung.

Die Landesjustizverwaltung kann Vorsteher von Gütestellen ermächtigen, die Vollstreckungsklausel für Vergleiche zu erteilen, die vor der Gütestelle geschlossen sind. Die Ermächtigung erstreckt sich nicht auf diejenigen Fälle, in denen die Vollstreckungsklausel nur auf Anordnung des Vorsitzenden erteilt werden kann. Über Einwendungen, welche die Zulässigkeit der Vollstreckungsklausel betreffen, entscheidet das im Abs. 1 bezeichnete Gericht.

§ 798. Aus einem Kostenfestsetzungsbeschlusse, der nicht auf das Urteil gesetzt ist, und aus den nach § 794 Nr. 5 aufgenommenen Urkunden darf die Zwangsvollstreckung nur beginnen, wenn der Schuldtitel mindestens eine Woche vorher zugestellt ist.

§ 799. Hat sich der Eigentümer eines mit einer Hypothek, einer Grundschuld oder einer Rentenschuld belasteten Grundstücks in einer nach § 794 Nr. 5 aufgenommenen Urkunde der sofortigen Zwangsvollstreckung unterworfen und ist dem Rechtsnachfolger des Gläubigers eine vollstreckbare Ausfertigung erteilt, so ist die Zustellung der die Rechtsnachfolge nachweisenden öffentlichen oder öffentlich beglaubigten Urkunde nicht erforderlich, wenn der Rechtsnachfolger als Gläubiger im Grundbuch eingetragen ist.

§ 800. Der Eigentümer kann sich in einer nach § 794 Nr. 5 aufgenommenen Urkunde in Ansehung einer Hypothek, einer Grundschuld oder einer Rentenschuld der sofortigen Zwangsvollstreckung in der Weise unterwerfen, daß die Zwangsvollstreckung aus der Urkunde gegen den jeweiligen Eigentümer des Grundstücks zulässig sein soll. Die Unterwerfung bedarf in diesem Falle der Eintragung in das Grundbuch.

Bei der Zwangsvollstreckung gegen einen späteren Eigentümer, der im Grundbuch eingetragen ist, bedarf es nicht der Zustellung der den Erwerb des Eigentums nachweisenden öffentlichen oder öffentlich beglaubigten Urkunde.

Ist die sofortige Zwangsvollstreckung gegen den jeweiligen Eigentümer zulässig, so ist für die im § 797 Abs. 5 bezeichneten Klagen das Gericht zuständig, in dessen Bezirke das Grundstück belegen ist.

§ 801. Die Landesgesetzgebung ist nicht gehindert, auf Grund anderer als der in den §§ 704, 794 bezeichneten Schuldtitel die gerichtliche Zwangsvollstreckung zuzulassen und insoweit abweichende Vorschriften von den Bestimmungen dieses Gesetzes über die Zwangsvollstreckung zu treffen.

§ 802. Die in diesem Buche angeordneten Gerichtsstände sind ausschließliche.

Zweiter Abschnitt.

Zwangsvollstreckung wegen Geldforderungen.

Erster Titel.

Zwangsvollstreckung in das bewegliche Vermögen.

I. Allgemeine Bestimmungen.

§ 803. Die Zwangsvollstreckung in das bewegliche Vermögen erfolgt durch Pfändung. Sie darf nicht weiter ausgedehnt werden, als zur Befriedigung des Gläubigers und zur Deckung der Kosten der Zwangsvollstreckung erforderlich ist.

Die Pfändung hat zu unterbleiben, wenn sich von der Verwertung der zu pfändenden Gegenstände ein Überschuß über die Kosten der Zwangsvollstreckung nicht erwarten läßt.

§ 804. Durch die Pfändung erwirbt der Gläubiger ein Pfandrecht an dem gepfändeten Gegenstande.

Das Pfandrecht gewährt dem Gläubiger im Verhältnis zu anderen Gläubigern dieselben Rechte wie ein durch Vertrag erworbenes Faustpfandrecht; es geht Pfand- und Vorzugsrechten vor, welche für den Fall eines Konkurses den Faustpfandrechten nicht gleichgestellt sind.

Das durch eine frühere Pfändung begründete Pfandrecht geht demjenigen vor, welches durch eine spätere Pfändung begründet wird.

§ 805. Der Pfändung einer Sache kann ein Dritter, welcher sich nicht im Besitze der Sache befindet, auf Grund eines Pfand- oder Vorzugsrechts nicht widersprechen; er kann jedoch seinen Anspruch auf vorzugsweise Befriedigung aus dem Erlöse im Wege der Klage geltend machen, ohne Rücksicht darauf, ob seine Forderung fällig ist oder nicht.

Die Klage ist bei dem Vollstreckungsgericht und, wenn der Streitgegenstand zur Zuständigkeit der Amtsgerichte nicht gehört, bei dem Landgerichte zu erheben, in dessen Bezirke das Vollstreckungsgericht seinen Sitz hat.

Wird die Klage gegen den Gläubiger und den Schuldner gerichtet, so sind diese als Streitgenossen anzusehen.

Wird der Anspruch glaubhaft gemacht, so hat das Gericht die Hinterlegung des Erlöses anzuordnen. Die Vorschriften der §§ 769, 770 finden hierbei entsprechende Anwendung.

§ 806. Wird ein Gegenstand auf Grund der Pfändung veräußert, so steht dem Erwerber wegen eines Mangels im Rechte oder wegen eines Mangels der veräußerten Sache ein Anspruch auf Gewährleistung nicht zu.

§ 807. Hat die Pfändung zu einer vollständigen Befriedigung des Gläubigers nicht geführt oder macht dieser glaubhaft, daß er durch Pfändung seine Befriedigung nicht vollständig erlangen könne, so ist der Schuldner auf Antrag verpflichtet, ein Verzeichnis seines Vermögens vorzulegen, in betreff seiner Forderungen den Grund und die Beweismittel zu bezeichnen sowie den Offenbarungseid dahin zu leisten:

> daß er nach bestem Wissen sein Vermögen so vollständig angegeben habe, als er dazu imstande sei.

II. Zwangsvollstreckung in körperliche Sachen.

§ 808. Die Pfändung der im Gewahrsam des Schuldners befindlichen körperlichen Sachen wird dadurch bewirkt, daß der Gerichtsvollzieher dieselben in Besitz nimmt.

Andere Sachen als Geld, Kostbarkeiten und Wertpapiere sind im Gewahrsam des Schuldners zu belassen, sofern nicht hierdurch die Befriedigung des Gläubigers gefährdet wird. Werden die Sachen im Gewahrsam des Schuldners belassen, so ist die Wirksamkeit der Pfändung dadurch bedingt, daß durch Anlegung von Siegeln oder auf sonstige Weise die Pfändung ersichtlich gemacht ist.

Der Gerichtsvollzieher hat den Schuldner von der geschehenen Pfändung in Kenntnis zu setzen.

§ 809. Die vorstehenden Bestimmungen finden entsprechende Anwendung auf die Pfändung von Sachen, welche sich im Gewahrsam des Gläubigers oder eines zur Herausgabe bereiten Dritten befinden.

§ 810. Früchte, die von dem Boden noch nicht getrennt sind, können gepfändet werden, solange nicht ihre Beschlagnahme im Wege der Zwangsvollstreckung in das unbewegliche Vermögen erfolgt ist. Die Pfändung darf nicht früher als einen Monat vor der gewöhnlichen Zeit der Reife erfolgen.

Ein Gläubiger, der ein Recht auf Befriedignug aus dem Grundstück hat, kann der Pfändung nach Maßgabe des § 771 widersprechen, sofern nicht die Pfändung für einen im Falle der Zwangsvollstreckung in das Grundstück vorgehenden Anspruch erfolgt ist.

§ 811. Folgende Sachen sind der Pfändung nicht unterworfen:

1. die Kleidungsstücke, die Betten, die Wäsche, das Haus- und Küchengerät, insbesondere die Heiz- und Kochöfen, soweit diese Gegenstände für den Bedarf des Schuldners oder zur Erhaltung eines angemessenen Hausstandes unentbehrlich sind;
2. die für den Schuldner, seine Familie und sein Gesinde auf vier Wochen erforderlichen Nahrungs-, Feuerungs- und Beleuchtungsmittel oder, soweit solche Vorräte auf zwei Wochen nicht vorhanden und ihre Beschaffung für diesen Zeitraum auf anderem Wege nicht gesichert ist, der zur Beschaffung erforderliche Geldbetrag;
3. eine Milchkuh oder nach der Wahl des Schuldners statt einer solchen zwei Ziegen oder zwei Schafe nebst den zum Unterhalt und zur Streu für dieselben auf vier Wochen erforderlichen Futter- und Streuvorräten oder, soweit solche Vorräte auf zwei Wochen nicht vorhanden, dem zur Beschaffung erforderlichen Geldbetrage, wenn die bezeichneten Tiere für die Ernährung des Schuldners, seiner Familie und seines Gesindes unentbehrlich sind;
4. bei Personen, welche Landwirtschaft betreiben, das zum Wirtschaftsbetrieb erforderliche Gerät und Vieh nebst dem nötigen Dünger sowie die landwirtschaftlichen Erzeugnisse, soweit sie zur Fortführung der Wirtschaft bis zu der Zeit erforderlich sind, zu welcher gleiche oder ähnliche Erzeugnisse voraussichtlich gewonnen werden;

5. bei Künstlern, Handwerkern, gewerblichen Arbeitern und anderen Personen, welche aus Handarbeit oder sonstigen persönlichen Leistungen ihren Erwerb ziehen, die zur persönlichen Fortsetzung der Erwerbstätigkeit unentbehrlichen Gegenstände;
6. bei den Witwen und den minderjährigen Erben der unter Nr. 5 bezeichneten Personen, wenn sie das Erwerbsgeschäft für ihre Rechnung durch einen Stellvertreter fortführen, die zur persönlichen Fortführung des Geschäfts durch den Stellvertreter unentbehrlichen Gegenstände;
7. bei Offizieren, Deckoffizieren, Beamten, Geistlichen, Lehrern an öffentlichen Unterrichtsanstalten, Rechtsanwälten, Notaren sowie Ärzten und Hebammen die zur Verwaltung des Dienstes oder Ausübung des Berufs erforderlichen Gegenstände, sowie anständige Kleidung;
8. bei Offizieren, Militärärzten, Deckoffizieren, Beamten, Geistlichen, bei Ärzten und Lehrern an öffentlichen Anstalten ein Geldbetrag, welcher dem der Pfändung nicht unterworfenen Teile des Diensteinkommens oder der Pension für die Zeit von der Pfändung bis zum nächsten Termin der Gehalts- oder Pensionszahlung gleichkommt;
9. die zum Betriebe einer Apotheke unentbehrlichen Geräte, Gefäße und Waren;
10. die Bücher, welche zum Gebrauche des Schuldners und seiner Familie in der Kirche oder Schule oder einer sonstigen Unterrichtsanstalt oder bei der häuslichen Andacht bestimmt sind;
11. die in Gebrauch genommenen Haushaltungs- und Geschäftsbücher, die Familienpapiere sowie die Trauringe, Orden und Ehrenzeichen;
12. künstliche Gliedmaßen, Brillen und andere wegen körperlicher Gebrechen notwendige Hilfsmittel, soweit diese Gegenstände zum Gebrauche des Schuldners und seiner Familie bestimmt sind;
13. die zur unmittelbaren Verwendung für die Bestattung bestimmten Gegenstände.

§ 812. Gegenstände, welche zum gewöhnlichen Hausrat gehören und im Haushalt des Schuldners gebraucht werden, sollen nicht gepfändet werden, wenn ohne weiteres ersichtlich ist, daß durch deren Verwertung nur ein Erlös erzielt werden würde, welcher zu dem Werte außer allem Verhältnis steht.

§ 813. Zur Pfändung von Früchten, die von dem Boden noch nicht getrennt sind, und zur Pfändung von Gegenständen der im § 811 Nr. 4 bezeichneten Art bei Personen, welche Landwirtschaft betreiben, soll ein landwirtschaftlicher Sachverständiger zugezogen werden, sofern anzunehmen ist, daß der Wert der zu pfändenden Gegenstände den Betrag von eintausend Reichsmark übersteigt.

Inwieweit bei einem geringeren Werte ein Sachverständiger zugezogen werden soll, bestimmt die Landesjustizverwaltung.

§ 814. Die gepfändeten Sachen sind von dem Gerichtsvollzieher öffentlich zu versteigern, Kostbarkeiten sind vor der Versteigerung durch einen Sachverständigen abzuschätzen.

§ 815. Gepfändetes Geld ist dem Gläubiger abzuliefern.

Wird dem Gerichtsvollzieher glaubhaft gemacht, daß an gepfändetem Gelde ein die Veräußerung hinderndes Recht eines Dritten bestehe, so ist das Geld zu hinterlegen. Die Zwangsvollstreckung ist fortzusetzen, wenn nicht binnen einer Frist von zwei Wochen seit dem Tage der Pfändung eine Entscheidung des nach § 771 Abs. 1 zuständigen Gerichts über die Einstellung der Zwangsvollstreckung beigebracht wird.

Die Wegnahme des Geldes durch den Gerichtsvollzieher gilt als Zahlung von seiten des Schuldners, sofern nicht nach Abs. 2 oder nach § 720 die Hinterlegung zu erfolgen hat.

§ 816. Die Versteigerung der gepfändeten Sachen darf nicht vor Ablauf einer Woche seit dem Tage der Pfändung geschehen, sofern nicht der Gläubiger und der Schuldner über eine frühere Versteigerung sich einigen oder dieselbe erforderlich ist, um die Gefahr einer beträchtlichen Wertsverringerung der zu versteigernden Sache abzuwenden oder um unverhältnismäßige Kosten einer längeren Aufbewahrung zu vermeiden.

Die Versteigerung erfolgt in der Gemeinde, in welcher die Pfändung geschehen ist, sofern nicht der Gläubiger und der Schuldner über einen anderen Ort sich einigen.

Zeit und Ort der Versteigerung sind unter allgemeiner Bezeichnung der zu versteigernden Sachen öffentlich bekanntzumachen.

Bei der Versteigerung finden die Vorschriften des § 1239 Abs. 1 Satz 1, Abs. 2 des Bürgerlichen Gesetzbuchs entsprechende Anwendung.

§ 817. Dem Zuschlag an den Meistbietenden soll ein dreimaliger Aufruf vorausgehen; die Vorschriften des § 156 des Bürgerlichen Gesetzbuchs finden Anwendung.

Die Ablieferung einer zugeschlagenen Sache darf nur gegen bare Zahlung geschehen.

Hat der Meistbietende nicht zu der in den Versteigerungsbedingungen bestimmten Zeit oder in Ermangelung einer solchen Bestimmung nicht vor dem Schlusse des Versteigerungstermins die Ablieferung gegen Zahlung des Kaufgeldes verlangt, so wird die Sache anderweit versteigert. Der Meistbietende wird zu einem weiteren Gebote nicht zugelassen; er haftet für den Ausfall, auf den Mehrerlös hat er keinen Anspruch.

Wird der Zuschlag dem Gläubiger erteilt, so ist dieser von der Verpflichtung zur baren Zahlung so weit befreit, als der Erlös nach Abzug der Kosten der Zwangsvollstreckung zu seiner Befriedigung zu verwenden ist, sofern nicht dem Schuldner nachgelassen ist, durch Sicherheitsleistung oder durch Hinterlegung die Vollstreckung abzuwenden. Soweit der Gläubiger von der Verpflichtung zur baren Zahlung befreit ist, gilt der Betrag als von dem Schuldner an den Gläubiger gezahlt.

§ 818. Die Versteigerung wird eingestellt, sobald der Erlös zur Befriedigung des Gläubigers und zur Deckung der Kosten der Zwangsvollstreckung hinreicht.

§ 819. Die Empfangnahme des Erlöses durch den Gerichtsvollzieher gilt als Zahlung von seiten des Schuldners, sofern nicht dem Schuldner nachgelassen ist, durch Sicherheitsleistung oder durch Hinterlegung die Vollstreckung abzuwenden.

§ 820. Gold- und Silbersachen dürfen nicht unter ihrem Gold- oder Silberwerte zugeschlagen werden. Wird ein den Zuschlag gestattendes Gebot nicht abgegeben, so kann der Gerichtsvollzieher den Verkauf aus freier Hand zu dem Preise bewirken, welcher den Gold- oder Silberwert erreicht.

§ 821. Gepfändete Wertpapiere sind, wenn sie einen Börsen- oder Marktpreis haben, von dem Gerichtsvollzieher aus freier Hand zum Tageskurse zu verkaufen und, wenn sie einen solchen

Preis nicht haben, nach den allgemeinen Bestimmungen zu versteigern.

§ 822. Lautet ein Wertpapier auf Namen, so kann der Gerichtsvollzieher durch das Vollstreckungsgericht ermächtigt werden, die Umschreibung auf den Namen des Käufers zu erwirken und die hierzu erforderlichen Erklärungen an Stelle des Schuldners abzugeben.

§ 823. Ist ein Inhaberpapier durch Einschreibung auf den Namen oder in anderer Weise außer Kurs gesetzt, so kann der Gerichtsvollzieher durch das Vollstreckungsgericht ermächtigt werden, die Wiederinkurssetzung zu erwirken und die hierzu erforderlichen Erklärungen an Stelle des Schuldners abzugeben.

§ 824. Die Versteigerung gepfändeter, von dem Boden noch nichtgetrennter Früchte ist erst nach der Reife zulässig. Sie kann vor oder nach der Trennung der Früchte erfolgen; im letzteren Falle hat der Gerichtsvollzieher die Aberntung bewirken zu lassen.

§ 825. Auf Antrag des Gläubigers oder des Schuldners kann das Vollstreckungsgericht anordnen, daß die Verwertung einer gepfändeten Sache in anderer Weise oder an einem anderen Orte, als in den vorstehenden Paragraphen bestimmt ist, stattzufinden habe oder daß die Versteigerung durch eine andere Person als den Gerichtsvollzieher vorzunehmen sei.

§ 826. Zur Pfändung bereits gepfändeter Sachen genügt die in das Protokoll aufzunehmende Erklärung des Gerichtsvollziehers, daß er die Sachen für seinen Auftraggeber pfände.

Ist die erste Pfändung durch einen anderen Gerichtsvollzieher bewirkt, so ist diesem eine Abschrift des Protokolls zuzustellen. Der Schuldner ist von den weiteren Pfändungen in Kenntnis zu setzen.

§ 827. Auf den Gerichtsvollzieher, von welchem die erste Pfändung bewirkt ist, geht der Auftrag des zweiten Gläubigers kraft Gesetzes über, sofern nicht das Vollstreckungsgericht auf Antrag eines beteiligten Gläubigers oder des Schuldners anordnet, daß die Verrichtungen jenes Gerichtsvollziehers von einem anderen zu übernehmen seien. Die Versteigerung erfolgt für alle beteiligten Gläubiger.

Ist der Erlös zur Deckung der Forderungen nicht ausreichend und verlangt der Gläubiger, für welchen die zweite oder eine spätere Pfändung erfolgt ist, ohne Zustimmung der übrigen beteiligten Gläubiger eine andere Verteilung als nach der Reihenfolge der Pfändungen, so hat der Gerichtsvollzieher die Sachlage unter Hinterlegung des Erlöses dem Vollstreckungsgericht anzuzeigen. Dieser Anzeige sind die auf das Verfahren sich beziehenden Schriftstücke beizufügen.

In gleicher Weise ist zu verfahren, wenn die Pfändung für mehrere Gläubiger gleichzeitig bewirkt ist.

III. Zwangsvollstreckung in Forderungen und andere Vermögensrechte.

§ 828. Die gerichtlichen Handlungen, welche die Zwangsvollstreckung in Forderungen und andere Vermögensrechte zum Gegenstande haben, erfolgen durch das Vollstreckungsgericht.

Als Vorstreckungsgericht ist das Amtsgericht, bei welchem der Schuldner im Deutschen Reiche seinen allgemeinen Gerichtsstand hat, und in Ermangelung eines solchen das Amtsgericht zuständig, bei welchem in Gemäßheit des § 23 gegen den Schuldner Klage erhoben werden kann.

§ 829. Soll eine Geldforderung gepfändet werden, so hat das Gericht dem Drittschuldner zu verbieten, an den Schuldner zu zahlen. Zugleich hat das Gericht an den Schuldner das Gebot zu erlassen, sich jeder Verfügung über die Forderung, insbesondere der Einziehung derselben, zu enthalten.

Der Gläubiger hat den Beschluß dem Drittschuldner zustellen zu lassen. Der Gerichtsvollzieher hat den Beschluß mit einer Abschrift der Zustellungsurkunde dem Schuldner sofort zuzustellen, sofern nicht eine öffentliche Zustellung erforderlich wird. Ist die Zustellung an den Drittschuldner auf unmittelbares Ersuchen der Geschäftsstelle durch die Post erfolgt, so hat die Geschäftsstelle für die Zustellung an den Schuldner in gleicher Weise Sorge zu tragen. An Stelle einer an den Schuldner im Ausland zu bewirkenden Zustellung erfolgt die Zustellung durch Aufgabe zur Post.

Mit der Zustellung des Beschlusses an den Drittschuldner ist die Pfändung als bewirkt anzusehen.

§ 830. Zur Pfändung einer Forderung, für welche eine Hypothek besteht, ist außer dem Pfändungsbeschlusse die Übergabe des Hypothekenbriefs an den Gläubiger erforderlich. Wird die Übergabe im Wege der Zwangsvollstreckung erwirkt, so gilt sie als erfolgt, wenn der Gerichtsvollzieher den Brief zum Zwecke der Ablieferung an den Gläubiger wegnimmt. Ist die Erteilung des Hypothekenbriefs ausgeschlossen, so ist die Eintragung der Pfändung in das Grundbuch erforderlich; die Eintragung erfolgt auf Grund des Pfändungsbeschlusses.

Wird der Pfändungsbeschluß vor der Übergabe des Hypothekenbriefs oder der Eintragung der Pfändung dem Drittschuldner zugestellt, so gilt die Pfändung diesem gegenüber mit der Zustellung als bewirkt.

Diese Vorschriften finden keine Anwendung, soweit es sich um die Pfändung der Ansprüche auf die im § 1159 des Bürgerlichen Gesetzbuchs bezeichneten Leistungen handelt. Das gleiche gilt bei einer Sicherungshypothek im Falle des § 1187 des Bürgerlichen Gesetzbuchs von der Pfändung der Hauptforderung.

§ 831. Die Pfändung von Forderungen aus Wechseln und anderen Papieren, welche durch Indossament übertragen werden können, wird dadurch bewirkt, daß der Gerichtsvollzieher diese Papiere in Besitz nimmt.

§ 832. Das Pfandrecht, welches durch die Pfändung einer Gehaltsforderung oder einer ähnlichen in fortlaufenden Bezügen bestehenden Forderung erworben wird, erstreckt sich auch auf die nach der Pfändung fällig werdenden Beträge.

§ 833. Durch die Pfändung eines Diensteinkommens wird auch dasjenige Einkommen betroffen, welches der Schuldner infolge der Versetzung in ein anderes Amt, der Übertragung eines neuen Amtes oder einer Gehaltserhöhung zu beziehen hat.

Diese Bestimmung findet auf den Fall der Änderung des Dienstherrn keine Anwendung.

§ 834. Vor der Pfändung ist der Schuldner über das Pfändungsgesuch nicht zu hören.

§ 835. Die gepfändete Geldforderung ist dem Gläubiger nach seiner Wahl zur Einziehung oder an Zahlungs Statt zum Nennwert zu überweisen.

Im letzteren Falle geht die Forderung auf den Gläubiger mit der Wirkung über, daß derselbe, soweit die Forderung besteht, wegen seiner Forderung an den Schuldner als befriedigt anzusehen ist.

Die Bestimmungen des § 829 Abs. 2, 3 finden auf die Überweisung entsprechende Anwendung.

§ 836. Die Überweisung ersetzt die förmlichen Erklärungen des Schuldners, von welchen nach den Vorschriften des bürgerlichen Rechtes die Berechtigung zur Einziehung der Forderung abhängig ist.

Der Überweisungsbeschluß gilt, auch wenn er mit Unrecht erlassen ist, zugunsten des Drittschuldners dem Schuldner gegenüber so lange als rechtsbeständig, bis er aufgehoben wird und die Aufhebung zur Kenntnis des Drittschuldners gelangt.

Der Schuldner ist verpflichtet, dem Gläubiger die zur Geltendmachung der Forderung nötige Auskunft zu erteilen und ihm die über die Forderung vorhandenen Urkunden herauszugeben. Die Herausgabe kann von dem Gläubiger im Wege der Zwangsvollstreckung erwirkt werden.

§ 837. Zur Überweisung einer gepfändeten Forderung, für welche eine Hypothek besteht, genügt die Aushändigung des Überweisungsbeschlusses an den Gläubiger. Ist die Erteilung des Hypothekenbriefs ausgeschlossen, so ist zur Überweisung an Zahlungs Statt die Eintragung der Überweisung in das Grundbuch erforderlich; die Eintragung erfolgt auf Grund des Überweisungsbeschlusses.

Diese Vorschriften finden keine Anwendung, soweit es sich um die Überweisung der Ansprüche auf die im § 1159 des Bürgerlichen Gesetzbuchs bezeichneten Leistungen handelt. Das gleiche gilt bei einer Sicherungshypothek im Falle des § 1187 des Bürgerlichen Gesetzbuchs von der Überweisung der Hauptforderung.

Bei einer Sicherungshypothek der im § 1190 des Bürgerlichen Gesetzbuchs bezeichneten Art kann die Hauptforderung nach den allgemeinen Vorschriften gepfändet und überwiesen werden, wenn der Gläubiger die Überweisung der Forderung ohne die Hypothek an Zahlungs Statt beantragt.

§ 838. Wird eine durch ein Pfandrecht an einer beweglichen Sache gesicherte Forderung überwiesen, so kann der Schuldner die Herausgabe des Pfandes an den Gläubiger verweigern, bis ihm Sicherheit für die Haftung geleistet wird, die für ihn aus einer Verletzung der dem Gläubiger dem Verpfänder gegenüber obliegenden Verpflichtungen entstehen kann.

§ 839. Ist in Gemäßheit des § 713 Abs. 2 dem Schuldner nachgelassen, durch Sicherheitsleistung oder durch Hinterlegung die Vollstreckung abzuwenden, so findet die Überweisung gepfändeter Geldforderungen nur zur Einziehung und nur mit der Wirkung statt, daß der Drittschuldner den Schuldbetrag hinterlege.

§ 840. Auf Verlangen des Gläubigers hat der Drittschuldner binnen zwei Wochen, von der Zustellung des Pfändungsbeschlusses an gerechnet, dem Gläubiger zu erklären:

1. ob und inwieweit er die Forderung als begründet anerkenne und Zahlung zu leisten bereit sei;
2. ob und welche Ansprüche andere Personen an die Forderung machen;
3. ob und wegen welcher Ansprüche die Forderung bereits für andere Gläubiger gepfändet sei.

Die Aufforderung zur Abgabe dieser Erklärungen muß in die Zustellungsurkunde aufgenommen werden. Der Drittschuldner haftet dem Gläubiger für den aus der Nichterfüllung seiner Verpflichtung entstehenden Schaden.

Die Erklärungen des Drittschuldners können bei Zustellung des Pfändungsbeschlusses oder innerhalb der im ersten Absatz bestimmten Frist an den Gerichtsvollzieher erfolgen. Im ersteren Falle sind dieselben in die Zustellungsurkunde aufzunehmen und von dem Drittschuldner zu unterschreiben.

§ 841. Der Gläubiger, welcher die Forderung einklagt, ist verpflichtet, dem Schuldner gerichtlich den Streit zu verkünden, sofern nicht eine Zustellung im Ausland oder eine öffentliche Zustellung erforderlich wird.

§ 842. Der Gläubiger, welcher die Beitreibung einer ihm zur Einziehung überwiesenen Forderung verzögert, haftet dem Schuldner für den daraus entstehenden Schaden.

§ 843. Der Gläubiger kann auf die durch Pfändung und Überweisung zur Einziehung erworbenen Rechte unbeschadet seines Anspruchs verzichten. Die Verzichtleistung erfolgt durch eine dem Schuldner zuzustellende Erklärung. Die Erklärung ist auch dem Drittschuldner zuzustellen.

§ 844. Ist die gepfändete Forderung eine bedingte oder eine betagte oder ist ihre Einziehung wegen der Abhängigkeit von einer Gegenleistung oder aus anderen Gründen mit Schwierigkeiten verbunden, so kann das Gericht auf Antrag an Stelle der Überweisung eine andere Art der Verwertung anordnen.

Vor dem Beschlusse, durch welchen dem Antrag stattgegeben wird, ist der Gegner zu hören, sofern nicht eine Zustellung im Ausland oder eine öffentliche Zustellung erforderlich wird.

§ 845. Schon vor der Pfändung kann der Gläubiger auf Grund eines vollstreckbaren Schuldtitels durch den Gerichtsvollzieher dem Drittschuldner und dem Schuldner die Benachrichtigung, daß die Pfändung bevorstehe, zustellen lassen mit der Aufforderung an den Drittschuldner, nicht an den Schuldner zu zahlen, und mit der Aufforderung an den Schuldner, sich jeder Verfügung über die Forderung, insbesondere der Einziehung derselben, zu enthalten. Der vorherigen Erteilung einer vollstreckbaren Ausfertigung und der Zustellung des Schuldtitels bedarf es nicht.

Die Benachrichtigung an den Drittschuldner hat die Wirkung eines Arrestes (§ 930), sofern die Pfändung der Forderung innerhalb drei Wochen bewirkt wird. Die Frist beginnt mit dem Tage, an welchem die Benachrichtigung zugestellt ist.

§ 846. Die Zwangsvollstreckung in Ansprüche, welche die Herausgabe oder Leistung körperlicher Sachen zum Gegenstande haben, erfolgt nach den Vorschriften der §§ 829—845 unter Berücksichtigung der nachfolgenden Bestimmungen.

§ 847. Bei der Pfändung eines Anspruchs, welcher eine bewegliche körperliche Sache betrifft, ist anzuordnen, daß die Sache an einen vom Gläubiger zu beauftragenden Gerichtsvollzieher herauszugeben sei.

Auf die Verwertung der Sache finden die Vorschriften über die Verwertung gepfändeter Sachen Anwendung.

§ 848. Bei Pfändung eines Anspruchs, welcher eine unbewegliche Sache betrifft, ist anzuordnen, daß die Sache an einen auf Antrag des Gläubigers vom Amtsgerichte der belegenen Sache zu bestellenden Sequester herauszugeben sei.

Ist der Anspruch auf Übertragung des Eigentums gerichtet, so hat die Auflassung an den Sequester als Vertreter des Schuldners zu erfolgen. Mit dem Übergange des Eigentums auf den Schuldner erlangt der Gläubiger eine Sicherungshypothek für seine Forderung. Der Sequester hat die Eintragung der Sicherungshypothek zu bewilligen.

Die Zwangsvollstreckung in die herausgegebene Sache wird nach den für die Zwangsvollstreckung in unbewegliche Sachen geltenden Vorschriften bewirkt.

§ 849. Eine Überweisung der im § 846 bezeichneten Ansprüche an Zahlungs Statt ist unzulässig.

§ 850. Der Pfändung sind nicht unterworfen:

1. der Arbeits- oder Dienstlohn nach den Bestimmungen des Reichsgesetzes vom 21. Juni 1869 (Bundesgesetzbl. 1869 S. 242 und 1871 S. 63, Reichsgesetzbl. 1897 S. 159, 1898 S. 332) und der Verordnung über Lohnpfändung vom 25. Juni 1919 (Reichsgesetzbl. 1919 S. 589, 1921 S. 1657, 1923 I S. 1186, 1924 I S. 45);[1])
2. die auf gesetzlicher Vorschrift beruhenden Alimentenforderungen und die nach § 844 des Bürgerlichen Gesetzbuchs wegen der Entziehung einer solchen Forderung zu entrichtende Geldrente;
3. die fortlaufenden Einkünfte, welche ein Schuldner aus Stiftungen oder sonst auf Grund der Fürsorge und Freigebigkeit eines Dritten bezieht, insoweit der Schuldner zur Bestreitung des notdürftigen Unterhalts für sich, seinen Ehegatten und seine noch unversorgten Kinder dieser Einkünfte bedarf;
4. die aus Kranken-, Hilfs- oder Sterbekassen, insbesondere aus Knappschaftskassen und Kassen der Knappschaftsvereine zu beziehenden Hebungen;
5. die Invalidenpension der Unteroffiziere und der Mannschaften nach den Bestimmungen der Versorgungsgesetze;
6. das Diensteinkommen der Militärpersonen, welche zu einem mobilen Truppenteil oder zur Besatzung eines in Dienst gestellten Kriegsfahrzeugs gehören;
7. die Pensionen der Witwen und Waisen und die denselben aus Witwen- und Waisenkassen zukommenden Bezüge, die Erziehungsgelder und die Studienstipendien sowie die Pensionen invalider Arbeiter;

8. das Diensteinkommen der Offiziere, Militärärzte und Deckoffiziere, der Beamten, der Geistlichen sowie der Ärzte und Lehrer an öffentlichen Anstalten; die Pension dieser Personen nach deren Versetzung in einstweiligen oder dauernden Ruhestand sowie der nach ihrem Tode den Hinterbliebenen zu gewährende Sterbe- oder Gnadengehalt;
9. das Diensteinkommen der Unteroffiziere und Mannschaften der Wehrmacht.

Übersteigen in den Fällen 7—9 das Diensteinkommen, die Pension oder die sonstigen Bezüge die Summe von monatlich 195 Reichsmark, so ist der dritte Teil des Mehrbetrags der Pfändung unterworfen. Die Beihilfen und Zulagen, die den im Abs. 1 Nr. 7—9 bezeichneten Personen mit Rücksicht auf das Vorhandensein unterhaltsberechtigter Angehöriger gewährt werden, sind weder der Pfändung unterworfen, noch bei der Ermittlung, ob und zu welchem Betrag ein Bezug der Pfändung unterliegt, zu berechnen. Das gleiche gilt für die Einkünfte, die zur Bestreitung eines Dienstaufwandes bestimmt sind.

Die nach § 843 des Bürgerlichen Gesetzbuchs wegen einer Verletzung des Körpers oder der Gesundheit zu entrichtende Geldrente ist der Pfändung nur nach Maßgabe der Verordnung über Lohnpfändung vom 25. Juni 1919 (Reichsgesetzbl. 1919 S. 589, 1921 S. 1657, 1923 I S. 1186, 1924 I S. 25) unterworfen[1]).

Das Diensteinkommen, die Pension und die sonstigen Bezüge der im Abs. 1 Nr. 7—9 genannten Personen, einschließlich der im Abs. 2 Satz 4 bezeichneten Beihilfen und Zulagen sowie die im Abs. 3 bezeichneten Geldrenten sind unbeschränkt pfändbar, wenn die Pfändung wegen der den Verwandten, dem Ehegatten und dem früheren Ehegatten für die Zeit nach Erhebung der Klage und für das diesem Zeitpunkt vorausgehende letzte Vierteljahr kraft Gesetzes zu entrichtenden Unterhaltsbeiträge beantragt wird. Das gleiche gilt in Ansehung der zugunsten eines unehelichen Kindes von dem Vater für den bezeichneten Zeitraum kraft Gesetzes zu entrichtenden Unterhaltsbeiträge; diese Vorschrift findet jedoch insoweit keine Anwendung, als der Schuldner zur Bestreitung seines notdürftigen Unterhalts und zur Erfüllung der ihm seinen Verwandten, seiner Ehefrau oder seiner früheren Ehefrau gegenüber gesetzlich obliegenden Unterhaltspflicht der Bezüge bedarf. Hierbei werden ausschließlich die Leistungen berücksichtigt, welche vermöge einer solchen Unterhaltspflicht für den nämlichen Zeitraum oder, falls die Klage zugunsten des unehelichen Kindes nach der Klage eines Unterhaltsberechtigten erhoben ist, für die Zeit von dem Beginne des der Klage dieses Berechtigten vorausgehenden letzten Vierteljahrs ab zu entrichten sind.

[1]) S. das Ges. v. 21. Juni 1869 unten unter Nr. 23 und die VO. v. 25. Juni 1919 unten unter Nr. 24.

§ 851. Eine Forderung ist in Ermangelung besonderer Vorschriften der Pfändung nur insoweit unterworfen, als sie übertragbar ist.

Eine nach § 399 des Bürgerlichen Gesetzbuchs nicht übertragbare Forderung kann insoweit gepfändet und zur Einziehung überwiesen werden, als der geschuldete Gegenstand der Pfändung unterworfen ist.

§ 852. Der Pflichtteilsanspruch ist der Pfändung nur unterworfen, wenn er durch Vertrag anerkannt oder rechtshängig geworden ist.

Das gleiche gilt für den nach § 528 des Bürgerlichen Gesetzbuchs dem Schenker zustehenden Anspruch auf Herausgabe des Geschenkes.

§ 853. Ist eine Geldforderung für mehrere Gläubiger gepfändet, so ist der Drittschuldner berechtigt und auf Verlangen eines Gläubigers, welchem die Forderung überwiesen wurde, verpflichtet, unter Anzeige der Sachlage und unter Aushändigung der ihm zugestellten Beschlüsse an das Amtsgericht, dessen Beschluß ihm zuerst zugestellt ist, den Schuldbetrag zu hinterlegen.

§ 854. Ist ein Anspruch, welcher eine bewegliche körperliche Sache betrifft, für mehrere Gläubiger gepfändet, so ist der Drittschuldner berechtigt und auf Verlangen eines Gläubigers, welchem der Anspruch überwiesen wurde, verpflichtet, die Sache unter Anzeige der Sachlage und unter Aushändigung der ihm zugestellten Beschlüsse dem Gerichtsvollzieher herauszugeben, welcher nach dem ihm zuerst zugestellten Beschlusse zur Empfangnahme der Sache ermächtigt ist. Hat der Gläubiger einen solchen Gerichtsvollzieher nicht bezeichnet, so erfolgt dessen Ernennung auf Antrag des Drittschuldners von dem Amtsgerichte des Ortes, wo die Sache herauszugeben ist.

Ist der Erlös zur Deckung der Forderungen nicht ausreichend und verlangt der Gläubiger, für welchen die zweite oder eine spätere Pfändung erfolgt ist, ohne Zustimmung der übrigen beteiligten Gläubiger eine andere Verteilung als nach der Reihenfolge der Pfändungen, so hat der Gerichtsvollzieher die Sachlage unter Hinterlegung des Erlöses dem Amtsgericht anzuzeigen, dessen Beschluß dem Drittschuldner zuerst zugestellt ist. Dieser Anzeige sind die auf das Verfahren sich beziehenden Schriftstücke beizufügen.

In gleicher Weise ist zu verfahren, wenn die Pfändung für mehrere Gläubiger gleichzeitig bewirkt ist.

§ 855. Betrifft der Anspruch eine unbewegliche Sache, so ist der Drittschuldner berechtigt und auf Verlangen eines Gläubigers, welchem der Anspruch überwiesen wurde, verpflichtet, die Sache unter Anzeige der Sachlage und unter Aushändigung der ihm zugestellten Beschlüsse an den von dem Amtsgerichte der belegenen Sache ernannten oder auf seinen Antrag zu ernennenden Sequester herauszugeben.

§ 856. Jeder Gläubiger, welchem der Anspruch überwiesen wurde, ist berechtigt, gegen den Drittschuldner Klage auf Erfüllung der nach den Bestimmungen der §§ 853—855 diesem obliegenden Verpflichtungen zu erheben.

Jeder Gläubiger, für welchen der Anspruch gepfändet ist, kann sich dem Kläger in jeder Lage des Rechtsstreits als Streitgenosse anschließen.

Der Drittschuldner hat die Gläubiger, welche die Klage nicht erhoben und dem Kläger sich nicht angeschlossen haben, zum Termine zur mündlichen Verhandlung zu laden.

Die Entscheidung, welche in dem Rechtsstreit über den in der Klage erhobenen Anspruch erlassen wird, ist für und gegen sämtliche Gläubiger wirksam.

Gegen einen Gläubiger, welcher nicht zum Termin zur mündlichen Verhandlung geladen ist, obgleich er von dem Drittschuldner hätte geladen werden sollen, kann der Drittschuldner sich auf die ihm günstige Entscheidung nicht berufen.

§ 857. Auf die Zwangsvollstreckung in andere Vermögensrechte, welche nicht Gegenstand der Zwangsvollstreckung in das unbewegliche Vermögen sind, finden die vorstehenden Bestimmungen entsprechende Anwendung.

Ist ein Drittschuldner nicht vorhanden, so ist die Pfändung mit dem Zeitpunkt als bewirkt anzusehen, in welchem dem Schuldner das Gebot, sich jeder Verfügung über das Recht zu enthalten, zugestellt ist.

Ein unveräußerliches Recht ist in Ermangelung besonderer Vorschriften der Pfändung insoweit unterworfen, als die Ausübung einem anderen überlassen werden kann.

Das Gericht kann bei der Zwangsvollstreckung in unveräußerliche Rechte, deren Ausübung einem anderen überlassen werden kann, besondere Anordnungen erlassen. Es kann insbesondere bei der Zwangsvollstreckung in Nutzungsrechte eine Verwaltung anordnen; in diesem Falle wird die Pfändung durch Übergabe der zu benutzenden Sache an den Verwalter bewirkt, sofern sie nicht durch Zustellung des Beschlusses bereits vorher bewirkt ist.

Ist die Veräußerung des Rechtes selbst zulässig, so kann auch diese Veräußerung von dem Gericht angeordnet werden.

Auf die Zwangsvollstreckung in eine Reallast, eine Grundschuld oder eine Rentenschuld finden die Vorschriften über die Zwangsvollstreckung in eine Forderung, für welche eine Hypothek besteht, entsprechende Anwendung.

§ 858. Auf die Zwangsvollstreckung in den Anteil an einem im Schiffsregister eingetragenen Schiffe (Schiffspart) finden die Bestimmungen des § 857 mit folgenden Abweichungen Anwendung.

Als Vollstreckungsgericht ist das Amtsgericht zuständig, in dessen Bezirke sich der Heimatshafen oder der Heimatsort des Schiffes befindet.

Dem Antrag auf Anordnung der Veräußerung der Part ist ein Auszug aus dem Schiffsregister beizufügen, der alle die Part betreffenden Eintragungen enthält; der Auszug darf nicht älter als eine Woche sein.

Der Pfändungsbeschluß soll dem Korrespondentreeder zugestellt werden; die Pfändung wird auch mit dieser Zustellung wirksam.

Das Vollstreckungsgericht soll der Registerbehörde von der Erlassung des Pfändungsbeschlusses unverzüglich Mitteilung machen.

Ergibt der Auszug aus dem Schiffsregister, daß die Part mit einem Pfandrecht belastet ist, welches einem anderen als dem betreibenden Gläubiger zusteht, so ist die Hinterlegung des Erlöses anzuordnen. Die Verteilung des Erlöses erfolgt in diesem Falle nach den Bestimmungen der §§ 873—882; Forderungen, für die ein Pfandrecht an der Part eingetragen ist, sind nach dem Inhalt des Schiffsregisters in den Teilungsplan aufzunehmen.

§ 859. Der Anteil eines Gesellschafters an dem Gesellschaftsvermögen einer nach § 705 des Bürgerlichen Gesetzbuchs eingegangenen Gesellschaft ist der Pfändung unterworfen. Der Anteil eines Gesellschafters an den einzelnen zu dem Gesellschaftsvermögen gehörenden Gegenständen ist der Pfändung nicht unterworfen.

Die gleichen Vorschriften gelten für den Anteil eines Miterben an dem Nachlaß und an den einzelnen Nachlaßgegenständen.

§ 860. Bei dem Güterstande der allgemeinen Gütergemeinschaft, der Errungenschaftsgemeinschaft oder der Fahrnisgemeinschaft ist der Anteil eines der Ehegatten an dem Gesamtgut und an den einzelnen dazu gehörenden Gegenständen der Pfändung nicht unterworfen. Das gleiche gilt bei der fortgesetzten Gütergemeinschaft von den Anteilen des überlebenden Ehegatten und der Abkömmlinge.

Nach der Beendigung der Gemeinschaft ist der Anteil an dem Gesamtgut zugunsten der Gläubiger des Anteilsberechtigten der Pfändung unterworfen.

§ 861. Das Recht, welches bei dem Güterstande der Verwaltung und Nutznießung dem Ehemann an dem eingebrachten Gute zusteht, ist der Pfändung nicht unterworfen. Die von dem Ehemann erworbenen Früchte des eingebrachten Gutes sind der Pfändung nicht unterworfen, soweit sie zur Erfüllung der in den §§ 1384 bis 1387 des Bürgerlichen Gesetzbuchs bestimmten Verpflichtungen des Ehemanns, zur Erfüllung der ihm seiner Ehefrau, seiner früheren Ehefrau oder seinen Verwandten gegenüber gesetzlich obliegenden Unterhaltspflicht und zur Bestreitung seines standesmäßigen Unterhalts erforderlich sind.

Der Widerspruch kann auch von der Ehefrau nach § 766 geltend gemacht werden.

§ 862. Das Recht, welches dem Vater oder der Mutter kraft der elterlichen Nutznießung an dem Vermögen des Kindes zusteht, ist der Pfändung nicht unterworfen. Das gleiche gilt von den ihnen nach den §§ 1655, 1656 des Bürgerlichen Gesetzbuchs zustehenden Ansprüchen, solange die Ansprüche nicht fällig sind.

Auf die Pfändung der von dem Vater oder der Mutter kraft der elterlichen Nutznießung erworbenen Früchte finden die Vorschriften des § 861 Abs. 1 Satz 2 mit der Maßgabe entsprechende Anwendung, daß die in den §§ 1655, 1656 des Bürgerlichen Gesetzbuchs bezeichneten Ansprüche, wenn sie fällig sind, den erworbenen Früchten gleichstehen.

Der Widerspruch kann auch von dem Kinde nach § 766 geltend gemacht werden.

§ 863. Ist der Schuldner als Erbe nach § 2338 des Bürgerlichen Gesetzbuchs durch die Einsetzung eines Nacherben beschränkt, so sind die Nutzungen der Erbschaft der Pfändung nicht unterworfen, soweit sie zur Erfüllung der dem Schuldner seinem Ehegatten, seinem früheren Ehegatten oder seinen Verwandten gegenüber gesetzlich obliegenden Unterhaltspflicht und zur Bestreitung seines standesmäßigen Unterhalts erforderlich sind. Das gleiche gilt, wenn der Schuldner nach § 2338 des Bürgerlichen Gesetzbuchs durch die Ernennung eines Testamentsvollstreckers beschränkt ist, für seinen Anspruch auf den jährlichen Reinertrag.

Die Pfändung ist unbeschränkt zulässig, wenn der Anspruch eines Nachlaßgläubigers oder ein auch dem Nacherben oder dem Testamentsvollstrecker gegenüber wirksames Recht geltend gemacht wird.

Diese Vorschriften finden entsprechende Anwendung, wenn der Anteil eines Abkömmlinges an dem Gesamtgute der fortgesetzten Gütergemeinschaft nach § 1513 Abs. 2 des Bürgerlichen Gesetzbuchs einer Beschränkung der im Abs. 1 bezeichneten Art unterliegt.

Zweiter Titel.

Zwangsvollstreckung in das unbewegliche Vermögen.

§ 864. Der Zwangsvollstreckung in das unbewegliche Vermögen unterliegen außer den Grundstücken die Berechtigungen, für welche die sich auf Grundstücke beziehenden Vorschriften gelten, und die im Schiffsregister eingetragenen Schiffe.

Die Zwangsvollstreckung in den Bruchteil eines Grundstücks oder einer Berechtigung ist nur zulässig, wenn der Bruchteil in dem Anteil eines Miteigentümers besteht oder wenn sich der Anspruch des Gläubigers auf ein Recht gründet, mit welchem der Bruchteil als solcher belastet ist.

§ 865. Die Zwangsvollstreckung in das unbewegliche Vermögen umfaßt auch die Gegenstände, auf welche sich bei Grundstücken und Berechtigungen die Hypothek, bei Schiffen das eingetragene Pfandrecht erstreckt.

Diese Gegenstände können, soweit sie Zubehör sind, nicht gepfändet werden. Im übrigen unterliegen sie der Zwangsvollstreckung in das bewegliche Vermögen, solange nicht ihre Beschlagnahme im Wege der Zwangsvollstreckung in das unbewegliche Vermögen erfolgt ist.

§ 866. Die Zwangsvollstreckung in ein Grundstück erfolgt durch Eintragung einer Sicherungshypothek für die Forderung, durch Zwangsversteigerung und durch Zwangsverwaltung.

Der Gläubiger kann verlangen, daß eine dieser Maßregeln allein oder neben den übrigen ausgeführt werde.

Auf Grund eines vollstreckbaren Schuldtitels darf eine Sicherungshypothek nur für einen Betrag eingetragen werden, der die für die Zuständigkeit der Amtsgerichte in Streitigkeiten über vermögensrechtliche Ansprüche festgesetzte Wertgrenze übersteigt. Maßgebend ist der Zeitpunkt, in dem der Antrag auf Eintragung der Sicherungshypothek bei dem Grundbuchamt eingeht. Die Vorschriften der §§ 4, 5 finden entsprechende Anwendung.

§ 867. Die Sicherungshypothek wird auf Antrag des Gläubigers in das Grundbuch eingetragen; die Eintragung ist auf dem vollstreckbaren Titel zu vermerken. Mit der Eintragung entsteht die Hypothek. Das Grundstück haftet auch für die dem Schuldner zur Last fallenden Kosten der Eintragung.

Sollen mehrere Grundstücke des Schuldners mit der Hypothek belastet werden, so ist der Betrag der Forderung auf die einzelnen Grundstücke zu verteilen; die Größe der Teile bestimmt der Gläubiger.

§ 868. Wird durch eine vollstreckbare Entscheidung die zu vollstreckende Entscheidung oder ihre vorläufige Vollstreckbarkeit aufgehoben oder die Zwangsvollstreckung für unzulässig erklärt oder deren Einstellung angeordnet, so erwirbt der Eigentümer des Grundstücks die Hypothek.

Das gleiche gilt, wenn durch eine gerichtliche Entscheidung die einstweilige Einstellung der Vollstreckung und zugleich die Aufhebung der erfolgten Vollstreckungsmaßregeln angeordnet wird oder wenn die zur Abwendung der Vollstreckung nachgelassene Sicherheitsleistung oder Hinterlegung erfolgt.

§ 869. Die Zwangsversteigerung und die Zwangsverwaltung werden durch ein besonderes Gesetz geregelt.

§ 870. Auf die Zwangsvollstreckung in eine Berechtigung, für welche die sich auf Grundstücke beziehenden Vorschriften gelten, finden die Vorschriften über die Zwangsvollstreckung in Grundstücke entsprechende Anwendung.

Die Zwangsvollstreckung in ein eingetragenes Schiff erfolgt nur durch Zwangsversteigerung.

§ 871. Unberührt bleiben die landesgesetzlichen Vorschriften, nach welchen, wenn ein anderer als der Eigentümer einer Eisenbahn oder Kleinbahn den Betrieb der Bahn kraft eigenen Nutzungsrechts ausübt, das Nutzungsrecht und gewisse dem Betriebe gewidmete Gegenstände in Ansehung der Zwangsvollstreckung zum unbeweglichen Vermögen gehören und die Zwangsvollstreckung abweichend von den Vorschriften der Reichsgesetze geregelt ist.

Dritter Titel.

Verteilungsverfahren.

§ 872. Das Verteilungsverfahren tritt ein, wenn bei der Zwangsvollstreckung in das bewegliche Vermögen ein Geldbetrag hinterlegt ist, welcher zur Befriedigung der beteiligten Gläubiger nicht hinreicht.

§ 873. Das zuständige Amtsgericht (§§ 827, 853, 854) hat nach Eingang der Anzeige über die Sachlage an jeden der beteiligten Gläubiger die Aufforderung zu erlassen, binnen zwei Wochen eine Berechnung der Forderung an Kapital, Zinsen, Kosten und sonstigen Nebenforderungen einzureichen.

§ 874. Nach Ablauf der zweiwöchigen Fristen wird von dem Gericht ein Teilungsplan angefertigt.

Der Betrag der Kosten des Verfahrens ist von dem Bestande der Masse vorweg in Abzug zu bringen.

Die Forderung eines Gläubigers, welcher bis zur Anfertigung des Teilungsplans der an ihn gerichteten Aufforderung nicht nachgekommen ist, wird nach der Anzeige und deren Unterlagen berechnet. Eine nachträgliche Ergänzung der Forderung findet nicht statt.

§ 875. Das Gericht hat zur Erklärung über den Teilungsplan sowie zur Ausführung der Verteilung einen Termin zu bestimmen. Der Teilungsplan muß spätestens drei Tage vor dem Termin auf der Geschäftsstelle zur Einsicht der Beteiligten niedergelegt werden.

Die Ladung des Schuldners zu dem Termin ist nicht erforderlich, wenn sie durch Zustellung im Ausland oder durch öffentliche Zustellung erfolgen müßte.

§ 876. Wird in dem Termin ein Widerspruch gegen den Plan nicht erhoben, so ist dieser zur Ausführung zu bringen. Erfolgt ein Widerspruch, so hat sich jeder bei demselben beteiligte Gläubiger sofort zu erklären. Wird der Widerspruch von den Beteiligten als begründet anerkannt oder kommt anderweit eine Einigung zustande, so ist der Plan demgemäß zu berichtigen. Wenn ein Widerspruch sich nicht erledigt, so erfolgt die Ausführung des Planes insoweit, als der Plan durch den Widerspruch nicht betroffen wird.

§ 877. Gegen einen Gläubiger, welcher in dem Termin weder erschienen ist noch vor dem Termin bei dem Gerichte Widerspruch erhoben hat, wird angenommen, daß er mit der Ausführung des Planes einverstanden sei.

Ist ein in dem Termin nicht erschienener Gläubiger bei dem Widerspruche beteiligt, welchen ein anderer Gläubiger erhoben hat, so wird angenommen, daß er diesen Widerspruch nicht als begründet anerkenne.

§ 878. Der widersprechende Gläubiger muß ohne vorherige Aufforderung binnen einer Frist von einem Monat, welche mit dem Terminstage beginnt, dem Gerichte nachweisen, daß er gegen die beteiligten Gläubiger Klage erhoben habe. Nach fruchtlosem Ablauf dieser Frist wird die Ausführung des Planes ohne Rücksicht auf den Widerspruch angeordnet.

Die Befugnis des Gläubigers, welcher dem Plane widersprochen hat, ein besseres Recht gegen den Gläubiger, welcher einen Geldbetrag nach dem Plane erhalten hat, im Wege der Klage geltend zu machen, wird durch die Versäumung der Frist und durch die Ausführung des Planes nicht ausgeschlossen.

§ 879. Die Klage ist bei dem Verteilungsgericht und, wenn der Streitgegenstand zur Zuständigkeit der Amtsgerichte nicht gehört, bei dem Landgerichte zu erheben, in dessen Bezirke das Verteilungsgericht seinen Sitz hat.

Das Landgericht ist für sämtliche Klagen zuständig, wenn seine Zuständigkeit nach dem Inhalt der erhobenen und in dem Termin nicht zur Erledigung gelangten Widersprüche auch nur in betreff einer Klage begründet ist, sofern nicht die sämtlichen beteiligten Gläubiger vereinbaren, daß das Verteilungsgericht über alle Widersprüche entscheiden solle.

§ 880. In dem Urteil, durch welches über einen erhobenen Widerspruch entschieden wird, ist zugleich zu bestimmen, an welche Gläubiger und in welchen Beträgen der streitige Teil der Masse auszuzahlen sei. Wird dies nicht für angemessen erachtet, so ist die Anfertigung eines neuen Planes und ein anderweites Verteilungsverfahren in dem Urteil anzuordnen.

§ 881. Das Versäumnisurteil gegen einen widersprechenden Gläubiger ist dahin zu erlassen, daß der Widerspruch als zurückgenommen anzusehen sei.

§ 882. Auf Grund des erlassenen Urteils wird die Auszahlung oder das anderweite Verteilungsverfahren von dem Verteilungsgericht angeordnet.

Dritter Abschnitt.

Zwangsvollstreckung zur Erwirkung der Herausgabe von Sachen und zur Erwirkung von Handlungen oder Unterlassungen.

§ 883. Hat der Schuldner eine bewegliche Sache oder von bestimmten beweglichen Sachen eine Quantität herauszugeben, so sind dieselben von dem Gerichtsvollzieher ihm wegzunehmen und dem Gläubiger zu übergeben.

Wird die herauszugebende Sache nicht vorgefunden, so ist der Schuldner verpflichtet, auf Antrag des Gläubigers den Offenbarungseid dahin zu leisten:

daß er die Sache nicht besitze, auch nicht wisse, wo die Sache sich befinde.

Das Gericht kann eine der Lage der Sache entsprechende Änderung der vorstehenden Eidesnorm beschließen.

§ 884. Hat der Schuldner eine bestimmte Quantität vertretbarer Sachen oder Wertpapiere zu leisten, so findet die Vorschrift des § 883 Abs. 1 entsprechende Anwendung.

§ 885. Hat der Schuldner eine unbewegliche Sache oder ein bewohntes Schiff herauszugeben, zu überlassen oder zu räumen, so hat der Gerichtsvollzieher den Schuldner aus dem Besitze zu setzen und den Gläubiger in den Besitz einzuweisen.

Bewegliche Sachen, welche nicht Gegenstand der Zwangsvollstreckung sind, werden von dem Gerichtsvollzieher weggeschafft und dem Schuldner oder, wenn dieser abwesend ist, einem Bevöllmächtigten desselben oder einer zur Familie des Schuldners gehörigen oder in dieser Familie dienenden erwachsenen Person übergeben oder zur Verfügung gestellt.

Ist weder der Schuldner noch eine der bezeichneten Personen anwesend, so hat der Gerichtsvollzieher die Sachen auf Kosten des Schuldners in das Pfandlokal zu schaffen oder anderweit in Verwahrung zu bringen.

Verzögert der Schuldner die Abforderung, so kann das Vollstreckungsgericht den Verkauf der Sachen und die Hinterlegung des Erlöses anordnen.

§ 886. Befindet sich eine herauszugebende Sache im Gewahrsam eines Dritten, so ist dem Gläubiger auf dessen Antrag der Anspruch des Schuldners auf Herausgabe der Sache nach den Vorschriften zu überweisen, welche die Pfändung und Überweisung einer Geldforderung betreffen.

§ 887. Erfüllt der Schuldner die Verpflichtung nicht, eine Handlung vorzunehmen, deren Vornahme durch einen Dritten erfolgen kann, so ist der Gläubiger von dem Prozeßgericht erster Instanz auf Antrag zu ermächtigen, auf Kosten des Schuldners die Handlung vornehmen zu lassen.

Der Gläubiger kann zugleich beantragen, den Schuldner zur Vorauszahlung der Kosten zu verurteilen, welche durch die Vornahme der Handlung entstehen werden, unbeschadet des Rechtes auf eine Nachforderung, wenn die Vornahme der Handlung einen größeren Kostenaufwand verursacht.

Auf die Zwangsvollstreckung zur Erwirkung der Herausgabe oder Leistung von Sachen finden die vorstehenden Bestimmungen keine Anwendung.

§ 888. Kann eine Handlung durch einen Dritten nicht vorgenommen werden, so ist, wenn sie ausschließlich von dem Willen des Schuldners abhängt, auf Antrag von dem Prozeßgericht erster Instanz zu erkennen, daß der Schuldner zur Vornahme der Handlung durch Geldstrafen oder durch Haft anzuhalten sei. Das Höchstmaß der Geldstrafe ist unbeschränkt.

Diese Bestimmung kommt im Falle der Verurteilung zur Eingehung einer Ehe, im Falle der Verurteilung zur Herstellung des ehelichen Lebens und im Falle der Verurteilung zur Leistung von Diensten aus einem Dienstvertrage nicht zur Anwendung.

§ 888a. Ist im Falle des § 510b der Beklagte zur Zahlung einer Entschädigung verurteilt, so ist die Zwangsvollstreckung auf Grund der Vorschriften der §§ 887, 888 ausgeschlossen.

§ 889. Ist der Schuldner auf Grund der Vorschriften des bürgerlichen Rechtes zur Leistung eines Offenbarungseids verurteilt, so erfolgt die Eidesleistung vor dem Prozeßgericht erster Instanz. Auf die Abnahme des Eides finden die Vorschriften der §§ 478—484 Anwendung.

Erscheint der Schuldner in dem zur Eidesleistung bestimmten Termin nicht oder verweigert er die Eidesleistung, so ist nach § 888 zu verfahren. Ist der Schuldner zur Erzwingung der Eidesleistung in Haft genommen, so finden die Vorschriften des § 902 Anwendung.

§ 890. Handelt der Schuldner der Verpflichtung zuwider, eine Handlung zu unterlassen oder die Vornahme einer Handlung zu dulden, so ist er wegen einer jeden Zuwiderhandlung auf Antrag des Gläubigers von dem Prozeßgericht erster Instanz zu einer Geldstrafe oder zur Strafe der Haft bis zu sechs Monaten zu verurteilen. Das Maß der Gesamtstrafe darf zwei Jahre Haft nicht übersteigen. Das Höchstmaß der Geldstrafe ist unbeschränkt.

Der Verurteilung muß eine Strafandrohung vorausgehen, welche, wenn sie in dem die Verpflichtung aussprechenden Urteil nicht enthalten ist, auf Antrag von dem Prozeßgericht erster Instanz erlassen wird.

Auch kann der Schuldner auf Antrag des Gläubigers zur Bestellung einer Sicherheit für den durch fernere Zuwiderhandlung entstehenden Schaden auf bestimmte Zeit verurteilt werden.

§ 891. Die in Gemäßheit der §§ 887—890 zu erlassenden Entscheidungen können ohne vorgängige mündliche Verhandlung erfolgen. Vor der Entscheidung ist der Schuldner zu hören.

§ 892. Leistet der Schuldner Widerstand gegen die Vornahme einer Handlung, welche er nach den Bestimmungen der §§ 887, 890 zu dulden hat, so kann der Gläubiger zur Beseitigung des Widerstandes einen Gerichtsvollzieher zuziehen, welcher nach den Bestimmungen des § 758 Abs. 3 und des § 759 zu verfahren hat.

§ 893. Durch die Bestimmungen dieses Abschnitts wird das Recht des Gläubigers nicht berührt, die Leistung des Interesse zu verlangen.

Den Anspruch auf Leistung des Interesse hat der Gläubiger im Wege der Klage bei dem Prozeßgericht erster Instanz geltend zu machen.

§ 894. Ist der Schuldner zur Abgabe einer Willenserklärung verurteilt, so gilt die Erklärung als abgegeben, sobald das Urteil die Rechtskraft erlangt hat. Ist die Willenserklärung von einer Gegenleistung abhängig gemacht, so tritt die Wirkung ein, sobald nach den Bestimmungen der §§ 726, 730 eine vollstreckbare Ausfertigung des rechtskräftigen Urteils erteilt ist.

Die Vorschrift des ersten Absatzes kommt im Falle der Verurteilung zur Eingehung einer Ehe nicht zur Anwendung.

§ 895. Ist durch ein vorläufig vollstreckbares Urteil der Schuldner zur Abgabe einer Willenserklärung verurteilt, auf Grund deren eine Eintragung in das Grundbuch oder das Schiffsregister erfolgen soll, so gilt die Eintragung einer Vormerkung oder eines Widerspruchs als bewilligt.

§ 896. Soll auf Grund eines Urteils, das eine Willenserklärung des Schuldners ersetzt, eine Eintragung in ein öffentliches Buch oder Register vorgenommen werden, so kann der Gläubiger an Stelle des Schuldners die Erteilung der im § 792 bezeichneten Urkunden verlangen, soweit er dieser Urkunden zur Herbeiführung der Eintragung bedarf.

§ 897. Ist der Schuldner zur Übertragung des Eigentums oder zur Bestellung eines Rechtes an einer beweglichen Sache verurteilt, so gilt die Übergabe der Sache als erfolgt, wenn der Gerichtsvollzieher die Sache zum Zwecke der Ablieferung an den Gläubiger wegnimmt.

Das gleiche gilt, wenn der Schuldner zur Bestellung einer Hypothek, Grundschuld oder Rentenschuld oder zur Abtretung oder Belastung einer Hypothekenforderung, Grundschuld oder Rentenschuld verurteilt ist, für die Übergabe des Hypotheken-, Grundschuld- oder Rentenschuldbriefs.

§ 898. Auf einen Erwerb, der sich nach den §§ 894, 897 vollzieht, finden die Vorschriften des bürgerlichen Rechtes zugunsten derjenigen, welche Rechte von einem Nichtberechtigten herleiten, Anwendung.

Vierter Abschnitt.

Offenbarungseid und Haft.

§ 899. Für die Abnahme des Offenbarungseids in den Fällen der §§ 807, 883 ist das Amtsgericht, in dessen Bezirke der Schuldner im Deutschen Reiche seinen Wohnsitz oder in Ermangelung eines solchen seinen Aufenthaltsort hat, als Vollstreckungsgericht zuständig.

§ 900. Das Verfahren beginnt mit dem Antrag des Gläubigers auf Bestimmung eines Termins zur Leistung des Offenbarungseids. Dem Antrag sind der Vollstreckungstitel und die sonstigen Urkunden, aus denen sich die Verpflichtung des Schuldners zur Leistung des Eides ergibt, beizufügen.

Die Anwesenheit des Gläubigers in dem Termin ist nicht erforderlich.

Bestreitet der Schuldner die Verpflichtung zur Leistung des Eides, so ist von dem Gerichte durch Beschluß über den Widerspruch zu entscheiden. Die Eidesleistung erfolgt erst nach Eintritt der Rechtskraft der Entscheidung; das Vollstreckungsgericht kann jedoch die Eidesleistung vor Eintritt der Rechtskraft anordnen, wenn bereits ein früherer Widerspruch rechtskräftig verworfen ist.

§ 901. Gegen den Schuldner, welcher in dem zur Leistung des Offenbarungseids bestimmten Termin nicht erscheint oder die Leistung des Eides ohne Grund verweigert, hat das Gericht zur Erzwingung der Eidesleistung auf Antrag die Haft anzuordnen.

§ 902. Der verhaftete Schuldner kann zu jeder Zeit bei dem Amtsgerichte des Haftorts beantragen, ihm den Eid abzunehmen. Dem Antrag ist ohne Verzug stattzugeben.

Nach Leistung des Eides wird der Schuldner aus der Haft entlassen und der Gläubiger hiervon in Kenntnis gesetzt.

§ 903. Ein Schuldner, welcher den im § 807 erwähnten Offenbarungseid geleistet hat, ist zur nochmaligen Leistung des Eides auch einem anderen Gläubiger gegenüber nur verpflichtet, wenn glaubhaft gemacht wird, daß er später Vermögen erworben habe.

Diese Vorschrift findet keine Anwendung, wenn seit der Eidesleistung fünf Jahre verstrichen sind.

§ 904. Die Haft ist unstatthaft:

1. gegen Mitglieder des Reichstags oder eines Landtags während der Tagung, sofern nicht die Versammlung die Vollstreckung genehmigt;
2. gegen Militärpersonen, welche zu einem mobilen Truppenteil oder zur Besatzung eines in Dienst gestellten Kriegsfahrzeugs gehören;
3. gegen den Schiffer, die Schiffsmannschaft und alle übrigen auf einem Seeschiff angestellten Personen, wenn das Schiff zum Abgehen fertig (segelfertig) ist.

§ 905. Die Haft wird unterbrochen:

1. gegen Mitglieder des Reichstags oder eines Landtags für die Dauer der Tagung, wenn die Versammlung die Freilassung verlangt;
2. gegen Militärpersonen, welche zu einem mobilen Truppenteil oder auf ein in Dienst gestelltes Kriegsfahrzeug einberufen werden, für die Dauer dieser Verhältnisse.

§ 906. Gegen einen Schuldner, dessen Gesundheit durch die Vollstreckung der Haft einer nahen und erheblichen Gefahr ausgesetzt wird, darf, solange dieser Zustand dauert, die Haft nicht vollstreckt werden.

§ 907. Die Haft wird in einem Raume vollstreckt, in welchem nicht zugleich Untersuchungs- oder Strafgefangene sich befinden.

§ 908. Das Gericht hat bei Anordnung der Haft einen Haftbefehl zu erlassen, in welchem der Gläubiger, der Schuldner und der Grund der Verhaftung zu bezeichnen sind.

§ 909. Die Verhaftung des Schuldners erfolgt durch einen Gerichtsvollzieher. Der Haftbefehl muß bei der Verhaftung dem Schuldner vorgezeigt und auf Begehren abschriftlich mitgeteilt werden.

§ 910. Vor der Verhaftung eines Beamten, eines Geistlichen oder eines Lehrers an öffentlichen Unterrichtsanstalten ist der vorgesetzten Dienstbehörde von dem Gerichtsvollzieher Anzeige zu machen. Die Verhaftung darf erst erfolgen, nachdem die vorgesetzte Behörde für die dienstliche Vertretung des Schuldners gesorgt hat. Die Behörde ist verpflichtet, ohne Verzug die erforderlichen Anordnungen zu treffen und den Gerichtsvollzieher hiervon in Kenntnis zu setzen.

§ 911. Der Gläubiger hat die Kosten, welche durch die Haft entstehen, einschließlich der Verpflegungskosten von Monat zu Monat vorauszubezahlen. Die Aufnahme des Schuldners in das Gefängnis ist unstatthaft, wenn nicht mindestens für einen Monat die Zahlung geleistet ist. Wird die Zahlung nicht spätestens bis zum Mittag des letzten Tages erneuert, für welchen sie geleistet ist, so wird der Schuldner von Amts wegen aus der Haft entlassen. Gegen den Schuldner, welcher aus diesem Grunde oder ohne sein Zutun auf Antrag des Gläubigers entlassen ist, findet auf Antrag desselben Gläubigers eine Erneuerung der Haft nicht statt.

§ 912. Soll die Haft gegen einen Angehörigen der Wehrmacht vollstreckt werden, so hat das Gericht die vorgesetzte Militärbehörde um die Vollstreckung zu ersuchen.

§ 913. Die Haft darf die Dauer von sechs Monaten nicht übersteigen. Nach Ablauf der sechs Monate wird der Schuldner von Amts wegen aus der Haft entlassen.

§ 914. Ein Schuldner, gegen welchen wegen Verweigerung des im § 807 erwähnten Offenbarungseids eine Haft von sechs Monaten vollstreckt ist, kann auch auf Antrag eines anderen Gläubigers von neuem zur Leistung dieses Eides durch Haft nur angehalten werden, wenn glaubhaft gemacht wird, daß der Schuldner später Vermögen erworben habe.

Diese Vorschrift findet keine Anwendung, wenn seit der Beendigung der Haft fünf Jahre verstrichen sind.

§ 915. Das Vollstreckungsgericht hat ein Verzeichnis derjenigen Personen zu führen, welche vor ihm den im § 807 erwähnten Offenbarungseid geleistet haben oder gegen welche wegen Verweigerung des Eides die Haft angeordnet ist. Die Vollstreckung einer Haft ist in dem Verzeichnis zu vermerken, wenn sie sechs Monate gedauert hat.

Sind seit dem Schlusse des Jahres, in welchem die Eintragung in das Verzeichnis bewirkt ist, fünf Jahre verstrichen, so ist die Eintragung dadurch zu löschen, daß der Name unkenntlich gemacht oder das Verzeichnis vernichtet wird.

Die Einsicht des Verzeichnisses ist jedem gestattet, auch hat die Geschäftsstelle auf Antrag über das Bestehen oder Nichtbestehen einer Eintragung Auskunft zu erteilen.

Fünfter Abschnitt.

Arrest und einstweilige Verfügung.

§ 916. Der Arrest findet zur Sicherung der Zwangsvollstreckung in das bewegliche oder unbewegliche Vermögen wegen einer Geldforderung oder wegen eines Anspruchs statt, welcher in eine Geldforderung übergehen kann.

Die Zulässigkeit des Arrestes wird nicht dadurch ausgeschlossen, daß der Anspruch ein betagter oder ein bedingter ist, es sei denn, daß der bedingte Anspruch wegen der entfernten Möglichkeit des Eintritts der Bedingung einen gegenwärtigen Vermögenswert nicht hat.

§ 917. Der dingliche Arrest findet statt, wenn zu besorgen ist, daß ohne dessen Verhängung die Vollstreckung des Urteils vereitelt oder wesentlich erschwert werden würde.

Als ein zureichender Arrestgrund ist es anzusehen, wenn das Urteil im Ausland vollstreckt werden müßte.

§ 918. Der persönliche Sicherheitsarrest findet nur statt, wenn er erforderlich ist, um die gefährdete Zwangsvollstreckung in das Vermögen des Schuldners zu sichern.

§ 919. Für die Anordnung des Arrestes ist sowohl das Gericht der Hauptsache als das Amtsgericht zuständig, in dessen Bezirke der mit Arrest zu belegende Gegenstand oder die in ihrer persönlichen Freiheit zu beschränkende Person sich befindet.

§ 920. Das Gesuch soll die Bezeichnung des Anspruchs unter Angabe des Geldbetrags oder des Geldwerts sowie die Bezeichnung des Arrestgrundes enthalten.

Der Anspruch und der Arrestgrund sind glaubhaft zu machen.

Das Gesuch kann vor der Geschäftsstelle zu Protokoll erklärt werden.

§ 921. Die Entscheidung kann ohne vorgängige mündliche Verhandlung erfolgen.

Das Gericht kann, auch wenn der Anspruch oder der Arrestgrund nicht glaubhaft gemacht ist, den Arrest anordnen, sofern wegen der dem Gegner drohenden Nachteile Sicherheit geleistet wird. Es kann die Anordnung des Arrestes von einer Sicherheitsleistung abhängig machen, selbst wenn der Anspruch und der Arrestgrund glaubhaft gemacht sind.

§ 922. Die Entscheidung über das Gesuch erfolgt im Falle einer vorgängigen mündlichen Verhandlung durch Endurteil, andernfalls durch Beschluß.

Den Beschluß, durch welchen ein Arrest angeordnet wird, hat die Partei, welche den Arrest erwirkt hat, zustellen zu lassen.

Der Beschluß, durch welchen das Arrestgesuch zurückgewiesen oder vorgängige Sicherheitsleistung für erforderlich erklärt wird, ist dem Gegner nicht mitzuteilen.

§ 923. In dem Arrestbefehl ist ein Geldbetrag festzustellen, durch dessen Hinterlegung die Vollziehung des Arrestes gehemmt und der Schuldner zu dem Antrag auf Aufhebung des vollzogenen Arrestes berechtigt wird.

§ 924. Gegen den Beschluß, durch welchen ein Arrest angeordnet wird, findet Widerspruch statt.

Die widersprechende Partei hat den Gegner unter Mitteilung der Gründe, welche sie für die Aufhebung des Arrestes geltend machen will, zur mündlichen Verhandlung zu laden. Ist das Arrestgericht ein Amtsgericht, so ist der Widerspruch unter Angabe der Gründe, welche für die Aufhebung des Arrestes geltend gemacht werden sollen, schriftlich oder zum Protokoll der Geschäftsstelle zu erheben; das Gericht hat Termin zur mündlichen Verhandlung von Amts wegen zu bestimmen.

Durch Erhebung des Widerspruchs wird die Vollziehung des Arrestes nicht gehemmt.

§ 925. Wird Widerspruch erhoben, so ist über die Rechtmäßigkeit des Arrestes durch Endurteil zu entscheiden.

Das Gericht kann den Arrest ganz oder teilweise bestätigen, abändern oder aufheben, auch die Bestätigung, Abänderung oder Aufhebung von einer Sicherheitsleistung abhängig machen.

§ 926. Ist die Hauptsache nicht anhängig, so hat das Arrestgericht auf Antrag ohne vorgängige mündliche Verhandlung anzuordnen, daß die Partei, welche den Arrestbefehl erwirkt hat, binnen einer zu bestimmenden Frist Klage zu erheben habe.

Wird dieser Anordnung nicht Folge geleistet, so ist auf Antrag die Aufhebung des Arrestes durch Endurteil auszusprechen.

§ 927. Auch nach der Bestätigung des Arrestes kann wegen veränderter Umstände, insbesondere wegen Erledigung des Arrestgrundes oder auf Grund des Erbietens zur Sicherheitsleistung die Aufhebung des Arrestes beantragt werden.

Die Entscheidung ist durch Endurteil zu erlassen; sie erfolgt durch das Gericht, welches den Arrest angeordnet hat, und wenn die Hauptsache anhängig ist, durch das Gericht der Hauptsache.

§ 928. Auf die Vollziehung des Arrestes finden die Vorschriften über die Zwangsvollstreckung entsprechende Anwendung, soweit nicht die nachfolgenden Paragraphen abweichende Bestimmungen enthalten.

§ 929. Arrestbefehle bedürfen der Vollstreckungsklausel nur, wenn die Vollziehung für einen anderen als den in dem Befehle bezeichneten Gläubiger oder gegen einen anderen als den in dem Befehle bezeichneten Schuldner erfolgen soll.

Die Vollziehung des Arrestbefehls ist unstatthaft, wenn seit dem Tage, an welchem der Befehl verkündet oder der Partei, auf deren Gesuch derselbe erging, zugestellt ist, ein Monat verstrichen ist.

Die Vollziehung ist vor der Zustellung des Arrestbefehls an den Schuldner zulässig. Sie ist jedoch ohne Wirkung, wenn die Zustellung nicht innerhalb einer Woche nach der Vollziehung und vor Ablauf der für diese im vorhergehenden Absatz bestimmten Frist erfolgt.

§ 930. Die Vollziehung des Arrestes in bewegliches Vermögen wird durch Pfändung bewirkt. Die Pfändung erfolgt nach denselben Grundsätzen wie jede andere Pfändung und begründet ein Pfandrecht mit den im § 804 bestimmten Wirkungen. Für die Pfändung einer Forderung ist das Arrestgericht als Vollstreckungsgericht zuständig.

Gepfändetes Geld und ein im Verteilungsverfahren auf den Gläubiger fallender Betrag des Erlöses werden hinterlegt.

Das Vollstreckungsgericht kann auf Antrag anordnen, daß eine bewegliche körperliche Sache, wenn sie der Gefahr einer beträchtlichen Wertsverringerung ausgesetzt ist oder wenn ihre Aufbewahrung unverhältnismäßige Kosten verursachen würde, versteigert und der Erlös hinterlegt werde.

§ 931. Die Vorschriften des § 930 gelten auch für die Vollziehung des Arrestes in ein Schiff, das im Schiffsregister eingetragen ist.

Ist zur Zeit der Arrestvollziehung die Zwangsversteigerung des Schiffes eingeleitet, so gilt die in diesem Verfahren erfolgte Beschlagnahme des Schiffes als erste Pfändung im Sinne des § 826; die Abschrift des Pfändungsprotokolls ist dem Vollstreckungsgericht einzureichen.

Das Arrestpfandrecht wird auf Antrag des Gläubigers in das Schiffsregister eingetragen; der nach § 923 festgestellte Geldbetrag ist als der Höchstbetrag zu bezeichnen, für welchen das Schiff haftet. Im übrigen finden die Vorschriften des Bürgerlichen Gesetzbuchs über das durch Rechtsgeschäft bestellte Pfandrecht an einem Schiffe Anwendung.

§ 932. Die Vollziehung des Arrestes in ein Grundstück oder in eine Berechtigung, für welche die sich auf Grundstücke beziehenden Vorschriften gelten, erfolgt durch Eintragung einer

Sicherungshypothek für die Forderung; der nach § 923 festgestellte Geldbetrag ist als der Höchstbetrag zu bezeichnen, für welchen das Grundstück oder die Berechtigung haftet.

Im übrigen finden die Vorschriften der §§ 867, 868 Anwendung.

Der Antrag auf Eintragung der Hypothek gilt im Sinne des § 929 Abs. 2, 3 als Vollziehung des Arrestbefehls.

§ 933. Die Vollziehung des persönlichen Sicherheitsarrestes richtet sich, wenn sie durch Haft erfolgt, nach den Vorschriften der §§ 904—913 und, wenn sie durch sonstige Beschränkung der persönlichen Freiheit erfolgt, nach den vom Arrestgerichte zu treffenden besonderen Anordnungen, für welche die Beschränkungen der Haft maßgebend sind. In den Haftbefehl ist der nach § 923 festgestellte Geldbetrag aufzunehmen.

§ 934. Die Aufhebung eines vollzogenen Arrestes gegen Hinterlegung des in dem Arrestbefehle festgestellten Geldbetrags erfolgt von dem Vollstreckungsgerichte.

Das Vollstreckungsgericht kann die Aufhebung des Arrestes auch anordnen, wenn die Fortdauer besondere Aufwendungen erfordert und die Partei, auf deren Gesuch der Arrest verhängt wurde, den nötigen Geldbetrag nicht vorschießt.

Die in diesem Paragraphen erwähnten Entscheidungen können ohne vorgängige mündliche Verhandlung erfolgen.

Gegen den Beschluß, durch welchen der Arrest aufgehoben wird, findet sofortige Beschwerde statt.

§ 935. Einstweilige Verfügungen in Beziehung auf den Streitgegenstand sind zulässig, wenn zu besorgen ist, daß durch eine Veränderung des bestehenden Zustandes die Verwirklichung des Rechtes einer Partei vereitelt oder wesentlich erschwert werden könnte.

§ 936. Auf die Anordnung einstweiliger Verfügungen und das weitere Verfahren finden die Vorschriften über die Anordnung von Arresten und über das Arrestverfahren entsprechende Anwendung, soweit nicht die nachfolgenden Paragraphen abweichende Vorschriften enthalten.

§ 937. Für die Erlassung einstweiliger Verfügungen ist das Gericht der Hauptsache zuständig.

Die Entscheidung kann in dringenden Fällen ohne vorgängige mündliche Verhandlung erfolgen.

§ 938. Das Gericht bestimmt nach freiem Ermessen, welche Anordnungen zur Erreichung des Zweckes erforderlich sind.

Die einstweilige Verfügung kann auch in einer Sequestration sowie darin bestehen, daß dem Gegner eine Handlung geboten oder verboten, insbesondere die Veräußerung, Belastung oder Verpfändung eines Grundstücks untersagt wird.

§ 939. Nur unter besonderen Umständen kann die Aufhebung einer einstweiligen Verfügung gegen Sicherheitsleistung gestattet werden.

§ 940. Einstweilige Verfügungen sind auch zum Zwecke der Regelung eines einstweiligen Zustandes in bezug auf ein streitiges Rechtsverhältnis zulässig, sofern diese Regelung, insbesondere bei dauernden Rechtsverhältnissen zur Abwendung wesentlicher Nachteile oder zur Verhinderung drohender Gewalt oder aus anderen Gründen nötig erscheint.

§ 941. Hat auf Grund der einstweiligen Verfügung eine Eintragung in das Grundbuch oder das Schiffsregister zu erfolgen, so ist das Gericht befugt, das Grundbuchamt oder die Registerbehörde um die Eintragung zu ersuchen.

§ 942. In dringenden Fällen kann das Amtsgericht, in dessen Bezirke sich der Streitgegenstand befindet, eine einstweilige Verfügung erlassen, unter Bestimmung einer Frist, innerhalb welcher der Gegner zur mündlichen Verhandlung über die Rechtmäßigkeit der einstweiligen Verfügung vor das Gericht der Hauptsache zu laden ist.

Die einstweilige Verfügung, auf Grund deren eine Vormerkung oder ein Widerspruch gegen die Richtigkeit des Grundbuchs oder des Schiffsregisters eingetragen werden soll, kann von dem Amtsgericht, in dessen Bezirke das Grundstück belegen ist oder der Heimatshafen oder der Heimatsort des Schiffes sich befindet, erlassen werden, auch wenn der Fall für dringlich nicht erachtet wird. Die Bestimmung der im Abs. 1 bezeichneten Frist hat nur auf Antrag des Gegners zu erfolgen.

Nach fruchtlosem Ablauf der Frist hat das Amtsgericht auf Antrag die erlassene Verfügung aufzuheben.

Die in diesem Paragraphen erwähnten Entscheidungen des Amtsgerichts können ohne vorgängige mündliche Verhandlung erfolgen.

§ 943. Als Gericht der Hauptsache im Sinne der Bestimmungen dieses Abschnitts ist das Gericht erster Instanz und, wenn die Hauptsache in der Berufungsinstanz anhängig ist, das Berufungsgericht anzusehen.

Das Gericht der Hauptsache ist für die nach § 109 zu treffenden Anordnungen ausschließlich zuständig, wenn die Hauptsache anhängig ist oder anhängig gewesen ist.

§ 944. In dringenden Fällen kann der Vorsitzende über die in diesem Abschnitt erwähnten Gesuche, sofern deren Erledigung eine vorgängige mündliche Verhandlung nicht erfordert, anstatt des Gerichts entscheiden.

§ 945. Erweist sich die Anordnung eines Arrestes oder einer einstweiligen Verfügung als von Anfang an ungerechtfertigt oder wird die angeordnete Maßregel auf Grund des § 926 Abs. 2 oder des § 942 Abs. 3 aufgehoben, so ist die Partei, welche die Anordnung erwirkt hat, verpflichtet, dem Gegner den Schaden zu ersetzen, der ihm aus der Vollziehung der angeordneten Maßregel oder dadurch entsteht, daß er Sicherheit leistet, um die Vollziehung abzuwenden oder die Aufhebung der Maßregel zu erwirken.

Neuntes Buch.

Aufgebotsverfahren.

§ 946. Eine öffentliche gerichtliche Aufforderung zur Anmeldung von Ansprüchen oder Rechten findet mit der Wirkung, daß die Unterlassung der Anmeldung einen Rechtsnachteil zur Folge hat, nur in den durch das Gesetz bestimmten Fällen statt.

Für das Aufgebotsverfahren ist das durch das Gesetz bestimmte Gericht zuständig.

§ 947. Der Antrag kann schriftlich oder zum Protokoll der Geschäftsstelle gestellt werden. Die Entscheidung kann ohne vorgängige mündliche Verhandlung erfolgen.

Ist der Antrag zulässig, so hat das Gericht das Aufgebot zu erlassen. In dasselbe ist insbesondere aufzunehmen:

1. die Bezeichnung des Antragstellers;
2. die Aufforderung, die Ansprüche und Rechte spätestens im Aufgebotstermin anzumelden;

3. die Bezeichnung der Rechtsnachteile, welche eintreten, wenn die Anmeldung unterbleibt;
4. die Bestimmung eines Aufgebotstermins.

§ 948. Die öffentliche Bekanntmachung des Aufgebots erfolgt durch Anheftung an die Gerichtstafel und durch einmalige Einrückung in den Deutschen Reichsanzeiger, sofern nicht das Gesetz für den betreffenden Fall eine abweichende Anordnung getroffen hat.

Das Gericht kann anordnen, daß die Einrückung noch in andere Blätter und zu mehreren Malen erfolge.

§ 949. Auf die Gültigkeit der öffentlichen Bekanntmachung hat es keinen Einfluß, wenn das anzuheftende Schriftstück von dem Orte der Anheftung zu früh entfernt ist oder wenn im Falle wiederholter Bekanntmachung die vorgeschriebenen Zwischenfristen nicht eingehalten sind.

§ 950. Zwischen dem Tage, an welchem die Einrückung oder die erste Einrückung des Aufgebots in den Deutschen Reichsanzeiger erfolgt ist, und dem Aufgebotstermin muß, sofern das Gesetz nicht eine abweichende Anordnung enthält, ein Zeitraum (Aufgebotsfrist) von mindestens sechs Wochen liegen.

§ 951. Eine Anmeldung, welche nach dem Schlusse des Aufgebotstermins, jedoch vor Erlassung des Ausschlußurteils erfolgt, ist als eine rechtzeitige anzusehen.

§ 952. Das Ausschlußurteil ist in öffentlicher Sitzung auf Antrag zu erlassen.

Einem in der Sitzung gestellten Antrag wird ein Antrag gleichgeachtet, welcher vor dem Aufgebotstermin schriftlich gestellt oder zum Protokoll der Geschäftsstelle erklärt worden ist.

Vor Erlassung des Urteils kann eine nähere Ermittelung, insbesondere die Versicherung der Wahrheit einer Behauptung des Antragstellers an Eides Statt, angeordnet werden.

Gegen den Beschluß, durch welchen der Antrag auf Erlassung des Ausschlußurteils zurückgewiesen wird, sowie gegen Beschränkungen und Vorbehalte, welche dem Ausschlußurteile beigefügt sind, findet sofortige Beschwerde statt.

§ 953. Erfolgt eine Anmeldung, durch welche das von dem Antragsteller zur Begründung des Antrags behauptete Recht bestritten wird, so ist nach Beschaffenheit des Falles entweder das Aufgebotsverfahren bis zur endgültigen Entscheidung über das angemeldete Recht auszusetzen oder in dem Ausschlußurteile das angemeldete Recht vorzubehalten.

§ 954. Wenn der Antragsteller weder in dem Aufgebotstermin erschienen ist noch vor dem Termin den Antrag auf Erfüllung des Ausschlußurteils gestellt hat, so ist auf seinen Antrag ein neuer Termin zu bestimmen. Der Antrag ist nur binnen einer vom Tage des Aufgebotstermins laufenden Frist von sechs Monaten zulässig.

§ 955. Wird zur Erledigung des Aufgebotsverfahrens ein neuer Termin bestimmt, so ist eine öffentliche Bekanntmachung des Termins nicht erforderlich.

§ 956. Das Gericht kann die öffentliche Bekanntmachung des wesentlichen Inhalts des Ausschlußurteils durch einmalige Einrückung in den Deutschen Reichsanzeiger anordnen.

§ 957. Gegen das Ausschlußurteil findet ein Rechtsmittel nicht statt.

Das Ausschlußurteil kann bei dem Landgericht, in dessen Bezirke das Aufgebotsgericht seinen Sitz hat, mittels einer gegen den Antragsteller zu erhebenden Klage angefochten werden:

1. wenn ein Fall nicht vorlag, in welchem das Gesetz das Aufgebotsverfahren zuläßt;
2. wenn die öffentliche Bekanntmachung des Aufgebots oder eine in dem Gesetze vorgeschriebene Art der Bekanntmachung unterblieben ist;
3. wenn die vorgeschriebene Aufgebotsfrist nicht gewahrt ist;
4. wenn der erkennende Richter von der Ausübung des Richteramts kraft Gesetzes ausgeschlossen war;
5. wenn ein Anspruch oder ein Recht ungeachtet der erfolgten Anmeldung nicht dem Gesetze gemäß in dem Urteil berücksichtigt ist;
6. wenn die Voraussetzungen vorliegen, unter welchen die Restitutionsklage wegen einer strafbaren Handlung stattfindet.

§ 958. Die Anfechtungsklage ist binnen der Notfrist eines Monats zu erheben. Die Frist beginnt mit dem Tage, an welchem der Kläger Kenntnis von dem Ausschlußurteil erhalten hat, in dem Falle jedoch, wenn die Klage auf einem der im § 957 Nr. 4, 6 bezeichneten Anfechtungsgründe beruht und dieser Grund an jenem Tage noch nicht zur Kenntnis des Klägers gelangt war, erst mit dem Tage, an welchem der Anfechtungsgrund dem Kläger bekannt geworden ist.

Nach Ablauf von zehn Jahren, von dem Tage der Verkündung des Ausschlußurteils an gerechnet, ist die Klage unstatthaft.

§ 959. Das Gericht kann die Verbindung mehrerer Aufgebote anordnen, auch wenn die Voraussetzungen des § 147 nicht vorliegen.

§ 960. Für das Aufgebotsverfahren zum Zwecke der Todeserklärung gelten die nachfolgenden besonderen Bestimmungen.

§ 961. Zuständig ist das Gericht, in dessen Bezirke der Verschollene den letzten inländischen Wohnsitz hatte. In Ermangelung eines solchen Wohnsitzes wird das zuständige Gericht für Angehörige eines deutschen Landes von der Landesjustizverwaltung durch allgemeine Anordnung, für andere Verschollene von dem Reichsminister der Justiz durch allgemeine Anordnung bestimmt.

§ 962. Antragsberechtigt ist der gesetzliche Vertreter des Verschollenen sowie jeder, der an der Todeserklärung ein rechtliches Interesse hat.

Der gesetzliche Vertreter bedarf zu dem Antrag der Genehmigung des Vormundschaftsgerichts.

§ 963. Der Antragsteller hat die zur Begründung des Antrags erforderlichen Tatsachen vor der Einleitung des Verfahrens glaubhaft zu machen.

§ 964. In das Aufgebot ist aufzunehmen:

1. die Aufforderung an den Verschollenen, sich spätestens im Aufgebotstermin zu melden, widrigenfalls die Todeserklärung erfolgen werde;
2. die Aufforderung an alle, welche Auskunft über Leben oder Tod des Verschollenen zu erteilen vermögen, spätestens im Aufgebotstermin dem Gericht Anzeige zu machen.

§ 965. Die Aufgebotsfrist muß mindestens sechs Monate betragen.

§ 966. In den Fällen der §§ 15—17 des Bürgerlichen Gesetzbuchs kann die Bekanntmachung des Aufgebots durch öffentliche Blätter unterbleiben. Das gleiche gilt, wenn seit der Geburt des Verschollenen hundert Jahre verstrichen sind.

Unterbleibt die Bekanntmachung durch öffentliche Blätter, so muß die Aufgebotsfrist mindestens sechs Wochen betragen; sie beginnt in diesem Falle mit der Anheftung des Aufgebots an die Gerichtstafel.

§ 967. Jeder Antragsberechtigte kann neben dem Antragsteller oder statt des Antragstellers in das Verfahren eintreten. Durch den Eintritt erlangt er die rechtliche Stellung eines Antragstellers.

§ 968. Das Gericht hat unter Benutzung der in dem Antrag angegebenen Tatsachen und Beweismittel von Amts wegen die zur Feststellung des Sachverhalts erforderlichen Ermittlungen zu veranstalten und die geeignet erscheinenden Beweise aufzunehmen.

§ 969. Wird derjenige, welcher sich als der angeblich Verschollene meldet, als solcher von dem Antragsteller nicht anerkannt, so ist das Verfahren auszusetzen.

§ 970. Das Gericht hat die Todeserklärung nur auszusprechen, wenn die zur Begründung derselben erforderlichen Tatsachen für erwiesen erachtet werden.

In dem Urteil ist der Zeitpunkt des Todes nach Maßgabe des § 18 Abs. 2 des Bürgerlichen Gesetzbuchs festzustellen.

§ 971. Die dem Antragsteller erwachsenen Kosten, welche zur zweckentsprechenden Durchführung des Verfahrens notwendig waren, fallen, wenn die Todeserklärung erfolgt, dem Nachlaß zur Last.

§ 972. Die Erledigung der Aufgebotsanträge kann von der Landesjustizverwaltung für mehrere Amtsgerichtsbezirke einem Amtsgericht übertragen werden. Auf Verlangen des Antragstellers erfolgt die Erledigung durch das nach § 961 zuständige Gericht.

Wird das Aufgebot durch ein anderes als das nach § 961 zuständige Gericht erlassen, so ist das Aufgebot auch durch Anheftung an die Gerichtstafel des letzteren Gerichts öffentlich bekanntzumachen.

§ 973. Die Anfechtungsklage findet außer den Fällen des § 957 Abs. 2 auch dann statt, wenn die Todeserklärung mit

Unrecht erfolgt oder der Zeitpunkt des Todes des Verschollenen unrichtig festgestellt ist.

§ 974. Zur Erhebung der Anfechtungsklage ist jeder berechtigt, der an der Aufhebung der Todeserklärung oder an der Berichtigung des Zeitpunktes des Todes ein rechtliches Interesse hat.

Die Anfechtungsklage ist gegen denjenigen zu richten, welcher die Todeserklärung erwirkt hat, falls aber dieser die Klage erhebt oder falls er verstorben oder sein Aufenthalt unbekannt oder im Ausland ist, gegen den Staatsanwalt.

§ 975. Auf das Verfahren über die Anfechtungsklage finden die Vorschriften der §§ 667, 669, 670, des § 673 Abs. 1 und des § 956 entsprechende Anwendung.

§ 976. Die Anfechtungsklage ist, sofern sie nicht auf einen der im § 957 Abs. 2 bezeichneten Gründe gestützt wird, nur innerhalb der Frist von einem Monat zulässig. Die Frist beginnt mit der Erlassung des die Todeserklärung aussprechenden Urteils. Die mündliche Verhandlung erfolgt nicht vor Ablauf dieser Frist.

Mehrere Anfechtungsprozesse sind zum Zwecke gleichzeitiger Verhandlung und Entscheidung zu verbinden. Die Vorschrift des § 62 findet Anwendung.

Wird infolge einer Anfechtungsklage die Todeserklärung aufgehoben oder eine andere Todeszeit festgestellt, so wirkt das Urteil für und gegen alle.

§ 977. Für das Aufgebotsverfahren zum Zwecke der Ausschließung des Eigentümers eines Grundstücks nach § 927 des Bürgerlichen Gesetzbuchs gelten die nachfolgenden besonderen Bestimmungen.

§ 978. Zuständig ist das Gericht, in dessen Bezirke das Grundstück belegen ist.

§ 979. Antragsberechtigt ist derjenige, welcher das Grundstück seit der im § 927 des Bürgerlichen Gesetzbuchs bestimmten Zeit im Eigenbesitze hat.

§ 980. Der Antragsteller hat die zur Begründung des Antrags erforderlichen Tatsachen vor der Einleitung des Verfahrens glaubhaft zu machen.

§ 981. In dem Aufgebot ist der bisherige Eigentümer aufzufordern, sein Recht spätestens im Aufgebotstermin anzumelden, widrigenfalls seine Ausschließung erfolgen werde.

§ 982. Für das Aufgebotsverfahren zum Zwecke der Ausschließung eines Hypotheken-, Grundschuld- oder Rentenschuldgläubigers auf Grund der §§ 1170, 1171 des Bürgerlichen Gesetzbuchs gelten die nachfolgenden besonderen Bestimmungen.

§ 983. Zuständig ist das Gericht, in dessen Bezirke das belastete Grundstück belegen ist.

§ 984. Antragsberechtigt ist der Eigentümer des belasteten Grundstücks.

Im Falle des § 1170 des Bürgerlichen Gesetzbuchs ist auch ein im Range gleich- oder nachstehender Gläubiger, zu dessen Gunsten eine Vormerkung nach § 1179 des Bürgerlichen Gesetzbuchs eingetragen ist, und bei einer Gesamthypothek, Gesamtgrundschuld oder Gesamtrentenschuld außerdem derjenige antragsberechtigt, welcher auf Grund eines im Range gleich- oder nachstehenden Rechtes Befriedigung aus einem der belasteten Grundstücke verlangen kann, sofern der Gläubiger oder der sonstige Berechtigte für seinen Anspruch einen vollstreckbaren Schuldtitel erlangt hat.

§ 985. Der Antragsteller hat vor der Einleitung des Verfahrens glaubhaft zu machen, daß der Gläubiger unbekannt ist.

§ 986. Im Falle des § 1170 des Bürgerlichen Gesetzbuchs hat der Antragsteller vor der Einleitung des Verfahrens auch glaubhaft zu machen, daß nicht eine das Aufgebot ausschließende Anerkennung des Rechtes des Gläubigers erfolgt ist.

Ist die Hypothek für die Forderung aus einer Schuldverschreibung auf den Inhaber bestellt oder der Grundschuld- oder Rentenschuldbrief auf den Inhaber ausgestellt, so hat der Antragsteller glaubhaft zu machen, daß die Schuldverschreibung oder der Brief bis zum Ablauf der im § 801 des Bürgerlichen Gesetzbuchs bezeichneten Frist nicht vorgelegt und der Anspruch nicht gerichtlich geltend gemacht worden ist. Ist die Vorlegung oder die gerichtliche Geltendmachung erfolgt, so ist die im Abs. 1 vorgeschriebene Glaubhaftmachung erforderlich.

Zur Glaubhaftmachung genügt in den Fällen der Abs. 1, 2 die Versicherung des Antragstellers an Eides Statt, unbeschadet der Befugnis des Gerichts, anderweitige Ermittlungen anzuordnen.

In dem Aufgebot ist als Rechtsnachteil anzudrohen, daß die Ausschließung des Gläubigers mit seinem Rechte erfolgen werde.

Wird das Aufgebot auf Antrag eines nach § 984 Abs. 2 Antragsberechtigten erlassen, so ist es dem Eigentümer des Grundstücks von Amts wegen mitzuteilen.

§ 987. Im Falle des § 1171 des Bürgerlichen Gesetzbuchs hat der Antragsteller sich vor der Einleitung des Verfahrens zur Hinterlegung des dem Gläubiger gebührenden Betrags zu erbieten.

In dem Aufgebot ist als Rechtsnachteil anzudrohen, daß der Gläubiger nach der Hinterlegung des ihm gebührenden Betrags seine Befriedigung statt aus dem Grundstück nur noch aus dem hinterlegten Betrage verlangen könne und sein Recht auf diesen erlösche, wenn er sich nicht vor dem Ablauf von dreißig Jahren nach der Erlassung des Ausschlußurteils bei der Hinterlegungsstelle melde.

Hängt die Fälligkeit der Forderung von einer Kündigung ab, so erweitert sich die Aufgebotsfrist um die Kündigungsfrist.

Das Ausschlußurteil darf erst dann erlassen werden, wenn die Hinterlegung erfolgt ist.

§ 988. Die Vorschriften des § 983, des § 984 Abs. 1, des § 985, des § 986 Abs. 1—4 und des § 987 finden auf das Aufgebotsverfahren zum Zwecke der in den §§ 887, 1104, 1112, 1269 des Bürgerlichen Gesetzbuchs für die Vormerkung, das Vorkaufsrecht, die Reallast und für das Pfandrecht an Schiffen bestimmten Ausschließung des Berechtigten entsprechende Anwendung.

In den Fällen der §§ 887, 1104, 1112 des Bürgerlichen Gesetzbuchs ist auch derjenige antragsberechtigt, welcher auf Grund eines im Range gleich- oder nachstehenden Rechtes Befriedigung aus dem Grundstück verlangen kann, sofern er für seinen Anspruch einen vollstreckbaren Schuldtitel erlangt hat. Das Aufgebot ist dem Eigentümer des Grundstücks von Amts wegen mitzuteilen.

§ 989. Für das Aufgebotsverfahren zum Zwecke der Ausschließung von Nachlaßgläubigern auf Grund des § 1970 des Bürgerlichen Gesetzbuchs gelten die nachfolgenden besonderen Bestimmungen.

§ 990. Zuständig ist das Amtsgericht, dem die Verrichtungen des Nachlaßgerichts obliegen. Sind diese Verrichtungen einer anderen Behörde als einem Amtsgericht übertragen, so ist das Amtsgericht zuständig, in dessen Bezirke die Nachlaßbehörde ihren Sitz hat.

§ 991. Antragsberechtigt ist jeder Erbe, sofern er nicht für die Nachlaßverbindlichkeiten unbeschränkt haftet.

Zu dem Antrag sind auch ein Nachlaßpfleger und ein Testamentsvollstrecker berechtigt, wenn ihnen die Verwaltung des Nachlasses zusteht.

Der Erbe und der Testamentsvollstrecker können den Antrag erst nach der Annahme der Erbschaft stellen.

§ 992. Dem Antrag ist ein Verzeichnis der bekannten Nachlaßgläubiger mit Angabe ihres Wohnorts beizufügen.

§ 993. Das Aufgebot soll nicht erlassen werden, wenn die Eröffnung des Nachlaßkonkurses beantragt ist.

Durch die Eröffnung des Nachlaßkonkurses wird das Aufgebotsverfahren beendigt.

§ 994. Die Aufgebotsfrist soll höchstens sechs Monate betragen.

Das Aufgebot soll den Nachlaßgläubigern, welche dem Nachlaßgericht angezeigt sind und deren Wohnort bekannt ist, von Amts wegen zugestellt werden. Die Zustellung kann durch Aufgabe zur Post erfolgen.

§ 995. In dem Aufgebot ist den Nachlaßgläubigern, welche sich nicht melden, als Rechtsnachteil anzudrohen, daß sie, unbeschadet des Rechtes, vor den Verbindlichkeiten aus Pflichtteilsrechten, Vermächtnissen und Auflagen berücksichtigt zu werden, von dem Erben nur insoweit Befriedigung verlangen können, als sich nach Befriedigung der nicht ausgeschlossenen Gläubiger noch ein Überschuß ergibt.

§ 996. Die Anmeldung einer Forderung hat die Angabe des Gegenstandes und des Grundes der Forderung zu enthalten. Urkundliche Beweisstücke sind in Urschrift oder in Abschrift beizufügen.

Das Gericht hat die Einsicht der Anmeldungen jedem zu gestatten, der ein rechtliches Interesse glaubhaft macht.

§ 997. Sind mehrere Erben vorhanden, so kommen der von einem Erben gestellte Antrag und das von ihm erwirkte Ausschlußurteil, unbeschadet der Vorschriften des Bürgerlichen Gesetzbuchs über die unbeschränkte Haftung, auch den anderen Erben zustatten. Als Rechtsnachteil ist den Nachlaßgläubigern, welche sich nicht melden, auch anzudrohen, daß jeder Erbe nach der Teilung des Nachlasses nur für den seinem Erbteil entsprechenden Teil der Verbindlichkeit haftet.

Die Erlassung des Aufgebots mit Androhung des im Abs. 1 Satz 2 bestimmten Rechtsnachteils kann von jedem Erben auch dann beantragt werden, wenn er für die Nachlaßverbindlichkeiten unbeschränkt haftet.

§ 998. Im Falle der Nacherbfolge findet die Vorschrift des § 997 Abs. 1 Satz 1 auf den Vorerben und den Nacherben entsprechende Anwendung.

§ 999. Ist eine Ehefrau die Erbin und gehört der Nachlaß zum eingebrachten Gute oder zum Gesamtgut, so kann sowohl die Ehefrau als der Ehemann das Aufgebot beantragen, ohne daß die Zustimmung des anderen Teiles erforderlich ist. Das gleiche gilt, wenn der Nachlaß zum Gesamtgut gehört, auch nach der Beendigung der Gemeinschaft. Der von dem einen Ehegatten gestellte Antrag und das von ihm erwirkte Ausschlußurteil kommen auch dem anderen Ehegatten zustatten.

§ 1000. Hat der Erbe die Erbschaft verkauft, so kann sowohl der Käufer als der Erbe das Aufgebot beantragen. Der von dem einen Teile gestellte Antrag und das von ihm erwirkte Ausschlußurteil kommen, unbeschadet der Vorschriften des Bürgerlichen Gesetzbuchs über die unbeschränkte Haftung, auch dem anderen Teile zustatten.

Diese Bestimmungen finden entsprechende Anwendung, wenn jemand eine durch Vertrag erworbene Erbschaft verkauft oder sich zur Veräußerung einer ihm angefallenen oder anderweit von ihm erworbenen Erbschaft in sonstiger Weise verpflichtet hat.

§ 1001. Die Bestimmungen der §§ 990—996, 999, 1000 finden im Falle der fortgesetzten Gütergemeinschaft auf das Aufgebotsverfahren zum Zwecke der nach dem § 1489 Abs. 2 und dem § 1970 des Bürgerlichen Gesetzbuchs zulässigen Ausschließung von Gesamtgutsgläubigern entsprechende Anwendung.

§ 1002. Für das Aufgebotsverfahren zum Zwecke der Ausschließung von Schiffsgläubigern auf Grund des § 765 des Handelsgesetzbuchs und des § 110 des Gesetzes, betreffend die privatrechtlichen Verhältnisse der Binnenschiffahrt, gelten die nachfolgenden besonderen Bestimmungen.

Zuständig ist das Gericht, in dessen Bezirke sich der Heimatshafen oder der Heimatsort des Schiffes befindet.

Unterliegt das Schiff der Eintragung in das Schiffsregister, so kann der Antrag erst nach der Eintragung der Veräußerung des Schiffes gestellt werden.

Der Antragsteller hat die ihm bekannten Forderungen von Schiffsgläubigern anzugeben.

Die Aufgebotsfrist muß mindestens drei Monate betragen.

In dem Aufgebot ist den Schiffsgläubigern, welche sich nicht melden, als Rechtsnachteil anzudrohen, daß ihre Pfandrechte erlöschen, sofern nicht ihre Forderungen dem Antragsteller bekannt sind.

§ 1003. Für das Aufgebotsverfahren zum Zwecke der Kraftloserklärung einer Urkunde gelten die nachfolgenden besonderen Bestimmungen.

§ 1004. Bei Papieren, welche auf den Inhaber lauten oder welche durch Indossament übertragen werden können und mit einem Blankoindossamente versehen sind, ist der bisherige Inhaber des abhanden gekommenen oder vernichteten Papiers berechtigt, das Aufgebotsverfahren zu beantragen.

Bei anderen Urkunden ist derjenige zu dem Antrag berechtigt, welcher das Recht aus der Urkunde geltend machen kann.

§ 1005. Für das Aufgebotsverfahren ist das Gericht des Ortes zuständig, welchen die Urkunde als den Erfüllungsort bezeichnet. Enthält die Urkunde eine solche Bezeichnung nicht, so ist das Gericht zuständig, bei welchem der Aussteller seinen allgemeinen Gerichtsstand hat, und in Ermangelung eines solchen Gerichts dasjenige, bei welchem der Aussteller zur Zeit der Ausstellung seinen allgemeinen Gerichtsstand gehabt hat.

Ist die Urkunde über ein im Grundbuch eingetragenes Recht ausgestellt, so ist das Gericht der belegenen Sache ausschließlich zuständig.

§ 1006. Die Erledigung der Anträge auf Erlassung des Aufgebots zum Zwecke der Kraftloserklärung eines auf den Inhaber lautenden Papiers kann von der Landesjustizverwaltung für mehrere Amtsgerichtsbezirke einem Amtsgericht übertragen werden. Auf Verlangen des Antragstellers erfolgt die Erledigung durch das nach § 1005 zuständige Gericht.

Wird das Aufgebot durch ein anderes als das nach § 1005 zuständige Gericht erlassen, so ist das Aufgebot auch durch Anheftung an die Gerichtstafel des letzteren Gerichts öffentlich bekanntzumachen.

Unberührt bleiben die landesgesetzlichen Vorschriften, durch welche für das Aufgebotsverfahren zum Zwecke der Kraftloserklärung von Schuldverschreibungen auf den Inhaber, die ein deutsches Land oder früherer Bundesstaat oder eine ihm angehörende Körperschaft, Stiftung oder Anstalt des öffentlichen Rechtes ausgestellt oder für deren Bezahlung ein deutsches Land oder früherer Bundesstaat die Haftung übernommen hat, ein bestimmtes Amtsgericht für ausschließlich zuständig erklärt wird.

§ 1007. Der Antragsteller hat zur Begründung des Antrags:

1. entweder eine Abschrift der Urkunde beizubringen, oder den wesentlichen Inhalt der Urkunde und alles anzugeben, was zur vollständigen Erkennbarkeit derselben erforderlich ist;
2. den Verlust der Urkunde sowie diejenigen Tatsachen glaubhaft zu machen, von welchen seine Berechtigung abhängt, das Aufgebotsverfahren zu beantragen;
3. sich zur Versicherung der Wahrheit seiner Angaben an Eides Statt zu erbieten.

§ 1008. In dem Aufgebot ist der Inhaber der Urkunde aufzufordern, spätestens im Aufgebotstermine seine Rechte bei dem Gerichte anzumelden und die Urkunde vorzulegen. Als Rechtsnachteil ist anzudrohen, daß die Kraftloserklärung der Urkunde erfolgen werde.

§ 1009. Die öffentliche Bekanntmachung des Aufgebots erfolgt durch Anheftung an die Gerichtstafel und in dem Lokal der Börse, wenn eine solche am Sitze des Aufgebotsgerichts besteht, sowie durch einmalige Einrückung in den Deutschen Reichsanzeiger.

Das Gericht kann anordnen, daß die Einrückung noch in andere Blätter und zu mehreren Malen erfolge.

Betrifft das Aufgebot ein auf den Inhaber lautendes Papier und ist in der Urkunde vermerkt oder in den Bestimmungen, unter denen die erforderliche staatliche Genehmigung erteilt worden ist, vorgeschrieben, daß die öffentliche Bekanntmachung durch bestimmte andere Blätter zu erfolgen habe, so muß die Bekanntmachung auch durch Einrückung in diese Blätter erfolgen. Das gleiche gilt bei Schuldverschreibungen, die von einem deutschen Lande oder früheren Bundesstaate ausgegeben sind, wenn die öffentliche Bekanntmachung durch bestimmte Blätter landesgesetzlich vorgeschrieben ist.

§ 1010. Bei Wertpapieren, für welche von Zeit zu Zeit Zins-, Renten- oder Gewinnanteilscheine ausgegeben werden, ist der Aufgebotstermin so zu bestimmen, daß bis zu demselben der erste einer seit der Zeit des glaubhaft gemachten Verlustes ausgegebenen Reihe von Zins-, Renten- oder Gewinnanteilscheinen fällig geworden ist und seit der Fälligkeit desselben sechs Monate abgelaufen sind.

Vor Erlassung des Ausschlußurteils hat der Antragsteller ein nach Ablauf dieser sechsmonatigen Frist ausgestelltes Zeugnis der betreffenden Behörde, Kasse oder Anstalt beizubringen, daß die Urkunde seit der Zeit des glaubhaft gemachten Verlustes ihr zur Ausgabe neuer Scheine nicht vorgelegt sei und daß die neuen Scheine an einen anderen als den Antragsteller nicht ausgegeben seien.

§ 1011. Bei Wertpapieren, für welche Zins-, Renten- oder Gewinnanteilscheine zuletzt für einen längeren Zeitraum als vier Jahre ausgegeben sind, genügt es, wenn der Aufgebotstermin so bestimmt wird, daß bis zu demselben seit der Zeit des glaubhaft gemachten Verlustes von den zuletzt ausgegebenen Scheinen solche für vier Jahre fällig geworden und seit der Fälligkeit des letzten derselben sechs Monate abgelaufen sind. Scheine für Zeitabschnitte, für welche keine Zinsen-, Renten- oder Gewinnanteile gezahlt werden, kommen nicht in Betracht.

Vor Erlassung des Ausschlußurteils hat der Antragsteller ein nach Ablauf dieser sechsmonatigen Frist ausgestelltes Zeugnis der betreffenden Behörde, Kasse oder Anstalt beizubringen, daß die für die bezeichneten vier Jahre und später etwa fällig gewordenen Scheine ihr von einem anderen als dem Antragsteller nicht vorgelegt seien. Hat in der Zeit seit dem Erlasse des Aufgebots eine Ausgabe neuer Scheine stattgefunden, so muß das Zeugnis auch die im § 1010 Abs. 2 bezeichneten Angaben enthalten.

§ 1012. Die Vorschriften der §§ 1010, 1011 finden insoweit keine Anwendung, als die Zins-, Renten- oder Gewinnanteilscheine, deren Fälligkeit nach diesen Vorschriften eingetreten sein muß, von dem Antragsteller vorgelegt werden. Der Vorlegung der Scheine steht es gleich, wenn das Zeugnis der betreffenden Behörde, Kasse oder Anstalt beigebracht wird, daß die fällig gewordenen Scheine ihr von dem Antragsteller vorgelegt worden seien.

§ 1013. Bei Wertpapieren, für welche Zins-, Renten- oder Gewinnanteilscheine ausgegeben sind, aber nicht mehr ausgegeben werden, ist, wenn nicht die Voraussetzungen der §§ 1010, 1011 vorhanden sind, der Aufgebotstermin so zu bestimmen, daß bis zu demselben seit der Fälligkeit des letzten ausgegebenen Scheines sechs Monate abgelaufen sind.

§ 1014. Ist in einer Schuldurkunde eine Verfallzeit angegeben, welche zur Zeit der ersten Einrückung des Aufgebots in den Deutschen Reichsanzeiger noch nicht eingetreten ist, und sind die Voraussetzungen der §§ 1010—1013 nicht vorhanden, so ist der Aufgebotstermin so zu bestimmen, daß seit dem Verfalltag sechs Monate abgelaufen sind.

§ 1015. Die Aufgebotsfrist muß mindestens sechs Monate betragen. Der Aufgebotstermin darf nicht über ein Jahr hinaus bestimmt werden; solange ein so naher Termin nicht bestimmt werden kann, ist das Aufgebot nicht zulässig.

§ 1016. Meldet der Inhaber der Urkunde vor dem Aufgebotstermin seine Rechte unter Vorlegung der Urkunde an, so hat das Gericht den Antragsteller hiervon zu benachrichtigen und ihm die Einsicht der Urkunde innerhalb einer zu bestimmenden Frist zu gestatten. Auf Antrag des Inhabers der Urkunde ist zur Vorlegung derselben ein Termin zu bestimmen.

§ 1017. In dem Ausschlußurteil ist die Urkunde für kraftlos zu erklären.

Das Ausschlußurteil ist seinem wesentlichen Inhalt nach durch den Deutschen Reichsanzeiger bekanntzumachen. Die Vorschriften des § 1009 Abs. 3 finden entsprechende Anwendung.

In gleicher Weise hat nach eingetretener Rechtskraft die Bekanntmachung des auf die Anfechtungsklage ergangenen Urteils, soweit dadurch die Kraftloserklärung aufgehoben wird, zu erfolgen.

§ 1018. Derjenige, welcher das Ausschlußurteil erwirkt hat, ist dem durch die Urkunde Verpflichteten gegenüber berechtigt, die Rechte aus der Urkunde geltend zu machen.

Wird das Ausschlußurteil infolge einer Anfechtungsklage aufgehoben, so bleiben die auf Grund des Urteils von dem Verpflichteten bewirkten Leistungen auch Dritten, insbesondere dem Anfechtungskläger, gegenüber wirksam, es sei denn, daß der Verpflichtete zur Zeit der Leistung die Aufhebung des Ausschlußurteils gekannt hat.

§ 1019. Bezweckt das Aufgebotsverfahren die Kraftloserklärung eines auf den Inhaber lautenden Papiers, so hat das Gericht auf Antrag an den Aussteller sowie an die in dem Papier und die von dem Antragsteller bezeichneten Zahlstellen das Verbot zu erlassen, an den Inhaber des Papiers eine Leistung zu bewirken, insbesondere neue Zins-, Renten- oder Gewinnanteilscheine oder einen Erneuerungsschein auszugeben (Zahlungssperre); mit dem Verbot ist die Benachrichtigung von der Einleitung des Aufgebotsverfahrens zu verbinden. Das Verbot ist in gleicher Weise wie das Aufgebot öffentlich bekanntzumachen.

Das an den Aussteller erlassene Verbot ist auch den Zahlstellen gegenüber wirksam, welche nicht in dem Papiere bezeichnet sind.

Die Einlösung der vor dem Verbot ausgegebenen Zins-, Renten- oder Gewinnanteilscheine wird von dem Verbote nicht betroffen.

§ 1020. Ist die sofortige Einleitung des Aufgebotsverfahrens nach § 1015 Satz 2 unzulässig, so hat das Gericht die Zahlungssperre auf Antrag schon vor der Einleitung des Verfahrens zu verfügen, sofern die übrigen Erfordernisse für die Einleitung vorhanden sind. Auf den Antrag finden die Vorschriften des § 947 Abs. 1 Anwendung. Das Verbot ist durch Anheftung an die Gerichtstafel und durch einmalige Einrückung in den Deutschen Reichsanzeiger öffentlich bekanntzumachen.

§ 1021. Wird die Zahlungssperre angeordnet, bevor seit der Zeit des glaubhaft gemachten Verlustes Zins-, Renten- oder Gewinnanteilscheine ausgegeben worden sind, so ist die Beibringung des im § 1010 Abs. 2 vorgeschriebenen Zeugnisses nicht erforderlich.

§ 1022. Wird das in Verlust gekommene Papier dem Gerichte vorgelegt oder wird das Aufgebotsverfahren in anderer Weise ohne Erlassung eines Ausschlußurteils erledigt, so ist die Zahlungssperre von Amts wegen aufzuheben. Das gleiche gilt, wenn die Zahlungssperre vor der Einleitung des Aufgebotsverfahrens angeordnet worden ist und die Einleitung nicht binnen sechs Monaten nach der Beseitigung des ihr entgegenstehenden Hindernisses beantragt wird. Ist das Aufgebot oder die Zahlungssperre öffentlich bekanntgemacht worden, so ist die Erledigung des Verfahrens oder die Aufhebung der Zahlungssperre von Amts wegen durch den Deutschen Reichsanzeiger bekanntzumachen.

Im Falle der Vorlegung des Papiers ist die Zahlungssperre erst aufzuheben, nachdem dem Antragsteller die Einsicht nach Maßgabe des § 1016 gestattet worden ist.

Gegen den Beschluß, durch welchen die Zahlungssperre aufgehoben wird, findet sofortige Beschwerde statt.

§ 1023. Bezweckt das Aufgebotsverfahren die Kraftloserklärung einer Urkunde der im § 808 des Bürgerlichen Gesetzbuchs bezeichneten Art, so finden die Vorschriften des § 1006, des § 1009 Abs. 3, des § 1017 Abs. 2 Satz 2 und der §§ 1019—1022 entsprechende Anwendung. Die Landesgesetze können über die Veröffentlichung des Aufgebots und der im § 1017 Abs. 2, 3 und in den §§ 1019, 1020, 1022 vorgeschriebenen Bekanntmachungen sowie über die Aufgebotsfrist abweichende Vorschriften erlassen.

§ 1024. Bei Aufgeboten, welche auf Grund der §§ 887, 927, 1104, 1112, 1162, 1170, 1171, 1269 des Bürgerlichen Gesetzbuchs sowie auf Grund des § 765 des Handelsgesetzbuchs und des § 110 des Gesetzes, betreffend die privatrechtlichen Verhältnisse der Binnenschiffahrt, ergehen, können die Landesgesetze die Art der Veröffentlichung des Aufgebots und des Ausschlußurteils sowie die Aufgebotsfrist anders bestimmen, als in den §§ 948, 950, 956 vorgeschrieben ist.

Bei Aufgeboten, welche auf Grund des § 1162 des Bürgerlichen Gesetzbuchs ergehen, können die Landesgesetze die Art der Veröffentlichung des Aufgebots, des Ausschlußurteils und des im § 1017 Abs. 3 bezeichneten Urteils sowie die Aufgebotsfrist auch anders bestimmen, als in den §§ 1009, 1014, 1015, 1017 vorgeschrieben ist.

Zehntes Buch.

Schiedsrichterliches Verfahren.

§ 1025. Die Vereinbarung, daß die Entscheidung einer Rechtsstreitigkeit durch einen oder mehrere Schiedsrichter erfolgen soll, hat insoweit rechtliche Wirkung, als die Parteien berechtigt sind, über den Gegenstand des Streites einen Vergleich zu schließen.

§ 1026. Ein Schiedsvertrag über künftige Rechtsstreitigkeiten hat keine rechtliche Wirkung, wenn er nicht auf ein bestimmtes Rechtsverhältnis und die aus demselben entspringenden Rechtsstreitigkeiten sich bezieht.

§ 1027. Ist nach den Bestimmungen des bürgerlichen Rechtes ein mündlich geschlossener Schiedsvertrag gültig, so kann jede Partei die Errichtung einer schriftlichen Urkunde über den Vertrag verlangen.

§ 1028. Ist in dem Schiedsvertrag eine Bestimmung über die Ernennung der Schiedsrichter nicht enthalten, so wird von jeder Partei ein Schiedsrichter ernannt.

§ 1029. Steht beiden Parteien die Ernennung von Schiedsrichtern zu, so hat die betreibende Partei dem Gegner den Schiedsrichter schriftlich mit der Aufforderung zu bezeichnen, binnen einer einwöchigen Frist seinerseits ein Gleiches zu tun.

Nach fruchtlosem Ablauf der Frist wird auf Antrag der betreibenden Partei der Schiedsrichter von dem zuständigen Gericht ernannt.

§ 1030. Eine Partei ist an die durch sie erfolgte Ernennung eines Schiedsrichters dem Gegner gegenüber gebunden, sobald derselbe die Anzeige von der Ernennung erhalten hat.

§ 1031. Wenn ein nicht in dem Schiedsvertrag ernannter Schiedsrichter stirbt oder aus einem anderen Grunde wegfällt oder die Übernahme oder die Ausführung des Schiedsrichteramts verweigert, so hat die Partei, welche ihn ernannt hat, auf Aufforderung des Gegners binnen einer einwöchigen Frist einen anderen Schiedsrichter zu bestellen. Nach fruchtlosem Ablauf der Frist wird auf Antrag der betreibenden Partei der Schiedsrichter von dem zuständigen Gericht ernannt.

§ 1032. Ein Schiedsrichter kann aus denselben Gründen und unter denselben Voraussetzungen abgelehnt werden, welche zur Ablehnung eines Richters berechtigen.

Die Ablehnung kann außerdem erfolgen, wenn ein nicht in dem Schiedsvertrag ernannter Schiedsrichter die Erfüllung seiner Pflichten ungebührlich verzögert.

Minderjährige, Taube, Stumme und Personen, welchen die bürgerlichen Ehrenrechte aberkannt sind, können abgelehnt werden.

§ 1033. Der Schiedsvertrag tritt außer Kraft, sofern nicht für den betreffenden Fall durch eine Vereinbarung der Parteien Vorsorge getroffen ist:

1. wenn bestimmte Personen in dem Vertrage zu Schiedsrichtern ernannt sind und ein Schiedsrichter stirbt oder aus einem anderen Grunde wegfällt oder die Übernahme des Schiedsrichteramts verweigert oder von dem mit ihm geschlossenen Vertrage zurücktritt oder die Erfüllung seiner Pflichten ungebührlich verzögert;
2. wenn die Schiedsrichter den Parteien anzeigen, daß unter ihnen Stimmengleichheit sich ergeben habe.

§ 1034. Die Schiedsrichter haben vor Erlassung des Schiedsspruchs die Parteien zu hören und das dem Streite zugrunde liegende Sachverhältnis zu ermitteln, soweit sie die Ermittlung für erforderlich erachten.

In Ermangelung einer Vereinbarung der Parteien über das Verfahren wird dasselbe von den Schiedsrichtern nach freiem Ermessen bestimmt.

§ 1035. Die Schiedsrichter können Zeugen und Sachverständige vernehmen, welche freiwillig vor ihnen erscheinen.

Zur Beeidigung eines Zeugen oder eines Sachverständigen und zur Abnahme eines Parteieids sind die Schiedsrichter nicht befugt.

§ 1036. Eine von den Schiedsrichtern für erforderlich erachtete richterliche Handlung, zu deren Vornahme dieselben nicht befugt sind, ist auf Antrag einer Partei, sofern der Antrag für zulässig erachtet wird, von dem zuständigen Gerichte vorzunehmen.

Dem Gerichte, welches die Vernehmung oder Beeidigung eines Zeugen oder eines Sachverständigen angeordnet hat, stehen auch die Entscheidungen zu, welche im Falle der Verweigerung des Zeugnisses oder des Gutachtens erforderlich werden.

§ 1037. Die Schiedsrichter können das Verfahren fortsetzen und den Schiedsspruch erlassen, auch wenn die Unzulässigkeit des schiedsrichterlichen Verfahrens behauptet, insbesondere wenn geltend gemacht wird, daß ein rechtsgültiger Schiedsvertrag nicht bestehe, daß der Schiedsvertrag sich auf den zu entscheidenden Streit nicht beziehe oder daß ein Schiedsrichter zu den schiedsrichterlichen Verrichtungen nicht befugt sei.

§ 1038. Ist der Schiedsspruch von mehreren Schiedsrichtern zu erlassen, so ist die absolute Mehrheit der Stimmen entscheidend, sofern nicht der Schiedsvertrag ein anderes bestimmt.

§ 1039. Der Schiedsspruch ist unter Angabe des Tages der Abfassung von den Schiedsrichtern zu unterschreiben, den Parteien in einer von den Schiedsrichtern unterschriebenen Ausfertigung zuzustellen und unter Beifügung der Beurkundung der Zustellung auf der Geschäftsstelle des zuständigen Gerichts niederzulegen.

§ 1040. Der Schiedsspruch hat unter den Parteien die Wirkungen eines rechtskräftigen gerichtlichen Urteils.

§ 1041. Die Aufhebung des Schiedsspruchs kann beantragt werden:

1. wenn das Verfahren unzulässig war;
2. wenn der Schiedsspruch eine Partei zu einer Handlung verurteilt, deren Vornahme verboten ist;

3. wenn die Partei in dem Verfahren nicht nach Vorschrift der Gesetze vertreten war, sofern sie nicht die Prozeßführung ausdrücklich oder stillschweigend genehmigt hat;
4. wenn der Partei in dem Verfahren das rechtliche Gehör nicht gewährt war;
5. wenn der Schiedsspruch nicht mit Gründen versehen ist;
6. wenn die Voraussetzungen vorliegen, unter welchen in den Fällen der Nr. 1—6 des § 580 die Restitutionsklage stattfindet.

Die Aufhebung des Schiedsspruchs findet aus den unter Nr. 4, 5 erwähnten Gründen nicht statt, wenn die Parteien ein anderes vereinbart haben.

§ 1042. Aus dem Schiedsspruch findet die Zwangsvollstreckung nur statt, wenn er durch Beschluß für vollstreckbar erklärt ist.

Der Beschluß ist nicht zu erlassen, wenn sich der Spruch über eine gesetzliche Vorschrift hinweggesetzt hat, auf deren Innehaltung die Parteien rechtswirksam nicht hätten verzichten können.

Wird binnen einer vom Gerichte zu bestimmenden Frist nachgewiesen, daß die Klage auf Aufhebung des Spruches erhoben ist, so ist die Beschlußfassung bis zur Erledigung des Rechtsstreits auszusetzen.

§ 1043. (Fortgefallen.)

§ 1044. Die Klage auf Aufhebung eines für vollstreckbar erklärten Schiedsspruchs ist vor Ablauf der Notfrist eines Monats zu erheben.

Die Frist beginnt mit dem Tage, an welchem die Partei von dem Aufhebungsgrunde Kenntnis erhalten hat, jedoch nicht vor eingetretener Rechtskraft des Beschlusses, welcher den Spruch für vollstreckbar erklärte. Nach Ablauf von zehn Jahren, von dem Tag der Rechtskraft des Beschlusses an gerechnet, ist die Klage unstatthaft.

Wird der Schiedsspruch aufgehoben, so ist zugleich der ihn für vollstreckbar erklärende Beschluß aufzuheben.

§ 1044a. Hat sich der Schuldner in einem von dem Schiedsgerichte vermittelten Vergleiche der sofortigen Zwangsvollstreckung unterworfen, so findet die Zwangsvollstreckung aus dem Vergleiche statt, wenn er durch Beschluß für vollstreckbar erklärt ist. Der Beschluß darf nur ergehen, wenn der Vergleich unter Angabe des Tages seines Zustandekommens von den Schiedsrichtern und den Parteien unterschrieben und auf der Geschäftsstelle des zuständigen Gerichts niedergelegt ist.

Der Beschluß ist nicht zu erlassen, wenn der Vergleich der Rechtswirksamkeit entbehrt.

§ 1044 Abs. 3 findet entsprechende Anwendung.

§ 1045. Für die gerichtlichen Entscheidungen über die Ernennung oder die Ablehnung eines Schiedsrichters oder über das Erlöschen eines Schiedsvertrags oder über die Anordnung der von den Schiedsrichtern für erforderlich erachteten richterlichen Handlungen und zur Erlassung der in den §§ 1042, 1044a bezeichneten Beschlüsse ist das Amtsgericht oder das Landgericht zuständig, welches in einem schriftlichen Schiedsvertrag als solches bezeichnet ist, und in Ermangelung einer derartigen Bezeichnung das Amtsgericht oder das Landgericht, welches für die gerichtliche Geltendmachung des Anspruchs zuständig sein würde.

Die Entscheidung kann ohne vorgängige mündliche Verhandlung erfolgen. Vor der Entscheidung ist der Gegner zu hören.

Gegen die Entscheidung findet sofortige Beschwerde statt.

§ 1046. Das im § 1045 Abs. 1 bezeichnete Gericht ist auch für die Klagen zuständig, welche die Unzulässigkeit des schiedsrichterlichen Verfahrens oder die Aufhebung eines Schiedsspruchs zum Gegenstande haben.

§ 1047. Unter mehreren nach den §§ 1045, 1046 zuständigen Gerichten ist und bleibt dasjenige Gericht zuständig, an welches sich zuerst eine Partei oder das Schiedsgericht (§ 1039) gewendet hat.

§ 1048. Auf Schiedsgerichte, welche in gesetzlich statthafter Weise durch letztwillige oder andere nicht auf Vereinbarung beruhende Verfügungen angeordnet werden, finden die Bestimmungen dieses Buches entsprechende Anwendung.

2. Einführungsgesetz zur Zivilprozeßordnung.

Vom 30. Januar 1877 (RGBl. 244).

Geändert durch Ges. v. 17. Mai 1898 (RGBl. 332), v. 22. Mai 1910 (RGBl. 767) u. v. 20. Febr. 1911 (RGBl. 59).

§ 1. Die Zivilprozeßordnung tritt im ganzen Umfange des Reichs gleichzeitig mit dem Gerichtsverfassungsgesetz in Kraft.

§ 2. Das Kostenwesen in bürgerlichen Rechtsstreitigkeiten wird für den ganzen Umfang des Reichs durch eine Gebührenordnung geregelt.

§ 3. Die Zivilprozeßordnung findet auf alle bürgerlichen Rechtsstreitigkeiten Anwendung, welche vor die ordentlichen Gerichte gehören.

Insoweit die Gerichtsbarkeit in bürgerlichen Rechtsstreitigkeiten, für welche besondere Gerichte zugelassen sind, durch die Landesgesetzgebung den ordentlichen Gerichten übertragen wird, kann dieselbe ein abweichendes Verfahren gestatten.

§ 4. Für bürgerliche Rechtsstreitigkeiten, für welche nach dem Gegenstand oder der Art des Anspruchs der Rechtsweg zulässig ist, darf aus dem Grunde, weil als Partei der Fiskus, eine Gemeinde oder eine andere öffentliche Korporation beteiligt ist, der Rechtsweg durch die Landesgesetzgebung nicht ausgeschlossen werden.

§ 5. *In Ansehung der Landesherren und der Mitglieder der landesherrlichen Familien sowie der Mitglieder der Fürstlichen Familie Hohenzollern finden die Bestimmungen der Zivilprozeßordnung nur insoweit Anwendung, als nicht besondere Vorschriften der Hausverfassungen oder der Landesgesetze abweichende Bestimmungen enthalten. Für vermögensrechtliche Ansprüche Dritter darf jedoch die Zulässigkeit des Rechtswegs nicht von der Einwilligung des Landesherrn abhängig gemacht werden.*

Das gleiche gilt in Ansehung der Mitglieder des vormaligen Hannoverschen Königshauses, des vormaligen Kurhessischen und des vormaligen Herzoglich Nassauischen Fürstenhauses[1]).

[1]) Gegenstandslos mit der RVerf. v. 11. Aug. 1919.

§ 6. Mit Zustimmung des Bundesrats kann durch Kaiserliche Verordnung bestimmt werden:

1. daß die Verletzung von Gesetzen, obgleich deren Geltungsbereich sich über den Bezirk des Berufungsgerichts hinaus erstreckt, die Revision nicht begründe;
2. daß die Verletzung von Gesetzen, obgleich deren Geltungsbereich sich nicht über den Bezirk des Berufungsgerichts hinaus erstreckt, die Revision begründe.

Die auf Grund der vorstehenden Bestimmungen erlassenen Verordnungen sind dem Reichstage bei dessen nächstem Zusammentreten zur Genehmigung vorzulegen. Dieselben treten, soweit der Reichstag die Genehmigung versagt, für die am Tage des Reichstagsbeschlusses noch nicht anhängigen Prozesse außer Kraft. Die genehmigten Verordnungen können nur durch Reichsgesetz geändert oder aufgehoben werden[1]).

[1]) VO. v. 28. Sept. 1879 (RGBl. 299, s. a. RGBl. 1880. 102); RG. v. 15. März 1881 (RGBl. 38), v. 24. Juni 1886 (RGBl. 207), v. 30. März 1893 (RGBl. 139). S. diese unten unter Nr. 3ff.

§ 7. Ist in einem Bundesstaat auf Grund der Bestimmung des Einführungsgesetzes zum Gerichtsverfassungsgesetze § 8 für bürgerliche Rechtsstreitigkeiten ein oberstes Landesgericht errichtet, so wird das Rechtsmittel der Revision bei diesem Gerichte eingelegt. Die Einlegung erfolgt durch Einreichung der Revisionsschrift. Eine Abschrift derselben ist der Gegenpartei von Amts wegen zuzustellen.

Das oberste Landesgericht entscheidet ohne vorgängige mündliche Verhandlung endgültig über die Zuständigkeit für die Verhandlung und Entscheidung der Revision. Erklärt es sich für zuständig, so ist der Termin zur mündlichen Verhandlung von Amts wegen zu bestimmen und den Parteien bekannt zu machen. Erklärt es sich dagegen für unzuständig, weil das Reichsgericht zuständig sei, so sind dem letzteren die Prozeßakten zu übersenden.

Die Entscheidung des obersten Landesgerichts über die Zuständigkeit ist auch für das Reichsgericht bindend. Der Termin zur mündlichen Verhandlung vor dem Reichsgericht ist von Amts wegen zu bestimmen und den Parteien bekannt zu machen.

Die Fristbestimmungen in §§ 517, 519[1]) der Zivilprozeßordnung bemessen sich nach dem Zeitpunkte der Bekanntmachung des Termins zur mündlichen Verhandlung an den Revisionsbeklagten.

Wird der Beschluß des obersten Landesgerichts, durch welchen das Reichsgericht für zuständig erklärt wird, dem Revisionskläger erst nach dem Ablauf der Revisionsfrist zugestellt, so beginnt mit der Zustellung des Beschlusses der Lauf der Frist für die Revisionsbegründung von neuem.

[1]) Jetzt § 555.

§ 8. Der Bestellung eines bei dem obersten Landesgericht oder bei dem Reichsgerichte zugelassenen Rechtsanwalts bedarf es erst, nachdem das oberste Landesgericht über die Zuständigkeit Entscheidung getroffen hat. Für die dieser Entscheidung vorgängigen Handlungen können die Parteien sich auch durch jeden bei einem Land- oder Oberlandesgerichte zugelassenen Rechtsanwalt vertreten lassen.

Die Zustellung der Abschrift der Revisionsschrift an den Revisionsbeklagten und die Bekanntmachung des Termins zur mündlichen Verhandlung an die Parteien erfolgt in Gemäßheit des § 164[1]) der Zivilprozeßordnung.

[1]) Jetzt § 210a.

§ 9. Die Bestimmung des zuständigen Gerichts erfolgt, falls es sich um die Zuständigkeit solcher Gerichte handelt, welche verschiedenen Bundesstaaten angehören und nicht im Bezirk eines gemeinschaftlichen Oberlandesgerichts ihren Sitz haben, durch das Reichsgericht auch dann, wenn in einem dieser Bundesstaaten ein oberstes Landesgericht für bürgerliche Rechtsstreitigkeiten errichtet ist.

§ 10. Die Bestimmungen der Zivilprozeßordnung über das Verfahren in Entmündigungssachen finden auf die Bestellung eines Beistandes für einen Geistesschwachen oder für einen Verschwender, insofern diese Bestellung nach den Vorschriften des bürgerlichen Rechts erforderlich ist, entsprechende Anwendung[1]).

[1]) Gegenstandslos mit Art. 55 EG. BGB.

§ 11. Die Landesgesetze können bei Aufgeboten, deren Zulässigkeit auf landesgesetzlichen Vorschriften beruht, die Anwendung der Bestimmungen der Zivilprozeßordnung über das Aufgebotsverfahren ausschließen oder diese Bestimmungen durch andere Vorschriften ersetzen.

§ 12. Gesetz im Sinne der Zivilprozeßordnung und dieses Gesetzes ist jede Rechtsnorm.

§ 13. Die prozeßrechtlichen Vorschriften der Reichsgesetze werden durch die Zivilprozeßordnung nicht berührt.

Aufgehoben werden:

1. § 2 des Gesetzes, betreffend die Aufhebung der Schuldhaft, vom 29. Mai 1868;
2. Artikel 34—36, 37 Satz 2, 39, 77, 78, 79 Abs. 2, 488, 494, 889 des Handelsgesetzbuchs;
3. § 6 des Gesetzes, betreffend die Verbindlichkeit zum Schadensersatze für die bei dem Betriebe von Eisenbahnen, Bergwerken usw. herbeigeführten Tötungen und Körperverletzungen, vom 7. Juni 1871;
4. § 14 des Gesetzes über das Postwesen des Deutschen Reichs vom 28. Oktober 1871, insoweit diese Vorschrift die Unterbrechung der Verjährung an die Anmeldung der Klage knüpft;
5. § 144 Abs. 4 des Gesetzes, betreffend die Rechtsverhältnisse der Reichsbeamten, vom 31. März 1873;
6. § 78 Abs. 3 des Gesetzes über Beurkundung des Personenstandes und die Eheschließung vom 6. Februar 1875.

Der Artikel 80 der Wechselordnung wird dahin abgeändert, daß die Verjährung auch nach Maßgabe der §§ 190, 254, 461 Abs. 2, 471 Abs. 2 der Zivilprozeßordnung unterbrochen wird[1]).

In den Fällen der Artikel 348, 365, 407 des Handelsgesetzbuchs ist das im § 448 der Zivilprozeßordnung bezeichnete Amtsgericht zuständig; auf die Ernennung, Beeidigung und Vernehmung der Sachverständigen finden die Vorschriften der Zivilprozeßordnung in dem achten Titel des ersten Abschnitts des zweiten Buchs entsprechende Anwendung[2]).

[1]) Gegenstandslos (Art. 8 Nr. 2 EG. HGB. v. 10. Mai 1897).
[2]) Gegenstandslos infolge der Änderung des HGB.

§ 14. Die prozeßrechtlichen Vorschriften der Landesgesetze treten für alle bürgerlichen Rechtsstreitigkeiten, deren Entscheidung in Gemäßheit des § 3 nach den Vorschriften der Zivilprozeßordnung zu erfolgen hat, außer Kraft, soweit nicht in der Zivilprozeßordnung auf sie verwiesen oder soweit nicht bestimmt ist, daß sie nicht berührt werden.

Außer Kraft treten insbesondere:

1. die Vorschriften über die bindende Kraft des strafgerichtlichen Urteils für den Zivilrichter;
2. die Vorschriften, welche in Ansehung gewisser Rechtsverhältnisse einzelne Arten von Beweismitteln ausschließen oder nur unter Beschränkungen zulassen;
3. die Vorschriften, nach welchen unter bestimmten Voraussetzungen eine Tatsache als mehr oder minder wahrscheinlich anzunehmen ist;
4. die Vorschriften über die Bewilligung von Moratorien, über die Urteilsfristen und über die Befugnisse des Gerichts, dem Schuldner bei der Verurteilung Zahlungsfristen zu gewähren;
5. die Vorschriften, nach welchen eine Nebenforderung als aberkannt gilt, wenn über dieselbe nicht entschieden ist.

§ 15. Unberührt bleiben:

1. die landesgesetzlichen Vorschriften über die Einstellung des Verfahrens für den Fall, daß ein Kompetenzkonflikt zwischen den Gerichten und den Verwaltungsbehörden oder Verwaltungsgerichten entsteht;
2. die landesgesetzlichen Vorschriften über das Verfahren bei Streitigkeiten, welche die Zwangsenteignung und die Entschädigung wegen derselben betreffen;
3. die landesgesetzlichen Vorschriften über die Zwangsvollstreckung wegen Geldforderungen gegen den Fiskus, eine Körperschaft, Stiftung oder Anstalt des öffentlichen Rechts oder eine unter der Verwaltung einer öffentlichen Behörde stehende Körperschaft oder Stiftung, soweit nicht dingliche Rechte verfolgt werden;
4. die landesgesetzlichen Vorschriften, nach welchen auf die Zwangsvollstreckung gegen einen Rechtsnachfolger des Schuldners, soweit sie in das zu einem Lehen, mit Einschluß eines allodifizierten Lehens, zu einem Stammgute, Familienfideikommiß oder Anerbengute gehörende Vermögen stattfinden soll, die Vorschriften über die Zwangsvollstreckung gegen einen Erben des Schuldners entsprechende Anwendung finden.

§ 16. Unberührt bleiben:

1. die Vorschriften des bürgerlichen Rechts über die Beweiskraft der Beurkundung des bürgerlichen Standes in Ansehung der Erklärungen, welche über Geburten und Sterbefälle von den zur Anzeige gesetzlich verpflichteten Personen abgegeben werden;
2. die Vorschriften des bürgerlichen Rechts über die Verpflichtung zur Leistung des Offenbarungseides;
3. die Vorschriften des bürgerlichen Rechts, nach welchen in bestimmten Fällen einstweilige Verfügungen erlassen werden können.

§ 17. Die Beweiskraft eines Schuldscheins oder einer Quittung ist an den Ablauf einer Zeitfrist nicht gebunden.

Abweichende Vorschriften des bürgerlichen Rechts über die zur Eintragung in das Grund- oder Hypothekenbuch bestimmten Schuldurkunden bleiben unberührt, soweit sie die Verfolgung des dinglichen Rechts betreffen.

§ 18. Auf die Erledigung der vor dem Inkrafttreten der Zivilprozeßordnung anhängig gewordenen Prozesse finden bis zur rechtskräftigen Entscheidung die bisherigen Prozeßgesetze Anwendung.

Der Landesgesetzgebung bleibt vorbehalten, die Zivilprozeßordnung auf die vor dem Inkrafttreten derselben anhängig gewordenen Prozesse für anwendbar zu erklären und zu dem Zwecke Übergangsbestimmungen zu erlassen.

§ 19. Rechtskräftig im Sinne dieses Gesetzes sind Endurteile, welche mit einem ordentlichen Rechtsmittel nicht mehr angefochten werden können.

Als ordentliche Rechtsmittel im Sinne des vorstehenden Absatzes sind diejenigen Rechtsmittel anzusehen, welche an eine von dem Tage der Verkündung oder Zustellung des Urteils laufende Notfrist gebunden sind.

§ 20. Gegen Endurteile, welche vor dem Tage des Inkrafttretens der Zivilprozeßordnung die Rechtskraft erlangt haben, sowie gegen Endurteile, welche in den vor diesem Tage anhängig gewordenen Prozessen nach demselben die Rechtskraft erlangen, finden als außerordentliche Rechtsmittel nur die Nichtigkeitsklage und die Restitutionsklage nach den Bestimmungen der Zivilprozeßordnung statt.

Der Landesgesetzgebung bleibt vorbehalten zu bestimmen, in welcher Instanz die Klagen gegen solche Endurteile zu erheben sind.

§ 21. Eine vor dem Inkrafttreten der Zivilprozeßordnung anhängig gewordene Zwangsvollstreckung ist nach den bisherigen Prozeßgesetzen zu erledigen.

Der Landesgesetzgebung bleibt vorbehalten, die Zivilprozeßordnung auf die vor dem Inkrafttreten derselben anhängig gewordenen Zwangsvollstreckungen für anwendbar zu erklären und zu dem Zwecke Übergangsbestimmungen zu erlassen.

§ 22. Aus einer vor dem Inkrafttreten der Zivilprozeßordnung aufgenommenen Urkunde, aus welcher nach den bisherigen Gesetzen die Zwangsvollstreckung zulässig ist, findet dieselbe auch nach dem Inkrafttreten der Zivilprozeßordnung statt, jedoch nur innerhalb des Rechtsgebietes, in welchem die ihre Zulässigkeit bedingenden Gesetze gegolten haben, sofern nicht die Urkunde den Erfordernissen der Zivilprozeßordnung entspricht.

§ 23. Insoweit Pfand- oder Vorzugsrechte, welche vor dem Inkrafttreten der Zivilprozeßordnung auf Grund eines Vertrags, einer letztwilligen Anordnung oder einer richterlichen Verfügung erworben oder in Bankstatuten den Banknoteninhabern rechtsgültig zugesichert sind, gegenüber einem Pfandrechte, welches durch eine nach dem Inkrafttreten der Zivilprozeßordnung bewirkte Pfändung begründet wird, zufolge des § 709 Abs. 2[1]) der Zivilprozeßordnung ihre Wirksamkeit verlieren würden, kann die Landesgesetzgebung für die Forderung des Berechtigten das bisherige Vorrecht gewähren.

Das Vorrecht kann nicht gewährt werden gegen eine zwei Jahre nach dem Inkrafttreten der Zivilprozeßordnung bewirkte Pfändung, wenn nicht das Vorrecht dadurch erhalten wird, daß dasselbe bis zum Ablaufe der zwei Jahre zur Eintragung in ein öffentliches Register vorschriftsmäßig angemeldet ist. Der Erlaß von Vorschriften über die Einrichtung solcher Register sowie über die Anmeldung und Eintragung der Forderungen bleibt der Landesgesetzgebung vorbehalten.

Die vorstehenden Bestimmungen finden auf ein gesetzliches Pfand- oder Vorzugsrecht der Ehefrau des Schuldners für Forderungen, welche vor dem Inkrafttreten der Zivilprozeßordnung entstanden sind, entsprechende Anwendung.

[1]) Jetzt § 804 Abs. 2.

§ 24. Unter Zustimmung des Bundesrats kann durch Anordnung des Reichskanzlers bestimmt werden, daß gegen einen ausländischen Staat sowie dessen Angehörige und ihre Rechtsnachfolger ein Vergeltungsrecht zur Anwendung gebracht wird[1]).

[1]) Jetzt durch Anordnung des Reichsministers der Justiz unter Zustimmung des Reichsrats; s. das Übergangsges. v. 4. März 1919 (RGBl. 285) §§ 3 und 5; RVerf. Art. 56 und 179.

3. Verordnung

betr. die Begründung der Revision in bürgerlichen Rechtsstreitigkeiten.

Vom 28. Sept. 1879 (RGBl. 299).

§ 1. Die Revision kann vorbehaltlich der besonderen Bestimmungen dieser Verordnung auf die Verletzung anderer Gesetze als derjenigen des gemeinen oder französischen Rechts nur gestützt werden, wenn dieselben über den Bezirk des Berufungsgerichts hinaus für den ganzen Umfang mindestens zweier deutscher Bundesstaaten oder zweier Provinzen Preußens oder einer preußischen Provinz und eines anderen Bundesstaats Geltung erlangt haben.

§ 2. Verletzung der Gesetze des gemeinen Rechts und der Gesetze des französischen Rechts, soweit letztere in anderen deutschen Ländern außer Elsaß-Lothringen Geltung erlangt haben, begründet die Revision, auch wenn der Geltungsbereich der einzelnen Bestimmung sich nicht über den Bezirk des Berufungsgerichts hinaus erstreckt.

§ 3. (Ohne Geltung, weil vom Reichstag nicht genehmigt; s. Bek. v. 11. April 1880, RGBl. 102.)

§ 4. Die Revision kann nicht gestützt werden auf die Verletzung der französischen Gesetze über das Enregistrement, den Stempel, die Hypotheken-, Transkriptions- und Gerichtsschreibereigebühren sowie ähnliche Gefälle, welche durch die Enregistrementsverwaltung zu erheben sind.

§ 5. Die Revision kann auf die Verletzung derjenigen in der Mark Brandenburg geltenden Gesetze, welche durch das Publikationspatent vom 5. Februar 1794 als Vorschriften der bisherigen subsidiarischen Rechte aufrecht erhalten sind, nicht gestützt werden.

§ 6. Soweit über die Revision vom Königlich bayerischen obersten Landesgerichte zu entscheiden ist, findet die Bestimmung des § 1 nicht Anwendung. Auf die Verletzung von Gesetzen

1. des Koburger Landrechts,
2. des Rechts des Bistums Fulda,
3. des Gräflich Erbachschen Landrechts,
4. des Rechts der Grafschaft Solms,
5. des Rechts des Fürstentums Löwenstein

kann die Revision nicht gestützt werden.

§ 7. Die Revision wird begründet durch Verletzung des badischen Landrechts, einschließlich der Zusatzartikel, der beiden Einführungsedikte vom 3. Februar und 22. Dezember 1809 und der unter XVIII des ersteren Einführungsedikts neben dem Landrecht aufrecht erhaltenen Vorschriften des bürgerlichen Rechts,

sowie durch Verletzung derjenigen gesetzlichen Vorschriften, welche bestimmte Vorschriften der vorgedachten Gesetze ausdrücklich erläutern, ausdehnen, beschränken, aufheben oder ersetzen,

endlich, soweit nicht schon die vorstehenden Bestimmungen Anwendung finden, durch Verletzung folgender Großherzoglich badischer Gesetze:

1. des Gesetzes vom 6. März 1845, betreffend die privatrechtlichen Folgen von Verbrechen,
2. der Artikel 2, 3, 5 bis 8 des Gesetzes vom 6. August 1862, betreffend die Einführung des Deutschen Handelsgesetzbuchs,
3. des Gesetzes vom 9. Dezember 1875 zum Vollzug des Reichs-Personenstandsgesetzes,
4. der Artikel 3, 4, 6 bis 11, 84, 92 des Gesetzes vom 25. August 1876, betreffend die Benutzung und Instandhaltung der Gewässer,
5. des Gesetzes vom 6. Februar 1879, betreffend die Verwaltung der freiwilligen Gerichtsbarkeit und des Notariats.

Die vorstehenden Bestimmungen finden nicht Anwendung, soweit die bezeichneten Gesetze am 1. Oktober 1879 außer Kraft getreten sind.

§ 8. Die Revision wird begründet durch Verletzung der folgenden Großherzoglich hessischen Gesetze:

1. der Verordnung vom 28. August 1827, die vormundschaftlichen Verhältnisse in der Provinz Rheinhessen betreffend;
2. der Artikel 9 bis 11 des Gesetzes vom 17. September 1841, betreffend Einführung des Strafgesetzbuchs und des § 9 des Gesetzes vom 30. September 1870, betreffend Einführung des Reichs-Strafgesetzbuchs;
3. des Gesetzes vom 6. Juni 1849, betreffend die Vereinfachung des Verfahrens bei der Eröffnung von Erbschaften, Teilungen, Versteigerungen, Rangordnungs- und Distributionssachen in Rheinhessen.

§ 9. Die Revision wird begründet durch Verletzung der folgenden Großherzoglich oldenburgischen Gesetze:

1. des revidierten Staatsgrundgesetzes vom 22. November 1852;
2. des revidierten Zivilstaatsdienergesetzes vom 28. März 1867;
3. des für das Herzogtum Oldenburg erlassenen Gesetzes vom 3. April 1876, betreffend Eigentumserwerb an Grundstücken und deren dingliche Belastung sowie der für dasselbe Gebiet erlassenen Grundbuchordnung von demselben Tage.

§ 10. Die Revision wird begründet durch Verletzung des Herzoglich braunschweigischen Gesetzes vom 8. März 1878, betreffend den Eigentumserwerb und die dingliche Belastung der Grundstücke, Bergwerke und selbständigen Gerechtigkeiten und der Grundbuchordnung von demselben Tage.

§ 11. Die Revision wird begründet durch Verletzung der §§ 30, 41 und 54 des hamburgischen Einführungsgesetzes zum Deutschen Handelsgesetzbuche vom 22. Dezember 1865.

§ 12. (Betrifft Elsaß-Lothringen.)

§ 13. Gesetz im Sinne dieser Verordnung ist jede Rechtsnorm.

4. Gesetz

betr. die Begründung der Revision in bürgerlichen Rechtsstreitigkeiten.

Vom 15. März 1881 (RGBl. 38).

§ 1. Den Landesgesetzen, deren Verletzung zufolge der §§ 7 bis 12 der Verordnung vom 28. September 1879 (Reichsgesetzbl. S. 299) die Revision in bürgerlichen Rechtsstreitigkeiten begründet, treten hinzu:

1. das Königlich württembergische Berggesetz vom 7. Oktober 1874 (Regierungsbl. f. d. Königreich Württemberg S. 265);
2. das Großherzoglich hessische Berggesetz vom 28. Januar 1876 (Regierungsbl. S. 73);
3. das Herzoglich braunschweigische Berggesetz vom 15. April 1876 (Gesetz- u. Verordnungssamm. S. 109);
4. das Herzoglich sachsen-meiningensche Berggesetz vom 17. April 1868 (Sammlung der landesherrlichen Verordnungen S. 49);
5. das Herzoglich sachsen-altenburgische Berggesetz vom 18. April 1872 (Gesetzsamml. S. 29);
6. das Herzoglich sachsen-koburg-gothaische Berggesetz für das Herzogtum Gotha vom 16. August 1868 (Gesetzsamml. f. d. Herzogtum Gotha S. 975);
7. das Herzoglich anhaltische Berggesetz vom 30. April 1875 (Gesetzsamml. Bd. 7 S. 167);
8. das Fürstlich waldeckische Gesetz, die Einführung des preußischen allgemeinen Berggesetzes vom 24. Juni 1865 betreffend, vom 1. Januar 1869 (Regierungsblätter S. 3);
9. das für das Fürstentum Reuß jüngerer Linie erlassene Berggesetz vom 9. Oktober 1870 (Gesetzsamml. Bd. XVI S. 199);

ferner:

10. die Großherzoglich oldenburgischen Gesetze für das Fürstentum Lübeck, betreffend den Eigentumserwerb an Grundstücken und deren dingliche Belastung, vom 28. Januar 1879, und betreffend die Grundbuchordnung,

von demselben Tage (Gesetzbl. f. d. Fürstentum Lübeck Bd. 17 S. 87, 107);

11. die Herzoglich sachsen-koburg-gothaischen Gesetze, betreffend den Eigentumserwerb und die dingliche Belastung der Grundstücke, Bergwerke und selbständigen Gerechtigkeiten, vom 1. März 1877, und betreffend die Grundbuchordnung, von demselben Tage (Gesetzbl. f. d. Herzogtum Gotha S. 9, 23; Gesetzbl. f. d. Herzogtum Koburg S. 15, 35);

endlich:

12. die §§ 29, 30, 33, 40 und 46 des bremischen Einführungsgesetzes zum deutschen Handelsgesetzbuch vom 6. Juni 1864 (Gesetzbl. S. 43) und der § 21 des bremischen Gesetzes, betreffend die Abänderung des vorgedachten Einführungsgesetzes, vom 4. Juni 1879 (Gesetzbl. S. 183).

§ 2. Die vorstehende Bestimmung findet in den zur Zeit des Inkrafttretens dieses Gesetzes anhängigen Sachen keine Anwendung.

5. Gesetz

betr. die Begründung der Revision in bürgerlichen Rechtsstreitigkeiten.

Vom 24. Juni 1886 (RGBl. 207).

Den Landesgesetzen, deren Verletzung ungeachtet ihres beschränkten Geltungsbereichs zufolge der Verordnung vom 28. September 1879 (Reichsgesetzbl. S. 299) und des Gesetzes vom 15. März 1881 (Reichsgesetzbl. S. 38) die Revision in bürgerlichen Rechtsstreitigkeiten begründet, treten hinzu:

1. die Königlich preußische Verordnung, betreffend die Erhebung der Stempelsteuer in den Herzogtümern Schleswig und Holstein, vom 7. August 1867 (Gesetzsamml. S. 1277);
2. Art. 2 des Königlich preußischen Gesetzes, betreffend das Sportel-, Stempel- und Taxwesen in den hohenzollernschen Landen, vom 22. Juni 1875 (Gesetzsamml. S. 235).

6. Gesetz betr. die Begründung der Revision in bürgerlichen Rechtsstreitigkeiten.

Vom 30. März 1893 (RGBl. 139).

§ 1. Den Landesgesetzen, deren Verletzung ungeachtet ihres beschränkten Geltungsbereichs zufolge der Verordnung vom 28. September 1879 (Reichsgesetzbl. S. 299) sowie der Gesetze vom 15. März 1881 (Reichsgesetzbl. S. 38) und vom 24. Juni 1886 (Reichsgesetzbl. S. 207) die Revision in bürgerlichen Rechtsstreitigkeiten begründet, treten hinzu:

I. die nachbezeichneten Großherzoglich oldenburgischen Gesetze für das Fürstentum Birkenfeld:
   1. das Gesetz über den Eigentumserwerb und die dingliche Belastung der Grundstücke und Bergwerke vom 23. Mai 1891 und das Gesetz, betreffend die Grundbuchordnung, von demselben Tage (Gesetzbl. f. d. Fürstentum Birkenfeld Bd. 13 S. 61 und 78),
   2. das Berggesetz vom 18. März 1891 (Gesetzbl. f. d. Fürstentum Birkenfeld Bd. 13 S. 167);

II. die nachbezeichneten Gesetze für Elsaß-Lothringen:
   1. das Gesetz, betreffend die Haftbarkeit des Mieters oder Pächters für Brandschäden, vom 7. März 1881 (Gesetzbl. f. Elsaß-Lothringen S. 11),
   2. das Gesetz, betreffend die Haftung der Brandversicherungsgelder für die Ansprüche bevorrechteter Gläubiger, vom 4. Juli 1881 (Gesetzbl. f. Elsaß-Lothringen S. 91) mit Ausnahme des § 5 dieses Gesetzes,
   3. das Gesetz, betreffend Grundeigentum und Hypothekenwesen, sowie die Notariatsgebühren, vom 24. Juli 1889 (Gesetzbl. f. Elsaß-Lothringen S. 69) mit Ausnahme des vierten Abschnitts dieses Gesetzes,
   4. das Gesetz, betreffend die Einrichtung von Grundbüchern, vom 22. Juni 1891 (Gesetzbl. f. Elsaß-Lothringen S. 41).

§ 2. Die vorstehende Bestimmung findet in den zur Zeit des Inkrafttretens dieses Gesetzes anhängigen Sachen keine Anwendung.

7. Einführungsgesetz zu dem Gesetze betr. Änderungen der Zivilprozeßordnung.

Vom 17. Mai 1898 (RGBl. 332).

Art. VIII Die landesgesetzlichen Vorschriften über die Vollstreckbarkeit von Hypothekenurkunden bleiben in Ansehung der Hypotheken in Kraft, welche schon zu der Zeit bestehen, zu welcher das Grundbuch als angelegt anzusehen ist.

Bem.: Im übrigen ist das Gesetz gegenstandslos geworden.

8. Gesetz, betr. Änderungen des Gerichtsverfassungsgesetzes, der Zivilprozeßordnung, des Gerichtskostengesetzes und der Gebührenordnung für Rechtsanwälte.

Vom 1. Juni 1909 (RGBl. 475).

Art. V Der Bundesrat[1]) kann bestimmen, daß benachbarte Orte im Sinne der §§ 499, 604 der Zivilprozeßordnung als ein Ort anzusehen sind; die Bestimmung ist im Reichs-Gesetzblatte bekanntzumachen.

[1]) Nun die Reichsregierung mit Zustimmung des Reichsrats; Art. 179 RVerf. und § 3 des Übergangsges. v. 4. März 1919 (RGBl. 285).

Bem.: Im übrigen ist das Gesetz gegenstandslos geworden.

9. Gesetz, betr. die Zuständigkeit des Reichsgerichts.

Vom 22. Mai 1910 (RGBl. 767).

Art. V In einem Bundesstaat, in welchem mehrere Oberlandesgerichte errichtet sind, ein oberstes Landesgericht für bürgerliche Rechtsstreitigkeiten aber nicht besteht, können die Bestimmung des zuständigen Gerichts nach § 36 der Zivilprozeßordnung, die Entscheidung nach § 650 Abs. 3 der Zivilprozeßordnung und die Bestellung zum Vollstreckungsgerichte nach § 2 des Gesetzes über die Zwangsversteigerung und die Zwangsverwaltung für alle Gerichte des Bundesstaats an Stelle des Reichsgerichts einem der Oberlandesgerichte übertragen werden.

Die Übertragung erfolgt durch die Landesjustizverwaltung.

Bem.: Im übrigen ist das Gesetz gegenstandslos geworden, oder es ändert andere Gesetze.

10. Verordnung über das Verfahren in bürgerlichen Rechtsstreitigkeiten.

Vom 13. Februar 1924 (RAnz. Nr. 38 v. 14. Febr. 1924; RGBl. 135). Berichtigungen: RGBl. 1924, 562 und 640).

Auf Grund des Ermächtigungsgesetzes vom 8. Dezember 1923 (Reichsgesetzbl. I S. 1179) verordnet die Reichsregierung nach Anhörung eines Ausschusses des Reichsrats und des Reichstags:

Art. I (ändert das GVG.; die Änderungen sind durch die Neufassung v. 22. März 1924 gegenstandslos geworden).

Art. II (ändert die ZPO.; die Änderungen sind durch die Neufassung vom 13. Mai 1924 gegenstandslos geworden).

Art. III (ändert die EntlastungsBek. nun v. 13. Mai 1924; die Änderungen sind bei dem Abdruck berücksichtigt).

Art. IV (ändert das BGB.)

Art. V (ändert das GKG.; die Änderungen sind durch die Neufassung vom 5. Juli 1927 gegenstandslos geworden).

Art. VI (ändert die GebO. f. RAnw.; die Änderungen sind durch die Neufassung v. 5. Juli 1927 gegenstandslos geworden).

Art. VII Die Art. I bis VI der Verordnung treten am 1. Juni 1924 in Kraft. Sie finden auf die zur Zeit ihres Inkrafttretens anhängigen Rechtsstreitigkeiten mit folgenden Maßgaben Anwendung:

Die Vorschriften über das Güteverfahren finden in denjenigen Fällen keine Anwendung, in denen die Klage oder der Antrag auf Erlassung des Zahlungsbefehls vor dem Tage des Inkrafttretens eingereicht war.

Die Vorschriften über die Zurückweisung verspäteten Vorbringens innerhalb einer Instanz (§§ 279, 283 der Zivilprozeßordnung in der neuen Fassung) finden nur insoweit Anwendung, als das Vorbringen in einer nach dem Inkrafttreten der Verordnung abgehaltenen mündlichen Verhandlung angebracht werden konnte.

Die Zulässigkeit eines Rechtsmittels gegen die vor dem Inkrafttreten der Verordnung verkündeten Entscheidungen richtet sich nach den bisherigen Vorschriften.

Die Vorschriften über die Berufungsbegründung finden nur auf die nach dem Inkrafttreten der Verordnung eingelegten Berufungen Anwendung.

Die Zurückweisung eines neuen Vorbringens in der Berufungsinstanz ist nur in den Fällen zulässig, in denen die letzte mündliche Verhandlung der ersten Instanz nach dem Inkrafttreten des Gesetzes abgehalten worden ist.

Art. VIII Der Reichsminister der Justiz wird ermächtigt, den Text der Zivilprozeßordnung mit dieser Verordnung und den bis zu ihrem Inkrafttreten erlassenen Gesetzen und Verordnungen in Einklang zu bringen und in fortlaufender Paragraphenfolge im Reichsgesetzblatt bekanntzumachen.

Die Ermächtigung umfaßt die Befugnis, soweit durch die Vorschriften dieser Verordnung eine Änderung oder Ergänzung der Zivilprozeßordnung bedingt ist, diese Änderung oder Ergänzung vorzunehmen sowie ihre Vorschriften den bestehenden staatsrechtlichen Verhältnissen anzupassen.

II. Teil. Ergänzungs-Gesetze und -Verordnungen zur Zivilprozeßordnung.

11. Gerichtsverfassungsgesetz[1]).

Vom 27. Januar 1877 in der Neufassung vom 22. März 1924 (RGBl. 299).

Weitere Änderungen erfolgten durch § 2 der 2. DurchfVO. zum Münzges. v. 12. Dez. 1924 (RGBl. 775) mit Art. II und IV der EntlVO. v. 13. Dez. 1923 (RGBl. 1186), das Ges. zur Änd. des GVG. v. 13. Febr. 1926 (RGBl. 99), das Ges. zur Abänderung des Ges. zum Schutze der Republik v. 31. März 1926 (RGBl. 190), durch § 110 des Arbeitsgerichtsges. v. 23. Dez. 1926 (RGBl. 507), durch § 97 der Vergleichsordnung v. 5. Juli 1927 (RGBl. 139), durch Art. I des Ges. v. 9. Juli 1927 (RGBl. 175), durch Art. 2 der VO. v. 30. Nov. 1927 (RGBl. 334).

Erster Titel.

Richteramt.

§ 1 (1). Die richterliche Gewalt wird durch unabhängige, nur dem Gesetz unterworfene Gerichte ausgeübt.

§ 2 (2). Die Fähigkeit zum Richteramte wird durch die Ablegung zweier Prüfungen erlangt.

Der ersten Prüfung muß ein dreijähriges Studium der Rechtswissenschaft auf einer Universität vorangehen. Von dem dreijährigen Zeitraum sind mindestens drei Halbjahre dem Studium auf einer deutschen Universität zu widmen.

Zwischen der ersten und zweiten Prüfung muß ein Zeitraum von drei Jahren liegen, welcher im Dienste bei den

[1]) Die den einzelnen §§ in Klammern beigesetzten Zahlen bezeichnen die Numerierung der früheren Fassung.

Gerichten und bei den Rechtsanwälten zu verwenden ist, auch zum Teil bei der Staatsanwaltschaft verwendet werden kann.

In den einzelnen deutschen Ländern kann bestimmt werden, daß der für das Universitätsstudium oder für den Vorbereitungsdienst bezeichnete Zeitraum verlängert wird, oder daß ein Teil des letzteren Zeitraums, jedoch höchstens ein Jahr, im Dienste bei Verwaltungsbehörden zu verwenden ist oder verwendet werden darf.

§ 3 (3). Wer in einem deutschen Lande die erste Prüfung bestanden hat, kann in jedem anderen Lande zur Vorbereitung für den Justizdienst und zur zweiten Prüfung zugelassen werden.

Die in einem deutschen Lande auf die Vorbereitung verwendete Zeit kann in jedem anderen Lande angerechnet werden.

§ 4 (4). Zum Richteramte befähigt ist ferner jeder ordentliche öffentliche Lehrer des Rechtes an einer deutschen Universität.

§ 5 (5). Wer in einem deutschen Lande die Fähigkeit zum Richteramt erlangt hat, ist, soweit dieses Gesetz keine Ausnahme bestimmt, zu jedem Richteramt innerhalb des Deutschen Reichs befähigt.

§ 6 (6). Die Ernennung der Richter erfolgt auf Lebenszeit.

§ 7 (7). Die Richter beziehen in ihrer richterlichen Eigenschaft ein festes Gehalt mit Ausschluß von Gebühren.

§ 8 (8). Richter können wider ihren Willen nur kraft richterlicher Entscheidung und nur aus den Gründen und unter den Formen, welche die Gesetze bestimmen, dauernd oder zeitweise ihres Amtes enthoben oder an eine andere Stelle oder in den Ruhestand versetzt werden. Die Gesetzgebung kann Altersgrenzen festsetzen, bei deren Erreichung Richter in den Ruhestand treten.

Die vorläufige Amtsenthebung, welche kraft Gesetzes eintritt, wird hierdurch nicht berührt.

Bei einer Veränderung in der Einrichtung der Gerichte oder ihrer Bezirke können unfreiwillige Versetzungen an ein anderes Gericht oder Entfernungen vom Amte unter Belassung des vollen Gehalts durch die Landesjustizverwaltung verfügt werden.

§ 9 (9). Wegen vermögensrechtlicher Ansprüche der Richter aus ihrem Dienstverhältnis, insbesondere auf Gehalt, Wartegeld oder Ruhegehalt, darf der Rechtsweg nicht ausgeschlossen werden.

§ 10. (10). Die landesgesetzlichen Bestimmungen über die Befähigung zur zeitweiligen Wahrnehmung richterlicher Geschäfte bleiben unberührt.

§§ 11 (11). Auf Handelsrichter, Schöffen und Geschworene finden die Bestimmungen der §§ 2 bis 9 keine Anwendung.

Zweiter Titel.

Gerichtsbarkeit.

§ 12 (12). Die ordentliche streitige Gerichtsbarkeit wird durch Amtsgerichte und Landgerichte, durch Oberlandesgerichte und durch das Reichsgericht ausgeübt.

§ 13 (13). Vor die ordentlichen Gerichte gehören alle bürgerlichen Rechtsstreitigkeiten und Strafsachen, für welche nicht entweder die Zuständigkeit von Verwaltungsbehörden oder Verwaltungsgerichten begründet ist oder reichsgesetzlich besondere Gerichte bestellt oder zugelassen sind.

§ 14 (14). Als besondere Gerichte werden zugelassen:

1. Rhein- und Elbschiffahrtsgerichte für die in Staatsverträgen bezeichneten Angelegenheiten der Schiffahrt auf dem Rhein und auf der Elbe;
2. Gerichte, welchen die Entscheidung von bürgerlichen Rechtsstreitigkeiten bei der Ablösung von Gerechtigkeiten oder Reallasten, bei Separationen, Konsolidationen, Verkoppelungen, gutsherrlich-bäuerlichen Auseinandersetzungen und dergleichen obliegt;
3. Gemeindegerichte, insoweit ihnen die Entscheidung über vermögensrechtliche Ansprüche obliegt, deren Gegenstand in Geld oder Geldeswert die Summe von sechzig Reichsmark nicht übersteigt, jedoch mit der Maßgabe, daß gegen die Entscheidung der Gemeindegerichte innerhalb einer gesetzlich zu bestimmenden Frist sowohl dem Kläger wie dem Beklagten die Berufung auf den ordentlichen Rechtsweg zusteht, und daß der Gerichtsbarkeit des Gemeindegerichts, als Kläger oder Beklagter, nur Personen unterworfen werden dürfen, welche in der Gemeinde den Wohnsitz, eine Niederlassung oder im Sinne der §§ 16, 20 der Zivilprozeßordnung den Aufenthalt haben;

4. (Aufgehoben).

§ 15 (15). Die Gerichte sind Staatsgerichte.

Die Privatgerichtsbarkeit ist aufgehoben; an ihre Stelle tritt die Gerichtsbarkeit des deutschen Landes, in welchem sie ausgeübt wurde. Präsentationen für Anstellungen bei den Gerichten finden nicht statt.

Die Ausübung einer geistlichen Gerichtsbarkeit in weltlichen Angelegenheiten ist ohne bürgerliche Wirkung. Dies gilt insbesondere bei Ehe- und Verlöbnissachen.

§ 16 (16). Ausnahmegerichte sind unstatthaft. Niemand darf seinem gesetzlichen Richter entzogen werden. Die gesetzlichen Bestimmungen über Kriegsgerichte und Standgerichte werden hiervon nicht berührt.

§ 17 (17). Die Gerichte entscheiden über die Zulässigkeit des Rechtswegs.

Die Landesgesetzgebung kann jedoch die Entscheidung von Streitigkeiten zwischen den Gerichten und den Verwaltungsbehörden oder Verwaltungsgerichten über die Zulässigkeit des Rechtswegs besonderen Behörden nach Maßgabe der folgenden Bestimmungen übertragen:

1. Die Mitglieder werden für die Dauer des zur Zeit ihrer Ernennung von ihnen bekleideten Amts oder, falls sie zu dieser Zeit ein Amt nicht bekleiden, auf Lebenszeit ernannt. Eine Enthebung vom Amte kann nur unter denselben Voraussetzungen wie bei den Mitgliedern des Reichsgerichts stattfinden.
2. Mindestens die Hälfte der Mitglieder muß dem Reichsgericht oder dem obersten Landesgericht oder einem Oberlandesgericht angehören. Bei Entscheidungen dürfen Mitglieder nur in der gesetzlich bestimmten Anzahl mitwirken. Diese Anzahl muß eine ungerade sein und mindestens fünf betragen.
3. Das Verfahren ist gesetzlich zu regeln. Die Entscheidung erfolgt in öffentlicher Sitzung nach Ladung der Parteien.
4. Sofern die Zulässigkeit des Rechtswegs durch rechtskräftiges Urteil des Gerichts feststeht, ohne daß zuvor auf die Entscheidung der besonderen Behörde angetragen war, bleibt die Entscheidung des Gerichts maßgebend.

§ 18 (18). Die inländische Gerichtsbarkeit erstreckt sich nicht auf die Chefs und Mitglieder der bei dem Deutschen Reiche beglaubigten Missionen. Sind diese Personen Staatsangehörige eines der deutschen Länder, so sind sie nur insofern von der inländischen Gerichtsbarkeit befreit, als das Land, dem sie angehören, sich der Gerichtsbarkeit über sie begeben hat.

Die Chefs und Mitglieder der bei einem deutschen Lande beglaubigten Missionen sind der Gerichtsbarkeit dieses Landes nicht unterworfen. Dasselbe gilt von den Mitgliedern des Reichsrats, welche nicht von dem Lande abgeordnet sind, in dessen Gebiete der Reichsrat seinen Sitz hat.

§ 19 (19). Auf die Familienglieder, das Geschäftspersonal der im § 18 erwähnten Personen und auf solche Bedienstete derselben, welche nicht Deutsche sind, finden die vorstehenden Bestimmungen Anwendung.

§ 20 (20). Durch die Bestimmungen der §§ 18, 19 werden die Vorschriften über den ausschließlichen dinglichen Gerichtsstand in bürgerlichen Rechtsstreitigkeiten nicht berührt.

§ 21 (21). Die im Deutschen Reiche angestellten Konsuln sind der inländischen Gerichtsbarkeit unterworfen, sofern nicht in Verträgen des Deutschen Reichs mit anderen Mächten Vereinbarungen über die Befreiung der Konsuln von der inländischen Gerichtsbarkeit getroffen sind.

Dritter Titel.
Amtsgerichte.

§ 22 (22). Den Amtsgerichten stehen Einzelrichter vor.

Ein Amtsrichter kann zugleich Mitglied oder Direktor bei dem übergeordneten Landgericht sein.

Die allgemeine Dienstaufsicht kann von der Landesjustizverwaltung dem Präsidenten des übergeordneten Landgerichts übertragen werden. Geschieht dies nicht, so ist, wenn das Amtsgericht mit mehreren Richtern besetzt ist, einem von ihnen von der Landesjustizverwaltung die allgemeine Dienstaufsicht zu übertragen; ist die Zahl der Richter höher als fünfzehn, so kann die Dienstaufsicht zwischen mehreren von ihnen geteilt werden.

Jeder Amtsrichter erledigt die ihm obliegenden Geschäfte, soweit dieses Gesetz nichts anderes bestimmt, als Einzelrichter.

§ 23 (23). Die Zuständigkeit der Amtsgerichte umfaßt in bürgerlichen Rechtsstreitigkeiten, soweit sie nicht ohne Rücksicht auf den Wert des Streitgegenstandes den Landgerichten zugewiesen sind:

1. Streitigkeiten über vermögensrechtliche Ansprüche, deren Gegenstand an Geld oder Geldeswert die Summe von fünfhundert Reichsmark nicht übersteigt;
2. ohne Rücksicht auf den Wert des Streitgegenstandes:

   Streitigkeiten zwischen dem Vermieter und dem Mieter oder Untermieter von Wohnräumen oder anderen Räumen oder zwischen dem Mieter und dem Untermieter solcher Räume wegen Überlassung, Benutzung oder Räumung, sowie gegen Zurückhaltung der von dem Mieter oder dem Untermieter in die Mietsräume eingebrachten Sachen;

   Streitigkeiten zwischen Dienstherrschaft und Gesinde, zwischen Arbeitgebern und Arbeitern hinsichtlich des Dienst- oder Arbeitsverhältnisses, sowie die im § 4 des Gewerbegerichtsgesetzes in der Fassung der Bekanntmachung vom 29. September 1901 (Reichsgesetzbl. S. 353) und des Gesetzes vom 14. Januar 1922 (Reichsgesetzbl. I S. 155)[1]) bezeichneten Streitigkeiten, sofern sie während der Dauer des Dienst-, Arbeits- oder Lehrverhältnisses entstehen;

   Streitigkeiten zwischen Reisenden und Wirten, Fuhrleuten, Schiffern, Flößern oder Auswanderungsexpedienten in den Einschiffungshäfen, welche über Wirtszechen, Fuhrlohn, Überfahrtsgelder, Beförderung der Reisenden und ihrer Habe und über Verlust und Beschädigung der letzteren, sowie Streitigkeiten zwischen Reisenden und Handwerkern, welche aus Anlaß der Reise entstanden sind;

   Streitigkeiten wegen Viehmängel;

   Streitigkeiten wegen Wildschadens;

   alle Ansprüche auf Erfüllung einer durch Ehe oder Verwandtschaft begründeten gesetzlichen Unterhaltspflicht;

   Ansprüche aus einem außerehelichen Beischlaf;

Ansprüche aus einem mit der Überlassung eines Grundstücks in Verbindung stehenden Leibgedings-, Leibzuchts-, Altenteils- oder Auszugvertrag;
das Aufgebotsverfahren.

[1]) Das Gewerbegerichtsgesetz und mit ihm das Gesetz v. 14. Januar 1922 sind aufgehoben durch § 110 Nr. 1 des Arbeitsgerichtsgesetzes v. 23. Dez. 1926; Abs. 3 der Nr. 2 ist gegenstandslos geworden.

§ 24 (—). In Strafsachen sind die Amtsgerichte zuständig für:

1. Übertretungen;
2. Vergehen;
3. folgende Verbrechen:
   a) die Verbrechen, die mit Gefängnis oder Festungshaft oder mit Zuchthaus von höchstens zehn Jahren allein oder in Verbindung mit anderen Strafen oder mit Nebenfolgen bedroht sind, soweit für sie nicht das Reichsgericht zuständig ist; ausgenommen sind die Verbrechen des Meineids in den Fällen der §§ 153 bis 155 des Strafgesetzbuchs. Für die Bestimmung der angedrohten Strafe bleibt der § 53 des Militärstrafgesetzbuchs außer Betracht;
   b) die Verbrechen des Widerstandes im Falle des § 119, der Falschmünzerei in den Fällen der §§ 146, 147, 149, der Notzucht im Falle des § 177, des Rückfalldiebstahls im Falle des § 244, des Raubes in den Fällen der §§ 249, 250, des räuberischen Diebstahls und der räuberischen Erpressung in den Fällen der §§ 252 und 255, wenn die Strafe aus den §§ 249, 250 zu entnehmen ist, der Rückfallhehlerei im Falle des § 261 Abs. 1 und der schweren Körperverletzung im Amte im Falle des § 340 Abs. 2 des Strafgesetzbuchs;
   c) die Verbrechen des militärischen Diebstahls im Falle des § 138 Abs. 2 des Militärstrafgesetzbuchs, des betrügerischen Bankrotts in den Fällen der §§ 239, 244 der Konkursordnung und der Unterschlagung fremder Wertpapiere in den Fällen der §§ 11, 12 Abs. 2 Nr. 2 des Gesetzes, betreffend die Pflichten der Kaufleute

bei Aufbewahrung fremder Wertpapiere, vom 5. Juli 1896 (Reichsgesetzbl. S. 183, 194).

§ 25 (—). Der Amtsrichter entscheidet allein:

1. bei Übertretungen;
2. bei Vergehen,
   a) wenn sie im Wege der Privatklage verfolgt werden;
   b) wenn die Tat mit keiner höheren Strafe als Gefängnis von höchstens sechs Monaten, allein oder in Verbindung mit anderen Strafen oder mit Nebenfolgen, bedroht ist;
   c) wenn die Staatsanwaltschaft es bei Einreichung der Anklageschrift oder, falls es einer Anklageschrift nicht bedarf, bei der mündlichen Erhebung der Anklage beantragt.

Die Staatsanwaltschaft soll den im Abs. 1 Nr. 2c bezeichneten Antrag nur stellen, wenn zu erwarten ist, daß auf keine schwerere Strafe als Gefängnis von höchstens einem Jahre, allein oder in Verbindung mit anderen Strafen oder mit Nebenfolgen, erkannt werden wird.

Erhebt bei Zuwiderhandlungen gegen die Vorschriften über die Erhebung öffentlicher Abgaben und Gefälle die Verwaltungsbehörde die öffentliche Klage, so kann sie den Antrag in gleicher Weise stellen wie die Staatsanwaltschaft.

§ 26 (—). Der Amtsrichter allein entscheidet ferner bei den Verbrechen des schweren Diebstahls und der Hehlerei sowie bei solchen strafbaren Handlungen, die nur wegen Rückfalls Verbrechen sind, wenn die Staatsanwaltschaft es bei Einreichung der Anklageschrift oder, falls es einer Anklageschrift nicht bedarf, bei der mündlichen Erhebung der Anklage beantragt.

Der Beschuldigte kann während der für die Erklärung auf die Anklageschrift gesetzten Frist oder, falls ohne schriftlich erhobene Anklage zur Hauptverhandlung geschritten wird, bis zum Beginne seiner Vernehmung zur Sache widersprechen. Er ist bei der Mitteilung der Anklageschrift oder, falls ohne schriftlich erhobene Anklage zur Hauptverhandlung geschritten wird, vor dem Beginne seiner Vernehmung zur Sache über sein Recht zum Widerspruche zu belehren.

§ 27 (24). Im übrigen wird die Zuständigkeit und der Geschäftskreis der Amtsgerichte durch die Vorschriften dieses Gesetzes und der Prozeßordnungen bestimmt.

Vierter Titel.

Schöffengerichte.

§ 28 (25). Für die Verhandlung und Entscheidung der zur Zuständigkeit der Amtsgerichte gehörenden Strafsachen werden, soweit nicht der Amtsrichter allein entscheidet (§§ 25, 26), bei den Amtsgerichten Schöffengerichte gebildet.

§ 29 (26). Die Schöffengerichte bestehen aus dem Amtsrichter als Vorsitzenden und zwei Schöffen. Mindestens ein Schöffe muß ein Mann sein.

Ein zweiter Amtsrichter ist zuzuziehen, falls die Staatsanwaltschaft es bei Einreichung der Anklageschrift beantragt. Die Staatsanwaltschaft soll den Antrag nur stellen, wenn die Zuziehung eines zweiten Amtsrichters nach Umfang und Bedeutung der Sache notwendig erscheint.

§ 25 Abs. 3 findet entsprechende Anwendung.

§ 30 (30). Insoweit das Gesetz nicht Ausnahmen bestimmt, üben die Schöffen während der Hauptverhandlung das Richteramt im vollen Umfang und mit gleichem Stimmrechte wie die Amtsrichter aus und nehmen auch an den im Laufe einer Hauptverhandlung zu erlassenden Entscheidungen teil, welche in keiner Beziehung zu der Urteilsfällung stehen und welche auch ohne vorgängige mündliche Verhandlung erlassen werden können.

Die außerhalb der Hauptverhandlung erforderlichen Entscheidungen werden von dem Amtsrichter erlassen.

§ 31 (31). Das Amt eines Schöffen ist ein Ehrenamt. Es kann nur von Deutschen versehen werden.

§ 32 (32). Unfähig zu dem Amte eines Schöffen sind:

1. Personen, welche die Befähigung infolge strafgerichtlicher Verurteilung verloren haben;
2. Personen, gegen welche das Hauptverfahren wegen eines Verbrechens oder Vergehens eröffnet ist, das die Aberkennung der bürgerlichen Ehrenrechte oder der Fähigkeit zur Bekleidung öffentlicher Ämter zur Folge haben kann;

3. Personen, welche infolge gerichtlicher Anordnung in der Verfügung über ihr Vermögen beschränkt sind.

§ 33 (33). Zu dem Amte eines Schöffen sollen nicht berufen werden:
1. Personen, welche zur Zeit der Aufstellung der Urliste das dreißigste Lebensjahr noch nicht vollendet haben;
2. Personen, welche zur Zeit der Aufstellung der Urliste den Wohnsitz in der Gemeinde noch nicht zwei volle Jahre haben;
3. (Aufgehoben.)
4. Personen, welche wegen geistiger oder körperlicher Gebrechen zu dem Amte nicht geeignet sind.

§ 34 (34). Zu dem Amte eines Schöffen sollen ferner nicht berufen werden:
1. der Reichspräsident und der Präsident eines deutschen Landes;
2. die Mitglieder der Reichsregierung oder einer Landesregierung (Staatsministerium, Senat);
3. Reichsbeamte, welche jederzeit einstweilig in den Ruhestand versetzt werden können;
4. Staatsbeamte, welche auf Grund der Landesgesetze jederzeit einstweilig in den Ruhestand versetzt werden können;
5. richterliche Beamte und Beamte der Staatsanwaltschaft;
6. gerichtliche und polizeiliche Vollstreckungsbeamte;
7. Religionsdiener und Mitglieder solcher religiösen Vereinigungen, die satzungsgemäß zu gemeinsamem Leben verpflichtet sind.

Die Landesgesetze können außer den vorbezeichneten Beamten höhere Verwaltungsbeamte bezeichnen, welche zu dem Amte eines Schöffen nicht berufen werden sollen.

§ 35 (35). Die Berufung zum Amte eines Schöffen dürfen ablehnen:
1. Mitglieder des Reichstags, des Reichsrats, des Reichswirtschaftsrats, eines Landtags oder eines Staatsrats;
2. Personen, welche im letzten Geschäftsjahr die Verpflichtung eines Geschworenen oder an wenigstens fünf Sit-

zungstagen die Verpflichtung eines Schöffen erfüllt haben;

3. Ärzte, Krankenpfleger und Hebammen;
4. Apotheker, welche keine Gehilfen haben;
5. Personen, welche das fünfundsechzigste Lebensjahr zur Zeit der Aufstellung der Urliste vollendet haben oder es bis zum Ablauf des Geschäftsjahrs vollenden würden;
6. Frauen, welche glaubhaft machen, daß ihnen die Fürsorge für ihre Familie die Ausübung des Amtes in besonderem Maße erschwert.

§ 36 (36). Der Vorsteher einer jeden Gemeinde oder eines landesgesetzlich der Gemeinde gleichstehenden Verbandes hat alljährlich ein Verzeichnis der in der Gemeinde wohnhaften Personen, welche zu dem Schöffenamte berufen werden können, aufzustellen (Urliste).

Die Urliste ist in der Gemeinde eine Woche lang zu jedermanns Einsicht auszulegen. Der Zeitpunkt der Auslegung ist vorher öffentlich bekanntzumachen.

Die Landesjustizverwaltung kann für eine Gemeinde anordnen:

a) daß in einer von der Landesjustizverwaltung im voraus bestimmten Reihenfolge in die Urliste für das einzelne Jahr ein nach den Anfangsbuchstaben der Namen oder der Straßen oder nach beiden Gesichtspunkten beschränkter Teil der Personen aufzunehmen ist, die zum Schöffenamte berufen werden können. Die Anordnung soll so getroffen werden, daß die aufzustellende Urliste mindestens die sechsfache Zahl der aus ihr auszuwählenden Personen umfaßt. Die Reihenfolge darf erst geändert werden, wenn sämtliche Anfangsbuchstaben durchlaufen worden sind. Ist eine Gemeinde in mehrere Amtsgerichtsbezirke geteilt, so kann die Anordnung auf die zu den einzelnen Bezirken gehörenden Teile der Gemeinde beschränkt werden;

b) daß der Auswahl der Schöffen ein für die Gemeinde anderweit aufgestelltes amtliches Verzeichnis der Einwohner zugrunde gelegt wird.

Im Falle des Abs. 3 Buchstabe a gilt die beschränkte Urliste, im Falle des Abs. 3 Buchstabe b das amtliche Verzeichnis als Urliste im Sinne dieses Gesetzes.

§ 37 (37). Gegen die Richtigkeit oder Vollständigkeit der Urliste kann innerhalb der einwöchigen Frist schriftlich oder zu Protokoll Einsprache erhoben werden.

§ 38 (38). Der Gemeindevorsteher sendet die Urliste nebst den erhobenen Einsprachen und den ihm erforderlich erscheinenden Bemerkungen an den Amtsrichter des Bezirkes.

Wird nach Absendung der Urliste ihre Berichtigung erforderlich, so hat der Gemeindevorsteher hiervon dem Amtsrichter Anzeige zu machen.

§ 39 (39). Der Amtsrichter stellt die Urlisten des Bezirkes zusammen und bereitet den Beschluß über die Einsprachen vor. Er hat die Beachtung der Vorschriften des § 36 Abs. 2 zu prüfen und die Abstellung etwaiger Mängel zu veranlassen.

§ 40 (40). Bei dem Amtsgerichte tritt alljährlich ein Ausschuß zusammen.

Der Ausschuß besteht aus dem Amtsrichter als Vorsitzenden und einem von der Landesregierung zu bestimmenden Staatsverwaltungsbeamten sowie sieben Vertrauenspersonen als Beisitzern.

Die Vertrauenspersonen werden aus den Einwohnern des Amtsgerichtsbezirkes gewählt.

Die Wahl erfolgt nach näherer Bestimmung der Landesgesetze durch die Vertretungen der Kreise, Ämter, Gemeinden oder dergleichen Verbände; wenn solche Vertretungen nicht vorhanden sind, durch den Amtsrichter. Letzterer hat die Vertrauenspersonen vornehmlich aus den Vorstehern der vorbezeichneten Verbände zu wählen.

Zur Beschlußfähigkeit des Ausschusses genügt die Anwesenheit des Vorsitzenden, des Staatsverwaltungsbeamten und dreier Vertrauenspersonen. Der Ausschuß faßt seine Beschlüsse nach der absoluten Mehrheit der Stimmen. Bei Stimmengleichheit entscheidet die Stimme des Vorsitzenden.

§ 41 (41). Der Ausschuß entscheidet über die gegen die Urliste erhobenen Einsprachen. Die Entscheidungen sind zu Protokoll zu vermerken. Beschwerde findet nicht statt.

§ 42 (42). Aus der berichtigten Urliste wählt der Ausschuß für das nächste Geschäftsjahr:

1. die erforderliche Zahl von Schöffen;
2. die erforderliche Zahl der Personen, welche in der von dem Ausschuß festzusetzenden Reihenfolge an die Stelle wegfallender Schöffen treten (Hilfsschöffen). Die Wahl ist auf Personen zu richten, welche am Sitze des Amtsgerichts oder in dessen nächster Umgebung wohnen.

§ 43 (43). Die für jedes Amtsgericht erforderliche Zahl von Hauptschöffen und Hilfsschöffen wird durch die Landesjustizverwaltung bestimmt.

Die Bestimmung der Zahl der Hauptschöffen erfolgt in der Art, daß voraussichtlich jeder höchstens zu fünf ordentlichen Sitzungstagen im Jahre herangezogen wird.

§ 44 (44). Die Namen der erwählten Hauptschöffen und Hilfsschöffen werden bei jedem Amtsgericht in gesonderte Verzeichnisse aufgenommen (Jahreslisten).

§ 45 (45). Die Tage der ordentlichen Sitzungen des Schöffengerichts werden für das ganze Jahr im voraus festgestellt.

Die Reihenfolge, in welcher die Hauptschöffen an den einzelnen ordentlichen Sitzungen des Jahres teilnehmen, wird durch Auslosung in öffentlicher Sitzung des Amtsgerichts bestimmt. Das Los zieht der Amtsrichter. Ist für eine Sitzung eine Frau ausgelost worden, so sind weitere auf eine Frau lautende Auslosungen für diese Sitzung unwirksam.

Über die Auslosung wird von dem Urkundsbeamten der Geschäftsstelle ein Protokoll aufgenommen.

§ 46 (46). Der Amtsrichter setzt die Schöffen von ihrer Auslosung und von den Sitzungstagen, an welchen sie in Tätigkeit zu treten haben, unter Hinweis auf die gesetzlichen Folgen des Ausbleibens in Kenntnis.

In gleicher Weise werden die im Laufe des Geschäftsjahres einzuberufenden Schöffen benachrichtigt.

§ 47 (47). Eine Änderung in der bestimmten Reihenfolge kann auf übereinstimmenden Antrag der beteiligten Schöffen von dem Amtsrichter bewilligt werden, sofern die in den betreffenden Sitzungen zu verhandelnden Sachen noch nicht bestimmt sind. Der Antrag und die Bewilligung sind aktenkundig zu machen.

§ 48 (48). Wenn die Geschäfte die Anberaumung außerordentlicher Sitzungen erforderlich machen, so werden die einzuberufenden Schöffen vor dem Sitzungstage in Gemäßheit des § 45 ausgelost.

Erscheint dies wegen Dringlichkeit untunlich, so erfolgt die Auslosung durch den Amtsrichter lediglich aus der Zahl der am Sitze des Gerichts wohnenden Hilfsschöffen. Die Umstände, welche den Amtsrichter hierzu veranlaßt haben, sind aktenkundig zu machen.

§ 49 (49). Wird zu einzelnen Sitzungen die Zuziehung anderer als der zunächst berufenen Schöffen erforderlich, so erfolgt sie aus der Zahl der Hilfsschöffen nach der Reihenfolge der Jahresliste mit der Maßgabe, daß tunlichst an Stelle eines zunächst berufenen Mannes ein Mann, an Stelle einer zunächst berufenen Frau eine Frau tritt.

Würde durch die Berufung der Hilfsschöffen nach der Reihenfolge der Jahresliste eine Vertagung der Verhandlung oder eine erhebliche Verzögerung ihres Beginnes notwendig, so sind die nicht am Sitze des Gerichts wohnenden Hilfsschöffen zu übergehen.

§ 50 (50). Erstreckt sich die Dauer einer Sitzung über die Zeit hinaus, für welche der Schöffe zunächst einberufen ist, so hat er bis zur Beendigung der Sitzung seine Amtstätigkeit fortzusetzen.

§ 51 (51). Die Beeidigung der Schöffen erfolgt bei ihrer ersten Dienstleistung in öffentlicher Sitzung. Sie gilt für die Dauer des Geschäftsjahres.

Der Vorsitzende richtet an die zu Beeidigenden die Worte:

„Sie schwören bei Gott, dem Allmächtigen und Allwissenden, die Pflichten eines Schöffen getreulich zu erfüllen und Ihre Stimme nach bestem Wissen und Gewissen abzugeben."

Die Schöffen leisten den Eid, indem jeder einzeln die Worte spricht:

„Ich schwöre es, so wahr mir Gott helfe."

Der Schwörende soll bei der Eidesleistung die rechte Hand erheben.

Ist ein Schöffe Mitglied einer Religionsgesellschaft, welcher das Gesetz den Gebrauch gewisser Beteuerungsformeln an Stelle des Eides gestattet, so wird die Abgabe einer Erklärung unter der Beteuerungsformel dieser Religionsgesellschaft der Eidesleistung gleichgeachtet.

Über die Beeidigung wird von dem Urkundsbeamten der Geschäftsstelle ein Protokoll aufgenommen.

§ 52 (52). Wenn die Unfähigkeit einer als Schöffe in die Jahresliste aufgenommenen Person eintritt oder bekannt wird, so ist ihr Name von der Liste zu streichen.

Ein Schöffe, bei dem nach seiner Aufnahme in die Jahresliste andere Umstände eintreten oder bekannt werden, bei deren Vorhandensein eine Berufung zum Schöffenamte nicht erfolgen soll, ist zur Dienstleistung ferner nicht heranzuziehen.

Die Entscheidung erfolgt durch den Amtsrichter nach Anhörung der Staatsanwaltschaft und des beteiligten Schöffen. Beschwerde findet nicht statt.

§ 53 (53). Ablehnungsgründe sind nur zu berücksichtigen, wenn sie innerhalb einer Woche, nachdem der beteiligte Schöffe von seiner Einberufung in Kenntnis gesetzt worden ist, von ihm geltend gemacht werden. Sind sie später entstanden oder bekannt geworden, so ist die Frist erst von diesem Zeitpunkt zu berechnen.

Der Amtsrichter entscheidet über das Gesuch nach Anhörung der Staatsanwaltschaft. Beschwerde findet nicht statt.

§ 54 (54). Der Amtsrichter kann einen Schöffen auf dessen Antrag wegen eingetretener Hinderungsgründe von der Dienstleistung an bestimmten Sitzungstagen entbinden.

Die Entbindung des Schöffen von der Dienstleistung kann davon abhängig gemacht werden, daß ein anderer für das Dienstjahr bestimmter Schöffe für ihn eintritt.

Der Antrag und die Bewilligung sind aktenkundig zu machen.

§ 55 (55). Die Schöffen und die Vertrauenspersonen des Ausschusses erhalten eine angemessene Entschädigung für den ihnen durch ihre Dienstleistung entstehenden Verdienstausfall und den mit der Dienstleistung verbundenen Aufwand sowie Ersatz der Fahrkosten. Ist durch die Dienstleistung eine Vertretung des zum Schöffen oder zur Vertrauensperson Berufenen notwendig geworden, so können die Kosten der Vertretung nach billigem Ermessen erstattet werden.

Die Höhe der Aufwandsentschädigung und der Fahrkosten sowie die Höchst- und Mindestgrenzen der Entschädigung für den Verdienstausfall bestimmt die Reichsregierung mit Zustimmung des Reichsrats durch allgemeine Anordnung.

Entschädigung und Fahrkosten werden nur auf Verlangen gewährt. Der Anspruch erlischt, wenn das Verlangen nicht binnen drei Monaten nach Beendigung der Dienstleistung bei dem Gerichte, bei dem die Dienstleistung stattgefunden hat, gestellt worden ist. Beschwerden über die Höhe der Entschädigung und der Fahrkosten werden im Aufsichtsweg entschieden.

§ 56 (56). Schöffen und Vertrauenspersonen des Ausschusses, welche ohne genügende Entschuldigung zu den Sitzungen nicht rechtzeitig sich einfinden oder ihren Obliegenheiten in anderer Weise sich entziehen, sind zu einer Ordnungsstrafe in Geld sowie in die verursachten Kosten zu verurteilen.

Die Verurteilung wird durch den Amtsrichter nach Anhörung der Staatsanwaltschaft ausgesprochen. Erfolgt nachträglich genügende Entschuldigung, so kann die Verurteilung ganz oder teilweise zurückgenommen werden. Gegen die Entscheidungen findet Beschwerde von seiten des Verurteilten nach den Vorschriften der Strafprozeßordnung statt.

§ 57 (57). Bis zu welchem Tage die Urlisten aufzustellen und dem Amtsrichter einzureichen sind, der Ausschuß zu berufen und die Auslosung der Schöffen zu bewirken ist, wird durch die Landesjustizverwaltung bestimmt.

§ 58 (57a). Durch Anordnung der Landesjustizverwaltung kann für den Bezirk mehrerer Amtsgerichte einem von ihnen die Entscheidung der Strafsachen ganz oder zum Teil zugewiesen werden.

Die Landesjustizverwaltung bestimmt die für dieses Gericht erforderliche Zahl von Haupt- und Hilfsschöffen und die Verteilung der Zahl der Hauptschöffen auf die einzelnen Amtsgerichtsbezirke.

Die übrigen Vorschriften dieses Titels finden entsprechende Anwendung.

Fünfter Titel.
Landgerichte.

§ 59 (58). Die Landgerichte werden mit einem Präsidenten und der erforderlichen Anzahl von Direktoren und Mitgliedern besetzt. Von der Ernennung eines Direktors kann abgesehen werden, wenn der Präsident den Vorsitz in den Kammern allein führen kann.

Die Direktoren und die Mitglieder können gleichzeitig Amtsrichter im Bezirke des Landgerichts sein.

§ **60** (59). Bei den Landgerichten werden Zivil- und Strafkammern gebildet.

§ **61** (60). Bei den Landgerichten sind Untersuchungsrichter nach Bedürfnis zu bestellen.

Die Bestellung erfolgt durch die Landesjustizverwaltung auf die Dauer eines Geschäftsjahrs.

§ **62** (61). Den Vorsitz im Plenum führt der Präsident, den Vorsitz in den Kammern führen der Präsident und die Direktoren. Den Vorsitz in der kleinen Strafkammer (§ 76 Abs. 2) kann auch ein Mitglied des Landgerichts führen, das vom Präsidium für die Dauer eines Geschäftsjahrs bestimmt wird.

Vor Beginn des Geschäftsjahrs bestimmt der Präsident die Kammer, welcher er sich anschließt. Über die Verteilung des Vorsitzes in den übrigen Kammern entscheiden der Präsident und die Direktoren nach Stimmenmehrheit; im Falle der Stimmengleichheit gibt die Stimme des Präsidenten den Ausschlag.

§ **63** (62). Vor Beginn des Geschäftsjahrs werden auf seine Dauer die Geschäfte unter die Kammern derselben Art verteilt und die ständigen Mitglieder der einzelnen Kammern sowie für den Fall ihrer Verhinderung die regelmäßigen Vertreter bestimmt. Jeder Richter kann zum Mitglied mehrerer Kammern bestimmt werden.

Die getroffene Anordnung kann im Laufe des Geschäftsjahrs nur geändert werden, wenn dies wegen eingetretener Überlastung einer Kammer oder infolge Wechsels oder dauernder Verhinderung einzelner Mitglieder des Gerichts erforderlich wird.

§ **64** (63). Die im vorstehenden Paragraphen bezeichneten Anordnungen erfolgen durch das Präsidium.

Das Präsidium wird durch den Präsidenten als Vorsitzenden, die Direktoren und das dem Dienstalter nach, bei gleichem Dienstalter das der Geburt nach älteste Mitglied gebildet; ist kein Direktor ernannt, so besteht das Präsidium aus dem Präsidenten und den beiden ältesten Mitgliedern. Das Präsidium entscheidet nach Stimmenmehrheit; im Falle der Stimmengleichheit gibt die Stimme des Präsidenten den Ausschlag.

§ 65 (64). Der Präsident kann bestimmen, daß einzelne Untersuchungen von dem Untersuchungsrichter, dessen Bestellung mit dem Ablauf des Geschäftsjahrs erlischt, zu Ende geführt werden, sowie daß in einzelnen Sachen, in welchen während des Geschäftsjahrs eine Verhandlung bereits stattgefunden hat, die Kammer in ihrer früheren Zusammensetzung auch nach Ablauf des Geschäftsjahrs verhandle und entscheide.

§ 66[1]) (65). Im Falle der Verhinderung des ordentlichen Vorsitzenden führt den Vorsitz in der Kammer das Mitglied der Kammer, welches dem Dienstalter nach und bei gleichem Dienstalter der Geburt nach das älteste ist. Für den Vorsitzenden der kleinen Strafkammer bestimmt das Präsidium den regelmäßigen Vertreter vor Beginn des Geschäftsjahrs.

Der Präsident wird in seinen übrigen durch dieses Gesetz bestimmten Geschäften, wenn ein Direktor zu seinem ständigen Vertreter ernannt ist, durch diesen, sonst durch den Direktor vertreten, welcher dem Dienstalter nach und bei gleichem Dienstalter der Geburt nach der älteste ist. Ist kein Direktor ernannt, so wird der Präsident, wenn nicht ein Mitglied des Landgerichts zu seinem ständigen Vertreter ernannt ist, durch das Mitglied vertreten, welches dem Dienstalter nach und bei gleichem Dienstalter der Geburt nach das älteste ist.

[1]) Siehe hierzu das Ges. v. 30. März 1928 zur Ergänzung der Vorschriften über den Vorsitz bei den Kollegialgerichten (RGBl. 135), das bestimmt: Art. 1. Ein vor dem Inkrafttreten dieses Gesetzes verkündetes Urteil eines Oberlandesgerichts oder Landgerichts kann nicht nach §§ 551 Nr. 1, 579 Nr. 1 der Zivilprozeßordnung mit der Begründung angefochten werden, daß der nach der Geschäftsordnung bestimmte Vorsitzende des Senats oder der Kammer an dem Vorsitz dauernd verhindert und mit Rücksicht hierauf seine Vertretung durch das älteste Mitglied des Senats oder der Kammer (§§ 66, 117 des Gerichtsverfassungsgesetzes) nicht zulässig gewesen sind. Art. 2. Dieses Gesetz tritt mit dem Tage nach der Verkündung (3. April 1928) in Kraft.

§ 67 (66). Im Falle der Verhinderung des regelmäßigen Vertreters eines Mitglieds wird ein zeitweiliger Vertreter durch den Präsidenten bestimmt.

§ 68 (67). Die Bestimmungen der §§ 62 bis 67 finden auf die Kammern für Handelssachen keine Anwendung.

§ 69 (68). Innerhalb der Kammer verteilt der Vorsitzende die Geschäfte auf die Mitglieder.

§ 70 (69). Soweit die Vertretung eines Mitglieds nicht durch ein Mitglied desselben Gerichts möglich ist, wird sie auf den Antrag des Präsidiums durch die Landesjustizverwaltung geordnet.

Die Beiordnung eines nichtständigen Richters darf, wenn sie auf eine bestimmte Zeit erfolgte, vor Ablauf dieser Zeit, wenn sie auf unbestimmte Zeit erfolgte, solange das Bedürfnis, durch welches sie veranlaßt wurde, fortdauert, nicht widerrufen werden. Ist mit der Vertretung eine Entschädigung verbunden, so ist diese für die ganze Dauer im voraus festzustellen.

Unberührt bleiben die landesgesetzlichen Bestimmungen, nach welchen richterliche Geschäfte nur von ständig angestellten Richtern wahrgenommen werden können, sowie die, welche die Vertretung durch ständig angestellte Richter regeln.

§ 71 (70). Vor die Zivilkammern, einschließlich der Kammern für Handelssachen, gehören alle bürgerlichen Rechtsstreitigkeiten, welche nicht den Amtsgerichten zugewiesen sind.

Die Landgerichte sind ohne Rücksicht auf den Wert des Streitgegenstandes ausschließlich zuständig:

1. für die Ansprüche, welche auf Grund des Reichsbeamtengesetzes gegen den Reichsfiskus erhoben werden;
2. für die Ansprüche gegen Reichsbeamte wegen Überschreitung ihrer amtlichen Befugnisse oder wegen pflichtwidriger Unterlassung von Amtshandlungen.

Der Landesgesetzgebung bleibt überlassen, Ansprüche der Staatsbeamten gegen den Staat aus ihrem Dienstverhältnisse, Ansprüche gegen den Staat wegen Verfügungen der Verwaltungsbehörden, wegen Verschuldung von Staatsbeamten und wegen Aufhebung von Privilegien, Ansprüche gegen Beamte wegen Überschreitung ihrer amtlichen Befugnisse oder wegen pflichtwidriger Unterlassung von Amtshandlungen sowie Ansprüche in betreff öffentlicher Abgaben ohne Rücksicht auf den Wert des Streitgegenstandes den Landgerichten ausschließlich zuzuweisen.

§ 72 (71). Die Zivilkammern, einschließlich der Kammern für Handelssachen, sind die Berufungs- und Beschwerdegerichte in den vor den Amtsgerichten verhandelten bürgerlichen Rechtsstreitigkeiten.

§ 73 (72). Die Strafkammern sind zuständig für die die Voruntersuchung und deren Ergebnisse betreffenden Entscheidungen, welche nach den Vorschriften der Strafprozeßordnung von dem Gerichte zu erlassen sind; sie entscheiden über Beschwerden gegen Verfügungen des Untersuchungsrichters und des Amtsrichters sowie gegen Entscheidungen des Amtsrichters und der Schöffengerichte. Die Bestimmungen über die Zuständigkeit der Oberlandesgerichte und des Reichsgerichts werden hierdurch nicht berührt.

Die Strafkammern erledigen außerdem die in der Strafprozeßordnung den Landgerichten zugewiesenen Geschäfte.

§ 74 (76). Die Strafkammern sind als erkennende Gerichte zuständig für die Verhandlung und Entscheidung über das Rechtsmittel der Berufung gegen die Urteile des Amtsrichters und des Schöffengerichts.

§ 75 (77 S. 1). Die Zivilkammern sind, soweit nicht nach den Vorschriften der Prozeßgesetze an Stelle der Kammer der Einzelrichter zu entscheiden hat, mit drei Mitgliedern einschließlich des Vorsitzenden besetzt.

§ 76 (77 S. 2). Die Strafkammern entscheiden außerhalb der Hauptverhandlung in der Besetzung von drei Mitgliedern mit Einschluß des Vorsitzenden.

In der Hauptverhandlung ist die Strafkammer besetzt:

mit dem Vorsitzenden und zwei Schöffen (kleine Strafkammer), wenn sich die Berufung gegen ein Urteil des Amtsrichters richtet;

mit drei Richtern mit Einschluß des Vorsitzenden und zwei Schöffen (große Strafkammer), wenn sich die Berufung gegen ein Urteil des Schöffengerichts richtet.

§ 77 (—). Für die Schöffen der Strafkammer gelten entsprechend die Vorschriften über die Schöffen des Schöffengerichts mit folgender Maßgabe:

Die Landesjustizverwaltung verteilt die Zahl der erforderlichen Hauptschöffen auf die zum Bezirke des Landgerichts gehörenden Amtsgerichtsbezirke. Die Hilfsschöffen wählt der

Ausschuß bei dem Amtsgericht, in dessen Bezirk das Landgericht seinen Sitz hat. Hat das Landgericht seinen Sitz außerhalb seines Bezirkes, so bestimmt die Landesjustizverwaltung, welcher Ausschuß der zum Bezirke des Landgerichts gehörigen Amtsgerichte die Hilfsschöffen wählt. Die Namen der gewählten Hauptschöffen und der Hilfsschöffen werden von dem Amtsrichter dem Landgerichtspräsidenten mitgeteilt. Der Landgerichtspräsident stellt die Namen der Hauptschöffen zur Jahresliste der Hauptschöffen zusammen.

An die Stelle des Amtsrichters tritt für die Auslosung der Reihenfolge, in der die Hauptschöffen an den einzelnen ordentlichen Sitzungen der Strafkammer teilnehmen, und für die Streichung eines Schöffen von der Jahresliste des Landgerichts der Landgerichtspräsident; im übrigen tritt an die Stelle des Amtsrichters der Vorsitzende der Strafkammer.

Niemand soll für dasselbe Geschäftsjahr zugleich als Schöffe für das Schöffengericht und für die Strafkammer bestimmt werden. Ist dies dennoch geschehen, oder ist jemand für dasselbe Geschäftsjahr in mehreren Bezirken zu diesen Ämtern bestimmt worden, so hat der Einberufene das Amt zu übernehmen, zu welchem er zuerst einberufen wird.

§ 78 (78). Durch Anordnung der Landesjustizverwaltung kann wegen großer Entfernung des Landgerichtssitzes bei einem Amtsgerichte für den Bezirk eines oder mehrerer Amtsgerichte eine Strafkammer gebildet und ihr für diesen Bezirk die gesamte Tätigkeit der Strafkammer des Landgerichts oder ein Teil dieser Tätigkeit zugewiesen werden.

Die Besetzung einer solchen Strafkammer erfolgt aus Mitgliedern des Landgerichts oder Amtsrichtern des Bezirkes, für welchen die Kammer gebildet wird. Der Vorsitzende wird ständig, die Amtsrichter werden auf die Dauer des Geschäftsjahrs durch die Landesjustizverwaltung berufen, die übrigen Mitglieder werden nach Maßgabe des § 63 durch das Präsidium des Landgerichts bezeichnet.

Die Landesjustizverwaltung verteilt die Zahl der erforderlichen Hauptschöffen auf die zum Bezirke der Strafkammer gehörenden Amtsgerichtsbezirke. Die Hilfsschöffen wählt der Ausschuß bei dem Amtsgerichte, bei dem die auswärtige Strafkammer gebildet worden ist. Die im § 77 dem Landgerichtspräsidenten zugewiesenen Geschäfte nimmt der Vorsitzende der Strafkammer wahr.

Sechster Titel.

Schwurgerichte.

§ 79 (79). Für die Verhandlung und Entscheidung von Strafsachen treten bei den Landgerichten nach Bedarf Schwurgerichte zusammen.

§ 80 (80). Die Schwurgerichte sind zuständig für die Verbrechen, welche nicht vor das Reichsgericht oder vor das Amtsgericht gehören.

§ 81 (81). Das Schwurgericht besteht aus drei Richtern mit Einschluß des Vorsitzenden und sechs Geschworenen.

§ 82 (82). Die Richter und die Geschworenen entscheiden über die Schuld- und Straffrage gemeinschaftlich; während der Hauptverhandlung üben die Geschworenen das Richteramt im gleichen Umfang wie die Schöffen aus.

Außerhalb der Hauptverhandlung entscheiden während der Tagung die richterlichen Mitglieder des Schwurgerichts; außerhalb der Tagung entscheidet die Strafkammer des Landgerichts.

§ 83 (83). Vor Beginn des Geschäftsjahrs ernennt der Präsident des Oberlandesgerichts für jede Tagung des Schwurgerichts aus der Zahl der Mitglieder des Oberlandesgerichts oder der in seinem Bezirk angestellten Richter einen Vorsitzenden des Schwurgerichts.

In gleicher Weise ernennt der Präsident des Landgerichts für jede Tagung des Schwurgerichts aus der Zahl der Mitglieder des Landgerichts und der in seinem Bezirk angestellten Amtsrichter einen Stellvertreter des Vorsitzenden, die übrigen richterlichen Mitglieder und ihre Stellvertreter.

Wird im Laufe des Geschäftsjahrs eine Schwurgerichtstagung erforderlich, für die richterliche Mitglieder nicht ernannt worden sind, so können sie nachträglich ernannt werden. Ebenso können nachträglich Stellvertreter ernannt werden, wenn eine Vertretung erforderlich wird und die regelmäßigen Vertreter verhindert sind.

Solange noch nicht bestimmt ist, wann das Schwurgericht zusammentritt, erledigt der Vorsitzende der Strafkammer des Landgerichts die in diesem Gesetze und in der Strafprozeßordnung dem Vorsitzenden zugewiesenen Geschäfte. Das gleiche gilt, nachdem die Tagung geschlossen ist.

§ 84 (84). Für die Geschworenen gelten die auf die Schöffen bezüglichen Vorschriften der §§ 31 bis 57, 77 entsprechend mit den sich aus dem Abs. 2 und den §§ 85 bis 90 ergebenden Maßgaben.

Mindestens die Hälfte der zu einer Tagung heranzuziehenden Geschworenen müssen Männer sein.

§ 85 (86). Die Zahl der Hauptgeschworenen ist so zu bestimmen, daß voraussichtlich jeder Hauptgeschworene nur zu einer Tagung des Schwurgerichts im Geschäftsjahr herangezogen wird.

§ 86 (—). Die Reihenfolge, in der die Hauptgeschworenen an den Tagungen des Schwurgerichts teilnehmen, wird für das ganze Geschäftsjahr im voraus durch Auslosung bestimmt; der Präsident des Landgerichts setzt die Geschworenen von der Auslosung mit dem Hinzufügen in Kenntnis, daß ihnen darüber, ob und zu welchem Tage sie einberufen werden, eine weitere Nachricht zugehen werde.

§ 87 (—). Der Präsident des Landgerichts bestimmt, wenn das Schwurgericht zusammentritt, und ordnet die Einberufung der Hauptgeschworenen für die einzelne Tagung nach der Reihenfolge ihrer Auslosung an; zwischen der Zustellung der Ladung und dem Beginne der Tagung soll eine Frist von zwei Wochen liegen.

§ 88 (94). Der Präsident des Landgerichts entscheidet über die von den Geschworenen vorgebrachten Ablehnungsgründe sowie darüber, ob ein Geschworener ferner zur Dienstleistung heranzuziehen ist.

§ 89 (95). Erstreckt sich eine Tagung des Schwurgerichts über den Endtermin des Geschäftsjahrs hinaus, so bleiben die Geschworenen, welche dazu einberufen sind, bis zum Schlusse der Tagung zur Mitwirkung verpflichtet.

§ 90 (97). Niemand soll für dasselbe Geschäftsjahr als Geschworener und als Schöffe bestimmt werden.

Ist dies dennoch geschehen, oder ist jemand für dasselbe Geschäftsjahr in mehreren Bezirken zu diesen Ämtern bestimmt worden, so hat der Einberufene das Amt zu übernehmen, zu welchem er zuerst einberufen wird.

§ 91 (98). Die Strafkammer des Landgerichts kann bestimmen, daß einzelne Sitzungen des Schwurgerichts nicht am Sitze des Landgerichts, sondern an einem anderen Orte innerhalb des Schwurgerichtsbezirkes abzuhalten seien.

Wird in einem solchen Falle die Zuziehung anderer als der zunächst berufenen Geschworenen erforderlich, so werden die Hilfsschöffen des für den Sitzungsort zuständigen Schöffengerichts nach Maßgabe des § 49 herangezogen.

§ 92 (99). Die Landesjustizverwaltung kann bestimmen, daß die Bezirke mehrerer Landgerichte zu einem Schwurgerichtsbezirke zusammengelegt und die Sitzungen des Schwurgerichts bei einem der Landgerichte abgehalten werden.

In diesem Falle hat das Landgericht, bei welchem die Sitzungen des Schwurgerichts abgehalten werden, und dessen Präsident die ihnen in den §§ 82 bis 91 zugewiesenen Geschäfte für den Umfang des Schwurgerichtsbezirkes wahrzunehmen.

Die Mitglieder des Schwurgerichts mit Einschluß des Stellvertreters des Vorsitzenden können aus der Zahl der im Bezirke des Schwurgerichts angestellten Richter bestimmt werden.

Die Zahl der erforderlichen Hauptgeschworenen wird auf sämtliche Amtsgerichte des Schwurgerichtsbezirkes verteilt.

Siebenter Titel.

Kammern für Handelssachen.

§ 93 (100). Soweit die Landesjustizverwaltung ein Bedürfnis als vorhanden annimmt, können bei den Landgerichten für deren Bezirke oder für örtlich abgegrenzte Teile davon Kammern für Handelssachen gebildet werden.

Solche Kammern können ihren Sitz innerhalb des Landgerichtsbezirkes auch an Orten haben, an welchen das Landgericht seinen Sitz nicht hat.

§ 94 (100a). Ist bei einem Landgericht eine Kammer für Handelssachen gebildet, so tritt für Handelssachen diese Kammer an die Stelle der Zivilkammern nach Maßgabe der folgenden Vorschriften.

§ 95 (101). Handelssachen im Sinne dieses Gesetzes sind die bürgerlichen Rechtsstreitigkeiten, in welchen durch die Klage ein Anspruch geltend gemacht wird:

1. gegen einen Kaufmann im Sinne des Handelsgesetzbuchs aus Geschäften, welche für beide Teile Handelsgeschäfte sind;
2. aus einem Wechsel im Sinne der Wechselordnung oder aus einer der im § 363 des Handelsgesetzbuchs bezeichneten Urkunden;
3. auf Grund des Scheckgesetzes;
4. aus einem der nachstehend bezeichneten Rechtsverhältnisse:
   a) aus dem Rechtsverhältnisse zwischen den Mitgliedern einer Handelsgesellschaft oder zwischen dieser und ihren Mitgliedern oder zwischen dem stillen Gesellschafter und dem Inhaber des Handelsgeschäfts, sowohl während des Bestehens als auch nach Auflösung des Gesellschaftsverhältnisses, ingleichen aus dem Rechtsverhältnisse zwischen den Vorstehern oder den Liquidatoren einer Handelsgesellschaft und der Gesellschaft oder deren Mitgliedern;
   b) aus dem Rechtsverhältnisse, welches das Recht zum Gebrauche der Handelsfirma betrifft;
   c) aus den Rechtsverhältnissen, welche ich auf den Schutz der Warenbezeichnungen, Muster und Modelle beziehen;
   d) aus dem Rechtsverhältnisse, welches durch den Erwerb eines bestehenden Handelsgeschäfts unter Lebenden zwischen dem bisherigen Inhaber und dem Erwerber entsteht;
   e) aus dem Rechtsverhältnisse zwischen einem Dritten und dem, welcher wegen mangelnden Nachweises der Prokura oder Handlungsvollmacht haftet;
   f) aus den Rechtsverhältnissen des Seerechts oder des Rechtes der Binnenschiffahrt, insbesondere aus denen,

welche sich auf die Reederei, auf die Rechte und Pflichten des Reeders oder Schiffseigners, des Korrespondentreeders und der Schiffsbesatzung, auf die Bodmerei und die Haverei, auf den Schadensersatz im Falle des Zusammenstoßes von Schiffen, auf die Bergung und Hilfeleistung und auf die Ansprüche der Schiffsgläubiger beziehen;

5. auf Grund des Gesetzes gegen den unlauteren Wettbewerb vom 7. Juni 1909 (Reichsgesetzbl. S. 499);
6. aus den §§ 45 bis 48 des Börsengesetzes (Reichsgesetzbl. 1908 S. 215).

§ 96 (102). Die Verhandlung des Rechtsstreits erfolgt vor der Kammer für Handelssachen, wenn der Kläger dies in der Klageschrift beantragt hat.

Ist ein Rechtsstreit nach den Vorschriften der §§ 276, 506 der Zivilprozeßordnung vom Amtsgericht an das Landgericht zu verweisen, so hat der Kläger den Antrag auf Verhandlung vor der Kammer für Handelssachen in der mündlichen Verhandlung vor dem Amtsgerichte zu stellen.

§ 97 (103). Wird vor der Kammer für Handelssachen eine nicht vor sie gehörige Klage zur Verhandlung gebracht, so ist der Rechtsstreit auf Antrag des Beklagten an die Zivilkammer zu verweisen.

Gehört die Klage oder die im Falle des § 506 der Zivilprozeßordnung erhobene Widerklage als Klage nicht vor die Kammer für Handelssachen, so ist diese auch von Amts wegen befugt, den Rechtsstreit an die Zivilkammer zu verweisen, solange nicht eine Verhandlung zur Hauptsache erfolgt und darauf ein Beschluß verkündet ist. Die Verweisung von Amts wegen kann nicht aus dem Grunde erfolgen, daß der Beklagte nicht Kaufmann ist.

§ 98 (104). Wird vor der Zivilkammer eine vor die Kammer für Handelssachen gehörige Klage zur Verhandlung gebracht, so ist der Rechtsstreit auf Antrag des Beklagten an die Kammer für Handelssachen zu verweisen. Ein Beklagter, welcher nicht in das Handelsregister eingetragen ist, kann den Antrag nicht darauf stützen, daß er Kaufmann ist.

Der Antrag ist zurückzuweisen, wenn die im Falle des § 506 der Zivilprozeßordnung erhobene Widerklage als Klage vor die Kammer für Handelssachen nicht gehören würde.

Zu einer Verweisung von Amts wegen ist die Zivilkammer nicht befugt.

Die Zivilkammer ist zur Verwerfung des Antrags auch dann befugt, wenn der Kläger ihm zugestimmt hat.

§ 99 (105). Wird in einem bei der Kammer für Handelssachen anhängigen Rechtsstreit die Klage in Gemäßheit des § 280 der Zivilprozeßordnung durch den Antrag auf Feststellung eines Rechtsverhältnisses erweitert oder eine Widerklage erhoben und gehört die erweiterte Klage oder die Widerklage als Klage nicht vor die Kammer für Handelssachen, so ist der Rechtsstreit auf Antrag des Gegners an die Zivilkammer zu verweisen.

Unter der Beschränkung des § 97 Abs. 2 ist die Kammer zu der Verweisung auch von Amts wegen befugt. Diese Befugnis tritt auch dann ein, wenn durch eine Klageänderung ein Anspruch geltend gemacht wird, welcher nicht vor die Kammer für Handelssachen gehört.

§ 100 (105a). Die §§ 96 bis 99 finden auf das Verfahren in der Berufungsinstanz vor den Kammern für Handelssachen entsprechende Anwendung.

§ 101 (106). Der Antrag auf Verweisung des Rechtsstreits an eine andere Kammer ist nur vor der Verhandlung des Antragstellers zur Sache zulässig.

Über den Antrag ist vorab zu verhandeln und zu entscheiden.

§ 102 (107). Gegen die Entscheidung über Verweisung eines Rechtsstreits an die Zivilkammer oder an die Kammer für Handelssachen findet kein Rechtsmittel statt. Erfolgt die Verweisung an eine andere Kammer, so ist diese Entscheidung für die Kammer, an welche der Rechtsstreit verwiesen wird, bindend. Der Termin zur weiteren mündlichen Verhandlung wird von Amts wegen bestimmt und den Parteien bekanntgemacht.

§ 103 (108). Bei der Kammer für Handelssachen kann ein Anspruch in Gemäßheit des § 64 der Zivilprozeßordnung nur dann geltend gemacht werden, wenn der Rechtsstreit nach den Bestimmungen der §§ 94, 95 vor die Kammer für Handelssachen gehört.

§ 104 (108a). Wird die Kammer für Handelssachen als Beschwerdegericht mit einer vor sie nicht gehörigen Beschwerde befaßt, so ist die Beschwerde von Amts wegen an die Zivilkammer zu verweisen. Ebenso hat die Zivilkammer, wenn sie als Beschwerdegericht in einer Handelssache mit einer Beschwerde befaßt wird, diese von Amts wegen an die Kammer für Handelssachen zu verweisen. Die Vorschriften des § 102 Satz 1, 2 finden entsprechende Anwendung.

Eine Verweisung der Beschwerde an eine andere Kammer findet nicht statt, wenn bei der Kammer, welche mit der Beschwerde befaßt wird, die Hauptsache anhängig ist, oder diese Kammer bereits eine Entscheidung in der Hauptsache erlassen hat.

§ 105 (109). Die Kammern für Handelssachen entscheiden in der Besetzung mit einem Mitglied des Landgerichts als Vorsitzenden und zwei Handelsrichtern, soweit nicht nach den Vorschriften der Prozeßgesetze an Stelle der Kammer der Einzelrichter zu entscheiden hat.

Sämtliche Mitglieder der Kammer für Handelssachen haben gleiches Stimmrecht.

In Streitigkeiten, welche sich auf das Rechtsverhältnis zwischen Reeder oder Schiffer und Schiffsmannschaft beziehen, kann die Entscheidung in erster Instanz durch den Vorsitzenden allein erfolgen.

§ 106 (110). Im Falle des § 93 Abs. 2 kann ein Amtsrichter Vorsitzender der Kammer für Handelssachen sein.

§ 107 (111). Das Amt der Handelsrichter ist ein Ehrenamt.

Die Handelsrichter, die weder ihren Wohnsitz noch ihre gewerbliche Niederlassung am Sitze der Kammer für Handelssachen haben, erhalten Tage- und Übernachtungsgelder sowie Ersatz der verauslagten Fahrkosten nach den für die Reichsbeamten der Stufe III (§ 2 Abs. 2 der Reisekostenverordnung für die Reichsbeamten, Reichsgesetzbl. 1921 S. 1345, 1923 I S. 891)[1]) geltenden Vorschriften.

Handelsrichtern, die ihren Wohnsitz oder ihre gewerbliche Niederlassung am Sitze der Kammer für Handelssachen haben, werden die notwendigen Fahrkosten erstattet, wenn ihr Weg zum Gerichte mehr als zwei Kilometer beträgt.

[1]) § 2 Abs. 2 der Reisekostenverordnung für die Reichsbeamten wurde neu gefaßt durch die VO. v. 29. Dezember 1927 (RGesBl. 205).

§ 108 (112). Die Handelsrichter werden auf gutachtlichen Vorschlag des zur Vertretung des Handelsstandes berufenen Organs für die Dauer von drei Jahren ernannt; eine wiederholte Ernennung ist nicht ausgeschlossen.

§ 109 (113). Zum Handelsrichter kann jeder Deutsche ernannt werden, welcher das dreißigste Lebensjahr vollendet hat und als Kaufmann, als Vorstand einer Aktiengesellschaft, als Geschäftsführer einer Gesellschaft mit beschränkter Haftung oder als Vorstand einer sonstigen juristischen Person in das Handelsregister eingetragen ist oder eingetragen war.

Zum Handelsrichter soll nur ernannt werden, wer in dem Bezirke der Kammer für Handelssachen wohnt oder, wenn er als Kaufmann in das Handelsregister eingetragen ist, dort eine Handelsniederlassung hat; bei Personen, die als Vorstand einer Aktiengesellschaft, als Geschäftsführer einer Gesellschaft mit beschränkter Haftung oder als Vorstand einer sonstigen juristischen Person in das Handelsregister eingetragen sind, genügt es, wenn die Gesellschaft oder juristische Person eine Niederlassung in dem Bezirke hat.

Personen, welche infolge gerichtlicher Anordnung in der Verfügung über ihr Vermögen beschränkt sind, können nicht zu Handelsrichtern ernannt werden.

§ 110 (114). An Seeplätzen können Handelsrichter auch aus dem Kreise der Schiffahrtskundigen ernannt werden.

§ 111 (115). Die Handelsrichter sind vor ihrem Amtsantritt auf die Erfüllung der Obliegenheiten des ihnen übertragenen Amtes eidlich zu verpflichten.

§ 112 (116). Die Handelsrichter haben während der Dauer ihres Amtes in Beziehung auf dasselbe alle Rechte und Pflichten richterlicher Beamten.

§ 113 (117). Ein Handelsrichter ist seines Amtes zu entheben, wenn er eine der für die Ernennung erforderlichen Eigenschaften nachträglich verliert.

Die Enthebung erfolgt durch den ersten Zivilsenat des Oberlandesgerichts nach Anhörung des Beteiligten.

§ 114 (118). Über Gegenstände, zu deren Beurteilung eine kaufmännische Begutachtung genügt, sowie über das Bestehen von Handelsgebräuchen kann die Kammer für Handelssachen auf Grund eigener Sachkunde und Wissenschaft entscheiden.

Achter Titel.

Oberlandesgerichte.

§ 115 (119). Die Oberlandesgerichte werden mit einem Präsidenten und der erforderlichen Anzahl von Senatspräsidenten und Räten besetzt.

§ 116 (120). Bei den Oberlandesgerichten werden Zivil- und Strafsenate gebildet.

§ 117 (121). Die Bestimmungen der §§ 62 bis 69 finden mit der Maßgabe Anwendung, daß zu dem Präsidium stets die beiden ältesten Mitglieder des Gerichts zuzuziehen sind.

§ 118 (122). Zu Hilfsrichtern dürfen nur ständig angestellte Richter berufen werden.

§ 119 (123 Nr. 1 u. 4). Die Oberlandesgerichte sind in bürgerlichen Rechtsstreitigkeiten zuständig für die Verhandlung und Entscheidung über die Rechtsmittel:

1. der Berufung gegen die Endurteile der Landgerichte,
2. der Beschwerde gegen Entscheidungen der Landgerichte.

§ 120 (—). Die Oberlandesgerichte sind zur Verhandlung und Entscheidung in erster und letzter Instanz in den Strafsachen zuständig, die gemäß § 134 Abs. 2 von dem Oberreichsanwalt an die Landesstaatsanwaltschaft abgegeben werden, oder in denen das Reichsgericht gemäß § 134 Abs. 3 bei Eröffnung des Hauptverfahrens die Verhandlung und Entscheidung dem Oberlandesgericht überweist. In den von dem Oberreichsanwalt an die Landesstaatsanwaltschaft abgegebenen Sachen trifft das Oberlandesgericht auch die im § 73 Abs. 1 bezeichneten Entscheidungen.

Für den Gerichtsstand gelten in diesen Fällen die allgemeinen Vorschriften. Sind jedoch in einem Lande mehrere Oberlandesgerichte errichtet, so können die im Abs. 1 den Oberlandesgerichten zugewiesenen Aufgaben durch die Landesjustizverwaltung einem oder einigen der Oberlandesgerichte oder dem Obersten Landesgericht übertragen werden. Durch

Vereinbarung der beteiligten Landesjustizverwaltungen können diese Aufgaben dem hiernach zuständigen Gericht eines Landes auch für das Gebiet eines anderen Landes übertragen werden.

§ 121 (123). Die Oberlandesgerichte sind in Strafsachen ferner zuständig für die Verhandlung und Entscheidung über die Rechtsmittel:

1. der Revision gegen
   a) die mit der Berufung nicht anfechtbaren Urteile des Amtsrichters;
   b) die Urteile der kleinen Strafkammer;
   c) die Urteile der großen Strafkammer, wenn in erster Instanz das mit einem Richter und zwei Schöffen besetzte Schöffengericht entschieden hat;
   d) die Urteile der großen Strafkammer und der Schwurgerichte, wenn die Revision ausschließlich auf die Verletzung einer in den Landesgesetzen enthaltenen Rechtsnorm gestützt wird;
2. der Beschwerde gegen strafrichterliche Entscheidungen, soweit nicht die Zuständigkeit der Strafkammer oder des Reichsgerichts begründet ist.

§ 122 (124). Die Senate der Oberlandesgerichte entscheiden, soweit nicht nach den Vorschriften der Prozeßgesetze an Stelle des Senats der Einzelrichter zu entscheiden hat, in der Besetzung von drei Mitgliedern mit Einschluß des Vorsitzenden.

Die Strafsenate sind in der Hauptverhandlung erster Instanz mit fünf Mitgliedern einschließlich des Vorsitzenden zu besetzen.

Neunter Titel.

Reichsgericht.

§ 123 (125). Der Sitz des Reichsgerichts wird durch Gesetz bestimmt[1]).

[1]) Erfolgt durch Ges. v. 11. April 1877 (RGBl. 415).

§ 124 (126). Das Reichsgericht wird mit einem Präsidenten und der erforderlichen Anzahl von Senatspräsidenten und Räten besetzt.

§ 125 (127). **Der Präsident, die Senatspräsidenten und Räte werden auf Vorschlag des Reichsrats von dem Reichspräsidenten ernannt.**

Zum Mitglied des Reichsgerichts kann nur ernannt werden, wer die Fähigkeit zum Richteramt in einem deutschen Lande erlangt und das fünfunddreißigste Lebensjahr vollendet hat.

Das Dienstalter der Mitglieder des Reichsgerichts richtet sich nach der Ernennung. Auf das Dienstalter ist die Zeit anzurechnen, die das Mitglied als Reichsanwalt, als Rechtsanwalt beim Reichsgericht oder als ordentlicher öffentlicher Lehrer des Rechtes an einer deutschen Universität tätig gewesen ist.

§ 126 (128). Ist ein Mitglied zu einer Strafe wegen einer entehrenden Handlung oder zu einer Freiheitsstrafe von längerer als einjähriger Dauer rechtskräftig verurteilt, so kann es durch Plenarbeschluß des Reichsgerichts seines Amtes und seines Gehalts für verlustig erklärt werden.

Vor der Beschlußfassung sind das Mitglied und der Oberreichsanwalt zu hören.

§ 127 (129). Ist wegen eines Verbrechens oder Vergehens das Hauptverfahren gegen ein Mitglied eröffnet, so kann seine vorläufige Enthebung vom Amte nach Anhörung des Oberreichsanwalts durch Plenarbeschluß des Reichsgerichts ausgesprochen werden.

Wird gegen ein Mitglied die Untersuchungshaft verhängt, so tritt für ihre Dauer die vorläufige Enthebung von Rechts wegen ein.

Durch die vorläufige Enthebung wird das Recht auf den Genuß des Gehalts nicht berührt.

§ 128 (130). Wenn ein Mitglied durch ein körperliches Gebrechen oder durch Schwäche seiner körperlichen oder geistigen Kräfte zur Erfüllung seiner Amtspflichten dauernd unfähig wird, so tritt seine Versetzung in den Ruhestand gegen Gewährung eines Ruhegehaltes ein. Dienstunfähigkeit ist nicht Vorbedingung des Anspruchs auf Ruhegehalt, wenn das aus dem Dienste scheidende Mitglied das fünfundsechzigste Lebensjahr vollendet hat.

Das Ruhegehalt beträgt bei vollendeter zehnjähriger oder kürzerer Dienstzeit $^{35}/_{100}$ und steigt nach vollendetem zehnten Dienstjahr mit jedem weiter zurückgelegten Dienstjahr bis zum vollendeten fünfunddreißigsten Dienstjahr um $^{2}/_{100}$ und von da ab bis zum vollendeten fünfzigsten Dienstjahr um $^{1}/_{100}$ des Diensteinkommens.

Bei Berechnung der Dienstzeit wird die Zeit mitgerechnet, während welcher das Mitglied sich im Dienste des Reichs oder im Staats- oder Gemeindedienst eines deutschen Landes befunden oder in einem deutschen Lande als Anwalt, Advokat, Notar, Patrimonialrichter oder als öffentlicher Lehrer des Rechtes an einer deutschen Universität fungiert hat.

§ 129 (131). Wird die Versetzung eines Mitglieds in den Ruhestand nicht beantragt, obgleich ihre Voraussetzungen vorliegen, so hat der Präsident die Aufforderung zu erlassen, binnen einer bestimmten Frist den Antrag zu stellen. Wird dieser Aufforderung nicht Folge geleistet, so ist die Versetzung in den Ruhestand durch Plenarbeschluß des Reichsgerichts auszusprechen.

Vor der Beschlußfassung sind das Mitglied und der Oberreichsanwalt zu hören.

§ 130 (132). Bei dem Reichsgerichte werden Zivil- und Strafsenate gebildet. Ihre Zahl bestimmt der Reichsminister der Justiz.

§ 131 (133). Die Bestimmungen der §§ 62 bis 69 finden mit der Maßgabe Anwendung, daß zu dem Präsidium die vier ältesten Mitglieder des Gerichts zuzuziehen sind.

§ 132 (134). Die Zuziehung von Hilfsrichtern ist unzulässig.

§ 133 (135). In bürgerlichen Rechtsstreitigkeiten ist das Reichsgericht zuständig für die Verhandlung und Entscheidung über die Rechtsmittel

1. der Revision gegen die Endurteile der Oberlandesgerichte sowie gegen die Endurteile der Landgerichte im Falle des § 566a der Zivilprozeßordnung,
2. der Beschwerde gegen Entscheidungen der Oberlandesgerichte in dem Falle des § 519b Abs. 2 der Zivilprozeßordnung.

§ 134 (136 Abs. 1 Nr. 1). In Strafsachen ist das Reichsgericht zuständig für die Untersuchung und Entscheidung in erster und letzter Instanz in den Fällen des Hochverrats, des Landesverrats und des Kriegsverrats gegen das Reich sowie der Verbrechen gegen die §§ 1, 3 des Gesetzes gegen den Verrat militärischer Geheimnisse vom 3. Juni 1914 (Reichsgesetzbl. S. 195). In diesen Sachen trifft das Reichsgericht auch die im § 73 Abs. 1 bezeichneten Entscheidungen.

In Landesverratssachen sowie bei Verbrechen gegen die §§ 1, 3 des Gesetzes gegen den Verrat militärischer Geheimnisse kann der Oberreichsanwalt die Strafverfolgung an die Landesstaatsanwaltschaft abgeben . Es sollen nur Strafsachen von minderer Bedeutung abgegeben werden.

Das Reichsgericht kann in den im Abs. 2 bezeichneten Sachen bei der Eröffnung des Hauptverfahrens die Verhandlung und Entscheidung dem Oberlandesgericht überweisen, wenn der Oberreichsanwalt es bei der Einreichung der Anklageschrift beantragt; auf den Antrag findet Abs. 2 Satz 2 entsprechende Anwendung.

§ 135 (136 Abs. 1 Nr. 2). In Strafsachen ist das Reichsgericht ferner zuständig zur Verhandlung und Entscheidung über das Rechtsmittel der Revision gegen die Urteile der Schwurgerichte und der großen Strafkammer, soweit nicht die Zuständigkeit der Oberlandesgerichte begründet ist.

§ 136 (137). Will in einer Rechtsfrage ein Zivilsenat von der Entscheidung eines anderen Zivilsenats oder der vereinigten Zivilsenate oder ein Strafsenat von der Entscheidung eines anderen Strafsenats oder der vereinigten Strafsenate abweichen, so ist über die streitige Rechtsfrage im ersteren Falle eine Entscheidung der vereinigten Zivilsenate, im letzteren Falle eine solche der vereinigten Strafsenate einzuholen.

Einer Entscheidung der Rechtsfrage durch das Plenum bedarf es, wenn ein Zivilsenat von der Entscheidung eines Strafsenats oder der vereinigten Strafsenate oder ein Strafsenat von der Entscheidung eines Zivilsenats oder der vereinigten Zivilsenate oder ein Senat von der früher eingeholten Entscheidung des Plenums abweichen will.

Die Entscheidung der Rechtsfrage durch die vereinigten Senate oder das Plenum ist in der zu entscheidenden Sache bindend. Sie erfolgt in allen Fällen ohne vorgängige mündliche Verhandlung.

Vor der Entscheidung der vereinigten Strafsenate oder der des Plenums sowie in Ehe- und Entmündigungssachen und in Rechtsstreitigkeiten, welche die Feststellung des Rechtsverhältnisses zwischen Eltern und Kindern oder die Anfechtung einer Todeserklärung zum Gegenstande haben, ist der Oberreichsanwalt mit seinen schriftlichen Anträgen zu hören.

Soweit die Entscheidung der Sache eine vorgängige mündliche Verhandlung erfordert, erfolgt sie durch den erkennenden Senat auf Grund einer erneuten mündlichen Verhandlung, zu welcher die Prozeßbeteiligten von Amts wegen unter Mitteilung der ergangenen Entscheidung der Rechtsfrage zu laden sind.

§ 137 (138). (Aufgehoben.)

§ 138 (139). Zur Fassung von Plenarentscheidungen und von Entscheidungen der vereinigten Zivil- oder Strafsenate ist die Teilnahme von mindestens zwei Dritteilen aller Mitglieder mit Einschluß des Vorsitzenden erforderlich.

Die Zahl der Mitglieder, welche eine entscheidende Stimme führen, muß eine ungerade sein.

Ist die Zahl der anwesenden Mitglieder eine gerade, so hat der Rat, welcher dem Dienstalter nach und bei gleichem Dienstalter der, welcher der Geburt nach der jüngere ist oder, wenn dieser Berichterstatter ist, der nächstältere kein Stimmrecht.

§ 139 (140). Die Senate des Reichsgerichts entscheiden in der Besetzung von fünf Mitgliedern mit Einschluß des Vorsitzenden. In erster Instanz entscheiden die Strafsenate außerhalb der Hauptverhandlung in einer Besetzung von drei Mitgliedern mit Einschluß des Vorsitzenden.

§ 140 (141). Der Geschäftsgang wird durch eine Geschäftsordnung geregelt, welche das Plenum auszuarbeiten und dem Reichsrat zur Bestätigung vorzulegen hat.

Zehnter Titel.

Staatsanwaltschaft.

§ 141 (142). Bei jedem Gerichte soll eine Staatsanwaltschaft bestehen.

§ 142 (143). Das Amt der Staatsanwaltschaft wird ausgeübt:

1. bei dem Reichsgerichte durch einen Oberreichsanwalt und durch einen oder mehrere Reichsanwälte;
2. bei den Oberlandesgerichten, den Landgerichten und den Schwurgerichten durch einen oder mehrere Staatsanwälte;
3. bei den Amtsgerichten und den Schöffengerichten durch einen oder mehrere Staatsanwälte oder Amtsanwälte.

Die Zuständigkeit der Amtsanwälte erstreckt sich nicht auf das amtsrichterliche Verfahren zur Vorbereitung der öffentlichen Klage in den Strafsachen, welche zur Zuständigkeit anderer Gerichte als der Amtsgerichte gehören.

§ 143 (144). Die örtliche Zuständigkeit der Beamten der Staatsanwaltschaft wird durch die örtliche Zuständigkeit des Gerichts bestimmt, für welches sie bestellt sind.

Ein unzuständiger Beamter der Staatsanwaltschaft hat sich den innerhalb seines Bezirkes vorzunehmenden Amtshandlungen zu unterziehen, bei denen Gefahr im Verzug obwaltet.

Können die Beamten der Staatsanwaltschaft verschiedener Länder sich nicht darüber einigen, wer von ihnen die Verfolgung zu übernehmen hat, so entscheidet der ihnen gemeinsam vorgesetzte Beamte der Staatsanwaltschaft und in Ermangelung eines solchen der Oberreichsanwalt.

§ 144 (145). Besteht die Staatsanwaltschaft eines Gerichts aus mehreren Beamten, so handeln die dem ersten Beamten beigeordneten Personen als dessen Vertreter; sie sind, wenn sie für ihn auftreten, zu allen Amtsverrichtungen desselben ohne den Nachweis eines besonderen Auftrags berechtigt.

§ 145 (146). Die ersten Beamten der Staatsanwaltschaft bei den Oberlandesgerichten und den Landgerichten sind befugt, bei allen Gerichten ihres Bezirkes die Amtsverrichtungen der Staatsanwaltschaft selbst zu übernehmen oder mit ihrer Wahrnehmung einen anderen als den zunächst zuständigen Beamten zu beauftragen.

Amtsanwälte können das Amt der Staatsanwaltschaft nur bei den Amtsgerichten und den Schöffengerichten versehen.

§ 146 (147). Die Beamten der Staatsanwaltschaft haben den dienstlichen Anweisungen ihres Vorgesetzten nachzukommen.

In den Sachen, für welche das Reichsgericht in erster und letzter Instanz zuständig ist, haben alle Beamte der Staatsanwaltschaft den Anweisungen des Oberreichsanwalts Folge zu leisten.

§ 147 (148). Das Recht der Aufsicht und Leitung steht zu:

1. dem Reichsminister der Justiz hinsichtlich des Oberreichsanwalts und der Reichsanwälte;
2. der Landesjustizverwaltung hinsichtlich aller staatsanwaltschaftlichen Beamten des betreffenden Landes;
3. den ersten Beamten der Staatsanwaltschaft bei den Oberlandesgerichten und den Landgerichten hinsichtlich aller Beamten der Staatsanwaltschaft ihres Bezirkes.

§ 148 (149). Der Oberreichsanwalt und die Reichsanwälte sind nichtrichterliche Beamte.

Zu diesen Ämtern sowie zu dem Amte eines Staatsanwalts können nur zum Richteramte befähigte Beamte ernannt werden.

§ 149 (150). Der Oberreichsanwalt und die Reichsanwälte werden auf Vorschlag des Reichsrats vom Reichspräsidenten ernannt. Für die Versetzung in den Ruhestand und das zu gewährende Ruhegehalt finden die Vorschriften des § 128 entsprechende Anwendung.

Der Oberreichsanwalt und die Reichsanwälte können durch Verfügung des Reichspräsidenten jederzeit mit Gewährung des gesetzlichen Wartegeldes einstweilig in den Ruhestand versetzt werden.

§ 150 (151). Die Staatsanwaltschaft ist in ihren Amtsverrichtungen von den Gerichten unabhängig.

§ 151 (152). Die Staatsanwälte dürfen richterliche Geschäfte nicht wahrnehmen. Auch darf ihnen eine Dienstaufsicht über die Richter nicht übertragen werden.

§ 152 (153). Die Beamten des Polizei- und Sicherheitsdienstes sind Hilfsbeamte der Staatsanwaltschaft und sind in dieser Eigenschaft verpflichtet, den Anordnungen der Staatsanwälte ihres Bezirkes und der diesen vorgesetzten Beamten Folge zu leisten.

Die nähere Bezeichnung der Beamtenklassen, auf welche diese Bestimmung Anwendung findet, erfolgt durch die Landesregierungen.

Elfter Titel.
Geschäftsstelle.

§ 153 (154). Bei jedem Gerichte wird eine Geschäftsstelle eingerichtet, die mit der erforderlichen Zahl von Urkundsbeamten besetzt wird. Die Geschäftseinrichtung bei dem Reichsgerichte wird durch den Reichsminister der Justiz, bei den Landesgerichten durch die Landesjustizverwaltung bestimmt.

Zwölfter Titel.
Zustellungs- und Vollstreckungsbeamte.

§ 154 (155). Die Dienst- und Geschäftsverhältnisse der mit den Zustellungen, Ladungen und Vollstreckungen zu betrauenden Beamten (Gerichtsvollzieher) werden bei dem Reichsgerichte durch den Reichsminister der Justiz, bei den Landesgerichten durch die Landesjustizverwaltung bestimmt.

§ 155 (156). Der Gerichtsvollzieher ist von der Ausübung seines Amts kraft Gesetzes ausgeschlossen:

I. In bürgerlichen Rechtsstreitigkeiten:
1. wenn er selbst Partei oder gesetzlicher Vertreter einer Partei ist, oder zu einer Partei in dem Verhältnis eines Mitberechtigten, Mitverpflichteten oder Schadensersatzpflichtigen steht;
2. wenn sein Ehegatte Partei ist, auch wenn die Ehe nicht mehr besteht;
3. wenn eine Person Partei ist, mit welcher er in gerader Linie verwandt, verschwägert oder durch Annahme an Kindes Statt verbunden, in der Seitenlinie bis zum dritten Grade verwandt oder bis zum zweiten Grade verschwägert ist, auch wenn die Ehe, durch welche die Schwägerschaft begründet ist, nicht mehr besteht;

II. in Strafsachen:
1. wenn er selbst durch die strafbare Handlung verletzt ist;
2. wenn er der Ehegatte des Beschuldigten oder Verletzten ist oder gewesen ist;
3. wenn er mit dem Beschuldigten oder Verletzten in dem vorstehend unter Nr. I 3 bezeichneten Verwandtschafts- oder Schwägerschaftsverhältnisse steht.

Dreizehnter Titel.

Rechtshilfe.

§ 156 (157). Die Gerichte haben sich in bürgerlichen Rechtsstreitigkeiten und in Strafsachen Rechtshilfe zu leisten.

§ 157 (158). Das Ersuchen um Rechtshilfe ist an das Amtsgericht zu richten, in dessen Bezirk die Amtshandlung vorgenommen werden soll.

§ 158 (159). Das Ersuchen darf nicht abgelehnt werden.

Das Ersuchen eines nicht im Instanzenzuge vorgesetzten Gerichts ist jedoch abzulehnen, wenn dem ersuchten Gerichte die örtliche Zuständigkeit mangelt oder die vorzunehmende Handlung nach dem Rechte des ersuchten Gerichts verboten ist.

§ 159 (160). Wird das Ersuchen abgelehnt oder wird der Vorschrift des § 158 Abs. 2 zuwider dem Ersuchen stattgegeben, so entscheidet das Oberlandesgericht, zu dessen Bezirk das ersuchte Gericht gehört. Eine Anfechtung dieser Entscheidung findet nur statt, wenn sie die Rechtshilfe für unzulässig erklärt und das ersuchende und das ersuchte Gericht den Bezirken verschiedener Oberlandesgerichte angehören. Über die Beschwerde entscheidet das Reichsgericht.

Die Entscheidungen erfolgen auf Antrag der Beteiligten oder des ersuchenden Gerichts ohne vorgängige mündliche Verhandlung.

§ 160 (161). Die Herbeiführung der zum Zwecke von Vollstreckungen, Ladungen und Zustellungen erforderlichen Handlungen erfolgt nach Vorschrift der Prozeßordnungen ohne Rücksicht darauf, ob die Handlungen in dem Lande, welchem das Prozeßgericht angehört, oder in einem anderen deutschen Lande vorzunehmen sind.

§ 161 (162). Gerichte, Staatsanwaltschaften und Geschäftsstellen der Gerichte können wegen Erteilung eines Auftrags an einen Gerichtsvollzieher die Mitwirkung der Geschäftsstelle des Amtsgerichts in Anspruch nehmen, in dessen Bezirk der Auftrag ausgeführt werden soll. Der von der Geschäftsstelle beauftragte Gerichtsvollzieher gilt als unmittelbar beauftragt.

§ 162 (163). Eine Freiheitsstrafe, welche die Dauer von sechs Wochen nicht übersteigt, ist in dem Lande zu vollstrecken, in welchem der Verurteilte sich befindet.

§ 163 (164). Soll eine Freiheitsstrafe in dem Bezirk eines anderen Gerichts vollstreckt oder ein in dem Bezirk eines anderen Gerichts befindlicher Verurteilter zum Zwecke der Strafverbüßung ergriffen und abgeliefert werden, so ist die Staatsanwaltschaft bei dem Landgerichte des Bezirkes um die Ausführung zu ersuchen.

§ 164 (165). Im Falle der Rechtshilfe unter den Behörden verschiedener deutscher Länder sind die baren Auslagen, welche durch eine Ablieferung oder Strafvollstreckung entstehen, der ersuchten Behörde von der ersuchenden zu erstatten.

Im übrigen werden Kosten der Rechtshilfe von der ersuchenden Behörde nicht erstattet.

Ist eine zahlungspflichtige Partei vorhanden, so sind die Kosten von ihr durch die ersuchende Behörde einzuziehen und der eingezogene Betrag der ersuchten Behörde zu übersenden.

Stempel-, Einregistrierungsgebühren oder andere öffentliche Abgaben, welchen die von der ersuchenden Behörde übersendeten Schriftstücke (Urkunden, Protokolle) nach dem Rechte der ersuchten Behörde unterliegen, bleiben außer Ansatz.

§ 165 (166). Für die Höhe der den geladenen Zeugen und Sachverständigen gebührenden Beträge sind die Bestimmungen maßgebend, welche bei dem Gerichte gelten, vor welches die Ladung erfolgt.

Sind die Beträge nach dem Rechte des Aufenthaltsorts der geladenen Personen höher, so können die höheren Beträge gefordert werden.

Bei weiterer Entfernung des Aufenthaltsorts der geladenen Personen ist ihnen auf Antrag ein Vorschuß zu bewilligen.

§ 166 (167). Ein Gericht darf Amtshandlungen außerhalb seines Bezirkes ohne Zustimmung des Amtsgerichts des Ortes nur vornehmen, wenn Gefahr im Verzug obwaltet. In diesem Falle ist dem Amtsgerichte des Ortes Anzeige zu machen.

§ 167 (168). Die Sicherheitsbeamten eines deutschen Landes sind ermächtigt, die Verfolgung eines Flüchtigen auf das Gebiet eines anderen deutschen Landes fortzusetzen und den Flüchtigen daselbst zu ergreifen.

Der Ergriffene ist unverzüglich an das nächste Gericht oder die nächste Polizeibehörde des Landes, in welchem er ergriffen wurde, abzuführen.

§ 168 (169). Die in einem deutschen Lande bestehenden Vorschriften über die Mitteilung von Akten einer öffentlichen Behörde an ein Gericht dieses Landes kommen auch dann zur Anwendung, wenn das ersuchende Gericht einem anderen deutschen Lande angehört.

Vierzehnter Titel.

Öffentlichkeit und Sitzungspolizei.

§ 169 (170). Die Verhandlung vor dem erkennenden Gerichte, einschließlich der Verkündung der Urteile und Beschlüsse, ist öffentlich.

§ 170 (171). In Ehesachen ist die Öffentlichkeit auszuschließen, wenn eine der Parteien es beantragt.

§ 171 (172). In dem auf die Klage wegen Anfechtung oder Wiederaufhebung der Entmündigung einer Person wegen Geisteskrankheit oder wegen Geistesschwäche eingeleiteten Verfahren (§§ 664, 679 der Zivilprozeßordnung) ist die Öffentlichkeit während der Vernehmung des Entmündigten auszuschließen, auch kann auf Antrag einer der Parteien die Öffentlichkeit der Verhandlung überhaupt ausgeschlossen werden.

Das Verfahren wegen Entmündigung oder Wiederaufhebung der Entmündigung (§§ 645 bis 663, 675 bis 678 der Zivilprozeßordnung) ist nicht öffentlich.

§ 172 (173). In allen Sachen kann durch das Gericht für die Verhandlung oder für einen Teil davon die Öffentlichkeit ausgeschlossen werden, wenn sie eine Gefährdung der öffentlichen Ordnung, insbesondere der Staatssicherheit, oder eine Gefährdung der Sittlichkeit besorgen läßt.

§ 173 (174). Die Verkündung des Urteils erfolgt in jedem Falle öffentlich.

Durch einen besonderen Beschluß des Gerichts kann für die Verkündung der Urteilsgründe oder eines Teiles davon die Öffentlichkeit ausgeschlossen werden, wenn sie eine Gefährdung der Staatssicherheit oder eine Gefährdung der Sittlichkeit besorgen läßt.

§ 174 (175). Die Verhandlung über die Ausschließung der Öffentlichkeit findet in nichtöffentlicher Sitzung statt, wenn ein Beteiligter es beantragt oder das Gericht es für angemessen erachtet. Der Beschluß, welcher die Öffentlichkeit ausschließt, muß öffentlich verkündet werden. Bei der Verkündung ist anzugeben, ob die Ausschließung wegen Gefährdung der öffentlichen Ordnung, insbesondere wegen Gefährdung der Staatssicherheit, oder ob sie wegen Gefährdung der Sittlichkeit erfolgt.

Ist die Öffentlichkeit wegen Gefährdung der Staatssicherheit ausgeschlossen, so kann das Gericht den anwesenden Personen die Geheimhaltung von Tatsachen, welche durch die Verhandlung, durch die Anklageschrift oder durch andere amtliche Schriftstücke des Prozesses zu ihrer Kenntnis gelangen, zur Pflicht machen. Der Beschluß ist in das Sitzungsprotokoll aufzunehmen. Gegen ihn findet Beschwerde statt. Die Beschwerde hat keine aufschiebende Wirkung.

§ 175 (176). Der Zutritt zu öffentlichen Verhandlungen kann unerwachsenen und solchen Personen versagt werden, welche sich nicht im Besitze der bürgerlichen Ehrenrechte befinden, oder welche in einer der Würde des Gerichts nicht entsprechenden Weise erscheinen.

Zu nichtöffentlichen Verhandlungen kann der Zutritt einzelnen Personen vom Gerichte gestattet werden. Einer Anhörung der Beteiligten bedarf es nicht.

Die Ausschließung der Öffentlichkeit steht der Anwesenheit der die Dienstaufsicht führenden Beamten der Justizverwaltung bei den Verhandlungen vor dem erkennenden Gerichte nicht entgegen.

§ 176 (177). Die Aufrechterhaltung der Ordnung in der Sitzung liegt dem Vorsitzenden ob.

§ 177 (178). Parteien, Beschuldigte, Zeugen, Sachverständige oder bei der Verhandlung nicht beteiligte Personen, welche den zur Aufrechterhaltung der Ordnung erlassenen Befehlen nicht gehorchen, können auf Beschluß des Gerichts aus dem Sitzungszimmer entfernt, auch zur Haft abgeführt und während einer in dem Beschlusse zu bestimmenden Zeit, welche vierundzwanzig Stunden nicht übersteigen darf, festgehalten werden.

§ 178 (179). Das Gericht kann gegen Parteien, Beschuldigte, Zeugen, Sachverständige oder bei der Verhandlung nicht beteiligte Personen, welche sich in der Sitzung einer Ungebühr schuldig machen, vorbehaltlich der strafgerichtlichen Verfolgung, eine Ordnungsstrafe in Geld[1]) oder bis zu drei Tagen Haft festsetzen und sofort vollstrecken lassen.

[1]) Zwischen 1 u. 1000 RM; VO. v. 6. Febr. 1924 (RGBl. 44) Art. II Abs. 2 u. Art. XIV Abs. 2 Nr. 3 mit VO. v. 12. Dez. 1924 (RGBl. 775) § 2.

§ 179 (181). Die Vollstreckung der vorstehend bezeichneten Ordnungsstrafen hat der Vorsitzende unmittelbar zu veranlassen.

§ 180 (182). Die in den §§ 176 bis 179 bezeichneten Befugnisse stehen auch einem einzelnen Richter bei der Vornahme von Amtshandlungen außerhalb der Sitzung zu.

§ 181 (183). Ist in den Fällen der §§ 178 und 180 eine Ordnungsstrafe festgesetzt, so findet binnen der Frist von einer Woche nach der Bekanntmachung der Entscheidung Beschwerde statt, sofern die Entscheidung nicht von dem Reichsgericht oder einem Oberlandesgerichte getroffen ist.

Die Beschwerde hat in dem Falle des § 178 keine aufschiebende Wirkung, in dem Falle des § 180 aufschiebende Wirkung.

Über die Beschwerde entscheidet das Oberlandesgericht.

§ 182 (184). Ist eine Ordnungsstrafe wegen Ungebühr festgesetzt, oder eine Person zur Haft abgeführt, oder eine bei der Verhandlung beteiligte Person entfernt worden, so ist der Beschluß des Gerichts und dessen Veranlassung in das Protokoll aufzunehmen.

§ 183 (185). Wird eine strafbare Handlung in der Sitzung begangen, so hat das Gericht den Tatbestand festzustellen und der zuständigen Behörde das darüber aufgenommene Protokoll mitzuteilen. In geeigneten Fällen ist die vorläufige Festnahme des Täters zu verfügen.

Fünfzehnter Titel.

Gerichtssprache.

§ 184 (186). Die Gerichtssprache ist deutsch.

§ 185 (187). Wird unter Beteiligung von Personen verhandelt, welche der deutschen Sprache nicht mächtig sind, so ist ein Dolmetscher zuzuziehen. Die Führung eines Nebenprotokolls in der fremden Sprache findet nicht statt; jedoch sollen Aussagen und Erklärungen in fremder Sprache, wenn und soweit der Richter dies mit Rücksicht auf die Wichtigkeit der Sache für erforderlich erachtet, auch in der fremden Sprache in das Protokoll oder in eine Anlage niedergeschrieben werden. In den dazu geeigneten Fällen soll dem Protokoll eine durch den Dolmetscher zu beglaubigende Übersetzung beigefügt werden.

Die Zuziehung eines Dolmetschers kann unterbleiben, wenn die beteiligten Personen sämtlich der fremden Sprache mächtig sind.

§ 186 (188). Zur Verhandlung mit tauben oder stummen Personen ist, sofern nicht eine schriftliche Verständigung erfolgt, eine Person als Dolmetscher zuzuziehen, mit deren Hilfe die Verständigung in anderer Weise erfolgen kann.

§ 187 (189). Ob einer Partei, welche taub ist, bei der mündlichen Verhandlung der Vortrag zu gestatten sei, bleibt dem Ermessen des Gerichts überlassen.

Dasselbe gilt in Anwaltsprozessen von einer Partei, die der deutschen Sprache nicht mächtig ist.

§ 188 (190). Personen, welche der deutschen Sprache nicht mächtig sind, leisten Eide in der ihnen geläufigen Sprache.

§ 189 (191). Der Dolmetscher hat einen Eid dahin zu leisten:

daß er treu und gewissenhaft übertragen werde.

Ist der Dolmetscher für Übertragungen der betreffenden Art im allgemeinen beeidigt, so genügt die Berufung auf den geleisteten Eid.

§ 190 (192). Der Dienst des Dolmetschers kann von dem Urkundsbeamten wahrgenommen werden. Einer besonderen Beeidigung bedarf es nicht.

§ 191 (193). Auf den Dolmetscher finden die Bestimmungen über Ausschließung und Ablehnung der Sachverständigen entsprechende Anwendung. Die Entscheidung erfolgt durch das Gericht oder den Richter, von welchem der Dolmetscher zugezogen ist.

Sechzehnter Titel.

Beratung und Abstimmung.

§ 192 (194). Bei Entscheidungen dürfen Richter nur in der gesetzlich bestimmten Anzahl mitwirken.

Bei Verhandlungen von längerer Dauer kann der Vorsitzende die Zuziehung von Ergänzungsrichtern anordnen, welche der Verhandlung beizuwohnen und im Falle der Verhinderung eines Richters für ihn einzutreten haben.

Die vorstehenden Bestimmungen finden auch auf Schöffen und Geschworene Anwendung.

§ 193 (195). Bei der Beratung und Abstimmung dürfen außer den zur Entscheidung berufenen Richtern nur die bei demselben Gerichte zu ihrer juristischen Ausbildung beschäftigten Personen zugegen sein, soweit der Vorsitzende deren Anwesenheit gestattet.

§ 194 (196). Der Vorsitzende leitet die Beratung, stellt die Fragen und sammelt die Stimmen.

Meinungsverschiedenheiten über den Gegenstand, die Fassung und die Reihenfolge der Fragen oder über das Ergebnis der Abstimmung entscheidet das Gericht.

§ 195 (197). Kein Richter, Schöffe oder Geschworener darf die Abstimmung über eine Frage verweigern, weil er bei der Abstimmung über eine vorhergegangene Frage in der Minderheit geblieben ist.

§ 196 (198). Die Entscheidungen erfolgen, soweit das Gesetz nicht ein anderes bestimmt, nach der absoluten Mehrheit der Stimmen.

Bilden sich in Beziehung auf Summen, über welche zu entscheiden ist, mehr als zwei Meinungen, deren keine die Mehrheit für sich hat, so werden die für die größte Summe abgegebenen Stimmen den für die zunächst geringere abgegebenen so lange hinzugerechnet, bis sich eine Mehrheit ergibt.

Bilden sich in einer Strafsache, von der Schuldfrage abgesehen, mehr als zwei Meinungen, deren keine die erforderliche Mehrheit für sich hat, so werden die dem Beschuldigten nachteiligsten Stimmen den zunächst minder nachteiligen so lange hinzugerechnet, bis sich die erforderliche

Mehrheit ergibt. Bilden sich in der Straffrage zwei Meinungen, ohne daß eine die erforderliche Mehrheit für sich hat, so gilt die mildere Meinung. Ergibt sich in dem mit zwei Richtern und zwei Schöffen besetzten Schöffengerichte, von der Schuld- und Straffrage abgesehen, Stimmengleichheit, so gibt die Stimme des Vorsitzenden den Ausschlag.

§ 197 (199). Die Richter stimmen nach dem Dienstalter, bei gleichem Dienstalter nach dem Lebensalter, Handelsrichter, Schöffen und Geschworene nach dem Lebensalter; der jüngere stimmt vor dem älteren. Die Schöffen und Geschworenen stimmen vor den Richtern. Wenn ein Berichterstatter ernannt ist, so stimmt er zuerst. Zuletzt stimmt der Vorsitzende.

§ 198 (200). Schöffen und Geschworene sind verpflichtet, über den Hergang bei der Beratung und Abstimmung Stillschweigen zu beobachten.

Siebzehnter Titel.

Gerichtsferien.

§ 199 (201). Die Gerichtsferien beginnen am 15. Juli und endigen am 15. September.

§ 200 (202). Während der Ferien werden nur in Feriensachen Termine abgehalten und Entscheidungen erlassen.

Feriensachen sind:

1. Strafsachen;
2. Arrestsachen und die eine einstweilige Verfügung betreffenden Sachen;
3. Meß- und Marktsachen;
4. Streitigkeiten zwischen dem Vermieter und dem Mieter oder Untermieter von Wohnräumen oder anderen Räumen oder zwischen dem Mieter und dem Untermieter solcher Räume wegen Überlassung, Benutzung oder Räumung sowie wegen Zurückhaltung der von dem Mieter oder dem Untermieter in die Mietsräume eingebrachten Sachen;
5. Streitigkeiten zwischen Dienstherrschaft und Gesinde, zwischen Arbeitgebern und Arbeitern hinsichtlich des Dienst- oder Arbeitsverhältnisses sowie die im § 4 Nr. 1

bis 4 des Gewerbegerichtsgesetzes in der Fassung der Bekanntmachung vom 29. September 1901 (Reichsgesetzbl. S. 353) und des Gesetzes vom 14. Januar 1922 (Reichsgesetzbl. I S. 155) und im § 5 Nr. 1 bis 4 des Gesetzes, betreffend Kaufmannsgerichte, vom 6. Juli 1904 (Reichsgesetzbl. S. 266) in der Fassung des Gesetzes vom 14. Januar 1922 (Reichsgesetzbl. I S. 155) bezeichneten Streitigkeiten;[1])

6. Ansprüche aus dem außerehelichen Beischlaf;
7. Wechselsachen;
8. Regreßansprüche aus einem Scheck;
9. Bausachen, wenn über Fortsetzung eines angefangenen Baues gestritten wird.

In dem Verfahren vor den Amtsgerichten hat das Gericht auf Antrag auch andere Sachen als Feriensachen zu bezeichnen. Werden in einer Sache, die durch Beschluß des Gerichts als Feriensache bezeichnet ist, in einem Termine zur mündlichen Verhandlung einander widersprechende Anträge gestellt, so ist der Beschluß aufzuheben, sofern die Sache nicht besonderer Beschleunigung bedarf.

In dem Verfahren vor den Landgerichten sowie in dem Verfahren in den höheren Instanzen soll das Gericht auf Antrag auch solche Sachen, welche nicht unter die Vorschrift des Abs. 1 fallen, soweit sie besonderer Beschleunigung bedürfen, als Feriensachen bezeichnen. Die Bezeichnung kann vorbehaltlich der Entscheidung des Gerichts durch den Vorsitzenden erfolgen.

[1]) Nr. 5 ist durch das Arbeitsgerichtsgesetz v. 23. Dez. 1926 gegenstandslos geworden.

§ 201 (203). Zur Erledigung der Feriensachen können bei den Landgerichten Ferienkammern, bei den Oberlandesgerichten und dem Reichsgerichte Feriensenate gebildet werden.

§ 202 (204). Auf das Kostenfestsetzungsverfahren, das Mahnverfahren, das Zwangsvollstreckungsverfahren, das Konkursverfahren und das Vergleichsverfahren zur Abwendung des Konkurses sind die Ferien ohne Einfluß.

12. Einführungsgesetz zum Gerichtsverfassungsgesetze (in der Fassung vom 27. Januar 1877).

Vom 27. Januar 1877 (RGBl. 77).

Änderungen erfolgten durch Ges. v. 12. Juni 1889 (RGBl. 95); v. 17. Mai 1898 (RGBl. 252); v. 22. Mai 1910 (RGBl. 767); v. 20. Febr. 1911 (RGBl. 59).

§ 1. Das Gerichtsverfassungsgesetz tritt im ganzen Umfange des Reichs an einem durch Kaiserliche Verordnung mit Zustimmung des Bundesrats festzusetzenden Tage, spätestens am 1. Oktober 1879, gleichzeitig mit der im § 2 des Einführungsgesetzes der Zivilprozeßordnung vorgesehenen Gebührenordnung in Kraft.

§ 2. Die Vorschriften des Gerichtsverfassungsgesetzes finden nur auf die ordentliche streitige Gerichtsbarkeit und deren Ausübung Anwendung.

§ 3. Die Gerichtsbarkeit in bürgerlichen Rechtsstreitigkeiten und Strafsachen, für welche besondere Gerichte zugelassen sind, kann den ordentlichen Landesgerichten durch die Landesgesetzgebung übertragen werden. Die Übertragung darf nach anderen als den durch das Gerichtsverfassungsgesetz vorgeschriebenen Zuständigkeitsnormen erfolgen.

Auch kann die Gerichtsbarkeit letzter Instanz in den vorerwähnten Sachen auf Antrag des betreffenden Bundesstaates mit Zustimmung des Bundesrats[1]) durch Kaiserliche Verordnung dem Reichsgerichte übertragen werden.

Insoweit für bürgerliche Rechtsstreitigkeiten ein von den Vorschriften der Zivilprozeßordnung abweichendes Verfahren gestattet ist, kann die Zuständigkeit der ordentlichen Landesgerichte durch die Landesgesetzgebung nach anderen als den durch das Gerichtsverfassungsgesetz vorgeschriebenen Normen bestimmt werden.

[1]) Jetzt durch VO. des Reichspräsidenten mit Zustimmung des Reichsrats (Übergangsges. v. 4. März 1919, RGBl. 285 §§ 3 und 4, RVerf. Art. 179).

§ 4. Durch die Vorschriften des Gerichtsverfassungsgesetzes über die Zuständigkeit der Behörden wird die Landesgesetzgebung nicht gehindert, den betreffenden Landesbehörden jede andere Art der Gerichtsbarkeit sowie Geschäfte der Justizverwaltung zu übertragen. Andere Gegenstände der Verwaltung dürfen den ordentlichen Gerichten nicht übertragen werden.

§ 5. *In Ansehung der Landesherren und der Mitglieder der landesherrlichen Familien sowie der Mitglieder der Fürstlichen Familie Hohenzollern finden die Bestimmungen des Gerichtsverfassungsgesetzes nur insoweit Anwendung, als nicht besondere Vorschriften der Hausverfassungen oder der Landesgesetze abweichende Bestimmungen enthalten. Das gleiche gilt in Ansehung der Mitglieder des vormaligen Hannoverschen Königshauses, des vormaligen Kurhessischen und des vormaligen Herzoglich Nassauischen Fürstenhauses.*[1])

[1]) Gegenstandslos durch die RVerf. v. 11. Aug. 1919.

§ 6. Unberührt bleiben die bestehenden landesgesetzlichen Vorschriften über die Zuständigkeit der Schwurgerichte für die durch die Presse begangenen strafbaren Handlungen.

§ 7. Die Militärgerichtsbarkeit[1]) sowie das landesgesetzlich den Standesherren gewährte Recht auf Austräge werden durch das Gerichtsverfassungsgesetz nicht berührt.

[1]) S. hiezu nun das Ges. v. 17. Aug. 1920 (RGBl. 1579), betr. Aufhebung der Militärgerichtsbarkeit, u. Art 106 u. 109 der RVerf.

§ 8. Durch die Gesetzgebung eines Bundesstaates, in welchem mehrere Oberlandesgerichte errichtet werden, kann die Verhandlung und Entscheidung der zur Zuständigkeit des Reichsgerichts gehörenden Revisionen in bürgerlichen Rechtsstreitigkeiten einem obersten Landesgerichte zugewiesen werden[1]).

Diese Vorschrift findet jedoch auf bürgerliche Rechtsstreitigkeiten, welche zur Zuständigkeit des Reichs-Oberhandelsgerichts gehören oder durch besondere Reichsgesetze dem Reichsgerichte zugewiesen werden, keine Anwendung, es sei denn, daß für die Entscheidung im wesentlichen Rechtsnormen in Betracht kommen, die in Landesgesetzen enthalten sind[1]).

[1]) S. hiezu Ges. v. 11. April 1877 (RGBl. 415) über den Sitz des Reichsgerichts.

§ 9. Durch die Gesetzgebung eines Bundesstaates, in welchem mehrere Oberlandesgerichte errichtet werden, kann die Verhandlung und Entscheidung der zur Zuständigkeit der Oberlandesgerichte gehörenden Revisionen und Beschwerden in Strafsachen ausschließlich einem der mehreren Oberlandesgerichte oder an Stelle eines solchen Oberlandesgerichts dem obersten Landesgerichte zugewiesen werden.

§ 10. Die allgemeinen, sowie die in den §§ 126, 132, 133, 134, 183 Abs. 1[1]) enthaltenen besonderen Vorschriften des Gerichtsverfassungsgesetzes finden auf die obersten Landesgerichte als Behörden der ordentlichen streitigen Gerichtsbarkeit entsprechende Anwendung. Das gleiche gilt, sofern ein Zivilsenat des obersten Landesgerichts von der Entscheidung eines anderen Zivilsenats oder der vereinigten Zivilsenate abweichen will, in Ansehung der Vorschriften der §§ 137, 139[2]) des Gerichtsverfassungsgesetzes.

Die Besetzung der Senate bestimmt sich in Strafsachen nach § 124[4]), in bürgerlichen Rechtsstreitigkeiten nach § 140[3]) des Gerichtsverfassungsgesetzes.

Auf die Besetzung der Zivilsenate des obersten Landesgerichts findet in Grundbuchsachen, sowie in den nach § 199 des Gesetzes über die Angelegenheiten der freiwilligen Gerichtsbarkeit dem obersten Landesgerichte zugewiesenen Angelegenheiten der § 124[4]) des Gerichtsverfassungsgesetzes Anwendung[5]).

[1]) S. nun §§ 124, 130, 131, 132, 181 Abs. 1 GVG.

[2]) S. nun §§ 136, 138 GVG.

[3]) S. nun § 139 GVG.

[4]) S. nun § 122 GVG.

[5]) S. allgemein zu § 10 den § 3 der VO. über Gerichtsverfassung u. Strafrechtspflege v. 4. Januar 1924 (RGBl. 15), der bestimmt: Besteht in einem Lande ein oberstes Landesgericht, so bestimmt sich die Besetzung der Senate in Strafsachen, in Grundbuchsachen und in Angelegenheiten der freiwilligen Gerichtsbarkeit nach den Vorschriften über die Oberlandesgerichte, im übrigen nach den Vorschriften über das Reichsgericht.

§ 11. Die landesgesetzlichen Bestimmungen, durch welche die strafrechtliche oder zivilrechtliche Verfolgung öffentlicher Beamten wegen der in Ausübung oder in Veranlassung der Ausübung ihres Amts vorgenommenen Handlungen an besondere Voraussetzungen gebunden ist, treten außer Kraft.

Unberührt bleiben die landesgesetzlichen Vorschriften, durch welche die Verfolgung der Beamten entweder im Falle des Verlangens einer vorgesetzten Behörde oder unbedingt an die Vorentscheidung einer besonderen Behörde gebunden ist, mit der Maßgabe:

1. daß die Vorentscheidung auf die Feststellung beschränkt ist, ob der Beamte sich einer Überschreitung seiner Amts-

befugnisse oder der Unterlassung einer ihm obliegenden Amtshandlung schuldig gemacht habe;

2. daß in den Bundesstaaten, in welchen ein oberster Verwaltungsgerichtshof besteht, die Vorentscheidung diesem, in den anderen Bundesstaaten dem Reichsgerichte zusteht.

§ 12. (Aufgehoben.)

§ 13. Die Bestimmungen über das Richteramt im § 8 des Gerichtsverfassungsgesetzes treten in denjenigen Staaten, in welchen Vorschriften für die richterliche Entscheidung über die Enthebung eines Richters vom Amte oder über die Versetzung eines Richters an eine andere Stelle oder in Ruhestand nicht bestehen, nur gleichzeitig mit der landesgesetzlichen Regelung der Disziplinarverhältnisse der Richter in Wirksamkeit.

§ 14. Die am Tage des Inkrafttretens des Gerichtsverfassungsgesetzes bei dem Reichs-Oberhandelsgerichte anhängigen Sachen gehen in der prozessualischen Lage, in welcher sie sich befinden, auf das Reichsgericht über.

§ 15. Durch Kaiserliche Verordnung kann auf Antrag eines Bundesstaates und mit Zustimmung des Bundesrats die Verhandlung und Entscheidung derjenigen Sachen, welche nach den bisherigen Prozeßgesetzen von dem obersten Landesgerichte zu erledigen gewesen wären, dem Reichsgerichte zugewiesen werden.

§ 16. Behufs Erledigung der nach Vorschrift des vorstehenden Paragraphen dem Reichsgerichte zugewiesenen Sachen können mit Zustimmung des Bundesrats durch Kaiserliche Verordnung bei dem Reichsgerichte Hilfssenate eingerichtet werden.

Der Reichskanzler bestimmt die Zusammensetzung der Hilfssenate und die Verteilung der Geschäfte derselben.

Mit der Wahrnehmung der richterlichen Geschäfte in den Hilfssenaten können nur Mitglieder des Reichsgerichts und Mitglieder der früheren obersten Gerichte oder der Oberlandesgerichte beauftragt werden.

Die Anordnung ist für ein nicht zum Reichsgerichte gehörendes Mitglied bis zu dem Zeitpunkte unwiderruflich, in welchem die Wahrnehmung seiner Tätigkeit in dem Hilfssenate nicht mehr erforderlich ist.

§ 17. Auf Antrag eines Bundesstaates und mit Zustimmung des Bundesrats kann durch Kaiserliche Verordnung die Verhandlung und Entscheidung der im § 17 des Gerichtsverfassungsgesetzes bezeichneten Streitigkeiten dem Reichsgerichte zugewiesen werden.[1])

Für diejenigen Bundesstaaten, in denen die im § 17 des Gerichtsverfassungsgesetzes bezeichneten Behörden bestehen und nach Maßgabe der Vorschriften im § 17 Nr. 1—4 einer Veränderung ihrer Einrichtung und des Verfahrens bedürfen, kann die Veränderung, sofern sie nicht bis zum Inkrafttreten dieses Gesetzes landesgesetzlich getroffen ist, durch landesherrliche Verordnung eingeführt werden.

[1]) Jetzt mit Zustimmung des Reichsrats durch Verordnung des Reichspräsidenten; s. Art. 179 der RVerf. mit §§ 3 und 4 des Übergangsgesetzes v. 4. März 1919 (RGBl. 285).

§ 18. (Gegenstandslos.)
§ 19. (Gegenstandslos.)
§ 20. (Gegenstandslos.)
§ 21. (Gegenstandslos.)
§ 22. (Gegenstandslos.)

13. Die Verfassung des Deutschen Reichs (Auszug).

Vom 11. August 1919 (RGBl. 1383).

Berichtigung 1920, 328. Änderungen: Ges. v. 6. Aug. 1920 (RGBl. 1565), v. 6. Aug. 1920 (RGBl. 1566), 27. Nov. 1920 (RGBl. (1987), v. 24. März 1921 (RGBl. 440), v. 27. Okt. 1922 (RGBl. 801), v. 15. Dez. 1923 (RGBl. 1185), v. 18. März 1924 (RGBl. 287), v. 22. Mai 1926 (RGBl. 243).

Erster Hauptteil.

Aufbau und Aufgaben des Reichs.

Zweiter Abschnitt.

Der Reichstag.

Art. 38. Die Mitglieder des Reichstags und der Landtage sind berechtigt, über Personen, die ihnen in ihrer Eigenschaft als Abgeordneten Tatsachen anvertrauen, oder denen sie in

Ausübung ihres Abgeordnetenberufs solche anvertraut haben, sowie über die Tatsachen selbst das Zeugnis zu verweigern. Auch in Beziehung auf Beschlagnahme von Schriftstücken stehen sie den Personen gleich, die ein gesetzliches Zeugnisverweigerungsrecht haben.

Eine Durchsuchung oder Beschlagnahme darf in den Räumen des Reichstags oder eines Landtags nur mit Zustimmung des Präsidenten vorgenommen werden.

Art. 40a. Die Vorschriften der Artikel 36, 37, 38 Abs. 1 und 39 Abs. 1 gelten für den Präsidenten des Reichstags, seine Stellvertreter und die ständigen und ersten stellvertretenden Mitglieder der im Artikel 35 bezeichneten Ausschüsse auch für die Zeit zwischen zwei Tagungen (Sitzungsperioden) oder Wahlperioden des Reichstags.

Das gleiche gilt für den Präsidenten eines Landtags, seine Stellvertreter und die ständigen und ersten stellvertretenden Mitglieder von Ausschüssen eines Landtags, wenn sie nach der Landesverfassung außerhalb der Tagung (Sitzungsperiode) oder Wahlperiode tätig werden können.

Soweit Artikel 37 eine Mitwirkung des Reichstags oder eines Landtags vorsieht, tritt der Ausschuß zur Wahrung der Rechte der Volksvertretung an die Stelle des Reichstags und, falls Ausschüsse des Landtags fortbestehen, der vom Landtag bestimmte Ausschuß an die Stelle des Landtags.

Die im Abs. 1 bezeichneten Personen haben zwischen zwei Wahlperioden die im Artikel 40 bezeichneten Rechte.

Siebenter Abschnitt.

Die Rechtspflege.

Art. 102. Die Richter sind unabhängig und nur dem Gesetz unterworfen.

Art. 103. Die ordentliche Gerichtsbarkeit wird durch das Reichsgericht und durch die Gerichte der Länder ausgeübt.

Art. 104. Die Richter der ordentlichen Gerichtsbarkeit werden auf Lebenszeit ernannt. Sie können wider ihren Willen nur kraft richterlicher Entscheidung und nur aus den Gründen und unter den Formen, welche die Gesetze bestimmen, dauernd oder zeitweise ihres Amtes enthoben oder an eine andere Stelle oder in den Ruhestand versetzt werden. Die Gesetzgebung kann Altersgrenzen festsetzen, bei deren Erreichung Richter in den Ruhestand treten.

Die vorläufige Amtsenthebung, die kraft Gesetzes eintritt, wird hierdurch nicht berührt.

Bei einer Veränderung in der Einrichtung der Gerichte oder ihrer Bezirke kann die Landesjustizverwaltung unfreiwillige Versetzungen an ein anderes Gericht oder Entfernungen vom Amte, jedoch nur unter Belassung des vollen Gehalts, verfügen.

Auf Handelsrichter, Schöffen und Geschworene finden diese Bestimmungen keine Anwendung.

Art. 105. Ausnahmegerichte sind unstatthaft. Niemand darf seinem gesetzlichen Richter entzogen werden. Die gesetzlichen Bestimmungen über Kriegsgerichte und Standgerichte werden hiervon nicht berührt. Die militärischen Ehrengerichte sind aufgehoben.

Zweiter Hauptteil.

Grundrechte und Grundpflichten der Deutschen.

Zweiter Abschnitt.

Das Gemeinschaftsleben.

Art. 129. Die Anstellung der Beamten erfolgt auf Lebenszeit, soweit nicht durch Gesetz etwas anderes bestimmt ist. Ruhegehalt und Hinterbliebenenversorgung werden gesetzlich geregelt. Die wohlerworbenen Rechte der Beamten sind unverletzlich. Für die vermögensrechtlichen Ansprüche der Beamten steht der Rechtsweg offen.

Die Beamten können nur unter den gesetzlich bestimmten Voraussetzungen und Formen vorläufig ihres Amtes enthoben, einstweilen oder endgültig in den Ruhestand oder in ein anderes Amt mit geringerem Gehalt versetzt werden.

Gegen jedes dienstliche Straferkenntnis muß ein Beschwerdeweg und die Möglichkeit eines Wiederaufnahmeverfahrens eröffnet sein. In die Nachweise über die Person des Beamten sind Eintragungen von ihm ungünstigen Tatsachen erst vorzunehmen, wenn dem Beamten Gelegenheit gegeben war, sich über sie zu äußern. Dem Beamten ist Einsicht in seine Personalnachweise zu gewähren.

Die Unverletzlichkeit der wohlerworbenen Rechte und die Offenhaltung des Rechtswegs für die vermögensrechtlichen Ansprüche werden besonders auch den Berufssoldaten gewährleistet. Im übrigen wird ihre Stellung durch Reichsgesetz geregelt.

Art. 131. Verletzt ein Beamter in Ausübung der ihm anvertrauten öffentlichen Gewalt die ihm einen Dritten gegenüber obliegende Amtspflicht, so trifft die Verantwortlichkeit grundsätzlich den Staat oder die Körperschaft, in deren Dienste der Beamte steht. Der Rückgriff gegen den Beamten bleibt vorbehalten. Der ordentliche Rechtsweg darf nicht ausgeschlossen werden.

Die nähere Regelung liegt der zuständigen Gesetzgebung ob.

Dritter Abschnitt.

Religion und Religionsgesellschaften.

Art. 136. Die bürgerlichen und staatsbürgerlichen Rechte und Pflichten werden durch die Ausübung der Religionsfreiheit weder bedingt noch beschränkt.

Der Genuß bürgerlicher und staatsbürgerlicher Rechte sowie die Zulassung zu öffentlichen Ämtern sind unabhängig von dem religiösen Bekenntnis.

Niemand ist verpflichtet, seine religiöse Überzeugung zu offenbaren. Die Behörden haben nur soweit das Recht, nach der Zugehörigkeit zu einer Religionsgesellschaft zu fragen, als davon Rechte und Pflichten abhängen oder eine gesetzlich angeordnete statistische Erhebung dies erfordert.

Niemand darf zu einer kirchlichen Handlung oder Feierlichkeit oder zur Teilnahme an religiösen Übungen oder zur Benutzung einer religiösen Eidesform gezwungen werden.

Übergangs- und Schlußbestimmungen.

Art. 177. Wo in den bestehenden Gesetzen die Eidesleistung unter Benutzung einer religiösen Eidesform vorgesehen ist, kann die Eidesleistung rechtswirksam auch in der Weise erfolgen, daß der Schwörende unter Weglassung der religiösen Eidesform erklärt: „Ich schwöre." Im übrigen bleibt der in den Gesetzen vorgesehene Inhalt des Eides unberührt.

Art. 179. Soweit in Gesetzen oder Verordnungen auf Vorschriften und Einrichtungen verwiesen ist, die durch diese Verfassung aufgehoben sind, treten an ihre Stelle die entsprechenden Vorschriften und Einrichtungen dieser Verfassung. Insbesondere treten an die Stelle der Nationalversammlung der Reichstag, an die Stelle des Staatenausschusses der Reichsrat, an die Stelle des auf Grund des Gesetzes über die vorläufige Reichsgewalt gewählten Reichspräsidenten der auf Grund dieser Verfassung gewählte Reichspräsident.

Die nach den bisherigen Vorschriften dem Staatenausschuß zustehende Befugnis zum Erlaß von Verordnungen geht auf die Reichsregierung über; sie bedarf zum Erlaß der Verordnungen der Zustimmung des Reichsrats nach Maßgabe dieser Verfassung.

14. Gesetz über die Zulassung der Frauen zu den Ämtern und Berufen der Rechtspflege.

Vom 11. Juli 1922 (RGBl. 573), geänd. durch Art. 2 des Ges. v. 9. Juli 1927 (RGBl. 175).

Art. I Die Fähigkeit zum Richteramte kann auch von Frauen erworben werden.

Ebenso können Frauen zu Handelsrichtern, Amtsanwälten, Urkundsbeamten der Geschäftsstellen und Gerichtsvollziehern ernannt werden.

Art. VII Soweit in Reichsgesetzen oder in Landesgesetzen auf Vorschriften des Gerichtsverfassungsgesetzes, der Zivilprozeßordnung, der Strafprozeßordnung, des Gesetzes über die Angelegenheiten der freiwilligen Gerichtsbarkeit und der Rechtsanwaltsordnung verwiesen wird, finden die Vorschriften dieses Gesetzes Anwendung.

Art. VIII Ist vor dem Inkrafttreten dieses Gesetzes eine Frau auf Grund der ersten juristischen Prüfung in einer Weise dienstlich beschäftigt worden, die sachlich einem ordnungsmäßigen Vorbereitungsdienst entsprach, so gilt diese Beschäftigung als Vorbereitungsdienst im Sinne des § 2 des Gerichtsverfassungsgesetzes.

Bem.: Im übrigen ändert das Gesetz andere Gesetze oder es ist gegenstandslos geworden.

15. Rechtsanwaltsordnung.

Vom 1. Juli 1878 (RGBl. 177).

Geändert durch Ges. v. 22. Mai 1910 (RGBl. 772); Art. 1 der VO. v. 1. Juni 1920 (RGBl. 1108); Art. VI des Ges. v. 11. Juli 1922 (RGBl. 573); Art .VIII des Ges. v. 27. April 1923 (RGBl. 254, nun gegenstandslos); Ges. v. 9. Juli 1923 (RGBl. 647); Art. III des Ges. v. 13. Okt. 1923 (RGBl. 943, nun gegenstandslos); Art. III der VO. v. 23. Nov. 1923 (RGBl. 1117, nun gegenstandslos); Art. XII der VO. über Vermögensstrafen und Bußen v. 6. Febr. 1924 (RGBl. 44) mit § 2 der 2. VO. zur Durchführung des Münzges. v. 12. Dez. 1924 (RGBl. 775); Ges. v. 7. März 1927 (RGBl. 71); Ges. v. 29. Juni 1927 (RGBl. 133); Art. 8 der VO. v. 30. Nov. 1927 (RGBl. 334).

Erster Abschnitt.

Zulassung zur Rechtsanwaltschaft.

§ 1. Zur Rechtsanwaltschaft kann nur zugelassen werden, wer die Fähigkeit zum Richteramt erlangt hat.

§ 2. Wer die Fähigkeit zum Richteramt in einem Bundesstaat erlangt hat, kann in jedem Bundesstaate zur Rechtsanwaltschaft zugelassen werden.

§ 3. Über den Antrag auf Zulassung entscheidet die Landesjustizverwaltung.

Vor der Entscheidung ist der Vorstand der Anwaltskammer gutachtlich zu hören.

§ 4. Wer zur Rechtsanwaltschaft befähigt ist, muß zu derselben bei den Gerichten des Bundesstaats, in welchem er die zum Richteramte befähigende Prüfung bestanden hat, auf seinen Antrag zugelassen werden.

Das Recht auf Zulassung bei einem mehreren Bundesstaaten gemeinschaftlichen Gerichte wird dadurch begründet, daß der Antragsteller in einem dieser Bundesstaaten die zum Richteramte befähigende Prüfung bestanden hat.

Der Antrag eines nach den vorstehenden Vorschriften berechtigten Antragstellers darf nur aus den in diesem Gesetze bezeichneten Gründen abgelehnt werden.

§ 5. Die Zulassung muß versagt werden:

1. wenn der Antragsteller infolge strafgerichtlichen Urteils die Fähigkeit zur Bekleidung öffentlicher Ämter dauernd verloren hat oder zur Zeit nicht besitzt;
2. wenn der Antragsteller infolge ehrengerichtlichen Urteils von der Rechtsanwaltschaft ausgeschlossen ist;
3. wenn der Antragsteller infolge gerichtlicher Anordnung in der Verfügung über sein Vermögen beschränkt ist;
4. wenn der Antragsteller ein Amt bekleidet oder eine Beschäftigung betreibt, welche nach den Gesetzen oder nach dem Gutachten des Vorstandes der Anwaltskammer mit dem Beruf oder der Würde der Rechtsanwaltschaft nicht vereinbar sind;
5. wenn der Antragsteller nach dem Gutachten des Vorstandes der Anwaltskammer sich eines Verhaltens schuldig gemacht hat, welches die Ausschließung von der Rechtsanwaltschaft bedingen würde;
6. wenn der Antragsteller nach dem Gutachten des Vorstandes der Anwaltskammer infolge eines körperlichen Gebrechens oder wegen eingetretener Schwäche seiner körperlichen oder geistigen Kräfte zur Erfüllung der Pflichten eines Rechtsanwalts dauernd unfähig ist.

§ 6. Die Zulassung kann versagt werden:

1. wenn der Antragsteller, nachdem er die Fähigkeit zur Rechtsanwaltschaft erlangt hatte, während eines Zeitraumes von drei Jahren weder als Rechtsanwalt zugelassen ist, noch ein Reichs-, Staats- oder Gemeindeamt bekleidet hat, noch im Justizdienst oder als Lehrer des Rechts an einer deutschen Universität tätig gewesen ist;

2. wenn der Antragsteller infolge strafgerichtlichen Urteils die Fähigkeit zur Bekleidung öffentlicher Ämter auf Zeit verloren hatte;
3. wenn gegen den Antragsteller, welcher früher Rechtsanwalt gewesen ist, innerhalb der letzten zwei Jahre im ehrengerichtlichen Verfahren auf Verweis oder auf Geldstrafe von mehr als fünfzig Reichsmark erkannt worden ist.

§ 7. Ist gegen den nach § 4 berechtigten Antragsteller wegen einer strafbaren Handlung, welche die Unfähigkeit zur Bekleidung öffentlicher Ämter zur Folge haben kann, die öffentliche Klage erhoben, so ist die Entscheidung über die Zulassung bis zur Beendigung der Untersuchung auszusetzen.

§ 8[1]). Die Zulassung erfolgt bei einem bestimmten Gerichte.

Kammern für Handelssachen, welche ihren Sitz an einem anderen Orte, als an dem des Landesgerichts haben, sind im Sinne dieses Gesetzes als besondere Gerichte anzusehen. Auf seinen Antrag ist jedoch der bei dem Landgerichte zugelassene Rechtsanwalt bei der Kammer für Handelssachen und der bei der Kammer für Handelssachen zugelassene Rechtsanwalt bei dem Landgerichte zuzulassen.

§ 9[2]). Der bei einem Amtsgerichte zugelassene Rechtsanwalt ist auf seinen Antrag zugleich bei dem Landgerichte zuzulassen, in dessen Bezirk das Amtsgericht seinen Sitz hat sowie bei den Kammern für Handelssachen, die für den Bezirk des Amtsgerichts zuständig sind, an dem der Rechtsanwalt zugelassen ist. Die Zulassung unterbleibt, wenn das Präsidium des Oberlandes-

---

[1]) In der seit 1. Jan. 1928 gültigen Fassung.

[2]) In der seit 1. Jan. 1928 gültigen Fassung.

Hierzu bestimmt Art. 2 des Ges. v. 7. März 1927 (RGBl. 71): Die Landesjustizverwaltungen werden ermächtigt, Vorschriften zu erlassen, nach denen mit Wirkung bis zum 31. Dezember 1935 die Geltung des § 9 der Rechtsanwaltsordnung in seiner neuen Fassung auf einen Teil der bei den Amtsgerichten zugelassenen Rechtsanwälte beschränkt wird.

§ 9 in der bisherigen Fassung lautet: Der bei einem Amtsgerichte zugelassene Rechtsanwalt kann auf seinen Antrag zugleich bei dem Landgerichte, in dessen Bezirke das Amtsgericht seinen Sitz hat, sowie bei den im Bezirke des Landgerichts befindlichen Kammern für Handelssachen zugelassen werden. Die Zulassung muß erfolgen, wenn sie nach dem übereinstimmenden Gutachten des Oberlandsgerichts und des Vorstandes der Anwaltskammer dem Interesse der Rechtspflege förderlich ist.

gerichts der Zulassung im Interesse der Rechtspflege widerspricht.

§ 10. Der bei einem Kollegialgerichte zugelassene Rechtsanwalt ist auf seinen Antrag zugleich bei einem anderen, an dem Orte seines Wohnsitzes befindlichen Kollegialgerichte zuzulassen, wenn das Oberlandesgericht durch Plenarbeschluß die Zulassung dem Interesse der Rechtspflege für förderlich erklärt.

Erklärt das Oberlandesgericht die Zulassung einer bestimmten Anzahl von Rechtsanwälten für förderlich und beantragt innerhalb einer bekannt zu machenden vierwöchigen Frist eine größere Anzahl von Rechtsanwälten ihre Zulassung, so entscheidet unter den Antragstellern die Landesjustizverwaltung.

§ 11. Ist der Rechtsanwalt bei einem Landgerichte zugelassen, welches zum Bezirk eines mehreren Bundesstaaten gemeinschaftlichen Oberlandesgerichts gehört, so kann er zugleich bei dem letzteren zugelassen werden, auch wenn dasselbe an einem anderen Orte seinen Sitz hat.

§ 12. Auf Antrag eines Landgerichts können bei demselben Rechtsanwälte, welche bei einem benachbarten Landgerichte zugelassen sind, widerruflich zugelassen werden, wenn nach dem Gutachten des Oberlandesgerichts die Zulassung zur ordnungsmäßigen Erledigung der Anwaltsprozesse erforderlich ist.

§ 13. Die Zulassung bei dem im Antrage bezeichneten Gerichte darf wegen mangelnden Bedürfnisses zur Vermehrung der Zahl der bei demselben zugelassenen Rechtsanwälte nicht versagt werden.

§ 14. Die Zulassung bei dem im Antrage bezeichneten Gerichte kann versagt werden, wenn bei demselben ein Richter angestellt ist, mit welchem der Antragsteller verheiratet ist oder gewesen ist oder in gerader Linie verwandt oder verschwägert oder in der Seitenlinie im zweiten Grade verwandt oder verschwägert ist, auch wenn die Ehe, durch welche die Schwägerschaft begründet wird, nicht mehr besteht.

§ 15. Die Zulassung eines Rechtsanwalts bei einem anderen Gerichte kann versagt werden:

1. wenn gegen den Antragsteller innerhalb der letzten zwei Jahre im ehrengerichtlichen Verfahren auf Verweis oder

auf Geldstrafe von mehr als fünfzig Reichsmark erkannt ist;

2. wenn gegen den Antragsteller die Klage im ehrengerichtlichen Verfahren erhoben ist.

§ 16. Der Bescheid, welcher einem Antragsteller die beantragte Zulassung versagt, muß den Grund der Versagung angeben.

Wird die Zulassung nach dem Gutachten des Vorstandes der Anwaltskammer aus einem der im § 5 Nr. 4, 5, 6 bezeichneten Gründe versagt, so ist auf Verlangen des Antragstellers über den Grund der Versagung im ehrengerichtlichen Verfahren zu entscheiden.

Das Verlangen muß bei der Landesjustizverwaltung innerhalb der Frist von einer Woche seit der Zustellung des Bescheides angebracht werden.

Die Landesjustizverwaltung hat den rechtzeitig gestellten Antrag dem Vorstande der Anwaltskammer zu übersenden.

§ 17. Nach der ersten Zulassung hat der Rechtsanwalt in einer öffentlichen Sitzung des Gerichts, bei welchem er zugelassen ist, folgenden Eid zu leisten:

„Ich schwöre bei Gott dem Allmächtigen und Allwissenden, die Pflichten eines Rechtsanwalts gewissenhaft zu erfüllen, so wahr mir Gott helfe.[1])"

[1]) S. hierzu Art. 177 der RVerf. oben unter Nr. 13.

§ 18. Der Rechtsanwalt muß an dem Orte des Gerichts, bei welchem er zugelassen ist, seinen Wohnsitz nehmen.

Inwieweit benachbarte Orte im Sinne dieser Vorschrift als ein Ort anzusehen sind, bestimmt die Landesjustizverwaltung.

Dieselbe kann einem bei einem Amtsgerichte zugelassenen Rechtsanwalte gestatten, an einem anderen Orte innerhalb des Amtsgerichtsbezirks seinen Wohnsitz zu nehmen.

Ist der Rechtsanwalt bei mehreren Gerichten zugelassen, so muß er im Falle des § 9 am Orte des Amtsgerichts oder an dem nach Maßgabe des Abs. 3 dieses Paragraphen bestimmten Orte, im Falle des § 11 am Orte des Landgerichts seinen Wohnsitz nehmen.

Die Landesjustizverwaltung kann von den Vorschriften der Abs. 1 und 4 Ausnahmen bewilligen. Der Rechtsanwalt hat jedoch an dem Orte, an dem er nach den genannten Vorschriften seinen Wohnsitz nehmen müßte, sein Geschäftslokal zu halten.

Die Mehrkosten, welche bei der Vertretung einer Partei vor einem Kollegialgerichte durch einen bei demselben zugelassenen Rechtsanwalt dadurch entstehen, daß der letztere seinen Wohnsitz nicht am Orte des Gerichts hat, ist die Gegenpartei zu erstatten nicht verpflichtet.

§ 19. Ist der Rechtsanwalt an dem Ort eines Gerichts, bei welchem er zugelassen ist, nicht wohnhaft, so muß er bei diesem Gericht einen an dem Orte desselben wohnhaften ständigen Zustellungsbevollmächtigten bestellen.

An den Zustellungsbevollmächtigten kann auch die Zustellung von Anwalt zu Anwalt wie an den Rechtsanwalt selbst erfolgen.

Ist eine Zustellung an den Zustellungsbevollmächtigten am Orte des Gerichts nicht ausführbar, so kann sie an den Rechtsanwalt durch Aufgabe zur Post erfolgen.

§ 20. Bei jedem Gericht ist eine Liste der bei demselben zugelassenen Rechtsanwälte zu führen. In der Liste ist der Wohnsitz der Rechtsanwälte anzugeben.

Hat der Rechtsanwalt den Eid geleistet und seinen Wohnsitz in Gemäßheit des § 18 genommen, so ist er in die Liste einzutragen. Veränderungen des Wohnsitzes hat derselbe unverzüglich anzuzeigen.

Mit der Eintragung beginnt die Befugnis zur Ausübung der Rechtsanwaltschaft.

§ 21. Die Zulassung muß zurückgenommen werden:

1. wenn der Rechtsanwalt seinen Wohnsitz (§ 18) binnen drei Monaten seit Mitteilung des die Zulassung aussprechenden Bescheides nicht genommen hat;
2. wenn der Rechtsanwalt den Wohnsitz (§ 18) aufgibt;
3. wenn nach der Zulassung sich ergibt, daß sie in Gemäßheit des § 5 Nr. 1, 2 hätte versagt werden müssen.

Die Zurücknahme kann im Falle des § 5 Nr. 1 unterbleiben, wenn der daselbst bezeichnete Versagungsgrund nicht mehr vorliegt.

Die Zulassung bei einem Gericht, an dessen Orte der Rechtsanwalt nicht wohnhaft ist, muß zurückgenommen werden, wenn der Rechtsanwalt einen Monat lang versäumt hat, einen dort wohnhaften Zustellungsbevollmächtigten zu bestellen.

§ 22. Die Zulassung kann zurückgenommen werden, wenn der Rechtsanwalt infolge gerichtlicher Anordnung in der Verfügung über sein Vermögen beschränkt ist.

§ 23. Die Zurücknahme der Zulassung erfolgt durch die Landesjustizverwaltung nach Anhörung des Rechtsanwalts und des Vorstandes der Anwaltskammer.

Ein die Zulassung zurücknehmender Bescheid muß den Grund der Zurücknahme angeben.

§ 24. Stirbt der Rechtsanwalt oder gibt er die Zulassung auf oder wird die Zulassung zurückgenommen oder verliert der Rechtsanwalt infolge Urteils die Fähigkeit zur Ausübung der Rechtsanwaltschaft, so ist die Eintragung in der Liste zu löschen.

§ 25. Die Stellvertretung eines an der Ausübung seines Berufs zeitweise verhinderten Rechtsanwalts kann nur einem Rechtsanwalt oder einem Rechtskundigen, welcher mindestens ein Jahr und drei Monate im Vorbereitungsdienste beschäftigt worden ist, übertragen werden.

Insofern die Stellvertretung nicht von einem bei demselben Gerichte zugelassenen Rechtsanwalt übernommen wird, darf die Bestellung des Stellvertreters nur durch Anordnung der Landesjustizverwaltung erfolgen.

Auf die in Absatz 1 bezeichneten Stellvertreter, auch wenn dieselben nicht Rechtsanwälte sind, finden die Vorschriften des § 143 Abs. 1, 2 der Zivilprozeßordnung nicht Anwendung. Das gleiche gilt für die im Justizdienste befindlichen Rechtskundigen, welche mindestens ein Jahr und drei Monate im Vorbereitungsdienste beschäftigt worden sind, wenn sie einen Rechtsanwalt, ohne als dessen Stellvertreter bestellt zu sein, in Fällen vertreten, in denen eine Vertretung durch einen Rechtsanwalt nicht geboten ist, oder wenn sie unter Beistand des Rechtsanwalts die Ausführung der Parteirechte übernehmen[1]).

[1]) An Stelle des § 143 Abs. 1 u. 2 ZPO. s. nun § 157 Abs. 1 u. 2.

Zweiter Abschnitt.

Rechte und Pflichten der Rechtsanwälte.

§ 26. Auf Grund der Zulassung bei einem Gericht ist der Rechtsanwalt befugt, in den Sachen, auf welche die Strafprozeßordnung, die Zivilprozeßordnung und die Konkursordnung Anwendung finden, vor jedem Gericht innerhalb des Reichs Verteidigungen zu führen, als Beistand aufzutreten und, insoweit eine Vertretung durch Anwälte nicht geboten ist, die Vertretung zu übernehmen.

§ 27. Insoweit eine Vertretung durch Anwälte geboten ist, kann nur ein bei dem Prozeßgerichte zugelassener Rechtsanwalt die Vertretung als Prozeßbevollmächtigter übernehmen.

In der mündlichen Verhandlung, einschließlich der vor dem Prozeßgericht erfolgenden Beweisaufnahme, kann jedoch jeder Rechtsanwalt die Ausführung der Parteirechte und für den Fall, daß der bei dem Prozeßgerichte zum Prozeßbevollmächtigten bestellte Rechtsanwalt ihm die Vertretung überträgt, auch diese übernehmen.

§ 28. Der Rechtsanwalt ist verpflichtet, seine Berufstätigkeit gewissenhaft auszuüben und durch sein Verhalten in Ausübung des Berufs sowie außerhalb desselben sich der Achtung würdig zu zeigen, die sein Beruf erfordert.

§ 29. Der Rechtsanwalt muß, wenn er sich über eine Woche hinaus von seinem Wohnsitze entfernen will, für seine Stellvertretung sorgen, auch dem Vorsitzenden des Gerichts, bei welchem er zugelassen ist, sowie dem Amtsgericht, in dessen Bezirk er seinen Wohnsitz hat, Anzeige machen und den Stellvertreter benennen.

§ 30. Der Rechtsanwalt, dessen Berufstätigkeit in Anspruch genommen wird, ist verpflichtet, wenn er den Antrag nicht annimmt, die Ablehnung ohne Verzug zu erklären, widrigenfalls er den durch die Verzögerung erwachsenen Schaden zu ersetzen hat.

§ 31. Der Rechtsanwalt hat seine Berufstätigkeit zu versagen:

1. wenn sie für eine pflichtwidrige Handlung in Anspruch genommen wird;
2. wenn sie von ihm in derselben Rechtssache bereits einer anderen Partei im entgegengesetzten Interesse gewährt ist;
3. wenn er sie in einer streitigen Angelegenheit gewähren soll, an deren Entscheidung er als Richter teilgenommen hat.

§ 32. Der Rechtsanwalt ist nicht verpflichtet, vor Empfang seiner Auslagen und Gebühren die Handakten dem Auftraggeber herauszugeben.

Die Pflicht zur Aufbewahrung der Handakten erlischt mit Ablauf von fünf Jahren nach Beendigung des Auftrags und schon vor Beendigung dieses Zeitraums, wenn der Auftraggeber, zur Empfangnahme der Handakten aufgefordert, sie nicht binnen sechs Monaten nach erhaltener Aufforderung in Empfang genommen hat.

§ 32a. Der Anspruch der Partei auf Schadensersatz aus dem zwischen ihr und dem Rechtsanwalte bestehenden Vertragsverhältnisse verjährt in fünf Jahren.

§ 33. Außer den in der Zivilprozeßordnung bezeichneten Fällen hat das Prozeßgericht, insoweit eine Vertretung durch Anwälte geboten ist, einer Partei auf Antrag einen Rechtsanwalt zur Wahrnehmung ihrer Rechte beizuordnen, wenn die Partei einen zu ihrer Vertretung geneigten Anwalt nicht findet und die Rechtsverfolgung oder Rechtsverteidigung nicht mutwillig oder aussichtslos erscheint.

§ 34. Einer Partei, welcher das Armenrecht bewilligt ist, kann auch, insoweit eine Vertretung durch Anwälte nicht geboten ist, zur vorläufig unentgeltlichen Wahrnehmung ihrer Rechte von dem Prozeßgericht ein Rechtsanwalt auf Antrag beigeordnet werden.

§ 35. Gegen die Entscheidung, durch welche die Beiordnung eines Rechtsanwalts abgelehnt wird, steht der Partei die Beschwerde nach Maßgabe der Zivilprozeßordnung zu.

§ 36. Die Auswahl eines beizuordnenden Rechtsanwalts erfolgt durch den Vorsitzenden des Gerichts aus der Zahl der bei diesem zugelassenen Rechtsanwälte.

Gegen die Verfügung steht der Partei und dem Rechtsanwalte die Beschwerde nach Maßgabe der Zivilprozeßordnung zu.

§ 37. Die Mehrkosten, welche bei der Vertretung einer armen Partei durch den ihr beigeordneten Rechtsanwalt dadurch entstehen, daß der letztere seinen Wohnsitz nicht am Orte des Gerichts hat, ist die Gegenpartei zu erstatten nicht verpflichtet.

§ 38. Im Falle des § 33 kann der beigeordnete Rechtsanwalt die Übernahme der Vertretung davon abhängig machen, daß ihm ein nach den Vorschriften der Gebührenordnung zu bemessender Vorschuß gezahlt wird.

§ 39. Für die Verpflichtung des Rechtsanwalts, in Strafsachen die Verteidigung zu führen, sind die Bestimmungen der Strafprozeßordnung maßgebend.

In denjenigen Fällen, in welchen nach § 144 der Strafprozeßordnung die Bestellung des Verteidigers durch den Vorsitzenden des Landgerichts oder den Amtsrichter zu erfolgen hat, stehen den am Sitze des Gerichts wohnhaften Rechtsanwälten die innerhalb des Bezirks desselben wohnhaften und bei demselben zugelassenen gleich. Auf Reisekosten und Tagegelder für die Reise nach dem Sitze des Gerichts haben dieselben keinen Anspruch.

Ein nach § 12 widerruflich zugelassener Rechtsanwalt kann in Ermangelung von Rechtsanwälten, welche im Bezirke des Gerichts wohnhaft sind, in den Fällen des § 144 der Strafprozeßordnung zum Verteidiger bestellt werden.

§ 40. Der Rechtsanwalt ist verpflichtet, den im Vorbereitungsdienste bei ihm beschäftigten Rechtskundigen Anleitung und Gelegenheiten zu praktischen Arbeiten zu geben.

Dritter Abschnitt.

Anwaltskammern.

§ 41. Die innerhalb des Bezirks eines Oberlandesgerichts zugelassenen Rechtsanwälte bilden eine Anwaltskammer.

Die Kammer hat ihren Sitz am Orte des Oberlandesgerichts.

§ 41a. Durch Anordnung der Landesjustizverwaltung können im Bezirk eines Oberlandesgerichts zwei Anwaltskammern errichtet werden, wenn die Zahl der im Bezirke zugelassenen Rechtsanwälte 1000 übersteigt. Die Landesjustizverwaltung bestimmt, welche Landgerichtsbezirke zu jeder Kammer gehören, und welcher der Kammern die beim Oberlandesgerichte zugelassenen Rechtsanwälte angehören, sowie den Sitz der zweiten Kammer.

§ 42. Die Kammer hat einen Vorstand von neun Mitgliedern.

Durch die Geschäftsordnung kann die Zahl der Mitglieder bis auf 36 erhöht werden.

§ 43. Der Vorstand wird durch die Kammer gewählt.

Wählbar sind die Mitglieder der Kammer.

Nicht wählbar sind:

1. diejenigen, welche infolge gerichtlicher Anordnung in der Verfügung über ihr Vermögen beschränkt sind;
2. diejenigen, gegen welche im ehrengerichtlichen Verfahren oder wegen einer strafbaren Handlung, welche die Unfähigkeit zur Bekleidung öffentlicher Ämter zur Folge haben kann, die öffentliche Klage erhoben ist;
3. diejenigen, gegen welche im ehrengerichtlichen Verfahren auf Verweis oder auf Geldstrafe von mehr als fünfzig Reichsmark erkannt ist, auf die Dauer von fünf Jahren nach der Rechtskraft des Urteils.

Verliert ein Mitglied des Vorstandes die Wählbarkeit, so scheidet dasselbe aus dem Vorstande.

§ 44. Die Wahl des Vorstandes erfolgt auf vier Jahre, jedoch mit der Maßgabe, daß alle zwei Jahre die Hälfte der Mitglieder, bei ungerader Zahl zum ersten Male die größere Zahl ausscheidet. Die zum ersten Mal Ausscheidenden werden durch das Los bestimmt.

Eine Ersatzwahl für ein vor dem Ablaufe der Wahlperiode ausscheidendes Mitglied erfolgt für den Rest derselben.

Wird die Zahl der Mitglieder des Vorstandes erhöht, so hat bei der ersten Wahl der auf Grund der Erhöhung in den Vorstand eintretenden neuen Mitglieder die Kammer zu bestimmen, für welchen Zeitraum die einzelnen Mitglieder gewählt werden; die Bestimmung ist so zu treffen, daß in der Folgezeit die Vorschrift des Abs. 1 Satz 1 gewahrt wird.

§ 45. Die Wahl zum Mitgliede des Vorstandes darf ablehnen:

1. wer das fünfundsechzigste Lebensjahr vollendet hat;
2. wer die letzten vier Jahre Mitglied des Vorstandes gewesen ist, für die nächsten vier Jahre.

Das freiwillige Ausscheiden eines Mitgliedes bedarf der Zustimmung des Vorstandes.

§ 46. Der Vorstand wählt aus seiner Mitte einen Vorsitzenden, einen stellvertretenden Vorsitzenden, einen Schriftführer und einen stellvertretenden Schriftführer.

§ 47. Das Ergebnis der Wahlen wird der Landesjustizverwaltung und dem Oberlandesgericht angezeigt.

§ 48. Der Kammer liegt ob:

1. die Feststellung der Geschäftsordnung für die Kammer und den Vorstand;
2. die Bewilligung der Mittel zur Bestreitung des für die gemeinschaftlichen Angelegenheiten erforderlichen Aufwandes und die Bestimmung des Beitrages der Mitglieder;
3. die Prüfung und Abnahme der seitens des Vorstandes zu legenden Rechnung.

§ 49. Der Vorstand hat

1. die Aufsicht über die Erfüllung der den Mitgliedern der Kammer obliegenden Pflichten zu üben und die ehrengerichtliche Strafgewalt zu handhaben;
2. Streitigkeiten unter den Mitgliedern der Kammer auf Antrag zu vermitteln;
3. Streitigkeiten aus dem Auftragsverhältnisse zwischen einem Mitgliede der Kammer und dem Auftraggeber auf Antrag des letzteren zu vermitteln;
4. Gutachten, welche von der Landesjustizverwaltung, sowie solche, welche in Streitigkeiten zwischen einem Mitgliede der Kammer und seinem Auftraggeber von den Gerichten erfordert werden, zu erstatten;
5. das Vermögen der Kammer zu verwalten und derselben über die Verwaltung jährlich Rechnung zu legen.

Der Vorstand kann die in Nr. 2, 3 bezeichneten Geschäfte einzelnen seiner Mitglieder übertragen.

§ 50. Der Vorstand sowie die Kammer ist berechtigt, Vorstellungen und Anträge, welche das Interesse der Rechtspflege oder der Rechtsanwaltschaft betreffen, an die Landesjustizverwaltung zu richten.

§ 51. Die Geschäfte des Vorstandes werden von den Mitgliedern unentgeltlich geführt; bare Auslagen werden ihnen erstattet.

§ 52. Der Vorsitzende beruft die Versammlungen der Kammer und des Vorstandes und führt in beiden den Vorsitz.

Die Berufung der Kammer muß erfolgen, wenn zehn Mitglieder derselben, die Berufung des Vorstandes, wenn zwei Mitglieder desselben unter Angabe des zu verhandelnden Gegenstandes schriftlich darauf antragen. Durch die Geschäftsordnung kann die Zahl der Mitglieder, auf deren Antrag die Berufung der Kammer erfolgen muß, erhöht werden. Die Kammer kann auf Beschluß des Vorstandes an jeden innerhalb des Oberlandesgerichtsbezirks belegenen Ort, welcher der Sitz eines Landgerichts ist, berufen werden.

§ 53. Die Versammlungen der Kammer werden mittels öffentlicher Bekanntmachung in den durch die Geschäftsordnung bestimmten Blättern oder mittels schriftlicher Einladung der Mitglieder berufen. Die Berufung des Vorstandes erfolgt mittels schriftlicher Einladung.

Die öffentliche Bekanntmachung muß spätestens am fünften Tage vor der Versammlung erfolgen.

Die schriftliche Einladung von Mitgliedern, welche nicht am Sitze der Kammer wohnen, gilt als bewirkt, wenn das Einladungsschreiben spätestens am fünften Tage vor der Versammlung eingeschrieben zur Post gegeben ist.

Bei der Berufung der Kammer muß der Gegenstand, über welchen in der Versammlung ein Beschluß gefaßt werden soll, bekannt gemacht werden. Über andere Gegenstände, mit Ausnahme des Antrags auf abermalige Berufung der Kammer, darf ein Beschluß nicht gefaßt werden.

§ 54. Die Beschlüsse der Kammer und des Vorstandes werden nach absoluter Stimmenmehrheit gefaßt. Das Gleiche gilt für die Wahlen.

Im Falle der Stimmengleichheit entscheidet die Stimme des Vorsitzenden, bei Wahlen das Los.

Die bei einer Angelegenheit beteiligten Mitglieder sind von der Beschlußfassung über dieselbe ausgeschlossen.

§ 55. Zur Beschlußfähigkeit des Vorstandes ist die Teilnahme der Mehrheit der Mitglieder erforderlich[1]).

Die Beschlüsse des Vorstandes können mittels schriftlicher Abstimmung gefaßt werden, sofern nicht ein Mitglied mündliche Abstimmung verlangt.

[1]) Hierzu für die besetzten Gebiete die VO. v. 19. April 1923 (RGBl. 258), die auf Grund der durch Art. VI Abs. 1 Nr. 1 des Notges. v. 24. Febr. 1923 (RGBl. 147) erteilten Ermächtigung bestimmt, daß in denjenigen Oberlandesgerichtsbezirken, die ganz oder zum Teil zu den besetzten rheinischen Gebieten oder den Einbruchsgebieten gehören, zur Beschlußfähigkeit des Vorstandes der Anwaltskammer (§ 55 Abs. 1) die Teilnahme eines Drittels der Mitglieder genügt.

§ 56. Über die in einer Versammlung gefaßten Beschlüsse und die Ergebnisse der Wahlen ist ein Protokoll aufzunehmen, welches von dem Vorsitzenden und dem Schriftführer zu unterzeichnen ist.

§ 57. Der Vorsitzende hat den geschäftlichen Verkehr der Kammer und des Vorstandes zu vermitteln, die Beschlüsse derselben zur Ausführung zu bringen und die Urkunden im Namen derselben zu vollziehen.

Die Kassengeschäfte liegen dem Schriftführer ob; er ist zur Empfangnahme von Geld berechtigt und vertritt die Kammer in Prozessen.

§ 58. Die Mitglieder der Kammer haben auf die in Gemäßheit des § 49 Abs. 1 Nr. 1—3 und Abs. 2 ergehenden Ladungen zu erscheinen, die verlangten Aufschlüsse zu erteilen und den zu diesem Zwecke erlassenen Anordnungen Folge zu leisten.

Zur Erzwingung einer solchen Anordnung können Geldstrafen bis zum Gesamtbetrage von dreihundert Mark[1]) festgesetzt werden. Der Festsetzung einer Strafe muß deren schriftliche Androhung vorangehen.

Gegen die Anordnungen oder Straffestsetzungen eines beauftragten Mitgliedes des Vorstandes findet Beschwerde an den Vorstand statt.

[1]) Jetzt 1—1000 RM nach Art. III das Geldstrafengeſ., unten unter Nr. 36 mit § 2 der VO. v. 12. Dez. 1924, unten unter Nr. 37.

§ 58a. Die Geschäftsordnung kann zulassen, daß innerhalb des Vorstandes mehrere Abteilungen zur selbständigen Führung von Vorstandsgeschäften gebildet werden.

Jeder Abteilung müssen mindestens neun Mitglieder angehören.

Vor Beginn des Geschäftsjahrs setzt der Vorstand die Zahl der Abteilungen und ihrer Mitglieder fest, verteilt die Geschäfte unter die Abteilungen, soweit er sie nicht dem Gesamtvorstande vorbehält, bestimmt die Mitglieder jeder Abteilung und wählt aus diesen je einen Abteilungsvorsitzenden und einen Abteilungsschriftführer sowie deren Stellvertreter. Jedes Mitglied kann mehreren Abteilungen gleichzeitig angehören. Die Vorschrift des § 62 Abs. 2[2]) des Gerichtsverfassungsgesetzes findet entsprechende Anwendung.

Der Vorstand kann die Abteilungen ermächtigen, ihre Sitzungen an einem anderen Orte des Kammerbezirkes als dem Sitze der Kammer abzuhalten.

Die den Vorstand betreffenden Vorschriften des § 49 Abs. 2, des § 52, des § 53 Abs. 1 Satz 2, Abs. 3, der §§ 54—56, des § 57 Abs. 1 und des § 58 finden auf die Abteilungen entsprechende Anwendung.

An Stelle der Abteilung entscheidet der Vorstand, wenn die Abteilung oder der Vorsitzende einer Abteilung oder des Vorstandes es beantragt.

[1]) Nun § 63 Abs. 2.

§ 58b. Die Einziehung rückständiger Beiträge der Mitglieder erfolgt auf Grund einer von dem Schriftführer des Vorstandes ausgestellten, mit der Bescheinigung der Vollstreckbarkeit versehenen Zahlungsaufforderung nach den Vorschriften über die Vollstreckung der Urteile in bürgerlichen Rechtsstreitigkeiten.

§ 59. Die Aufsicht über den Geschäftsbetrieb des Vorstandes steht dem Präsidenten des Oberlandesgerichts zu. Derselbe entscheidet über Beschwerden, welche den Geschäftsbetrieb des Vorstandes betreffen. Für die Aufsicht und die Beschwerden sind die landesgesetzlichen Vorschriften maßgebend, welche die Aufsicht und die Beschwerden über den Geschäftsbetrieb der Gerichte regeln.

Gesetzwidrige Beschlüsse oder Wahlen der Kammer oder des Vorstandes können von dem Oberlandesgericht aufgehoben werden.

§ 60. Die Verhandlungen und Erlasse der Kammer und des Vorstandes sowie die an dieselben gerichteten Erlasse und Eingaben sind, soweit dieselben nicht eine Beurkundung von Rechtsgeschäften enthalten, frei von Gebühren und Stempeln.

§ 61. Der Vorsitzende hat jährlich der Landesjustizverwaltung und dem Oberlandesgericht einen schriftlichen Bericht über die Tätigkeit der Kammer und des Vorstandes zu erstatten.

Vierter Abschnitt.

Ehrengerichtliches Verfahren.

§ 62. Ein Rechtsanwalt, welcher die ihm obliegenden Pflichten (§ 28) verletzt, hat die ehrengerichtliche Bestrafung verwirkt.

§ 63. Die ehrengerichtlichen Strafen sind:
1. Warnung;
2. Verweis;
3. Geldstrafe bis zu 1000 Reichsmark[1]);
4. Ausschließung von der Rechtsanwaltschaft.

Geldstrafe kann mit Verweis verbunden werden.

[1]) S. Art. II der VO. 6. Febr. 1924 (bei Nr. 36).

§ 64. Wegen Handlungen, welche ein Rechtsanwalt vor seiner Zulassung begangen hat, ist ein ehrengerichtliches Verfahren nur dann zulässig, wenn jene Handlungen die Ausschließung von der Rechtsanwaltschaft begründen.

§ 65. Ist gegen einen Rechtsanwalt wegen einer strafbaren Handlung die öffentliche Klage erhoben, so ist während der Dauer des Strafverfahrens wegen der nämlichen Tatsachen das ehrengerichtliche Verfahren nicht zu eröffnen und, wenn die Eröffnung stattgefunden hat, auszusetzen.

Ist im Strafverfahren auf Freisprechung erkannt, so findet wegen derjenigen Tatsachen, welche in diesem zur Erörterung gekommen sind, ein ehrengerichtliches Verfahren nur insofern statt, als dieselben an sich und unabhängig von dem Tatbestand einer im Strafgesetze vorgesehenen Handlung die ehrengerichtliche Bestrafung begründen.

Ist im Strafverfahren eine Verurteilung ergangen, welche die Unfähigkeit zur Ausübung der Rechtsanwaltschaft nicht zur Folge hat, so beschließt das Ehrengericht, ob außerdem das ehrengerichtliche Verfahren zu eröffnen oder fortzusetzen sei.

Kann im Strafverfahren eine Hauptverhandlung nicht stattfinden, weil der Angeklagte abwesend ist, so findet die Vorschrift des Absatzes 1 keine Anwendung.

§ 66. Insoweit nicht aus den nachfolgenden Bestimmungen Abweichungen sich ergeben, finden auf das ehrengerichtliche Verfahren die Vorschriften der Strafprozeßordnung über das Verfahren in den zur Zuständigkeit der Landgerichte gehörigen Strafsachen und die Vorschriften der §§ 156 Nr. II, 177, 186 bis 200 des Gerichtsverfassungsgesetzes entsprechende Anwendung[1]).

[1]) An Stelle von § 156 Nr. II GVG. s. nun § 155 Nr. II, an Stelle von § 177 nun § 176 u. an Stelle von §§ 186—200 jetzt §§ 184—198.

§ 67. Der Vorstand entscheidet im ehrengerichtlichen Verfahren als Ehrengericht in der Besetzung von fünf Mitgliedern. Dasselbe besteht aus dem Vorsitzenden, dem stellvertretenden Vorsitzenden und drei anderen Mitgliedern des Vorstandes. Der Vorstand wählt die letzteren und bestimmt die Reihenfolge, in welcher die übrigen Mitglieder als Stellvertreter zu berufen sind.

Die Geschäftsordnung kann zulassen, daß bei dem Ehrengerichte mehrere Abteilungen gebildet werden. In diesem Falle ist der Vorsitzende des Vorstandes Vorsitzender der ersten Abteilung, der stellvertretende Vorsitzende des Vorstandes Vorsitzender der zweiten Abteilung des Ehrengerichts. Die Vorsitzenden weiterer Abteilungen des Ehrengerichts, die stellvertretenden Vorsitzenden und die übrigen Mitglieder sämtlicher Abteilungen sowie die Stellvertreter der letzteren werden nach Maßgabe des Abs. 1 bestimmt.

Der § 62[1]) des Gerichtsverfassungsgesetzes findet entsprechende Anwendung.

[1]) An Stelle von § 62 f. nun § 63.

§ 68. Zuständig ist das Ehrengericht der Kammer, welcher der Angeschuldigte zur Zeit der Erhebung der Klage angehört.

§ 69. Der Antrag auf Eröffnung der Voruntersuchung kann von dem Ehrengerichte sowohl aus rechtlichen, als aus tatsächlichen Gründen abgelehnt werden.

Gegen den ablehnenden Beschluß steht der Staatsanwaltschaft die sofortige Beschwerde zu.

Gegen den die Voruntersuchung eröffnenden Beschluß steht dem Angeschuldigten die Beschwerde nur wegen Unzuständigkeit des Ehrengerichts zu.

§ 70. Das Ehrengericht kann beschließen, daß ohne Voruntersuchung das Hauptverfahren zu eröffnen sei.

Beschwerde findet nicht statt.

§ 71. Mit der Führung der Voruntersuchung wird ein Richter durch den Präsidenten des Oberlandesgerichts beauftragt.

§ 72. Die Verhaftung und vorläufige Festnahme sowie die Vorführung des Angeschuldigten ist unzulässig.

§ 73. Die Beeidigung von Zeugen und Sachverständigen kann in der Voruntersuchung erfolgen, auch wenn die Voraussetzungen des § 65 Abs. 2 und des § 222 der Strafprozeßordnung nicht vorliegen[1]).

[1]) An der Stelle von § 65 Abs. 2 StPO. s. nun § 66 Abs. 2; an der Stelle von § 222 jetzt § 223.

§ 74. Beantragt die Staatsanwaltschaft eine Ergänzung der Voruntersuchung, so hat der Untersuchungsrichter, wenn er dem Antrage nicht stattgeben will, die Entscheidung des Ehrengerichts einzuholen.

§ 75. Nach geschlossener Voruntersuchung sind dem Angeschuldigten auf seinen Antrag die Ergebnisse des bisherigen Verfahrens mitzuteilen.

§ 76. Die Anklageschrift hat die dem Angeschuldigten zur Last gelegte Pflichtverletzung durch Angabe der sie begründenden Tatsachen zu bezeichnen und, soweit in der Hauptverhandlung Beweise erhoben werden sollen, die Beweismittel anzugeben.

§ 77. Ist der Angeschuldigte außer Verfolgung gesetzt, so kann die Klage nur während eines Zeitraums von fünf Jahren, vom Tage des Beschlusses ab, und nur auf Grund neuer Tatsachen oder Beweismittel wieder aufgenommen werden.

§ 78. In dem Beschlusse, durch welchen das Hauptverfahren eröffnet wird, ist die dem Angeklagten zur Last gelegte Pflichtverletzung durch Angabe der sie begründenden Tatsachen zu bezeichnen.

§ 79. Die Mitteilung der Anklageschrift erfolgt mit der Ladung zur Hauptverhandlung.

§ 80. Die Mitglieder des Vorstandes, welche bei der Entscheidung über die Eröffnung des Hauptverfahrens mitgewirkt haben, sind von der Teilnahme an dem Hauptverfahren nicht ausgeschlossen.

§ 81. In der Hauptverhandlung ist als Protokollführer ein dem Vorstande nicht angehörender, am Sitze der Kammer wohnhafter Rechtsanwalt von dem Vorsitzenden zuzuziehen.

§ 82. Die Hauptverhandlung ist nicht öffentlich. Die Mitglieder der Kammer sind als Zuhörer zuzulassen, andere Personen nur auf Antrag des Angeklagten nach dem Ermessen des Vorsitzenden.

§ 83. Die Hauptverhandlung kann auch ohne Anwesenheit des Angeklagten stattfinden, sofern er zu derselben geladen ist, auch wenn er im Sinne des § 318[1]) der Strafprozeßordnung als abwesend gilt. Eine öffentliche Ladung ist unzulässig.

Das Ehrengericht kann das persönliche Erscheinen des Angeklagten unter der Verwarnung anordnen, daß bei seinem Ausbleiben ein Vertreter nicht werde zugelassen werden.

[1]) An Stelle von § 318 s. nun § 276.

§ 84. In der Hauptverhandlung hält nach Verlesung des Beschlusses über die Eröffnung des Hauptverfahrens ein Berichterstatter in Abwesenheit der Zeugen einen Vortrag über die Ergebnisse des bisherigen Verfahrens, soweit dieselben sich auf die in dem Beschlusse über die Eröffnung des Hauptverfahrens enthaltenen Tatsachen beziehen.

§ 85. Das Ehrengericht bestimmt den Umfang der Beweisaufnahme, ohne hierbei durch Anträge, Verzichte oder frühere Beschlüsse gebunden zu sein.

§ 86. Das Ehrengericht kann nach freiem Ermessen die Vernehmung von Zeugen oder Sachverständigen durch einen ersuchten Richter oder in der Hauptverhandlung anordnen.

Auf das Ersuchen finden die §§ 158 bis 160, 166 des Gerichtsverfassungsgesetzes entsprechende Anwendung[1]).

Die Vernehmung muß auf Antrag der Staatsanwaltschaft oder des Angeschuldigten in der Hauptverhandlung erfolgen, sofern nicht voraussichtlich der Zeuge oder Sachverständige am Erscheinen in der Hauptverhandlung verhindert oder sein Erscheinen wegen großer Entfernung besonders erschwert sein wird.

[1]) An der Stelle von §§ 158—160, 166 GVG. s. nun §§ 157—159, 165.

§ 87. Die Verhängung von Zwangsmaßregeln sowie die Festsetzung von Strafen gegen Zeugen und Sachverständige, welche in der Hauptverhandlung ausbleiben oder ihre Aussage oder deren Beeidigung verweigern, erfolgt auf Ersuchen durch das Amtsgericht, in dessen Bezirke dieselben ihren Wohnsitz und in Ermangelung eines solchen ihren Aufenthalt haben.

§ 88. Die Aussage eines außerhalb der Hauptverhandlung vernommenen Zeugen oder Sachverständigen, dessen Vernehmung nicht in der Hauptverhandlung erfolgen muß, ist, sofern es die Staatsanwaltschaft oder der Angeklagte beantragt oder das Ehrengericht es für erforderlich erachtet, zu verlesen.

§ 89. Für die Verhandlung und Entscheidung über das Rechtsmittel der Beschwerde ist das Oberlandesgericht zuständig.

§ 90. Gegen Urteile des Ehrengerichts ist die Berufung an den Ehrengerichtshof zulässig.

Der Ehrengerichtshof besteht aus dem Präsidenten, zwei Senatspräsidenten und sechs Mitgliedern des Reichsgerichts sowie aus sechs Mitgliedern der Anwaltskammer bei dem Reichsgerichte.

Bei dem Ehrengerichtshofe werden zwei Senate gebildet. Jeder Senat entscheidet in der Besetzung von sieben Mitgliedern mit Einschluß des Vorsitzenden. Den Vorsitz führt im ersten Senate der Präsident des Reichsgerichts oder in seiner Vertretung ein Senatspräsident, im zweiten Senat ein Senatspräsident. Von den Beisitzern müssen drei Mitglieder des Reichsgerichts und drei Mitglieder der Anwaltskammer bei dem Reichsgerichte sein.

Auf die Bestimmung der Senatspräsidenten finden die Vorschriften des § 61 des Gerichtsverfassungsgesetzes entsprechende Anwendung. Die Bestimmung der Mitglieder des Reichsgerichts sowie ihre Zuteilung an die beiden Senate und die Verteilung der Geschäfte unter die beiden Senate erfolgt nach den Vorschriften der §§ 62, 63, 133 des Gerichtsverfassungsgesetzes[1]).

Die Mitglieder der Anwaltskammer werden von dieser und zwar drei für jeden der Senate vor Beginn des Geschäftsjahres für dessen Dauer gewählt.

Die beiden Senatspräsidenten und die Mitglieder der Senate vertreten sich wechselseitig. Der Vorsitzende des zweiten Senats kann auch von dem Präsidenten des Reichsgerichts vertreten werden.

[1]) An der Stelle von §§ 61, 62, 63, 133 GVG. s. nun §§ 62, 63, 64, 131.

§ 91. Auf das Verfahren in der Beschwerdeinstanz und in der Berufungsinstanz finden die Vorschriften der Strafprozeßordnung und der §§ 82, 83 Abs. 1, §§ 84, 86 bis 88 dieses Gesetzes entsprechende Anwendung.

§ 92. Die Verrichtungen der Staatsanwaltschaft werden von der Staatsanwaltschaft bei dem Oberlandesgerichte, in der Berufungsinstanz von der Staatsanwaltschaft bei dem Reichsgerichte wahrgenommen.

§ 93. Im Falle des § 16 Abs. 2 wird ohne Beschluß über die Eröffnung des Hauptverfahrens zur Hauptverhandlung geschritten.

Das Ehrengericht kann nach Maßgabe des § 86 auch die Vernehmung des Antragstellers vor der Hauptverhandlung anordnen.

Dem Antragsteller sind auf Verlangen die ihm zur Last gelegten Tatsachen sowie die Beweismittel vor der Hauptverhandlung schriftlich anzugeben.

Das Verfahren ist einzustellen, wenn der Antrag auf Entscheidung im ehrengerichtlichen Verfahren zurückgenommen wird; die Kosten trägt in diesem Falle der Antragsteller.

§ 94. Für das Verfahren werden weder Gebühren noch Stempel, sondern nur bare Auslagen in Ansatz gebracht.

Der Betrag der Kosten ist von dem Vorsitzenden festzustellen. Die Festsetzung ist vollstreckbar.

Kosten, welche weder dem Angeschuldigten noch einem Dritten auferlegt werden oder von dem Verpflichteten nicht eingezogen werden können, fallen der Kammer zur Last. Dieselbe haftet den Zeugen und Sachverständigen für die ihnen zukommende Entschädigung in gleichem Umfange, wie in Strafsachen die Staatskasse. Bei weiterer Entfernung des Aufenthaltsorts der geladenen Personen ist denselben auf Antrag ein Vorschuß zu bewilligen.

Die Hinterlegung der gesetzlichen Entschädigung für Personen, welche von dem Angeklagten unmittelbar geladen sind, erfolgt bei dem Schriftführer des Vorstandes.

§ 95. Ausfertigungen und Auszüge der Urteile des Ehrengerichts sind von dem Schriftführer des Vorstandes zu erteilen.

§ 96. Die Ausschließung von der Rechtsanwaltschaft tritt mit der Rechtskraft des Urteils ein. Dieselbe wird von dem Schriftführer des Vorstandes unter Mitteilung einer mit der Bescheinigung der Vollstreckbarkeit versehenen beglaubigten Abschrift der Urteilsformel den Gerichten, bei welchen der Rechtsanwalt zugelassen war, und der Landesjustizverwaltung angezeigt.

§ 97. Geldstrafen (§§ 58, 63) fließen zur Kasse der Kammer.

Die Vollstreckung der eine Geldstrafe aussprechenden Entscheidung erfolgt auf Grund einer von dem Schriftführer des Vorstandes erteilten, mit der Bescheinigung der Vollstreckbarkeit versehenen beglaubigten Abschrift der Entscheidungsformel nach den Vorschriften über die Vollstreckung der Urteile in bürgerlichen Rechtsstreitigkeiten.

Dasselbe gilt von der Vollstreckung der die Kosten festsetzenden Verfügung.

Die Vollstreckung wird von dem Schriftführer des Vorstandes betrieben.

Fünfter Abschnitt.

Rechtsanwaltschaft bei dem Reichsgerichte.

§ 98. Auf die Rechtsanwaltschaft bei dem Reichsgerichte finden, insoweit nicht in den nachfolgenden Paragraphen abweichende Bestimmungen enthalten sind, die Vorschriften der ersten vier Abschnitte dieses Gesetzes mit der Maßgabe Anwendung, daß an die Stelle der Landesjustizverwaltung der Reichskanzler und an die Stelle des Oberlandesgerichts das Reichsgericht tritt.

§ 99. Die Zulassung zur Rechtsanwaltschaft und die Zurücknahme der Zulassung bei dem Reichsgericht erfolgt durch das Präsidium des Reichsgerichts. Dasselbe entscheidet über den Antrag auf Zulassung nach freiem Ermessen, jedoch vorbehaltlich der Vorschriften der §§ 1, 5.

§ 100. Die Zulassung zur Rechtsanwaltschaft bei dem Reichsgericht ist mit der Zulassung bei einem anderen Gericht unvereinbar.

Die bei dem Reichsgerichte zugelassenen Rechtsanwälte dürfen bei einem anderen Gerichte nicht auftreten.

§ 101. Eine Übertragung der dem Prozeßbevollmächtigten zustehenden Vertretung auf einen bei dem Reichsgerichte nicht zugelassenen Rechtsanwalt findet nicht statt.

§ 102. Die Anwaltskammer bei dem Reichsgerichte wird durch die bei demselben zugelassenen Rechtsanwälte gebildet.

Die Mitglieder des Ehrengerichtshofs können nicht Mitglieder des Ehrengerichts sein.

Sechster Abschnitt.

Schluß- und Übergangsbestimmungen.

§ **103.** Dieses Gesetz tritt, vorbehaltlich der Bestimmungen der §§ 112, 113, im ganzen Umfange des Reichs gleichzeitig mit dem Gerichtsverfassungsgesetz in Kraft.

§ **104.** Der am Orte eines obersten Landesgerichts wohnhafte Rechtsanwalt kann bei diesem Gerichte zugelassen werden, wenn nach dem Gutachten des letzteren die Zulassung zur ordnungsmäßigen Erledigung der Anwaltsprozesse erforderlich ist.

§ **105.** Die bei einem obersten Landesgerichte zugelassenen Rechtsanwälte sind Mitglieder der Anwaltskammer, in deren Bezirke das Gericht seinen Sitz hat.

§§ **106—116** sind gegenstandslose Übergangsbestimmungen.

16. Bekanntmachung.

betr. die Stellvertretung von Rechtsanwälten und die Beschlußfähigkeit der Vorstände der Anwaltskammern.

Vom 9. März 1916 (RGBl. 156).

§ **1.** Ist ein Rechtsanwalt, für den gemäß § 25 der Rechtsanwaltsordnung ein Stellvertreter bestellt ist, gestorben, so sind Rechtshandlungen, die von dem Stellvertreter oder ihm gegenüber vor der Löschung des Rechtsanwalts vorgenommen worden sind, nicht deshalb unwirksam, weil der Rechtsanwalt zur Zeit der Bestellung des Vertreters oder zur Zeit der Vornahme der Rechtshandlung nicht mehr gelebt hat; die im § 244 der Zivilprozeßordnung vorgesehene Unterbrechung des Verfahrens tritt erst mit dem Zeitpunkt der Löschung des Rechtsanwalts ein.

Rechtshandlungen, die vor dem Inkrafttreten dieser Verordnung, aber nach dem 31. Juli 1914 vorgenommen worden sind, gelten als wirksam erfolgt, wenn sie bei Anwendung des Abs. 1 wirksam sein würden.

Ist der Rechtsanwalt vor dem Inkrafttreten dieser Verordnung, aber nach dem 31. Juli 1914 gestorben, so gilt die Unterbrechung des Verfahrens erst in dem Zeitpunkt als eingetreten, in welchem sie bei Anwendung des Abs. 1 eingetreten sein würde.

§ 2. Bei Feststellung der Beschlußfähigkeit des Vorstandes der Anwaltskammern (§ 55 Abs. 1 der Rechtsanwaltsordnung) werden Mitglieder nicht gezählt, die infolge des gegenwärtigen Krieges an der Teilnahme verhindert sind, jedoch ist zur Beschlußfähigkeit die Teilnahme eines Drittels der Mitglieder erforderlich.

§ 3. Diese Verordnung tritt mit dem Tage der Verkündung (10. März 1916) in Kraft. Den Zeitpunkt des Außerkrafttretens bestimmt der Reichskanzler.

17. Gesetz zur Entlastung der Gerichte.

Vom 11. März 1921 (RGBl. 229) geänd. durch Art. 2 des Ges. v. 9. Juli 1927 (RGBl. 175).

Art. I—V (ändern verschiedene Gesetze).

Art. VI § 1. Die Landesjustizverwaltungen werden ermächtigt,

I. zu bestimmen, daß Urkundsbeamte der Geschäftsstellen die Entscheidung über den Erlaß des Vollstreckungsbefehls auch im Falle der Ablehnung zu treffen haben sowie die Vollstreckungsklausel im Falle des § 730 Abs. 1 und des § 733 der Zivilprozeßordnung ohne Einholung einer Anordnung des Vorsitzenden erteilen können;

II. die Erledigung der folgenden Geschäfte des Richters Urkundsbeamten der Geschäftsstellen zur selbständigen Erledigung zu übertragen:

1. die nach § 109 und § 715 der Zivilprozeßordnung, betreffend Rückgabe von Sicherheiten, zu treffenden Entscheidungen;
2. den Erlaß von Zahlungsbefehlen;
3. die in bezug auf die Zwangsvollstreckung in Forderungen und andere Vermögensrechte nach §§ 828 bis 863 der Zivilprozeßordnung zu treffenden Entscheidungen;

4. die in den Fällen der §§ 771, 805 vom Vollstreckungsgerichte gemäß § 769 Abs. 2 der Zivilprozeßordnung zu treffenden Entscheidungen;
5. Anordnungen des Arrestgerichts auf Klageerhebung und Aufhebung des vollzogenen Arrestes nach Hinterlegung des in dem Arrestbefehle festgestellten Geldbetrags;

III. die Strafvollstreckung mit Ausnahme der Entscheidungen über Aufschub und Unterbrechung der Strafvollstreckung sowie der richterlichen Entscheidungen gemäß §§ 490 bis 494 der Strafprozeßordnung Urkundsbeamten der Geschäftsstellen, Amtsanwälten oder bei der Staatsanwaltschaft hierfür zu bestellenden Beamten zu übertragen[1]).

[1]) An der Stelle der §§ 490—494 StPO. s. nun deren §§ 458—462.

§ 2. Auf dem Gebiete der freiwilligen Gerichtsbarkeit werden die Landesjustizverwaltungen ferner ermächtigt, Urkundsbeamte der Geschäftsstelle mit der selbständigen Erledigung von Geschäften zu beauftragen, die nach reichsrechtlichen Vorschriften durch den Richter wahrzunehmen sind.

Es sollen einem Urkundsbeamten der Geschäftsstelle nur solche Geschäfte übertragen werden, die einfacherer Art sind und zu deren Erledigung er mit Rücksicht auf seine Berufsbildung und die durch seine praktische Betätigung gewonnenen Erfahrungen geeignet ist. Die Beurkundung einer Verfügung von Todes wegen oder eines Ehevertrags sowie die Verhängung von Ordnungsstrafen können einem Urkundsbeamten der Geschäftsstelle nicht übertragen werden.

§ 3. Über Einwendungen gegen Maßnahmen zur Strafvollstreckung, die von den im § 1 Nr. III bezeichneten Beamten getroffen worden sind, entscheidet der Staatsanwalt oder der Amtsrichter, an dessen Statt der Beamte entschieden hat.

Auf Einwendungen gegen Entscheidungen des Urkundsbeamten der Geschäftsstelle in den ihm auf Grund des § 2 zur selbständigen Erledigung übertragenen Angelegenheiten finden die Vorschriften des § 576 und des § 577 Abs. 4 der Zivilprozeßordnung entsprechende Anwendung mit der Maßgabe, daß an die Stelle des Prozeßgerichts das Gericht tritt, an dessen Statt der Urkundsbeamte der Geschäftsstelle entschieden hat.

18. Bekanntmachung zur Entlastung der Gerichte.

Vom 9. September 1915, in der Fassung der Bek. v. 13. Mai 1924 (RGBl. 552), geänd. durch VO. v. 11. Dez. 1924 (RGBl. 772), durch die 2. Durchf. VO. zum Reichsmünzges. vom 12. Dezember 1924 (unten Nr. 37) u. die VO. v. 19. Juni 1925 (RGBl. 88).

Ergangen auf Grund des Art. IB der VO. v. 22. Dez. 1923 (RGBl. 1239), mit Wirksamkeit v. 1. Juni 1924 an.

Mahnverfahren vor den Amtsgerichten.

§ 1. (Aufgehoben).

§ 2. (Aufgehoben).

§ 3. Der Zahlungsbefehl wird als Urkunden- oder als Wechsel-Zahlungsbefehl bezeichnet:

1. wenn das Gesuch des Gläubigers auf den Erlaß eines Urkunden- oder eines Wechsel-Zahlungsbefehls gerichtet ist;
2. (Aufgehoben).

§ 4. Für das Urkunden- und Wechsel-Mahnverfahren gelten folgende besondere Vorschriften:

1. Die Bezeichnung als Urkunden- oder als Wechsel-Zahlungsbefehl hat die Wirkung, daß die Streitsache, wenn rechtzeitig Widerspruch erhoben wird, als im Urkunden- oder im Wechselprozesse rechtshängig geworden anzusehen ist.
2. Die Urkunden sollen in Urschrift oder in Abschrift dem Gesuch um Erlaß des Zahlungsbefehls (§ 3 Nr. 1) oder der Klage (§ 3 Nr. 2) beigefügt und in Abschrift mit dem Zahlungsbefehle zugestellt werden.
3. Bei Erlaß des Zahlungsbefehls und des Vollstreckungsbefehls bedarf die Statthaftigkeit der gewählten Prozeßart keiner Prüfung.
4. Beschränkt sich der Widerspruch auf den Antrag, dem Beklagten die Ausführung seiner Rechte vorzubehalten, so ist der Vollstreckungsbefehl unter diesem Vorbehalte zu erlassen. Auf das weitere Verfahren findet die Vorschrift

des § 600 der Zivilprozeßordnung entsprechende Anwendung.

5. Die Ladungsfrist beträgt mindestens drei Tage; soweit die Einlassungsfrist kürzer ist, entspricht sie dieser.

§ 5. Im Mahnverfahren erhält der Rechtsanwalt:

1. die Sätze des § 9 der Gebührenordnung für Rechtsanwälte für die Erwirkung des Zahlungsbefehls einschließlich der Mitteilung des Widerspruchs an den Auftraggeber;
2. zwei Zehntel der Sätze des § 9 für die Erhebung des Widerspruchs;
3. fünf Zehntel der Sätze des § 9 für die Erwirkung des Vollstreckungsbefehls.

Die Gebühren in Nr. 1 und 2 werden sowohl auf die in einem nachfolgenden Güteverfahren zustehende Gebühr wie auf die in einem nachfolgenden Rechtsstreit zustehende Prozeßgebühr angerechnet.

Bewilligung von Zahlungsfristen.

§ 6. In den Fällen der §§ 3, 4 der Verordnung über die gerichtliche Bewilligung von Zahlungsfristen (Reichsgesetzbl. 1915 S. 290) ist die Zulässigkeit der sofortigen Beschwerde durch einen die Summe von 30 Reichsmark übersteigenden Betrag der Forderung bedingt.

Verfahren bis zum Urteil.

§ 7. Mit Einverständnis der Parteien kann das Gericht eine Entscheidung ohne mündliche Verhandlung treffen. Die Verkündung der Entscheidung wird durch schriftliche Mitteilung ersetzt; bei Urteilen ist die Urteilsformel durch Zustellung mitzuteilen.

§ 8. Ein gemäß § 7 ohne mündliche Verhandlung geführtes Verfahren steht hinsichtlich der Gerichtskosten und der Anwaltsgebühren einem Verfahren mit mündlicher Verhandlung gleich. Wird nach einem Beweisaufnahmeverfahren ohne mündliche Verhandlung entschieden, so steht dem Rechtsanwalt in jedem Falle die erhöhte Verhandlungsgebühr (§ 17 der Gebührenordnung für Rechtsanwälte) zu.

Urteil und Zwangsvollstreckung.

§ 9. In Urteilen, Zahlungsbefehlen, Vergleichen und vollstreckbaren Urkunden (§ 794 Nr. 5 der Zivilprozeßordnung) kann die Höhe einer zu zahlenden Geldsumme auch in solchen Umlaufmitteln bestimmt werden, die, ohne gesetzliches Zahlungsmittel zu sein, von den öffentlichen Kassen in Zahlung genommen werden. Die Höhe der Geldsumme kann ferner, soweit nicht die Reichsregierung mit Zustimmung des Reichsrats etwas anderes bestimmt, auch nach Maßgabe einer amtlichen Teuerungszahl festgesetzt werden. Die Reichsregierung wird ermächtigt, mit Zustimmung des Reichsrats daneben noch andere Werteinheiten, über die amtliche Feststellungen ergehen, als Maßstab zuzulassen[1]).

In dem Schuldtitel (wertbeständiger Schuldtitel) ist die Werteinheit sowie die nähere Art und Weise, in welcher sie als Maßstab dienen soll, genau zu bezeichnen. Ungenauigkeiten in der Bezeichnung können bei Urteilen und Zahlungsbefehlen unter entsprechender Anwendung des § 319 der Zivilprozeßordnung beseitigt werden.

Die Vorschriften der Abs. 1, 2 finden auch im Urkundenprozeß Anwendung.

[1]) S. hiezu die VO. v. 27. Juni 1924 (unten Nr. 19).

§ 10. Die vollstreckbare Ausfertigung eines wertbeständigen Schuldtitels wird erteilt, ohne daß es der ziffermäßigen Berechnung der Schuldsumme in gesetzlichen Zahlungsmitteln bedarf. Für die Durchführung der Zwangsvollstreckung gelten die Vorschriften der §§ 11—17.

§ 11. Bei der Zwangsvollstreckung in bewegliche Sachen berechnet der Gerichtsvollzieher die beizutreibende Geldsumme. Während der Durchführung der Vollstreckung eintretende Veränderungen der maßgebenden Wertverhältnisse sind zu berücksichtigen.

Wird gepfändetes Geld oder der Versteigerungserlös hinterlegt, so erfolgt die endgültige Berechnung durch das Vollstreckungsgericht, und zwar soweit ein Verteilungsverfahren stattfindet, in diesem Verfahren bei der Aufstellung des Teilungsplans, im übrigen auf Antrag des Gläubigers, des Schuldners oder eines an der Hinterlegung beteiligten Dritten durch besonderen Beschluß. In letzterem Falle ist bei einer nachträglichen Änderung der maßgebenden Wertverhältnisse der Beschluß auch nach Eintritt der Rechtskraft bis zur Auszahlung des hinterlegten Betrags auf Antrag zu ändern.

§ 12. Soll eine Forderung oder ein anderes Vermögensrecht gepfändet werden, so berechnet das Vollstreckungsgericht die beizutreibende Geldsumme in dem Pfändungsbeschlusse. Der Gläubiger hat dem Antrag eine Berechnung beizufügen. Ändern sich nach der Pfändung die maßgebenden Wertverhältnisse, so bleibt das Recht des Gläubigers auf Vornahme weiterer Vollstreckungsmaßregeln unberührt; Einwendungen des Schuldners sind ausschließlich gemäß § 766 der Zivilprozeßordnung zu erledigen.

§ 13. Bei der Pfändung eines Anspruchs auf Übertragung des Eigentums an einer unbeweglichen Sache entsteht die Sicherungshypothek (§ 848 Abs. 2 der Zivilprozeßordnung) als Höchstbetragshypothek (§ 1190 des Bürgerlichen Gesetzbuchs); Höchstbetrag ist der nach § 12 berechnete Betrag.

Ist die zu vollstreckende Forderung in der Art bestimmt, daß für sie eine wertbeständige Hypothek eingetragen werden kann, so findet § 12 keine Anwendung. Die Sicherungshypothek entsteht als wertbeständige Hypothek.

§ 14. Soll für die Forderung des Gläubigers eine Sicherungshypothek eingetragen werden (§§ 866—868 der Zivilprozeßordnung), und ist die Forderung in der Art bestimmt, daß für sie eine wertbeständige Hypothek eingetragen werden kann, so ist die Sicherungshypothek als wertbeständige einzutragen; dabei findet § 866 Abs. 3 der Zivilprozeßordnung keine Anwendung. Ist die Forderung nicht in dieser Art bestimmt, so ist die Sicherungshypothek als Höchstbetragshypothek einzutragen; Höchstbetrag ist die Geldsumme, die sich aus der letzten vor dem Eingang des Eintragungsantrags bei dem Grundbuchamte veröffentlichten amtlichen Feststellung ergibt.

§ 15. In der Zwangsversteigerung wird die beizutreibende Geldsumme durch das Vollstreckungsgericht in dem Teilungsplane berechnet. Nachträgliche Änderungen der maßgebenden Verhältnisse bleiben für das weitere Verfahren, unbeschadet der Vorschrift des Abs. 2, außer Betracht.

Soweit in Ausführung des Teilungsplanes auf den Gläubiger eine Forderung gegen den Ersteher übertragen wird, ist sie in derselben Weise wertbeständig zu bestimmen, in der die Forderung des Gläubigers bestimmt war. Ist die Forderung des Gläubigers in der Art bestimmt, daß für sie eine wertbeständige Hypothek eingetragen werden kann, so ist die Sicherungshypothek für die übertragene Forderung (§ 128 des Gesetzes über die Zwangsversteigerung und die Zwangsverwaltung) als wertbeständige einzutragen. Andernfalls ist die Sicherungshypothek als Höchstbetragshypothek einzutragen; Höchstbetrag ist die Geldsumme, die sich aus der letzten vor dem Eingang des Ersuchens um Eintragung der Sicherungshypothek bei dem Grundbuchamte veröffentlichten amtlichen Feststellung ergibt.

§ 16. In der Zwangsverwaltung wird die Forderung aus einem wertbeständigen Schuldtitel in den Teilungsplan ohne Berechnung der beizutreibenden Geldsumme aufgenommen. Der Zwangsverwalter berechnet die Summe, wenn er auf die Forderung eine Zahlung bewirkt.

§ 17. Soweit nach den Vorschriften der §§ 11—16 eine Berechung der beizutreibenden Geldsumme vor der Beendigung der Vollstreckung erfolgt, nach dem Inhalt des Schuldtitels für die Berechnung der Schuldsumme jedoch ein späterer Zeitpunkt maßgebend sein soll, entscheidet sich die Frage, inwieweit der Gläubiger durch die Vollstreckung befriedigt ist, nach dem späteren Zeitpunkt.

In allen Fällen, in denen eine wertbeständige Forderung teilweise beigetrieben wird, ist in dem auf der vollstreckbaren Ausfertigung zu machenden Vermerk anzugeben, wann die Beitreibung erfolgt und auf welchen Betrag die Schuldsumme in diesem Zeitpunkt berechnet worden ist. In Streitfällen hat das Vollstreckungsgericht auf Antrag eines Beteiligten durch Beschluß festzustellen, bis zu welchem Teile die Forderung aus dem wertbeständigen Schuldtitel getilgt ist.

Schiedsurteil.

§ 18. Bei Rechtsstreitigkeiten, über deren Gegenstand die Parteien einen Vergleich zu schließen berechtigt sind, hat das zuständige Gericht erster oder zweiter Instanz auf den übereinstimmenden Antrag beider Parteien durch Schiedsurteil zu entscheiden. Der Antrag kann schon mit der Einreichung der Klageschrift oder der Berufungsschrift und bis zum Schlusse der mündlichen Verhandlung gestellt werden.

Ist der im Abs. 1 bezeichnete Antrag gestellt, so bestimmt das Gericht sein Verfahren unbeschadet der Vorschrift des § 78 der Zivilprozeßordnung nach freiem Ermessen. Das Schiedsurteil steht einem im ordentlichen Verfahren ergangenen rechtskräftigen Endurteil gleich. Mit Einverständnis der Parteien kann von einer schriftlichen Begründung Abstand genommen werden. Die Nichtigkeitsklage findet gegenüber dem Schiedurteil außer in den Fällen des § 579 der Zivilprozeßordnung auch statt, wenn der Partei in dem Verfahren das rechtliche Gehör nicht gewährt war oder das Schiedsurteil, abgesehen vom Falle des Einverständnisses der Parteien, nicht mit Gründen versehen ist.

Die Gerichtskosten und Anwaltsgebühren bestimmen sich in den Fällen des Abs. 1 nach den für das ordentliche Verfahren geltenden Vorschriften, jedoch werden die in dem Verfahren entstehenden Gerichtsgebühren mit Ausnahme der Prozeßgebühr nur zur Hälfte erhoben.

§ 19. Im Falle des § 18 ist das Gericht, wenn die Parteien dies in dem Antrag übereinstimmend verlangen, mit einem Richter als Vorsitzenden und zwei nicht richterlichen Beisitzern, die volljährig sein müssen, zu besetzen. In diesem Falle tritt als Richter im Verfahren vor den Amtsgerichten der Amtsrichter, im Verfahren vor den Landgerichten und den Oberlandesgerichten der Vorsitzende der Kammer oder des Senats oder ein von ihm zu bestimmendes Mitglied ein; ein Handelsrichter darf nicht bestimmt werden. Benennen beide Parteien übereinstimmend den Vorsitzenden oder ein bestimmtes Mitglied mit Zustimmung des Benannten, so soll tunlichst dieser als Richter eintreten. Von den Beisitzern benennt jede Partei einen; Streitgenossen können nur gemeinschaftlich einen Beisitzer benennen.

Die Parteien haben bei Stellung ihres Antrags die Beisitzer zu benennen und deren schriftliche Erklärung, daß sie zur Übernahme des Amtes bereit sind, beizufügen. Unterläßt dies eine Partei, so setzt ihr das Gericht, im Verfahren vor den Landgerichten und den Oberlandesgerichten der Vorsitzende der Kammer oder des Senats, zur Nachholung der Benennung eine Frist. Nach fruchtlosem Ablauf der Frist weist das Gericht den Antrag zurück. Das gleiche gilt, wenn ein Beisitzer nach der Übernahme des Amts ausscheidet und die Partei, die ihn benannt hat, nicht innerhalb einer ihr zu setzenden Frist einen anderen Beisitzer benennt.

Hinsichtlich der Ausschließung und Ablehnung gelten für die Beisitzer die gleichen Vorschriften wie für Richter. Die Entscheidung erfolgt durch das Gericht in der ordentlichen Besetzung und ist endgültig.

Die Beisitzer sind zur Führung ihres Amtes verpflichtet. Im Falle ihres Fernbleibens von einer Sitzung finden die für das Ausbleiben eines Sachverständigen geltenden Vorschriften entsprechende Anwendung.

Die Beisitzer haben Anspruch auf Vergütung aus der Staatskasse nach Maßgabe der Vorschriften über die Entschädigung von Sachverständigen. Die gerichtliche Festsetzung (§ 17 Abs. 1 der Gebührenordnung für Zeugen und Sachverständige, Reichsgesetzbl. 1922 I S. 242)[1]) erfolgt durch den Richter, der den Vorsitz geführt hat; Beschwerden werden im Aufsichtsweg entschieden. Die Parteien haben einen zur Deckung der Vergütung ausreichenden Vorschuß an die Staatskasse zu zahlen; die Vorschriften des Abs. 2 Satz 2 und 3 finden entsprechende Anwendung.

Die Parteien können untereinander und mit den Beisitzern vereinbaren, deren Vergütung selbst zu übernehmen. In diesem Falle finden die Vorschriften des Abs. 5 keine Anwendung; die den Parteien durch die Vergütung der Beisitzer entstehenden außergerichtlichen Kosten sind jedoch nur bis zu der aus Abs. 5 sich ergebenden Höhe erstattungsfähig.

Im übrigen finden auf die Beisitzer die Vorschriften der §§ 30—32, 51 des Gerichtsverfassungsgesetzes entsprechende Anwendung.

[1]) An dessen Stelle s. nun § 20 Abs. 1 in der Fassung der GebOrdn. für Zeugen und Sachverständige vom 21. Dezember 1925 (unten unter Nr. 55).

§ 20. Im amtsgerichtlichen Verfahren ist bei Streitigkeiten über vermögensrechtliche Ansprüche, sofern der Wert des Streitgegenstandes zur Zeit der Einreichung der Klage 50 Reichsmark nicht übersteigt, ohne Rücksicht auf die Anträge der Parteien nach den Grundsätzen des § 18 zu verfahren. § 19 findet in diesem Falle keine Anwendung.

Auf die in dem Gesetz über Mieterschutz und Mieteinigungsämter vom 1. Juni 1923 (Reichsgesetzbl. I S. 353)[1]) geregelten bürgerlichen Rechtsstreitigkeiten finden die Vorschriften des Abs. 1 keine Anwendung.

[1]) Nun neu gefaßt mit Bek. v. 17. Februar 1928, unten unter Nr. 44.

Schlußvorschrift.

§ 21. Die Reichsregierung bestimmt mit Zustimmung des Reichsrats, wann und in welchem Umfange diese Verordnung außer Kraft tritt.

19. Zweite Verordnung

zur Durchführung der Verordnung zur Beschleunigung des Verfahrens in bürgerlichen Rechtsstreitigkeiten.

Vom 27. Juni 1924 (RGBl. 660).

Art. I.[1]) In wertbeständigen Schuldtiteln (§ 9 der Bekanntmachung zur Entlastung der Gerichte — Reichsgesetzbl. 1924 I S. 552 —) kann die Höhe der zu zahlenden Geldsumme auch bestimmt werden

1. in Goldmark, und zwar
   entweder
   a) in der Weise, daß für die Umrechnung der Goldmark in Reichswährung der für Reichssteuern geltende Goldumrechnungssatz als maßgebend bezeichnet wird
   oder
   b) in der Weise, daß als Goldmark der Wert von $^{10}/_{42}$ des nordamerikanischen Dollars bezeichnet wird; die Umrechnung der Goldmark in Reichswährung erfolgt nach dem Mittelkurse, der auf Grund der amtlichen Berliner Notierung des dem Tage der Zahlung vorhergehenden Börsentags für Auszahlung New York errechnet wird,
   oder

c) in der Weise, daß als Goldmark der amtlich festgestellte Preis von $^{1}/_{2790}$ Kilogramm Feingold (§ 2 Satz 1 der Verordnung zur Durchführung des Gesetzes über wertbeständige Hypotheken vom 29. Juni 1923 — Reichsgesetzbl. I S. 482 —) bezeichnet wird; die Umrechnung der Goldmark in Reichswährung erfolgt nach dem Mittelkurse, der auf Grund der amtlichen Berliner Notierung des dem Tage der Zahlung vorhergehenden Börsentags für Auszahlung London errechnet wird;

2. durch die für eine wertbeständige Hypothek, Grundschuld oder Rentenschuld in dem Gesetz über wertbeständige Hypotheken vom 23. Juni 1923 (Reichsgesetzbl. I S. 407) oder den Durchführungsverordnungen außer der Goldmark nach Nr. 1c zugelassenen Maßstäbe.

Ist in dem wertbeständigen Schuldtitel die Goldmark nicht nach Maßgabe des Abs. 1 Nr. 1 näher bestimmt, so ist für die Umrechnung in Reichswährung der für Reichssteuern geltende Goldumrechnungssatz (Abs. 1 Nr. 1a) maßgebend.

[1]) Erlassen auf Grund des § 9 der Entlastungsbek. v. 13. Mai 1924 (s. diese oben unter Nr. 18) u. des Art. IV der VO. v. 22. Dez. 1923 (RGBl. 1239).

Art. II. Für eine nach Artikel I Nr. 1a, b bestimmte Forderung kann eine Sicherungshypothek (§§ 866 bis 868 der Zivilprozeßordnung) als Feingoldhypothek (Goldmarkhypothek) nach Maßgabe der fünften Verordnung zur Durchführung des Gesetzes über wertbeständige Hypotheken vom 17. April 1924 (Reichsgesetzbl. I S. 415) eingetragen werden; dabei findet § 866 Abs. 3 der Zivilprozeßordnung keine Anwendung. Die Sicherungshypothek ist als Höchstbetragshypothek einzutragen. Höchstbetrag ist der Betrag, der sich bei Umrechnung der zu zahlenden Geldsumme in Feingoldmark ergibt. Die Umrechnung erfolgt nach Maßgabe der Vorschriften im Artikel I Nr. 1a, b, c dieser Verordnung unter Zugrundelegung der letzten vor dem Eingang des Eintragungsantrags bei dem Grundbuchamte veröffentlichten amtlichen Feststellungen.

Art. III. Die Verordnung tritt mit Wirkung vom 10. Januar 1924 an die Stelle der Durchführungsverordnung vom 10. Januar 1924 (Reichsgesetzbl. I S. 27).

20. Gesetz
zur Entlastung des Reichsgerichts.

Vom 21. Dezember 1925 (RGBl. 475)[1]).

Geändert durch Ges. v. 17. Dez. 1926 (RGBl. 503) u. v. 28. März 1928 (RGBl. 120).

Art. I. In bürgerlichen Rechtsstreitigkeiten gilt für das Rechtsmittel der Revision bis zum 30. Juni 1929 die nachfolgende Vorschrift:

Die Revision kann nicht darauf gestützt werden, daß die Entscheidung auf Verletzung der §§ 139, 286 und 287 der Zivilprozeßordnung beruhe.

Art. II. Dieses Gesetz tritt mit dem 1. Januar 1926 in Kraft. Hinsichtlich der vor diesem Zeitpunkt verkündeten Entscheidungen bleiben die bisherigen Vorschriften in Kraft.

21. Verordnung
über die Einschränkung öffentlicher Bekanntmachungen.

Vom 14. Februar 1924 (RGBl. 119)[2]).

Änderungen erfolgten durch die VO. v. 20. Juni 1925 (RGBl. 88) u. v. 28. März 1927 (RGBl. 89).

Auf Grund der Verordnung über die Ermächtigung zur Einschränkung öffentlicher Bekanntmachungen vom 27. Dezember 1923 (Reichsgesetzbl. I S. 1252) verordnet die Reichsregierung mit Zustimmung des Reichsrats:[3])

---

[1]) Das Gesetz trat an die Stelle der mit Wirksamkeit bis 31. Dez. 1925 erlassenen VO. zur Entlastung des Reichsgerichts vom 15. Jan. 1924 (RGBl. 29).

[2]) Hiezu eine nur die GewOrdn. ändernde VO. v. 10. April 1924 (RGBl. 405) und eine dritte, zur VO. über die Goldbilanzen v. 28. Dez. 1923 ergangene VO. v. 12. Juli 1924 (RGBl. 666).

[3]) Die VO. v. 27. Dez. 1923 (RGBl. 1252) ermächtigt die Reichsregierung mit Zustimmung des Reichsrats Vorschriften des Reichsrechts über öffentliche Bekanntmachungen oder Nachweisungen gegenüber Behörden ganz oder teilweise bis auf weiteres außer Kraft zu setzen und, soweit erforderlich, an deren Stelle andere Maßnahmen anzuordnen.

§ 1. (Aufgehoben.)

§ 2. Bei der öffentlichen Zustellung eines eine Ladung enthaltenden Schriftstücks (§ 204 Abs. 2 Satz 2 der Zivilprozeßordnung) genügt neben der Anheftung an die Gerichtstafel die einmalige Einrückung eines Auszugs des Schriftstücks in den Deutschen Reichsanzeiger.

Das gleiche gilt für die öffentliche Bekanntmachung des Aufgebots (§ 948 der Zivilprozeßordnung), sofern nicht das Gesetz für den betreffenden Fall eine abweichende Anordnung getroffen hat.

§ 3. (Aufgehoben.)

§ 4. (Aufgehoben.)

§ 5. (Aufgehoben.)

§ 6. (Aufgehoben.)

§ 7. (Aufgehoben.)

§ 8. (Aufgehoben.)

§ 9. Eine Bekanntgabe der für die Veröffentlichung der Eintragungen im Handels- und Genossenschaftsregister bestimmten Blätter durch den Reichsanzeiger oder ein anderes Blatt findet nicht statt.

§ 10. Die Verordnung tritt mit dem Tage der Verkündung (20. Febr. 1924) in Kraft.

22. Bekanntmachung über das Mindestgebot bei der Versteigerung gepfändeter Sachen.

Vom 8. Oktober 1914 (RGBl. 427)[1].

§ 1. Soweit eine Zwangsvollstreckung in körperliche Sachen nach den Vorschriften der Zivilprozeßordnung stattfindet, ist der gewöhnliche Verkaufswert der gepfändeten Sachen vor der Versteigerung zu schätzen.

Die Schätzung erfolgt durch den Gerichtsvollzieher. Ist gemäß § 813 der Zivilprozeßordnung zur Pfändung ein Sach-

[1] Erlassen auf Grund des Ermächtigungsges. v. 4. Aug. 1914 (RGBl. 327).

verständiger zugezogen, so hat dieser die Schätzung vorzunehmen. Mit der Schätzung gepfändeter Wertpapiere, die einen Börsen- oder Marktpreis nicht haben, hat der Gerichtsvollzieher einen kaufmännischen Sachverständigen zu beauftragen; bei der Schätzung darf der gewöhnliche Verkaufswert solcher Wertpapiere, die in der letzten Woche vor dem 31. Juli 1914 noch einen Börsen- oder Marktpreis hatten, nicht unter dem letzten in dieser Woche amtlich notierten Markt- oder Börsenpreis festgestellt werden. In anderen Fällen kann der Gerichtsvollzieher einen Sachverständigen mit der Schätzung beauftragen.

Die Schätzung soll tunlichst bei der Pfändung erfolgen. In diesem Falle ist ihr Ergebnis in das Protokoll aufzunehmen.

Für Kostbarkeiten bewendet es bei der Vorschrift im § 814 der Zivilprozeßordnung.

§ 2. Das Vollstreckungsgericht kann auf Antrag des Gläubigers oder des Schuldners die Schätzung durch einen Sachverständigen anordnen.

§ 3. Bei der Versteigerung der gepfändeten Sachen darf unbeschadet der Vorschrift im § 820 der Zivilprozeßordnung der Zuschlag nur auf ein Gebot erteilt werden, das mindestens die Hälfte des gewöhnlichen Verkaufswerts erreicht (Mindestgebot).

Bei Wertpapieren, die von den auf Grund des Darlehnskassengesetzes vom 4. August 1914 (RGBl. S. 340) errichteten Darlehnskassen beliehen werden, darf das Mindestgebot nicht hinter dem Betrage zurückbleiben, zu dem die Darlehnskassen Wertpapiere dieser Art beleihen.

Der gewöhnliche Verkaufswert und das Mindestgebot sind bei dem Ausbieten bekanntzugeben.

§ 4. Wird der Zuschlag nicht erteilt, weil ein das Mindestgebot erreichendes Gebot nicht abgegeben ist, so bleibt das Pfandrecht des Gläubigers bestehen. Er kann jederzeit die Anberaumung eines neuen Versteigerungstermins oder die Anordnung anderweitiger Verwertung der gepfändeten Sachen gemäß § 825 der Zivilprozeßordnung beantragen. Wird die anderweitige Verwertung angeordnet, so gilt § 3 entsprechend.

§ 5. Diese Verordnung tritt nach Ablauf einer Woche seit dem Tage der Verkündung (9. Oktober 1914) in Kraft. Den Zeitpunkt des Außerkrafttretens bestimmt der Reichskanzler[1]).

[1]) Nun das Reichsministerium, und zwar wohl das der Justiz; s. § 5 des Übergangsges. v. 4. März 1919 (RGBl. 285).

23. Gesetz, betr. die Beschlagnahme des Arbeits- oder Dienstlohns.

Vom 21. Juni 1869 (BGBl. 242).

Änderungen erfolgten durch Ges. v. 29. März 1897 (RGBl. 159) u. v. 17. Mai 1898 (RGBl. 332); s. auch die VO. über Lohnpfändung v. 25. Juni 1919 (hier bei Nr. 24).

§ 1. Die Vergütung (Lohn, Gehalt, Honorar usw.) für Arbeiten oder Dienste, welche auf Grund eines Arbeits- oder Dienstverhältnisses geleistet werden, darf, sofern dieses Verhältnis die Erwerbstätigkeit des Vergütungsberechtigten vollständig oder hauptsächlich in Anspruch nimmt, zum Zwecke der Sicherstellung oder Befriedigung eines Gläubigers erst dann mit Beschlag belegt werden, nachdem die Leistung der Arbeiten oder Dienste erfolgt und nachdem der Tag, an welchem die Vergütung gesetzlich, vertrags- oder gewohnheitsmäßig zu entrichten war, abgelaufen ist, ohne daß der Vergütungsberechtigte dieselbe eingefordert hat.

§ 2. Die Bestimmungen des § 1 können nicht mit rechtlicher Wirkung durch Vertrag ausgeschlossen oder beschränkt werden.

Soweit nach diesen Bestimmungen die Beschlagnahme unzulässig ist, ist auch jede Verfügung durch Zession, Anweisung, Verpfändung oder durch ein anderes Rechtsgeschäft ohne rechtliche Wirkung.

§ 3. Als Vergütung ist jeder dem Berechtigten gebührende Vermögensvorteil anzusehen. Auch macht es keinen Unterschied, ob dieselbe nach Zeit oder Stück berechnet wird.

Ist die Vergütung mit dem Preise oder Wert für Material oder mit dem Ersatz anderer Auslagen in ungetrennter Summe bedungen, so gilt als Vergütung im Sinne dieses Gesetzes der Betrag, welcher nach Abzug des Preises oder des Wertes der Materialien und nach Abzug der Auslagen übrig bleibt.

§ 4. Das gegenwärtige Gesetz findet keine Anwendung:

1. auf den Gehalt und die Dienstbezüge der öffentlichen Beamten;
2. auf die Beitreibung der direkten persönlichen Staatssteuern und Kommunalabgaben (die derartigen Abgaben an Kreis-, Kirchen-, Schul- und sonstige Kommunalverbände mit eingeschlossen), sofern diese Steuern und Abgaben nicht seit länger als drei Monaten fällig geworden sind;
3. auf die Beitreibung der den Verwandten, dem Ehegatten und dem früheren Ehegatten für die Zeit nach Erhebung der Klage und für das diesem Zeitpunkte vorausgehende letzte Vierteljahr kraft Gesetzes zu entrichtenden Unterhaltsbeiträge;
4. insoweit der Gesamtbetrag der Vergütung (§§ 1, 3) die Summe von fünfzehnhundert Mark für das Jahr übersteigt[1]).

[1]) Zu § 4 Nr. 4 s. nun die nachfolgende VO. v. 25. Juni 1919.

§ 4a. Auf die Beitreibung der zugunsten eines unehelichen Kindes von dem Vater für den im § 4 Nr. 3 bezeichneten Zeitraum kraft Gesetzes zu entrichtenden Unterhaltsbeiträge findet dieses Gesetz nur insoweit Anwendung, als der Schuldner zur Bestreitung seines notdürftigen Unterhalts und zur Erfüllung der ihm seinen Verwandten, seiner Ehefrau oder seiner früheren Ehefrau gegenüber gesetzlich obliegenden Unterhaltspflicht der Vergütung (§§ 1, 3) bedarf. Hierbei werden ausschließlich die Leistungen berücksichtigt, welche vermöge einer solchen Unterhaltspflicht für den nämlichen Zeitraum oder, falls die Klage zugunsten des unehelichen Kindes nach der Klage eines Unterhaltsberechtigten erhoben ist, für die Zeit von dem Beginne des der Klage dieses Berechtigten vorausgehenden letzten Vierteljahrs ab zu entrichten sind.

§ 5. Dieses Gesetz tritt am 1. August 1869 in Kraft.

Die bis dahin verfügten, mit den Vorschriften dieses Gesetzes nicht vereinbarten Beschlagnahmen sind auf Antrag des Schuldners aufzuheben oder einzuschränken.

Dagegen finden die Bestimmungen des zweiten Absatzes des § 2 auf frühere Fälle keine Anwendung.

24. Verordnung über Lohnpfändung.

Vom 25. Juni 1919 (RGBl. 589).

Änderungen erfolgten durch Ges. v. 10. Aug. 1920 (RGBl. 1572), Ges. v. 23. Dez. 1921 (RGBl. 1657), Ges. v. 26. Okt. 1922 (RGBl. 806), VO. v. 23. Febr. 1923 (RGBl. 153), VO. v. 5. Juli 1923 (RGBl. 554), VO. v. 13. Aug. 1923 (RGBl. 783), v. 22. Nov. 1923 (RGBl. 1110), Ges. v. 13. Dez. 1923 (RGBl. 1186), VO. v. 7. Jan. 1924 (RGBl. 25), DurchfVO. zum Münzges. v. 12. Dez. 1924 (RGBl. 775) § 2, Ges. v. 17. Dez. 1926 (RGBl. 503), Ges. v. 27. Febr. 1928 (RGBl. 45).

§ 1. Der Arbeits- oder Dienstlohn (§ 1 des Gesetzes vom 21. Juni 1869, Bundesgesetzbl. S. 242 und 1871 S. 63, Reichsgesetzbl. 1897 S. 159, 1898 S. 332)[1]) ist bei Auszahlung für Monate oder Bruchteile von Monaten bis zur Summe von monatlich 195 Reichsmark, bei Auszahlung für Wochen bis zur Summe von wöchentlich 45 Reichsmark, bei Auszahlung für Tage bis zur Summe von täglich 7,50 Reichsmark und, soweit er diese Beträge übersteigt, zu einem Drittel des Mehrbetrags der Pfändung nicht unterworfen.

Hat der Schuldner seinen Ehegatten, früheren Ehegatten, Verwandten oder einem unehelichen Kinde Unterhalt zu gewähren, so erhöht sich der unpfändbare Teil des Mehrbetrags für jede Person, der Unterhalt zu gewähren ist, um ein Sechstel, höchstens jedoch auf zwei Drittel des Mehrbetrags.

Übersteigt der Arbeits- oder Dienstlohn die Summe von 650 Reichsmark für den Monat, von 150 Reichsmark für die Woche, von 25 Reichsmark für den Tag, so findet auf den Mehrbetrag die Vorschrift des Abs. 2 keine Anwendung.

Die Vorschriften des Gesetzes vom 21. Juni 1869[1]) finden entsprechende Anwendung.

[1]) S. dieses Ges. oben unter Nr. 23.

§ 2. Ändern sich die Verhältnisse, die nach § 1 Abs. 1 für die Bestimmung des unpfändbaren Teiles des Lohnes maßgebend sind, so erweitert oder beschränkt sich die Pfändung nach Maßgabe der eingetretenen Änderung von dem auf deren Eintritt nächstfolgenden Zeitpunkt ab, an welchem der Lohn fällig wird. Auf Antrag des Gläubigers oder des Schuldners hat die Behörde, welche die Pfändung bewirkt hat, den Pfändungsbeschluß entsprechend zu berichtigen. Der Drittschuldner kann, solange ihm eine Berichtigung nicht zugestellt ist, nach Maßgabe der bisherigen Pfändung mit befreiender Wirkung leisten.

§ 3. Auf die Pfändung des Ruhegeldes der Personen, die in einem privaten Arbeits- oder Dienstverhältnisse beschäftigt gewesen sind, finden die Vorschriften der §§ 1, 2 entsprechende Anwendung. Das gleiche gilt für die Pfändung der Bezüge eines Handlungsgehilfen, der auf Grund der Vorschriften der §§ 74 bis 75a des Handelsgesetzbuchs in der Fassung des Gesetzes vom 10. Juni 1914 (Reichs-Gesetzbl. S. 209) für die Zeit nach der Beendigung des Dienstverhältnisses eine Entschädigung beanspruchen kann.

§ 4. Für die Bemessung der nach § 850 Abs. 3 der Zivilprozeßordnung der Pfändung nicht unterworfenen Beträge gelten die Vorschriften des § 1 Abs. 1 bis 3 und des § 2 entsprechend.

§ 5. Die Vorschrift des § 850 Abs. 4 der Zivilprozeßordnung und des § 4 Ziffer 3 und 4a des Gesetzes vom 21. Juni 1869 finden auf Schuldner, die Kriegsteilnehmer sind oder waren, keine Anwendung wegen solcher Unterhaltsbeiträge, die der Schuldner für die Zeit seiner Kriegsteilnehmerschaft zu entrichten hat.

Kriegsteilnehmer im Sinne dieser Vorschrift sind außer den im § 2 Abs. 1 des Gesetzes, betreffend den Schutz der infolge des Krieges an der Wahrnehmung ihrer Rechte behinderten Personen, vom 4. August 1914 (Reichs-Gesetzbl. S. 328) bezeichneten Personen auch die Personen, die vermöge ihres Dienstverhältnisses, Amtes oder Berufs zu den immobilen Teilen der Land- oder Seemacht gehören sowie diejenigen Personen, die sich in Ausübung des vaterländischen Hilfsdienstes im Ausland aufhalten.

§ 6. Gesetzliche Vorschriften, die über die Pfändung des Ruhegeldes der im § 3 bezeichneten Art abweichende Bestimmungen treffen, bleiben unberührt.

§ 7. Diese Verordnung tritt am 1. Juli 1919 in Kraft. Der Reichsminister der Justiz bestimmt, wann und in welchem Umfang sie außer Kraft tritt; sie tritt spätestens am 31. Dezember 1931 außer Kraft.

Soweit mit dem Inkrafttreten der Verordnung eine Erweiterung des der Pfändung nicht unterworfenen Teiles der in §§ 1, 3 der Verordnung und im § 850 Abs. 3 der Zivilprozeßordnung bezeichneten Forderungen eintritt, finden die Vorschriften des § 2 entsprechende Anwendung. Pfändungen gegen Schuldner, die Kriegsteilnehmer sind oder waren, sind auf deren Antrag insoweit aufzuheben, als sie bei Anwendung des § 5 unzulässig gewesen wären. Eine vor dem Inkrafttreten der Verordnung erfolgte Aufrechnung, Abtretung oder Verpfändung verliert ihre Wirksamkeit, soweit sie bei Anwendung der Verordnung unwirksam sein würde.

25. Weiteres Gesetz über Lohn- und Gehaltspfändung.

Vom 27. Febr. 1928 (RGBl. 45).

Art. I. (Ändert die §§ 1 u. 7 der VO. über Lohnpfändung v. 25. Juni 1919; die Änderung ist bei dem Abdruck, oben Nr. 24 bereits berücksichtigt).

Art. II. (Ändert den § 850 Abs. 2 ZPO; die Änderung ist bei dessen Abdruck, oben Nr. 1 bereits berücksichtigt).

Art. III. Das Gesetz tritt mit dem 1. April 1928 in Kraft.

Eine vor diesem Zeitpunkt erfolgte Pfändung beschränkt sich nach Maßgabe dieses Gesetzes von dem auf das Inkrafttreten nächstfolgenden Fälligkeitszeitpunkt an. Eine vor dem Inkrafttreten des Gesetzes erfolgte Aufrechnung, Abtretung oder Verpfändung verliert ihre Wirkung insoweit, als sie nach diesem Zeitpunkt unzulässig sein würde.

Auf Antrag des Gläubigers oder des Schuldners hat das Vollstreckungsgericht den Pfändungsbeschluß entsprechend zu berichtigen. Der Drittschuldner kann, solange ihm die Berichtigung nicht zugestellt ist, nach Maßgabe der bisherigen Pfändung mit befreiender Wirkung leisten.

26. Reichsversicherungsordnung (Auszug).

Vom 19. Juli 1911 (RGBl. 509), in der Neufassung v. 15. Dez. 1924 (RGBl. 779).

Weitere Änderungen erfolgten durch Ges. v. 22. Januar 1925 (RGBl. 3), Verordnung v. 14. März 1925 (RGBl. 25), Ges. v. 23. März 1925 (RGBl. 27), Ges. v. 14. Juli 1925 (RGBl. 97), Ges. v. 28. Juli 1925 (RGBl. 157), Ges. v. 26. März 1926 (RGBl. 179), Ges. v. 22. Mai 1926 (RGBl. 243), Ges. v. 25. Juni 1926 (RGBl. 311), Ges. v. 9. Juli 1926 (RGBl. 407), Ges. v. 8. April 1927 (RGBl. 95), Weiteres Ges. v. 8. April 1927 (RGBl. 98), Ges. v. 15. Juli 1927 (RGBl. 210), Ges. v. 16. Dez. 1927 (RGBl. 337).

§ 119. Die Ansprüche des Berechtigten können mit rechtlicher Wirkung übertragen, verpfändet und gepfändet werden nur wegen

1. eines Vorschusses, den der Berechtigte auf seine Ansprüche vor Anweisung der Leistungen vom Arbeitgeber oder von einem Organe des Versicherungsträgers oder einem seiner Mitglieder erhalten hat,
2. der in § 850 Abs. 4 der Zivilprozeßordnung bezeichneten Forderungen,
3. der Forderungen der nach § 1531 ersatzberechtigten Gemeinden und Träger der Armenfürsorge sowie Arbeitgeber und Kassen, die an ihre Stelle getreten sind; die Übertragung, Verpfändung und Pfändung ist nur in Höhe der gesetzlichen Ersatzansprüche zulässig,
4. rückständiger Beiträge, die nicht seit länger als drei Monaten fällig sind.

Ausnahmsweise darf der Berechtigte auch in anderen Fällen den Anspruch mit Genehmigung des Versicherungsamts ganz oder zum Teil auf andere übertragen.

27. Angestelltenversicherungsgesetz (Auszug).

Vom 20. Dez. 1911 (RGBl. 989), in der Neufassung vom 28. Mai 1924 (RGBl. 563).

Weitere Änderungen erfolgten durch Ges v. 23. März 1925 (RGBl. 28), VO. v. 23. April 1925 (RGBl. 51), Ges. v. 28. Juli 1925 (RGBl. 157), Ges. v. 25. Juni 1926 (RGBl. 311), Ges. v. 8. April 1927 (RGBl. 95), Weiteres Ges. v. 8. April 1927 (RGBl. 98), Ges. v. 22. Dez. 1927 (RGBl. 507).

§ 91. Die Ansprüche des Berechtigten können mit rechtlicher Wirkung übertragen, verpfändet und gepfändet werden nur wegen

1. eines Vorschusses, den der Berechtigte auf seine Ansprüche vor Anweisung der Leistungen vom Arbeitgeber oder von der Reichsversicherungsanstalt erhalten hat,
2. der im § 850 Abs. 4 der Zivilprozeßordnung bezeichneten Forderungen,
3. der Forderungen der nach § 80 ersatzberechtigten Gemeinden und Fürsorgeverbände sowie der an ihre Stelle tretenden ersatzberechtigten Arbeitgeber, Ersatzkassen (§ 363) und Versicherungsträger der reichsgesetzlichen Arbeiterversicherung einschließlich des Reichsknappschaftsvereins; die Übertragung, Verpfändung und Pfändung ist nur in Höhe der gesetzlichen Ersatzansprüche zulässig,
4. rückständiger Beiträge, die nicht seit länger als drei Monaten fällig sind.

Ausnahmsweise darf der Berechtigte auch in anderen Fällen den Anspruch mit Genehmigung des Versicherungsamts ganz oder zum Teil auf andere übertragen.

28. Reichsknappschaftsgesetz (Auszug).

Vom 23. Juni 1923 (RGBl. 431), in der Neufassung vom 1. Juli 1926 (RGBl. 369).

Weitere Änderungen erfolgten durch Ges. v. 8. April 1927 (RGBl. 95).

§ 224. (1) Die Ansprüche auf die Leistungen der Versicherung nach diesem Gesetze können mit rechtlicher Wirkung übertragen verpfändet und gepfändet werden nur wegen

1. eines Vorschusses, den der Berechtigte auf seine Ansprüche vor Anweisung der Leistungen vom Arbeitgeber oder von der Reichsknappschaft, den Bezirksknappschaften oder von der besonderen Krankenkasse erhalten hat;
2. der im § 850 Abs. 4 der Zivilprozeßordnung bezeichneten Forderungen;
3. der Forderungen der nach § 1531 der Reichsversicherungsordnung ersatzberechtigten Gemeinden und Träger der Armenfürsorge sowie Arbeitgeber und Kassen, die an ihre Stelle getreten sind; die Übertragung, Verpfändung und Pfändung ist nur in Höhe der gesetzlichen Ersatzansprüche zulässig;
4. rückständiger Beiträge, die nicht seit länger als drei Monaten fällig sind.

(2) Ausnahmsweise darf der Berechtigte auch in anderen Fällen den Anspruch mit Genehmigung seiner Gemeindebehörde ganz oder zum Teil auf andere übertragen.

29. Gesetz über die Versorgung der Militärpersonen und ihrer Hinterbliebenen bei Dienstbeschädigung (Reichsversorgungsgesetz); Auszug.

Vom 12. Mai 1920 (RGBl. 989), nunmehrige Neufassung vom 22. Dez. 1927 (RGBl. 515).

Übertragung, Verpfändung und Pfändung.

§ 68. Der Anspruch auf Versorgungsgebührnisse kann übertragen, verpfändet und gepfändet werden nur

1. wegen eines Darlehns oder Vorschusses, die dem Versorgungsberechtigten auf seine Ansprüche von einer Hauptfürsorgestelle oder Fürsorgestelle der Kriegsbeschädigten- und Kriegshinterbliebenenfürsorge, von Gemeinden und Armenverbänden sowie von solchen gemeinnützigen Einrichtungen gewährt werden, denen von der Landeszentralbehörde die Genehmigung zur Gewährung von Darlehen und Vorschüssen erteilt ist,

2. wegen eines Anspruchs auf Erfüllung einer gesetzlichen Unterhaltspflicht,
3. wegen eines Anspruchs des Reichs auf Rückzahlung zu Unrecht empfangener Versorgungsgebührnisse und wegen des Anspruchs einer Krankenkasse auf Rückzahlung zu Unrecht empfangenen Krankengeldes (§ 12) und Hausgeldes (§ 13),
4. wegen eines Anspruchs einer öffentlich-rechtlichen Körperschaft auf Rückzahlung einer nach gesetzlicher Verpflichtung gewährten Leistung.

Mit Genehmigung der Hauptfürsorgestelle der Kriegsbeschädigten- und Kriegshinterbliebenenfürsorge kann der Versorgungsberechtigte auch abgesehen von den Vorschriften des Abs. 1 den Anspruch auf Versorgungsgebührnisse ganz oder zum Teil auf andere übertragen.

§ 69. In den Fällen des § 68 Nr. 1 und 4 ist die Übertragung, Verpfändung und Pfändung vor der Anweisung der Versorgungsgebührnisse unbegrenzt, nach der Anweisung nur bis zum halben Betrage der angewiesenen Gebührnisse zulässig.

Der Ersatzanspruch der Hauptfürsorgestellen oder Fürsorgestellen der Kriegsbeschädigten- und Kriegshinterbliebenenfürsorge geht den gleichen Ansprüchen anderer Berechtigter vor, es sei denn, daß sie vor dem Entstehen ihres Anspruchs den Anspruch eines anderen Berechtigten gekannt haben.

§ 70. In den Fällen des § 68 Nr. 2 ist die Übertragung, Verpfändung und Pfändung insoweit unzulässig, als der Versorgungsberechtigte der Gebührnisse zur Bestreitung seines Unterhalts oder zur Erfüllung einer ihm sonst gesetzlich obliegenden vorgehenden oder gleichstehenden Unterhaltspflicht bedarf.

§ 71. In den Fällen des § 68 Nr. 3 ist die Pfändung nur dem Versorgungsberechtigten gegenüber zulässig, an den die Versorgungsgebührnisse zu Unrecht gezahlt worden sind.

Kapitalabfindung.

§ 72. Personen, die auf Grund dieses Gesetzes Anspruch auf Versorgungsgebührnisse haben, können zum Erwerb oder zur wirtschaftlichen Stärkung eigenen Grundbesitzes durch Zahlung eines Kapitals abgefunden werden. Eine Kapitalabfindung kann auch dann gewährt werden, wenn Versorgungsberechtigte zum Erwerb eigenen Grundbesitzes einem gemeinnützigen Bau- oder Siedlungsunternehmen beitreten wollen.

§ 78. Die Abfindungssumme ist auf Erfordern insoweit zurückzuzahlen, als sie nicht innerhalb einer von der Behörde bemessenen Frist bestimmungsgemäß verwendet ist.

§ 83. Innerhalb der im § 78 vorgesehenen Frist ist ein der ausgezahlten Abfindungssumme gleichkommender Betrag an Geld, Wertpapieren und Forderungen der Pfändung nicht unterworfen.

30. Gesetz

über die Versorgung der Angehörigen des Reichsheers und der Reichsmarine sowie ihrer Hinterbliebenen (Wehrmachtversorgungsgesetz).

Vom 4. Aug. 1921 (RGBl. 993); nunmehrige Fassung vom 19. Sept. 1925 (RGBl. 349 u. 389).

I. Teil: Unteroffiziere und Mannschaften.

Einmalige Übergangsbeihilfe.

§ 15. Die einmalige Übergangsbeihilfe (§ 1 Abs. 1e) beträgt bei einer Dienstzeit

von mindestens vier und weniger als acht Jahren 500 Reichsmark,

von mindestens acht und weniger als zwölf Jahren 1000 Reichsmark,

von mindestens zwölf Jahren 1500 Reichsmark.

Die einmalige Übergangsbeihilfe ist vor der Entlassung von Amts wegen festzustellen.

Einmalige Umzugsentschädigung.

§ 16. Wird infolge Übertritts in einen bürgerlichen Beruf innerhalb von zwei Jahren nach der Entlassung ein Umzug ausgeführt, so wird auf Antrag eine einmalige Umzugsentschädigung (§ 1 Abs. 1f) in Höhe der tatsächlich entstandenen Kosten nach den für versetzte Unteroffiziere und Mannschaften geltenden Bestimmungen und in Grenzen der für Versetzte der gleichen Dienstgrade zuständigen Beträge gewährt.

Bei einem Umzug in das Ausland ist die Umzugsentschädigung nur bis an die Grenze des Deutschen Reichs zu gewähren, Eine Umzugsentschädigung ist nicht zu gewähren. wenn und solange die laufenden Versorgungsgebührnisse nach den Vorschriften der §§ 20, 22 zu erlöschen oder zu ruhen haben.

Gebührnisse für das Sterbevierteljahr.

§ 27. Stirbt ein Versorgungsberechtigter, so werden für die auf den Sterbemonat folgenden drei Monate noch die laufenden Versorgungsgebührnisse (§§ 7, 8, 14) gezahlt, die dem Verstorbenen nach diesem Gesetze zu zahlen gewesen wären.

Bezugsberechtigt sind nacheinander: Der Ehegatte, die Kinder, der Vater, die Mutter, der Großvater, die Großmutter, die Geschwister und Geschwisterkinder, wenn sie mit dem Verstorbenen zur Zeit des Todes in häuslicher Gemeinschaft gelebt haben oder wenn der Verstorbene sie aus sittlichen, gesetzlichen oder vertraglichen Gründen zu unterstützen verpflichtet war.

Den ehelichen Kindern werden gleichgestellt

1. die für ehelich erklärten Kinder,
2. die angenommenen Kinder, wenn sie vor der Entlassung an Kindes Statt angenommen sind,
3. die Stief- und Pflegekinder, wenn sie vor der Entlassung von dem Versorgungsberechtigten unentgeltlich unterhalten worden sind,
4. die unehelichen Kinder, wenn sie vor der Entlassung von dem Versorgungsberechtigten erzeugt worden sind und die Vaterschaft glaubhaft gemacht ist.

Sind nach Abs. 2 bezugsberechtigte Personen nicht vorhanden, so bestimmt die für die Regelung der Versorgungsgebührnisse zuständige Behörde (§ 85), ob und an wen die Gebührnisse für das Sterbevierteljahr zu zahlen sind.

Die Gebührnisse für das Sterbevierteljahr werden im voraus in einer Summe gezahlt.

Die Gebührnisse für das Sterbevierteljahr werden auf den Gesamtbetrag der nach dem Reichsversorgungsgesetze für den gleichen Zeitraum zu zahlenden Hinterbliebenenrenten angerechnet.

Pfändung.

§ 28. Die einmalige Übergangsbeihilfe, die einmalige Umzugsentschädigung und die Gebührnisse für das Sterbevierteljahr (§§ 15, 16, 27) sind der Pfändung nicht unterworfen. Das gleiche gilt für einen der einmaligen Übergangsbeihilfe und der einmaligen Umzugsentschädigung gleichwertigen Betrag an Geld, Wertpapieren und Forderungen bis zum Ablauf von drei Monaten nach der Auszahlung der Beträge. Die übrigen Versorgungsgebührnisse mit Ausnahme der der §§ 2, 5 unterliegen insoweit der Pfändung, als diese bei den Ruhegehaltsbezügen der Offiziere und Beamten zulässig ist.

Wegen des Anspruchs des Reichs auf Rückzahlung zu Unrecht erhobener Versorgungsgebührnisse ist die Pfändung von Versorgungsgebührnissen ohne Beschränkung zulässig.

II. Teil: Offiziere.

Versorgungsarten.

§ 33. Leiden die im § 32 bezeichneten Offiziere an Gesundheitsstörungen, die auf eine Dienstbeschädigung zurückzuführen sind, so gelten für sie außerdem die Vorschriften des Reichsversorgungsgesetzes mit folgenden Maßgaben:

1. Neben dem Zivildienstscheine (§ 61) wird der Beamtenschein nach § 33 des Reichsversorgungsgesetzes nicht gewährt;
2. bei der Anwendung der Ruhensvorschrift des § 63 Nr. 2 des Reichsversorgungsgesetzes sind nur die Übergangsgebührnisse (§ 32) sowie die Kinder-, Frauen- und Teuerungszuschläge (§ 53) zu berücksichtigen.

Für die im § 31 bezeichneten Offiziere findet in diesem Falle § 109 des Reichsversorgungsgesetzes Anwendung.

§ 35. Für Offiziere, die eine Versorgung nach diesem Gesetze nicht erhalten, gelten die Vorschriften des Reichsversorgungsgesetzes unverändert.

§ 43. Die Abfindungssumme ist auf Erfordern insoweit zurückzuzahlen, als sie nicht innerhalb einer vom Reichswehrminister bemessenen Frist bestimmungsgemäß verwendet ist.

§ 46. Wird durch eine Körperschaft des öffentlichen Rechtes oder durch eine von der Landeszentralbehörde zugelassene Einrichtung Erwerb oder wirtschaftliche Stärkung von Grundbesitz vermittelt, so soll auf Antrag anstatt der Kapitalabfindung und unter deren Voraussetzungen zum Zwecke der Kapitalbeschaffung die Abtretung auch der nicht der Pfändung unterliegenden Ruhegehaltsteile an die vermittelnde Stelle genehmigt werden. Diese Abtretung macht die unpfändbaren Bezüge nicht pfändbar.

Wird von der vermittelnden Stelle wegen der Gefahr des vorzeitigen Erlöschens oder Ruhens des Anspruchs auf den abgetretenen Ruhegehaltsteil der Abschluß einer Lebens- oder Risikoversicherung verlangt, so soll die Abtretung eines Teiles des Ruhegehalts (§ 40) an den Versicherer zur Deckung der Prämie genehmigt werden.

Einmalige Übergangsbeihilfe.

§ 54. Die Vorschriften des § 15 finden auf Offiziere bis zu Dienstgraden mit dem Diensteinkommen eines Hauptmanns einschließlich Anwendung.

Einmalige Umzugsentschädigung.

§ 55. Wird infolge Übertritts in einen bürgerlichen Beruf innerhalb von zwei Jahren nach der Entlassung ein Umzug ausgeführt, so wird auf Antrag eine einmalige Umzugsentschädigung in Höhe der tatsächlich entstandenen Kosten nach den für versetzte Offiziere geltenden Bestimmungen und in Grenzen der für Versetzte der gleichen Dienstgrade zuständigen Beträge gewährt.

Die Vorschriften des § 16 Abs. 2 gelten entsprechend.

Gebührnisse für das Sterbevierteljahr.

§ 70. Stirbt ein Versorgungsberechtigter, so werden für die auf den Sterbemonat folgenden drei Monate noch die laufenden Versorgungsgebührnisse (§§ 31, 32, 53) gezahlt, die dem Verstorbenen nach diesem Gesetze zu zahlen gewesen wären.

Die Vorschriften des § 27 Abs. 2 bis 6 gelten entsprechend.

Pfändung.

§ 71. Die Versorgungsgebührnisse der Offiziere, mit Ausnahme der, die auf Grund von Dienstbeschädigung nach dem Reichsversorgungsgesetze gewährt werden (§§ 33, 35), unterliegen insoweit der Pfändung, als diese bei den Ruhegehaltsbezügen der Beamten zulässig ist.

Innerhalb der im § 43 vorgesehenen Frist ist jedoch ein der ausgezahlten Abfindungssumme gleichwertiger Betrag an Geld, Wertpapieren und Forderungen der Pfändung nicht unterworfen. Das gleiche gilt für die gemäß § 46 beschafften Kapitalbeträge bis zu ihrer bestimmungsmäßigen Verwendung. Der Pfändung sind ferner nicht unterworfen die einmalige Übergangsbeihilfe, die einmalige Umzugsentschädigung und die Gebührnisse für das Sterbevierteljahr (§§ 54, 55, 70). Das gleiche gilt für einen der einmaligen Übergangsbeihilfe und der einmaligen Umzugsentschädigung gleichwertigen Betrag an Geld, Wertpapieren und Forderungen bis zum Ablauf von drei Monaten nach der Auszahlung der Beträge.

Wegen des Anspruchs des Reichs auf Rückzahlung zu Unrecht erhobener Versorgungsgebührnisse ist die Pfändung von Versorgungsgebührnissen ohne Beschränkung zulässig.

IV. Teil: Hinterbliebene.

§ 79. Witwen, die Witwengeld (§ 76) erhalten, sollen auf ihren Antrag zum Erwerb oder zur wirtschaftlichen Stärkung eigenen Grundbesitzes oder zum Beitritt zu einem gemeinnützigen Bau- oder Siedelungsunternehmen oder zur Erleichterung einer Berufsausbildung eine Kapitalabfindung nach den Vorschriften der §§ 38 bis 50, 71 Abs. 2 erhalten.

Bei Ermittlung, ob und zu welchem Betrage die Bezüge der Witwe einer nach Zahlung der Abfindungssumme bewirkten Pfändung unterliegen, bleibt der Teil außer Ansatz, hinsichtlich dessen die Abfindung stattgefunden hat.

§ 80. Stirbt ein Wehrmachtsangehöriger, so erhalten seine Witwe und seine Waisen zur Erleichterung des Umzugs, soweit dieser aus wirtschaftlichen oder beruflichen Gründen erforderlich ist, eine einmalige Umzugsentschädigung, wenn der Umzug innerhalb von zwei Jahren nach seinem Tode ausgeführt wird. Die Umzugsentschädigung wird in Höhe der tatsächlich entstandenen Kosten nach den für Versetzte geltenden Bestimmungen und in Grenzen der für den Dienstgrad des Verstorbenen zahlbaren Beträge gewährt.

Die Vorschriften des § 16 Abs. 2, § 28 Abs. 1, Satz 1, 2, gelten entsprechend.

31. Festsetzung des Begriffs Militärbehörde in Bestimmungen des Ges. betr. Aufhebung der Militärgerichtsbarkeit v. 17. Aug. 1920, der Zivilprozeßordnung, der Strafprozeßordnung und der Konkursordnung, soweit Soldaten- oder Militärbeamte in Frage kommen.

Bek. v. 4. Nov. 1922 (RGBl. 1926 II. Tl. 285; HeeresVOBl. 1922, 491).

I. Zu § 13 AufhGes.

Arreststrafen sind auf Ersuchen der bürgerlichen Strafvollziehungsbehörden von den Militärbehörden zu vollstrecken, ebenso sonstige Freiheitsstrafen bis zu sechs Wochen, solange die Verurteilten Militärpersonen[1]) sind.

Unter Militärbehörde ist zu verstehen:

a. Im Reichsheer.

1. Bei Soldaten und Militärbeamten eines Regiments oder selbständigen Verbandes[2]) der Kommandeur, sonst das Wehrkreiskommando, dem sie unterstellt oder in dessen örtlichem Bereich sie dienstlich untergebracht sind, bei Soldaten und Militärbeamten des Reichswehrministeriums jedoch dieses.

2. Bei Ausgeschiedenen der Kommandant oder Standortälteste, dessen Standort der Aufenthalt des Verurteilten ist oder diesem am nächsten liegt, in Zweifelsfällen das für den Wohnsitz oder Aufenthaltsort des Verurteilten zuständige Wehrkreiskommando.

b. in der Reichsmarine.

1. Bei Soldaten und Militärbeamten eines Schiffes oder Fahrzeugs der Kommandant, einer Halbflotille der Halbflotil-

---

[1]) Militärpersonen sind Soldaten und Militärbeamte.

[2]) Selbständige Verbände sind die Pionier-Bataillone, Nachrichten-, Kraftfahr-, Fahr- und Sanitäts-Abteilungen sowie die durch besondere Erlasse als selbständige Verbände erklärten Formationen.

lenchef, eines Landmarineteils (Schiffstammdivisionen, Küstenwehrabteilungen) der Kommandeur, sonst das Marinestationskommando, dem sie unterstellt sind oder zu dessen Bereiche sie gehören, bei Soldaten und Militärbeamten des Reichswehrministeriums jedoch dieses.

2. Wie zu I a 2, jedoch am Schlusse anstatt „Wehrkreiskommando" „Marinestationskommando".

II. Zu § 14 AufhGes.

Vorführungen von Militärpersonen[1]) erfolgen durch Militärbehörden.

Unter Militärbehörde ist zu verstehen:

a. im Reichsheer.

1. Bei Offizieren[2]) undMilitärbeamten eines Regiments oder selbständigen Verbandes[3]) der Kommandeur, sonst der nächste Militärvorgesetzte.

2. Bei Unteroffizieren[4]) und Mannschaften der nächste Disziplinarvorgesetzte (vgl. § 172 ZPO.).

b. in der Reichsmarine.

1. Bei Offizieren[5]) und Militärbeamten eines Schiffes oder Fahrzeugs der Kommandant oder Halbflotillenchef, eines Landmarineteils (Schiffsstammdivision oder Küstenwehrabteilung) der Kommandeur, sonst der nächste Militärvorgesetzte.

2. Bei Deckoffizieren, Unteroffizieren und Mannschaften der nächste Disziplinarvorgesetzte (vgl. § 172 ZPO.).

---

[1]) Militärpersonen sind Soldaten und Militärbeamte.

[2]) Unter Offizieren sind auch Sanitäts- und Veterinär-Offiziere zu verstehen.

[3]) Selbständige Verbände sind die Pionier-Bataillone, Nachrichten-Kraftfahr-, Fahr- und Sanitäts-Abteilungen sowie die durch besondere Erlasse als selbständige Verbände erklärten Formationen.

[4]) Einschließlich Unterärzten.

[5]) Unter Offizieren sind Seeoffiziere, Ingenieuroffiziere und Sanitätsoffiziere zu verstehen.

III. Zu § 378 ZPO., § 48 Abs. 2 StPO.

Soldaten werden als Zeugen durch Ersuchen der Militärbehörde geladen.

Unter Militärbehörde ist zu verstehen: Wie bei II.

IV. Zu § 752 ZPO.

Zwangsvollstreckung gegen Soldaten und Militärbeamte dürfen erst beginnen, nachdem die vorgesetzte Militärbehörde davon Anzeige erhalten hat.

Unter Militärbehörde ist zu verstehen: Wie bei II.

Diese Festsetzung gilt auch für die nach § 112 KO. der „Dienstbehörde des Gemeinschuldners" zu machende Mitteilung, wenn die Dienstbehörde eine Militärbehörde ist.

V. Zu § 790 ZPO.

Soll eine Zwangsvollstreckung gegen Soldaten in Kasernen oder andern militärischen Dienstgebäuden erfolgen, so hat das Vollstreckungsgericht die zuständige Militärbehörde darum zu ersuchen.

Unter Militärbehörde ist zu verstehen: Wie bei II.

Bei Dienstgebäuden, die ausschließlich einem Truppenteil (Marineteil) oder einer einem militärischen Chef unterstellten Anstalt zur Benutzung überwiesen sind, der Kommandeur oder militärische Chef, sonst der Kommandant oder Standortälteste.

VI. Zu § 912 ZPO.

Soll wegen Nichterscheinens zur Leistung oder wegen unbegründeter Verweigerung des Offenbarungseids gegen einen Soldaten oder Militärbeamten Haft vollstreckt werden, so hat das Gericht die vorgesetzte Militärbehörde darum zu ersuchen.

Unter Militärbehörde ist zu verstehen: Wie bei I.

VII. Zu §§ 98, 105 StPO.

Beschlagnahme und Durchsuchungen in militärischen Dienstgebäuden erfolgen durch Ersuchen der Militärbehörde und auf Verlangen der Zivilbehörde unter deren Mitwirkung.

Unter Militärbehörde ist zu verstehen: Wie bei V.

32. Erlaß des Reichswehrministers über die Vertretung des Reichs- (Wehr-) Fiskus in Angelegenheiten der Reichsmarine, der früheren Kaiserlichen Marine und der vorläufigen Reichsmarine (Auszug).

Vom 28. März 1923 (RMBl. 1923, 347).

II. Vertretung des Reichs-(Wehr-)Fiskus als Drittschuldner.

Der Reichs-(Wehr-)Fiskus wird als Drittschuldner vertreten:

1. bei Pfändungen gegen Soldaten und Beamte der Reichsmarine:
   a) durch das Reichswehrministerium (Marineleitung), falls Schuldner ein Admiral oder ein Chef oder Vorstand einer dem Reichswehrministerium (Marineleitung) unmittelbar unterstellten Behörde ist oder zu auswärtigen Botschaften oder Gesandtschaften kommandiert ist,
   b) durch die unmittelbar übergeordnete Behörde, falls Schuldner der Vorstand einer Marinebehörde ist,
   c) im übrigen durch die Behörde, zu welcher der Schuldner gehört oder kommandiert ist;
2. bei Pfändungen gegen Angestellte und Arbeiter der Reichsmarine durch die Behörde, bei welcher der Schuldner tätig ist;
3. bei Pfändungen gegen Personen, die zur Reichsmarine in vertraglichen oder sonstigen rechtlichen Beziehungen stehen, nicht aber unter Ziffer 2 fallen:
   a) falls zur Sicherung bestimmter Bedürfnisse eines größeren Kreises allgemeine Lieferungs- oder sonstige Verträge abgeschlossen sind, durch die Behörde, welche die Bezahlung des Vertragsgegners anzuweisen hat,
   b) im übrigen durch die Behörde, welche die Verpflich-

tungen der Reichsmarine eingegangen ist oder sonst herbeigeführt hat.

Zu (I und) II. Zu den Behörden gehören auch die Marineteile an Land und zur See.

33. Bek. des Reichswehrministers.

Vom 16. Jan. 1925 (RMBl. 1925, 94).

Nachweisung der Behörden und Personen, die vom 1. März 1925 ab zur Vertretung des Reichs-(Wehr-) Fiskus als Drittschuldners bei Pfändung des Diensteinkommens der Angehörigen des Reichsheers, der Wartegelder und der Versorgungsgebührnisse dieser Personen und ihrer Hinterbliebenen sowie der Gebührnisse der Vertragsangestellten und der Arbeiter des Heeres berufen sind.

Lfd. Nr.	Der Pfändungsbeschluß ist zuzustellen	
1	2	3
	A. Betreffs der aktiven Soldaten und Beamten:	
1	a) den Regimentskommandeuren, b) den Kommandeuren der selbständigen Verbände (Pionier-Bataillone, Nachrichten-, Fahr-, Kraftfahr- und Divisions-Sanitäts-Abteilungen), der Artillerieschule Jüterbog, der Infanterieschule München, der Pionierschule München, der Kavallerieschule Hannover, c) dem Leiter des Berittenmachungspersonals des Reichswehrministeriums—siehe Bemerknug 3—, d) den Kommandanten von Berlin, Dresden, Hannover, Magdeburg, München, Münster i. W., Oppeln, Stettin und Stuttgart,	bei Pfändung des Diensteinkommens der ihnen unterstellten Soldaten und Beamten.

Lfd. Nr.	Der Pfändungsbeschluß ist zuzustellen	
1	2	3
	der Truppenübungsplätze, des Artillerieschießplatzes Jüterbog, des Pionierübungsplatzes Klausdorf, der Festungen, der Befestigungen bei Lötzen, e) dem Führer des Schießplatzkommandos Kummersdorf — siehe Bemerkung 4 —, f) den Vorständen der Militär-Lehrschmieden Berlin, München und Hannover, der Zeugämter, der Munitionsanstalten, der Gruppensanitätsdepots Berlin und Cassel, des Heeresveterinäruntersuchungsamts Berlin, der Veterinärmittelabteilung des Zeugamts Spandau in Berlin, der Heeresbücherei Berlin, der Armeebibliothek München, der Pionierwerkstatt Schöneberg, g) dem Inspekteur für Waffen und Gerät	
2	den Infanterie- und Artillerieführern	bei Pfändung des Diensteinkommens der Angehörigen ihrer Stäbe mit Ausnahme der Führer.
3	den Divisionskommandeuren (Befehlshabern in den Wehrkreisen) und den Kavallerie-Divisions-Kommandeuren	bei Pfändung des Diensteinkommens der Angehörigen der Divisions- (Wehrkreis-) Kommandos und der Kavallerie-Divisions-Kommandos mit Ausnahme der Kommandeure.
4	den Oberbefehlshabern der Gruppenkommandos	bei Pfändung des Diensteinkommens der Angehörigen der Gruppenkommandos mit Ausnahme der Oberbefehlshaber.
5	dem zuständigen Wehrkreisverwaltungsamt (I bis VII) — siehe Bemerkung 5 —	bei Pfändung des Diensteinkommens: a) der unter 1—4 in Spalte 2 aufgeführten Kommandeure, Kommandanten, Vorstände, Inspekteure, Führer (mit Ausnahme des Führers zu 1e und

Lfd. Nr.	Der Pfändungsbeschluß ist zuzustellen	
1	2	3
		des Leiters zu 1c) und Oberbefehlshaber, b) der Beamten der Wehrkreisverwaltungsämter einschl. des Verwaltungszweigamts Breslau mit Ausnahme der Vorstände der Wehrkreisverwaltungsämter, c) der Beamten der Heeresunterkunftsämter, der Heeresverpflegungsämter, der Heeresbekleidungsämter, der Wirtschafts- und Rechnungsämter und der Lazarettbeamten.
6	der zuständigen Wehrkreisbaudirektion (I—VII)	bei Pfändung des Diensteinkommens der Beamten der Heeresbauverwaltung mit Ausnahme der Vorstände der Wehrkreisbaudirektionen.
7	a) der Heeres-Forstinspektion I für die Wehrkreise I—IV und VI, b) der Heeres-Forstinspektion II für die Wehrkreise V und VII	bei Pfändung des Diensteinkommens der Beamten der Heeresforstverwaltung mit Ausnahme der Leiter der Heeresforstinspektionen.
8	dem Reichswehrministerium	bei Pfändung des Diensteinkommens: a) der Vorstände der Wehrkreisverwaltungsämter und der Wehrkreisbaudirektionen sowie der Leiter der Heeresforstinspektionen, b) sämtlicher übrigen nicht unter 1—7 aufgeführten Soldaten und Beamten.

B. Betreffs derjenigen ehemaligen Angehörigen des Reichsheers und ihrer Hinterbliebenen, die Wartegeld oder Versorgungsgebührnisse beziehen:

	den Versorgungsämtern. Zuständig ist in jedem Falle das Versorgungsamt, in dessen Bereich der zu Pfändende wohnt.	bei Pfändung von Wartegeld oder Versorgungsgebührnissen der ehemaligen Angehörigen des Reichsheers und ihrer Hinterbliebenen.

Lfd. Nr.	Der Pfändungsbeschluß ist zuzustellen	
1	2	3
	C. Betreffs der Vertragsangestellten und der Arbeiter:	
1	dem Reichswehrministerium	bei Pfändung der Vergütung oder des Lohnes der im Reichswehrministerium beschäftigten Vertragsangestellten und Arbeiter.
2	dem zuständigen Wehrkreisverwaltungsamt (I—VII)	bei Pfändung der Vergütung oder des Lohnes aller zum Verwaltungsbereiche gehörigen Vertragsangestellten und Arbeiter.
3	der zuständigen Wehrkreisbaudirektion (I—VII)	wie zu 2.
4	a) der Heeres-Forstinspektion I für die Wehrkreise I—IV und VI, b) der Heeres-Forstinspektion II für die Wehrkreise V und VII	wie zu 2.
5	dem Inspekteur für Waffen und Gerät	wie zu 2.

Bemerkungen:

1. Soldaten heißen alle Angehörigen des Reichsheers mit Ausnahme der Beamten.
2. Für die Angehörigen der Reichsmarine gelten besondere Bestimmungen.
3. Der Leiter des Berittenmachungspersonals des Reichswehrministeriums untersteht dem Kommandanten von Berlin.
4. Der Führer des Schießplatzkommandos Kunnersdorf untersteht dem Inspekteur für Waffen und Gerät.
5. Es sind zuständig:
für den Inspekteur für Waffen und Gerät sowie für den Oberbefehlshaber des Gruppenkommandos 1 das Wehrkreisverwaltungsamt III,
für den Oberbefehlshaber des Gruppenkommandos 2 das Wehrkreisverwaltungsamt V.

34. Verordnung
über die Todeserklärung Kriegsverschollener.

Vom 18. April 1916 (RGBl. 296), in der Fassung der Bek. v. 9. August 1917 (RGBl. 703 mit Berichtigung 821).

Änderungen erfolgten durch das Ges. v. 20. Febr. 1925 (RGBl. 15, unten unter Nr. 35) u. das Ges. v. 9. Juli 1927 (RGBl. 175), die VO. v. 30. November 1927 (RGBl. 334).

§ 1. Wer als Angehöriger der bewaffneten Macht des Deutschen Reichs oder eines mit ihm verbündeten oder befreundeten Staates an dem gegenwärtigen Kriege teilgenommen hat (§ 15 des Bürgerlichen Gesetzbuchs) und während des Krieges vermißt worden ist, kann im Wege des Aufgebotsverfahrens für tot erklärt werden, wenn von seinem Leben ein Jahr lang keine Nachricht eingegangen ist.

Das gleiche gilt für Personen, die nicht zur bewaffneten Macht gehören, wenn sie sich bei ihr aufgehalten haben oder ihr gefolgt sind, oder wenn sie in die Gewalt des Feindes geraten sind.

§ 2. Als Todestag ist der 10. Januar 1920 anzunehmen.

Wird ein rechtliches Interesse an der Annahme einer anderen Todeszeit glaubhaft gemacht, so ist der Zeitpunkt, in dem der Antrag auf Todeserklärung zulässig geworden ist, oder, wenn der Verschollene seit einem besonderen Kriegsereignis (einem Gefecht, einer Sprengung, einem Schiffsunfall oder dergleichen), an dem er beteiligt war, vermißt wird, der Zeitpunkt des Ereignisses als Zeitpunkt des Todes anzunehmen, sofern nicht die Ermittlungen eine andere Annahme rechtfertigen.

§ 3. Solange nicht die Todeserklärung erfolgt ist, wird das Fortleben des Verschollenen bis zum 10. Januar 1920 oder im Falle des § 2 Abs. 2 bis zu dem Zeitpunkt vermutet, der in Ermangelung eines anderen Ergebnisses der Ermittlungen als Zeitpunkt des Todes anzunehmen ist.

§ 4. Für das Aufgebotsverfahren in den Fällen des § 1 gelten die Vorschriften der Zivilprozeßordnung, soweit nicht im folgenden ein anderes bestimmt ist.

§ 5. Der Antrag auf Todeserklärung ist dem Staatsanwalt mitzuteilen.

§ 6. Die Aufgebotsfrist muß mindestens einen Monat betragen.

§ 7. Die Bekanntmachung des Aufgebots durch öffentliche Blätter kann unterbleiben.

Das Gericht kann anordnen, daß das Aufgebot außer an die Gerichtstafel in der Gemeinde, in der der Verschollene seinen letzten Wohnsitz gehabt hat, an die für amtliche Bekanntmachungen bestimmten Stellen angeheftet wird.

Die Aufgebotsfrist beginnt mit der Anheftung des Aufgebots an die Gerichtstafel.

§ 8. Die Vorschrift des § 972 Abs. 1 Satz 2 der Zivilprozeßordnung findet keine Anwendung.

§ 9. Vor der Entscheidung über den Antrag auf Todeserklärung ist der Staatsanwalt über das Ergebnis der Ermittlungen zu hören. Die Entscheidung ist dem Staatsanwalt zuzustellen.

§ 10. In dem Urteil ist der Zeitpunkt des Todes nach § 2 Abs. 1, auf ausdrücklichen Antrag nach § 2 Abs. 2 festzustellen.

§ 11. Das Gericht kann das Verfahren auf die Dauer von längstens einem Jahre aussetzen, wenn eine weitere Nachricht nach den Umständen des Falles, insbesondere nach der Entfernung des letzten bekannten Aufenthaltsorts des Verschollenen, nicht ausgeschlossen erscheint. Gegen den Beschluß findet sofortige Beschwerde statt. Nach Ablauf der Frist ist das Verfahren von Amts wegen fortzusetzen.

§ 12. Für die Anfechtung eines nach dieser Verordnung erlassenen Ausschlußurteils gelten die Vorschriften der Zivilprozeßordnung.

Erhebt der für tot Erklärte die Anfechtungsklage, so ist die Klage nicht an die Fristen der §§ 958, 976 der Zivilprozeßordnung gebunden.

§ 13. Hat der Verschollene die Todeserklärung überlebt, so kann er ihre Aufhebung bei dem Aufgebotsgerichte beantragen.

Der Antrag kann schriftlich oder zu Protokoll der Geschäftsstelle gestellt werden. Der Antrag soll eine Angabe der ihn begründenden Tatsachen und die Bezeichnung der Beweismittel enthalten.

§ 14. Vor der Entscheidung ist der Staatsanwalt sowie derjenige zu hören, der die Todeserklärung erwirkt hat.

§ 15. Der § 968 der Zivilprozeßordnung gilt entsprechend.

Ergeben sich Zweifel, ob der Antragsteller der für tot Erklärte ist, so ist der Antrag zurückzuweisen und der Antragsteller auf den Weg der Anfechtungsklage zu verweisen.

§ 16. Die Entscheidung kann ohne mündliche Verhandlung ergehen. Sie erfolgt durch Beschluß. Gegen die Aufhebung der Todeserklärung findet kein Rechtsmittel statt; gegen die Zurückweisung des Antrags steht dem Antragsteller die sofortige Beschwerde zu.

§ 17. Der Antrag auf Aufhebung der Todeserklärung hat dieselben Wirkungen wie die Erhebung der Anfechtungsklage.

Ist die Todeserklärung durch Klage angefochten, so ist das Verfahren über die Anfechtungsklage bis zur Entscheidung über den Antrag auszusetzen.

Wird die Todeserklärung aufgehoben, so wirkt der Beschluß für und gegen alle.

§ 18. Ist in einem nach den Vorschriften dieser Verordnung erlassenen Ausschlußurteile der Zeitpunkt des Todes nach § 2 Abs. 1 festgestellt, so hat das Gericht unter den Voraussetzungen des § 2 Abs. 2 auf Antrag die Feststellung zu berichtigen. Ist im Falle des § 2 Abs. 2 der Zeitpunkt des Todes unrichtig festgestellt, so kann die Berichtigung auch von Amts wegen erfolgen. Für das Verfahren gelten die Vorschriften der §§ 19, 20; die Anfechtungsklage findet nicht statt.

§ 19. Antragsberechtigt ist jeder, der an der Berichtigung des Zeitpunkts des Todes ein rechtliches Interesse hat.

Der Antrag kann schriftlich oder zu Protokoll der Geschäftsstelle gestellt werden. Vor der Entscheidung ist der Staatsanwalt sowie derjenige zu hören, der die Todeserklärung erwirkt hat.

§ 20. Die Entscheidung, die ohne mündliche Verhandlung ergehen kann, erfolgt durch Beschluß.

Der Beschluß ist dem Antragsteller, demjenigen, der die Todeserklärung erwirkt hat, sowie dem Staatsanwalt zuzustellen. Der Beschluß, der eine Berichtigung ausspricht, wird auf dem Ausschlußurteil und den Ausfertigungen vermerkt.

Gegen den Beschluß, durch den eine Berichtigung ausgesprochen oder der Antrag auf Berichtigung zurückgewiesen wird, findet sofortige Beschwerde statt.

§ 21. In den Fällen der §§ 1, 13 und 18 ist auch der Staatsanwalt antragsberechtigt.

§ 22. In einem Verfahren nach den Vorschriften dieser Verordnung genügt zum Nachweis von Tatsachen, die bei dem Truppenteile des Verschollenen bekannt sind, eine mit dem Dienstsiegel versehene schriftliche Erklärung des militärischen Disziplinarvorgesetzten.

Soweit es sich um Tatsachen handelt, die bei der obersten Militärverwaltungsbehörde bekannt sind, genügt zum Nachweis die schriftliche, mit dem Dienstsiegel versehene Auskunft der Behörde.

§ 23. Für das Verfahren nach den Vorschriften dieser Verordnung werden Gerichtsgebühren nicht erhoben.

Wird ein Ausschlußurteil gemäß § 16 aufgehoben, so können die dem Antragsteller erwachsenen außergerichtlichen Kosten (§ 91 der Zivilprozeßordnung) demjenigen auferlegt werden, der das Ausschlußurteil erwirkt hat. Auch kann angeordnet werden, daß derjenige, der die Todeserklärung erwirkt hat, die Kosten erstattet, die gemäß § 971 der Zivilprozeßordnung dem Nachlaß des für tot Erklärten zur Last gefallen sind.

§ 24. Die Verordnung tritt mit dem Tage ihrer Verkündung (10. Aug. 1917) in Kraft.

35. Gesetz über die Todeserklärung Kriegsverschollener.

Vom 20. Febr. 1925 (RGBl. 15).

Änderungen erfolgten durch das Ges. v. 9. Juli 1927 (RGBl. 175) u. die VO. v. 30. November 1927 (RGBl. 334).

Art. I. (enthält nur Änderungen der VO. v. 18. April 1916, die bei dem Abdruck oben unter Nr. 34 berücksichtigt sind).

Art. II. Dieses Gesetz tritt am 1. März 1925 in Kraft. Ein vor dem Inkrafttreten bereits eingeleitetes Aufgebotsverfahren ist nach den bisherigen Vorschriften zu erledigen, es sei denn, daß sich der Antragsteller auf die Vorschriften dieses Gesetzes beruft. Für die Berichtigung eines Ausschlußurteils, das nach den bisherigen Vorschriften erlassen worden ist, gelten die Vorschriften des § 18 Satz 2, 3 der Verordnung in der Fassung des Artikel I.

36. Verordnung über Vermögensstrafen und Bußen.

Vom 6. Februar 1924 (RGBl. 44).

Eine Änderung erfolgte durch § 2 der VO. 12. Dez. 1924 (RGBl. 775).

Auf Grund des Ermächtigungsgesetzes vom 8. Dezember 1923 (Reichsgesetzbl. I S. 1179) verordnet die Reichsregierung nach Anhörung eines Ausschusses des Reichsrats und des Reichstags:

Die Vorschriften des Gesetzes zur Erweiterung des Anwendungsgebiets der Geldstrafe und zur Einschränkung der kurzen Freiheitsstrafen vom 21. Dezember 1921, des Geldstrafengesetzes vom 27. April 1923, des Gesetzes über Vermögensstrafen und Bußen vom 13. Oktober 1923 und der Verordnung auf Grund des Gesetzes über Vermögensstrafen und Bußen vom 23. November 1923 (Reichsgesetzbl. 1921 S. 1604; 1923 I S. 254, 943, 1117) werden durch folgende Vorschriften ersetzt:

Art. I. (Ändert das StGB.).

Art. II. Geldstrafen, die nicht bei Verbrechen, Vergehen oder Übertretungen angedroht sind oder werden, insbesondere Zwangsstrafen und Ordnungsstrafen, sind in Reichsmark festzusetzen.

Die Geldstrafe beträgt, soweit nicht höhere Beträge oder Geldstrafe in unbeschränkter Höhe angedroht sind oder werden, mindestens eine Reichsmark und höchstens eintausend Reichsmark.

Die Vorschrift des Abs. 2 über Höchstbeträge gilt nicht, soweit die angedrohte Strafe in dem Mehrfachen, dem Einfachen oder dem Bruchteil eines bestimmten Betrags besteht. Ist dieser nicht auf Reichsmark gestellt, so ist er für die Festsetzung der Geldstrafe in Reichsmark umzurechnen.

Soweit an die Stelle einer uneinbringlichen Geldstrafe eine Ersatzfreiheitsstrafe zu treten hat, darf die Geldstrafe nur in Haft von höchstens sechs Wochen umgewandelt werden; ist neben der Geldstrafe wahlweise Freiheitsstrafe von weniger als sechs Wochen angedroht, so darf die Ersatzstrafe deren Höchstmaß nicht übersteigen. Die Ersatzstrafe darf nur nach vollen Tagen bemessen werden. Im übrigen richtet sich ihr Maß nach freiem Ermessen der Behörde, die sie festsetzt.

Art. III. Ist oder wird eine Behörde, ein Beamter, eine Körperschaft oder deren Vorstand ermächtigt, Geldstrafen (§ 27 des Strafgesetzbuchs, Art. II dieser Verordnung) anzudrohen oder festzusetzen, so beträgt die zulässige Geldstrafe, soweit nicht eine Ermächtigung zur Androhung oder Festsetzung höherer

Beträge oder von Geldstrafe in unbeschränkter Höhe besteht oder erteilt wird,

1. bei Geldstrafen der im § 27 des Strafgesetzbuchs bezeichneten Art für Vergehen mindestens drei Reichsmark und höchstens zehntausend Reichsmark, für Übertretungen mindestens eine Reichsmark und höchstens einhundertfünfzig Reichsmark;
2. bei Geldstrafen der im Art. II bezeichneten Art mindestens eine Reichsmark und höchstens eintausend Reichsmark.

Die Vorschriften des Abs. 1 über Höchstbeträge gelten nicht, wenn die anzudrohende oder festzusetzende Strafe in dem Mehrfachen, dem Einfachen oder dem Bruchteil eines bestimmten Betrags besteht. Art. II Abs. 3 Satz 2 gilt entsprechend.

Art. IV. Bei einer an den Verletzten zu zahlenden Buße beträgt der Mindestbetrag drei Reichsmark, der Höchstbetrag zehntausend Reichsmark.

Art. V. Der in Goldmark festgesetzte Betrag einer Vermögensstrafe oder Buße ist in Reichswährung nach dem für den Tag der Zahlung oder Beitreibung maßgebenden Goldumrechnungssatz umzurechnen, den der Reichsminister der Finanzen auf Grund des § 2 Abs. 3 der Aufwertungsverordnung vom 11./18. Oktober 1923 (Reichsgesetzbl. I S. 939, 979) festgesetzt und fortlaufend veröffentlicht.

Die Zahlung kann auch in anderen als den gesetzlichen Zahlungsmitteln geleistet werden, soweit sie an den öffentlichen Kassen anzunehmen sind; den Umrechnungssatz bestimmt der Reichsminister der Finanzen. Maßgebend ist der für den Tag der Zahlung oder Beitreibung geltende Umrechnungssatz.

Vermögensstrafen im Sinne dieser Verordnung sind alle Geldstrafen (§ 27 des Strafgesetzbuchs, Artikel II, III dieser Verordnung) und solche Geldbeträge, die mit Rücksicht auf eine begangene strafbare Handlung eingezogen, für verfallen erklärt oder sonst auferlegt werden.

Art. VI. Bei Vermögensstrafen und Bußen gilt als Tag der Zahlung:

1. bei Zahlung durch Postscheck oder Postüberweisung der Tag, der sich aus dem Tagesstempel des Postscheckamts

auf dem dem Zahlungsempfänger ausgehändigten Abschnitt ergibt;

2. bei sonstiger Übermittlung der Zahlung durch die Post der aus dem Tagesstempel der Aufgabepostanstalt ersichtliche Teil der Einzahlung oder Einlieferung.

Im übrigen gilt als Tag der Zahlung der Tag des Zahlungseingangs.

Art. VII. Vermögensstrafen (Art. V Abs. 3) und Bußen, die vor dem 8. Dezember 1923 in (alter) Reichswährung festgesetzt worden und noch nicht gezahlt sind, werden von der Vollstreckungsbehörde in Reichsmark umgerechnet.

Die Umrechnung erfolgt in der Weise, daß zunächst der erkannte Betrag nach Maßgabe des Art. IV des Gesetzes über Vermögensstrafen und Bußen vom 13. Oktober 1923 (Reichsgesetzbl. I S. 943) unter Zugrundelegung einer abgerundeten Reichsindexzahl von 1000 Milliarden umgewertet und sodann der umgewertete Betrag auf der Grundlage eine Billion Reichsmark (alter Art) gleich eine Reichsmark in Reichsmark umgerechnet wird. Soweit eine Umwertung des erkannten Betrags nach Art. IV des genannten Gesetzes nicht zu erfolgen hat, wird der erkannte Betrag auf dieser Grundlage unmittelbar in Reichsmark umgerechnet.

Der Betrag wird auf volle Reichsmark nach unten abgerundet. Vermögensstrafen und Bußen, die auch nach der Umrechnung weniger als eine Reichsmark betragen, werden niedergeschlagen.

Die Vorschriften der Abs. 1, 2 gelten entsprechend für Gerichtsgebühren bei Verurteilung zu einer Geldstrafe (§ 49 des Gerichtskostengesetzes vom 21. Dezember 1922, Reichsgesetzbl. 1923 I S. 12). Der Betrag wird auf volle fünfzig Reichspfennig nach unten abgerundet. Gebühren, die auch nach der Umrechnung weniger als fünfzig Reichspfennig betragen, werden niedergeschlagen.

Art. VIII. Die Vorschriften der Art. I bis VII gelten für das gesamte Reichs- und Landesrecht.

Hinsichtlich der landesrechtlichen Geldstrafen, Ermächtigungen und Bußen kann durch das Landesrecht Abweichendes bestimmt werden.

Art. IX. (Ändert das Gerichtsverfassungsgesetz).
Art. X. (Ändert das Ges. über beschränkte Auskunft aus dem Strafregister usw. v. 9. April 1920, RGBl. 507).
Art. XI. (Ändert die Zivilprozeßordnung).
Art. XII. (Ändert die Rechtsanwaltsordnung).
Art. XIII. (Ändert die Preistreibereiverordnung, die Verordnung gegen verbotene Ausfuhr lebenswichtiger Gegenstände und die Verordnung über Handelsbeschränkungen v. 13. Juli 1923, RGBl. 700, 705 u. 706).
Art. XIV. Diese Verordnung tritt eine Woche nach der Verkündung (9. Febr. 1924) in Kraft.

Außer den im Eingang der Verordnung genannten Gesetzen und der Verordnung vom 23. November 1923 sind aufgehoben:

1. die Vorschriften des Reichs- und Landesrechts, durch die für die Umwandlung einer uneinbringlichen Geldstrafe ein bestimmter Geldbetrag einem Tage Freiheitsstrafe gleichgesetzt wird;
2. die Festsetzungen von Mindestbeträgen und Höchstbeträgen der Geldstrafe bei Verbrechen und Vergehen sowie von Mindestbeträgen bei Übertretungen, soweit sie nicht im § 27 des Strafgesetzbuchs aufrechterhalten sind;
3. die Festsetzungen von Mindest- und Höchstbeträgen der Geldstrafen, die nicht bei Verbrechen, Vergehen und Übertretungen angedroht sind, insbesondere der Zwangsstrafen und Ordnungsstrafen, soweit sie nicht im Artikel II Abs. 3 dieser Verordnung aufrechterhalten sind;
4. die Festsetzungen von Mindestbeträgen und Höchstbeträgen der Geldstrafen, die eine Behörde, ein Beamter, eine Körperschaft oder deren Vorstand anzudrohen oder festzusetzen ermächtigt ist, soweit sie nicht im Artikel III Abs. 2 dieser Verordnung aufrechterhalten sind;
5. die Festsetzungen von Mindest- und Höchstbeträgen der an den Verletzten zu zahlenden Bußen.

Bei Übertretungen in Reichs- und landesrechtlichen Vorschriften ist der bisherige Höchstbetrag der Geldstrafe durch den Betrag von einhundertfünfzig Goldmark ersetzt.

Die durch Artikel I bis IV, VIII, XIII und Abs. 3 dieses Artikels bestimmten Strafrahmen gelten auch bei Taten, die vor dem Inkrafttreten dieser Verordnung begangen sind.

37. 2. Verordnung zur Durchführung des Münzgesetzes (Auszug).

Vom 12. Dezember 1924 (RGBl. 775).

Ergänzt durch VO. v. 3. Febr. 1926 (RGBl. 99) u. v. 18. Juni 1926 (RGBl. 274).

§ 2. Sofern in Gesetzen oder Verordnungen des Reichs für Geldbeträge die Goldmark als Rechnungseinheit in der Weise bestimmt ist, daß für die Umrechnung der Goldmarkbeträge in die Währungseinheit der von dem Reichsminister der Finanzen bekanntgegebene Goldumrechnungssatz (§ 2 der Durchführungsbestimmungen vom 13. Oktober 1923 — Reichsgesetzbl. I, S. 951 — zur Verordnung des Reichspräsidenten vom 11. Oktober 1923 — Reichsgesetzbl. I S. 939 —) maßgebend ist, tritt die Reichsmark an die Stelle der Goldmark....

§ 4. Die Regierungen der Länder werden ermächtigt, die erforderlichen Rechtsvorschriften für die Überleitung des Landesrechts von den bisherigen Währungsverhältnissen in die neuen Währungsverhältnisse im Verordnungswege zu erlassen.

38. Gesetz zur Änderung der Bezeichnungen „Gerichtsschreiberei", „Gerichtsschreiber" und „Gerichtsdiener".

Vom 9. Juli 1927 (RGBl. 175).

Art. 1. (ändert das Gerichtsverfassungsgesetz; die Änderung ist bei dessen Abdruck bereits berücksichtigt).

Art. 2. Im übrigen werden in den Gesetzen und Verordnungen des Reichs, vorbehaltlich der Bestimmung im Abs. 2, die Bezeichnungen „Gerichtsschreiberei" durch „Geschäftsstelle" und „Gerichtsschreiber" durch „Urkundsbeamter der Geschäftsstelle" ersetzt.

Die Reichsregierung wird ermächtigt, die von der Änderung betroffenen Vorschriften, soweit dies erforderlich ist, anderweit zu fassen und dabei das Wort „Gerichtsschreiber" durch „Urkundsbeamter" oder „Geschäftsstelle" oder durch „Protokollführer" zu ersetzen.

Art. 3. In den Gesetzen und Verordnungen des Reichs wird die Bezeichnung „Gerichtsdiener" durch „Gerichtswachtmeister" ersetzt.

Art. 4. Die in Artikel 1, 2 Abs. 1 und Artikel 3 enthaltenen Vorschriften sowie die von der Reichsregierung auf Grund des Artikel 2 Abs. 2 zu erlassende Bekanntmachung treten mit dem 1. Januar 1928 in Kraft.

39. Verordnung

über die Abänderung des Wortlauts verschiedener Gesetze und Verordnungen aus Anlaß des Fortfalls der Bezeichnungen „Gerichtsschreiberei" und „Gerichtsschreiber".

Vom 30. November 1927 (RGBl. 334).

Auf Grund des Artikel 2 Abs. 2 des Gesetzes zur Änderung der Bezeichnungen „Gerichtsschreiberei", „Gerichtsschreiber" und „Gerichtsdiener" vom 9. Juli 1927 (Reichsgesetzbl. I S. 175)[1] wird hiermit verordnet:

Art. 1. An die Stelle der Bezeichnung „Gerichtsschreiber" tritt die Bezeichnung „Geschäftsstelle":

I. in allen Gesetzen und Verordnungen des Reichs, sofern die Bezeichnung „Gerichtsschreiber" in Verbindung mit den Worten
   a) „zu (zum) Protokoll",
   b) „unter Vermittlung"
   gebraucht ist;

II. ferner: . . .

(Art. 1 enthält im übrigen, ebenso wie die weiteren Art. 2—9 der VO. nur Änderungen von Gesetzen und Verordnungen, die beim Abdruck der in diese Ausgabe aufgenommenen Gesetze und Verordnungen schon berücksichtigt sind.)

---

[1]) S. das Ges. v. 9. Juli 1927 oben unter Nr. 38.

40. Das Haager Abkommen über den Zivilprozeß.

Vom 17. Juli 1905 (RGBl. 1909, 410).

Das Abkommen wurde ratifiziert von Belgien, Dänemark, Deutschland, Frankreich, Italien, Luxemburg, den Niederlanden, Norwegen, Österreich, Portugal, Rumänien, Rußland, Schweden Schweiz, Spanien und Ungarn (Bek. v. 24. April 1909, RGBl. 409 u. v. 16. Aug. 1909, RGBl. 907). Es wurde in Kraft gesetzt in den dänischen Antillen nach Bek. v. 10. Juni 1912 (RGBl. 401), ferner in der Zone des spanischen Protektorats in Marokko nach Bek. v. 16. Januar 1925 (RGBl. II 4). Zufolge Art. 287 des Versailler sog. Friedensvertrags v. 28. Juni 1919 mit Ges. v. 16. Juli 1919 (RGBl. 1919, 687 u. 1097) soll das Abkommen im Verhältnis zwischen den Vertragsteilen wieder gelten außer gegenüber Frankreich, Portugal, Rumänien. Beitritt von Polen u. Danzig (Bek. v. 9. Sept. 1926, unten unter Nr. 43). Beitritt der Tschechoslowakei u. Finnlands (Bek. v. 17. Jan. 1927, RGBl. II 16); Beitritt Portugals (Ges. v. 20. Dez. 1927, RGBl. II 1182, mit Bek. v. 7. April 1928, RGBl. II 302).

Ergänzende Sonderabkommen bestehen mit den Niederlanden, Luxemburg und Norwegen (Bek. v. 16. Aug. 1909, RGBl. 907); Schweden (Bek. v. 9. Febr. 1910, RGBl. 455), der Schweiz (Bek. v. 7. Mai 1910, RGBl. 674), Dänemark (Bek. v. 3. Juni 1910, RGBl. 871), Dänemark (Bek. v. 6. Juni 1914, RGBl. 205).

Sonstige Rechtshilfeabkommen bestehen mit:

Bulgarien (Ges. wegen des Vertrags über den Rechtsverkehr v. 27. Mai 1927, RGBl. II 416; Bek. über Ratifikation und Ausführung des deutsch-bulgar. Vertrags über den Rechtsverkehr v. 16. Aug. 1927, RGBl. II 514; VO. zur Ausführung des deutsch-bulgarischen Vertrags über den Rechtsverkehr v. 16. Aug. 1927, RGBl. II 521; Bek. über das Inkrafttreten des Vertrags v. 26. Aug. 1927, RGBl. II 879). Estland (Ges. über den deutsch-estnischen Schiedsgerichts- und Vergleichsvertrag v.

8. Juli 1926, RGBl. II 374; Bek. über Ratifikation v. 3. Juni 1927, RGBl. II 441). Frankreich (Ges. über den deutsch-französischen Rechtsverkehr v. 28. Okt. 1927, RGBl. II 891; Erklärung wegen Mitteilung gerichtlicher und außergerichtlicher Urkunden und Erledigung von Rechtshilfeersuchen in Zivil- u. Handelssachen v. 5. Okt. 1927, RGBl. II 892; weitere Erklärung v. 5. Okt. 1927, RGBl. II 895; Bek. über Ratifikation dieser Erklärungen v. 22. Nov. 1927, RGBl. II 1103; Handelsabkommen v. 17. Aug. 1927, RGBl. II 523 mit Berichtigung v. 11. Dez. 1927, RGBl. 1928 II 3; VO. über vorläufige Anwendung des Handelsabkommens v. 30. Aug. 1927, RGBl. II 523; Bek. über das Inkrafttreten der vorläufigen Anwendung des Handelsabkommens v. 30. Aug. 1927, RGBl. II 877; Bek. über die Ratifikation der deutsch-französischen Erklärungen über den Rechtsverkehr v. 22. Nov. 1927, RGBl. II 1103; VO. über die Ausführung der Erklärung wegen Mitteilung gerichtlicher und außergerichtlicher Urkunden usw. v. 22. Nov. 1927, RGBl. II 1103; Ges. über das Handelsabkommen v. 26. Nov. 1927, RGBl. II 1105; Bek. über das Inkrafttreten des Handelsabkommens v. 26. Nov. 1927, RGBl. II 1105; Übereinkunft v. 20. Febr. 1880, RGBl. 1881, 81; s. hierzu Art. 25 des Handelsabkommens). Österreich (Vertrag v. 21. Juni 1923, RGBl. 1924 II 55 mit Berichtigung RGBl. 1925 II 156; Ges. v. 6. März 1924, RGBl. II 91; Bek. v. 15. April 1924, RGBl. II 91; AusführungsVO. v. 26. April 1924, RGBl. II 91). Polen (Vertrag über den Rechtsverkehr v. 5. März 1924, RGBl. 1925 II 139; VO. über Ratifikation und Ausführung v. 28. April 1926, RGBl. II 237; Weitere Ausführungs VO. v. 29. April 1926, RGBl. II. 249). Rußland (Niederlassungsabkommen v. 12. Okt. 1925, RGBl. 1926 II 2; Wirtschaftsabkommen v. gl. Tage, RGBl. 1926 II 13; Schiedsgerichtsabkommen v. gl. Tage, RGBl. 1926 II 41; Konsularvertrag v. gl. Tage RGBl. 1926 II 60; Abk. über Rechtshilfe in bürgerlichen Angelegenheiten v. gl. Tage, RGBl. 1926 II 84 mit Berichtigung S. 102; Ges. v. 6. Jan. 1926 RGBl. II 1; AusführungsVO. v. 12. März 1926, RGBl. II 179). Tschechoslowakei (Vertrag über Rechtsschutz und Rechtshilfe v. 20. Januar 1922, RGBl. 1923 II 57; Ges. v. 7. Februar 1923, RGBl. II 57; Ausführungsbek. v. 25. Juni 1924, RGBl. II 133).

I. Mitteilung gerichtlicher und außergerichtlicher Urkunden.

Art. 1. In Zivil- oder Handelssachen erfolgt die Zustellung von Schriftstücken, die für eine im Auslande befindliche Person bestimmt sind, innerhalb der Vertragsstaaten auf einen Antrag, der vom Konsul des ersuchenden Staates an die von dem ersuchten Staate zu bezeichnende Behörde gerichtet wird. Der Antrag hat die Behörde, von der das übermittelte Schriftstück ausgeht, den Namen und die Stellung der Parteien, die Adresse des Empfängers sowie die Art des in Rede stehenden Schriftstücks anzugeben und muß in der Sprache der ersuchten Behörde abgefaßt sein. Diese Behörde hat dem Konsul die Urkunde zu übersenden, welche die Zustellung nachweist oder den die Zustellung hindernden Umstand ergibt.

Alle Schwierigkeiten, die etwa aus Anlaß des Antrags des Konsuls entstehen, werden auf diplomatischem Wege geregelt.

Jeder Vertragsstaat kann in einer an die anderen Vertragsstaaten gerichteten Mitteilung das Verlangen ausdrücken, daß der Antrag auf eine in seinem Gebiete zu bewirkende Zustellung, der die im Abs. 1 bezeichneten Angaben zu enthalten hat, auf diplomatischem Wege an ihn gerichtet werde.

Die vorstehenden Bestimmungen hindern nicht, daß sich zwei Vertragsstaaten über die Zulassung des unmittelbaren Verkehrs zwischen ihren beiderseitigen Behörden verständigen.

Art. 2. Für die Zustellung hat die zuständige Behörde des ersuchten Staates Sorge zu tragen. Diese Behörde kann sich, abgesehen von den im Artikel 3 vorgesehenen Fällen, darauf beschränken, die Zustellung durch Übergabe des Schriftstücks an den Empfänger zu bewirken, sofern er zur Annahme bereit ist.

Art. 3. Ist das zuzustellende Schriftstück in der Sprache der ersuchten Behörde oder in der zwischen den beiden beteiligten Staaten vereinbarten Sprache abgefaßt oder ist es von einer Übersetzung in eine dieser Sprachen begleitet, so läßt die ersuchte Behörde, falls in dem Antrag ein dahingehender Wunsch ausgesprochen ist, das Schriftstück in der durch ihre innere Gesetzgebung für die Bewirkung gleichartiger Zustellungen vorgeschriedenen Form oder in einer besonderen Form, sofern diese ihrer Gesetzgebung nicht zuwiderläuft, zustellen. Ist ein solcher Wunsch nicht ausgesprochen, so wird die ersuchte Behörde zunächst die Übergabe nach den Vorschriften des Art. 2 zu bewirken suchen.

Vorbehaltlich anderweitiger Übereinkunft ist die im vorstehenden Absatze vorgesehene Übersetzung von dem diplomatischen oder konsularischen Vertreter des ersuchenden Staates oder von einem beeidigten Dolmetscher des ersuchten Staates zu beglaubigen.

Art. 4. Die Ausführung der in den Artikeln 1, 2, 3 vorgesehenen Zustellung kann nur abgelehnt werden, wenn der Staat, in dessen Gebiete sie erfolgen soll, sie für geeignet hält, seine Hoheitsrechte oder seine Sicherheit zu gefährden.

Art. 5. Der Nachweis der Zustellung erfolgt entweder durch ein mit Datum versehenes und beglaubigtes Empfangsbekenntnis des Empfängers oder durch ein Zeugnis der Behörde des ersuchten Staates, aus dem sich die Tatsache, die Form und die Zeit der Zustellung ergibt.

Ist das zuzustellende Schriftstück in zwei gleichen Stücken übermittelt worden, so ist das Empfangsbekenntnis oder das Zeugnis auf eins der beiden Stücke zu setzen oder damit zu verbinden.

Art. 6. Die Bestimmungen der vorstehenden Artikel lassen unberührt:

1. die Befugnis, den im Ausland befindlichen Beteiligten Schriftstücke unmittelbar auf dem Postwege zuzusenden;
2. die Befugnis der Beteiligten, die Zustellungen unmittelbar durch die zuständigen Vollziehungsbeamten oder sonst zuständigen Beamten des Bestimmungslandes bewirken zu lassen;
3. die Befugnis jedes Staates, Zustellungen an die im Auslande befindlichen Personen unmittelbar durch seine diplomatischen oder konsularischen Vertreter bewirken zu lassen.

In jedem dieser Fälle besteht die vorgesehene Befugnis nur dann, wenn Abkommen zwischen den beteiligten Staaten sie einräumen oder wenn in Ermangelung von Abkommen der Staat, in dessen Gebiete die Zustellung zu erfolgen hat, nicht widerspricht. Dieser Staat kann nicht widersprechen, wenn im Falle des Abs. 1 Nr. 3 das Schriftstück ohne Anwendung von Zwang einem Angehörigen des ersuchenden Staates zugestellt werden soll.

Art. 7. Für Zustellungen dürfen Gebühren oder Auslagen irgendwelcher Art nicht erhoben werden.

Jedoch ist, vorbehaltlich anderweitiger Übereinkunft, der ersuchte Staat berechtigt, von dem ersuchenden Staate die Erstattung der Auslagen zu verlangen, die durch die Mitwirkung eines Vollziehungsbeamten oder durch die Anwendung einer besonderen Form in den Fällen des Art. 3 entstanden sind.

II. Ersuchungsschreiben.

Art. 8. In Zivil- oder Handelssachen kann sich die Gerichtsbehörde eines Vertragsstaats gemäß den Vorschriften ihrer Gesetzgebung mittels Ersuchens an die zuständige Behörde eines anderen Vertragsstaats wenden, um die Vornahme einer Prozeßhandlung oder anderer gerichtlicher Handlungen innerhalb des Geschäftskreises dieser Behörde nachzusuchen.

Art. 9. Die Ersuchungsschreiben werden durch den Konsul des ersuchenden Staates der von dem ersuchten Staate zu bezeichnenden Behörde übermittelt. Diese Behörde hat dem Konsul die Urkunde zu übersenden, aus der sich die Erledigung des Ersuchens oder der die Erledigung hindernde Umstand ergibt.

Alle Schwierigkeiten, die etwa aus Anlaß dieser Übermittelung entstehen, werden auf diplomatischem Wege geregelt.

Jeder Vertragsstaat kann in einer an die anderen Vertragsstaaten gerichteten Mitteilung das Verlangen ausdrücken, daß ihm die in seinem Gebiete zu erledigenden Ersuchungsschreiben auf diplomatischem Wege übermittelt werden.

Die vorstehenden Bestimmungen schließen nicht aus, daß sich zwei Vertragsstaaten über die Zulassung der unmittelbaren Übermittelung von Ersuchungsschreiben zwischen ihren beiderseitigen Behörden verständigen.

Art. 10. Vorbehaltlich anderweitiger Übereinkunft muß das Ersuchungsschreiben in der Sprache der ersuchten Behörde oder in der zwischen den beiden beteiligten Staaten vereinbarten Sprache abgefaßt oder doch von einer Übersetzung in eine dieser Sprachen begleitet sein, die durch einen diplomatischen oder konsularischen Vertreter des ersuchenden Staates oder einen beeidigten Dolmetscher des ersuchten Staates beglaubigt ist.

Art. 11. Die Gerichtsbehörde, an die das Ersuchen gerichtet wird, ist verpflichtet, ihm zu entsprechen und dabei dieselben Zwangsmittel anzuwenden wie bei der Erledigung eines Ersuchens der Behörden des ersuchten Staates oder eines zum gleichen Zwecke gestellten Antrags einer beteiligten Partei. Diese Zwangsmittel brauchen nicht angewendet zu werden, wenn es sich um das persönliche Erscheinen streitender Parteien handelt.

Die ersuchende Behörde ist auf ihr Verlangen von der Zeit und dem Orte der auf das Ersuchen vorzunehmenden Handlung zu benachrichtigen, damit die beteiligte Partei ihr beizuwohnen in der Lage ist.

Die Erledigung des Ersuchens kann nur abgelehnt werden:

1. wenn die Echtheit der Urkunde nicht feststeht;
2. wenn in dem ersuchten Staate die Erledigung des Ersuchens nicht in den Bereich der Gerichtsgewalt fällt;
3. wenn der Staat, in dessen Gebiete die Erledigung stattfinden soll, sie für geeignet hält, seine Hoheitsrechte oder seine Sicherheit zu gefährden.

Art. 12. Im Falle der Unzuständigkeit der ersuchten Behörde ist das Ersuchen von Amts wegen an die zuständige Gerichtsbehörde desselben Staates nach den von dessen Gesetzgebung aufgestellten Regeln abzugeben.

Art. 13. In allen Fällen, in denen das Ersuchen von der ersuchten Behörde nicht erledigt wird, hat diese die ersuchende Behörde hiervon unverzüglich zu benachrichtigen und zwar im Falle des Artikel 11 unter Angabe der Gründe, aus denen die Erledigung des Ersuchens abgelehnt worden ist, und im Falle des Art. 12 unter Bezeichnung der Behörde, an die das Ersuchen abgegeben wird.

Art. 14. Die Gerichtsbehörde, die zur Erledigung eines Ersuchens schreitet, hat in Ansehung der zu beobachtenden Formen die Gesetze ihres Landes anzuwenden.

Jedoch ist dem Antrage der ersuchenden Behörde, daß nach einer besonderen Form verfahren werde, zu entsprechen, sofern diese Form der Gesetzgebung des ersuchten Staates nicht zuwiderläuft.

Art. 15. Nicht ausgeschlossen wird durch die Bestimmungen der vorstehenden Artikel die Befugnis jedes Staates, die Ersuchen unmittelbar durch seine diplomatischen oder konsularischen Vertreter erledigen zu lassen, wenn Abkommen zwischen den beteiligten Staaten dies zulassen oder wenn der Staat, in dessen Gebiete das Ersuchen erledigt werden soll, nicht widerspricht.

Art. 16. Für die Erledigung von Ersuchen dürfen Gebühren oder Auslagen irgendwelcher Art nicht erhoben werden.

Jedoch ist, vorbehaltlich anderweitiger Übereinkunft, der ersuchte Staat berechtigt, von dem ersuchenden Staate die Erstattung der an Zeugen oder Sachverständige gezahlten Entschädigungen sowie der Auslagen zu verlangen, welche für die wegen Nichterscheinens der Zeugen erforderlich gewordene Mitwirkung eines Vollziehungsbeamten oder durch die etwaige Anwendung des Art. 14 Abs. 2 entstanden sind.

III. Sicherheitsleistung für die Prozeßkosten.

Art. 17. Keine Sicherheitsleistung oder Hinterlegung, unter welcher Benennung es auch sei, darf den Angehörigen eines der Vertragsstaaten, die in einem dieser Staaten ihren Wohnsitz haben und vor den Gerichten eines anderen dieser Staaten als Kläger oder Intervenienten auftreten, wegen ihrer Eigenschaft als Ausländer oder wegen Mangels eines inländischen Wohnsitzes oder Aufenthalts auferlegt werden.

Die gleiche Regel findet Anwendung auf die Vorauszahlung, die von den Klägern oder Intervenienten zur Deckung der Gerichtskosten einzufordern wäre.

Die Abkommen, wodurch etwa Vertragsstaaten für ihre Angehörigen ohne Rücksicht auf den Wohnsitz Befreiung von der Sicherheitsleistung für die Prozeßkosten oder von der Vorauszahlung der Gerichtskosten vereinbart haben, finden auch weiter Anwendung.

Art. 18. Ergeht in einem der Vertragsstaaten eine Verurteilung in die Prozeßkosten gegen einen Kläger oder Intervenienten, der von Sicherheitsleistung, Hinterlegung oder Vorauszahlung auf Grund des Artikel 17 Abs. 1, 2 oder eines im Staate der Klageerhebung geltenden Gesetzes befreit ist, so ist diese Verurteilung gemäß einem auf diplomatischem Wege zu stellenden Antrag in jedem der anderen Vertragsstaaten durch die zuständige Behörde kostenfrei für vollstreckbar zu erklären.

Die gleiche Regel findet Anwendung auf gerichtliche Entscheidungen, durch die der Betrag der Kosten des Prozesses später festgesetzt wird.

Die vorhergehenden Bestimmungen hindern nicht, daß sich zwei Vertragsstaaten dahin verständigen, auch die Stellung eines Antrags auf Vollstreckbarkeitserklärung unmittelbar durch die beteiligte Partei zu gestatten.

Art. 19. Die Kostenentscheidungen werden ohne Anhörung der Parteien, jedoch unbeschadet eines späteren Rekurses der verurteilten Partei, gemäß der Gesetzgebung des Landes, wo die Vollstreckung betrieben wird, für vollstreckbar erklärt.

Die für die Entscheidung über den Antrag auf Vollstreckbarkeitserklärung zuständige Behörde hat ihre Prüfung darauf zu beschränken:

1. ob nach dem Gesetze des Landes, wo die Verurteilung ausgesprochen ist, die Ausfertigung der Entscheidung die für ihre Beweiskraft erforderlichen Bedingungen erfüllt;
2. ob nach demselben Gesetze die Entscheidung die Rechtskraft erlangt hat;
3. ob der entscheidende Teil der Entscheidung in der Sprache der ersuchten Behörde oder in der zwischen den beiden beteiligten Staaten vereinbarten Sprache abgefaßt ist oder doch von einer Übersetzung in eine dieser Sprachen begleitet wird, die vorbehaltlich anderweitiger Übereinkunft durch einen diplomatischen oder konsularischen Vertreter des ersuchenden Staates oder einen beeidigten Dolmetscher des ersuchten Staates beglaubigt ist.

Den Erfordernissen des Abs. 2 Nr. 1, 2 wird genügt durch eine Erklärung der zuständigen Behörde des ersuchenden Staates, daß die Entscheidung die Rechtskraft erlangt hat. Die Zuständigkeit dieser Behörde ist, vorbehaltlich anderweitiger Übereinkunft, durch den höchsten Justizverwaltungsbeamten des ersuchenden Staates zu bescheinigen. Die Erklärung und die Bescheinigung, die soeben erwähnt sind, müssen nach Maßgabe des Abs. 2 Nr. 3 abgefaßt oder übersetzt sein.

IV. Armenrecht.

Art. 20. Die Angehörigen eines jeden der Vertragsstaaten werden zur Wohltat des Armenrechts in allen anderen Vertragsstaaten ebenso wie die eigenen Staatsangehörigen zugelassen, sofern sie sich nach der Gesetzgebung des Staates richten, wo das Armenrecht nachgesucht wird.

Art. 21. In allen Fällen muß die Bescheinigung oder die Erklärung des Unvermögens von den Behörden des gewöhnlichen Aufenthaltsorts des Ausländers oder, in Ermangelung eines solchen, von den Behörden seines derzeitigen Aufenthaltsorts ausgestellt oder entgegengenommen sein. Gehören diese Behörden keinem Vertragsstaat an und werden von ihnen solche Bescheinigungen oder Erklärungen nicht ausgestellt oder entgegengenommen, so genügt die Ausstellung oder Entgegennahme der Bescheinigung oder der Erklärung durch einen diplomatischen oder konsularischen Vertreter des Landes, dem der Ausländer angehört.

Hält der Antragsteller sich nicht in dem Lande auf, wo das Armenrecht nachgesucht wird, so ist die Bescheinigung oder die Erklärung des Unvermögens kostenfrei von einem diplomatischen oder konsularischen Vertreter des Landes, wo die Urkunde vorgelegt werden soll, zu beglaubigen.

Art. 22. Die zur Ausstellung der Bescheinigung oder zur Entgegennahme der Erklärung über das Unvermögen zuständige Behörde kann bei den Behörden der anderen Vertragsstaaten Auskünfte über die Vermögenslage des Antragstellers einziehen.

Die Behörde, die über den Antrag auf Bewilligung des Armenrechts zu entscheiden hat, behält in den Grenzen ihrer Amtsbefugnisse das Recht, die ihr vorgelegten Bescheinigungen, Erklärungen und Auskünfte einer Nachprüfung zu unterziehen.

Art. 23. Ist die Wohltat des Armenrechts den Angehörigen eines der Vertragsstaaten bewilligt worden, so werden für Zustellungen, die sich auf denselben Prozeß beziehen und die in einem anderen dieser Staaten zu bewirken sind, von dem ersuchenden Staate dem ersuchten Staate nur die Auslagen erstattet, die durch die Anwendung einer besonderen Form auf Grund des Art. 3 entstanden sind.

In demselben Falle werden für die Erledigung von Ersuchen dem ersuchten Staate von dem ersuchenden Staate nur die an Zeugen oder Sachverständige gezahlten Entschädigungen sowie die durch die etwaige Anwendung des Artikel 14 Abs. 2 erforderlich gewordenen Auslagen erstattet.

V. Personalhaft.

Art. 24. In Zivil- oder Handelssachen darf die Personalhaft sowohl als Mittel der Zwangsvollstreckung wie auch lediglich als Sicherungsmaßregel gegen die einem der Vertragsstaaten angehörenden Ausländer nur in den Fällen angewendet werden, in denen sie auch gegen Landesangehörige anwendbar sein würde. Eine Tatsache, auf Grund deren ein im Inlande wohnhafter Inländer die Aufhebung der Personalhaft beantragen kann, soll zugunsten des Angehörigen eines Vertragsstaats die gleiche Wirkung auch dann haben, wenn sich diese Tatsache im Ausland ereignet hat.

VI. Schlußbestimmungen.

Art. 25. Dieses Abkommen soll ratifiziert und die Ratifikationsurkunden sollen im Haag hinterlegt werden, sobald sechs der Hohen Vertragsparteien hierzu in der Lage sind.

Über jede Hinterlegung von Ratifikationsurkunden soll ein Protokoll aufgenommen werden; von diesem soll eine beglaubigte Abschrift einem jeden der Vertragsstaaten auf diplomatischem Wege mitgeteilt werden.

Art. 26. Dieses Abkommen findet auf die europäischen Gebiete der Vertragsstaaten ohne weiteres Anwendung.

Wünscht ein Vertragsstaat die Inkraftsetzung des Abkommens in seinen außereuropäischen Gebieten, Besitzungen oder Kolonien oder in seinen Konsulargerichtsbezirken, so hat er seine hierauf gerichtete Absicht in einer Urkunde kundzugeben, die im Archive der Regierung der Niederlande hinterlegt wird. Diese wird eine beglaubigte Abschrift davon einem jeden der Vertragsstaaten auf diplomatischem Wege übersenden. Das Abkommen tritt in Kraft für die Beziehungen zwischen den Staaten, die auf diese Kundgebung mit einer zustimmenden Erklärung antworten, und den außereuropäischen Gebieten,

Besitzungen oder Kolonien sowie den Konsulargerichtsbezirken, für welche die Kundgebung erfolgt ist. Die zustimmende Erklärung wird gleichfalls im Archive der Regierung der Niederlande hinterlegt, die eine beglaubigte Abschrift davon einem jeden der Vertragsstaaten auf diplomatischem Wege übersenden wird.

Art. 27. Die Staaten, die auf der vierten Konferenz über internationales Privatrecht vertreten waren, werden zur Zeichnung dieses Abkommens bis zu der im Artikel 25 Abs. 1 vorgesehenen Hinterlegung der Ratifikationsurkunden zugelassen.

Nach dieser Hinterlegung soll ihnen der vorbehaltlose Beitritt zu dem Abkommen stets freistehen. Der Staat, der beizutreten wünscht, gibt seine Absicht in einer Urkunde kund, die im Archive der Regierung der Niederlande hinterlegt wird. Diese wird eine beglaubigte Abschrift davon einem jeden der Vertragsstaaten auf diplomatischem Wege übersenden.

Art. 28. Dieses Abkommen tritt an die Stelle des Abkommens über internationales Privatrecht vom 14. November 1896 und des Zusatzprotokolls vom 22. Mai 1897.

Es tritt in Kraft am sechzigsten Tage nach dem Zeitpunkte, wo alle Staaten, die das Abkommen vom 14. November 1896 gezeichnet haben oder ihm beigetreten sind, ihre Ratifikationsurkunden zu dem vorliegenden Abkommen hinterlegt haben werden, spätestens aber am 27. April 1909.

Im Falle des Art. 26 Abs. 2 tritt es vier Monate nach dem Zeitpunkte der zustimmenden Erklärung und im Falle des Art. 27 Abs. 2 am sechzigsten Tage nach dem Zeitpunkte der Kundgebung des Beitritts in Kraft.

Es versteht sich, daß die im Art. 26 Abs. 2 vorgesehenen Kundgebungen erst erfolgen können, nachdem dieses Abkommen gemäß Abs. 2 des vorliegenden Artikels in Kraft gesetzt worden ist.

Art. 29. Dieses Abkommen gilt für die Dauer von fünf Jahren, gerechnet von dem im Art. 28 Abs. 2 angegebenen Zeitpunkte seiner Inkraftsetzung.

Mit demselben Zeitpunkte beginnt der Lauf dieser Frist auch für die Staaten, welche die Hinterlegung erst nach dem

Zeitpunkte bewirken oder erst nachträglich beitreten, und ebenso in Ansehung der auf Grund des Art. 26 Abs. 2 abgegebenen zustimmenden Erklärungen.

In Ermangelung einer Kündigung gilt das Abkommen als stillschweigend von fünf zu fünf Jahren erneuert.

Die Kündigung muß wenigstens sechs Monate vor dem Ablaufe der im Abs. 2, 3 bezeichneten Frist der Regierung der Niederlande erklärt werden, die hiervon allen anderen Staaten Kenntnis geben wird.

Die Kündigung kann auf die außereuropäischen Gebiete, Besitzungen oder Kolonien oder auch auf die Konsulargerichtsbezirke beschränkt werden, die in einer auf Grund des Art. 26 Abs. 2 erfolgten Kundgebung aufgeführt sind.

Die Kündigung soll nur in Ansehung des Staates wirksam sein, der sie erklärt hat. Für die übrigen Vertragsstaaten bleibt das Abkommen in Kraft.

Zu Urkund dessen haben die Bevollmächtigten dieses Abkommen unterzeichnet und mit ihren Siegeln versehen.

Geschehen im Haag am 17. Juli neunzehnhundertfünf in einer einzigen Ausfertigung, die im Archive der Regierung der Niederlande zu hinterlegen ist und wovon eine beglaubigte Abschrift auf diplomatischem Wege einem jeden der Staaten übergeben werden soll, die auf der vierten Konferenz über internationales Privatrecht vertreten waren.

41. Gesetz zur Ausführung des (Haager) Abkommens über den Zivilprozeß vom 17. Juli 1905.

Vom 5. April 1909 (RGBl. 430).

Änderungen erfolgten durch die VO. v. 18. Juni 1926 (RGBl. 274), durch das Gesetz vom 9. Juli 1927 (RGBl. 175) und durch Art. 1 der VO. v. 30. Nov. 1927 (RGBl. 334).

I. Mitteilung gerichtlicher und außergerichtlicher Urkunden (Artikel 1—7 des Abkommens).

§ 1. Innerhalb des Reichs ist für die Entgegennahme des im Art. 1 Abs. 1 des Abkommens vorgesehenen Zustellungsantrags eines ausländischen Konsuls der Präsident des Landgerichts zuständig, in dessen Bezirke die Zustellung erfolgen soll.

Für die Besorgung der gemäß Art. 2, 3 zu bewirkenden Zustellungen ist innerhalb des Reichs die Geschäftsstelle des Amtsgerichts zuständig, in dessen Bezirke die Zustellung zu bewirken ist. Der Urkundsbeamte der Geschäftsstelle hat auch das im Art. 5 bezeichnete Empfangsbekenntnis mit einem Beglaubigungsvermerke zu versehen oder das dort erwähnte Zustellungszeugnis auszustellen; ebenso hat er die im Art. 1 Abs. 1 vorgesehene Urkunde aufzunehmen, welche den die Zustellung hindernden Umstand ergibt.

§ 2. Für eine Zustellung im Auslande, die von dem darum ersuchten Konsul des Reichs auf dem im Art. 1 Abs. 1 des Abkommens vorgesehenen Wege bewirkt wird, beträgt die Gebühr 1,50 Reichsmark.

Die gleiche Gebühr wird für eine vom Konsul gemäß Art. 6 Abs. 1 Nr. 3 unmittelbar bewirkte Zustellung erhoben; diese Vorschrift findet keine Anwendung in den Konsularbezirken, in denen die Zustellungen der Regel nach auf einem der im Art. 1 Abs. 3, 4 vorgesehenen Wege zu erfolgen haben.

II. Ersuchungsschreiben (Artikel 8—16 des Abkommens).

§ 3. Innerhalb des Reichs ist für die Erledigung der im Art. 8 des Abkommens vorgesehenen Ersuchen ausländischer Gerichtsbehörden das Amtsgericht zuständig, in dessen Bezirke die Amtshandlung vorgenommen werden soll.

Für die Entgegennahme der gemäß Art. 9 Abs. 1 durch einen ausländischen Konsul übermittelten Ersuchungsschreiben ist innerhalb des Reichs der Präsident des Landgerichts zuständig, in dessen Bezirke die Erledigung des Ersuchens erfolgen soll.

§ 4. Für die dem Konsul des Reichs gemäß Art. 9 Abs. 1 des Abkommens in Ansehung eines Ersuchungsschreibens obliegenden Verrichtungen beträgt die Gebühr 1,50 Reichsmark; die Gebühr wird nicht erhoben, wenn das Ersuchen keine Erledigung findet.

III. Sicherheitsleistung für die Prozeßkosten (Artikel 17—19 des Abkommens).

§ 5. Die Vollstreckbarkeitserklärung für die im Art. 18 des Abkommens bezeichneten Kostenentscheidungen ausländischer Gerichte erfolgt durch Beschluß des Amtsgerichts.

Zuständig ist das Amtsgericht, bei dem der Kostenschuldner seinen allgemeinen Gerichtsstand hat, und in Ermangelung eines solchen das Amtsgericht, bei welchem in Gemäßheit des § 23 der Zivilprozeßordnung gegen den Schuldner Klage erhoben werden kann. Fehlt es auch an diesem Gerichtsstande, so ist, sofern der Kostenschuldner einem Bundesstaat angehört, das Amtsgericht für die Hauptstadt seines Heimatstaats, sofern er keinem Bundesstaat angehört, das Amtsgericht für die Stadt Berlin zuständig; soweit diese Orte in mehrere Amtsgerichtsbezirke geteilt sind, ist das Amtsgericht für den durch allgemeine Anordnung gemäß § 15 Abs. 1 Satz 2, 3 der Zivilprozeßordnung bestimmten Bezirk zuständig.

§ 6. Ist der Antrag auf Vollstreckbarkeitserklärung auf diplomatischem Wege gestellt, so hat das Amtsgericht eine von Amts wegen zu erteilende Ausfertigung seines Beschlusses der Landesjustizverwaltung einzureichen; die Ausfertigung ist, sofern dem Antrage stattgegeben wird, mit der Vollstreckungsklausel zu versehen.

Im Falle des Art. 18 Abs. 3 des Abkommens ist der Beschluß beiden Teilen von Amts wegen zuzustellen.

§ 7. Gegen Beschlüsse, durch die der Antrag auf Vollstreckbarkeitserklärung abgelehnt wird, findet die Beschwerde nach Maßgabe der §§ 568 bis 571, 573 bis 575 der Zivilprozeßordnung statt. Die Beschwerde steht, sofern der Antrag auf diplomatischem Wege gestellt ist, dem Staatsanwalt, im Falle des Art. 18 Abs. 3 des Abkommens dem Antragsteller zu.

Gegen Beschlüsse, durch die dem Antrag auf Vollstreckbarkeitserklärung stattgegeben wird, steht dem Kostenschuldner die sofortige Beschwerde nach Maßgabe der §§ 568 bis 575, 577 der Zivilprozeßordnung zu.

§ 8. Aus den für vollstreckbar erklärten Kostenentscheidungen findet die Zwangsvollstreckung gemäß den Vorschriften der Zivilprozeßordnung statt; die Vorschrift des § 798 findet entsprechende Anwendung.

§ 9. Für die gerichtlichen Entscheidungen, die über den Betrag der Gerichtskosten nach Art. 18 Abs. 2 des Abkommens zur Herbeiführung der Vollstreckbarkeitserklärung im Auslande zu erlassen sind, ist das Gericht der Instanz zuständig; die Entscheidungen ergehen auf Antrag der für die Beitreibung der Gerichtskosten zuständigen Behörde.

Gegen die Entscheidung findet sofortige Beschwerde nach Maßgabe des § 567 Abs. 2 und der §§ 568 bis 575, 577 der Zivilprozeßordnung statt. Die Einlegung kann durch Erklärung zum Protokolle der Geschäftsstelle oder schriftlich ohne Mitwirkung eines Anwalts erfolgen[1]).

[1]) An Stelle von § 567 Abs. 2 ZPO. Anm. s. nun § 567 Abs. 3.

IV. Schlußbestimmung.

§ 10. Dieses Gesetz tritt gleichzeitig mit dem Abkommen über den Zivilprozeß in Kraft.

42. Gesetz

über den Beitritt von Staaten zum Haager Abkommen über internationales Privatrecht.

Vom 16. September 1924 (RGBl. II 363).

§ 1. (Betrifft die Haager Abkommen über internationales Privatrecht.)

§ 2. Die Reichsregierung wird ermächtigt, auch dem Beitritt von Staaten zum Haager Abkommen über den Zivilprozeß vom 17. Juli 1905 (RGBl. 1909 S. 409) zuzustimmen.

§ 3. Die Reichsregierung wird ermächtigt, die zur Ausführung dieses Gesetzes und der Protokolle erforderlichen Maßnahmen zu treffen.

43. Bekanntmachung

über den Beitritt von Staaten zu dem Haager Abkommen über internationales Privatrecht.

Vom 9. September 1926 (RGBl. II 553).

1. (Betrifft nur familienrechtliche Abkommen.)
2. (Betrifft das am 17. Juli 1905 geschlossene Abkommen über Entmündigung.)

3. Das am 4. Juli 1924 im Haag unterzeichnete Protokoll über den Beitritt von Staaten zu dem am 17. Juli 1905 im Haag abgeschlossenen Abkommen über den Zivilprozeß (§ 2 des Gesetzes vom 16. September 1924 — Reichsgesetzbl. II S. 363 —) ist von allen Signatarstaaten ratifiziert worden und am 5. Juni 1926 in Kraft getreten. Das Protokoll nebst Übersetzung wird nachstehend veröffentlicht.

4. Polen hat für sich und die Freie Stadt Danzig am 9. Juni 1926 das Protokoll über den Beitritt zum Haager Abkommen über den Zivilprozeß vom 17. Juli 1905 gezeichnet, wodurch dieses Abkommen zwischen Polen und Danzig einerseits und den alten Signatarstaaten (mit Ausnahme Frankreichs) anderseits am 9. August 1926 in Kraft getreten ist. Im Verhältnis zwischen dem Deutschen Reiche und Polen bleibt der deutsch-polnische Vertrag über den Rechtsverkehr vom 5. März 1924 (Reichsgesetzblatt 1925 II S. 139; 1926 II S. 237) nach seinem Artikel 22 in Wirksamkeit.

Diese Bekanntmachung schließt sich an die Bekanntmachung vom 16. Januar 1925 (Reichsgesetzbl. II S. 4) an.

Protokoll.

Die Vertragsstaaten des am 17. Juli 1905 im Haag unterzeichneten Abkommens über den Zivilprozeß, von dem Wunsche geleitet, den Beitritt derjenigen auf der vierten Konferenz über internationales Privatrecht nicht vertretenen Staaten zu diesem Abkommen zu ermöglichen, deren Beitrittsgesuch von den Vertragsstaaten zustimmend aufgenommen worden ist, sind übereingekommen, im Niederländischen Ministerium der auswärtigen Angelegenheiten ein Beitrittsprotokoll zu eröffnen, das die erwähnten Beitrittserklärungen aufnehmen und feststellen soll; die Erklärungen werden 60 Tage nach Unterzeichnung des genannten Protokolls wirksam.

Das vorliegende Protokoll soll ratifiziert und die Ratifikationsurkunden sollen im Haag hinterlegt werden, sobald sechs der Signatarmächte hierzu in der Lage sind.

Das Protokoll tritt am dreißigsten Tage nach dem Tage in Kraft, an dem die Signatarmächte ihre Ratifikationsurkunden hinterlegt haben.

III. Gesetze und Verordnungen über Sonderverfahren.

44. Gesetz über Mieterschutz und Mieteinigungsämter.

Vom 1. Juni 1923 (RGBl. 353), in der Neufassung vom 17. Febr. 1928 (RGBl. 25)[1].

1. Abschnitt: Mieterschutz.

a. Beendigung von Mietverhältnissen durch Kündigung oder Zeitablauf.

§ 1. Mietverhältnisse über Gebäude oder Gebäudeteile können vom Vermieter unter den Voraussetzungen gekündigt werden, unter denen nach den §§ 2 bis 4 auf Aufhebung eines Mietverhältnisses geklagt werden kann. Dem Vermieter steht gleich, wer nach dem Abschluß des Mietvertrags das Eigentum an dem Grundstück erwirbt. Für die Beendigung des gekündigten Mietverhältnisses gilt der § 5 Abs. 1 entsprechend.

Ohne Vorliegen der im Abs. 1 bezeichneten Voraussetzungen kann der Vermieter die Beendigung eines Mietverhältnisses durch Kündigung nur in den Fällen herbeiführen, in denen es nach den §§ 19 bis 26, 32 bis 34 für die Beendigung des Verhältnisses der Erhebung einer Aufhebungsklage nicht bedarf.

§ 1a. Auf die im § 1 Abs. 1 bezeichnete Kündigung und das weitere Verfahren finden die besonderen Vorschriften der §§ 1b bis 1m Anwendung.

Für die in diesen Vorschriften bezeichneten gerichtlichen Maßnahmen ist das Amtsgericht ausschließlich zuständig, in dessen Bezirk sich der Mietraum befindet.

---

[1] Die Neufassung ist in Wirksamkeit seit 1. April 1928 (s. Art. 2 des Ges. v. 13. Febr. 1928, RGBl. 17); sie tritt an die Stelle der Neufassung vom 30. Juni 1926 (RGBl. 347).

§ 1b. Die Kündigung erfolgt durch Zustellung eines vom Vermieter unterzeichneten Kündigungsschreibens an den Mieter. Es ist bei dem Amtsgericht (§ 1a Abs. 2) einzureichen. Die Zustellung wird auf Gesuch des Vermieters von dem Urkundsbeamten der Geschäftsstelle angeordnet. Die Einreichung des Kündigungsschreibens gilt als Gesuch um Zustellung.

Das Kündigungschreiben muß enthalten:

1. die Bezeichnung der Vertragsteile,
2. die Bezeichnung des Mietraums nach Lage und Art,
3. die bestimmte Angabe der Tatsachen, auf welche die Kündigung gestützt wird; bei einer auf Zahlungsverzug gestützten Kündigung ist der rückständige Betrag sowie der für einen Monat zu entrichtende Mietzins anzugeben; ist der Mietzins in vierteljährigen oder längeren Zeitabschnitten zu entrichten, so ist auch dies unter Angabe des für ein Vierteljahr zu entrichtenden Mietzinses zu vermerken,
4. die Angabe des Zeitpunkts, in dem das Mietverhältnis enden soll.

Für das Kündigungsschreiben ist ein Vordruck zu verwenden, dessen Inhalt von der Reichsregierung mit Zustimmung des Reichsrats und eines Ausschusses des Reichstags bestimmt wird[1]).

Der Vermieter soll dem Gesuche die für die Zustellung erforderliche Zahl von Abschriften des Kündigungsschreibens beifügen.

Entspricht das Kündigungsschreiben nicht den Vorschriften des Abs. 2 oder ergibt sich aus seinem Inhalt, daß die Kündigung überhaupt oder für den angegebenen Zeitpunkt nicht zulässig ist, so weist der Urkundsbeamte der Geschäftsstelle das Gesuch zurück. Gegen die Zurückweisung ist binnen einer Woche Erinnerung an das Gericht zulässig; dieses entscheidet endgültig.

§ 1c. Die Zustellung des Kündigungsschreibens erfolgt von Amts wegen.

Von einer auf Zahlungsverzug gestützten Kündigung eines auf Wohnraum bezüglichen Mietverhältnisses ist bei der An-

[1]) Die Bestimmung erfolgte durch die VO. v. 8. März 1928 (RGBl. 64).

ordnung der Zustellung der Fürsorgebehörde Mitteilung zu machen. Der § 10 Abs. 2 Satz 1, 2 gilt entsprechend.

Die Geschäftsstelle hat den Vermieter von der an den Mieter erfolgten Zustellung in Kenntnis zu setzen.

§ 1d. Der Mieter kann gegen die Kündigung bei dem Gerichte schriftlich oder zu Protokoll der Geschäftsstelle Widerspruch erheben.

Bei der Zustellung des Kündigungsschreibens ist der Mieter unter Mitteilung der gesetzlichen Kündigungsgründe darauf hinzuweisen, daß, wenn er nicht binnen zwei Wochen seit der Zustellung Widerspruch erhebt, gegen ihn ein gerichtlicher Räumungsbefehl (§ 1f) erlassen werden kann.

Ein nach dem Ablauf der Widerspruchsfrist erhobener Widerspruch ist noch zu berücksichtigen, solange der Räumungsbefehl nicht verfügt ist.

§ 1e. Erhebt der Mieter rechtzeitig Widerspruch, so hat die Geschäftsstelle den Vermieter hiervon unverzüglich zu benachrichtigen und dem Mieter auf Verlangen eine Bescheinigung darüber zu erteilen, daß er rechtzeitig Widerspruch erhoben habe.

Bis zum Ablauf zweier Wochen seit der Zustellung der Nachricht kann der Vermieter die Anberaumung eines Termins zur Güteverhandlung über die Aufhebung des Mietverhältnisses (§ 1p) beantragen. Geschieht dies, so gilt der Inhalt des Kündigungsschreibens als Güteantrag. Andernfalls verliert die Kündigung ihre Kraft.

§ 1f. Erhebt der Mieter nicht rechtzeitig Widerspruch, so ist auf Gesuch des Vermieters dem Mieter aufzugeben, den Mietraum zu dem in dem Kündigungsschreiben bezeichneten Zeitpunkt an den Vermieter herauszugeben, auch die Kosten des Verfahrens zu tragen (Räumungsbefehl).

Ein Räumungsbefehl wegen Zahlungsverzugs darf nicht vor dem Ablauf der im § 3 Abs. 3 bezeichneten Fristen erlassen werden.

Der Räumungsbefehl wird von dem Urkundsbeamten der Geschäftsstelle erlassen. Er ist auf die Urschrift des Kündigungsschreibens zu setzen und verbleibt bei den Akten. Die Zustellung erfolgt auf Betreiben des Vermieters. Der Urkundsbeamte der Geschäftsstelle hat die Zustellung zu vermitteln, sofern nicht der

Vermieter erklärt hat, selbst einen Gerichtsvollzieher mit der Zustellung beauftragen zu wollen.

Gegen die Ablehnung des Gesuchs um Erlassung des Räumungsbefehls ist die sofortige Beschwerde zulässig. Der § 577 Abs. 4 und der § 576 der Zivilprozeßordnung gelten entsprechend.

§ 1g. Der Räumungsbefehl steht einem auf eine Aufhebungsklage (§ 1p) ergangenen Versäumnisurteile gleich. Im Falle seiner Erlassung gilt der Anspruch auf Aufhebung des Mietverhältnisses als im Zeitpunkt der Kündigung im Streitverfahren rechtshängig geworden. Der § 13 Abs. 3 findet entsprechende Anwendung.

Der Mieter ist in dem Räumungsbefehl über die Zulässigkeit des Einspruchs sowie über Form und Frist seiner Einlegung zu belehren.

§ 1h. Ist der Räumungsbefehl ordnungsmäßig erlassen, so ist in dem weiteren Verfahren eine Nachprüfung der im Kündigungsschreiben geltend gemachten Aufhebungsgründe nur zulässig, wenn die Versäumung des rechtzeitigen Widerspruchs nicht auf einem Verschulden des Mieters beruht, oder wenn der Mieter innerhalb der Widerspruchsfrist dem Vermieter erklärt hat, daß er die Herausgabe des Mietraums ablehne.

Wird bis zum Ablauf der Widerspruchsfrist von dem Mieter ein im Kündigungsschreiben angegebener Mietzinsrückstand durch Zahlung getilgt oder eine gegenüber der Mietzinsforderung zulässige Aufrechnung erklärt, so verliert eine lediglich auf § 3 gestützte Kündigung ihre Kraft.

§ 1i. Auf die Vollstreckung des Räumungsbefehls finden die für die Vollstreckung von Urteilen geltenden Vorschriften entsprechende Anwendung.

Einwendungen, welche den Anspruch selbst betreffen, sind nur insoweit zulässig, als die Gründe, auf denen sie beruhen, erst nach der Zustellung des Räumungsbefehls entstanden sind und durch Einspruch nicht mehr geltend gemacht werden können.

§ 1k. Beantragt der Mieter, ohne gegen die Kündigung Widerspruch zu erheben, vor der Verfügung des Räumungsbefehls die Gewährung einer zeitlich bestimmten Räumungsfrist, so ist dem Vermieter Abschrift des Antrags zur Erklärung binnen zwei Wochen zuzustellen.

Erklärt sich der Vermieter innerhalb der Frist mit dem Antrag einverstanden, so erläßt der Urkundsbeamte der Geschäftsstelle von Amts wegen den Räumungsbefehl mit der Maßgabe, daß die Vollstreckung von dem Ablauf der beantragten Räumungsfrist abhängig gemacht wird. Die Frist beginnt mit dem Tage, für den die Kündigung erfolgt ist; wird der Befehl nach diesem Tage erlassen, so läuft die Frist von der Zustellung des Befehls ab.

Verweigert der Vermieter innerhalb der Frist die Zustimmung oder gibt er eine Erklärung nicht ab, so gilt der Antrag des Mieters als Widerspruch gegen die Kündigung; das Gericht bestimmt in diesem Falle von Amts wegen Termin zur Güteverhandlung (§ 1e). Das gleiche gilt, wenn der Mieter eine Räumungsfrist ohne bestimmte Bezeichnung ihrer Dauer beantragt oder wenn er erklärt hat, den Mietraum nur bei Sicherung eines Ersatzraums herausgeben zu wollen.

§ 1l. Wird im Falle des § 1k die Erlassung des Räumungsbefehls nicht binnen einer einmonatigen Frist, die mit dem Ablauf der Widerspruchsfrist beginnt, nachgesucht, so verliert die Kündigung ihre Kraft. Das gleiche gilt, wenn die Erlassung des Räumungsbefehls rechtzeitig nachgesucht, das Gesuch aber zurückgewiesen wird.

§ 1m. Des Nachweises einer Vollmacht bedarf es nicht, wenn für den Vermieter die Anordnung der Zustellung eines Kündigungsschreibens nachgesucht oder für den Mieter Widerspruch gegen die Kündigung erhoben wird.

§ 1n. Ein für eine bestimmte Zeit eingegangenes Mietverhältnis wird nach dem Ablauf der Mietzeit fortgesetzt, wenn nicht der Vermieter oder der Mieter spätestens in dem Zeitpunkt, in dem nach § 565 des Bürgerlichen Gesetzbuchs eine für den Ablauf der Mietzeit zulässige Kündigung zu erfolgen haben würde, sich auf die Beendigung des Mietverhältnisses beruft. Die Berufung des Vermieters ist nur unter den Voraussetzungen zulässig, unter denen nach § 1 Abs. 1 der Vermieter ein Mietverhältnis kündigen kann; auf die Form der Berufung sowie auf das weitere Verfahren finden die für eine solche Kündigung geltenden Vorschriften entsprechende Anwendung.

Ein vertraglich vorbehaltenes Rücktrittsrecht kann vom Vermieter nicht gegen den Willen des Mieters ausgeübt werden.

§ 1o. Für das in den vorstehenden Vorschriften bezeichnete Verfahren wird die Hälfte der Gebühr des § 8 des Gerichtskostengesetzes erhoben. Die Gebühr wird nicht erhoben, wenn vor Anordnung der Zustellung des Kündigungsschreibens das Gesuch zurückgenommen wird.

Der Rechtsanwalt erhält in dem Verfahren die Sätze des § 9 der Gebührenordnung für Rechtsanwälte.

Für die Wertberechnung ist der im § 13 Abs. 5 bezeichnete Betrag maßgebend.

Bei rechtzeitiger Einlegung des Widerspruchs oder Einspruchs werden die Gebühren auf die im Aufhebungsstreit entstehenden Gebühren angerechnet.

Auf Grund des Räumungsbefehls kann der Vermieter nur die Erstattung von Gerichtskosten verlangen.

b. Aufhebung von Mietverhältnissen durch Urteil.

§ 1p. Außer durch Kündigung oder Zeitablauf (Unterabschnitt a) kann ein Mietverhältnis der im § 1 bezeichneten Art, vorbehaltlich der §§ 19 bis 26, 32 bis 34, auf Verlangen des Vermieters nur im Wege der Klage durch gerichtliches Urteil aufgehoben werden. Die Aufhebung ist nur aus den in den §§ 2 bis 4 bezeichneten Gründen zulässig. § 1 Abs. 1 Satz 2 findet Anwendung.

§ 2. Der Vermieter kann auf Aufhebung des Mietverhältnisses klagen, wenn der Mieter oder eine Person, die zu seinem Hausstand oder Geschäftsbetriebe gehört, oder der er den Gebrauch des Mietraums überlassen hat, sich einer erheblichen Belästigung des Vermieters oder eines Hausbewohners schuldig macht oder durch unangemessenen Gebrauch des Mietraums oder Vernachlässigung der gebotenen Sorgfalt den Mietraum oder das Gebäude erheblich gefährdet, oder wenn der Mieter einem Dritten den Gebrauch des Mietraums beläßt, obwohl er zur Überlassung nicht befugt ist. Die angemessene Wahrnehmung der Befugnisse eines Mietervertreters ist als Belästigung nicht anzusehen.

Die Aufhebung ist nur zulässig, wenn der Mieter ungeachtet einer Abmahnung des Vermieters das Verhalten fortsetzt oder es unterläßt, eine ihm mögliche Abhilfe zu schaffen, oder wenn das Verhalten des Mieters oder einer der im Abs. 1 bezeichneten Personen ein solches war, daß dem Vermieter die Fortsetzung des Mietverhältnisses nicht zugemutet werden kann. Hatte der Vermieter oder eine zu seinem Hausstand oder Geschäftsbetriebe gehörige oder mit seiner Vertretung in Mietangelegenheiten betraute Person die Belästigung (Abs. 1) durch eigenes Verschulden veranlaßt, so findet eine Aufhebung nicht statt.

Der Vermieter muß die Klage binnen sechs Monaten von dem Zeitpunkt an erheben, in dem er von dem Aufhebungsgrunde Kenntnis erlangt hat. Die Klage ist ausgeschlossen, wenn seit dem Entstehen des Aufhebungsgrundes ein Jahr verstrichen ist.

§ 3. Der Vermieter kann auf Aufhebung des Mietverhältnisses klagen, wenn der Mieter, welcher den Mietzins in kürzeren als vierteljährigen Zeitabschnitten zu entrichten hat, mit einem Betrag im Verzug ist, welcher den für die Dauer eines Monats zu entrichtenden Mietzins übersteigt; bei einem den Betrag für zwei Monate nicht erreichenden Rückstand ist die Erhebung der Klage erst zwei Wochen nach der Fälligkeit zulässig. Ist der Mietzins in vierteljährigen oder längeren Zeitabschnitten zu entrichten, so kann die Aufhebungsklage erhoben werden, wenn der Mieter mit einem Betrag im Verzug ist, welcher den für die Dauer eines Vierteljahrs zu entrichtenden Mietzins erreicht; bei nur einmaligem Rückstand ist die Erhebung der Klage erst zwei Wochen nach der Fälligkeit zulässig. Bezieht sich der Rückstand auf mehrere Zeitabschnitte, so ist für die Berechnung des nach Satz 1, 2 maßgebenden Betrags der Mietzins des Zeitabschnitts zugrunde zu legen, hinsichtlich dessen der Mieter zuerst in Verzug geraten ist.

Der Anspruch besteht nicht, wenn der Verzug auf Unkenntnis des Mieters über den Betrag oder den Zeitpunkt der Fälligkeit des Mietzinses oder auf irrige Annahme eines Aufrechnungs-, Minderungs- oder Zurückbehaltungsrechts zurückzuführen ist, es sei denn, daß die Unkenntnis oder der Irrtum auf Fahrlässigkeit beruht.

Die Aufhebung ist nicht mehr zulässig, wenn bis zum Ablauf von zwei Wochen seit Erhebung der Klage der Mieter den Vermieter befriedigt oder eine gegenüber der Mietzinsforderung zulässige Aufrechnung erklärt. Geht innerhalb der Frist dem Gerichte die Erklärung der Fürsorgebehörde (§ 10 Abs. 2) zu, daß sie zur Befriedigung des Vermieters bereit sei, so verlängert sich die Frist um weitere zwei Wochen. Beantragt in diesen Fällen der Vermieter alsbald, den Rechtsstreit in der Hauptsache für erledigt zu erklären, so hat der Mieter die Kosten des Rechtsstreits zu tragen.

§ 4. Der Vermieter kann auf Aufhebung des Mietverhältnisses klagen, wenn für ihn aus besonderen Gründen ein so dringendes Interesse an der Erlangung des Mietraums besteht, daß auch bei Berücksichtigung der Verhältnisse des Mieters die Vorenthaltung eine schwere Unbilligkeit für den Vermieter darstellen würde. Zugunsten des Mieters ist dabei der Umstand mit zu berücksichtigen, daß der Mieter im Einverständnis mit dem Vermieter in dem Mietraum bauliche, mit einem erheblichen Kostenaufwande verbundene Arbeiten hat vornehmen lassen. Bei gewerblichen Räumen ist es zugunsten eines Mieters, der keine weitere Betriebsstätte als den herauszugebenden Raum besitzt, mit zu berücksichtigen, wenn der Vermieter außer einer Hauptbetriebsstätte mehrere Zweigstellen in demselben Gemeindebezirk inne hat und den Mietraum lediglich zur Vergrößerung seines Betriebs verwenden will. Bei der Abwägung der beiderseitigen Interessen sind zugunsten des Vermieters die Zahl und das Lebensalter der zu seinem Hausstande gehörigen Abkömmlinge sowie der Umstand mit zu berücksichtigen, daß der Vermieter den Mietraum aus beruflichen Gründen dringend braucht.

Liegen die im Abs. 1 bezeichneten Gründe nur für einen Teil des Mietraums vor, so kann die Aufhebung hinsichtlich dieses Teiles, insbesondere auch eines Hausgartens, verlangt werden. Auch kann das Gericht die Aufhebung auf einen Teil des Mietraums beschränken, insbesondere, wenn der Vermieter Nebenräume, welche nicht Wohnräume sind, oder entbehrliche Teile des Mietraums zur Herstellung selbständigen Wohnraums braucht. Bei teilweiser Aufhebung des Mietverhältnisses ist, sofern ein vereinbarter Mietzins zu zahlen ist, auf Antrag in der Urteilsformel auszusprechen, um welchen Betrag sich der Mietzins für den verbleibenden Teil des Mietraums mindert; gilt die gesetzliche Miete, so wird der verbleibende Teil des Mietzinses nach § 2 Abs. 4 des Reichsmietengesetzes von dem Mieteinigungsamte festgesetzt.

Wird das Mietverhältnis lediglich auf Grund des Abs. 1 aufgehoben, so kann das Gericht auf Antrag des Mieters den Vermieter verpflichten, dem Mieter die für den Umzug innerhalb des Gemeindebezirkes erforderlichen Kosten ganz oder teilweise zu ersetzen, wenn dies nach Lage der Sache, insbesondere nach den Vermögens- und Erwerbsverhältnissen der Vertragsteile, der Billigkeit entspricht. Die oberste Landesbehörde kann bestimmen, daß benachbarte Gemeinden als eine Gemeinde im Sinne dieser Vorschrift anzusehen sind. Für Gemeinden, die verschiedenen Ländern angehören, kann auf Antrag der beteiligten obersten Landesbehörden der Reichsarbeitsminister die Bestimmung treffen.

Soweit die Ersatzpflicht ausgesprochen wird, ist auf Antrag des Mieters die Zwangsvollstreckung von der Hinterlegung eines in der Urteilsformel zu bezeichnenden, die Umzugskosten oder den zugebilligten Teil mutmaßlich deckenden Geldbetrags abhängig zu machen.

Der Mieter ist über die Zulässigkeit der in den Abs. 3, 4 bezeichneten Anträge zu belehren. Wird das Urteil nur wegen der Umzugskosten angefochten, so erfolgt die Anfechtung durch sofortige Beschwerde.

Auf Antrag des Mieters kann durch einstweilige Verfügung die Hinterlegung des im Abs. 4 bezeichneten Betrags angeordnet werden, wenn der Mieter mit der erforderlichen behördlichen Genehmigung (§ 31) einen Ersatzraum gemietet oder wenn das Mieteinigungsamt einen Mietvertrag über einen Ersatzraum festgesetzt hat. Zum Erlasse der einstweiligen Verfügung ist nicht erforderlich, daß eine Gefährdung des Anspruchs glaubhaft gemacht wird.

Das Gericht kann in dem das Mietverhältnis aufhebenden Urteil aussprechen, daß eine Beschlagnahme des Mietraums durch die Gemeindebehörde unter bestimmten, im Urteil zu bezeichnenden Voraussetzungen ausgeschlossen ist. Eine Anfechtung des Urteils findet insoweit nicht statt.

§ 5. In den Fällen der §§ 2 bis 4 ist das Mietverhältnis für den Zeitpunkt aufzuheben, für den eine zur Zeit der Klageerhebung erfolgende Kündigung nach dem Vertrag oder beim Mangel einer Vertragsbestimmung nach § 565 des Bürgerlichen Gesetzbuchs zulässig sein oder an dem die vereinbarte Mietzeit ablaufen würde. In den Fällen der §§ 2, 3 kann auf Antrag des Vermieters das Mietverhältnis mit sofortiger Wirkung aufgehoben werden.

Der Zeitpunkt, für den die Aufhebung erfolgt, ist in der Urteilsformel festzustellen.

In der Urteilsformel ist ferner zu bestimmen, daß der Mieter den Mietraum zu dem im Abs. 1 bezeichneten Zeitpunkt an den Vermieter herauszugeben hat.

§ 721 der Zivilprozeßordnung bleibt, vorbehaltlich des § 6 Abs. 3 Satz 2, unberührt; er gilt entsprechend, wenn das Urteil die Herausgabe von Räumen zum Gegenstande hat, die nicht Wohnräume sind. Auf Antrag des Mieters kann das Gericht erster Instanz zur Vermeidung von Härten die Räumungsfrist einmal verlängern, es sei denn, daß hierdurch unbillige Nachteile für den Vermieter oder einen Dritten entstehen würden; die Nachfrist kann bis auf drei Monate bemessen werden. Der Antrag ist spätestens zwei Wochen vor dem Ablauf der Räumungsfrist zu stellen. Die Entscheidung erfolgt durch Beschluß nach Anhörung des Vermieters; gegen den Beschluß findet sofortige Beschwerde statt.

§ 6. Wird ein Mietverhältnis, das sich ausschließlich oder zum Teil auf Wohnraum bezieht, lediglich nach § 4 Abs. 1 aufgehoben, so ist die Zwangsvollstreckung durch Ausspruch in der Urteilsformel davon abhängig zu machen, daß hinsichtlich des Wohnraums für den Mieter ausreichender Ersatzraum gesichert ist; der Ausspruch kann unterbleiben, wenn die Versagung des Ersatzraums keine unbillige Härte für den Mieter darstellt. Wird ein Mietverhältnis der bezeichneten Art nach § 2 lediglich deshalb, weil der Mieter einem Dritten den Gebrauch des Mietraums unbefugt belassen hat, oder nach § 3 aufgehoben, so kann die Zwangsvollstreckung von der Sicherung ausreichenden Ersatzwohnraums abhängig gemacht werden, wenn dies zur

Vermeidung unbilliger Härten erforderlich erscheint. Das gleiche gilt, wenn ein teilweise auf Wohnraum bezügliches Mietverhältnis nach § 4 Abs. 2 hinsichtlich des Wohnraums aufgehoben wird.

Wird ein Mietverhältnis, das sich ausschließlich oder zum Teil auf anderen als Wohnraum bezieht, lediglich nach § 4 aufgehoben, so ist, soweit es sich um Raum handelt, der nicht Wohnraum ist, die Zwangsvollstreckung von der Sicherung des für die Berufs- oder Geschäftsbedürfnisse des Mieters ausreichenden Ersatzraums abhängig zu machen, wenn der Mieter beweist, daß bei Versagung des Ersatzraums dringende öffentliche Interessen gefährdet werden würden. Hat das Reich, ein Land, ein Gemeindeverband oder eine Gemeinde Räume der bezeichneten Art zu öffentlichen Zwecken oder Wohnräume, in denen gleichzeitig Dienstgeschäfte wahrgenommen werden, mietweise inne, so gilt Satz 1 mit der Maßgabe, daß der Nachweis durch eine Erklärung der Behörde geführt wird, welche der den Raum benutzenden Behörde vorgesetzt ist.

Hat in den Fällen der Abs. 1, 2 der Mieter den Ausspruch beantragt und ist der Antrag im Urteil übergangen, so ist das Urteil zu ergänzen. Auf das Verfahren finden die Vorschriften des § 319 Abs. 2, 3 der Zivilprozeßordnung entsprechende Anwendung; das gleiche gilt, wenn ein Antrag auf Gewährung einer Räumungsfrist übergangen ist. Wird das Urteil nur wegen der Gewährung oder Versagung eines Ersatzraums oder einer Räumungsfrist angefochten, so erfolgt die Anfechtung durch sofortige Beschwerde.

Solange in den Fällen der Abs. 1, 2 der Ersatzraum nicht gesichert ist, jedoch nicht über den Zeitpunkt der Herausgabe des Mietraums hinaus, haben die Beteiligten in Ansehung dieses Raumes die aus dem Mietverhältnisse sich ergebenden Rechte und Pflichten.

Enthält das Urteil eine Beschränkung der Zwangsvollstreckung nach den Abs. 1, 2 oder nach § 4 Abs. 4 und treten nach Ablauf der Beschwerdefrist (Abs. 3 Satz 3, § 4 Abs. 5) Tatsachen ein, welche die Aufhebung des Mietverhältnisses nach den §§ 2, 3 rechtfertigen würden, oder vereitelt der Mieter böswillig die Sicherung eines Ersatzraums, so kann der Vermieter die Aufhebung der Beschränkung verlangen. Über den Antrag des

Vermieters wird auf Grund mündlicher Verhandlung durch Urteil entschieden; gegen das Urteil findet sofortige Beschwerde statt. § 25 Abs. 2 des Gerichtskostengesetzes gilt entsprechend.

§ 7. Über die Aufhebungsklage entscheidet das Amtsgericht unter Zuziehung von Beisitzern. Ausschließlich zuständig ist das Amtsgericht, in dessen Bezirk sich der Mietraum befindet. Die Vereinbarung der schiedsgerichtlichen Erledigung ist unwirksam.

Die Beisitzer müssen zur Hälfte Vermieter aus dem Kreise der Hausbesitzer, zur Hälfte Mieter sein. Die Bestellung erfolgt auf Grund von Vorschlagslisten, die von örtlichen Hausbesitzer- und Mietervereinen zu erfordern sind, auf die Dauer von mindestens einem Jahre. Die Beisitzer erhalten für ihre Tätigkeit eine Vergütung.

Für die Auswahl der Beisitzer darf nur maßgebend sein, daß von ihnen eine gewissenhafte und unparteiische Ausübung des Amtes zu erwarten ist; nach der Zugehörigkeit zu bestimmten Berufsarten oder Bevölkerungskreisen darf ein Unterschied nicht gemacht werden. Personen, die gleichzeitig Vermieter und Mieter sind, sollen nicht zu Beisitzern bestellt werden. Das gleiche gilt für Mitglieder und Vertreter von Gesellschaften und Genossenschaften, die ihren Mitgliedern satzungsgemäß Wohnungen verschaffen, soweit diese Personen Wohnungen innehaben, die nicht den Vorschriften dieses Gesetzes unterliegen, es sei denn, daß sie von einem örtlichen Hausbesitzer- oder Mietervereine vorgeschlagen sind. Die Beisitzer dürfen nicht zugleich mit dem Vollzuge der Maßnahmen gegen Wohnungsmangel betraut sein. Sie dürfen nur bestellt werden, wenn sie sich verpflichten, für Dritte keine berufliche oder ehrenamtliche Tätigkeit auszuüben, die sich auf Mietverhältnisse über Gebäude oder Gebäudeteile bezieht; im Falle ihrer Geschäftsvereinigung mit anderen müssen auch diese sich verpflichten, keine solche Tätigkeit im Bezirke des Gerichts gegen Vergütung auszuüben. Als Tätigkeit dieser Art gelten nicht die Verwaltung eines Hauses für Mietberechtigte, die Wahrnehmung der Mieterinteressen von Hausgenossen und die ehrenamtliche Tätigkeit in einem Hausbesitzer- oder Mietervereine. Im übrigen finden für die Berufung und deren Ablehnung sowie für die Verhältnisse, die bei der Ausübung des Amtes in Betracht kommen, die für

Schöffen geltenden Vorschriften der §§ 31 bis 35, 51, 52, 54, 56 des Gerichtsverfassungsgesetzes entsprechende Anwendung; jedoch kann die Zahl der im § 35 Nr. 2 bezeichneten Sitzungstage anderweit gemäß Abs. 7 bestimmt werden.

Die Beisitzer sind in bestimmter Reihenfolge zu den Sitzungen heranzuziehen.

Wer eine Verpflichtung nach Abs. 3 Satz 5 übernommen hat, darf nicht dieser Verpflichtung zuwider vor einem Gericht, einem Mieteinigungsamt oder einer Beschwerdestelle (§ 42) als Bevollmächtigter oder Beistand in Angelegenheiten auftreten, die sich auf Mietverhältnisse über Gebäude oder Gebäudeteile beziehen.

Für jeden Beisitzer ist mindestens ein Stellvertreter zu bestellen. Die Vorschriften der Abs. 2 bis 5 gelten auch für die Stellvertreter.

Das Nähere über die Bestellung der Beisitzer regelt die oberste Landesbehörde.

§ 8. Die nicht auf Grund einer mündlichen Verhandlung ergehenden Beschlüsse und Verfügungen werden von dem Amtsrichter allein erlassen.

Im übrigen sind für die Befugnisse des Amtsrichters und der Beisitzer die Vorschriften über das landgerichtliche Verfahren maßgebend. Das Gericht kann anordnen, daß ein Augenschein durch die Beisitzer oder, wo mehr als zwei Beisitzer tätig sind, durch je einen Beisitzer aus dem Kreise der Vermieter und der Mieter eingenommen wird; andere Beweiserhebungen können Beisitzern nicht übertragen werden. Die Entscheidungen bedürfen nicht der Unterschrift durch die Beisitzer.

In bezug auf die Beratung und Abstimmung finden die §§ 192 bis 198 des Gerichtsverfassungsgesetzes entsprechende Anwendung. Die Vorschriften der Zivilprozeßordnung über die Ausschließung und Ablehnung der Gerichtspersonen gelten sinngemäß; die Entscheidung über die Ausschließung oder Ablehnung eines Beisitzers erfolgt durch den Amtsrichter.

§ 9. Die Bestimmung eines Termins zur Güteverhandlung kann auch von dem Mieter beantragt werden, der eine Aufhebungsklage befürchtet.

§ 10. Jede Ladung einer Partei zur mündlichen Verhandlung über die Aufhebungsklage soll den Hinweis darauf enthalten, daß gegen die Partei Versäumnisurteil ergehen kann, wenn sie im Termine nicht erscheint oder sich nicht ordnungsmäßig vertreten läßt.

Von dem Eingang einer Klage, mit welcher die Aufhebung eines auf Wohnraum bezüglichen Mietverhältnisses auf Grund des § 3 verlangt wird, hat die Geschäftsstelle der Fürsorgebehörde unter Hinweis auf die Fürsorgepflicht gemäß den Reichsgrundsätzen über Voraussetzung, Art und Maß der öffentlichen Fürsorge unverzüglich Mitteilung zu machen. Der Vermieter hat für die Mitteilung eine weitere Abschrift der Klage einzureichen. Diese wird der Fürsorgebehörde zugestellt.

Eine Aufhebung des Mietverhältnisses wegen Zahlungsverzugs darf nicht vor dem Ablauf der im § 3 Abs. 3 bezeichneten Fristen erfolgen.

§ 11. In dem ersten auf die Klage angesetzten Termine kann die Zuziehung der Beisitzer unterbleiben.

Erscheint in dem Termine nur eine der Parteien, so erläßt auf ihren Antrag der Amtsrichter das Versäumnisurteil.

Erscheinen beide Parteien und kommt ein Vergleich nicht zustande, so hat der Amtsrichter die Entscheidung zu erlassen, wenn sie sofort erfolgen kann und beide Parteien es beantragen. Andernfalls ist ein neuer Verhandlungstermin, zu dem die Beisitzer zuzuziehen sind, anzusetzen und sofort zu verkünden. Zeugen und Sachverständige, deren Vernehmung der Amtsrichter für erforderlich erachtet, sind zu diesem Termin zu laden.

§ 12. Wird vor einem nach § 7 Abs. 1 besetzten Gericht oder vor dem Amtsrichter eine Partei, die einer Vereinigung der Hausbesitzer, der Mieter, der Arbeitgeber oder der Arbeitnehmer angehört, von einem Beauftragten der Vereinigung vertreten, so findet § 157 Abs. 1 der Zivilprozeßordnung insoweit keine Anwendung. Als Beauftragte gelten alle mit Vertretungsausweis der Vereinigung versehenen Personen.

§ 13. Bis zum Schlusse der mündlichen Verhandlung, auf die das Urteil ergeht, können andere als die in der Klage vorgebrachten Klagegründe geltend gemacht werden. In der Berufungsinstanz gilt dies nur, wenn glaubhaft gemacht wird, daß der Vermieter ohne sein Verschulden außerstande gewesen sei, jene Gründe im ersten Rechtszug vorzubringen, oder wenn der

Mieter zu der Änderung der Klage seine Einwilligung erteilt hat.

Die Leistung eines Eides ist durch Beweisbeschluß anzuordnen.

Erfolgt die Aufhebung des Mietverhältnisses lediglich nach § 4, so ist das Urteil nicht für vorläufig vollstreckbar zu erklären. Ein Urteil, das auf einem anderen Grunde beruht, darf nur dann für vorläufig vollstreckbar erklärt werden, wenn glaubhaft gemacht wird, daß die Aussetzung der Vollstreckung dem Vermieter einen nicht zu ersetzenden Nachteil bringen würde.

Die Kosten des Rechtsstreits können, wenn die Aufhebung lediglich nach § 4 erfolgt, dem Vermieter ganz oder teilweise auferlegt werden, sofern dies nach Lage der Sache, insbesondere nach den Vermögens- und Erwerbsverhältnissen der Vertragsteile, der Billigkeit entspricht. Die Entscheidung über die Kosten kann in diesem Falle selbständig angefochten werden, sofern der Wert des Beschwerdegegenstandes den Betrag von dreißig Reichsmark übersteigt; die Anfechtung erfolgt durch sofortige Beschwerde.

Für die Wertberechnung bei der Aufhebungsklage ist der Betrag des für die Dauer eines Vierteljahrs zu entrichtenden Mietzinses maßgebend.

§ 14. Gegen ein Urteil, durch das ein Mietverhältnis aufgehoben oder eine Aufhebungsklage abgewiesen ist, finden die Berufung und in den Fällen des § 6 Abs. 3, 5 auch die sofortige Beschwerde ohne Rücksicht auf den Wert des Beschwerdegegenstandes statt.

In den Fällen des § 4 Abs. 5, des § 6 Abs. 3 und des § 13 Abs. 4 findet die sofortige Beschwerde auch dann statt, wenn mehrere Beschwerdegründe nebeneinander geltend gemacht werden.

Wird ein Urteil mit der Berufung und der sofortigen Beschwerde angefochten, so ist über beide Rechtsmittel von derselben Kammer des Landgerichts zu entscheiden.

Jedes auf eine Aufhebungsklage ergehende Urteil soll einen Hinweis auf den zulässigen Rechtsbehelf sowie auf die Form und Frist seiner Einlegung enthalten.

§ 15. Der Vermieter kann in der Klage neben dem Aufhebungsanspruch auch andere Ansprüche erheben, sofern sie das gleiche Mietverhältnis betreffen und das Gericht auch für sie zuständig ist.

Die Erhebung einer Widerklage ist nur statthaft, sofern der Gegenanspruch des Mieters das gleiche Mietverhältnis betrifft.

Wird mit der Aufhebungsklage ein Anspruch anderer Art verbunden, so ist auf Antrag des Beklagten anzuordnen, daß der Anspruch in getrenntem Prozesse verhandelt werde. Die Anordnung kann auch von Amts wegen getroffen werden. In entsprechender Weise ist zu verfahren, wenn eine Widerklage anderer Art erhoben wird. Die Abtrennung der Widerklage ist auf Antrag auch dann anzuordnen, wenn der mit ihr erhobene Anspruch die sachliche Zuständigkeit des Amtsgerichts übersteigt.

Der Antrag auf Abtrennung ist nur vor der Verhandlung des Antragstellers zur Hauptsache zulässig. Die Abtrennung von Amts wegen darf nur erfolgen, solange nicht eine Verhandlung zur Hauptsache stattgefunden hat und darauf ein Beschluß verkündet ist.

§ 16. Enthält das Urteil einen Ausspruch nach § 6 Abs. 1, 2, so darf von demjenigen Teile des Urteils, welcher die Herausgabe des Mietraums zum Gegenstande hat, eine vollstreckbare Ausfertigung nur auf Anordnung des Vorsitzenden erteilt werden. Die Anordnung ist erst zulässig, wenn durch eine Bescheinigung der Gemeindebehörde oder durch andere öffentliche oder öffentlich beglaubigte Urkunden nachgewiesen ist, daß der Ersatzraum für den Mieter gesichert ist, und daß entweder der Mieter sich mit dem Ersatzraum einverstanden erklärt oder binnen einer Woche seit der Zuweisung des Ersatzraums Einwendungen beim Mieteinigungsamt nicht erhoben hat oder daß die Einwendungen vom Mieteinigungsamte, das hierüber endgültig entscheidet, für unbegründet erklärt worden sind. Der Zuweisung eines Ersatzraums steht es gleich, wenn der Vermieter dem Mieter durch eine nach § 132 des Bürgerlichen Gesetzbuchs zuzustellende Erklärung einen Ersatzraum anbietet, über den der Vermieter oder ein dem Angebote zustimmender Dritter nach den wohnungsrechtlichen Vorschriften verfügungsberechtigt ist. Bei der Zuweisung oder dem Angebote soll der Mieter auf die Zulässigkeit von Einwendungen, auf die Form und Frist ihrer Geltendmachung sowie auf die Folgen des Fristablaufs hingewiesen werden. Hat der Mieter gegenüber der Gemeindebehörde auf die Zuweisung eines Ersatzraums verzichtet, so genügt eine Bescheinigung der Gemeindebehörde über den Verzicht. Ist die Vollstreckung nach § 4 von der Hinterlegung eines Geldbetrags abhängig gemacht, so muß in gleicher Weise nachgewiesen sein, daß die Hinterlegung erfolgt und daß dem Mieter eine beglaubigte Abschrift der Hinterlegungserklärung zugestellt ist.

Die Anordnung des Vorsitzenden ist in der Vollstreckungsklausel zu erwähnen.

Die Vollstreckung darf erst beginnen, wenn die vollstreckbare Ausfertigung mindestens sieben Tage vorher zugestellt ist. Auf Antrag des Mieters kann der Vorsitzende eine längere Frist bestimmen.

Die vorstehenden Vorschriften finden keine Anwendung, wenn die Beschränkung der Zwangsvollstreckung nach § 6 Abs. 5 aufgehoben ist.

§ 17. Der Vermieter, der mit der Aufhebungsklage abgewiesen ist, kann das Recht, die Aufhebung zu verlangen, nicht mehr auf Tatsachen gründen, die er in einem früheren Rechtsstreit geltend gemacht hat oder geltend machen konnte. Tatsachen, auf die aus diesem Grunde oder wegen § 2 Abs. 3 eine Aufhebungsklage nicht mehr begründet werden kann, dürfen zur Unterstützung einer auf andere Tatsachen gegründeten Aufhebungsklage geltend gemacht werden.

§ 18. Im Wege der einstweiligen Verfügung darf die Herausgabe eines Mietraums nicht angeordnet werden.

c. Besondere Mietverhältnisse

Sonstige Vorschriften

§ 19. Das beim Tode des Mieters dem Vermieter wie dem Erben nach § 569 des Bürgerlichen Gesetzbuchs zustehende Kündigungsrecht wird durch dieses Gesetz nicht berührt; entgegenstehende Bestimmungen des Mietvertrags kommen nicht in Betracht. Der Vermieter kann jedoch nicht kündigen, wenn der Erbe der Ehegatte des Mieters oder ein volljähriger Verwandter bis zum zweiten Grade ist und beim Tode des Mieters zu dessen Hausstand gehört hat.

Kündigt der Vermieter oder der Erbe nach der im Abs. 1 bezeichneten Vorschrift, so treten Familienangehörige des Mieters, bei denen die im Abs. 1 Satz 2 bezeichneten Voraussetzungen vorliegen, in die Rechte und Pflichten des Mieters ein. Gibt ein Angehöriger unverzüglich, nachdem er von der Kündigung Kenntnis erlangt hat, dem Vermieter gegenüber die Erklärung ab, daß er das Mietverhältnis nicht fortsetzen wolle, so gilt hinsichtlich dieses Angehörigen der Eintritt als nicht erfolgt.

Ist der Erbe nicht ein Familienangehöriger des Mieters, so kann er von Familienangehörigen, die beim Tode des Mieters zu dessen Hausstand gehört haben, die Herausgabe des Mietraums nur nach den für die Aufhebung eines Mietverhältnisses geltenden Vorschriften verlangen. Die für die weitere Überlassung des Raumes zu entrichtende Vergütung wird auf Antrag eines Vertragsteils von dem Mieteinigungsamte festgesetzt.

Auf Mietverhältnisse, die sich lediglich auf Geschäftsräume beziehen, finden die Vorschriften des Abs. 1 Satz 2 sowie der Abs. 2, 3 keine Anwendung. Abs. 1 Satz 1 gilt mit der Maßgabe, daß der Vermieter nicht kündigen kann, wenn der Erbe das Geschäft fortführt.

§ 20. Ist der Raum nur mit Rücksicht auf ein zwischen den Vertragsteilen bestehendes Dienst- oder Arbeitsverhältnis vermietet, so gelten die §§ 1 bis 19 auch über die Dauer des Dienst- oder Arbeitsverhältnisses hinaus. Dies gilt nicht, wenn der Mieter durch sein Verhalten dem Vermieter gesetzlich begründeten Anlaß zur Auflösung des Dienst- oder Arbeitsverhältnisses gegeben hatte oder wenn der Mieter das Verhältnis aufgelöst hat, ohne daß ihm vom Vermieter ein solcher Anlaß gegeben war. Ist streitig, ob ein begründeter Anlaß zur Auflösung des Dienst- oder Arbeitsverhältnisses vorlag, und ist für die Entscheidung die Zuständigkeit einer anderen Stelle begründet, so ist die Verhandlung bis zur endgültigen Erledigung des Streites auszusetzen. Die Entscheidung der anderen Stelle ist für das Gericht bindend, das über den Mietstreit entscheidet.

Gewerkschaftliche Betätigung, insbesondere eine Beteiligung an Bestrebungen zur Erhaltung oder Verbesserung von Lohn- oder Arbeitsbedingungen, rechtfertigen die Aufhebung des Mietverhältnisses nicht.

§ 21. Ist ein Raum nur mit Rücksicht auf ein zwischen den Vertragsteilen bestehendes Dienst- oder Arbeitsverhältnis überlassen und stellt die Überlassung einen Teil der für die Leistung der Dienste zu gewährenden Vergütung dar, so finden die Vorschriften des § 20 nach der Auflösung des Dienst- oder Arbeitsverhältnisses entsprechende Anwendung. Der für die weitere Überlassung des Raumes zu entrichtende Mietzins wird auf Antrag eines Vertragsteils von dem Mieteinigungsamte festgesetzt.

§ 22. Gelten in den Fällen der §§ 20, 21 die §§ 1 bis 19 auch nach der Beendigung des Dienst- oder Arbeitsverhältnisses, so genügt es an Stelle des im § 4 bezeichneten Aufhebungsgrundes, daß der Vermieter den Mietraum aus besonderen Gründen dringend braucht; dies ist namentlich der Fall, wenn der Vermieter den Mietraum für einen Nachfolger des Mieters in den Dienst- oder Arbeitsverhältnis oder im Betriebsinteresse für einen anderen Angehörigen des Betriebs braucht, insbesondere bei Einstellung neuer Arbeitskräfte oder um einen Arbeitnehmer in der Nähe seiner Arbeitsstelle unterzubringen. Der Vermieter wie der Mieter kann verlangen, daß die Zwangsvollstreckung statt von der im § 6 bezeichneten Sicherung eines Ersatzraums davon abhängig gemacht wird, daß der Vermieter an den Mieter einen angemessenen Geldbetrag für den Umzug und die Unterkunftsbeschaffung zahlt; § 6 Abs. 3, § 14, § 16 gelten entsprechend.

§ 23. Sind Räume in Gebäuden, die von dem Inhaber eines Betriebs zur Unterbringung von Angehörigen des Betriebs errichtet oder vor dem 1. Juli 1918 zu Eigentum erworben oder gemietet sind, an einen Betriebsfremden überlassen, so kann der Vermieter die Aufhebung des Mietverhältnisses verlangen, wenn er den Raum für einen Angehörigen des Betriebs dringend braucht. § 22 findet mit der Maßgabe entsprechende Anwendung, daß der Geldbetrag nur zuzuerkennen ist, wenn die Versagung eine unbillige Härte darstellen würde.

§ 23a. Ist in Gebäuden, die von dem Inhaber eines Betriebs zur Unterbringung von Angehörigen des Betriebs errichtet und vor dem 1. Juli 1918 erworben oder gemietet sind, ein Raum nur mit Rücksicht auf ein zwischen den Vertragsteilen bestehendes Dienst- oder Arbeitsverhältnis vermietet, oder hat ihn ein Betriebsfremder mietweise inne, so kann der Vermieter auf Aufhebung des Mietverhältnisses klagen, wenn der Raum im Verhältnis zu der Zahl der Bewohner übermäßig groß ist; als Bewohner kommen nur der Mieter und seine Familienangehörigen in Betracht. Der Anspruch besteht nur, wenn der Vermieter mit dem Betriebsrat, dem Betriebsobmann oder einem im Betriebe für Wohnungssachen gebildeten Ausschuß über die Angelegenheit verhandelt hat. § 6 Abs. 1 Satz 1 findet mit der Maßgabe Anwendung, daß der Ersatzraum auch in einer anderen Gemeinde liegen kann, es sei denn, daß die Verlegung des Wohnsitzes zu schweren wirtschaftlichen Nachteilen für den Mieter führen würde.

§ 24. Die Vorschriften der §§ 1 bis 19 finden auf ein Untermietverhältnis nur Anwendung, wenn es sich ausschließlich auf Wohnraum bezieht, in dem der Untermieter eine eigene Wirtschaft oder Haushaltung führt.

Einem Untermietverhältnis steht es gleich, wenn ein Hauseigentümer oder jemand, der einen Raum auf Grund eines Erbbaurechts, Nießbrauchs oder eines ähnlichen Rechtsverhältnisses innehat, einen Teil des von ihm selbst im Hause benutzten Raumes vermietet.

§ 25. Ist ein Raum für besondere Zwecke zu vorübergehendem Gebrauche vermietet oder untervermietet, so finden, unbeschadet des § 27, die §§ 1 bis 19 keine Anwendung.

§ 26. Das dem Vermieter nach § 19 der Konkursordnung zustehende Kündigungsrecht wird durch dieses Gesetz nicht berührt.

§ 27. Die für die Aufhebungsklage geltenden Vorschriften über die Zuziehung von Beisitzern finden auch in einem Rechtsstreit Anwendung, der die Herausgabe eines Mietraums zum Gegenstande hat, ohne daß eine Aufhebung des Mietverhältnisses im Sinne dieses Gesetzes verlangt wird. Im übrigen bestimmt sich das Verfahren nach den §§ 7 bis 12, § 13 Abs. 2, Abs. 3 Satz 2, §§ 14, 15, 18. Dem Mieter kann auf seinen Antrag eine den Umständen nach angemessene Frist zur Räumung auch dann gewährt werden, wenn das Urteil die Herausgabe von Räumen zum Gegenstande hat, die nicht Wohnräume sind; die Vorschriften des § 721 der Zivilprozeßordnung in Verbindung mit § 6 Abs. 3 Satz 2, 3 gelten entsprechend.

Die Vorschriften des Abs. 1 gelten auch, soweit der Vermieter oder der Erbe des Mieters von dessen Familienangehörigen die Herausgabe eines Raumes verlangen kann (§ 19). Das gleiche gilt für Räume, die nur mit Rücksicht auf ein bestehendes Dienst- oder Arbeitsverhältnis vermietet oder überlassen sind.

Die Vorschriften des § 6 Abs. 4, 5 und des § 16 gelten auch, wenn in einem gerichtlichen Vergleiche die Aufhebung eines Mietverhältnisses oder in den Fällen der Abs. 1, 2 die Herausgabe eines Raumes mit der Bestimmung vereinbart ist, daß die Zwangsvollstreckung aus dem Vergleiche von der Sicherung eines Ersatzraums für den Mieter abhängig sein soll. Enthält der Vergleich eine solche Bestimmung nicht, so gilt sie, falls die Klage lediglich auf § 4 Abs. 1 gestützt war, als dahin vereinbart, daß ein ausreichender Ersatzwohnraum gesichert sein soll.

§ 28. Auf eine Verpflichtung des Mieters, eine ihm nach § 538 Abs. 2 des Bürgerlichen Gesetzbuchs gegenüber dem Vermieter zustehende Ersatzforderung nicht gegen eine Mietzinsforderung aufzurechnen, kann sich der Vermieter nicht berufen. Hat jedoch der Mieter die gesetzliche Miete zu zahlen, so kann er eine solche Forderung nur aufrechnen, soweit die im § 6 Abs. 2 des Reichsmietengesetzes bezeichnete Stelle vor der Vornahme der Arbeit die Vornahme einer laufenden Instandsetzungsarbeit (§ 5 jenes Gesetzes) für erforderlich erklärt hat.

§ 29. Die Erlaubnis des Vermieters, den Gebrauch des Wohnraums einem Dritten zu überlassen, insbesondere ihn unterzuvermieten (§ 549 Abs. 1 des Bürgerlichen Gesetzbuchs), wird durch die Erlaubnis des Mieteinigungsamts ersetzt. Das Mieteinigungsamt soll die Erlaubnis versagen, wenn der Vermieter sie aus einem wichtigen Grunde verweigert hat.

Auf die Untervermietung von Räumen, in denen eine eigene Wirtschaft oder Haushaltung nicht geführt werden soll, finden die Vorschriften des Abs. 1 keine Anwendung.

§ 30. Ist in Fällen, in denen die gesetzliche Miete zu zahlen ist, der Mietzins nach einem längeren Zeitabschnitt als einem Vierteljahr bemessen, so kann der Vermieter verlangen, daß der Mieter den Mietzins in vierteljährigen Zeitabschnitten entrichtet.

Die oberste Landesbehörde kann anordnen, daß in Fällen, in denen die gesetzliche Miete gilt, der Vermieter wie der Mieter berechtigt ist zu verlangen, daß der Mietzins wöchentlich oder monatlich gezahlt wird.

§ 31. Bestehen in einer Gemeinde Anordnungen, nach denen der Abschluß von Mietverträgen über Gebäude oder Gebäudeteile anzuzeigen oder zur Genehmigung mitzuteilen ist, so können aus einem dieser Anordnung zuwider nicht angezeigten oder nicht genehmigten Mietvertrage Rechte weder einem Vertragsteil noch einem Dritten noch einer Behörde gegenüber geltend gemacht werden; insbesondere finden die Vorschriften über die Aufhebung des Mietverhältnisses sowie die Vorschriften des § 27 keine Anwendung.

Ist die Anzeige erstattet oder die Genehmigung erteilt, so kann der Mieter die Herausgabe des Mietraums von demjenigen verlangen, der den Raum ohne Abschluß eines Vertrags oder auf Grund eines nicht angezeigten oder nicht genehmigten Mietvertrags innehat.

§ 32. Hat jemand mietweise oder auf Grund eines sonstigen Rechtsverhältnisses ein Gebäude oder den Teil eines Gebäudes inne, das im Eigentum oder in der Verwaltung des Reichs oder eines Landes steht und entweder öffentlichen Zwecken oder zur Unterbringung von Angehörigen der Verwaltung des Reichs oder des Landes zu dienen bestimmt ist oder bestimmt wird, so finden, vorbehaltlich des Abs. 2, die §§ 1 bis 31 keine Anwendung.

Die Zwangsvollstreckung aus einem Urteil, welches die Herausgabe eines vermieteten oder überlassenen Raumes zum Gegenstande hat, ist durch Ausspruch in der Urteilsformel davon abhängig zu machen, daß ein ausreichender Ersatzraum gesichert ist; an Stelle der Zubilligung des Ersatzraums kann auf Antrag des Reichs oder Landes die Gewährung eines angemessenen Geldbetrags treten. Über Einwendungen gegen den Ersatzraum entscheidet die Behörde, welche der über den Raum verfügungsberechtigten Behörde vorgesetzt ist. Im übrigen gelten die Vorschriften des § 6 Abs. 3 bis 5, des § 16 mit Ausnahme von Abs. 1 Satz 6 und des § 27 Abs. 3 Satz 1 mit der Maßgabe entsprechend, daß die im § 16 Abs. 1 Satz 2 bezeichnete Bescheinigung von der über den Raum verfügungsberechtigten Behörde ausgestellt wird und daß Einwendungen gegen den Ersatzraum bei dieser oder der ihr vorgesetzten Behörde zu erheben sind. Der Mieter oder derjenige, dem der Gebrauch überlassen ist, kann vom Reiche oder vom Lande den Ersatz der erforderlichen Umzugskosten verlangen, es sei denn, daß ihm bereits nach den Dienstvorschriften angemessene Umzugskosten zustehen. Über die Ersatzpflicht ist auf Antrag des Berechtigten in der Urteilsformel Bestimmung zu treffen.

Abs. 2 gilt nicht, wenn Tatsachen vorliegen, welche die Aufhebung des Mietverhältnisses nach den §§ 2, 3 rechtfertigen würden oder wenn der Raum für besondere Zwecke zu vorübergehendem Gebrauch überlassen ist.

Die Vorschriften der Abs. 1 bis 3 sowie des § 23 finden auf Gemeinden, Körperschaften des öffentlichen Rechtes, gemeinnützige Anstalten und Stiftungen sowie auf gemeinnützige, nicht auf Erwerb gerichtete Organisationen, soweit sie die Räume für eigene Zwecke dringend benötigen, entsprechende Anwendung.

§ 33. Die Vorschriften der §§ 1 bis 31 finden ferner keine Anwendung auf Neubauten oder durch Um- oder Einbauten neu geschaffene Räume, wenn sie nach dem 1. Juli 1918 bezugsfertig geworden sind oder künftig bezugsfertig werden. Das gleiche gilt für Räume solcher Gesellschaften und Genossenschaften, deren Zweck ausschließlich darauf gerichtet ist, minderbemittelten Familien oder Personen gesunde und zweckmäßig eingerichtete Wohnungen in eigens erbauten oder angekauften Häusern zu billigen Preisen zu verschaffen und bei denen die unter Ziffer 1 des Abschnitts „Befreiungen" der Nr. 1 des Tarifs zum Reichsstempelgesetze vom 3. Juli 1913 (Reichsgesetzbl. S. 639) in der Fassung des Gesetzes zur Änderung des Reichsstempelgesetzes vom 26. Juli 1918 (Reichsgesetzbl. S. 799) aufgeführten Voraussetzungen vorliegen; das Vorliegen dieser Erfordernisse wird durch eine Bescheinigung der obersten Landesbehörde nachgewiesen.

Auf Neubauten, die mit Zuschüssen aus den für die Wiederherstellung der während des Krieges zerstörten Gebiete bereitgestellten Mitteln errichtet sind, finden die Vorschriften dieses Gesetzes Anwendung.

Die oberste Landesbehörde kann anordnen, daß die Vorschriften der §§ 1 bis 31 auf Neubauten oder durch Um- oder Einbauten neu geschaffene Räume Anwendung finden, die nach dem 1. Juli 1918 bezugsfertig geworden sind oder künftig bezugsfertig werden und für die Zuschüsse aus öffentlichen Mitteln gegeben sind. Als Zuschüsse gelten Darlehen, die auf Grund der Dritten Steuernotverordnung und der Vorschriften über den Geldentwertungsausgleich bei bebauten Grundstücken gegeben sind. Im übrigen bestimmt die oberste Landesbehörde, welche Zuwendungen aus öffentlichen Mitteln als Zuschüsse anzusehen sind.

Für die Erledigung eines Rechtsstreits, der vor dem Inkrafttreten einer Anordnung nach Abs. 3 anhängig geworden ist, gilt § 51 Abs. 1. Die Zwangsvollstreckung aus einem vor dem Inkrafttreten der Anordnung erlassenen Urteil erfolgt nach den vor dem Inkrafttreten des Gesetzes vom 1. Juni 1923 (Reichsgesetzbl. I S. 353) in Geltung gewesenen Vorschriften; Anordnungen, nach denen die Vollstreckung von der Genehmigung des Mieteinigungsamts abhängig war, finden Anwendung.

§ 33a. Wird durch eine Teilung einer unbenutzten Wohnung von fünf oder mehr Wohnräumen eine neue räumlich und wirtschaftlich selbständige Wohnung gewonnen, so findet auf die neue Wohnung der erste Abschnitt dieses Gesetzes keine Anwendung. Das gleiche gilt, wenn im Einverständnis mit dem Mieter durch Teilung einer benutzten Wohnung der gleichen Größe eine neue räumlich und wirtschaftlich selbständige Wohnung hergestellt wird. Als neue Wohnung gilt der Teil der bisherigen Wohnung, in dem eine Küche nicht vorhanden war.

Die Gemeindebehörde hat von der Anordnung oder Durchführung einer Beschlagnahme abzusehen, wenn der Verfügungsberechtigte sich verpflichtet, innerhalb einer von der Gemeindebehörde zu bestimmenden Frist von mindestens vier Wochen die Teilung einer Wohnung der im Abs. 1 bezeichneten Art vorzunehmen und innerhalb der Frist die Arbeiten ausführt.

Eine Beschlagnahme der neuen Wohnung ist nicht zulässig. Der Mietvertrag bedarf der Genehmigung der Gemeindebehörde. Die Genehmigung darf nur versagt werden, wenn der Mieter in der Gemeinde nicht als dringlich Wohnungsuchender eingetragen ist; eine Versagung aus anderen Gründen ist nicht zulässig.

Abs. 3 gilt auch, wenn die neue Wohnung durch Beendigung des Mietvertrags wieder frei wird.

§ 33b. Wird aus unbenutzten gewerblichen Räumen oder im Einverständnis mit dem Mieter aus benutzten gewerblichen Räumen durch Ausbau eine räumlich und wirtschaftlich selbständige Wohnung gewonnen, so finden die Vorschriften des § 33a entsprechende Anwendung. Dies gilt nicht, wenn die Räume bis zum 1. Oktober 1918 zu Wohnzwecken bestimmt oder benutzt waren.

§ 34. Die oberste Landesbehörde kann mit Zustimmung des Reichsarbeitsministers für bestimmte Gemeinden, insbesondere Grenzgemeinden, anordnen, daß die §§ 1 bis 31 oder ein Teil dieser Vorschriften keine Anwendung finden, wenn der Mieter im Ausland eine seine Arbeitskraft ganz oder überwiegend in Anspruch nehmende Beschäftigung ausübt, ohne zu einem deutschen Arbeitgeber in einem Dienst- oder Arbeitsverhältnis zu stehen. Die Anordnung kann auf einzelne Gruppen von Mietern beschränkt werden.

§ 35. Hatte der Mieter am 1. Januar 1914 seinen Wohnsitz nicht im Inland, so genügt es an Stelle des im § 4 bezeichneten Aufhebungsgrundes, daß der Vermieter ein begründetes Interesse an der Erlangung des Mietraums hat; die Vorschriften über den Ersatz von Umzugskosten und die Sicherung eines Ersatzraums finden keine Anwendung.

Abs. 1 gilt nicht, wenn die dort bezeichneten Voraussetzungen auch auf seiten des Vermieters vorliegen oder wenn der Mieter zu den im § 9o der Bekanntmachung über Maßnahmen gegen Wohnungsmangel vom 23. September 1918 (Reichsgesetzbl. S. 1143) in der Fassung des Gesetzes über Maßnahmen gegen Wohnungsmangel vom 11. Mai 1920 (Reichsgesetzbl. S. 949) bezeichneten Personen gehört.

§ 36. Ist die Zwangsvollstreckung aus einem Urteil nach § 6 von der Sicherung eines Ersatzraums abhängig, so hat die Gemeindebehörde dem zur Herausgabe Verpflichteten einen entsprechenden Ersatzraum beschleunigt zuzuweisen, es sei denn, daß der Verpflichtete gegenüber der Gemeindebehörde auf die Zuweisung eines Ersatzraums verzichtet hat. Dies gilt auch im

Falle eines gerichtlichen Vergleichs, wenn das Gericht die beschleunigte Zuweisung eines Ersatzraums angeordnet hat; eine Anfechtung der Entscheidung findet nicht statt. Die Gemeindebehörde hat den bisherigen Vermieter von dem Zeitpunkt der Zuweisung zu benachrichtigen.

Ein Ersatzraum ist auch beschleunigt zuzuweisen, wenn der Mieter in den Fällen der §§ 22, 23, 32 den Mietraum gegen Zahlung eines Geldbetrags hat herausgeben müssen oder wenn in den Fällen des § 32 die Zwangsvollstreckung von der Sicherung eines Ersatzraums abhängig ist.

Wer gemäß den Vorschriften dieses Gesetzes zur Herausgabe eines Raumes verpflichtet ist, darf von der Gemeindebehörde nicht in den gleichen Raum wieder eingewiesen werden.

2. Abschnitt, Mieteinigungsämter.

§ 37. Die in diesem Gesetze, dem Reichsmietengesetz und dem Wohnungsmangelgesetze den Mieteinigungsämtern übertragenen Aufgaben sind durch Mieteinigungsämter wahrzunehmen, die dem § 38 entsprechen.

Die oberste Landesbehörde kann Gemeinden, Gemeindeverbände und weitere Kommunalverbände zur Errichtung von Mieteinigungsämtern anhalten. Sie kann die Aufgaben einer anderen Stelle übertragen, wenn deren Zusammensetzung dem § 38 entspricht, insbesondere auch einem mit Beisitzern besetzten Gerichte; soweit die Übertragung an ein Gericht erfolgt, kann auch bestimmt werden, daß die Feststellung der Sicherung eines Ersatzraums (§§ 6, 16) schon im Verfahren über die Aufhebung des Mietverhältnisses getroffen werden kann. Für das Verfahren bleiben die für das Mieteinigungsamt geltenden Vorschriften maßgebend.

§ 38. Das Mieteinigungsamt besteht aus einem Vorsitzenden und mehreren Beisitzern. Für jedes Mitglied ist mindestens ein Stellvertreter zu bestellen.

Der Vorsitzende muß zum Richteramte befähigt sein oder die Prüfung zum höheren Verwaltungsdienst abgelegt haben. Während seiner Amtszeit, die mindestens ein Jahr betragen soll, darf er gegen seinen Willen nur nach den für die Entlassung eines nicht richterlichen Beamten geltenden Vorschriften aus dem Amte entfernt werden, es sei denn, daß er vorher aus der Gemeindeverwaltung ausscheidet.

Auf die Beisitzer finden die Vorschriften des § 7 Abs. 2 bis 6 entsprechende Anwendung. Die Vorschriften des § 7 Abs. 3 Satz 1, 4 bis 6, Abs. 4 bis 6 gelten entsprechend auch für den Vorsitzenden.

In bezug auf die Beratung und Abstimmung sowie auf die Ausschließung und Ablehnung des Vorsitzenden und der Beisitzer gilt § 8 Abs. 3 mit der Maßgabe, daß an Stelle des Landgerichts die Beschwerdestelle (§ 42) tritt.

Das Nähere über die Besetzung des Mieteinigungsamts regelt die oberste Landesbehörde.

§ 39. Das Mieteinigungsamt entscheidet in der Besetzung von einem Vorsitzenden und mindestens zwei Beisitzern. Die Beisitzer müssen zur Hälfte Vermieter, zur Hälfte Mieter sein; ihre Zahl bestimmt die oberste Landesbehörde.

Die oberste Landesbehörde kann zulassen, daß der Vorsitzende oder die Beisitzer (Abs. 1 Satz 2) oder, wenn die Aufgaben des Mieteinigungsamts einem Gericht übertragen sind, der Urkundsbeamte der Geschäftsstelle Vorverhandlungen abhalten, insbesondere einen Augenschein einnehmen, und daß, falls nicht ein Vergleich zustande kommt, der Vorsitzende eine Entscheidung trifft, wenn sie sofort erfolgen kann und die Beteiligten es beantragen.

Gegen die Entscheidungen des Vorsitzenden kann innerhalb der Notfrist von einer Woche das Mieteinigungsamt angerufen werden.

§ 40. Die Beteiligten sind zu einem Termine, der nicht in ihrer Anwesenheit anberaumt ist, schriftlich zu laden; § 10 gilt entsprechend. Die Ladungsfrist beträgt drei Tage; eine Abkürzung der Frist ist zulässig. Das Mieteinigungsamt muß in der Lage sein festzustellen, daß die Ladungsschrift den Beteiligten rechtzeitig zugegangen ist.

Sind die Beteiligten ordnungsgemäß geladen und ist die Sache zu einer Entscheidung reif, so kann das Mieteinigungsamt auch in Abwesenheit eines Beteiligten entscheiden. Wird die Verhandlung vertagt, so hat der säumige Teil die den anderen Beteiligten durch das Ausbleiben verursachten notwendigen Kosten zu ersetzen. Erscheint der Säumige auch in dem zweiten

Termine nicht, so darf eine weitere Vertagung nur mit Zustimmung der anderen Beteiligten stattfinden.

Die Entscheidung (§ 39) erfolgt im Rahmen der im § 37 bezeichneten Vorschriften und der dazu erlassenen Anordnungen nach billigem Ermessen. Sie darf nur erlassen werden, wenn den Beteiligten Gelegenheit gegeben worden ist, sich zur Sache und über das Ergebnis einer Beweisaufnahme zu äußern und der Erhebung der Beweise beizuwohnen.

Die Entscheidung ist schriftlich zu begründen. Sind die Beteiligten im Termin anwesend, so kann die Begründung mündlich erfolgen; jeder Beteiligte kann jedoch innerhalb der Notfrist (§ 39 Abs. 3, § 41 Abs. 1) die schriftliche Mitteilung der Gründe beantragen. Die Beteiligten sind auf die zulässigen Rechtsbehelfe hinzuweisen; § 14 Abs. 4 gilt entsprechend.

Vor der Entscheidung kann eine einstweilige Anordnung erlassen werden.

Die §§ 319, 321 der Zivilprozeßordnung gelten entsprechend. Ist die Entscheidung vom Vorsitzenden erlassen, so erfolgt die Berichtigung oder die Ergänzung durch das Mieteinigungsamt.

§ 41. Gegen die Entscheidung des Mieteinigungsamts findet innerhalb der Notfrist von zwei Wochen die Rechtsbeschwerde statt. § 16 Abs. 1 Satz 2 bleibt unberührt.

Die Rechtsbeschwerde kann nur darauf gestützt werden, daß die Entscheidung auf einer Verletzung des Gesetzes beruhe. Dies ist stets anzunehmen, wenn § 40 Abs. 3 Satz 2 nicht beachtet ist; das gleiche gilt, wenn die Voraussetzungen vorliegen, unter denen nach § 551 Nr. 1 bis 5 der Zivilprozeßordnung eine gerichtliche Entscheidung als auf einer Verletzung des Gesetzes beruhend anzusehen ist. Ebenso liegt eine Gesetzesverletzung vor, wenn § 7 des Wohnungsmangelgesetzes unbeachtet geblieben ist; die endgültige Entscheidung hierüber hat bei Gebäuden, die zur Verfügung des Reichs stehen, die Reichsregierung, im übrigen die Landesregierung. Die §§ 550, 563 der Zivilprozeßordnung finden Anwendung. Die Entscheidung über die Kosten (§ 46) kann nur zugleich mit der Entscheidung in der Hauptsache angefochten werden.

Die Beschwerdestelle ist befugt, in Fällen, in denen es ihr notwendig erscheint, von Amts wegen die Nachprüfung oder Vornahme einzelner tatsächlicher Feststellungen anzuordnen.

Der Gegner des Beschwerdeführers kann sich der Rechtsbeschwerde anschließen. Die §§ 521 Abs. 1, 522 der Zivilprozeßordnung gelten entsprechend.

§ 42. Erachtet das Mieteinigungsamt die Rechtsbeschwerde für begründet, so hat es ihr abzuhelfen; andernfalls ist die Beschwerde der Beschwerdestelle vorzulegen.

Die Beschwerdestelle entscheidet in einer Besetzung von mindestens drei Mitgliedern; der Vorsitzende und mindestens ein Beisitzer müssen zum Richteramte befähigt sein oder die Prüfung zum höheren Verwaltungsdienst abgelegt haben. Werden Hausbesitzer und Mieter bestellt, so dürfen sie nur in gleicher Zahl herangezogen werden. Die Mitglieder der Beschwerdestelle dürfen nicht Mitglieder eines Mieteinigungsamts sein; § 7 Abs. 5 gilt entsprechend.

Das Nähere über die Besetzung der Beschwerdestelle bestimmt die oberste Landesbehörde. Sie kann die Aufgaben der Beschwerdestelle einer Verwaltungsbehörde, dem Landgericht oder einem höheren Gericht übertragen.

§ 43. Die Beschwerdestelle kann in der Sache selbst entscheiden oder sie zur nochmaligen Verhandlung und Entscheidung an das Mieteinigungsamt zurückverweisen. Die Zurückverweisung kann an eine andere Abteilung des Mieteinigungsamts erfolgen. Das Mieteinigungsamt, an das die Sache zurückverwiesen wird, hat die rechtliche Beurteilung, die der Aufhebung der Entscheidung zugrunde liegt, auch seiner Entscheidung zugrunde zu legen.

Eine Entscheidung, die der Beschwerde unterliegt, wird erst endgültig, wenn die Beschwerdefrist abgelaufen ist, ohne daß eine Beschwerde eingelegt worden ist, oder wenn die Beschwerde nach Ablauf der Beschwerdefrist zurückgenommen oder von der Beschwerdestelle zurückgewiesen wird.

§ 44. Wer mit einem Antrag endgültig abgewiesen ist, kann den gleichen Antrag nicht mehr auf Tatsachen gründen, die er in einem früheren Verfahren geltend gemacht hat oder geltend machen konnte. Tatsachen, auf die der Antrag nicht mehr gegründet werden kann, dürfen zur Unterstützung eines auf andere Tatsachen gegründeten Antrags geltend gemacht werden.

§ 45. Aus Vergleichen, die vor dem Mieteinigungsamte, dem Vorsitzenden des Mieteinigungsamts oder der Beschwerdestelle zwischen dem Vermieter, dem Mieter oder einem Dritten abgeschlossen sind, findet die gerichtliche Zwangsvollstreckung statt.

Die oberste Landesbehörde kann bestimmen, daß auch aus Vergleichen, die in einem vor Beisitzern oder vor dem Urkundsbeamten der Geschäftsstelle stattfindenden Verfahren (§ 39 Abs. 2) abgeschlossen sind, die gerichtliche Zwangsvollstreckung stattfindet.

§ 46. Für das Verfahren vor dem Mieteinigungsamt und der Beschwerdestelle werden Gebühren erhoben. Die Höhe der Gebühren bestimmt die oberste Landesbehörde. Der Gesamtbetrag der Gebühren darf das Dreifache, im Verfahren vor der Beschwerdestelle das Fünffache der vollen Gebühr des § 8 des Gerichtskostengesetzes nicht übersteigen; der Berechnung darf kein höherer Wert zugrunde gelegt werden als der Jahresbetrag der gesetzlichen Miete (§ 1 des Reichsmietengesetzes).

Neben den Gebühren kann die Erstattung der in dem Verfahren entstandenen baren Auslagen verlangt werden.

Die Kosten (Abs. 1, 2) hat der unterliegende Teil zu tragen. Die §§ 92, 93, 97 der Zivilprozeßordnung gelten entsprechend. Kosten, die hiernach einer Gemeinde, einem Gemeindeverband oder einem weiteren Kommunalverbande zur Last fallen würden, bleiben außer Ansatz. Das Mieteinigungsamt kann die Kosten dem obsiegenden Teile auferlegen, soweit dies nach Lage der Sache, insbesondere nach den Vermögens- und Erwerbsverhältnissen der Beteiligten, der Billigkeit entspricht.

Von der Verpflichtung zur Kostentragung ist befreit, wer ohne Beeinträchtigung des für ihn und seine Familie notwendigen Unterhalts hierzu außerstande ist, es sei denn, daß die beabsichtigte Rechtsverfolgung oder Rechtsverteidigung mutwillig oder aussichtslos erscheint. Bessern sich die Verhältnisse des Kostenschuldners, so ist er zur Nachzahlung verpflichtet.

Die Körperschaften des öffentlichen Rechtes sowie gemeinnützige Anstalten und Stiftungen genießen Gebühren- und Stempelfreiheit und sind von der Erstattung von Auslagen (Abs. 2) befreit.

§ 47. Im übrigen wird das Verfahren vor dem Mieteinigungsamt und der Beschwerdestelle von der Reichsregierung mit Zustimmung des Reichsrats geregelt.

3. Abschnitt: Schluß- und Übergangsvorschriften.

§ 48. Die oberste Landesbehörde kann die ihr nach diesem Gesetze zustehenden Befugnisse einer anderen Behörde übertragen. Sie kann die Übertragung widerrufen und die Behörde zur Aufhebung einer auf Grund der Befugnis getroffenen Anordnung oder Maßnahme anhalten, auch eine solche Anordnung oder Maßnahme selbst aufheben.

§ 49. Auf die nach diesem Gesetze den Beteiligten zustehenden Rechte kann nicht verzichtet werden. Eine Vereinbarung, nach der einem Beteiligten bei Ausübung der Rechte besondere Nachteile erwachsen sollen, ist unwirksam.

Die Vorschriften dieses Gesetzes finden auch auf Verträge Anwendung, die unter Umgehung oder zum Zwecke der Umgehung des Gesetzes abgeschlossen sind.

§ 49a. Wer für die mietweise oder auf Grund eines sonstigen Rechtsverhältnisses erfolgende Überlassung von Räumen oder im Zusammenhange damit für sich oder einen anderen einen Mietzins oder eine sonstige Vergütung fordert, annimmt oder sich versprechen läßt, die unter Berücksichtigung der gesamten Verhältnisse als unangemessen anzusehen sind, wird wegen Wuchers mit Räumen mit Geldstrafe oder mit Gefängnis bestraft. Ist die Tat fahrlässig begangen, so ist auf Geldstrafe oder Gefängnis bis zu einem Jahre zu erkennen.

Ebenso wird bestraft, wer für die Vermittlung eines Rechtsgeschäfts der im Abs. 1 Satz 1 bezeichneten Art eine Vergütung fordert, annimmt oder sich versprechen läßt, die unter Berücksichtigung der gesamten Verhältnisse als unangemessen anzusehen ist.

§ 49b. Die Vorschriften des § 49a finden auch auf die von Behörden sowie von der Deutschen Reichsbahn-Gesellschaft überlassenen Räume Anwendung.

§ 50. —

§ 51. Ein vor dem Inkrafttreten des Gesetzes vom 1. Juni 1923 (Reichsgesetzbl. I S. 353) anhängig gewordener Rechtsstreit, der die Herausgabe eines vermieteten oder sonst zum Gebrauch überlassenen Raumes zum Gegenstande hat, ist nach den bis dahin in Geltung gewesenen Vorschriften zu erledigen. Die Zwangsvollstreckung kann von der Sicherung eines ausreichenden Ersatzraums abhängig gemacht werden, wenn dies zur Vermeidung unbilliger Härten erforderlich erscheint; § 6 Abs. 3 bis 5, § 12, § 13 Abs. 2, Abs. 3 Satz 2, § 14, § 16 mit Ausnahme von Abs. 1 Satz 6 und § 36 finden entsprechende Anwendung.

Die Zwangsvollstreckung aus einem vor dem Inkrafttreten des Gesetzes vom 1. Juni 1923 erlassenen Urteil erfolgt nach den bis dahin in Geltung gewesenen Vorschriften. Anordnungen, nach denen die Vollstreckung von der Genehmigung des Mieteinigungsamts abhängig ist, bleiben insoweit unberührt.

Die Vorschriften des Abs. 1 Satz 2 und des Abs. 2 Satz 2 gelten nicht für die in den §§ 32, 33 bezeichneten Gebäude und Gebäudeteile.

§ 52. Die oberste Landesbehörde kann mit Zustimmung des Reichsarbeitsministers anordnen, daß bestimmte Gemeinden oder Gemeindeteile oder bestimmte Arten von Mieträumen von den Vorschriften des ersten Abschnitts ausgenommen werden. Das Gericht kann jedoch auch in diesen Fällen die Zwangsvollstreckung aus Urteilen oder Vergleichen, welche die Herausgabe eines Mietraums zum Gegenstande haben, von der Sicherung eines ausreichenden Ersatzraums abhängig machen, wenn dies zur Vermeidung unbilliger Härten erforderlich erscheint und die Zubilligung eines Ersatzraums nach den Vorschriften des ersten Abschnitts zulässig sein würde; § 6 Abs. 3 bis 5, § 9, § 10 Abs. 1, § 12, § 13 Abs. 2, Abs. 3 Satz 2, § 14, § 16 mit Ausnahme von Abs. 1 Satz 6, §§ 18, 36 gelten entsprechend. Auch von den Vorschriften des zweiten Satzes sind Ausnahmen im Wege einer nach Satz 1 ergehenden Anordnung zulässig.

Die oberste Landesbehörde kann, soweit sie es mit Rücksicht auf eine Lockerung oder Aufhebung der öffentlichen Raumbewirtschaftung für erforderlich hält, mit Zustimmung des Reichsarbeitsministers anordnen, daß in bestimmten Gemeinden oder Gemeindeteilen oder hinsichtlich bestimmter Arten von Mieträumen die Zwangsvollstreckung aus einem nach der Anordnung ergehenden Urteil, das die Herausgabe eines Mietraums zum Gegenstande hat, nicht von der Sicherung eines Ersatzraums abhängig zu machen ist.

Die oberste Landesbehörde stellt für Räume, die nach Abs. 1 von den Vorschriften des ersten Abschnitts ausgenommen sind, allgemeine Grundsätze über die Gesichtspunkte auf, die unter Berücksichtigung der örtlichen Verhältnisse für die Beurteilung der Angemessenheit des Mietzinses im Sinne des § 49a von Bedeutung sind.

§ 52a. Die oberste Landesbehörde kann anordnen, daß einer Klage, mit der die Herausgabe eines nach § 52 von den Vorschriften des ersten Abschnitts ausgenommenen Raumes verlangt wird, ein Schiedsverfahren vor dem Mieteinigungsamte vorauszugehen hat. Wird eine solche Anordnung getroffen, so gelten folgende Vorschriften:

1. Ein Termin zur mündlichen Verhandlung über die Räumungsklage darf erst bestimmt werden, wenn der Vermieter eine Bescheinigung des Mieteinigungsamts darüber beibringt, daß in einem Termin, in dem der Vermieter oder ein von ihm zum Vergleichsabschluß ermächtigter Vertreter erschienen war, ein gütlicher Ausgleich zwischen den Parteien erfolglos versucht oder daß der Mieter in dem Termin ausgeblieben ist.
2. Ein bei dem Prozeßgericht angebrachter Güteantrag ist an das Mieteinigungsamt zu verweisen.
3. Die Entscheidung auf eine vor dem Inkrafttreten der Anordnung erhobene Räumungsklage ist bis zur Erledigung des Schiedsverfahrens auszusetzen.
4. Ein Schiedsverfahren kann auch von dem Mieter beantragt werden, der eine Räumungsklage befürchtet.

§ 52b. Auf Grund einer Kündigung, die zwischen der Bekanntgabe einer Anordnung gemäß § 52 Abs. 1 Satz 1 und ihrem Inkrafttreten vom Vermieter erklärt ist, kann die Herausgabe des Mietraums verlangt werden, jedoch frühestens für den Zeitpunkt des Inkrafttretens; für die Kündigung gilt der § 565 Abs. 1 Satz 1 des Bürgerlichen Gesetzbuchs, sofern nicht eine längere Kündigungsfrist vereinbart ist. Der Vermieter kann schon vor dem Inkrafttreten auf künftige Räumung klagen. Soweit in einer vor dem 1. April 1928 erlassenen Anordnung ein anderes bestimmt ist, behält es hierbei sein Bewenden.

Eine vor der Bekanntgabe vom Vermieter erklärte Kündigung berechtigt nicht zum Verlangen auf Herausgabe des Mietraums.

§ 52c. Nach der Bekanntgabe einer Anordnung gemäß § 52 Abs. 1 Satz 1 kann der Vermieter von der Aufhebungsklage zur Räumungsklage übergehen.

Mit dem Inkrafttreten der Anordnung ist der Aufhebungsstreit in der Hauptsache erledigt. Jede Partei trägt die ihr entstandenen außergerichtlichen Kosten; die Gerichtskosten werden niedergeschlagen. Das gleiche gilt bei dem Übergang zur Räumungsklage (Abs. 1) bezüglich der durch das Aufhebungsverfahren verursachten besonderen Kosten.

§ 52d. Ist in rechtskräftigen Urteilen oder Vergleichen, welche die Herausgabe eines Mietraums zum Gegenstande haben, die Zwangsvollstreckung von der Sicherung eines Ersatzraums abhängig gemacht und unterliegt nach späteren Gesetzen oder Anordnungen das Mietverhältnis, auf das sich das Urteil oder der Vergleich bezieht, nicht mehr den Vorschriften über die Aufhebungsklage und die Zubilligung von Ersatzraum, so kann der Vermieter die Aufhebung der Vollstreckungsbeschränkung verlangen. Dem Mieter ist in diesem Falle eine den Umständen nach angemessene Frist zur Räumung zu gewähren, wenn dies zur Vermeidung unbilliger Härten erforderlich erscheint. Auf das Verfahren finden die Vorschriften des § 6 Abs. 5 Satz 2, 3 entsprechende Anwendung.

Soweit ein Mietverhältnis sich auf Räume bezieht, die nicht Wohnräume sind, finden die Vorschriften des Abs. 1 auf alle vor dem 1. Juli 1926 ergangenen Urteile und Vergleiche Anwendung. Sie gelten nicht, wenn der Mieter beweist, daß durch den Wegfall der Vollstreckungsbeschränkung dringende öffentliche Interessen gefährdet werden würden.

Einem Mietraum im Sinne dieser Vorschriften steht ein Raum gleich, der in anderer Weise als auf Grund eines Mietvertrags überlassen ist.

§ 52e. Für ein Mietverhältnis, auf das sich eine Anordnung gemäß § 52 Abs. 1 Satz 1 bezieht, gelten folgende Vorschriften:

1. Der § 27 Abs. 1 Satz 3 findet Anwendung.
2. Der § 28 Satz 1 gilt mit der Maßgabe, daß der Mieter nur aufrechnen kann, wenn er dem Vermieter die Absicht

der Aufrechnung mindestens einen Monat vor der Fälligkeit des Mietzinses in schriftlicher Form angezeigt hat. Auf den vertraglichen Ausschluß eines Minderungs- oder Zurückbehaltungsrechts oder eines Rechtes auf Aufrechnung mit einem Schadenersatzanspruche nach § 538 Abs. 1 des Bürgerlichen Gesetzbuchs findet diese Vorschrift entsprechende Anwendung.

3. Der § 30 gilt entsprechend.
4. Der Vermieter kann das Mietverhältnis ohne Einhaltung einer Kündigungsfrist nur nach den §§ 553, 554 des Bürgerlichen Gesetzbuchs sowie unter den Voraussetzungen kündigen, unter denen nach § 2 die Aufhebung eines Mietverhältnisses wegen erheblicher Belästigung verlangt werden kann. Geringfügige Mietzinsrückstände berechtigen nicht zu einer fristlosen Kündigung. Eine auf Grund des § 554 erfolgte Kündigung ist unwirksam, wenn der Mieter bis zum Ablauf von zwei Wochen seit der Fälligkeit des Mietzinses den Vermieter befriedigt, eine gegenüber der Mietzinsforderung zulässige Aufrechnung erklärt oder ein ihm zustehendes Minderungs- oder Zurückbehaltungsrecht geltend macht. Der § 3 Abs. 2, 3 findet entsprechende Anwendung; das gleiche gilt von § 10 Abs. 2, 3 für Mietverhältnisse über Wohnräume.
5. Ist der Mietzins nach Monaten bemessen, so gilt für die Kündigung des Vermieters der § 565 Abs. 1 Satz 1 des Bürgerlichen Gesetzbuchs. Hiervon werden Mietverhältnisse der im § 24 bezeichneten Art nicht berührt.

Auf eine Vereinbarung, die den Vorschriften des Abs. 1 Nr. 4 entgegensteht, kann sich der Vermieter nicht berufen. Das gleiche gilt für eine Vereinbarung, wonach die Kündigung des Mietverhältnisses zuungunsten des Mieters abweichend vom § 565 des Bürgerlichen Gesetzbuchs und von Abs. 1 Nr. 5 geregelt ist.

Die oberste Landesbehörde kann mit Zustimmung des Reichsarbeitsministers für ein Mietverhältnis, auf das sich eine Anordnung gemäß § 52 Abs. 1 Satz 1 bezieht, zur Vermeidung von Härten

a) die Kündigung des Vermieters von der Einhaltung einer die Grenzen des § 565 des Bürgerlichen Gesetzbuchs oder des Abs. 1 Nr. 5 überschreitenden Kündigungsfrist abhängig machen,

b) bestimmen, daß eine dem Mieter nach § 721 der Zivilprozeßordnung für Wohnräume oder nach Abs. 1 Nr. 1 für sonstige Räume gewährte Räumungsfrist auf seinen Antrag vom Gericht gemäß § 5 Abs. 4 verlängert werden kann.

§ 53. —

§ 54. Dieses Gesetz tritt am 31. März 1930 außer Kraft.

45. Anordnung für das Verfahren vor dem Mieteinigungsamt und der Beschwerdestelle.

Vom 19. September 1923 (RGBl. 889).

Eine Änderung erfolgt durch das Ges. v. 9. Juli 1927 (RGBl. 175).

Auf Grund des § 47 des Gesetzes über Mieterschutz und Mieteinigungsämter vom 1. Juni 1923 (Reichsgesetzbl. I S. 353)[1]) wird mit Zustimmung des Reichsrats folgendes verordnet:

§ 1. Der Vorsitzende des Mieteinigungsamts ist vor seinem Amtsantritte zu treuer und gewissenhafter Führung seines Amtes eidlich zu verpflichten. Soweit eine Verpflichtung nach den bisherigen Vorschriften stattgefunden hat, behält es dabei sein Bewenden.

Die eidliche Verpflichtung der Beisitzer bestimmt sich nach § 51 des Gerichtsverfassungsgesetzes.

§ 2. Die Mitglieder des Mieteinigungsamts sind zur Amtsverschwiegenheit verpflichtet.

§ 3. Für das Verfahren vor dem Mieteinigungsamte gelten die Vorschriften über die Gerichtssprache entsprechend.

§ 4. Der Antrag ist an das Mieteinigungsamt zu richten, in dessen Bezirk sich die Mietsache befindet. Im Falle des § 16 Abs. 1 Satz 2 des Gesetzes über Mieterschutz und Mieteinigungsämter (Mieterschutzgesetz) und in den Fällen der §§ 2, 4, 5, 6, 8

[1]) Neu gefaßt mit Bek. v. 17. Febr. 1928, oben abgedruckt unter Nr. 44.

des Wohnungsmangelgesetzes vom 26. Juli 1923 (Reichsgesetzbl. I S. 754) ist der Antrag an das Mieteinigungsamt zu richten, in dessen Bezirk die Gebäude oder die Räume belegen sind.

Der Antrag an das Mieteinigungsamt ist schriftlich oder zu Protokoll des Schriftführers des Mieteinigungsamts zu stellen. Er soll unter Darlegung der Sachlage und Angabe der Beweismittel kurz begründet werden; der Antragsteller soll die ihm zugänglichen Beweisurkunden, insbesondere Vertragsurkunden und Briefe, beifügen.

§ 5. Das Mieteinigungsamt verhandelt und entscheidet in nichtöffentlicher Sitzung.

Vor der Entscheidung ist der Gegner des Antragstellers zu hören. Betrifft das Verfahren eine der in den §§ 2, 4, 5, 6, 8 des Wohnungsmangelgesetzes bezeichneten Angelegenheiten, so ist vor der Entscheidung auch der zur Verfügung über die Gebäude oder die Räume Berechtigte und in den Fällen des § 4 dieses Gesetzes auch der Wohnungsuchende zu hören.

Über Einwendungen des Mieters nach § 16 Abs. 1 Satz 2 des Mieterschutzgesetzes ist die Gemeindebehörde und, wenn der Ersatzraum von dem obsiegenden Vermieter angeboten war, auch dieser zu hören. Hat der zur Verfügung über den Ersatzraum Berechtigte gegen die Zuweisung des Mieters Beschwerde erhoben, so soll das Mieteinigungsamt, falls es zur Entscheidung über die Beschwerde berufen ist, hierüber und über die Einwendungen des Mieters tunlichst in demselben Verfahren entscheiden, dabei gegebenenfalls auch den neuen Mietvertrag festsetzen.

§ 6. Der Antrag und die sonstigen Erklärungen eines Beteiligten sind den übrigen Beteiligten von Amts wegen mitzuteilen. Die Beteiligten haben die für die Mitteilung erforderliche Zahl von Abschriften einzureichen, soweit nicht der Vorsitzende hiervon Befreiung gewährt.

Das Mieteinigungsamt kann von der Mitteilung absehen, wenn das mitzuteilende Schriftstück lediglich Wiederholungen früherer Angaben oder Ausführungen enthält.

§ 7. Das Mieteinigungsamt kann anordnen, daß eine mündliche Verhandlung mit den Beteiligten stattfindet. Es kann das persönliche Erscheinen der Beteiligten anordnen. Gegen die trotz dieser Anordnung nicht erschienenen Beteiligten kann wie gegen einen im Vernehmungstermine nicht erschienenen Zeugen verfahren werden; auf Haft darf nicht erkannt werden. Das Mieteinigungsamt kann andere Personen, die ein rechtliches Interesse an der Entscheidung haben, zu der Verhandlung zulassen.

Das Mieteinigungsamt soll in jeder Lage des Verfahrens auf eine gütliche Einigung der Beteiligten hinwirken.

§ 8. Die Beteiligten können sich durch eine mit schriftlicher Vollmacht versehene Person vertreten lassen. Ist eine schriftliche Vollmacht beigebracht, so sind Ladungen und sonstige Mitteilungen an den Bevollmächtigten zu richten. Ist das persönliche Erscheinen eines Beteiligten angeordnet, so ist neben den Bevollmächtigten auch der Beteiligte zu laden.

Der Mangel der Vollmacht kann unberücksichtigt bleiben. Ein Vergleich, der von einer nicht mit schriftlicher Vollmacht versehenen Person geschlossen ist, wird erst wirksam, wenn die Vollmacht beigebracht wird; hierfür ist dem Vertretenen eine angemessene Frist zu bestimmen. Von dem fruchtlosen Ablauf der Frist ist den anderen Beteiligten Mitteilung zu machen; auch kann alsbald eine Entscheidung erlassen werden.

Gegenüber Bevollmächtigten und Beiständen, die nicht Rechtsanwälte sind, hat das Mieteinigungsamt die Befugnisse, die dem Amtsgericht im Verfahren über die Aufhebungsklage zustehen (§ 157 der Zivilprozeßordnung, § 12 des Mieterschutzgesetzes).

§ 9. Das Mieteinigungsamt kann den Beteiligten aufgeben, binnen einer bestimmten Frist Tatsachen zur weiteren Aufklärung des Sachverhalts anzugeben und Beweismittel, insbesondere Urkunden, vorzulegen oder Zeugen zu stellen.

Bei Versäumung der Frist kann das Mieteinigungsamt nach Lage der Sache ohne Berücksichtigung der nicht beigebrachten Beweismittel entscheiden.

§ 10. Das Mieteinigungsamt kann auf Antrag oder von Amts wegen Beweise erheben, insbesondere Zeugen und Sachverständige eidlich vernehmen sowie Versicherungen an Eides Statt entgegennehmen. Zeugen und Sachverständige, die in dem Antrag oder in sonstigen Erklärungen der Beteiligten benannt sind, sollen zu der nächstfolgenden Verhandlung geladen werden, soweit ihre Vernehmung zur Aufklärung des Sachverhältnisses dienlich erscheint.

Auf die Erledigung des Zeugen- und Sachverständigenbeweises finden die Vorschriften der Zivilprozeßordnung entsprechende Anwendung. Ein Augenschein kann nur durch Beisitzer aus dem Kreise der Vermieter und Mieter gemeinschaftlich erfolgen. Die Zeugen und Sachverständigen erhalten Gebühren nach Maßgabe der Gebührenordnung für Zeugen und Sachverständige.

Die Gerichts- und Verwaltungsbehörden haben innerhalb ihrer Zuständigkeit dem Ersuchen der Mieteinigungsämter um Aufnahme von Beweisen zu entsprechen. Auf die von den Gerichten zu leistende Rechtshilfe finden die Vorschriften des dreizehnten Titels des Gerichtsverfassungsgesetzes entsprechende Anwendung.

§ 11. Die Befugnisse aus § 6 Abs. 2, § 7, § 8 Abs. 3, §§ 9, 10 sowie aus § 40 Abs. 1 Satz 2, Abs. 5 des Mieterschutzgesetzes stehen außerhalb der Sitzungen dem Vorsitzenden zu.

§ 12. Zu der Verhandlung wird ein Schriftführer zugezogen. Er ist bei der ersten Dienstleistung vom Vorsitzenden durch Handschlag an Eides Statt zu treuer und gewissenhafter Führung seines Amtes zu verpflichten und hat Amtsverschwiegenheit zu beobachten. Ein Schriftführer ist auch bei einer Vorverhandlung mit den Beteiligten zuzuziehen, wenn ein Vergleich geschlossen wird. Der Zuziehung eines Schriftführers bedarf es nicht, wenn die Vorverhandlung vor dem Urkundsbeamten der Geschäftsstelle (§ 39 Abs. 2 des Mieterschutzgesetzes) abgehalten wird.

Über die Verhandlung (Abs. 1 Satz 1, 3, 4) wird eine Niederschrift aufgenommen, die von dem Vorsitzenden, in den Fällen des § 39 Abs. 2 des Mieterschutzgesetzes von zwei Beisitzern oder dem Urkundsbeamten der Geschäftsstelle und, wenn ein Schriftführer zugezogen wird, auch von diesem zu unterschreiben ist. Sie soll Ort und Tag der Verhandlung, die Bezeichnung der mitwirkenden Personen und der Beteiligten sowie das Ergebnis der Verhandlung enthalten.

Kommt ein Vergleich zustande, so ist er in der Niederschrift festzustellen. Die Niederschrift ist insoweit, als sie einen Vergleich enthält, den Beteiligten vorzulesen oder zur Durchsicht vorzulegen. In der Niederschrift ist zu bemerken, daß dies geschehen und die Genehmigung erfolgt ist.

§ 13. Die Aufrechterhaltung der Ordnung in der Sitzung liegt dem Vorsitzenden ob.

Das Mieteinigungsamt kann gegen Beteiligte, Bevollmächtigte und Beistände sowie gegen Zeugen, Sachverständige und sonstige Personen, die sich in der Sitzung einer Ungebühr schuldig machen, vorbehaltlich der strafgerichtlichen oder disziplinaren Verfolgung, eine Ordnungsstrafe bis zu dem in dem Verfahren vor den ordentlichen Gerichten für Ungebührstrafen zulässigen Geldbetrag oder bis zu drei Tagen Haft festsetzen, auch diese Personen aus dem Sitzungszimmer entfernen lassen. § 158 Satz 1 der Zivilprozeßordnung gilt entsprechend. Auf Rechtsanwälte, die als Bevollmächtigte oder Beistände auftreten, finden diese Vorschriften keine Anwendung.

Gegen die Festsetzung einer Ordnungsstrafe findet binnen einer Frist von drei Tagen nach der Bekanntgabe Beschwerde statt. Über die Beschwerde entscheidet die Beschwerdestelle. Die Beschwerde hat keine aufschiebende Wirkung. Das Mieteinigungsamt ist befugt, die Strafe aufzuheben oder zu ermäßigen.

Die Befugnisse aus den Abs. 2, 3 stehen bei einer Verhandlung vor dem Vorsitzenden diesem allein zu.

§ 14. Die Entscheidung erfolgt durch Beschluß. Der Beschluß enthält die Namen der Mitglieder, die bei der Entscheidung mitgewirkt haben, und ist von dem Vorsitzenden zu unterschreiben.

Von einer schriftlichen Begründung der Entscheidung soll nur abgesehen werden, wenn die anwesenden Beteiligten oder deren Bevollmächtigte nach mündlicher Mitteilung der Gründe (§ 40 Abs. 4 des Mieterschutzgesetzes) auf die Einlegung der Rechtsbeschwerde und auf die Mitteilung einer schriftlichen Begründung verzichten.

§ 15. In der Entscheidung kann bestimmt werden, daß und in welchem Betrag ein Beteiligter anderen Beteiligten Ersatz der baren Auslagen sowie Entschädigung für eine durch notwendige Reisen oder durch die notwendige Wahrnehmung von Terminen entstandene Zeitversäumnis zu gewähren hat. Die für die Entschädigung von Zeugen geltenden Vorschriften sowie § 41 Abs. 2 Satz 5 des Mieterschutzgesetzes gelten entsprechend.

§ 16. Die Beschlüsse (§ 14) und die Anordnungen auf Grund des § 40 Abs. 5 des Mieterschutzgesetzes sind von dem Schriftführer auszufertigen; er bescheinigt die Übereinstimmung mit der Urschrift.

Die Beschlüsse sind den Beteiligten oder deren Bevollmächtigten (§ 8), soweit sie nicht in deren Gegenwart verkündet sind, in der im § 40 Abs. 1 Satz 3 des Mieterschutzgesetzes vorgeschriebenen Weise mitzuteilen; von einer Mitteilung der Gründe kann, unbeschadet des § 40 Abs. 4 Satz 2 des Mieterschutzgesetzes, abgesehen werden, wenn der Beteiligte zu dem Termin, in dem der Beschluß ergangen ist, geladen, aber weder erschienen noch ordnungsgemäß vertreten war.

§ 17. Die Vollstreckungsklausel zu einem Vergleich ist vom Vorsitzenden oder, sofern die Aufgaben des Mieteinigungsamts dem Gericht übertragen sind (§ 37 Abs. 2 des Mieterschutzgesetzes), von dem Urkundsbeamten der Geschäftsstelle zu erteilen und mit dem Siegel des Mieteinigungsamts oder der Gemeindebehörde zu versehen. Ist der Vergleich von einem Bevollmächtigten geschlossen (§ 8 Abs. 2 Satz 2), so darf eine vollstreckbare Ausfertigung nur erteilt werden, wenn eine schriftliche Vollmacht vorliegt.

In den Fällen des § 726 Abs. 1, der §§ 727 bis 729, 738, 742, 744, des § 745 Abs. 2 und des § 749 der Zivilprozeßordnung ist die vollstreckbare Ausfertigung nur auf Anordnung des Amtsgerichts zu erteilen, in dessen Bezirk das Mieteinigungsamt seinen Sitz hat.

Das im Abs. 2 bezeichnete Amtsgericht ist zuständig für die Entscheidung über Einwendungen, welche die Zulässigkeit der Vollstreckungsklausel betreffen, sowie für die Entscheidung über Erteilung einer weiteren vollstreckbaren Ausfertigung, die ausdrücklich als solche zu bezeichnen ist.

Der § 797 Abs. 5 der Zivilprozeßordnung findet Anwendung.

§ 18. Die Entscheidung ist, soweit sie Gebühren und Auslagen oder die einem Beteiligten zu ersetzenden Kosten (§ 15) betrifft, vollstreckbar. Das gleiche gilt von einem Beschlusse, durch den eine Ordnungsstrafe festgesetzt wird.

Die Vollstreckung richtet sich wegen der einem Beteiligten zu ersetzenden Kosten nach den Vorschriften der Zivilprozeßordnung, im übrigen nach den Vorschriften über die Beitreibung von Gemeindeabgaben.

§ 19. Auf Befreiung von der Kostenlast (§ 46 Abs. 4 des Mieterschutzgesetzes) haben Angehörige solcher Staaten keinen Anspruch, in denen einem Deutschen das Armenrecht in bürgerlichen Rechtsstreitigkeiten versagt wird.

§ 20. Im Falle des § 39 Abs. 3 des Mieterschutzgesetzes beginnt die Frist für die Anrufung des Mieteinigungsamts mit der Bekanntgabe der Entscheidung (§ 16 Abs. 2).

Durch die Anrufung des Mieteinigungsamts wird die Wirksamkeit des angefochtenen Beschlusses gehemmt.

Ist die Anrufung verspätet erfolgt, so spricht das Mieteinigungsamt aus, daß es bei der Entscheidung sein Bewenden behalte. Gegen die Versäumung der Notfrist findet Wiedereinsetzung in den vorigen Stand statt; § 233 Abs. 1, §§ 234, 237, § 238 Abs. 1, 2 der Zivilprozeßordnung gelten mit der Maßgabe entsprechend, daß die im § 234 Abs. 1 bestimmte Frist eine Woche beträgt.

§ 21. Die Rechtsbeschwerde (§ 41 des Mieterschutzgesetzes) ist beim Mieteinigungsamte schriftlich oder zu Protokoll des Schriftführers einzulegen. Die Einlegung bei der Beschwerdestelle genügt zur Wahrung der Notfrist. Der Beschwerdeführer soll die Beschwerde begründen und einen bestimmten Antrag stellen.

Das Mieteinigungsamt hat von Amts wegen zu prüfen, ob die Beschwerde an sich statthaft und ob sie rechtzeitig eingelegt ist. Mangelt es an einem dieser Erfordernisse, so ist die Beschwerde vom Mieteinigungsamt als unzulässig zu verwerfen. Der Beschwerdeführer kann binnen einer Woche nach der Mitteilung des Beschlusses des Mieteinigungsamts die Entscheidung der Beschwerdestelle beantragen. In diesem Falle sind die Akten der Beschwerdestelle vorzulegen.

Will das Mieteinigungsamt der Beschwerde abhelfen, so hat es vor der Entscheidung den Beschwerdegegner zu hören.

Wird der Beschwerde nicht abgeholfen, so ist sie mit den Akten, die den mit Gründen versehenen Beschluß zu enthalten haben, binnen drei Tagen der Beschwerdestelle vorzulegen.

In den Fällen der Abs. 1, 2 gilt § 20 Abs. 1, 2, Abs. 3 Satz 2 entsprechend.

§ 22. Die Beteiligten können auf das Recht der Beschwerde verzichten.

Auf den Verzicht sowie die Zurücknahme der Beschwerde finden §§ 514 und 515 Abs. 3 der Zivilprozeßordnung entsprechende Anwendung.

§ 23. Für die Beschwerdestelle sind, unbeschadet des § 41 Abs. 3 des Mieterschutzgesetzes, die tatsächlichen Feststellungen der angefochtenen Entscheidung bindend, soweit nicht neue Tatsachen zur Begründung eines wesentlichen Mangels des Verfahrens vorgebracht werden.

§ 24. Hat die oberste Landesbehörde die Aufgaben der Beschwerdestelle dem Landgericht oder einer Verwaltungsbehörde übertragen, so kann sie anordnen, daß die Beschwerdestelle die Sache einem höherem Gericht oder einer höheren Verwaltungsbehörde zur Vorabentscheidung über eine Rechtsfrage (Rechtsentscheid) vorzulegen hat oder vorlegen kann, wenn

a) die Beschwerdestelle vor der ihr bekannten Entscheidung einer anderen Beschwerdestelle oder des höheren Gerichts (der höheren Verwaltungsbehörde) abweichen will,

b) es sich um eine von dem höheren Gericht (der höheren Verwaltungsbehörde) noch nicht entschiedene Rechtsfrage von grundsätzlicher Bedeutung handelt.

Der Rechtsentscheid ist in der Sache verbindlich.

§ 25. Die Beschlüsse der Beschwerdestelle sind schriftlich zu begründen.

§ 26. Ist die Beschwerdestelle mit einer geraden Zahl von Mitgliedern besetzt, so entscheidet bei Stimmengleichheit die Stimme des Vorsitzenden.

§ 27. Im übrigen gelten für das Verfahren vor der Beschwerdestelle die Vorschriften über das Verfahren vor dem Mieteinigungsamt entsprechend.

§ 28. Auf Verlangen eines Beteiligten hat der Schriftführer des Mieteinigungsamts auf der Ausfertigung der Entscheidung zu bescheinigen, daß die Entscheidung endgültig geworden ist.

§ 29. Soweit die Aufgaben des Mieteinigungsamts oder der Beschwerdestelle einem Gericht übertragen sind, finden die

Vorschriften dieser Anordnung mit folgenden Maßgaben Anwendung:

1. An die Stelle des Schriftführers tritt der Urkundsbeamte der Geschäftsstelle.
2. Eine besondere Verpflichtung des Vorsitzenden und des Urkundsbeamten der Geschäftsstelle (§§ 1, 12) findet nicht statt.
3. An die Stelle des § 8 Abs. 2 treten die §§ 88 Abs. 2, 89 der Zivilprozeßordnung, an die Stelle des § 13 die §§ 177 bis 185 des Gerichtsverfassungsgesetzes[1]).
4. Die Vollstreckungsklausel zu einem Vergleiche (§ 17) ist mit dem Gerichtssiegel zu versehen.
5. Die Beitreibung von Gebühren, baren Auslagen des Verfahrens und Ordnungsstrafen (§ 18) bestimmt sich nach den Vorschriften über die Beitreibung von Gerichtskosten.

[1]) An Stelle von §§ 177 bis 185 f. nun §§ 176 bis 183.

46. Pachtschutzordnung

In der Fassung der Bek. v. 23. Juli 1925 (RGBl. 152).

Änderungen erfolgten durch § 115 des Arbeitsgerichtsgesetzes v. 23. Dez. 1926 (RGBl. 507) u. das Gesetz vom 12. Juli 1927 (RGBl. 179).

§ 1. (1) Die obersten Landesbehörden werden ermächtigt, für ihr gesamtes Gebiet oder für Teile davon Pachteinigungsämter zu errichten.

(2) Diese Pachteinigungsämter können für Grundstücke, die zu landwirtschaftlicher, obstbaulicher oder gewerbsmäßiger gärtnerischer Nutzung verpachtet oder verliehen sind, oder bei denen sonst die Übertragung des Genusses der Erzeugnisse — gegen Entgelt — erfolgt ist, bestimmen, daß Leistungen, die unter den veränderten allgemeinen wirtschaftlichen Verhältnissen nicht mehr gerechtfertigt sind, anderweit festgesetzt werden, soweit dies der Billigkeit entspricht. Sie haben hierbei den Ertrag, den das Grundstück bei ordnungsmäßiger Bewirtschaftung nachhaltig zu gewähren vermag, die Pachtpreisrichtlinien der

Landwirtschaftskammer sowie die wirtschaftlichen Verhältnisse beider Vertragsteile angemessen zu berücksichtigen. Zur Umwandlung eines Pachtvertrags in einen Heuerlingsvertrag oder umgekehrt sowie zur Beseitigung von Bestimmungen über ein Arbeitsverhältnis aus dem Pachtvertrag ist die Zustimmung beider Teile erforderlich.

(3) Beträgt die Größe des Pachtlandes weniger als 10 Hektar, so können die Pachteinigungsämter, wenn und soweit es bei Abwägung der Interessen beider Teile der Billigkeit entspricht, außerdem bestimmen, daß

a) gekündigte Verträge bis zur Dauer von zwei Jahren fortzusetzen sind;
b) ohne Kündigung ablaufende Verträge bis zur Dauer von zwei Jahren verlängert werden;
c) Verträge vor Ablauf der vereinbarten Zeit aufgehoben werden.

Ein Vertrag soll, soweit nicht der Pächter oder Nutzungsberechtigte das Land besonders schlecht bewirtschaftet, regelmäßig dann verlängert werden, wenn dem Pächter oder Nutzungsberechtigten sonst nicht insgesamt 10 Hektar Land zur Bewirtschaftung verbleiben würden; eigenes oder sonst genutztes Land ist dabei anzurechnen. Dasselbe gilt für alle Sammelpachtverträge, wenn der einzelne Pächter nicht mehr als 10 Hektar bewirtschaftet. Verlängert das Pachteinigungsamt den Vertrag, so hat es zugleich auf Antrag den Pachtzins neu festzusetzen, und zwar auf den Betrag, der nach dem Ertrag angemessen erscheint, den das Grundstück bei ordnungsmäßiger Bewirtschaftung nachhaltig zu gewähren vermag. Ein gekündigter oder abgelaufener Vertrag kann wiederholt verlängert werden. Die obersten Landesbehörden können für ihr gesamtes Gebiet oder einzelne Teile des Landes die Größengrenzen (Satz 1, 2 und 3) nach den örtlichen Boden- und Betriebsverhältnissen auf den Umfang einer selbständigen Ackernahrung herauf- oder herabsetzen.

(4) Zur Entscheidung der zur Zuständigkeit der Pachteinigungsämter gehörenden Pachtstreitigkeiten können die ordentlichen Gerichte oder die Arbeitsgerichte nicht angerufen werden.

(5) Die Zuständigkeit der Pachteinigungsämter wird nicht dadurch ausgeschlossen, daß sich der Vertrag auch auf Wohn-

oder Wirtschaftsräume erstreckt. In diesem Falle kommt die Zuständigkeit einer anderen Stelle nicht in Betracht.

§ 2. (1) Die obersten Landesbehörden können ohne Rücksicht auf die Grundstücksgröße die Befugnis der Pachteinigungsämter unter Ausschluß der Zuständigkeit einer anderen Stelle auf Verträge (§ 1) ausdehnen, die gleichzeitig ein Arbeitsverhältnis enthalten, insbesondere auf Heuerlingsverträge. Liegt durch Verschulden des zur Arbeit Verpflichteten (des Heuerlings) ein wichtiger Grund zur fristlosen Kündigung des Arbeitsverhältnisses vor, so darf von der Befugnis, einen solchen Vertrag zu verlängern oder seine Kündigung für unwirksam zu erklären, kein Gebrauch gemacht werden. Eine Frauenhilfspflicht auf Grund von Heuerlingsverträgen besteht so lange nicht, als die Frau durch Mutterschaftspflichten, Krankheit in der Familie und ähnliche Härtefälle an der Arbeit behindert ist; zuständig sind die Pachteinigungsämter.

(2) Die Befugnis nach Abs. 1 Satz 1 kann den Pachteinigungsämtern für Verträge (§ 1) beigelegt werden, bei denen der Pächter das Pachtgrundstück oder erhebliche Teile davon selbst kultiviert hat oder bei denen das Pachtgrundstück oder erhebliche Teile davon durch seine Vorfahren kultiviert worden sind.

§ 3. (1) Die Einrichtung der Pachteinigungsämter und die Regelung des Verfahrens ist Aufgabe der obersten Landesbehörden. Gegen Schlußentscheidungen der Pachteinigungsämter muß bei Verträgen, bei denen der Jahrespachtzins 500 Reichsmark übersteigt, das Rechtsmittel der Berufung zugelassen sein. Im übrigen ist die Rechtsbeschwerde zuzulassen, wobei die Rechtsmittelstelle die Befugnis hat, in Fällen, in denen es ihr notwendig erscheint, von Amts wegen die Nachprüfung oder Vornahme einzelner tatsächlicher Feststellungen anzuordnen. Die Pachteinigungsämter und die Rechtsmittelstellen können den ordentlichen Gerichten eingegliedert werden. Der Vorsitzende muß zum Richteramt oder zum höheren Verwaltungsdienste befähigt sein. Die Beisitzer sind je zur Hälfte dem Kreise der Verpächter und Pächter, welche möglichst selbstwirtschaftende Landwirte sind, zu entnehmen und sollen für Klein-, Mittel- und Großpachtungen besonders ausgewählt werden. Bei der Auswahl der Beisitzer sollen etwaige Berufsvertretungen der Verpächter und der Pächter (Heuerlinge, § 2) gutachtlich gehört und ihre Vorschläge berücksichtigt werden. Soweit ein Bedürfnis dazu besteht, können an Stelle von Verpächtern auch selbstwirtschaftende Eigentümer zu Beisitzern bestellt werden. Die obersten Landesbehörden können bestimmen, daß als Beisitzer Beamte des Reichs, der Länder, Gemeinden und Kirchen sowie gesetzliche Vertreter von gemeinnützigen Stiftungen und Anstalten und sonstigen öffentlich-rechtlichen Körperschaften zugezogen werden können, wenn sie Grundstücke der im § 1 bezeichneten Art verpachtet oder gepachtet haben, ferner in der landwirtschaftlichen Verwaltung eines Großverpächters oder Großpächters in leitender Stellung tätige Angestellte; den Körperschaften steht ein eigenes Vorschlagsrecht zu; im übrigen bestimmt die oberste Landesbehörde, von wem das Vorschlagsrecht auszuüben ist. Ist eine Körperschaft Partei, so sind ihre Beamten oder gesetzlichen Vertreter von der Ausübung des Amtes als Beisitzer ausgeschlossen; das gleiche gilt für die in der landwirtschaftlichen Verwaltung eines Großverpächters oder Großpächters in leitender Stellung tätigen Angestellten, wenn der Dienstberechtigte Partei ist. Hat ein Verpächter an mehrere Pächter Grundstücke verpachtet, so sind seine sämtlichen Pächter von der Ausübung des Amtes als Beisitzer ausgeschlossen, wenn der Verpächter Partei ist. Mit Zustimmung der Parteien kann die Zuziehung von Beisitzern unterbleiben. Dem Pächter steht das Recht zu, sich durch seine Berufsorganisation vor dem Pachteinigungsamt und der Rechtsmittelstelle vertreten zu lassen.

(2) Die obersten Landesbehörden treffen die Bestimmungen über die Kosten des Verfahrens und die Stempelpflicht. Von einem Beteiligten, der außerstande ist, ohne Beeinträchtigung des für ihn und seine Familie notwendigen Unterhalts die Kosten des Verfahrens zu bestreiten, dürfen Gebühren nicht erhoben werden, sofern die Rechtsverfolgung oder Rechtsverteidigung nicht mutwillig oder aussichtslos war.

(3) Aus Vergleichen, die vor dem Pachteinigungsamt oder vor der Rechtsmittelstelle oder vor deren Vorsitzenden zwischen dem Verpächter, dem Pächter oder einem Dritten abgeschlossen sind, findet die gerichtliche Zwangsvollstreckung statt.

(4) Die obersten Landesbehörden können bestimmen, daß auch die Entscheidungen der Pachteinigungsämter und der

Rechtsmittelstellen, insbesondere über die Kosten und die Kostenerstattung, vollstreckbar sind.

(5) Der Inhalt des Vergleichs und der rechtskräftigen Entscheidungen über den Pachtstreit gilt unter den Beteiligten als Vertragsinhalt.

(6) Der Antrag auf Abänderung einer Vertragsleistung ist abzuweisen, wenn er nicht spätestens binnen zwei Monaten nach Ablauf des Pachtjahrs, für das die Abänderung verlangt wird, bei dem zuständigen Pachteinigungsamt eingeht. Die Entscheidung steht dem Vorsitzenden des Pachteinigungsamts zu.

(7) Für die Zeit bis zur rechtskräftigen Entscheidung kann das Pachteinigungsamt sowie außerhalb der mündlichen Verhandlung der Vorsitzende durch einstweilige Anordnung das streitige Pachtverhältnis regeln. Das gleiche gilt für die Rechtsmittelstelle. Eine solche Anordnung muß getroffen werden, wenn eine der im Abs. 1 bezeichneten Körperschaften es beantragt.

(8) Gegen die auf Grund der Abs. 6 und 7 erfolgenden Entscheidungen des Vorsitzenden kann binnen zwei Wochen nach ihrer Bekanntgabe die Entscheidung des Pachteinigungsamts (der Rechtsmittelstelle) angerufen werden. Diese ist endgültig.

§ 4. Auf die nach diesem Gesetz und den dazu erlassenen landesrechtlichen Vorschriften den Vertragsteilen zustehenden Rechte kann nicht verzichtet werden. Die Vereinbarung schiedsrichterlicher Entscheidung ist zulässig. Eine Vereinbarung, nach der einem Vertragsteil bei Ausübung der Rechte besondere Nachteile erwachsen sollen, ist unwirksam.

§ 5. Die obersten Landesbehörden können die Pachteinigungsämter, und zwar auch für das laufende Vertragsjahr, zu Bestimmungen der im § 1 Abs. 2 bezeichneten Art auch für Verträge ermächtigen, welche die Überlassung von Jagden oder Fischereien oder von Grundstücken zur Ausübung der Jagd oder Fischerei sowie die Gewinnung von Bodenbestandteilen, soweit sie dem Abbaurechte des Grundeigentümers unterliegen, gegen Entgelt zum Gegenstande haben. In diesem Falle gelten die Vorschriften dieses Gesetzes entsprechend; doch können für die Zusammensetzung der Pachteinigungsämter von den obersten Landesbehörden besondere Anordnungen getroffen werden, jedoch muß auch hier regelmäßig die Hälfte der Beisitzer aus Vertretern der Verpächter bestehen.

§ 6. Die obersten Landesbehörden werden ermächtigt, die Verpachtung von Grundstücken unter 10 Hektar im Wege der Versteigerung sowie die öffentliche Ankündigung einer solchen Versteigerung unter Strafandrohung zu verbieten. Diese Anordnung darf nicht getroffen werden für Verpachtungen durch die im § 3 bezeichneten öffentlich-rechtlichen Körperschaften.

§ 7. (1) Die Pachtschutzordnung gilt in der vorstehenden Fassung vom 1. Oktober 1925 ab.

(2) Die vor diesem Zeitpunkt gestellten Anträge werden, wenn das Pachteinigungsamt darüber noch zu entscheiden hat, nach den neuen Vorschriften, andernfalls nach dem bisherigen Rechte beurteilt.

(3) Auf Pachtverträge, die in der Zeit vom 1. März 1924 bis 30. September 1925 abgeschlossen sind, finden die Bestimmungen des § 1 Abs. 3 dieses Gesetzes keine Anwendung.

§ 8. Die Pachtschutzordnung tritt am 30. September 1929 außer Kraft.

47. Arbeitsgerichtsgesetz.

Vom 23. Dezember 1926 (RGBl. 507 mit Berichtigung RGBl. 1927, 42).

Erster Teil: Allgemeine Bestimmungen.

§ 1. Arbeitsgerichtsbehörden. Die Gerichtsbarkeit in Arbeitssachen (§§ 2 und 3) liegt den Arbeitsgerichtsbehörden ob.

Arbeitsgerichtsbehörden sind:

1. die Arbeitsgerichte (§§ 14 bis 32),
2. die Landesarbeitsgerichte (§§ 33 bis 39),
3. das Reichsarbeitsgericht (§§ 40 bis 45).

§ 2. Zuständigkeit. Die Arbeitsgerichte sind unter Ausschluß der ordentlichen Gerichte ohne Rücksicht auf den Wert des Streitgegenstandes zuständig:

1. für bürgerliche Rechtsstreitigkeiten zwischen Tarifvertragsparteien oder zwischen diesen und Dritten aus Tarifverträgen oder über das Bestehen oder Nichtbestehen von Tarifverträgen und für bürgerliche Rechtsstreitigkeiten zwischen tarifvertragsfähigen Parteien oder zwi-

schen diesen und Dritten aus unerlaubten Handlungen, sofern es sich um Maßnahmen zu Zwecken des Arbeitskampfes oder um Fragen der Vereinigungsfreiheit handelt;

2. für bürgerliche Rechtsstreitigkeiten zwischen Arbeitgebern und Arbeitnehmern aus dem Arbeits- oder Lehrverhältnis, über das Bestehen oder Nichtbestehen eines Arbeits- oder Lehrvertrags, aus Verhandlungen über die Eingehung eines Arbeits- oder Lehrverhältnisses und aus dessen Nachwirkungen sowie für bürgerliche Rechtsstreitigkeiten aus unerlaubten Handlungen, soweit diese mit dem Arbeits- oder Lehrverhältnis im Zusammenhange stehen; ausgenommen sind Streitigkeiten, deren Gegenstand die Erfindung eines Arbeitnehmers bildet, soweit es sich nicht nur um Ansprüche auf eine Vergütung oder Entschädigung für die Erfindung handelt, und Streitigkeiten der nach § 481 des Handelsgesetzbuchs zur Schiffsbesatzung gehörenden Personen;

3. für bürgerliche Rechtsstreitigkeiten zwischen Arbeitnehmern aus gemeinsamer Arbeit und aus unerlaubten Handlungen, soweit diese mit dem Arbeits- oder Lehrverhältnis im Zusammenhange stehen;

4. für bürgerliche Rechtsstreitigkeiten zwischen Arbeitgebern und Arbeitnehmern aus den §§ 86, 87 des Betriebsrätegesetzes;

5. in folgenden Fällen des Betriebsrätegesetzes:

für die Entscheidung über das Erlöschen der Mitgliedschaft in Betriebsvertretungen (§§ 39, 56 Abs. 2, § 60),

für die Entscheidung über die Auflösung von Betriebsvertretungen (§§ 41, 44, § 56 Abs. 2),

für die Berufung vorläufiger Betriebsvertretungen (§ 43 Abs. 2, § 44 Abs. 4, § 56 Abs. 2, § 60),

für die Entscheidung über Bildung und Auflösung gemeinsamer Betriebsvertretungen (§§ 52, 53),

für die Festsetzung von Strafen nach § 134 b der Gewerbeordnung (§ 80 Abs. 2),

für die Entscheidung über das Vorliegen eines Verstoßes gegen vereinbarte Richtlinien über die Einstellung von Arbeitnehmern (§§ 82, 83), für die Entscheidung von Streitigkeiten über die Errichtung, Zusammensetzung und Tätigkeit von Betriebsvertretungen und aus Wahlen zu ihnen (§ 93),

für die Ersetzung der Zustimmung von Betriebsvertretungen zur Kündigung oder Versetzung ihrer Mitglieder (§§ 97, 98).

Die im Abs. 1 Nr. 1 bis 4 begründete Zuständigkeit besteht auch in den Fällen, in denen der Rechtsstreit durch einen Rechtsnachfolger oder durch eine Person geführt wird, die kraft Gesetzes an Stelle der ursprünglichen Partei hierzu befugt ist.

§ 3. Erweiterte Zuständigkeit. Bei den Arbeitsgerichten können auch nicht unter § 2 fallende Klagen gegen Arbeitgeber oder Arbeitnehmer sowie von solchen gegen Dritte erhoben werden, wenn der Anspruch mit einer bei einem Arbeitsgericht anhängigen oder gleichzeitig anhängig werdenden bürgerlichen Rechtsstreitigkeit der im § 2 Nr. 1 bis 4 bezeichneten Art in rechtlichem oder unmittelbarem wirtschaftlichen Zusammenhange steht und für seine Geltendmachung nicht eine ausschließliche Zuständigkeit gegeben ist; die im § 2 Nr. 2 Halbsatz 2 ausgenommenen Streitigkeiten können auch im Zusammenhange mit anderen Streitigkeiten nicht vor die Arbeitsgerichte gebracht werden.

Auf Grund Vereinbarung können auch bürgerliche Rechtsstreitigkeiten zwischen juristischen Personen des privaten Rechtes und ihren gesetzlichen Vertretern vor die Arbeitsgerichte gebracht werden (§ 5 Abs. 2).

§ 4. Ausschluß der Arbeitsgerichtsbarkeit. In den Fällen des § 2 Nr. 1 bis 4 kann die Arbeitsgerichtsbarkeit durch Schiedsvertrag und Vereinbarung nach den §§ 91 bis 107 ganz oder teilweise ausgeschlossen werden.

§ 5. Begriff des Arbeitnehmers. Arbeitnehmer im Sinne dieses Gesetzes sind Arbeiter und Angestellte einschließlich der Lehrlinge. Den Arbeitnehmern stehen Personen gleich, die, ohne in einem Arbeitsvertragsverhältnisse zu stehen, im Auftrag und für Rechnung bestimmter anderer Personen Arbeit leisten (Hausgewerbetreibende und sonstige arbeitnehmerähnliche Personen), und zwar auch dann, wenn sie die Roh- oder Hilfsstoffe selbst beschaffen; arbeitnehmerähnliche Personen sind im Verhältnis zu ihren Auftraggebern auch Zwischenmeister, die den überwiegenden Teil ihres Verdienstes aus ihrer eigenen Arbeit am Stücke beziehen.

Keine Arbeitnehmer sind gesetzliche Vertreter von juristischen Personen und von Personengesamtheiten des öffentlichen und privaten Rechtes, ferner Personen in ihrer Eigenschaft als öffentliche Beamte sowie als Angehörige des Reichsheers und der Reichsmarine.

§ 6. Besetzung der Arbeitsgerichtsbehörden. Die Arbeitsgerichtsbehörden sind mit rechtsgelehrten Richtern und mit Beisitzern aus den Kreisen der Arbeitgeber und der Arbeitnehmer besetzt.

Die Beisitzer aus den Kreisen der Arbeitgeber und der Arbeitnehmer führen bei den Arbeitsgerichten die Amtsbezeichnung Arbeitsrichter, bei den Landesarbeitsgerichten die Amtsbezeichnung Landesarbeitsrichter und bei dem Reichsarbeitsgerichte die Amtsbezeichnung Reichsarbeitsrichter.

§ 7. Aufbringung der Mittel. Die Kosten der Arbeitsgerichte und der Landesarbeitsgerichte trägt das Land, das sie errichtet, die Kosten des Reichsarbeitsgerichts trägt das Reich.

§ 8. Gang des arbeitsgerichtlichen Verfahrens. In den Rechtsstreitigkeiten nach § 2 Nr. 1 bis 4 und nach § 3 findet das Urteilsverfahren (§§ 46 bis 79), in den Fällen des § 2 Nr. 5 das Beschlußverfahren (§§ 80 bis 90) statt.

Im ersten Rechtszug sind die Arbeitsgerichte zuständig.

Gegen die Urteile der Arbeitsgerichte findet die Berufung an die Landesarbeitsgerichte statt, wenn der Wert des Streitgegenstandes den Betrag von dreihundert Reichsmark übersteigt oder wenn das Arbeitsgericht die Berufung wegen der grundsätzlichen Bedeutung des Rechtsstreits zugelassen hat.

In den Fällen des § 2 Nr. 1 bis 3 und des § 3 findet gegen die Urteile der Landesarbeitsgerichte die Revision an das Reichsarbeitsgericht statt, wenn der Wert des Streitgegenstandes die jeweils in der ordentlichen bürgerlichen Gerichtsbarkeit geltende Revisionsgrenze übersteigt oder wenn das Landesarbeitsgericht die Revision wegen der grundsätzlichen Bedeutung des Rechtsstreits zugelassen hat. Die unmittelbare Einlegung der Revision unter Umgehung des Berufungsrechtzugs ist in den im § 76 bezeichneten Fällen zulässig.

Gegen die das Verfahren beendenden Beschlüsse der Arbeitsgerichte im Beschlußverfahren findet die Rechtsbeschwerde statt, wenn der Beschluß auf einer Gesetzesverletzung beruht. Für die Entscheidung über die Rechtsbeschwerde sind die Landesarbeitsgerichte oder das Reichsarbeitsgericht zuständig (§ 85 Abs. 1).

§ 9. Allgemeine Verfahrensvorschriften. Die Vorschriften des Gerichtsverfassungsgesetzes über Zustellungs- und Vollstreckungsbeamte, über die Gerichtssprache, über die Aufrechterhaltung der Ordnung in der Sitzung und über die Beratung und Abstimmung gelten für das arbeitsgerichtliche Verfahren entsprechend.

Die Gebührenordnung für Zeugen und Sachverständige und die Gebührenordnung für Gerichtsvollzieher finden im arbeitsgerichtlichen Verfahren Anwendung. Gebührenvorschüsse dürfen die Gerichtsvollzieher nicht erheben.

Das arbeitsgerichtliche Verfahren ist in allen Rechtszügen zu beschleunigen. Die Gerichtsferien sind auf das Verfahren ohne Einfluß.

Auf den zur Zustellung an die Parteien bestimmten Ausfertigungen der Urteile und der das Beschlußverfahren beendenden Beschlüsse soll vermerkt werden, ob gegen die Entscheidung ein Rechtsmittel zulässig und bei welcher Behörde, in welcher Form und binnen welcher Frist es einzulegen ist.

§ 10. Parteifähigkeit. Parteifähig im arbeitsgerichtlichen Verfahren sind auch wirtschaftliche Vereinigungen von Arbeitgebern und von Arbeitnehmern und in den Fällen des § 2 Nr. 4 und 5 die Arbeitnehmerschaft, Arbeiterschaft und Angestelltenschaft der Betriebe im Sinne des Betriebsrätegesetzes.

§ 11. Prozeßvertretung. Vor den Arbeitsgerichten sind als Prozeßbevollmächtigte oder Beistände Rechtsanwälte und Personen, die das Verhandeln vor Gericht geschäftsmäßig betreiben, ausgeschlossen; zugelassen sind jedoch Mitglieder und Angestellte wirtschaftlicher Vereinigungen von Arbeitgebern oder von Arbeitnehmern oder von Verbänden solcher Vereinigungen, die kraft Satzung oder Vollmacht zur Vertretung befugt sind, soweit sie für die Vereinigung oder für Mitglieder der Vereinigung auftreten und nicht neben dieser Vertretung die Tätigkeit als Rechtsanwalt ausüben oder, ohne Rechtsanwälte zu sein, das Verhandeln vor Gericht gewerbsmäßig gegen Entgelt betreiben.

Vor den Landesarbeitsgerichten und vor dem Reichsarbeitsgerichte müssen die Parteien sich durch Rechtsanwälte als Prozeßbevollmächtigte vertreten lassen; zur Vertretung berechtigt ist jeder bei einem deutschen Gerichte zugelassene Anwalt. An ihre Stelle können vor den Landesarbeitsgerichten Mitglieder und Angestellte wirtschaftlicher Vereinigungen von Arbeitgebern oder von Arbeitnehmern oder von Verbänden solcher Vereinigungen treten, die kraft Satzung oder Vollmacht zur Vertretung befugt sind, sofern die Vereinigung, der Verband oder Mitglieder der Vereinigung Partei sind.

§ 12. Gebühren und Auslagen. Im Verfahren vor den Arbeitsgerichten wird eine einmalige Gebühr nach dem Werte des Streitgegenstandes erhoben. Sie beträgt bei einem Streitwert

bis zu zwanzig Reichsmark einschließlich . . eine Reichsmark,
von mehr als zwanzig Reichsmark bis zu sechzig Reichsmark einschließlich . . zwei Reichsmark,
von mehr als sechzig Reichsmark bis zu einhundert Reichsmark einschließlich . . drei Reichsmark

und von da ab für jede angefangene hundert Reichsmark je drei Reichsmark bis zu höchstens fünfhundert Reichsmark. Schreibgebühren kommen nicht in Ansatz.

Wird der Rechtsstreit im ersten oder in einem höheren Rechtszug durch einen vor dem Gericht abgeschlossenen oder dem Gerichte mitgeteilten Vergleich beendet, so werden in diesem Rechtszug keine Gebühren erhoben, auch wenn eine streitige Verhandlung vorausgegangen war. Wird der Rechtsstreit durch Versäumnisurteil oder auf Grund eines Anerkenntnisses oder einer Zurücknahme der Klage beendet und hat keine streitige Verhandlung stattgefunden, so wird in diesem Rechtszug nur die Hälfte der sonst fälligen Gebühren erhoben; bei Beendigung des Rechtsstreits im ersten Rechtszug auf Grund eines Anerkenntnisses oder einer Zurücknahme der Klage ohne streitige Verhandlung werden keine Gebühren erhoben.

Gebühren und Auslagen werden erst fällig, wenn das Verfahren in dem Rechtszug beendet oder das Ruhen des Verfahrens angeordnet ist. Kostenvorschüsse werden nicht erhoben; das gilt auch für die Zwangsvollstreckung.

In den Fällen des § 2 Nr. 5, des § 93 Abs. 4 und der §§ 102 und 107 in Verbindung mit § 93 Abs. 4, des § 98 Abs. 3 und des § 99 werden Gebühren und Auslagen nicht erhoben.

Vergleiche in einem anhängigen Rechtsstreit sind stempelfrei.

Im übrigen gelten für die Gebühren und Auslagen im arbeitsgerichtlichen Verfahren die Vorschriften des Gerichtskostengesetzes entsprechend.

§ 13. Rechtshilfe. Die Arbeitsgerichte haben anderen Arbeitsgerichtsbehörden Rechtshilfe zu leisten. Die Amtsgerichte haben den Arbeitsgerichtsbehörden Rechtshilfe zu leisten, sofern sich am Sitze des Amtsgerichts kein Arbeitsgericht befindet.

Die Vorschriften des Gerichtsverfassungsgesetzes über Rechtshilfe finden entsprechende Anwendung.

Zweiter Teil: **Aufbau der Arbeitsgerichtsbehörden.**

Erster Abschnitt: **Arbeitsgerichte.**

§ 14. Errichtung. Die Arbeitsgerichte werden als selbständige Gerichte durch die Landesjustizverwaltung im Einvernehmen mit der obersten Landesbehörde für die Sozialverwaltung nach Anhörung der wirtschaftlichen Vereinigungen der Arbeitgeber und Arbeitnehmer regelmäßig für den Bezirk eines Amtsgerichts errichtet.

Ein Arbeitsgericht kann auch errichtet werden:

1. für den Bezirk mehrerer Amtsgerichte eines Landes oder für Teile eines Amtsgerichtsbezirkes oder mehrere Amtsgerichtsbezirke eines Landes, insbesondere für ein einheitliches Wirtschaftsgebiet;
2. für die Gebiete mehrerer Länder oder Teile von ihnen, insbesondere für ein einheitliches Wirtschaftsgebiet. In diesem Falle erfolgt die Errichtung durch die im Abs. 1 bezeichneten obersten Behörden der beteiligten Länder.

Bei der Errichtung der Arbeitsgerichte ist auf die Wirkungsbereiche der bisherigen Gewerbegerichte oder Kaufmannsgerichte nach Möglichkeit Rücksicht zu nehmen.

Landgericht im Sinne des § 18 Abs. 5, des § 20 Abs. 1, des § 21 Abs. 5, des § 24 Abs. 2, des § 27 und des § 30 Abs. 1 ist das Landgericht, bei dem das dem Arbeitsgericht übergeordnete Landesarbeitsgericht errichtet ist.

§ 15. Verwaltung und Dienstaufsicht. Die Geschäfte der Verwaltung und Dienstaufsicht führt die Landesjustizverwaltung im Einvernehmen mit der obersten Landesbehörde für die Sozialverwaltung. Vor Erlaß allgemeiner Anordnungen, die die Verwaltung und Dienstaufsicht betreffen, soweit sie nicht rein technischer Art sind, sind die wirtschaftlichen Vereinigungen der Arbeitgeber und Arbeitnehmer zu hören.

Die Landesjustizverwaltung kann im Einvernehmen mit der obersten Landesbehörde für die Sozialverwaltung Geschäfte der Verwaltung und Dienstaufsicht nachgeordneten Dienststellen übertragen, insbesondere dem Vorsitzenden des Arbeitsgerichts oder, wenn mehrere Vorsitzende vorhanden sind, einem von ihnen.

§ 16. Zusammensetzung. Das Arbeitsgericht besteht aus der erforderlichen Anzahl von Vorsitzenden und stellvertretenden Vorsitzenden und von Beisitzern. Die Beisitzer werden je zur Hälfte aus den Kreisen der Arbeitgeber und der Arbeitnehmer entnommen.

Jede Kammer des Arbeitsgerichts wird in der Besetzung mit einem Vorsitzenden und je einem Beisitzer der Arbeitgeber und der Arbeitnehmer tätig. In den Fällen des § 2 Nr. 1 wird jede Kammer in der Besetzung mit einem Vorsitzenden und je zwei Beisitzern der Arbeitgeber und der Arbeitnehmer tätig.

§ 17. Bildung von Kammern. Die Zahl der Kammern bestimmt die Landesjustizverwaltung im Einvernehmen mit der obersten Landesbehörde für die Sozialverwaltung nach Anhörung der wirtschaftlichen Vereinigungen der Arbeitgeber und Arbeitnehmer.

Für Streitigkeiten der Arbeiter und für Streitigkeiten der Angestellten werden getrennte Kammern gebildet. Soweit beide Arbeitnehmergruppen beteiligt sind, entscheidet für die Zuständigkeit der Kammer die überwiegende Beteiligung. Die Landesjustizverwaltung kann im Einvernehmen mit der obersten Landesbehörde für die Sozialverwaltung nach Anhörung der wirtschaftlichen Vereinigungen der Arbeitgeber und Arbeitnehmer aus besonderen Gründen anordnen, daß von der Bildung getrennter Kammern für Arbeiter und für Angestellte abzusehen ist.

Soweit ein Bedürfnis besteht, können Fachkammern für die Streitigkeiten bestimmter Berufe und Gewerbe und bestimmter Gruppen von Arbeitern oder Angestellten gebildet werden. Über die Bildung entscheidet die Landesjustizverwaltung im Einvernehmen mit der obersten Landesbehörde für die Sozialverwaltung nach Anhörung der wirtschaftlichen Vereinigungen der Arbeitgeber und Arbeitnehmer. Für die Streitigkeiten des Handwerkes müssen Fachkammern (Handwerksgerichte) errichtet werden.

Die Zuständigkeit einer Angestelltenkammer oder einer Fachkammer kann durch die Landesjustizverwaltung im Einvernehmen mit der obersten Landesbehörde für die Sozialverwaltung nach Anhörung der wirtschaftlichen Vereinigungen der Arbeitgeber und Arbeitnehmer auf die Bezirke anderer Arbeitsgerichte oder Teile von ihnen erstreckt werden, insbesondere, wenn es sich um ein einheitliches Wirtschaftsgebiet handelt. Die Erstreckung auf das Gebiet eines anderen Landes erfolgt durch Vereinbarung mit den zuständigen obersten Behörden dieses Landes.

§ 18. Bestellung der Vorsitzenden. Die Vorsitzenden und die stellvertretenden Vorsitzenden bestellt die Landesjustizverwaltung im Einvernehmen mit der obersten Landesbehörde für die Sozialverwaltung. Sie soll nur Personen bestellen, die auf arbeitsrechtlichem und sozialem Gebiete Kenntnisse und Erfahrungen besitzen.

Die Vorsitzenden und die stellvertretenden Vorsitzenden sind in der Regel ordentliche Richter. Richter, die Vorsitzende oder stellvertretende Vorsitzende eines Schlichtungsausschusses oder Schlichter oder stellvertretende Schlichter sind oder gewesen sind, sollen bei der Bestellung zu Vorsitzenden oder zu stellvertretenden Vorsitzenden der Arbeitsgerichte besonders berücksichtigt werden.

Andere Personen dürfen zu Vorsitzenden oder zu stellvertretenden Vorsitzenden nur bestellt werden, wenn sie nach ihrer Stellung im Erwerbsleben weder als Arbeitgeber noch als

Arbeitnehmer anzusehen sind und die Befähigung zum Richteramte haben.

Die Vorsitzenden und die stellvertretenden Vorsitzenden werden mindestens für ein Jahr und höchstens für neun Jahre bestellt. Eine wiederholte Bestellung ist zulässig. Nach mindestens dreijähriger Amtsdauer können hauptamtliche Vorsitzende auf Lebenszeit bestellt werden. Die von der Gesetzgebung festgesetzten Altersgrenzen, bei deren Erreichung Richter in den Ruhestand treten, gelten auch für die Vorsitzenden der Arbeitsgerichte.

Die Vorsitzenden und die stellvertretenden Vorsitzenden sind vor ihrem Amtsantritte durch den Präsidenten des Landgerichts auf die Erfüllung der Obliegenheiten ihres Amtes eidlich zu verpflichten, falls sie nicht bereits als Beamte vereidigt sind.

Die landesgesetzlichen Vorschriften über die Befähigung zur zeitweiligen Wahrnehmung richterlicher Aufgaben gelten für die zeitweilige Tätigkeit als Vorsitzender entsprechend. Diese soll jedoch den Zeitraum von sechs Wochen nicht übersteigen.

§ 19. Rechtliche Stellung der Vorsitzenden. Die Vorsitzenden und die stellvertretenden Vorsitzenden haben die Rechte und Pflichten richterlicher Beamter der Länder. Soweit sie auf Zeit bestellt sind, haben sie diese Rechte und Pflichten für die Dauer ihres Amtes. Die Vorschriften der §§ 8, 9 des Gerichtsverfassungsgesetzes, für die hauptamtlichen Vorsitzenden auch die Vorschrift des § 7 des Gerichtsverfassungsgesetzes, gelten entsprechend. Die Landesregierungen bestimmen, ob den nebenamtlichen Vorsitzenden und den stellvertretenden Vorsitzenden eine Vergütung zu gewähren ist.

Auf Lebenszeit angestellte Beamte des Reichs oder der Länder, die auf Zeit zu hauptamtlichen Vorsitzenden bestellt werden, sind nach Ablauf dieser Zeit in eine ihrer früheren dienstlichen Stellung gleichwertige Stellung wieder zu übernehmen. Die Amtsdauer als Vorsitzender ist ihnen als Dienst im Reiche oder im Lande anzurechnen.

§ 20. Berufung der Beisitzer. Die Beisitzer werden von der höheren Verwaltungsbehörde im Einvernehmen mit dem Präsidenten des Landgerichts auf die Dauer von drei Jahren berufen. Sie sind in angemessenem Verhältnis unter billiger

Berücksichtigung der Minderheiten aus den Vorschlagslisten zu entnehmen, die von den in dem Gerichtsbezirke bestehenden wirtschaftlichen Vereinigungen der Arbeitgeber und der Arbeitnehmer und von den im § 22 Abs. 2 Nr. 2 bezeichneten Körperschaften eingereicht werden.

Für die Beisitzer der Arbeiter und der Angestellten sind grundsätzlich getrennte Vorschläge einzuholen, wenn nicht die Bildung getrennter Kammern gemäß § 17 Abs. 2 unterbleibt.

Die Beisitzer sind von ihrer Dienstleistung durch den Vorsitzenden auf die Erfüllung der Obliegenheiten ihres Amtes eidlich zu verpflichten.

§ 21. Voraussetzungen für das Beisitzeramt. Als Beisitzer sind Männer und Frauen zu berufen, die deutsche Reichsangehörige sind und das fünfundzwanzigste Lebensjahr vollendet haben. Es sollen nur Personen berufen werden, die im Bezirke des Arbeitsgerichts seit mindestens einem Jahre als Arbeitgeber oder Arbeitnehmer tätig sind.

Unfähig zu dem Amte eines Beisitzers sind Personen, denen die bürgerlichen Ehrenrechte oder die Fähigkeit zur Bekleidung öffentlicher Ämter aberkannt sind oder gegen die das Hauptverfahren wegen eines Verbrechens oder Vergehens eröffnet ist, das die Aberkennung zur Folge haben kann, und Personen, die infolge gerichtlicher Anordnung in der Verfügung über ihr Vermögen beschränkt sind.

Beamte und Angestellte einer Arbeitsgerichtsbehörde dürfen nicht als Beisitzer berufen werden.

Niemand darf zugleich Arbeitgeber- und Arbeitnehmerbeisitzer sein.

Wird das Fehlen einer Voraussetzung für die Berufung nachträglich bekannt oder fällt eine Voraussetzung nachträglich fort, so enthebt der Präsident des Landgerichts den Beisitzer seines Amtes. Vor der Entscheidung ist der Beisitzer zu hören. Die Entscheidung ist endgültig.

§ 22. Besonderheiten für Arbeitgeberbeisitzer. Arbeitgeberbeisitzer kann auch sein, wer vorübergehend oder regelmäßig zu gewissen Zeiten des Jahres keine Arbeitnehmer beschäftigt.

Für Arbeitgeber, die keine Einzelpersonen sind, können als Beisitzer berufen werden:

1. bei juristischen Personen und Personengesamtheiten des privaten Rechtes die gesetzlichen Vertreter und die Aufsichtsratsmitglieder mit Ausnahme der vom Betriebsrat entsandten;
2. bei dem Reiche, den Ländern, den Gemeinden, den Gemeindeverbänden und anderen Körperschaften des öffentlichen Rechtes öffentliche Beamte nach näherer Anordnung der zuständigen obersten Reichs- oder Landesbehörde.

Den Arbeitgebern stehen für die Berufung zum Beisitzer gleich:

1. Geschäftsführer und Betriebsleiter, soweit sie selbständig zur Einstellung von Arbeitnehmern in den Betrieb berechtigt sind oder soweit ihnen Prokura oder Generalvollmacht erteilt ist;
2. Mitglieder und Angestellte wirtschaftlicher Vereinigungen von Arbeitgebern oder von Verbänden solcher Vereinigungen, die kraft Satzung oder Vollmacht zur Vertretung befugt sind.

§ 23. **Besonderheiten für Arbeitnehmerbeisitzer.** Arbeitnehmerbeisitzer kann auch sein, wer erwerbslos ist.

Den Arbeitern stehen für die Berufung zum Beisitzer Mitglieder und Angestellte wirtschaftlicher Vereinigungen von Arbeitern oder von Verbänden solcher Vereinigungen gleich, die kraft Satzung oder Vollmacht zur Vertretung befugt sind; den Angestellten stehen Mitglieder und Angestellte wirtschaftlicher Vereinigungen von Angestellten oder von Verbänden solcher Vereinigungen gleich, die kraft Satzung oder Vollmacht zur Vertretung befugt sind.

§ 24. **Ablehnung des Beisitzeramts.** Die Übernahme des Beisitzeramts kann ablehnen:

1. wer das fünfundsechzigste Lebensjahr vollendet hat;
2. wer durch Krankheit oder Gebrechen verhindert ist, das Amt ordnungsmäßig zu führen;
3. wer durch andere ehrenamtliche Tätigkeit für die Allgemeinheit so in Anspruch genommen ist, daß ihm die Übernahme des Amtes nicht zugemutet werden kann;
4. wer in den sechs der Berufung vorhergehenden Jahren als Beisitzer einer Arbeitsgerichtsbehörde tätig gewesen ist;

5. Frauen, die glaubhaft machen, daß ihnen die Fürsorge für ihre Familie die Ausübung des Amtes in besonderem Maße erschwert.

Über die Berechtigung zur Ablehnung entscheidet die höhere Verwaltungsbehörde im Einvernehmen mit dem Präsidenten des Landgerichts endgültig.

§ 25. Stellung der Beisitzer. Das Amt des Beisitzers ist ein Ehrenamt.

Die Beisitzer erhalten eine angemessene Entschädigung für den ihnen aus der Wahrnehmung des Beisitzeramts erwachsenden Verdienstausfall und Aufwand sowie Ersatz der Fahrkosten. Die nähere Regelung trifft der Reichsarbeitsminister im Einvernehmen mit dem Reichsminister der Justiz nach Anhörung der wirtschaftlichen Vereinigungen der Arbeitgeber und der Arbeitnehmer.

Die Entschädigung und die erstattungsfähigen Fahrkosten setzt der Vorsitzende des Arbeitsgerichts endgültig fest.

§ 26. Schutz der Arbeitnehmerbeisitzer. Den Arbeitgebern und ihren Angestellten ist es untersagt, Angestellte oder Arbeiter in der Übernahme oder Ausübung des Beisitzeramts zu beschränken oder sie wegen der Übernahme oder Ausübung des Amtes zu benachteiligen.

Arbeitgeber oder ihre Angestellten, die den Vorschriften des Abs. 1 vorsätzlich zuwiderhandeln, werden mit Geldstrafe bestraft.

§ 27. Amtsenthebung der Beisitzer. Wenn ein Beisitzer seine Amtspflicht grob verletzt, so ist er seines Amtes zu entheben. Für die Entscheidung ist eine Kammer zuständig, die aus dem Präsidenten des Landgerichts und je zwei Beisitzern der Arbeitgeber und der Arbeitnehmer des Landesarbeitsgerichts besteht. Vor der Entscheidung ist der Beisitzer und der Vorsitzende des Arbeitsgerichts zu hören. Die Entscheidung ist endgültig.

§ 28. Ordnungsstrafen gegen Beisitzer. Beisitzer, die ohne genügende Entschuldigung nicht oder nicht rechtzeitig zu den Sitzungen erscheinen oder sich ihren Obliegenheiten in anderer Weise entziehen, werden vom Vorsitzenden mit einer Ordnungsstrafe in Geld bestraft. Bei nachträglicher genügender Entschuldigung ist die Strafe aufzuheben oder zu ermäßigen.

Gegen den eine Bestrafung aussprechenden Beschluß ist Beschwerde zulässig.

§ 29. Beisitzerausschüsse. Bei jedem Arbeitsgerichte mit mehr als einer Kammer wird ein Beisitzerausschuß gebildet. Er besteht aus mindestens je drei Beisitzern der Arbeitgeber und der Arbeitnehmer in gleicher Zahl, die von den Beisitzern der Arbeitgeber und der Arbeitnehmer in getrennter Wahl gewählt werden. Der Beisitzerausschuß tagt unter der Leitung des aufsichtführenden oder dienstältesten Vorsitzenden des Arbeitsgerichts.

Der Beisitzerausschuß ist vor der Bildung von Kammern, vor der Geschäftsverteilung, vor der Verteilung der Beisitzer auf die Kammern und vor der Aufstellung der Listen über die Heranziehung der Beisitzer zu den Sitzungen zu hören. Er kann auch im übrigen den Vorsitzenden des Arbeitsgerichts und den die Verwaltung und Dienstaufsicht führenden Behörden Wünsche der Beisitzer übermitteln.

§ 30. Geschäftsverteilung, Kammerbesetzung. Vor Beginn des Geschäftsjahrs werden durch den Vorsitzenden, bei Vorhandensein mehrerer Vorsitzenden durch diese, die Geschäfte auf die einzelnen Kammern verteilt; einigen sich die Vorsitzenden nicht, so entscheidet der Präsident des Landgerichts. In gleicher Weise erfolgt die Verteilung der Vorsitzenden, der stellvertretenden Vorsitzenden und der Beisitzer auf die einzelnen Kammern. Die Vorsitzenden, die stellvertretenden Vorsitzenden und die Beisitzer können mehreren Kammern angehören.

Die Beisitzer einer Fachkammer sollen den Beisitzern aus den Kreisen der Berufe, Gewerbe oder Gruppen entnommen werden, für die die Fachkammer gebildet ist. Werden für die Streitigkeiten der im § 22 Abs. 3 bezeichneten Angestellten Fachkammern gebildet, so dürfen ihnen diese Angestellten nicht als Arbeitgeberbeisitzer angehören.

In den Fällen des § 17 Abs. 4 sind die Beisitzer den Beisitzerlisten der Arbeitsgerichte zu entnehmen, für deren Bezirke die Kammer zuständig ist.

§ 31. Heranziehung der Beisitzer. Die Beisitzer sollen zu den Sitzungen nach der Reihenfolge einer Liste herangezogen werden, die der Vorsitzende vor Beginn des Geschäftsjahrs gemäß § 29 Abs. 2 aufstellt.

§ 32. Geschäftsstelle. Bei jedem Arbeitsgerichte besteht eine Geschäftsstelle, deren Einrichtung die Landesjustizverwaltung im Einvernehmen mit der obersten Landesbehörde für die Sozialverwaltung bestimmt.

Zweiter Abschnitt: **Landesarbeitsgerichte.**

§ 33. Errichtung. Die Landesarbeitsgerichte werden durch die Landesjustizverwaltung im Einvernehmen mit der obersten Landesbehörde für die Sozialverwaltung bei den Landgerichten nach Anhörung der wirtschaftlichen Vereinigungen der Arbeitgeber und Arbeitnehmer errichtet. Die Vorschriften des § 14 Abs. 2 finden entsprechende Anwendung.

Das Landesarbeitsgericht kann seinen Sitz auch an einem anderen Orte seines Bezirkes haben als das Landgericht, bei dem es errichtet ist.

§ 34. Verwaltung und Dienstaufsicht. Die Geschäfte der Verwaltung und Dienstaufsicht führt die Landesjustizverwaltung im Einvernehmen mit der obersten Landesbehörde für die Sozialverwaltung. § 15 Abs. 1 Satz 2 gilt entsprechend.

Die Landesjustizverwaltung kann im Einvernehmen mit der obersten Landesbehörde für die Sozialverwaltung Geschäfte der Verwaltung und Dienstaufsicht nachgeordneten Dienststellen übertragen, insbesondere dem Präsidenten des Landgerichts und dem Vorsitzenden des Landesarbeitsgerichts oder, wenn mehrere Vorsitzende vorhanden sind, einem von ihnen.

§ 35. Zusammensetzung, Bildung von Kammern. Das Landesarbeitsgericht besteht aus der erforderlichen Anzahl von Vorsitzenden und stellvertretenden Vorsitzenden und von Beisitzern. Die Beisitzer werden je zur Hälfte aus den Kreisen der Arbeitgeber und der Arbeitnehmer entnommen.

Jede Kammer des Landesarbeitsgerichts wird in der Besetzung mit einem Vorsitzenden und je einem Beisitzer der Arbeitgeber und der Arbeitnehmer tätig. In den Fällen des § 2 Nr. 1 wird jede Kammer in der Besetzung mit einem Vorsitzenden und je zwei Beisitzern der Arbeitgeber und der Arbeitnehmer tätig.

Im übrigen stehen die Kammern des Landesarbeitsgerichts den Zivilkammern des Landgerichts im Sinne des Gerichtsverfassungsgesetzes gleich.

Die Zahl der Kammern bestimmt die Landesjustizverwaltung im Einvernehmen mit der obersten Landesbehörde für die Sozialverwaltung.

§ 36. Vorsitzende. Die Vorsitzenden und die stellvertretenden Vorsitzenden beruft die Landesjustizverwaltung im Einvernehmen mit der obersten Landesbehörde für die Sozialverwaltung aus den Direktoren und den ständigen Mitgliedern des Landgerichts. Befindet sich am Sitze des Landesarbeitsgerichts ein Oberlandesgericht, so kann auch ein Oberlandesgerichtsrat berufen werden. Die Berufung erfolgt für die Dauer der Zugehörigkeit zum Landgericht oder Oberlandesgericht. Sie kann nur mit Zustimmung des Berufenen widerrufen werden.

Zu Vorsitzenden und stellvertretenden Vorsitzenden sollen nur Richter berufen werden, die auf arbeitsrechtlichem und sozialem Gebiete Kenntnisse und Erfahrungen besitzen. Sind beim Landgericht oder Oberlandesgerichte solche nicht vorhanden, so sind geeignete Personen, die die Befähigung zum Richteramte haben, einzuberufen.

§ 37. Beisitzer. Die Beisitzer müssen das dreißigste Lebensjahr vollendet haben und sollen mindestens drei Jahre Beisitzer einer Arbeitsgerichtsbehörde gewesen sein.

Im übrigen gelten für die Berufung und Stellung der Beisitzer und für die Amtsenthebung die Vorschriften des § 20 Abs. 1 und 3 und der §§ 21 bis 28 entsprechend.

§ 38. Beisitzerausschüsse. Bei jedem Landesarbeitsgerichte wird ein Beisitzerausschuß gebildet. Die Vorschriften des § 29 Abs. 1 Satz 2 und 3 und Abs. 2 gelten entsprechend.

§ 39. Besetzung der Kammern, Geschäftsverteilung. Vor Beginn des Geschäftsjahrs verteilt das Präsidium des Landgerichts unter stimmberechtigter Mitwirkung der Vorsitzenden des Landesarbeitsgerichts die Geschäfte auf die einzelnen Kammern des Landesarbeitsgerichts. In gleicher Weise erfolgt die Verteilung der Vorsitzenden, der stellvertretenden Vorsitzenden und der Beisitzer auf die einzelnen Kammern. Die Vorsitzenden und die Beisitzer können mehreren Kammern angehören.

Die Beisitzer sollen zu den Sitzungen nach der Reihenfolge einer Liste herangezogen werden, die der Vorsitzende vor Beginn des Geschäftsjahrs gemäß § 38 Satz 2 aufstellt.

Dritter Abschnitt: Reichsarbeitsgericht.

§ 40. Errichtung. Das Reichsarbeitsgericht wird bei dem Reichsgericht errichtet.

§ 41. Zusammensetzung, Bildung von Senaten. Das Reichsarbeitsgericht besteht aus der erforderlichen Zahl von Senatspräsidenten beim Reichsgericht als Vorsitzenden, von Senatspräsidenten oder Reichsgerichtsräten als stellvertretenden Vorsitzenden, von Reichsgerichtsräten als richterlichen Beisitzern und von nichtrichterlichen Beisitzern. Die nichtrichterlichen Beisitzer werden je zur Hälfte aus den Kreisen der Arbeitgeber und Arbeitnehmer entnommen.

Jeder Senat des Reichsarbeitsgerichts wird in der Besetzung mit einem Vorsitzenden, zwei richterlichen Beisitzern und je einem Beisitzer der Arbeitgeber und der Arbeitnehmer tätig.

Im übrigen stehen die Senate des Reichsarbeitsgerichts den Zivilsenaten des Reichsgerichts im Sinne des Gerichtsverfassungsgesetzes gleich.

Die Zahl der Senate bestimmt der Reichsminister der Justiz im Einvernehmen mit dem Reichsarbeitsminister.

§ 42. Richterliche Mitglieder. Zu Vorsitzenden, stellvertretenden Vorsitzenden und richterlichen Beisitzern des Reichsarbeitsgerichts sollen nur Richter berufen werden, die auf arbeitsrechtlichem und sozialem Gebiete besondere Kenntnisse und Erfahrungen besitzen.

§ 43. Nichtrichterliche Beisitzer. Die nichtrichterlichen Beisitzer werden vom Reichsarbeitsminister im Einvernehmen mit dem Reichsminister der Justiz auf die Dauer von drei Jahren berufen. Sie sind in angemessenem Verhältnis aus den Vorschlagslisten zu entnehmen, die von den Spitzenverbänden der wirtschaftlichen Vereinigungen der Arbeitgeber und der Arbeitnehmer und von den im § 22 Abs. 2 Nr. 2 bezeichneten Körperschaften eingereicht werden.

Die Beisitzer müssen das fünfunddreißigste Lebensjahr vollendet haben und sollen seit längerer Zeit im Deutschen Reiche als Arbeitgeber oder als Arbeitnehmer tätig gewesen sein. Für die Amtsenthebung ist der Präsident des Reichsgerichts zuständig.

Im übrigen gelten für die Berufung und Stellung der nichtrichterlichen Beisitzer die Vorschriften des § 20 Abs. 3 und der §§ 21 bis 28 entsprechend.

§ 44. Besetzung der Senate. Geschäftsverteilung. Vor Beginn des Geschäftsjahrs verteilt das Präsidium des Reichsgerichts die Geschäfte auf die einzelnen Senate des Reichsarbeitsgerichts. In gleicher Weise erfolgt die Verteilung der Vorsitzenden, der stellvertretenden Vorsitzenden, der richterlichen Beisitzer und der nichtrichterlichen Beisitzer auf die einzelnen Senate. Die Vorsitzenden, die stellvertretenden Vorsitzenden und die richterlichen Beisitzer können mehreren Senaten angehören. Vor der Verteilung der Geschäfte und der nichtrichterlichen Beisitzer auf die Senate sind je zwei Beisitzer der Arbeitgeber und der Arbeitnehmer zu hören.

Die nichtrichterlichen Beisitzer sollen zu den einzelnen Sitzungen nach der Reihenfolge einer Liste herangezogen werden, die der Vorsitzende vor Beginn des Geschäftsjahrs aufstellt.

§ 45. Vereinigte Zivilsenate und Plenum des Reichsgerichts. Bei Entscheidungen der vereinigten Zivilsenate oder die Plenums des Reichsgerichts, bei denen es sich um arbeitsrechtliche Fragen handelt, wirken je ein Arbeitgeberbeisitzer und je ein Arbeitnehmerbeisitzer von jedem Senat des Reichsarbeitsgerichts mit. Sie gelten als Mitglieder des Reichsgerichts im Sinne des § 138 des Gerichtsverfassungsgesetzes.

Dritter Teil: **Verfahren vor den Arbeitsgerichtsbehörden.**

Erster Abschnitt: **Urteilsverfahren.**

Erster Unterabschnitt: **Erster Rechtszug.**

§ 46. Grundsatz. Das Urteilsverfahren findet in den im § 2 Nr. 1 bis 4 und im § 3 bezeichneten bürgerlichen Rechtsstreitigkeiten Anwendung.

Für das Urteilsverfahren des ersten Rechtszugs gelten die für das amtsgerichtliche Verfahren maßgebenden Vorschriften der Zivilprozeßordnung entsprechend, soweit nichts anderes bestimmt ist. An die Stelle der Vorschriften über das Güteverfahren vor Erhebung der Klage treten die Vorschriften der §§ 54 und 55. Die Vorschriften über den Urkunden- und Wechselprozeß finden keine Anwendung. Ebensowenig findet die Verordnung zur Entlastung der Gerichte in der Fassung der Bekanntmachung vom 13. Mai 1924 (Reichsgesetzbl. I S. 552) Anwendung.

§ 47. Erhebung der Klage, Einlassungs- und Ladungsfrist. Die Klage ist bei dem Arbeitsgerichte schriftlich einzureichen oder bei seiner Geschäftsstelle mündlich zur Niederschrift anzubringen. Sie gilt, unbeschadet der Vorschrift des § 496 Abs. 3 Satz 1 der Zivilprozeßordnung, erst mit der Zustellung an den Beklagten als erhoben. Eine Aufforderung an den Beklagten, sich auf die Klage schriftlich zu äußern, erfolgt in der Regel nicht.

An den ordentlichen Gerichtstagen können die Parteien zur Verhandlung eines Rechtsstreits auch ohne Ladung vor dem Arbeitsgericht erscheinen. In diesem Falle wird die Klage durch mündlichen Vortrag erhoben. Der wesentliche Inhalt der Klage ist in eine Niederschrift aufzunehmen, wenn die Sache streitig bleibt.

Wohnt die beklagte Partei am Sitze des Arbeitsgerichts, so muß die Klage mindestens am zweiten Tage vor dem Termin zugestellt werden. Das gleiche gilt für die Ladungen.

§ 48. Zuständigkeit. Die Vorschriften des § 11 der Zivilprozeßordnung über die bindende Wirkung der rechtskräftigen Entscheidung, durch die ein Gericht sich für sachlich unzuständig erklärt hat, und des § 276 der Zivilprozeßordnung über die Verweisung des Rechtsstreits an das örtlich oder sachlich zuständige Gericht finden auf das Verhältnis der Arbeitsgerichte und der ordentlichen Gerichte zueinander entsprechende Anwendung.

Für Streitigkeiten aus einem Arbeits- oder Lehrverhältnis und aus Verhandlungen über die Eingehung eines Arbeits- oder Lehrverhältnisses, das sich nach einem Tarifvertrage bestimmt, können unbeschadet der Vorschriften der §§ 38 bis

40 der Zivilprozeßordnung die Parteien des Tarifvertrags die Zuständigkeit eines an sich örtlich unzuständigen Arbeitsgerichts vereinbaren.

§ 49. Ablehnung von Gerichtspersonen. Über die Ablehnung von Gerichtspersonen entscheidet die Kammer des Arbeitsgerichts.

Wird sie durch das Ausscheiden des abgelehnten Mitglieds beschlußunfähig, so entscheidet das Landesarbeitsgericht.

Gegen den Beschluß findet kein Rechtsmittel statt.

§ 50. Zustellung. Urteile sind von Amts wegen zuzustellen.

§ 51. Persönliches Erscheinen der Parteien. Der Vorsitzende kann das persönliche Erscheinen der Parteien in jeder Lage des Rechtsstreits anordnen. Im übrigen finden die Vorschriften des § 141 Abs. 2 und 3 der Zivilprozeßordnung entsprechende Anwendung.

Der Vorsitzende kann die Zulassung eines Prozeßbevollmächtigten ablehnen, wenn die Partei trotz Anordnung ihres persönlichen Erscheinens unbegründet ausgeblieben ist und hierdurch der Zweck der Anordnung vereitelt wird. § 141 Abs. 3 Satz 2 der Zivilprozeßordnung findet entsprechende Anwendung.

§ 52. Öffentlichkeit. Die Verhandlung vor dem erkennenden Gericht einschließlich der Beweisaufnahme und der Verkündung der Entscheidungen ist öffentlich. Das Arbeitsgericht kann die Öffentlichkeit für die Verhandlung oder für einen Teil der Verhandlung ausschließen, wenn durch die Öffentlichkeit eine Gefährdung der öffentlichen Ordnung, insbesondere der Staatssicherheit oder eine Gefährdung der Sittlichkeit zu besorgen ist oder wenn eine Partei den Ausschluß der Öffentlichkeit beantragt, weil Betriebs-, Geschäfts- oder Erfindungsgeheimnisse zum Gegenstande der Verhandlung oder der Beweisaufnahme gemacht werden; im Güteverfahren kann es die Öffentlichkeit auch aus Zweckmäßigkeitsgründen ausschließen. Die Vorschriften der §§ 173 bis 175 des Gerichtsverfassungsgesetzes finden entsprechende Anwendung.

§ 53. Befugnisse des Vorsitzenden und der Beisitzer. Die nicht auf Grund einer mündlichen Verhandlung ergehenden Beschlüsse und Verfügungen erläßt, soweit nichts anderes bestimmt ist, der Vorsitzende allein.

Im übrigen gelten für die Befugnisse des Vorsitzenden und der Beisitzer die Vorschriften der Zivilprozeßordnung über das landgerichtliche Verfahren entsprechend.

§ 54. Güteverfahren. Die mündliche Verhandlung beginnt, falls kein Güteverfahren vor einer anderen Stelle (§§ 101 bis 105) vereinbart ist, mit einer Verhandlung vor dem Vorsitzenden zum Zwecke der gütlichen Einigung der Parteien (Güteverhandlung). Der Vorsitzende hat zu diesem Zwecke das gesamte Streitverhältnis mit den Parteien unter freier Würdigung aller Umstände zu erörtern. Zur Aufklärung des Sachverhalts kann er alle Handlungen vornehmen, die sofort erfolgen können. Eidliche Wahrnehmungen und die Auferlegung von Parteieiden sind jedoch ausgeschlossen.

Das Ergebnis der Güteverhandlung, insbesondere der Abschluß eines Vergleichs, ist in die Niederschrift aufzunehmen.

§ 55. Verhandlung vor dem Vorsitzenden. Erscheint eine Partei in der Güteverhandlung nicht oder ist die Güteverhandlung erfolglos, so schließt sich die weitere Verhandlung unmittelbar an; falls dem Hinderungsgründe entgegenstehen, soll sie binnen drei Tagen stattfinden.

Der Vorsitzende entscheidet allein, wenn das Urteil ohne streitige Verhandlung auf Grund des Versäumnisses, des Anerkenntnisses, der Zurücknahme der Klage oder des Verzichts einer Partei ergeht oder wenn die Entscheidung in der an die Güteverhandlung sich unmittelbar anschließenden Verhandlung erfolgen kann und die Parteien sie übereinstimmend beantragen. Dieser Antrag ist in die Niederschrift aufzunehmen.

Erscheinen beide Parteien zur Güteverhandlung nicht, so ist ein Termin zur streitigen Verhandlung zu bestimmen. Das gleiche gilt, falls ein Güteverfahren vor einer anderen Stelle vereinbart ist. Die Vorschriften des zweiten Absatzes finden in diesen Fällen auf die erste Verhandlung Anwendung.

§ 56. Vorbereitung der streitigen Verhandlung. Der Vorsitzende hat die streitige Verhandlung so vorzubereiten, daß sie möglichst in einem Termin zu Ende geführt werden kann. Er kann zu diesem Zwecke insbesondere die Ladung von Zeugen und Sachverständigen veranlassen, amtliche Äußerungen herbeiführen, schriftliche Unterlagen beiziehen und das persönliche

Erscheinen der Parteien anordnen; von diesen Maßnahmen soll er die Parteien benachrichtigen.

§ 57. Verhandlung vor der Kammer. Die Verhandlung ist möglichst in einem Termin zu Ende zu führen. Ist das nicht durchführbar, insbesondere weil eine Beweisaufnahme nicht sofort stattfinden kann, so ist der weitere Termin sofort zu verkünden.

Die gütliche Erledigung des Rechtsstreits soll während des ganzen Verfahrens angestrebt werden.

§ 58. Beweisaufnahme. Soweit die Beweisaufnahme am Sitze des Arbeitsgerichts möglich ist, erfolgt sie vor der Kammer. Erfolgt sie nicht am Sitze, aber im Bezirke des Arbeitsgerichts, so kann sie dem Vorsitzenden übertragen werden. Muß sie außerhalb des Bezirkes des Arbeitsgerichts stattfinden, so kann sie dem Vorsitzenden desjenigen Arbeitsgerichts oder, falls dies aus Gründen der örtlichen Lage zweckmäßiger ist, demjenigen Amtsgericht übertragen werden, in dessen Bezirk die Beweisaufnahme erfolgen soll.

Zeugen und Sachverständige werden nur beeidigt, wenn die Kammer dies zur Herbeiführung einer wahrheitsgemäßen Äußerung für notwendig erachtet. In den Fällen des § 377 Abs. 3 und 4 der Zivilprozeßordnung ist die eidesstattliche Versicherung nur erforderlich, wenn die Kammer sie aus dem gleichen Grunde für notwendig hält.

Die Leistung eines zugeschobenen oder zurückgeschobenen Eides wird durch Beweisbeschluß angeordnet.

Erscheint in dem zur Leistung eines Parteieides bestimmten Termin der Schwurpflichtige nicht, so ist der Eid als verweigert anzusehen und das Verfahren fortzusetzen. Der Schwurpflichtige kann sich jedoch binnen einer Notfrist von drei Tagen zur nachträglichen Leistung des Eides erbieten. Ein inzwischen ergangenes Urteil ist, wenn der Eid nachträglich geleistet wird, insoweit aufzuheben, als es auf der Annahme der Eidesverweigerung beruht. Hinsichtlich der Zwangsvollstreckung aus diesem Urteil finden die Vorschriften des § 707 der Zivilprozeßordnung entsprechende Anwendung. Erscheint der Schwurpflichtige auch in dem zur nachträglichen Eidesleistung bestimmten Termin nicht, so ist ein nochmaliges Erbieten zur Eidesleistung unzulässig.

§ 59. Versäumnisverfahren. Gegen ein Versäumnisurteil kann die Partei, gegen die das Urteil ergangen ist, binnen einer Notfrist von drei Tagen nach seiner Zustellung Einspruch einlegen. Der Einspruch wird beim Arbeitsgerichte schriftlich oder durch Abgabe einer Erklärung zur Niederschrift der Geschäftsstelle eingelegt. Hierauf ist die Partei zugleich mit der Zustellung des Urteils schriftlich hinzuweisen.

§ 60. Verkündung des Urteils. Zur Verkündung des Urteils kann ein besonderer Termin nur bestimmt werden, wenn die sofortige Verkündung in dem Termin, auf Grund dessen es erlassen wird, aus besonderen Gründen nicht möglich ist. Der Verkündungstermin darf nicht über drei Tage hinaus angesetzt werden. Dies gilt auch dann, wenn ein Urteil nach Lage der Akten erlassen wird.

Bei der Verkündung des Urteils ist, sofern nicht beide Parteien abwesend sind, der wesentliche Inhalt der Entscheidungsgründe mitzuteilen.

Die Wirksamkeit der Verkündung ist von der Anwesenheit der Beisitzer nicht abhängig. Wird ein von der Kammer gefälltes Urteil ohne Zuziehung der Beisitzer verkündet, so ist die Urteilsformel vorher von dem Vorsitzenden und den Beisitzern zu unterschreiben.

Das Urteil nebst Tatbestand und Entscheidungsgründen ist vom Vorsitzenden zu unterschreiben. War es bei der Verkündung noch nicht vollständig schriftlich niedergelegt, so soll es binnen drei Tagen nach der Verkündung in vollständiger Abfassung der Geschäftsstelle übergeben werden.

§ 61. Inhalt des Urteils. Der Betrag der Kosten ist, soweit er sofort ermittelt werden kann, im Urteil festzustellen; die Entscheidung ist endgültig, soweit nicht die ihr zugrunde liegende Entscheidung über die Kosten des Rechtsstreits abgeändert wird. Ein Anspruch der obsiegenden Partei auf Entschädigung wegen Zeitversäumnis und auf Erstattung der Kosten für die Zuziehung eines Prozeßbevollmächtigten oder Beistandes besteht nicht.

Den Wert des Streitgegenstandes setzt das Arbeitsgericht im Urteil fest.

Findet nach dem Werte des Streitgegenstandes die Berufung nicht statt, so kann sie das Arbeitsgericht im Urteil zulassen, wenn der Rechtsstreit grundsätzliche Bedeutung hat. Das Arbeitsgericht soll die Berufung wegen der grundsätzlichen Bedeutung des Rechtsstreits zulassen, wenn es in der Auslegung einer Rechtsvorschrift von einem ihm im Verfahren vorgelegten Urteil abweicht, das für oder gegen eine Partei des Rechtsstreits ergangen ist, oder wenn über die Auslegung eines Tarifvertrags entschieden wird, den eine Partei des Rechtsstreits abgeschlossen hat und dessen Geltungsbereich sich über den Bezirk des Arbeitsgerichts hinaus erstreckt.

Spricht das Urteil die Verpflichtung zur Vornahme einer Handlung aus, so ist der Beklagte auf Antrag des Klägers zugleich für den Fall, daß die Handlung nicht binnen einer bestimmten Frist vorgenommen ist, zur Zahlung einer vom Arbeitsgerichte nach freiem Ermessen festzusetzenden Entschädigung zu verurteilen. Die Zwangsvollstreckung nach §§ 887, 888 der Zivilprozeßordnung ist ausgeschlossen.

Ein über den Grund des Anspruchs vorab entscheidendes Zwischenurteil ist wegen der Rechtsmittel nicht als Endurteil anzusehen.

§ 62. Zwangsvollstreckung. Urteile der Arbeitsgerichte, gegen die der Einspruch oder die Berufung zulässig ist, sind vorläufig vollstreckbar. Macht der Beklagte glaubhaft, daß die Vollstreckung ihm einen nicht zu ersetzenden Nachteil bringen würde, so hat das Arbeitsgericht auf seinen Antrag die vorläufige Vollstreckbarkeit im Urteil auszuschließen. In den Fällen des § 707 Abs. 1 und des § 719 Abs. 1 der Zivilprozeßordnung kann die Zwangsvollstreckung nur unter derselben Voraussetzung eingestellt werden.

Im übrigen finden auf die Zwangsvollstreckung einschließlich des Arrestes und der einstweiligen Verfügung die Vorschriften des Achten Buches der Zivilprozeßordnung Anwendung.

§ 63. Verfahren in besonderen Fällen. Hat in den Fällen der §§ 86, 87 des Betriebsrätegesetzes die Betriebsvertretung die Klage erhoben, so wird die vollstreckbare Ausfertigung eines der Klage stattgebenden Urteils dem beteiligten Arbeitnehmer erteilt. Sie wird nur erteilt, wenn der Arbeitnehmer nachweist, daß der Arbeitgeber die Weiterbeschäftigung abgelehnt oder sich binnen der in dem § 87 Abs. 3 des Betriebsrätegesetzes festgesetzten Frist nicht erklärt hat. Der Nachweis kann auch durch Versicherung an Eides Statt geführt werden.

Wird die Klage der Betriebsvertretung abgewiesen, so bleiben die Kosten außer Ansatz.

Zweiter Unterabschnitt: **Berufungsverfahren.**

§ 64. Grundsatz. Gegen die Urteile der Arbeitsgerichte findet, soweit nicht nach § 78 das Rechtsmittel der Beschwerde gegeben ist, die Berufung an die Landesarbeitsgerichte statt, wenn der vom Arbeitsgerichte festgesetzte Wert des Streitgegenstandes den Betrag von dreihundert Reichsmark übersteigt oder wenn das Arbeitsgericht die Berufung wegen der grundsätzlichen Bedeutung des Rechtsstreits zugelassen hat.

Für das Verfahren vor den Landesarbeitsgerichten gelten, soweit das Arbeitsgerichtsgesetz nichts anderes bestimmt, die Vorschriften der Zivilprozeßordnung über die Berufung entsprechend. Die Vorschriften über das Verfahren vor dem Einzelrichter finden keine Anwendung. Die Verordnung zur Entlastung der Gerichte, in der Fassung der Bekanntmachung vom 13. Mai 1924 (Reichsgesetzbl. I S. 552), findet mit Ausnahme ihrer §§ 7, 8 keine Anwendung.

Die Vorschriften des § 49 Abs. 1 und 3, des § 51 Abs. 1, der §§ 52, 53, 56, 58, 59, des § 60 Abs. 1 bis 3 und Abs. 4 Satz 2, des § 61 Abs. 4 und 5 und der §§ 62 und 63 über Ablehnung von Gerichtspersonen, persönliches Erscheinen der Parteien, Öffentlichkeit, Befugnisse des Vorsitzenden und der Beisitzer, Vorbereitung der streitigen Verhandlung, Beweisaufnahme, Versäumnisverfahren, Verkündung des Urteils, Inhalt des Urteils, Zwangsvollstreckung und Verfahren in besonderen Fällen gelten entsprechend.

§ 65. Beschränkung der Berufung. Auf Mängel des Verfahrens bei der Berufung der Beisitzer oder auf Umstände, die die Berufung eines Beisitzers zu seinem Amte ausschließen, kann die Berufung nicht gestützt werden.

§ 66. Einlegung der Berufung, Terminsbestimmung. Die Berufungsfrist und die Frist für die Berufungsbegründung betragen je zwei Wochen.

Die Bestimmung des Termins zur mündlichen Verhandlung muß, wenn nicht die Berufung nach § 519b der Zivilprozeßordnung ohne mündliche Verhandlung als unzulässig verworfen wird, unverzüglich erfolgen. Die Vorschriften des § 519 Abs. 6 der Zivilprozeßordnung über die vorherige Zahlung der Prozeßgebühr finden keine Anwendung.

§ 67. Neue Tatsachen und Beweismittel. Soweit das Vorbringen neuer Tatsachen und Beweismittel nach § 529 Abs. 1 und 2 der Zivilprozeßordnung zulässig ist, sind sie vom Berufungskläger in der Berufungsbegründung, vom Berufungsbeklagten spätestens in der ersten mündlichen Verhandlung anzubringen. Werden sie später angebracht, so sind sie nur zuzulassen, wenn sie nach der Berufungsbegründung oder nach der ersten mündlichen Verhandlung entstanden sind oder das verspätete Vorbringen nach der freien Überzeugung des Landesarbeitsgerichts nicht auf Verschulden der Partei beruht.

§ 68. Zurückverweisung. Wegen eines Mangels im Verfahren des Arbeitsgerichts ist die Zurückverweisung nicht zulässig.

§ 69. Urteil. Das Urteil ist von den Mitgliedern der Kammer zu unterschreiben.

Hat sich der Wert des Streitgegenstandes nach der Verkündung des Urteils des Arbeitsgerichts geändert, so setzt ihn das Landesarbeitsgericht im Urteil neu fest.

Findet nach dem Werte des Streitgegenstandes die Revision nicht statt, so kann sie das Landesarbeitsgericht im Urteil zulassen, wenn der Rechtsstreit grundsätzliche Bedeutung hat.

§ 70. Ausschluß der Beschwerde. Gegen Beschlüsse und Verfügungen des Landesarbeitsgerichts oder seines Vorsitzenden findet außer im Falle der Verwerfung der Berufung nach § 519b Abs. 2 der Zivilprozeßordnung kein Rechtsmittel statt.

§ 71. Verfahren in besonderen Fällen. In den Fällen der §§ 86, 87 des Betriebsrätegesetzes kann die Betriebsvertretung nur dann die Berufung einlegen oder für den Berufungsbeklagten eintreten, wenn sie die Klage beim Arbeitsgericht erhoben hatte.

Dritter Unterabschnitt: **Revisionsverfahren.**

§ 72. Grundsatz. Gegen die Urteile der Landesarbeitsgerichte im Berufungsverfahren in Rechtsstreitigkeiten nach § 2 Nr. 1

bis 3 und nach § 3 findet die Revision an das Reichsarbeitsgericht statt, wenn der vom Arbeitsgericht oder vom Landesarbeitsgerichte festgesetzte Wert des Streitgegenstandes die in der ordentlichen bürgerlichen Gerichtsbarkeit geltende Revisionsgrenze übersteigt oder wenn das Landesarbeitsgericht die Revision wegen der grundsätzlichen Bedeutung des Rechtsstreits zugelassen hat. Gegen Urteile, durch welche über die Anordnung, Abänderung oder Aufhebung eines Arrestes oder einer einstweiligen Verfügung entschieden wird, ist die Revision nicht zulässig.

Für das Verfahren vor dem Reichsarbeitsgerichte gelten, soweit das Arbeitsgerichtsgesetz nichts anderes bestimmt, die für die Revision maßgebenden Vorschriften der Zivilprozeßordnung entsprechend.

Die Vorschriften des § 49 Abs. 1, der §§ 52 und 53 und des § 61 Abs. 4 und 5 über Ablehnung von Gerichtspersonen, Öffentlichkeit, Befugnisse des Vorsitzenden und der Beisitzer und Inhalt des Urteils gelten entsprechend.

§ 73. Revisionsgründe. Die Revision kann nur darauf gestützt werden, daß das Urteil des Landesarbeitsgerichts auf der Nichtanwendung oder der unrichtigen Anwendung einer gesetzlichen Bestimmung oder einer die Regelung der einzelnen Arbeitsverträge betreffenden Bestimmung eines Tarifvertrags beruhe.

Auf die unrichtige Annahme der örtlichen Zuständigkeit, auf Mängel des Verfahrens bei der Berufung der Beisitzer oder auf Umstände, die die Berufung eines Beisitzers zu seinem Amte ausschließen, kann die Revision nicht gestützt werden.

§ 74. Einlegung der Revision, Terminsbestimmung. Die Revisionsfrist und die Frist für die Revisionsbegründung betragen je zwei Wochen.

Die Bestimmung des Termins zur mündlichen Verhandlung muß, wenn nicht die Revision nach § 554a der Zivilprozeßordnung ohne mündliche Verhandlung als unzulässig verworfen wird, unverzüglich erfolgen. Die Vorschriften des § 554 Abs. 7 der Zivilprozeßordnung über die vorherige Zahlung der Prozeßgebühr finden keine Anwendung.

§ 75. Urteil. Die Wirksamkeit der Verkündung des Urteils ist von der Anwesenheit der nichtrichterlichen Beisitzer nicht abhängig. Wird ein Urteil ohne Zuziehung der nichtrichterlichen Beisitzer verkündet, so ist die Urteilsformel vorher von dem Vorsitzenden und den Beisitzern zu unterschreiben.

Das Urteil nebst Tatbestand und Entscheidungsgründen ist von dem Vorsitzenden und den Beisitzern zu unterschreiben.

§ 76. **Sprungrevision.** Gegen die Urteile der Arbeitsgerichte kann unter Übergehung des Berufungsverfahrens unmittelbar die Revision beim Reichsarbeitsgericht eingelegt werden (Sprungrevision), wenn der Wert des Streitgegenstandes die Revisionsgrenze übersteigt und wenn der Gegner einwilligt oder der Reichsarbeitsminister die sofortige Entscheidung des Rechtsstreits durch das Reichsarbeitsgericht im Interesse der Allgemeinheit für notwendig erklärt. Die Erklärung des Gegners oder des Reichsarbeitsministers ist der Revisionsschrift beizufügen.

Die Sprungrevision ist unzulässig, wenn vor dem Tage ihrer Einlegung die Berufung beim Landesarbeitsgericht eingelegt war. Ist die Sprungrevision zulässig, so schließt ihre Einlegung die Berufung für beide Parteien aus.

Die Vorschriften des § 566a Abs. 3 und 5 bis 7 der Zivilprozeßordnung gelten entsprechend.

§ 77. **Revisionsbeschwerde.** Für die Entscheidung über die sofortige Beschwerde nach § 519b Abs. 2 der Zivilprozeßordnung ist das Reichsarbeitsgericht zuständig. Die Vorschriften der Zivilprozeßordnung über die sofortige Beschwerde gelten entsprechend. Die Entscheidung ergeht ohne Zuziehung der nichtrichterlichen Beisitzer.

Vierter Unterabschnitt: **Beschwerdeverfahren.**

§ 78. Hinsichtlich der Beschwerden gegen Entscheidungen der Arbeitsgerichte oder ihrer Vorsitzenden gelten die für die Beschwerden gegen Entscheidungen der Amtsgerichte maßgebenden Vorschriften der Zivilprozeßordnung entsprechend. Über die Beschwerde entscheidet das Landesarbeitsgericht.

Eine weitere Beschwerde findet nicht statt.

Fünfter Unterabschnitt: **Wiederaufnahme des Verfahrens.**

§ 79. Die Vorschriften der Zivilprozeßordnung über die Wiederaufnahme des Verfahrens gelten für Rechtsstreitigkeiten nach § 2 Nr. 1 bis 4 und nach § 3 entsprechend. Die Nichtigkeitsklage kann jedoch nicht auf Mängel des Verfahrens bei der Berufung der Beisitzer oder auf Umstände, die die Berufung eines Beisitzers zu seinem Amte ausschließen, gestützt werden.

Zweiter Abschnitt: **Beschlußverfahren.**

Erster Unterabschnitt: **Erster Rechtszug.**

§ 80. Grundsatz. Das Beschlußverfahren findet in den im § 2 Nr. 5 bezeichneten Fällen Anwendung.

Für das Beschlußverfahren des ersten Rechtszugs gelten die für das Urteilsverfahren des ersten Rechtszugs maßgebenden Vorschriften über Öffentlichkeit, Ausschließung und Ablehnung von Gerichtspersonen, Prozeßfähigkeit, persönliches Erscheinen der Parteien, Zustellungen, Ladungen, Termine und Fristen, Befugnisse des Vorsitzenden und der Beisitzer, Beweisaufnahme und Wiedereinsetzung in den vorigen Stand entsprechend, soweit sich aus den §§ 81 bis 84 nichts anderes ergibt.

§ 81. Antrag. Das Verfahren wird nur auf Antrag eingeleitet; der Antrag ist bei dem Arbeitsgerichte schriftlich einzureichen oder bei seiner Geschäftsstelle mündlich zur Niederschrift anzubringen.

Der Antrag kann jederzeit in derselben Form zurückgenommen werden. In diesem Falle ist das Verfahren vom Vorsitzenden des Arbeitsgerichts einzustellen. Von der Einstellung ist den Beteiligten Kenntnis zu geben, soweit ihnen der Antrag vom Arbeitsgerichte mitgeteilt worden ist.

§ 82. Örtliche Zuständigkeit. Zuständig ist das Arbeitsgericht, in dessen Bezirk die Betriebsvertretung ihre Geschäfte führt oder führen soll.

§ 83. Verfahren. In dem Verfahren sind der Arbeitgeber, die Arbeitnehmer und die Betriebsvertretungen zu hören, die nach dem Betriebsrätegesetz im einzelnen Falle beteiligt sind. Der Vorsitzende des Arbeitsgerichts entscheidet, ob die

Beteiligten mündlich oder schriftlich zu hören sind. Die mündliche Anhörung erfolgt vor der Kammer.

Äußert sich ein Beteiligter trotz Aufforderung nicht oder bleibt er auf Ladung unentschuldigt aus, so ist der Pflicht zur Anhörung genügt.

Zur Aufklärung des Sachverhalts können Urkunden eingesehen, Auskünfte eingeholt, Zeugen und Sachverständige vernommen und der Augenschein eingenommen werden. Die Vernehmung von Zeugen und Sachverständigen und die Einnahme des Augenscheins erfolgt durch die Kammer. Der Vorsitzende kann diese Maßnahmen vorbereiten.

§ 84. Beschluß. Auf Grund der Ergebnisse des Verfahrens beschließt die Kammer nach freier Überzeugung. Der entscheidende Teil des Beschlusses ist schriftlich abzufassen. Wird er auf Grund mündlicher Anhörung erlassen, so ist er vom Vorsitzenden zu verkünden; falls hierbei Beteiligte anwesend sind, ist dabei der wesentliche Inhalt der Gründe mitzuteilen.

Die Wirksamkeit der Verkündung ist von der Anwesenheit der Beisitzer nicht abhängig. Wird der Beschluß ohne Zuziehung der Beisitzer verkündet, so ist der entscheidende Teil des Beschlusses vorher von dem Vorsitzenden und den Beisitzern zu unterschreiben.

Der Beschluß nebst Gründen ist vom Vorsitzenden zu unterschreiben. War er bei der Verkündung noch nicht vollständig schriftlich niedergelegt, so soll er binnen drei Tagen nach der Verkündung in vollständiger Abfassung der Geschäftsstelle übergeben werden.

Der Beschluß ist den Beteiligten von Amts wegen zuzustellen.

Zweiter Unterabschnitt: **Rechtsbeschwerdeverfahren.**

§ 85. Grundsatz. Gegen die das Verfahren beendenden Beschlüsse der Arbeitsgerichte findet die Rechtsbeschwerde statt. Für die Entscheidung über Rechtsbeschwerden sind die Landesarbeitsgerichte zuständig. Betrifft das Beschlußverfahren Unternehmungen oder Verwaltungen, die sich über den Bezirk eines Landes hinaus erstrecken oder die hinsichtlich der dienstlichen Verhältnisse der Arbeitnehmer der Aufsicht des Reichs unterstehen, so ist für die Entscheidung über Rechtsbeschwerden das Reichsarbeitsgericht zuständig.

Für das Rechtsbeschwerdeverfahren gelten die für das Revisionsverfahren maßgebenden Vorschriften über Öffentlichkeit, Ausschließung und Ablehnung der Gerichtspersonen, Prozeßfähigkeit, Zustellungen, Ladungen, Termine und Fristen, Befugnisse des Vorsitzenden und der Beisitzer und Wiedereinsetzung in den vorigen Stand entsprechend, soweit sich aus den §§ 86 bis 89 nichts anderes ergibt. Zustellungen und Ladungen erfolgen im Rechtsbeschwerdeverfahren von Amts wegen.

Die Einlegung der Rechtsbeschwerde hat aufschiebende Wirkung.

§ 86. Rechtsbeschwerdegründe. Die Rechtsbeschwerde kann nur darauf gestützt werden, daß der Beschluß des Arbeitsgerichts auf der Nichtanwendung oder der unrichtigen Anwendung einer gesetzlichen Bestimmung beruhe.

Auf die unrichtige Annahme der örtlichen Zuständigkeit, auf Mängel des Verfahrens bei der Berufung der Beisitzer oder auf Umstände, die die Berufung eines Beisitzers zu seinem Amte ausschließen, kann die Rechtsbeschwerde nicht gestützt werden.

§ 87. Einlegung. Die Rechtsbeschwerde wird durch Einreichung einer Beschwerdeschrift beim Beschwerdegericht oder durch Erklärung zur Niederschrift der Geschäftsstelle des Arbeitsgerichts, das den angefochtenen Beschluß erlassen hat, eingelegt. Sie ist binnen einer Notfrist von zwei Wochen nach der Zustellung des angefochtenen Beschlusses einzulegen.

Die die Rechtsbeschwerde enthaltende Schrift muß angeben, inwieweit die Abänderung des angefochtenen Beschlusses beantragt wird, welche Bestimmungen verletzt sein sollen und worin die Verletzung bestehen soll.

Ist die Rechtsbeschwerde nicht in der gesetzlichen Form oder Frist eingelegt, so verwirft sie der Vorsitzende des Beschwerdegerichts als unzulässig. Der Beschluß ist endgültig. Er ist dem Beschwerdeführer zuzustellen.

Die Rechtsbeschwerde kann jederzeit in der für ihre Einlegung vorgeschriebenen Form zurückgenommen werden. Im Falle der Zurücknahme stellt der Vorsitzende das Verfahren ein.

Er gibt hiervon den Beteiligten Kenntnis, soweit ihnen die Rechtsbeschwerde zugestellt worden ist.

§ 88. **Verfahren.** Die die Rechtsbeschwerde enthaltende Schrift wird den Beteiligten zur Äußerung zugestellt. Die Äußerung erfolgt durch Einreichung eines Schriftsatzes beim Beschwerdegericht oder durch Erklärung zur Niederschrift der Geschäftsstelle des Arbeitsgerichts, das den angefochtenen Beschluß erlassen hat. Geht von einem Beteiligten die Äußerung nicht rechtzeitig ein, so steht dies dem Fortgang des Verfahrens nicht entgegen.

Gegen Beschlüsse und Verfügungen des Landesarbeitsgerichts oder seiner Vorsitzenden findet kein Rechtsmittel statt.

§ 89. **Entscheidung.** Über die Rechtsbeschwerde entscheidet die Kammer (der Senat) des Beschwerdegerichts durch Beschluß. Eine Zurückverweisung an das Arbeitsgericht ist nicht zulässig. Der Beschluß ist endgültig.

Der Beschluß nebst Gründen ist vom Vorsitzenden zu unterschreiben und den Beteiligten zuzustellen. Er soll der Geschäftsstelle binnen drei Tagen nach der Beschlußfassung in vollständiger Abfassung übergeben werden.

Dritter Unterabschnitt: **Beschwerdeverfahren.**

§ 90. Die Vorschriften des § 78 finden Anwendung.

Vierter Teil: **Vereinbarter Ausschluß der Arbeitsgerichtsbarkeit. Vereinbarte Vorverfahren.**

Erster Abschnitt: **Schiedsvertrag in Arbeitsstreitigkeiten.**

§ 91. **Grundsatz.** Für bürgerliche Rechtsstreitigkeiten aus einem Arbeits- oder Lehrverhältnis, das sich nach einem Tarifvertrage bestimmt, können die Parteien des Tarifvertrags die Arbeitsgerichtsbarkeit im Tarifvertrage durch die ausdrückliche Vereinbarung ausschließen, daß die Entscheidung durch ein Schiedsgericht erfolgen soll. Die Wirkung dieser Vereinbarung erstreckt sich nicht auf solche Parteien eines Arbeits- oder Lehrverhältnisses, die dem Tarifvertrage nur durch die Erklärung seiner allgemeinen Verbindlichkeit unterworfen sind.

Die Parteien des streitigen Rechtsverhältnisses können, allgemein oder für den Einzelfall, auch im voraus, eine derartige Vereinbarung treffen:

1. für bürgerliche Rechtsstreitigkeiten nach § 2 Nr. 1;
2. für bürgerliche Rechtsstreitigkeiten nach § 2 Nr. 2, wenn der beteiligte Arbeitnehmer ein Angestellter ist und sein Jahresarbeitseinkommen die im Angestelltenversicherungsgesetze vorgesehene Grenze für die Versicherungspflicht überschreitet.

§ 92. Prozeßhindernde Einrede. Der Schiedsvertrag in Arbeitsstreitigkeiten begründet im arbeitsgerichtlichen Verfahren eine prozeßhindernde Einrede.

Die Einrede entfällt:

1. wenn in einem Falle, in dem die Streitparteien selbst die Mitglieder des Schiedsgerichts zu ernennen haben, der Kläger dieser Pflicht nachgekommen ist, der Beklagte aber die Ernennung nicht binnen einer Woche nach der Aufforderung des Klägers vorgenommen hat;
2. wenn in einem Falle, in dem nicht die Streitparteien, sondern die Parteien des Schiedsvertrags die Mitglieder des Schiedsgerichts zu ernennen haben, das Schiedsgericht nicht gebildet ist und die den Parteien des Schiedsvertrags von dem Vorsitzenden des Arbeitsgerichts gesetzte Frist zur Bildung des Schiedsgerichts fruchtlos verstrichen ist;
3. wenn das nach dem Schiedsvertrage gebildete Schiedsgericht die Durchführung des Verfahrens verzögert und die ihm von dem Vorsitzenden des Arbeitsgerichts gesetzte Frist zur Durchführung des Verfahrens fruchtlos verstrichen ist;
4. wenn das Schiedsgericht den Parteien des streitigen Rechtsverhältnisses anzeigt, daß die Abgabe eines Schiedsspruchs wegen Stimmengleichheit unmöglich ist.

In den Fällen des Abs. 2 Nr. 2 und 3 erfolgt die Bestimmung der Frist auf Antrag des Klägers durch den Vorsitzenden des Arbeitsgerichts, das für die Geltendmachung des Anspruchs zuständig wäre.

Liegt eine der Voraussetzungen des zweiten Absatzes für den Fortfall der Einrede vor, so ist eine schiedsgerichtliche Entscheidung des Rechtsstreits auf Grund des Schiedsvertrags in Arbeitsstreitigkeiten ausgeschlossen.

§ 93. Zusammensetzung des Schiedsgerichts. Das Schiedsgericht muß, sofern es nicht für einen bestimmten Einzelfall vereinbart ist, aus einer gleichen Zahl von Arbeitgebern und Arbeitnehmern bestehen; außerdem können ihm Unparteiische angehören. Personen, denen die bürgerlichen Ehrenrechte oder die Fähigkeit zur Bekleidung öffentlicher Ämter aberkannt sind, dürfen ihm nicht angehören.

Als Schiedsgericht kann auch eine den Vorschriften des Abs. 1 in ihrer Zusammensetzung entsprechende Behörde oder Einrichtung vereinbart werden. In diesem Falle tritt beim Fortfall eines Mitglieds dessen bestimmungsmäßiger Vertreter an seine Stelle.

Minderjährige, Taube und Stumme können als Mitglieder des Schiedsgerichts abgelehnt werden. Außerdem können Mitglieder des Schiedsgerichts unter denselben Voraussetzungen abgelehnt werden, die zur Ablehnung eines Richters berechtigen. Über die Ablehnung beschließt die Kammer des Arbeitsgerichts, das für die Geltendmachung des Anspruchs zuständig wäre. Vor dem Beschlusse sind die Streitparteien und das abgelehnte Mitglied des Schiedsgerichts zu hören. Der Vorsitzende des Arbeitsgerichts entscheidet, ob sie mündlich oder schriftlich zu hören sind. Die mündliche Anhörung erfolgt vor der Kammer. Gegen den Beschluß findet kein Rechtsmittel statt.

§ 94. Verfahren vor dem Schiedsgerichte. Das Verfahren vor dem Schiedsgerichte regelt sich nach dessen freiem Ermessen, soweit der Schiedsvertrag oder die §§ 95 bis 100 nichts anderes bestimmen.

§ 95. Anhörung der Parteien. Vor der Fällung des Schiedsspruchs sind die Streitparteien zu hören.

Die Anhörung erfolgt, soweit der Schiedsvertrag nichts anderes bestimmt, mündlich. Die Parteien haben persönlich zu erscheinen oder sich durch einen mit schriftlicher Vollmacht versehenen Bevollmächtigten vertreten zu lassen. Die Vollmachtsurkunde ist stempelfrei. Ihre Beglaubigung kann nicht verlangt werden. Die Vorschrift des § 11 Abs. 1 gilt entsprechend, soweit der Schiedsvertrag nichts anderes bestimmt.

Bleibt eine Partei in der Verhandlung unentschuldigt aus oder äußert sie sich trotz Aufforderung nicht, so ist der Pflicht zur Anhörung genügt.

§ 96. Beweisaufnahme. Das Schiedsgericht kann Beweise erheben, soweit die Beweismittel ihm zur Verfügung gestellt werden. Zeugen und Sachverständige kann das Schiedsgericht nicht beeidigen, eidesstattliche Versicherungen nicht verlangen oder entgegennehmen.

Hält das Schiedsgericht eine Beweiserhebung für erforderlich, die es nicht vornehmen kann, so ersucht es um die Vornahme den Vorsitzenden desjenigen Arbeitsgerichts oder, falls dies aus Gründen der örtlichen Lage zweckmäßiger ist, dasjenige Amtsgericht, in dessen Bezirk die Beweisaufnahme erfolgen soll. Entsprechend ist zu verfahren, wenn das Schiedsgericht die Beeidigung eines Zeugen oder Sachverständigen zur Herbeiführung einer wahrheitsgemäßen Äußerung für notwendig erachtet. Die durch die Rechtshilfe entstehenden baren Auslagen sind dem Gerichte zu ersetzen; §§ 77, 79 des Gerichtskostengesetzes finden entsprechende Anwendung.

Der Parteieid ist im schiedsgerichtlichen Verfahren ausgeschlossen.

§ 97. Vergleich. Ein vor dem Schiedsgerichte geschlossener Vergleich ist unter Angabe des Tages seines Zustandekommens von den Streitparteien und den Mitgliedern des Schiedsgerichts zu unterschreiben. Er ist stempelfrei.

§ 98. Schiedsspruch. Der Schiedsspruch ergeht mit einfacher Mehrheit der Stimmen der Mitglieder des Schiedsgerichts, falls der Schiedsvertrag nichts anderes bestimmt.

Der Schiedsspruch ist unter Angabe des Tages seiner Fällung von den Mitgliedern des Schiedsgerichts zu unterschreiben und muß schriftlich begründet werden, soweit die Parteien nicht auf schriftliche Begründung ausdrücklich verzichten. Eine vom Verhandlungsleiter unterschriebene Ausfertigung des Schiedsspruchs ist jeder Streitpartei zuzustellen. Die Zustellung kann durch eingeschriebenen Brief erfolgen.

Eine vom Verhandlungsleiter unterschriebene Ausfertigung des Schiedsspruchs soll bei dem Arbeitsgerichte, das für die

Geltendmachung des Anspruchs zuständig wäre, niedergelegt werden. Die Akten des Schiedsgerichts oder Teile der Akten können ebenfalls dort niedergelegt werden.

Der Schiedsspruch hat unter den Parteien dieselben Wirkungen wie ein rechtskräftiges Urteil des Arbeitsgerichts. Er ist stempelfrei.

§ 99. Zwangsvollstreckung. Die Zwangsvollstreckung findet aus dem Schiedsspruch oder aus einem vor dem Schiedsgerichte geschlossenen Vergleiche nur statt, wenn der Schiedsspruch oder der Vergleich von dem Vorsitzenden des Arbeitsgerichts, das für die Geltendmachung des Anspruchs zuständig wäre, für vollstreckbar erklärt worden ist. Der Vorsitzende hat vor der Erklärung den Gegner zu hören. Wird nachgewiesen, daß auf Aufhebung des Schiedsspruchs geklagt ist, so ist die Entscheidung bis zur Erledigung dieses Rechtsstreits auszusetzen.

Die Entscheidung des Vorsitzenden ist endgültig. Sie ist den Parteien zuzustellen.

§ 100. Aufhebungsklage. Auf Aufhebung des Schiedsspruchs kann geklagt werden:

1. wenn das schiedsgerichtliche Verfahren unzulässig war;
2. wenn der Schiedsspruch gegen zwingende gesetzliche Vorschriften verstößt;
3. wenn die Voraussetzungen vorliegen, unter denen gegen ein gerichtliches Urteil nach § 580 Nr. 2 bis 5 der Zivilprozeßordnung die Restitutionsklage zulässig wäre.

Für die Klage ist das Arbeitsgericht zuständig, das für die Geltendmachung des Anspruchs zuständig wäre.

Die Klage ist binnen einer Notfrist von zwei Wochen zu erheben. Die Frist beginnt in den Fällen des Abs. 1 Nr. 1 und 2 mit der Zustellung des Schiedsspruchs. In dem Falle des Abs. 1 Nr. 3 beginnt sie mit der Rechtskraft des Urteils, das die Verurteilung wegen der strafbaren Handlung ausspricht, oder mit dem Tage, an dem der Partei bekannt geworden ist, daß die Einleitung oder die Durchführung des Verfahrens nicht erfolgen kann; nach Ablauf von zehn Jahren, von der Zustellung des Schiedsspruchs an gerechnet, ist die Klage unstatthaft.

Ist der Schiedsspruch für vollstreckbar erklärt, so ist in dem der Klage stattgebenden Urteil auch die Aufhebung der Vollstreckbarkeitserklärung auszusprechen.

Gegen das Urteil des Arbeitsgerichts findet kein Rechtsmittel statt.

Zweiter Abschnitt: **Gütevertrag**

§ 101. Grundsatz. Soweit die Vertragsparteien nach § 91 einen Schiedsvertrag in Arbeitsstreitigkeiten schließen können, können sie auch ohne Ausschluß der Arbeitsgerichtsbarkeit vereinbaren, daß dem arbeitsgerichtlichen Verfahren ein Einigungsverfahren vor einer vereinbarten Gütestelle vorausgehen soll (Gütevertrag).

Der Gütevertrag begründet im arbeitsgerichtlichen Verfahren eine prozeßhindernde Einrede. Die Einrede entfällt, wenn der Kläger dem Arbeitsgericht eine von dem Verhandlungsleiter der Gütestelle unterschriebene Bescheinigung vorlegt, daß eine Einigung der Streitparteien trotz Erscheinens des Klägers nicht erfolgt ist oder wenn die Voraussetzungen vorliegen, unter denen nach § 92 Abs. 2 Nr. 1 bis 3 die prozeßhindernde Einrede des Schiedsvertrags in Arbeitsstreitigkeiten entfiele.

§ 102. Zusammensetzung der Gütestelle. Die Zusammensetzung der Gütestelle ist im Gütevertrage zu vereinbaren. Die Vorschriften des § 93 Abs. 1 Satz 2, Abs. 2, 3 und 4 gelten entsprechend.

§ 103. Verfahren vor der Gütestelle. Das Verfahren vor der Gütestelle findet nur statt, wenn die Streitparteien vor ihr persönlich erscheinen. Es wird nach dem freien Ermessen der Gütestelle geregelt, soweit der Gütevertrag nichts anderes bestimmt.

§ 104. Vergleich. Für einen vor der Gütestelle geschlossenen Vergleich gelten die Vorschriften der §§ 97 und 99 entsprechend.

§ 105. Ausschluß des arbeitsgerichtlichen Güteverfahrens. Soweit ein Gütevertrag geschlossen ist, findet ein Güteverfahren vor dem entscheidenden Arbeitsgerichte nach § 54 nicht statt.

Dritter Abschnitt: **Schiedsgutachtenvertrag.**

§ 106. Grundsatz. Soweit die Vertragsparteien nach § 91 einen Schiedsvertrag in Arbeitsstreitigkeiten schließen können, können sie auch ohne Ausschluß der Arbeitsgerichtsbarkeit vereinbaren, daß Tatfragen, die für die Entscheidung des Rechtsstreits erheblich sind, durch ein Schiedsgutachten entschieden werden sollen (Schiedsgutachtenvertrag).

Die Vereinbarung hat die Wirkung, daß die durch Schiedsgutachten zu entscheidenden Tatfragen der Sachprüfung und Beweiserhebung im arbeitsgerichtlichen Verfahren entzogen sind und daß die Arbeitsgerichtsbehörde an das Schiedsgutachten gebunden ist. Die Wirkung tritt nicht ein, wenn eine der Voraussetzungen vorliegt, unter denen nach § 92 Abs. 2 die prozeßhindernde Einrede des Schiedsvertrags in Arbeitsstreitigkeiten entfiele.

§ 107. Zusammensetzung der Schiedsgutachterstelle. Verfahren. Die Zusammensetzung der Schiedsgutachterstelle ist im Schiedsgutachtenvertrage zu vereinbaren. Die Vorschriften des § 93 Abs. 1 Satz 2, Abs. 2, 3 und 4, der §§ 94 bis 96 und des § 98 Abs. 1 und 2 gelten entsprechend.

Fünfter Teil: **Ausführungs- und Übergangsvorschriften.**

§ 108. Ausführung des Gesetzes. Die zur Durchführung dieses Gesetzes erforderlichen Ausführungsbestimmungen erlassen der Reichsarbeitsminister und der Reichsminister der Justiz gemeinsam mit Zustimmung des Reichsrats und nach Anhörung eines achtundzwanziggliedrigen Ausschusses des Reichstags.

§ 109. Oberste Landesbehörde für die Sozialverwaltung. Die Landesregierungen bestimmen, welche Behörden als oberste Landesbehörde für die Sozialverwaltung und als höhere Verwaltungsbehörde gelten.

§ 110. Wegfall gesetzlicher Bestimmungen.

Es treten außer Kraft:

1. das Gewerbegerichtsgesetz;
2. der § 14 Nr. 4 des Gerichtsverfassungsgesetzes;
3. das Gesetz, betreffend Kaufmannsgerichte;
4. der § 81b Abs. 1 Nr. 4, die §§ 91, 91a, 91b und der § 93 Abs. 2 Nr. 7 der Gewerbeordnung;
5. der Artikel II der Verordnung über das Schlichtungswesen vom 30. Oktober 1923 (Reichsgesetzbl. I S. 1043);

6. die Verordnung zur Ausführung der Verordnung über das Schlichtungswesen vom 10. Dezember 1923 (Reichsgesetzbl. I S. 1191);
7. der § 8 Satz 2, der § 18 Satz 2, der § 19 Satz 2 und die Ziffer I der Maßgaben der Inkraftsetzung der Verordnung, betreffend eine Vorläufige Landarbeitsordnung vom 24. Januar 1919 (Reichsgesetzbl. S. 111);
8. die §§ 99, 100 des Reichsversorgungsgesetzes.

§ 111. (Ändert die Gewerbeordnung.)

§ 112. (Ändert das Betriebsrätegesetz und die AusführungsVO. v. 5. Juni 1920, RGBl. 1139.)

§ 113. (Ändert das Strafgesetzbuch.)

§ 114. (Ändert das Ges. über die Beschäftigung Schwerbeschädigter v. 12. Jan. 1923, RGBl. 57.)

§ 115. (Ändert die Pachtschutzordnung; s. oben unter Nr. 46.)

§ 116. Abänderung sonstiger Gesetze. Soweit nach anderen Gesetzen oder Verordnungen Gewerbegerichte, Kaufmannsgerichte, arbeitsgerichtliche Kammern der Schlichtungsausschüsse oder Innungsschiedsgerichte zur Entscheidung von Rechtsstreitigkeiten zuständig sind, treten an ihre Stelle die Arbeitsgerichte.

§ 117. Übernahme von Beamten und Angestellten. Die hauptamtlichen Beamten der nach § 85 des Gewerbegerichtsgesetzes zugelassenen Gewerbegerichte, die sich am Tage der Verkündung des Arbeitsgerichtsgesetzes im Amte befinden, sind unter Anrechnung ihrer bisherigen Dienstzeit in Dienststellen gleicher Art bei den für ihren bisherigen Amtssitz zuständigen Arbeitsgerichtsbehörden zu übernehmen. Soweit Beamte dieser Gerichte am Tage der Verkündung des Arbeitsgerichtsgesetzes bereits aus dem Amte geschieden waren, geht die Verpflichtung zur Gewährung von Ruhegehalt und Hinterbliebenenversorgung auf das Land über. Eine Beeinträchtigung der bisherigen Einstufung, der bisherigen Dienstbezüge, Ruhegehalts- und Hinterbliebenenversorgungsansprüche darf durch die Übernahme nicht eintreten.

Die hauptamtlichen Vorsitzenden der übrigen Gewerbegerichte und der Kaufmannsgerichte, die sich am Tage der Verkündung des Arbeitsgerichtsgesetzes im Amte befinden und die mindestens zwei Jahre als hauptamtliche Vorsitzende tätig gewesen sind, sollen auf ihren Antrag unter billiger Berücksichtigung ihrer bisherigen Bezüge auf Lebenszeit als hauptamtliche Vorsitzende von Arbeitsgerichten übernommen werden. Die Übernahme kann nur im Einvernehmen mit der obersten Landesbehörde für die Sozialverwaltung abgelehnt werden. Im Falle der Übernahme ist die hauptamtliche Tätigkeit im Dienste einer Gemeinde oder eines Gemeindeverbandes als Landesdienst anzurechnen.

Die Übernahme erfolgt nicht, wenn der Vorsitzende die von der Gesetzgebung festgesetzte Altersgrenze, bei deren Erreichung Richter in den Ruhestand treten, erreicht hat.

Die übrigen bisher bei den Gewerbegerichten beschäftigten Personen, die am Tage der Verkündung des Arbeitsgerichtsgesetzes ausschließlich im Dienste bei den Gewerbegerichten und Kaufmannsgerichten tätig sind, sind auf ihren Antrag unter Anrechnung ihrer Dienstzeit in entsprechende Dienststellen zu übernehmen. Die Übernahme der Beamten erfolgt unter billiger Berücksichtigung ihrer bisherigen Bezüge, die der Angestellten nach dem zuständigen Tarifvertrage.

§ 118. **Leistungen der Gemeinden.** Gemeinden und Gemeindeverbände haben den Ländern diejenigen ihnen gehörenden Grundstücke, die am 1. Januar 1925 lediglich Zwecken der Gewerbegerichte und Kaufmannsgerichte gedient haben, nebst ihrer Geräteausstattung unentgeltlich zu Eigentum zu übertragen; andere Räume, die an diesem Tage ausschließlich oder neben anderen Zwecken auch den Zwecken der Gewerbegerichte und Kaufmannsgerichte gedient haben, haben sie den Ländern auf Ersuchen nebst Geräteausstattung, Beleuchtung, Heizung und Reinigung für die Zwecke der Arbeitsgerichte unentgeltlich zur Verfügung zu stellen. Das Recht der Länder zu einem weiteren Finanzausgleich mit den Gemeinden und Gemeindeverbänden wird hierdurch nicht berührt. Anderweitige Regelung durch Vertrag ist zulässig.

Streitigkeiten, die sich aus den Bestimmungen des ersten Absatzes ergeben, werden durch ein Schiedsgericht entschieden, das aus je einem Vertreter der Finanzverwaltung des Landes und der beteiligten Gemeinde oder des beteiligten Gemeindeverbandes als Beisitzer und aus einem nicht unmittelbar beteiligten Beamten des Landes als Vorsitzenden besteht. Der

Vorsitzende wird, sofern sich die Finanzverwaltung des Landes und die Gemeinde oder der Gemeindeverband über seine Person nicht einigen, von dem Präsidenten des Oberlandesgerichts bestimmt, zu dessen Bezirk die beteiligte Gemeinde gehört oder in dessen Bezirk der beteiligte Gemeindeverband seinen Sitz hat.

§ 119. Vermögen der reichsrechtlich zugelassenen Gewerbegerichte. Das Vermögen der nach § 85 des Gewerbegerichtsgesetzes zugelassenen Gewerbegerichte geht auf das Land über.

§ 120. Erste Berufung der Beisitzer. Bei der ersten Berufung der Beisitzer der Landesarbeitsgerichte nach dem Inkrafttreten des Arbeitsgerichtsgesetzes entfällt das Erfordernis einer dreijährigen Tätigkeit als Beisitzer einer Arbeitsgerichtsbehörde.

§ 121. Erledigung anhängiger Verfahren. Verfahren in Arbeitssachen, die in dem im § 122 Satz 2 bezeichneten Zeitpunkt bei Gewerbegerichten, Kaufmannsgerichten, arbeitsgerichtlichen Kammern der Schlichtungsausschüsse, Innungsschiedsgerichten, den Ersatzstellen der Landeswirtschaftsräte oder dem Vorläufigen Reichswirtschaftsrat anhängig sind, gehen in der Lage, in der sie sich befinden, auf das Arbeitsgericht über, in dessen Bezirk die Stelle ihren Sitz hat, bei der das Verfahren bisher anhängig war. Dieses Arbeitsgericht ist auch für Klagen gegen Entscheidungen der Innungen und Innungsschiedsgerichte und für Klagen auf Aufhebung des Schiedsspruchs eines vereinbarten Schiedsgerichts in Arbeitssachen zuständig, die in dem im § 122 Satz 2 bezeichneten Zeitpunkt noch nicht bei einem Gericht anhängig sind. Auf das Verfahren vor den Arbeitsgerichtsbehörden finden die Vorschriften dieses Gesetzes Anwendung.

Für das Verfahren in Arbeitssachen, die in dem im § 122 Satz 2 bezeichneten Zeitpunkt bei ordentlichen Gerichten anhängig sind, bleiben die ordentlichen Gerichte bis zur rechtskräftigen Erledigung zuständig. Das Verfahren bestimmt sich nach den Vorschriften über das Verfahren in bürgerlichen Rechtsstreitigkeiten.

§ 122. Inkrafttreten. Das Arbeitsgerichtsgesetz tritt, soweit es sich um die Maßnahmen zu seiner Durchführung handelt, mit dem Tage der Verkündung in Kraft. Im übrigen tritt es, soweit der Reichsarbeitsminister und der Reichsminister der Justiz gemeinsam keinen späteren Zeitpunkt bestimmen, mit dem 1. Juli 1927 in Kraft. Mit diesem Zeitpunkt treten auch die in den §§ 110 bis 116 vorgesehenen Abänderungen von Gesetzen und Verordnungen in Kraft.

48. Verordnung über das Schlichtungswesen.

Vom 30. Oktober 1923 (RAnz. Nr. 253; RGBl. 1043 mit Berichtigung 1080)[1].

Geändert durch Art. III § 14 des Ges. v. 10. Aug. 1925 (RGBl. 254) und durch das Arbeitsgerichtsges. v. 23. Dez. 1926 (RGBl. 507).

Artikel I.

Schlichtung.

§ 1. An Stelle der bisherigen Schlichtungsausschüsse werden von der obersten Landesbehörde im Einvernehmen mit dem Reichsarbeitsminister neue Schlichtungsausschüsse errichtet. Sitz und Bezirk sind unter möglichster Beachtung der wirtschaftlichen Zusammenhänge zu bestimmen. Die Bildung gemeinsamer Schlichtungsausschüsse für mehrere Länder oder Teile mehrerer Länder ist zulässig.

Die Schlichtungsausschüsse bestehen aus einem oder mehreren unparteiischen Vorsitzenden und aus Beisitzern der Arbeitgeber und der Arbeitnehmer in gleicher Zahl.

Die unparteiischen Vorsitzenden bestellt die oberste Landesbehörde nach Anhörung der wirtschaftlichen Vereinigungen der Arbeitgeber und der Arbeitnehmer des Bezirkes. Die Beisitzer beruft sie auf Vorschlag dieser Vereinigungen.

§ 2. Für größere Wirtschaftsbezirke bestellt der Reichsarbeitsminister nach Anhörung der beteiligten obersten Landesbehörden Schlichter. Er kann auch für den einzelnen Fall einen besonderen Schlichter bestellen.

---

[1]) Ergangen auf Grund des Ermächtigungsges. v. 13. Okt. 1923 (RGBl. 943).

Die Schlichter übernehmen die Schlichtung in Fällen, die für das Wirtschaftsleben von besonderer Wichtigkeit sind.

§ 3. Schlichtungsausschüsse und Schlichter haben zum Abschluß von Gesamtvereinbarungen (Tarifverträgen, Betriebsvereinbarungen) Hilfe zu leisten, soweit eine vereinbarte Schlichtungsstelle nicht besteht oder den Abschluß einer Gesamtvereinigung nicht herbeiführt.

§ 4. Zuständig ist, falls die Parteien nichts anderes vereinbaren oder nicht ein Schlichter eingreift, der Schlichtungsausschuß, in dessen Bezirk die beteiligten Arbeitnehmer beschäftigt sind. Sind hiernach mehrere Schlichtungsausschüsse zuständig, so verbleibt die Streitigkeit bei dem Schlichtungsausschusse, der sich zuerst mit ihr befaßt hat.

§ 5. Schlichtungsausschüsse und Schlichter werden auf Anruf einer Partei oder von Amts wegen tätig.

Der unparteiische Vorsitzende des Schlichtungsausschusses oder der Schlichter hat zunächst zu versuchen, den Abschluß einer Gesamtvereinbarung herbeizuführen.

Gelingt ihm das nicht, ist die Sache vor einer Schlichtungskammer zu verhandeln. Diese bildet der unparteiische Vorsitzende des Schlichtungsausschusses mit je zwei Beisitzern der Arbeitgeber und der Arbeitnehmer, der Schlichter mit Beisitzern der Arbeitgeber und der Arbeitnehmer in gleicher Zahl, die er zu diesem Zwecke beruft.

Kommt vor der Schlichtungskammer keine Einigung zustande, so macht die Kammer den Parteien einen Vorschlag für den Abschluß einer Gesamtvereinbarung. (Schiedsspruch.) Wird er von beiden Parteien angenommen, so hat er die Wirkung einer schriftlichen Gesamtvereinbarung. Das gleiche gilt, wenn der Spruch auf Grund gesetzlicher Vorschrift oder einer Vereinbarung bindend ist.

§ 6. Wird der Schiedsspruch nicht von beiden Parteien angenommen, so kann er für verbindlich erklärt werden, wenn die in ihm getroffene Regelung bei gerechter Abwägung der Interessen beider Teile der Billigkeit entspricht und ihre Durchführung aus wirtschaftlichen und sozialen Gründen erforderlich ist.

Für die Verbindlichkeitserklärung des Schiedsspruchs eines Schlichtungsausschusses ist der Schlichter zuständig, in dessen

Bezirk der Geltungsbereich der vorgeschlagenen Gesamtvereinbarung liegt; dies gilt auch dann, wenn er sich nur unwesentlich über den Bezirk des Schlichters hinaus erstreckt. In den übrigen Fällen ist der Reichsarbeitsminister zuständig.

Die Verbindlichkeitserklärung ersetzt die Annahme des Schiedsspruchs.

Die Vorschriften der Abs. 1 bis 3 finden auf die Verbindlichkeitserklärung von Schiedssprüchen vereinbarter Schlichtungsstellen entsprechende Anwendung.

§ 7. Der Reichsarbeitsminister kann für die Tätigkeit der Schlichtungsausschüsse und der Schlichter allgemeine Richtlinien erlassen. In ihrer Entschließung im Einzelfalle sind Schlichtungsausschüsse und Schlichter unabhängig und nicht an Weisungen gebunden.

§ 8. Der Reichsarbeitsminister kann mit Zustimmung der obersten Landesbehörde die Geschäftsführung der Schlichtungsausschüsse prüfen und die Vorlage von Akten verlangen. Er führt die Aufsicht über die Geschäftsführung der Schlichter.

Die Aufsicht über die Geschäftsführung der Schlichtungsausschüsse führt die oberste Landesbehörde.

Die Landesregierungen bestimmen, welche Behörde als oberste Landesbehörde im Sinne dieses Artikels gilt. Die oberste Landesbehörde kann die ihr zugewiesenen Aufgaben unterstellten Behörden übertragen.

§ 9. Das Reich trägt die Kosten der Schlichter.

Die Kosten der Schlichtungsausschüsse trägt das Land, das sie errichtet. Errichten mehrere Länder einen gemeinsamen Schlichtungsausschuß, so tragen sie die Kosten gemeinsam.

Artikel II.

Entlastung der Schlichtungsausschüsse.

§ 1. (Aufgehoben).

§ 2. (Aufgehoben).

Artikel III.

Ausführungs- und Übergangsbestimmungen.

§ 1. Der Reichsarbeitsminister erläßt die zur Durchführung dieser Verordnung erforderlichen Ausführungsbestimmungen.

§ 2. Die Verordnung tritt, soweit es sich um Maßnahmen zu ihrer Durchführung handelt, mit dem Tage ihrer Verkündung in Kraft. Im übrigen tritt sie, soweit der Reichsarbeitsminister nichts anderes bestimmt, mit dem 1. Januar 1924 in Kraft.

§ 3. Mit dem im § 2 Satz 2 bezeichneten Zeitpunkt treten folgende Bestimmungen außer Kraft

1. der III. Abschnitt (§§ 15 bis 30) der Verordnung über Tarifverträge, Arbeiter- und Angestelltenausschüsse und Schlichtung von Arbeitsstreitigkeiten vom 23. Dezember 1918 (Reichsgesetzbl. S. 1456),
2. die Ziffer II des § 104 des Betriebsrätegesetzes und die auf Grund dieser Bestimmung erlassenen Ausführungsverordnungen,
3. die §§ 62 bis 74, § 82 Abs. 2 Nr. 6 des Gewerbegerichtsgesetzes vom 29. September 1901 und der § 17 des Gesetzes, betreffend Kaufmannsgerichte, vom 6. Juli 1904,
4. die §§ 22 bis 28 der Verordnung über die Einstellung und Entlassung von Arbeitern und Angestellten während der Zeit der wirtschaftlichen Demobilmachung vom 12. Februar 1920 (Reichsgesetzbl. S. 218).

Desgleichen werden mit dem im § 2 Satz 2 bezeichneten Zeitpunkt die auf Grund des § 81a Nr. 2 der Gewerbeordnung errichteten Einigungsämter von Innungen aufgehoben.

§ 4. Verfahren nach Artikel I dieser Verordnung, die an dem im § 2 Satz 2 bezeichneten Zeitpunkt anhängig sind, gehen in der Lage, in der sie sich befinden, von den bisher zuständigen auf die nach dem Inkrafttreten dieser Verordnung zuständigen Stellen über. Auf ihre Erledigung finden die Vorschriften dieser Verordnung Anwendung.

Verfahren nach Art. II dieser Verordnung, die an dem im § 2 Satz 2 bezeichneten Zeitpunkt bei den bisher zuständigen Stellen nicht abgeschlossen sind, sind binnen einer Ausschlußfrist von zwei Wochen bei den nach dieser Verordnung zuständigen Stellen als neue Verfahren anhängig zu machen.

49. Zweite Verordnung
zur Ausführung der Verordnung über das Schlichtungswesen[1]).

Vom 29. Dezember 1923 (RGBl. 1924, 9 mit Berichtigung 150). Ergangen zu Art. I der VO. v. 30. Okt. 1923 (oben unter Nr. 48).

Geändert durch Art. III § 14 des Ges. v. 10. Aug. 1925 (RGBl. 254).

I. Einrichtung der Schlichtungsbehörden.

1. Schlichtungsausschüsse.

Fachkammern, Zweigkammern.

§ 1. Die oberste Landesbehörde kann für bestimmte Gewerbezweige oder Berufsarten, insbesondere für die Landwirtschaft, Fachkammern bilden, wenn die besonderen Verhältnisse des Gewerbezweigs oder der Berufsart und die Zahl der Streitigkeiten es notwendig erscheinen lassen.

Für Teile des Bezirkes kann die oberste Landesbehörde außerhalb des Sitzes des Schlichtungsausschusses Zweigkammern bilden, wenn es wegen weiter Entfernung oder aus anderen Gründen zweckmäßig ist.

Berufung, Stellung, Abberufung der unparteiischen Vorsitzenden.

§ 2. Die oberste Landesbehörde bestellt je nach dem Geschäftsumfange des Schlichtungsausschusses einen oder mehrere unparteiische Vorsitzende und die erforderliche Zahl von Stellvertretern. Bei der Auswahl ist übereinstimmenden Wünschen der wirtschaftlichen Vereinigungen der Arbeitgeber und der Arbeitnehmer des Bezirks nach Möglichkeit Rechnung zu tragen.

Die Vorsitzenden werden im Hauptamt oder im Nebenamte,

[1]) Die (erste) VO. zur Ausführung der VO. über das Schlichtungswesen v. 10. Dez. 1923 (RGBl. 1181) ist aufgehoben durch § 110 des Arbeitsgerichtsgesetzes v. 23. Dez. 1926 (RGBl. 507).

die Stellvertreter im Nebenamte bestellt. Die Bestellung erfolgt auf unbestimmte Zeit.

Die Vorsitzenden und ihre Stellvertreter haben für die Dauer ihres Amtes die Eigenschaft öffentlicher Beamten. Die Vergütung für ihre Tätigkeit regelt die oberste Landesbehörde nach Grundsätzen, die der Reichsarbeitsminister aufstellt.

Das Dienstverhältnis kann am ersten Werktag eines Monats zum Monatsende gekündigt werden. Unbeschadet der Rechte und Pflichten aus dem Dienstverhältnisse kann die oberste Landesbehörde einen Vorsitzenden oder Stellvertreter jederzeit abberufen. Vor der Abberufung sollen die wirtschaftlichen Vereinigungen der Arbeitgeber und der Arbeitnehmer des Bezirkes gehört werden.

Voraussetzungen der Berufung zum Beisitzer.

§ 3. Beisitzer können nur deutsche Reichsangehörige sein, die das vierundzwanzigste Lebensjahr vollendet haben und im Bezirke des Schlichtungsausschusses ihren Betriebssitz oder mangels eines solchen ihren Wohnsitz haben oder beschäftigt sind.

Beisitzer von Fachkammern müssen außerdem dem Gewerbezweig oder der Berufsart angehören, für die die Fachkammer gebildet ist.

Arbeitgeberbeisitzer dürfen nur Arbeitgeber sein. Den Arbeitgebern stehen gleich Vorstandsmitglieder und gesetzliche Vertreter von juristischen Personen und von Personengesamtheiten des öffentlichen und des privaten Rechtes, Aufsichtsratsmitglieder mit Ausnahme der vom Betriebsrat entsandten, öffentliche Beamte nach näherer Anordnung der zuständigen obersten Reichs- oder Landesbehörde, Geschäftsführer und Betriebsleiter, soweit sie selbständig zur Einstellung von Arbeitnehmern in den Betrieb oder die Betriebsabteilung berechtigt sind oder soweit ihnen Prokura, Handlungsvollmacht oder Generalvollmacht erteilt ist, und satzungsmäßige Vertreter oder bevollmächtigte Angestellte wirtschaftlicher Vereinigungen von Arbeitgebern.

Arbeitnehmerbeisitzer dürfen nur Arbeitnehmer sein. Den Arbeitnehmern stehen satzungsmäßige Vertreter oder bevollmächtigte Angestellte wirtschaftlicher Vereinigungen von

Arbeitnehmern gleich. Bei Streitigkeiten, die Arbeiter betreffen, sollen Arbeiter, bei Streitigkeiten, die Angestellte betreffen, Angestellte Arbeitnehmerbeisitzer sein.

Berufung, Stellung, Abberufung der Beisitzer.

§ 4. Bei der Berufung der Beisitzer sollen die verschiedenen Teile und die hauptsächlichen Gewerbezweige, Berufsarten und Betriebsarten des Bezirkes berücksichtigt werden, soweit dies nicht schon durch Bildung von Zweigkammern oder Fachkammern geschieht. Diesem Erfordernisse sollen die Vorschlagslisten der wirtschaftlichen Vereinigungen der Arbeitgeber und der Arbeitnehmer Rechnung tragen. Für Arbeiter und für Angestellte sind getrennte Vorschlagslisten aufzustellen. Wo Fachkammern oder Zweigkammern gebildet werden, sind für sie ebenfalls gesonderte Vorschlagslisten einzureichen.

Soweit Vorschlagslisten der wirtschaftlichen Vereinigungen nicht oder nicht rechtzeitig eingehen, beruft die oberste Landesbehörde Beisitzer unter Beachtung der Grundsätze des Abs. 1 ohne Vorschlag.

Die Beisitzer werden auf 3 Jahre berufen. Die Berufung ist durch Aushang oder in anderer Weise bekanntzumachen.

Die Übernahme des Beisitzeramts kann ablehnen:

1. wer das 65. Lebensjahr vollendet hat;
2. wer durch Krankheit oder Gebrechen verhindert ist, das Amt ordnungsmäßig zu führen;
3. wer durch andere ehrenamtliche Tätigkeit für die Allgemeinheit so in Anspruch genommen ist, daß ihm die Übernahme des Amtes nicht zugemutet werden kann;
4. wer in den letzten 3 Jahren vor der Berufung als Beisitzer eines Schlichtungsausschusses tätig gewesen ist;
5. öffentliche Beamte auf Verlangen ihrer vorgesetzten Dienstbehörde.

Wer die Übernahme des Beisitzeramts ohne zulässigen Grund ablehnt, wird von der obersten Landesbehörde mit einer Ordnungsgeldstrafe bestraft.

Die Beisitzer verwalten ihr Amt unentgeltlich als Ehrenamt. Sie erhalten für die Teilnahme an Sitzungen eine Entschädigung, außerdem bei Reisen Tagegelder und Fahrtkosten. Die näheren Bestimmungen hierüber trifft der Reichsarbeitsminister.

Die oberste Landesbehörde kann Beisitzer jederzeit abberufen. Vor der Abberufung soll sie den Beisitzer hören.

Besetzung der Schlichtungsausschußkammern.

§ 5. Die Beisitzer werden vom Vorsitzenden des Schlichtungsausschusses in Listen aufgenommen. Für Arbeitgeber und Arbeitnehmer, Arbeiter und Angestellte, Fachkammern und Zweigkammern sind getrennte Listen anzulegen.

Die oberste Landesbehörde kann den Vorsitzenden ermächtigen, eine Beisitzerliste für den einzelnen Fall zu ergänzen, soweit dies aus besonderen Gründen notwendig erscheint.

Die Beisitzer sind jeweils für die Sitzung der Kammer aus den Listen zu entnehmen. Bei der Auswahl soll der Vorsitzende den besonderen Verhältnissen des einzelnen Streitfalls und den Wünschen der Parteien nach Möglichkeit Rechnung tragen.

Beisitzer, die ohne genügende Entschuldigung nicht oder nicht rechtzeitig zur Sitzung erscheinen oder sich ihren Obliegenheiten in anderer Weise entziehen, werden vom Vorsitzenden mit einer Ordnungsgeldstrafe bestraft. Bei nachträglicher genügender Entschuldigung ist die Ordnungsstrafe aufzuheben oder zu ermäßigen.

2. Schlichter.

Berufung, Stellung, Abberufung.

§ 6. Auf die ständigen Schlichter und ihre Stellvertreter finden die Vorschriften des § 2 Abs. 2 bis 4 entsprechende Anwendung; an die Stelle der obersten Landesbehörde tritt der Reichsarbeitsminister. Mit dieser Maßgabe gilt § 2 Abs. 3 entsprechend auch für die unständigen Schlichter.

Besetzung der Schlichterkammern.

§ 7. Die Beisitzer der Schlichterkammer beruft der Schlichter jeweils für die einzelne Sitzung. Ihre Zahl soll regelmäßig zwei auf jeder Seite nicht überschreiten. Bei ihrer Auswahl soll der Schlichter den besonderen Verhältnissen des Streitfalls und den Wünschen der Parteien nach Möglichkeit Rechnung tragen.

Auf die Voraussetzungen der Berufung zum Beisitzer und die Stellung der Beisitzer finden die Vorschriften des § 3 Abs. 1, 3, 4, des § 4 Abs. 6 und des § 5 Abs. 4 entsprechende Anwendung.

3. Tätigkeit der Schlichtungsbehörden außerhalb der Schlichtung.

§ 8. Die Schlichtungsbehörden dürfen andere Aufgaben als die Schlichtung nicht übernehmen.

Der Vorsitzende des Schlichtungsausschusses oder der Schlichter kann jedoch in Streitigkeiten zwischen Arbeitgebern und Arbeitnehmern, die wegen des Streitgegenstandes oder der Parteien nicht durch eine Gesamtvereinbarung beigelegt werden können, vermittelnd eingreifen, wenn es das öffentliche Interesse erfordert. Ein Schlichtungsverfahren ist in diesen Fällen ausgeschlossen.

II. Verfahren vor dem Vorsitzenden des Schlichtungsausschusses, dem Schlichter und der Schlichtungskammer.

1. Allgemeine Vorschriften.

Verhältnis des behördlichen zum tariflichen Schlichtungsverfahren.

§ 9. Vereinbarte Schlichtungsstellen gehen den Schlichtungsausschüssen und den Schlichtern vor.

Wird trotz Zuständigkeit einer vereinbarten Schlichtungsstelle ein Schlichtungsausschuß oder ein Schlichter angerufen, so muß er die Streitigkeit an die zuständige Schlichtungsstelle verweisen und die Parteien davon benachrichtigen. Wird die Schlichtungsstelle trotz Anrufung oder Verweisung innerhalb einer vom Vorsitzenden des Schlichtungsausschusses oder vom Schlichter bestimmten angemessenen Frist nicht tätig oder führt das Verfahren vor ihr zu keiner Gesamtvereinbarung, so wird die angerufene Schlichtungsbehörde zuständig.

Verhältnis von Schlichtungsausschuß und Schlichter zueinander.

§ 10. Der ständige Schlichter und die Vorsitzenden der Schlichtungsausschüsse seines Bezirkes sollen miteinander enge Fühlung halten.

In Fällen, die für das Wirtschaftsleben von besonderer Wichtigkeit sind, soll der Vorsitzende des Schlichtungsausschusses den ständigen Schlichter seines Bezirkes sofort benachrichtigen.

Der Schlichter kann die Schlichtung eines anhängigen Streitfalls nur übernehmen, solange der Schlichtungsausschuß noch keinen Schiedsspruch gefällt hat. Er hat dem Schlichtungsausschusse die Übernahme sofort mitzuteilen.

Örtliche Zuständigkeit.

§ 11. Ein an sich unzuständiger Schlichtungsausschuß wird zuständig, wenn die Parteien es vereinbaren oder, ohne die Unzuständigkeit geltend zu machen, in die Verhandlung zur Sache eintreten.

Auf den ständigen Schlichter findet Abs. 1 entsprechende Anwendung, wenn sich die Streitigkeit auch auf seinen Bezirk oder einen Teil seines Bezirkes erstreckt.

Tätigwerden auf Anruf oder von Amts wegen.

§ 12. Der Schlichtungsausschuß muß auf Anruf einer Partei tätig werden. Der Schlichter wird auf Anruf tätig, wenn nach seinem Ermessen oder dem Ermessen des Reichsarbeitsministers ein besonderer wichtiger Fall vorliegt.

Von Amts wegen soll der Schlichtungsausschuß oder der Schlichter tätig werden, wenn das öffentliche Interesse sein Eingreifen erfordert.

Hat über eine Streitigkeit schon ein Schlichtungsverfahren stattgefunden, das weder zu einer Einigung noch zu einem bindenden Schiedsspruch geführt hat, so soll ein neues Schlichtungsverfahren nur mit Zustimmung aller daran beteiligten Parteien oder nur dann eingeleitet werden, wenn es das öffentliche Interesse erfordert.

Ausschluß und Ablehnung.

§ 13. Beschränkt sich eine Streitigkeit auf einen einzelnen Betrieb, so sind Arbeitgeber und Arbeitnehmer dieses Betriebs als Vorsitzender des Schlichtungsausschusses oder als Schlichter im Vorverfahren und als Mitglied der Schlichtungskammer ausgeschlossen, falls nicht die Parteien mit ihrer Mitwirkung einverstanden sind.

Der Vorsitzende der Schlichtungskammer kann sowohl aus Gründen, die seinen Ausschluß rechtfertigen, als auch aus Besorgnis vor Befangenheit abgelehnt werden. Die Ablehnung wegen Befangenheit kann nur auf Tatsachen gestützt werden, die mit dem einzelnen Streitfall in Beziehung stehen und geeignet sind, Mißtrauen gegen die Unparteilichkeit zu rechtfertigen. Auf Vorgänge im Vorverfahren darf die Ablehnung nicht gestützt werden.

Die Ablehnung ist nur bis zum Beginne der Verhandlung zur Sache zulässig. Hält der Abgelehnte sie für begründet, so scheidet er ohne weiteres aus. Im übrigen entscheidet über die Ablehnung des Vorsitzenden eines Schlichtungsausschusses die oberste Landesbehörde, über die Ablehnung eines Schlichters der Reichsarbeitsminister.

Beteiligung mehrerer Verbände. Verbindung von Verfahren.

§ 14. Sind auf Arbeitgeber- oder Arbeitnehmerseite mehrere wirtschaftliche Vereinigungen beteiligt und ruft eine von ihnen den Schlichtungsausschuß oder den Schlichter an, solange die Verhandlungen der anderen noch schweben, so kann der Vorsitzende des Schlichtungsausschusses oder der Schlichter auf Antrag einer Partei das Verfahren bis zum Abschluß der schwebenden Verhandlungen aussetzen, wenn die sofortige Durchführung des Verfahrens unzweckmäßig ist.

Sind über eine Streitigkeit mehrere Verfahren anhängig, so kann sie der Vorsitzende des Schlichtungsausschusses oder der Schlichter miteinander verbinden, wenn die einheitliche Regelung der Streitigkeit zweckmäßig ist.

Vertretung der Parteien. Persönliches Erscheinen.

§ 15. Wirtschaftliche Vereinigungen von Arbeitgebern oder Arbeitnehmern werden durch ihre satzungsmäßigen Vertreter vertreten. Die Arbeitnehmerschaft, die Arbeiter- oder Angestelltenschaft eines Betriebs wird durch die nach dem Betriebsrätegesetze hierzu berufenen Mitglieder des Betriebsrats, des Arbeiter- oder Angestelltenrats und, wo keine Betriebsvertretung besteht, durch von der Mehrheit gewählte Mitglieder der Arbeitnehmerschaft, der Arbeiter- oder Angestelltenschaft vertreten.

Wirtschaftliche Vereinigungen können sich auch durch bevollmächtigte Angestellte der Vereinigung vertreten lassen.

Der einzelne Arbeitgeber kann mit seiner Vertretung seine Geschäftsführer, Betriebsleiter, Prokuristen, Handlungsbevollmächtigten oder Generalbevollmächtigten sowie eine wirtschaftliche Vereinigung von Arbeitgebern betrauen. Die Betriebsvertretung oder, wo keine besteht, die Arbeitnehmerschaft, die Arbeiter- oder Angestelltenschaft eines Betriebs kann mit ihrer Vertretung wirtschaftliche Vereinigungen von Arbeitnehmern betrauen.

Andere Personen sind weder als Vertreter noch als Beistände zugelassen.

Bei Streitigkeiten, die sich auf einen einzelnen Betrieb beschränken, kann der Vorsitzende des Schlichtungsausschusses oder der Schlichter das persönliche Erscheinen sowohl des Arbeitgebers wie der nach dem Betriebsrätegesetz zum Auftreten für die Betriebsvertretung berufenen Mitglieder anordnen.

Ladungen.

§ 16. Der Vorsitzende des Schlichtungsausschusses oder der Schlichter veranlaßt die Ladung der Parteien zu den Verhandlungen im Vorverfahren oder vor der Schlichtungskammer. Er kann den Parteien oder den gesetzlich oder satzungsgemäß zu ihrer Vertretung berufenen Personen für unentschuldigtes Ausbleiben eine Ordnungsgeldstrafe androhen und bei unentschuldigtem Ausbleiben festsetzen. Bei nachträglicher genügender Entschuldigung ist die Ordnungsstrafe aufzuheben oder zu ermäßigen. Diese Vorschriften finden auch auf die Anordnung des persönlichen Erscheinens im Falle des § 15 Abs. 5 Anwendung.

Verhandlungsleitung. Sitzungspolizei.

§ 17. Der Vorsitzende des Schlichtungsausschusses oder der Schlichter leitet sowohl im Vorverfahren wie im Verfahren vor der Schlichtungskammer die Verhandlung. Ihm liegt die Aufrechterhaltung der Ordnung in der Verhandlung ob.

Gegen Personen, die sich in der Verhandlung einer Ungebühr schuldig machen, kann er eine Ordnungsgeldstrafe festsetzen.

Beschwerde.

§ 18. Gegen geschäftsleitende Maßnahmen des Vorsitzenden des Schlichtungsausschusses oder des Schlichters und die Festsetzung von Ordnungsstrafen in den Fällen des § 5 Abs. 4 und der §§ 16, 17 ist die Beschwerde zulässig. Über die Beschwerde entscheidet bei Maßnahmen und Strafen des Schlichtungsausschußvorsitzenden die oberste Landesbehörde, bei Maßnahmen und Strafen der Schlichter der Reichsarbeitsminister.

Die Beschwerde gegen geschäftsleitende Maßnahmen hat keine aufschiebende Wirkung.

Gebühren- und Stempelfreiheit. Beitreibung und Verrechnung von Geldstrafen.

§ 19. Für die Tätigkeit der Schlichtungsausschüsse und der Schlichter werden keine Gebühren erhoben.

Vollmachten zur Vertretung im Verfahren, Einigungen und Schiedssprüche sind stempelfrei.

Ordnungsstrafen auf Grund dieser Verordnung werden von der höheren Verwaltungsbehörde nach den landesrechtlichen Vorschriften über die Beitreibung öffentlicher Abgaben beigetrieben. Sie fließen, wenn sie von einem Schlichter verhängt werden, in die Reichskasse, im übrigen in die Landeskasse. Welche Behörden als höhere Verwaltungsbehörde im Sinne dieses Absatzes gelten, bestimmt die oberste Landesbehörde.

2. Vorverfahren.

§ 20. Die Verhandlung vor dem Vorsitzenden des Schlichtungsausschusses oder dem Schlichter (Artikel I § 5 Abs. 2 der Schlichtungsverordnung) ist mündlich und nicht öffentlich.

Kommt eine Einigung zustande, so ist sie ihrem Wortlaut nach niederzuschreiben und von den Parteien oder ihren Vertretern zu unterschreiben.

Soweit keine Einigung zustande kommt, schließt die Verhandlung mit der Anberaumung einer Verhandlung vor der Schlichtungskammer. Diese Verhandlung kann sich unmittelbar an das Vorverfahren anschließen.

3. Verfahren vor der Schlichtungskammer.

Mündliche Verhandlung. Einigung. Schiedsspruch.

§ 21. Die Verhandlung vor der Schlichtungskammer ist mündlich und öffentlich. Die Schlichtungskammer kann die Öffentlichkeit ausschließen. Sie kann einzelne Personen zu nichtöffentlichen Verhandlungen zulassen.

Die Schlichtungskammer hat durch Anhörung der Parteien die Streitpunkte und die für ihre Beurteilung wesentlichen Verhältnisse klarzustellen. Soweit sie es erforderlich hält, kann sie amtliche Auskünfte einholen, den Parteien die Beibringung von Unterlagen aufgeben und Auskunftspersonen hören, falls die Parteien sie stellen.

Die Schlichtungskammer hat zu versuchen, eine Einigung der Parteien herbeizuführen. Kommt eine Einigung zustande, so ist sie ihrem Wortlaut nach niederzuschreiben und von den Parteien oder ihren Vertretern zu unterschreiben.

Soweit keine Einigung zustande kommt, hat die Schlichtungskammer einen Schiedsspruch abzugeben. Ein Schiedsspruch ist auf Antrag der erschienenen Partei auch dann abzugeben, wenn eine Partei trotz rechtzeitiger Ladung nicht erschienen ist oder wenn sie nicht verhandelt. Die Verhandlung ist jedoch zu vertagen, soweit die Streitpunkte oder die für ihre Beurteilung wesentlichen Verhältnisse nicht hinreichend klargestellt sind.

Für das Zustandekommen des Schiedsspruchs genügt einfache Stimmenmehrheit. Kein Mitglied der Kammer darf sich der Stimme enthalten oder die Abstimmung über eine Frage deshalb verweigern, weil es bei der Abstimmung über eine andere Frage in der Minderheit geblieben ist. Bilden sich bei der Abstimmung mehr als zwei Meinungen, von denen keine mehr als die Hälfte der Stimmen auf sich vereinigt, so ist zu versuchen, die Mehrheit der Stimmen auf eine Meinung zu vereinigen. Gelingt dies nicht, so entscheidet die Stimme des Vorsitzenden.

Der Schiedsspruch ist vor der Verkündung schriftlich abzufassen, vom Vorsitzenden zu unterschreiben und zu verkünden.

Soweit der Schiedsspruch nicht kraft gesetzlicher Vorschrift oder kraft Vereinbarung der Parteien bindend ist, bestimmt der Vorsitzende den Parteien zur Erklärung über Annahme oder Ablehnung des Schiedsspruchs eine angemessene Frist.

4. Verfahren nach der mündlichen Verhandlung.

§ 22. Den Parteien ist eine Abschrift des Schiedsspruchs unter Mitteilung der Erklärungsfrist zu übersenden.

Geht innerhalb der Frist dem Schlichtungsausschuß oder dem Schlichter von einer Partei keine Erklärung zu, so gilt der Schiedsspruch als von ihr abgelehnt.

III. Verbindlichkeitserklärung von Schiedssprüchen.

Voraussetzungen der Einleitung des Verfahrens.

§ 23. Das Verfahren auf Verbindlichkeitserklärung eines Schiedsspruchs setzt regelmäßig den Antrag einer Partei voraus, die den Schiedsspruch angenommen hat. Von Amts wegen soll ein Verfahren auf Verbindlichkeitserklärung nur eingeleitet werden, wenn das öffentliche Interesse die Einleitung erfordert.

Verfahren bis zur Entscheidung.

§ 24. Die für die Entscheidung zuständige Stelle hat entweder selbst oder durch eine von ihr beauftragte Stelle die Parteien vor der Entscheidung zu hören. Die Anhörung soll, wenn nicht besondere Gründe vorliegen, mündlich erfolgen; dabei ist die Herbeiführung einer Einigung zu versuchen.

Entscheidung.

§ 25. Ein Schiedsspruch kann nur unter den im Artikel I § 6 der Schlichtungsverordnung vorgeschriebenen Voraussetzungen für verbindlich erklärt werden.

Bei der Verbindlichkeitserklärung darf der Schiedsspruch nur mit Zustimmung der Parteien abgeändert werden. Betrifft er mehrere Streitpunkte, so kann die Verbindlichkeitserklärung auf einzelne von ihnen beschränkt werden, wenn sie mit den übrigen nicht notwendig zusammenhängen.

Die Entscheidung über die Verbindlichkeitserklärung ist schriftlich abzufassen und den Parteien zu übersenden.

Die Entscheidung ist endgültig.

IV. Befugnisse der obersten Landesbehörde.

§ 26. Die Vorschriften des Artikel I § 8 Abs. 3 der Schlichtungsverordnung über die Bestimmung der obersten Landesbehörde und die Übertragung ihr zugewiesener Aufgaben gelten auch für die in dieser Verordnung vorgesehenen Befugnisse der obersten Landesbehörde.

IV. Teil. Kosten- und Gebühren-Gesetze und -Verordnungen.

50. Gesetz über die Erstattung von Prozeßkosten.

Vom 13. Dezember 1923 (RGBl. 1186).

Eine Änderung erfolgte durch § 2 der 2. DurchfVO. zum Münzgesetz v. 12. Dezember 1924 (oben Nr. 37).

Art. I. Die einer Partei zu erstattenden Kosten sind in dem Kostenfestsetzungsbeschluß (§ 104 der Zivilprozeßordnung) in Reichsmark festzusetzen.

In Reichswährung (alter Ordnung) entstandene Kosten sind zum Zwecke der Festsetzung in Reichsmark umzurechnen. Maßgebend für die Umrechnung ist der vom Reichsminister der Finanzen bekanntgegebene Goldumrechnungssatz (§ 2 der Durchführungsbestimmungen zur Aufwertungsverordnung vom 13. Oktober 1923 (Reichsgesetzbl. I S. 951) im Zeitpunkte der Verauslagung. Der Reichsminister der Justiz ist ermächtigt, einen anderen Umrechnungssatz zu bestimmen. Der sich bei der Umrechnung ergebende Gesamtbetrag ist auf volle zehn Reichspfennig nach unten abzurunden. Die Kostenberechnung (§ 103 Abs. 2 der Zivilprozeßordnung) hat die Umrechnung zu enthalten.

Art. II. Das Gesetz tritt am 1. Januar 1924 in Kraft. Vor dem Inkrafttreten dieses Gesetzes in Reichswährung (alter Ordnung) entstandene Kosten sind nach dem Umrechnungssatze (Art. I Abs. 2) im Zeitpunkte des Inkrafttretens dieses Gesetzes umzurechnen.

51. Gerichtskostengesetz.

In der Neufassung vom 5. Juli 1927 (RGBl. 152). Neue Änderungen erfolgten durch das Ges. v. 9. Juli 1927 (RGBl. 175) mit der VO. v. 30. Nov. 1927 (RGBl. 334).

Erster Abschnitt: **Allgemeine Bestimmungen.**

§ 1. In den vor die ordentlichen Gerichte gehörigen Rechtssachen, auf welche die Zivilprozeßordnung, die Strafprozeßordnung, die Konkursordnung oder das Gesetz über den Vergleich zur Abwendung des Konkurses Anwendung findet, werden Gebühren und Auslagen der Gerichte nur nach Maßgabe dieses Gesetzes erhoben.

§ 2. Eine Erhebung von Stempeln und anderen Abgaben neben den Gebühren findet nicht statt.

Urkunden, von denen im Verfahren Gebrauch gemacht wird, sind nur insoweit einem Stempel oder einer anderen Abgabe unterworfen, als sie es ohne diesen Gebrauch sein würden.

Urkunden, welche im Verfahren errichtet werden, bleiben, soweit ihr Inhalt über den Gegenstand des Verfahrens hinausgeht, den allgemeinen Vorschriften über Erhebung von Stempeln oder anderen Abgaben unterworfen.

§ 3. In einem weiteren Umfang, als die Prozeßordnungen und dieses Gesetz es gestatten, darf die Tätigkeit der Gerichte von der Sicherstellung oder Zahlung der Gebühren oder Auslagen nicht abhängig gemacht werden.

§ 4. Über Erinnerungen des Zahlungspflichtigen oder der Staatskasse gegen den Ansatz von Gebühren oder Auslagen entscheidet das Gericht der Instanz gebührenfrei. Die Entscheidung kann von dem Gerichte, welches dieselbe getroffen hat, sowie von dem Gerichte der höheren Instanz von Amts wegen geändert werden.

Gegen die Entscheidung findet Beschwerde nach Maßgabe des § 567 Abs. 3 und der §§ 568 bis 575 der Zivilprozeßordnung, in Strafsachen nach Maßgabe der §§ 304 bis 310 der Strafprozeßordnung statt.

Die Einlegung von Erinnerungen oder Beschwerden kann durch Erklärung zum Protokoll der Geschäftsstelle oder schriftlich ohne Mitwirkung eines Anwalts erfolgen.

§ 5. Eine Nachforderung von Gerichtskosten wegen irrigen Ansatzes ist nur zulässig, wenn der berichtigte Ansatz vor Ablauf des nächsten Kalenderjahrs nach rechtskräftiger oder endgültiger Erledigung des Verfahrens dem Zahlungspflichtigen eröffnet ist.

§ 6. Gebühren und Auslagen, die bei richtiger Behandlung der Sache nicht entstanden wären, sind niederzuschlagen. Das gleiche gilt von Auslagen, die durch eine von Amts wegen veranlaßte Verlegung eines Termins oder Vertagung einer Verhandlung oder durch eine für begründet befundene Beschwerde entstanden sind. Für abweisende Bescheide sowie im Falle der Zurücknahme eines Antrags kann Gebühren- und Auslagenfreiheit gewährt werden, wenn der Antrag auf nicht anzurechnender Unkenntnis der Verhältnisse oder auf Unwissenheit beruht.

Über die Ausübung der im Abs. 1 vorgesehenen Befugnisse entscheidet das Gericht. Solange nicht das Gericht entschieden hat, können die gleichen Anordnungen im Verwaltungswege getroffen werden. Eine im Verwaltungswege getroffene Anordnung kann nur im Verwaltungswege geändert werden.

§ 7. Der Mindestbetrag einer Gebühr ist 0,50 Reichsmark.

Pfennigbeträge sind auf volle 10 Reichspfennig aufzurunden.

Zweiter Abschnitt: **Gebühren in bürgerlichen Rechtsstreitigkeiten.**

§ 8. In bürgerlichen Rechtsstreitigkeiten werden die Gebühren nach dem Werte des Streitgegenstandes erhoben.

Die volle Gebühr beträgt bei Gegenständen im Werte
bis zu 20 Reichsmark einschließlich . . . . 1 Reichsmark,
von mehr als 20 bis zu 60 Reichsmark einschließlich . . . . 2 Reichsmark.

Bei Gegenständen mit höherem Streitwert beträgt die volle Gebühr von dem Werte
bis zu 1000 Reichsmark einschließlich . . 3 vom Hundert,
von dem Mehrbetrage bis zu 2000 Reichsmark einschließlich . . . . 2 vom Hundert,
von dem Mehrbetrage bis zu 10000 Reichsmark einschließlich . . . . 1 vom Hundert,
von dem Mehrbetrage . . . . ½ vom Hundert.

Dabei ist der Wert auf die nächsthöheren 100 Reichsmark, bei Gegenständen mit einem Streitwert von mehr als 20000 Reichsmark auf die nächsthöheren 1000 Reichsmark aufzurunden.

§ 9. Für die Wertberechnung sind die Vorschriften der Zivilprozeßordnung §§ 3 bis 9 und der Konkursordnung § 148 mit den nachstehenden Bestimmungen maßgebend.

Ist der Wert des Streitgegenstandes bei dem Erlasse des Urteils oder der anderweitigen Beendigung der Instanz höher als im Zeitpunkt der Erhebung der Klage oder der Einlegung des Rechtsmittels, so ist den in der Instanz entstandenen Gebühren der höhere Wert zugrunde zu legen. In der Zwangsvollstreckung ist für die Wertberechnung der Zeitpunkt der die Zwangsvollstreckung einleitenden Prozeßhandlung entscheidend.

§ 10. Ist das Bestehen oder die Dauer eines Pacht- oder Mietverhältnisses für einen längeren als einjährigen Zeitraum streitig, so wird der Wert auf den Betrag des einjährigen Zinses berechnet.

Bei Ansprüchen auf Erfüllung einer auf gesetzlicher Vorschrift beruhenden Unterhaltspflicht wird der Wert des Rechtes auf die wiederkehrenden Leistungen, falls nicht der Gesamtbetrag der geforderten Leistungen geringer ist, auf den Betrag des einjährigen Bezugs berechnet.

Bei Ansprüchen auf Entrichtung einer Geldrente, die nach den §§ 843, 844 des Bürgerlichen Gesetzbuchs (Reichsgesetzbl. 1896 S. 195), den §§ 3, 3a, 7 des Gesetzes, betreffend die Verbindlichkeit zum Schadensersatze für die bei dem Betriebe von Eisenbahnen, Bergwerken usw. herbeigeführten Tötungen und Körperverletzungen (Reichsgesetzbl. 1871 S. 207, 1896 S. 616), den §§ 10, 11, 13 des Gesetzes über den Verkehr mit Kraftfahrzeugen (Reichsgesetzbl. 1909 S. 437) oder den §§ 21, 22, 24 des Luftverkehrsgesetzes (Reichsgesetzbl. 1922 I S. 681) erhoben werden, wird der Wert des Rechtes auf die wiederkehrenden Leistungen, falls nicht der Gesamtbetrag der geforderten Leistungen geringer ist, auf den fünffachen Betrag des einjährigen Bezugs berechnet. Das gleiche gilt für die Berechnung des Wertes bei Geltendmachung der Ansprüche auf wiederkehrende Leistungen aus dem Beamten- und Arbeitsverhältnis.

Ist für die Dauer des Rechtsstreits, welcher eine Ehesache betrifft, über die Unterhaltspflicht der Ehegatten zu entscheiden, so wird der Wert des Rechtes auf Entrichtung einer Geldrente auf den halbjährigen Betrag derselben berechnet.

§ 11. Bei nichtvermögensrechtlichen Ansprüchen wird der Wert des Streitgegenstandes auf 2000 Reichsmark, ausnahmsweise niedriger oder höher, jedoch nicht unter 500 Reichsmark und nicht über 50000 Reichsmark angenommen.

Ist mit einem nichtvermögensrechtlichen Anspruch ein aus ihm hergeleiteter vermögensrechtlicher verbunden, so ist nur ein Anspruch, und zwar der höhere, maßgebend.

§ 12. Im Falle des § 254 der Zivilprozeßordnung ist für die Wertberechnung nur einer der verbundenen Ansprüche, und zwar der höhere, maßgebend.

§ 13. Soweit Klage und Widerklage, welche nicht in getrennten Prozessen verhandelt werden, denselben Streitgegenstand betreffen, sind die Gebühren nach dem einfachen Werte dieses Gegenstandes zu berechnen. Soweit beide Klagen nicht denselben Streitgegenstand betreffen, sind die Gegenstände zusammenzurechnen.

Das gleiche gilt für wechselseitig eingelegte Rechtsmittel, welche nicht in getrennten Prozessen verhandelt werden.

§ 14. Für Akte, welche einen Teil des Streitgegenstandes betreffen, sind die Gebühren nur nach dem Werte dieses Teiles zu berechnen.

Sind von einzelnen Wertsteilen in derselben Instanz für gleiche Akte Gebühren zu berechnen, so darf nicht mehr erhoben werden, als wenn die Gebühr von dem Gesamtbetrage der Wertsteile zu berechnen wäre; treten für die Akte verschiedene Gebührensätze ein, so ist der höchste Satz maßgebend.

§ 15. Für Akte, welche Früchte, Nutzungen, Zinsen oder Kosten als Nebenforderungen ohne den Hauptanspruch betreffen, ist der Wert der Nebenforderungen insoweit maßgebend, als er den Wert des Hauptanspruchs nicht übersteigt.

Für Akte der Zwangsvollstreckung wegen einer Geldforderung werden die einzuziehenden Zinsen mit berechnet.

Für Akte, welche die Kosten des Rechtsstreits ohne den Hauptanspruch betreffen, ist der Betrag der Kosten maßgebend.

§ 16. Bei jedem Antrag ist der Wert des Streitgegenstandes, sofern derselbe nicht in einer bestimmten Geldsumme besteht oder aus früheren Anträgen erhellt, und auf Erfordern auch der Wert eines Teiles desselben schriftlich oder zu Protokoll der Geschäftsstelle anzugeben.

Die Angabe kann jederzeit berichtigt werden.

§ 17. Die zum Zwecke der Entscheidung über die Zuständigkeit des Prozeßgerichts oder die Zulässigkeit des Rechtsmittels erfolgte Festsetzung des Wertes ist, unbeschadet der Vorschriften der §§ 10, 13, für die Berechnung der Gebühren maßgebend.

§ 18. Soweit eine Entscheidung gemäß § 17 nicht stattfindet, setzt das Prozeßgericht den Wert durch Beschluß fest, falls dies eine Partei beantragt oder das Gericht für angemessen erachtet. Auf den Antrag findet § 4 Abs. 3 entsprechende Anwendung. Bei der Zwangsvollstreckung tritt an die Stelle des Prozeßgerichts das Vollstreckungsgericht. Die Festsetzung kann von dem Gerichte, das sie getroffen hat, sowie von dem Gerichte der höheren Instanz im Laufe des Verfahrens auch von Amts wegen geändert werden.

Gegen den Beschluß findet Beschwerde nach Maßgabe des § 567 Abs. 3 und der §§ 568 bis 576 der Zivilprozeßordnung sowie des § 4 Abs. 3 dieses Gesetzes statt.

§ 19. Wird eine Abschätzung durch Sachverständige erforderlich, so ist in dem Beschlusse, durch welchen der Wert festgesetzt wird (§ 18), über die Kosten der Abschätzung zu entscheiden. Dieselben können ganz oder teilweise der Partei zur Last gelegt werden, welche durch Unterlassung der ihr obliegenden Wertangabe oder durch unrichtige Wertangabe, unbegründetes Bestreiten der Wertangabe oder unbegründete Beschwerde die Abschätzung veranlaßt hat.

§ 20. Im Prozeßverfahren wird die volle Gebühr (§ 8) erhoben:

1. für das Verfahren im allgemeinen (Prozeßgebühr),
2. für die Anordnung einer Beweisaufnahme (Beweisgebühr),

3. für ein auf Grund streitiger Verhandlung ergehendes End- oder Zwischenurteil (Urteilsgebühr).

§ 21. Die Urteilsgebühr wird auch für Urteile erhoben, die nach Lage der Akten erlassen werden (Zivilprozeßordnung §§ 251a, 331a), sowie für Urteile, die in Ehesachen, in Rechtsstreitigkeiten, welche die Feststellung des Rechtsverhältnisses zwischen Eltern und Kindern zum Gegenstande haben, in den vor die Landgerichte gehörigen Entmündigungssachen und in dem Verfahren über die gegen eine Todeserklärung erhobene Anfechtungsklage auf Grund nicht streitiger Verhandlung ergehen, sofern der Kläger verhandelt hat.

§ 22. Die Zwischenurteile gemäß §§ 135 und 387 der Zivilprozeßordnung gelten nicht als Urteile im Sinne des § 20 Nr. 3.

§ 23. Wird ein Rechtsstreit durch einen vor Gericht abgeschlossenen oder dem Gerichte mitgeteilten Vergleich erledigt, so fällt eine bereits entstandene Beweisgebühr fort.

§ 24. Für eine auf Grund des § 272b der Zivilprozeßordnung getroffene Anordnung des Gerichts wird die Beweisgebühr nur dann erhoben, wenn auf Grund der Anordnung vor der mündlichen Verhandlung eine Beweisaufnahme stattgefunden hat.

§ 25. Jede der im § 20 bezeichneten Gebühren wird in jeder Instanz rücksichtlich eines jeden Teiles des Streitgegenstandes nur einmal erhoben.

Ist ein Urteil unter Vorbehalt der Entscheidung über die Aufrechnung (Zivilprozeßordnung § 302) oder im Urkunden- oder Wechselprozeß unter Vorbehalt der Rechte des Beklagten (Zivilprozeßordnung § 599) erlassen worden, so wird durch die Gebühr für diese Entscheidung eine weitere Urteilsgebühr in derselben Instanz nicht ausgeschlossen.

Für Zwischenurteile gemäß § 71 der Zivilprozeßordnung wird die Urteilsgebühr besonders erhoben.

§ 26. Wird die Ergänzung eines Urteils beantragt (Zivilprozeßordnung § 321), so findet, soweit der Antrag nicht zurückgewiesen wird, die Bestimmung des § 14 Anwendung; soweit der Antrag zurückgewiesen wird, wird die volle Gebühr (§ 8) erhoben.

§ 27. Wird ein Rechtsstreit an ein anderes Gericht verwiesen, so bildet das weitere Verfahren vor dem anderen Gerichte mit dem bisherigen Verfahren im Sinne des § 25 Abs. 1 eine Instanz.

Wird eine Sache zur anderweitigen Verhandlung an das Gericht der unteren Instanz zurückverwiesen, so bildet das weitere Verfahren mit dem früheren Verfahren vor diesem Gericht im Sinne des § 25 Abs. 1 eine Instanz.

§ 28. In der Berufungsinstanz erhöhen sich die im § 20 bestimmten Gebühren um die Hälfte, in der Revisionsinstanz auf das Doppelte.

§ 29. Die Prozeßgebühr wird nicht erhoben, wenn die Klage vor Bestimmung des Termins zur mündlichen Verhandlung zurückgenommen wird.

Sie ermäßigt sich auf ein Viertel der Gebühr, wenn die Klage nach diesem Zeitpunkt, jedoch vor Stellung eines Sachantrags in der mündlichen Verhandlung zurückgenommen wird.

§ 30. Wird die Berufung oder die Revision durch Beschluß als unzulässig verworfen, so ermäßigt sich die Prozeßgebühr für die Rechtsmittelinstanz auf die Hälfte der im § 8 bestimmten Gebühr. Das gleiche gilt, wenn das Rechtsmittel vor Bestimmung des Termins zur mündlichen Verhandlung zurückgenommen wird.

§ 30a. Für die Niederlegung eines Schiedsspruchs oder eines von einem Schiedsgerichte vermittelten Vergleichs auf der Geschäftsstelle (Zivilprozeßordnung §§ 1039, 1044a) wird ein Viertel der Gebühr (§ 8), höchstens jedoch ein Betrag von 300 Reichsmark, erhoben.

Für das Verfahren über Anträge auf Vollstreckbarerklärung eines Schiedsspruchs oder eines von einem Schiedsgerichte vermittelten Vergleichs (Zivilprozeßordnung §§ 1042, 1044a) wird die volle Gebühr (§ 8) erhoben, auf welche die im Abs. 1 bestimmte Gebühr anzurechnen ist. Die Gebühr wird nicht erhoben, wenn der Antrag vor Anordnung der Anhörung des Gegners oder vor Bestimmung eines Termins zur mündlichen Verhandlung zurückgenommen wird.

§ 31. Für das Mahnverfahren wird die Hälfte der Gebühr (§ 8) erhoben. Die Gebühr wird nicht erhoben, wenn der

Antrag auf Erlaß des Zahlungsbefehls vor dessen Erlaß zurückgenommen wird.

Wird im Falle der Erhebung des Widerspruchs die Bestimmung eines Termins zur mündlichen Verhandlung beantragt oder gegen einen Vollstreckungsbefehl Einspruch eingelegt, so wird die Prozeßgebühr (§ 20 Nr. 1) nur zur Hälfte erhoben. Das gleiche gilt, wenn in einem im Urkunden- oder Wechselmahnverfahren ergangenen Vollstreckungsbefehle dem Beklagten die Ausführung seiner Rechte vorbehalten war. Wird der Antrag oder der Einspruch vor Bestimmung des Termins zurückgenommen, so wird die Prozeßgebühr nicht erhoben.

§ 31a. Für das Güteverfahren wird die Hälfte der Gebühr (§ 8) erhoben. § 29 findet entsprechende Anwendung.

Das Verfahren bleibt gebührenfrei, wenn ein Mahnverfahren vorausgegangen ist.

Für das dem Güteverfahren nachfolgende Prozeßverfahren wird, unbeschadet der Vorschriften im § 29, die Prozeßgebühr (§ 20 Nr. 1) nur zur Hälfte erhoben.

§ 32. Die Hälfte der Gebühr (§ 8) wird erhoben für das Verfahren über Anträge auf Anordnung eines Arrestes oder einer einstweiligen Verfügung. Die Gebühr erhöht sich auf die volle Gebühr, wenn durch Urteil entschieden wird (Zivilprozeßordnung § 922 Abs. 1, §§ 925, 936). Die Gebühr wird nicht erhoben, wenn der Antrag vor Anordnung des Arrestes oder der einstweiligen Verfügung, vor Zurückweisung des Antrags oder vor Anordnung einer vorgängigen Sicherheitsleistung oder vor Anordnung der mündlichen Verhandlung zurückgenommen wird.

Die im Abs. 1 bestimmten Gebühren werden auch erhoben für das Verfahren über Anträge auf Abänderung oder Aufhebung eines Arrestes oder einer einstweiligen Verfügung gemäß § 926 Abs. 2, §§ 927, 936 der Zivilprozeßordnung. Die Gebühr wird nicht erhoben, wenn der Antrag vor Bestimmung des Termins zur mündlichen Verhandlung zurückgenommen wird.

Im Falle des § 942 der Zivilprozeßordnung gilt das Verfahren vor dem Amtsgericht und dem Gerichte der Hauptsache als ein Rechtsstreit.

In der Berufungsinstanz erhöhen sich die Gebühren um die Hälfte.

§ 33. Die Hälfte der Gebühr (§ 8) wird erhoben:

1. für das Verfahren über Anträge auf Sicherung des Beweises;
2. für das Verfahren über Anträge auf Entmündigung oder auf Wiederaufhebung einer Entmündigung, soweit die Amtsgerichte zuständig sind;
3. für das Verteilungsverfahren;
4. für das Verfahren der Zwangsvollstreckung zur Erwirkung von Handlungen und Unterlassungen gemäß §§ 887, 888, 890 der Zivilprozeßordnung;
5. für das Verfahren über Anträge auf Abnahme des Offenbarungseides einschließlich der Anträge auf Erzwingung der Eidesleistung;
6. für das Aufgebotsverfahren sowie für das Verfahren über Anträge auf Anordnung der Zahlungssperre gemäß § 1020 der Zivilprozeßordnung;
7. für das Verfahren bei Ernennung oder Ablehnung eines Schiedsrichters, bei Erlöschen eines Schiedsvertrags oder bei Anordnung der von den Schiedsrichtern für erforderlich erachteten richterlichen Handlungen.

Die Gebühr wird nicht erhoben, wenn der das Verfahren einleitende Antrag vor einer gerichtlichen Verfügung zurückgenommen wird.

§ 34. Ein Viertel der Gebühr (§ 8) wird erhoben:

1. für das Verfahren über Anträge auf vorläufige Einstellung, Beschränkung oder Aufhebung der Zwangsvollstreckung gemäß §§ 707, 719, 769, 771 Abs. 3, §§ 785, 786, 805 Abs. 4, § 810 Abs. 2 der Zivilprozeßordnung;
2. für das Verfahren über Anträge auf gerichtliche Handlungen der Zwangsvollstreckung gemäß §§ 791, 822, 823, 825, 829 Abs. 1, §§ 835, 839, 844, 846 bis 848, 857, 858, 885 Abs. 4, §§ 886, 930 Abs. 3, § 934 der Zivilprozeßordnung;
3. für das Verfahren über Anträge auf Erteilung der Vollstreckungsklausel bei Vergleichen, die vor einer Gütestelle der im § 495a Abs. 1 Nr. 1 der Zivilprozeßordnung

bezeichneten Art geschlossen sind (§ 797a der Zivilprozeßordnung).

Die Gebühr wird nicht erhoben, wenn der das Verfahren einleitende Antrag vor einer gerichtlichen Verfügung zurückgenommen wird.

§ 35. Jedes Verfahren der in den §§ 32, 33, 34 bezeichneten Art gilt für die Gebührenerhebung als besonderer Rechtsstreit.

Betreffen jedoch mehrere Verfahren der im § 34 Nr. 2 bezeichneten Art denselben Anspruch und denselben Gegenstand, so wird die Gebühr nur einmal erhoben.

§ 36. Wird in einem Rechtsstreit ein Vergleich vor dem Gerichte geschlossen, so wird ein Viertel der Gebühr (§ 8) erhoben, insoweit der Wert des Vergleichsgegenstandes den Wert des Streitgegenstandes übersteigt.

§ 37. Für das durch den Urkundsbeamten der Geschäftsstelle an die Post gerichtete Ersuchen um Bewirkung einer Zustellung (Zivilprozeßordnung § 196) ist die einem Gerichtsvollzieher für den gleichen Akt zustehende Gebühr als Gerichtsgebühr zu erheben, sofern nicht die Zustellung von Amts wegen bewirkt wird.

§ 38. Für das Verfahren über Beschwerden gemäß § 71 Abs. 2, § 99 Abs. 3 der Zivilprozeßordnung wird die volle Gebühr (§ 8) erhoben. Das gleiche gilt für Beschwerden über die Zurückweisung eines Antrags auf Anordnung eines Arrestes oder einer einstweiligen Verfügung.

Im übrigen wird für das Verfahren in der Beschwerdeinstanz die im Abs. 1 bestimmte Gebühr nur erhoben, soweit die Beschwerde als unzulässig verworfen oder zurückgewiesen wird.

§ 39. Ist außer dem Falle des § 335 der Zivilprozeßordnung durch Verschulden einer Partei oder eines Parteivertreters die Vertagung einer mündlichen Verhandlung oder die Anberaumung eines neuen Termins zur mündlichen Verhandlung veranlaßt, oder ist durch nachträgliches Vorbringen von Angriffs- oder Verteidigungsmitteln, Beweismitteln oder Beweiseinreden, welches zeitiger erfolgen konnte, die Erledigung des Rechtsstreites verzögert worden, so kann das Gericht der Partei von Amts wegen eine besondere Gebühr in Höhe der vollen Gebühr (§ 8) auferlegen. Die Gebühr kann bis zu einem Viertel ermäßigt werden.

Gegen den Beschluß findet Beschwerde nach Maßgabe des § 567 Abs. 3 und der §§ 568 bis 575 der Zivilprozeßordnung sowie des § 4 Abs. 3 dieses Gesetzes statt.

Dritter Abschnitt: **Gebühren im Konkursverfahren und im Vergleichsverfahren zur Abwendung des Konkurses.**

§ 40. Auf die Gebühren im Konkursverfahren und im Vergleichsverfahren zur Abwendung des Konkurses finden die Vorschriften des § 8 über die Wertklassen und den Gebührensatz, sowie der §§ 16, 18, 19 dieses Gesetzes und des § 3 der Zivilprozeßordnung über die Wertfestsetzung entsprechende Anwendung.

§ 41. Für das Verfahren über den Antrag auf Eröffnung des Konkurses wird die Hälfte der Gebühr (§ 8) erhoben.

§ 42. Für die Durchführung des Konkursverfahrens wird die dreifache Gebühr (§ 8) erhoben.

Sie ermäßigt sich auf die einfache Gebühr, wenn das Verfahren vor dem Ablauf der Anmeldefrist, und auf die zweifache Gebühr, wenn das Verfahren nach diesem Zeitpunkt gemäß §§ 202, 204 der Konkursordnung eingestellt wird.

Ist das Verfahren auf Antrag des Gemeinschuldners eröffnet worden, so kommt die im § 41 bestimmte Gebühr zur Anrechnung.

§ 43. Die in den §§ 41, 42 bestimmten Gebühren werden nach dem Betrage der Aktivmasse erhoben. Massekosten, mit Ausnahme der gerichtlichen Kosten des gemeinschaftlichen Verfahrens und der Gebühren des Konkursverwalters und des Gläubigerausschusses, sowie Masseschulden werden abgesetzt. Gegenstände, welche zur abgesonderten Befriedigung dienen, werden nur in Höhe des für diese nicht erforderlichen Betrags angesetzt.

Ist die Aktivmasse höher als die Schuldenmasse, so wird die Gebühr nach dem Betrage der letzteren erhoben.

Für die Berechnung der Masse ist die Zeit der Beendigung des Verfahrens maßgebend.

Ist der Antrag auf Eröffnung des Konkursverfahrens von einem Gläubiger gestellt, so wird die im § 41 bestimmte Gebühr nach dem Betrage seiner Forderung, sofern jedoch der Betrag der Aktivmasse geringer ist, nach diesem erhoben.

§ 44. Für die Anberaumung eines besonderen Prüfungstermins (Konkursordnung § 142) wird nach dem Betrage der einzelnen Forderungen, zu deren Prüfung der Termin bestimmt ist, die halbe Gebühr (§ 8) erhoben. Auf die Wertberechnung findet die Vorschrift des § 148 der Konkursordnung entsprechende Anwendung.

§ 45. Für die auf Betreiben des Konkursverwalters erfolgende Zwangsverwaltung oder Zwangsversteigerung eines zur Konkursmasse gehörigen Gegenstandes (Konkursordnung §§ 126, 127) wird die Gebühr nach den Vorschriften über die Gebührenerhebung für Zwangsvollstreckungen besonders erhoben.

§ 46. Für das Verfahren zur Abnahme des Offenbarungseides gemäß § 125 der Konkursordnung, einschließlich des Verfahrens über Anträge auf Erzwingung der Eidesleistung (Zivilprozeßordnung § 901), werden besondere Gebühren nicht erhoben.

§ 47. Für das Verfahren in der Beschwerdeinstanz gilt, wenn sich die Beschwerde gegen den Beschluß über Eröffnung des Konkursverfahrens (Konkursordnung § 109) richtet, § 38 Abs. 1, im übrigen § 38 Abs. 2 entsprechend.

Bei der Beschwerde des Gemeinschuldners gegen den Beschluß über Eröffnung des Konkursverfahrens (Konkursordnung § 109) oder den Beschluß über Bestätigung des Zwangsvergleichs (Konkursordnung §§ 189, 230 Abs. 2, § 236) gelten die Vorschriften des § 43 Abs. 1 bis 3. Bei der Beschwerde eines sonstigen Antragstellers gegen die Abweisung des Eröffnungsantrags gilt § 43 Abs. 4. Bei der Beschwerde eines Konkursgläubigers gegen den Beschluß über die Bestätigung des Zwangsvergleichs bestimmt sich der Wert nach dem Betrage der Forderung unter Berücksichtigung des Verhältnisses der Teilungs- zur Schuldenmasse.

§ 48. Auf die Wiederaufnahme des Konkursverfahrens (Konkursordnung § 198) finden die Vorschriften der §§ 41 bis 47 mit der Maßgabe entsprechende Anwendung, daß für die Durchführung des wiederaufgenommenen Verfahrens die volle Gebühr (§ 8) erhoben wird.

Wird vor der Wiederaufnahme die Anordnung von Sicherheitsmaßregeln beantragt (Konkursordnung § 197 Abs. 2), so wird die Gebühr in Gemäßheit des § 34 nach dem Werte des Gegenstandes, durch welchen die Sicherung erfolgen soll, besonders erhoben.

Die Gebühr für die Anordnung einer Sicherheitsmaßregel wird im Falle der Wiederaufnahme auf die im ersten Absatz bezeichnete Gebühr angerechnet.

§ 48a. Für das Vergleichsverfahren zur Abwendung des Konkurses wird die volle Gebühr (§ 8) erhoben. Die Gebühr ermäßigt sich auf die Hälfte, wenn das Verfahren sich ohne Anberaumung eines Vergleichstermins erledigt.

Wird das Vergleichsverfahren in das Konkursverfahren übergeleitet (§ 82 des Gesetzes über den Vergleich zur Abwendung des Konkurses), so wird die im Vergleichsverfahren gemäß Abs. 1 entstandene Gebühr auf die im § 42 bestimmte Gebühr angerechnet. Wird bei Beendigung des Vergleichsverfahrens die Eröffnung des Konkursverfahrens abgelehnt, so wird die Gebühr des § 41 nicht erhoben.

Für das Verfahren zur Abnahme des Offenbarungseides gemäß § 61 Abs. 3 des Gesetzes über den Vergleich zur Abwendung des Konkurses wird eine Gebühr nicht erhoben.

§ 48b. Die in dem § 48a Abs. 1 bestimmten Gebühren werden nach dem Werte der Aktiven (§ 18 des Gesetzes über den Vergleich zur Abwendung des Konkurses) zur Zeit der Stellung des Antrags auf Eröffnung des Vergleichsverfahrens erhoben. Übersteigt der Wert der Aktiven den Gesamtbetrag der Forderungen der am Verfahren beteiligten Gläubiger, so ist der letztere maßgebend.

§ 48c. Für das Verfahren in der Beschwerdeinstanz findet § 38 Abs. 2 mit der Maßgabe entsprechende Anwendung, daß nur die halbe Gebühr erhoben wird.

Vierter Abschnitt: **Gebühren in Strafsachen.**

§ 49. In Strafsachen gibt die rechtskräftig erkannte Strafe den Maßstab für die Höhe der Gerichtsgebühren aller Instanzen.

Ist auf Geldstrafe und für den Fall, daß sie nicht beigetrieben werden kann, auf Freiheitsstrafe erkannt, so bestimmt sich die Gebühr nach der Höhe der ersteren. Ist in Anwendung des § 27b des Strafgesetzbuchs (Reichsgesetzbl. 1924 I S. 44) auf Geldstrafe an Stelle der verwirkten Freiheitsstrafe erkannt, so bestimmt sich die Gebühr nach der Geldstrafe.

Ist neben einer Freiheitsstrafe auf Geldstrafe erkannt, so wird die Gebühr von jeder Strafe besonders berechnet.

Ist auf Einziehung, Verfallserklärung oder Unbrauchbarmachung erkannt, so ist der Wert der Gegenstände, auf die sich die Entscheidung bezieht, im Sinne dieser Vorschrift als Geldstrafe anzusehen. Besteht der Gegenstand nicht in einem Geldbetrage, so setzt das Gericht den Wert fest. Der Wert ist nach dem Zeitpunkt der Verurteilung zu bestimmen.

§ 50. Im Falle des § 79 des Strafgesetzbuchs bestimmt sich die Gebühr für das neue Verfahren durch den Betrag, um welchen die Gesamtstrafe die früher erkannte Strafe übersteigt.

Im Falle des § 460 der Strafprozeßordnung ist eine besondere Gebühr nicht zu erheben.

§ 51. Betrifft eine Strafsache mehrere Angeschuldigte, so ist die Gebühr von jedem Verurteilten besonders nach Maßgabe der gegen ihn erkannten Strafe zu erheben.

§ 52. Für das Verfahren in erster Instanz werden erhoben:

im Falle einer Freiheitsstrafe bis zu einer Woche einschließlich	5	Reichsmark
von mehr als einer Woche bis zu zwei Wochen einschließlich	10	"
von mehr als zwei Wochen bis zu einem Monat einschließlich	20	"
von mehr als einem Monat bis zu sechs Monaten einschließlich	50	"
von mehr als sechs Monaten bis zu einem Jahre einschließlich	80	"
von mehr als einem Jahre bis zu zwei Jahren einschließlich	100	"
von mehr als zwei Jahren bis zu fünf Jahren einschließlich	200	"
im Falle einer schwereren Strafe	300	"

Ist auf eine Geldstrafe erkannt, so werden 10 vom Hundert des Betrags der erkannten Strafe, mindestens 5 Reichsmark, erhoben; die Gebühr darf jedoch die Summe von 10000 Reichsmark und den Betrag der erkannten Strafe nicht übersteigen.

Ist der zur Kostentragung verurteilte Beschuldigte für straffrei erklärt, so beträgt die Gebühr 5 Reichsmark, und ist ausschließlich auf Verlust der bürgerlichen Ehrenrechte überhaupt oder einzelner bürgerlicher Ehrenrechte erkannt, so beträgt die Gebühr 75 Reichsmark.

§ 53. In dem Verfahren bei amtsrichterlichen Strafbefehlen wird die Hälfte der Sätze des § 52 erhoben. Im Falle einer Geldstrafe wird mindestens ein Betrag von 2,50 Reichsmark erhoben; die Gebühr darf jedoch den Betrag der erkannten Strafe nicht übersteigen.

Hat gemäß § 411 Abs. 1 der Strafprozeßordnung eine Hauptverhandlung stattgefunden oder wird der gegen den Strafbefehl erhobene Einspruch wegen Ausbleibens des Angeklagten in der Hauptverhandlung durch Urteil verworfen (Strafprozeßordnung § 412), so erhöht sich die Gebühr auf die vollen Sätze des § 52.

§ 54. Im Falle des § 212 der Strafprozeßordnung wird die Hälfte der Sätze des § 52 erhoben. Die Vorschrift im § 53 Abs. 1 Satz 2 gilt entsprechend.

§ 55. Die Sätze des § 52 werden für die Berufungsinstanz sowie für die Revisionsinstanz erhoben, wenn in der Instanz eine Hauptverhandlung stattgefunden hat.

Wird das Rechtsmittel vor Beginn der Hauptverhandlung zurückgenommen oder durch Beschluß verworfen (Strafprozeßordnung §§ 319, 322, 346, 349), so wird ein Viertel der Gebühr erhoben.

Wird das Rechtsmittel nach Beginn der Hauptverhandlung zurückgenommen, oder wird die Berufung wegen Ausbleibens des Angeklagten in der Hauptverhandlung verworfen (Strafprozeßordnung § 329), so wird die Hälfte der Gebühr erhoben.

§ 56. Wird ein Antrag auf Wiederaufnahme des Verfahrens als unzulässig oder unbegründet verworfen oder abgelehnt, so wird die Hälfte der im § 52 bestimmten Gebühr erhoben.

Wird die Wiederaufnahme des Verfahrens angeordnet (Strafprozeßordnung § 370), so wird, wenn das frühere Urteil aufrechterhalten wird, die volle im § 52 bestimmte Gebühr erhoben. Führt die Wiederaufnahme zu einer Aufhebung des früheren Urteils, so gilt für die Gebührenerhebung das neue Verfahren mit dem früheren Verfahren zusammen als eine Instanz.

§ 57. Werden in den Fällen der §§ 174 und 175 der Strafprozeßordnung nach Maßgabe der §§ 177 und 472 derselben dem Antragsteller die Kosten auferlegt, so beträgt die Gebühr:

wenn es sich um eine Übertretung handelt, 10 Reichsmark,
wenn es sich um ein Vergehen handelt, . 20 „ ,
wenn es sich um ein Verbrechen handelt, 40 „ .

Das gleiche gilt im Falle des § 469 der Strafprozeßordnung.

Im Falle des § 176 Abs. 2 der Strafprozeßordnung ist die Hälfte der vorstehenden Sätze zu erheben.

§ 58. Wird das Verfahren nach Eröffnung des Hauptverfahrens infolge Zurücknahme des Antrags, durch den es bedingt war, eingestellt, so wird die im § 57 Abs. 1 bestimmte Gebühr erhoben. Das Gericht kann sie bis zu einem Viertel ermäßigen oder beschließen, daß von der Erhebung einer Gebühr abgesehen werde.

§ 59. Für das Verfahren auf erhobene Privatklage gelten, sofern der Beschuldigte zu einer Strafe verurteilt wird, unbeschadet der Vorschriften des § 60 Abs. 2 und des § 63 die §§ 49 bis 52, 55, 56.

§ 60. Wird in dem Verfahren auf erhobene Privatklage der Beschuldigte freigesprochen oder für straffrei erklärt, so wird für das Verfahren in jeder Instanz eine Gebühr von 30 Reichsmark erhoben.

Die im Abs. 1 bestimmte Gebühr kommt für die Berufungsinstanz sowie für die Revisionsinstanz auch dann zur Erhebung, wenn das von dem Privatkläger eingelegte Rechtsmittel auf Grund einer Hauptverhandlung verworfen wird. Wird das Rechtsmittel vor Beginn der Hauptverhandlung zurückgenommen oder durch Beschluß verworfen (Strafprozeßordnung §§ 319, 322, 346, 349, 384), so wird eine Gebühr von 8 Reichsmark erhoben. Wird das Rechtsmittel nach Beginn der Hauptverhandlung zurückgenommen oder die Berufung gemäß

§ 391 Abs. 3 der Strafprozeßordnung verworfen, so wird eine Gebühr von 15 Reichsmark erhoben.

§ 61. Wird die Privatklage zurückgewiesen oder erledigt sich das Verfahren vor Beginn der Hauptverhandlung durch Zurücknahme der Klage oder Einstellung, so wird eine Gebühr von 8 Reichsmark erhoben. Tritt die Erledigung erst nach Beginn der Hauptverhandlung ein, so beträgt die Gebühr 15 Reichsmark.

Tritt die Erledigung in der Berufungs- oder Revisionsinstanz ein, so kommen für diese Instanz die im Abs. 1 bestimmte Gebühr und für jede der voraufgegangenen Instanzen eine Gebühr von 15 Reichsmark zur Erhebung.

§ 62. Die in den §§ 60, 61 bestimmten Gebühren werden für das Verfahren auf erhobene Widerklage nur erhoben, wenn es nach Zurücknahme der Privatklage oder Einstellung des Verfahrens über die Privatklage selbständig fortgesetzt wird. Das gleiche gilt, wenn ausschließlich gegen die auf die Widerklage ergangene Entscheidung von dem Widerkläger Berufung oder Revision eingelegt ist.

§ 63. Wird die Wiederaufnahme eines Privatklageverfahrens von dem Privatkläger beantragt, so wird, wenn der Antrag als unzulässig oder unbegründet verworfen wird, eine Gebühr von 15 Reichsmark erhoben.

Wird die Wiederaufnahme des Verfahrens auf Antrag des Privatklägers angeordnet, so findet, sofern auf eine höhere Strafe erkannt wird, die Vorschrift des § 56 Abs. 2 Satz 2 Anwendung, anderenfalls wird eine Gebühr von 30 Reichsmark erhoben.

§ 64. Sind in einem Privatklageverfahren mehrere Personen als Beschuldigte beteiligt, so werden hinsichtlich einer jeden die in den §§ 60 bis 63 bestimmten Gebühren besonders, jedoch für jede Instanz höchstens der dreifache Betrag der im § 60 Abs. 1 bestimmten Gebühr erhoben.

§ 65. Die von der Verwaltungsbehörde erhobene Klage (Strafprozeßordnung § 424) ist nicht als Privatklage im Sinne dieses Gesetzes zu erachten.

§ 66. Werden dem Nebenkläger Kosten auferlegt, so sind die Sätze zu erheben, welche nach Maßgabe der §§ 60, 61, 63, 64 zu erheben sein würden, wenn er als Privatkläger das Rechtsmittel eingelegt oder die Wiederaufnahme des Verfahrens beantragt hätte.

§ 67. Für das Verfahren in den Fällen der §§ 430 bis 432 der Strafprozeßordnung beträgt die Gebühr in jeder Instanz 30 Reichsmark.

§ 68. Die in den §§ 60 bis 63, 67 bestimmten Gebühren kann das Gericht bis auf 2 Reichsmark herabsetzen oder bis auf das Zwanzigfache erhöhen.

§ 69. Für die Zurückweisung einer Beschwerde wird, sofern sie sich gegen eine Entscheidung der im § 56 Abs. 1 oder im § 63 Abs. 1 bezeichneten Art richtet, die dort bestimmte Gebühr, im übrigen eine Gebühr von 1 Reichsmark erhoben.

Die Gebühr wird von dem Beschuldigten nur erhoben, wenn er rechtskräftig zu einer Strafe verurteilt ist.

§ 70. Für das Verfahren zur Vollstreckung einer über eine Vermögensstrafe, eine Buße oder über Erstattung von Kosten ergangenen Entscheidung (Strafprozeßordnung §§ 463, 464) werden Gebühren nach Maßgabe der Vorschriften des zweiten Abschnitts besonders erhoben.

Fünfter Abschnitt: **Auslagen.**

§ 71. Schreibgebühren werden für solche Ausfertigungen und Abschriften erhoben, die nur auf Antrag erteilt werden, oder die angefertigt werden, weil die Partei es unterläßt, einem von Amts wegen zuzustellenden Schriftsatz die erforderliche Zahl von Abschriften beizufügen, sowie für Ausfertigungen und Abschriften aller Art in den Fällen der persönlichen oder sachlichen Gebührenfreiheit.

Die Schreibgebühren bleiben jedoch außer Ansatz bei Erteilung von

1. Ausfertigungen von Urteilen, die unter Weglassung des Tatbestandes und der Entscheidungsgründe erfolgen, sowie solchen, die gemäß § 317 Abs. 4 der Zivilprozeßordnung unter Benutzung einer dem Gerichte vorgelegten beglaubigten Abschrift der Klage oder des Zahlungsbefehls gefertigt werden;
2. Ausfertigungen vor Gericht abgeschlossener Vergleiche.

Der Abs. 2 kommt bei Erteilung einer zweiten oder weiteren von derselben Partei beantragten Ausfertigung oder Abschrift nicht zur Anwendung.

Die Schreibgebühr beträgt für die Seite, welche zweiunddreißig Zeilen von durchschnittlich fünfzehn Silben enthält, 0,30 Reichsmark, auch wenn die Herstellung auf mechanischem Wege stattgefunden hat. Jede angefangene Seite wird als voll berechnet. Für Schriftstücke, die in fremden Sprachen abgefaßt sind, für Schriftstücke in tabellarischer Form sowie für Verzeichnisse, Listen, Rechnungen, Handzeichnungen und dergleichen kann die Höhe der Schreibgebühr von der Landesjustizverwaltung anderweit bestimmt werden.

§ 72. An baren Auslagen werden ferner erhoben:

1. Postgebühren:
   a) für die Übersendung der auf Antrag erteilten Ausfertigungen und Abschriften,
   b) für Ladungen von Zeugen und Sachverständigen;
2. Telegraphengebühren und die im Fernverkehre zu entrichtenden Fernsprechgebühren;
3. die durch Einrückung einer Bekanntmachung in öffentliche Blätter entstehenden Kosten;
4. die an Zeugen und Sachverständige zu zahlenden Gebühren;
5. die bei Geschäften außerhalb der Gerichtsstelle den Gerichtsbeamten und den nicht beamteten Beisitzern zustehenden Tagegelder und Reisekosten sowie die Kosten für die Bereitstellung von Geschäftsräumen;
6. die an andere Behörden oder Beamte oder an Rechtsanwälte für deren Tätigkeit zu zahlenden Beträge;
7. die Kosten eines Transports von Personen sowie die Beträge, die mittellosen Beschuldigten für die Reise zum Orte der Vernehmung oder Hauptverhandlung und für die Rückreise gewährt werden, ferner die Kosten eines Transports von Tieren und Sachen sowie der Verwahrung von Sachen und der Verwahrung und Fütterung von Tieren;
8. die Haftkosten nach Maßgabe der für die Strafhaft geltenden landesgesetzlichen Vorschriften.

§ 73. Für die von Amts wegen bewirkten Zustellungen werden unbeschadet der Vorschrift im § 72 Nr. 1b nur diejenigen baren Auslagen erhoben, welche durch die Zustellung im Ausland oder bei der öffentlichen Zustellung durch Bekanntmachung in öffentlichen Blättern entstehen.

Wird ein Zeuge oder Sachverständiger ohne Inanspruchnahme der Post geladen, so wird als Auslagen der Betrag der Postgebühren erhoben, der entstanden sein würde, wenn durch die Post zugestellt worden wäre.

Sechster Abschnitt: **Kostenzahlung und Kostenvorschuß.**

§ 74. In bürgerlichen Rechtsstreitigkeiten, im Vergleichsverfahren zur Abwendung des Konkurses und im Konkursverfahren wird die Gebühr mit Stellung des Antrags fällig, durch den das Verfahren bedingt ist; soweit die Gebühr eine Entscheidung oder sonstige gerichtliche Handlung voraussetzt, wird sie mit dieser fällig.

Der Termin zur mündlichen Verhandlung soll auf Grund der Klage erst nach Zahlung der erforderten Prozeßgebühr bestimmt werden. Das gleiche gilt im Mahnverfahren bei dem Antrag des Gläubigers auf Bestimmung eines Termins zur mündlichen Verhandlung nach Erhebung des Widerspruchs oder nach Erlaß eines Vollstreckungsbefehls unter Vorbehalt der Ausführung der Rechte des Beklagten. Im Falle der Erweiterung des Klageantrags soll vor Zahlung der erforderten Prozeßgebühr keine gerichtliche Handlung vorgenommen werden.

Der Zahlungsbefehl soll erst nach Zahlung der im § 31 Abs. 1 bestimmten Gebühr erlassen werden.

Die Vorschriften der Abs. 2, 3 finden keine Anwendung, soweit dem Kläger das Armenrecht bewilligt ist oder wenn ihm Gebührenfreiheit zusteht, ferner wenn glaubhaft gemacht wird, daß ihm die alsbaldige Zahlung der Gebühr mit Rücksicht auf seine Vermögenslage Schwierigkeiten bereiten würde. Das gleiche gilt, wenn glaubhaft gemacht wird, daß eine Verzögerung dem Kläger einen nicht oder nur schwer zu ersetzenden Schaden bringen würde; zur Glaubhaftmachung genügt in diesem Falle die Erklärung des zum Prozeßbevollmächtigten bestellten Rechtsanwalts.

§ 74a. Der Termin zur Güteverhandlung soll, sofern nicht dem Antragsteller Gebührenfreiheit zusteht oder die Voraussetzungen für die Bewilligung des Armenrechts vorliegen, erst nach Zahlung der erforderten Gebühr bestimmt werden, es sei denn, daß glaubhaft gemacht wird, daß dem Antragsteller die alsbaldige Zahlung der Gebühr mit Rücksicht auf seine Vermögenslage Schwierigkeiten bereiten würde. § 74 Abs. 2 Satz 2 gilt entsprechend.

Der Eintritt in das Streitverfahren oder die Anberaumung eines Termins hierzu ist erst nach Zahlung der erforderten Prozeßgebühr zulässig. Dies gilt nicht, wenn der Antrag auf Eintritt in das Streitverfahren oder auf Anberaumung eines Termins hierzu von dem Antragsgegner gestellt ist.

§ 74b. Die im § 30a Abs. 1 bestimmte Gebühr wird mit der Niederlegung des Schiedsspruchs oder des von einem Schiedsgerichte vermittelten Vergleichs fällig.

§ 75. Im übrigen werden die Gebühren sowie die Auslagen fällig, sobald eine unbedingte Entscheidung über die Kosten ergangen ist oder das Verfahren oder die Instanz durch Vergleich, Zurücknahme oder anderweitige Erledigung beendigt ist.

In Strafsachen werden die Gebühren und Auslagen, die dem verurteilten Beschuldigten zur Last fallen, erst mit der Rechtskraft des Urteils fällig.

§ 76. Die Schreibgebühren sowie die Postgebühren für die Übersendung auf Antrag erteilter Ausfertigungen und Abschriften werden sofort nach Aushändigung oder Absendung der Schriftstücke fällig.

Die Anfertigung kann von der vorherigen Zahlung eines die Kosten deckenden Betrags abhängig gemacht werden.

§ 77. In bürgerlichen Rechtsstreitigkeiten ist Schuldner der Gebühren und Auslagen derjenige, der das Verfahren der Instanz beantragt hat.

In den Fällen des § 30a Abs. 1 ist Schuldner der Gebühren derjenige, auf dessen Betreiben das schiedsrichterliche Verfahren eingeleitet worden ist.

§ 78. Im Konkursverfahren ist Schuldner der in den §§ 41, 48 Abs. 2 bestimmten Gebühren sowie im Falle der Abweisung oder Zurücknahme des Antrags auf Eröffnung oder Wiederaufnahme des Verfahrens auch der in dem Verfahren entstandenen Auslagen der Antragsteller, im übrigen der Gemeinschuldner.

§ 78a. Im Vergleichsverfahren zur Abwendung des Konkurses ist Schuldner der Gebühren und Auslagen der Vergleichsschuldner.

§ 79. Schuldner der Gebühren und Auslagen ist ferner derjenige, dem durch eine unbedingte gerichtliche Entscheidung die Kosten des Verfahrens auferlegt sind, oder der sie durch eine vor dem Gericht abgegebene oder ihm mitgeteilte Erklärung übernommen hat.

§ 79a. Der Beschuldigte, der den Antrag auf gerichtliche Entscheidung gegen eine polizeiliche Strafverfügung oder einen Strafbescheid einer Verwaltungsbehörde zurücknimmt, ist Schuldner der entstandenen Auslagen.

§ 80. Schuldner der Schreibgebühren sowie der Postgebühren für die Übersendung auf Antrag erteilter Ausfertigungen und Abschriften ist der Antragsteller oder die Partei, die es unterlassen hat, einem von Amts wegen zuzustellenden Schriftsatz die erforderliche Zahl von Abschriften beizufügen.

§ 81. Die durch gerichtliche Entscheidung begründete Verpflichtung zur Zahlung von Gebühren und Auslagen erlischt, soweit die Entscheidung aufgehoben oder abgeändert wird.

Bereits gezahlte Beträge werden, soweit der Kostenansatz bestehen bleibt, nicht zurückgezahlt.

§ 82. Mehrere Kostenschuldner haften als Gesamtschuldner.

Soweit einer Partei die Kosten durch gerichtliche Entscheidung auferlegt oder von ihr durch eine vor dem Gericht abgegebene oder ihm mitgeteilte Erklärung übernommen sind, soll die Haftung der anderen Partei nur geltend gemacht werden, wenn eine Zwangsvollstreckung in das bewegliche Vermögen der ersteren erfolglos geblieben ist oder aussichtslos erscheint.

§ 83. In Strafsachen hat der Privatkläger oder derjenige, der als Privatkläger oder Nebenkläger eine Berufung oder eine Revision einlegt oder eine Wiederaufnahme des Verfahrens beantragt, einen Gebührenvorschuß in Höhe der halben im § 60 Abs. 1 bestimmten Gebühr für die Instanz zu zahlen. Der § 64 findet entsprechende Anwendung. Der Widerkläger ist zur Zahlung eines Gebührenvorschusses nicht verpflichtet.

Der gleiche Gebührenvorschuß ist im Falle des § 67 zu zahlen.

Sofern nicht dem Privatkläger das Armenrecht bewilligt ist oder Gebührenfreiheit zusteht, soll auf Grund der erhobenen Privatklage vor Zahlung des Gebührenvorschusses keine gerichtliche Handlung vorgenommen werden, es sei denn, daß glaubhaft gemacht wird, daß die Verzögerung dem Privatkläger einen nicht oder nur schwer zu ersetzenden Nachteil bringen würde.

§ 84. Bei jedem Antrag auf Vornahme einer Handlung, mit der bare Auslagen verbunden sind, hat der Antragsteller einen zu ihrer Deckung ausreichenden Vorschuß zu zahlen. Das Gericht kann die Vornahme der Handlung von der vorherigen Zahlung des Vorschusses abhängig machen.

Diese Vorschußpflicht besteht in Strafsachen nur für den Privatkläger, den Widerkläger sowie für den Nebenkläger, der Berufung oder Revision eingelegt hat.

§ 85. Ausländer, die als Kläger auftreten, haben unbeschadet der Verpflichtung zur Zahlung der Prozeßgebühr in erster Instanz sowie in der Berufsinstanz einen Vorschuß in Höhe der doppelten Gebühr, in der Revisionsinstanz einen solchen in Höhe der einfachen Gebühr zu leisten.

Diese Verpflichtung tritt nicht ein:

1. wenn in dem Staate, dem der Kläger angehört, ein Deutscher im gleichen Falle in bezug auf Vorauszahlung oder Sicherstellung der Gerichtskosten einem Inländer gleichgestellt ist;
2. bei Klagen im Urkunden- und Wechselprozesse;
3. bei Widerklagen;
4. bei Klagen, die infolge einer öffentlichen Aufforderung erhoben werden;
5. bei Klagen aus Rechten, die im Grundbuch eingetragen sind;
6. wenn dem Kläger das Armenrecht bewilligt ist.

Die Verpflichtung besteht auch dann, wenn im Laufe des Rechtsstreits der Kläger die Eigenschaft eines Deutschen verliert oder die Voraussetzung, unter welcher der Kläger von der Verpflichtung befreit war, wegfällt.

Unter den gleichen Voraussetzungen hat ein Ausländer, der als Privatkläger auftritt oder als Nebenkläger Berufung oder Revision einlegt, den doppelten Gebührenvorschuß (§ 83) zu zahlen.

Vor Zahlung des gemäß Abs. 1, 3, 4 zu erhebenden Vorschusses soll der Ausländer zur Verhandlung nicht zugelassen werden, sofern nicht glaubhaft gemacht wird, daß die Verzögerung dem Ausländer einen nicht zu ersetzenden Nachteil bringen würde.

§ 86. Die Verpflichtung zur Zahlung der vorzuschießenden Beträge bleibt bestehen, auch wenn die Kosten des Verfahrens einem anderen auferlegt oder von einem anderen übernommen sind. Die Vorschrift des § 82 Abs. 2 findet entsprechende Anwendung.

§ 87. Besteht eine Partei aus mehreren Personen, so haften sie in Ermangelung einer gerichtlichen Entscheidung über die Kostenverteilung als Gesamtschuldner.

§ 88. Durch die §§ 74 bis 87 wird eine nach den Vorschriften des bürgerlichen Rechtes oder den Vorschriften der Zivilprozeßordnung § 100 Abs. 4, § 788, der Konkursordnung §§ 57 bis 60, 142 oder der Strafprozeßordnung § 466 Abs. 2, § 471 Abs. 4, § 472 begründete Verpflichtung zur Zahlung entstandener Gebühren und Auslagen nicht berührt.

§ 89. Die Landesjustizverwaltung kann anordnen, daß die Entrichtung von Kosten durch Marken zu erfolgen hat.

Siebenter Abschnitt: **Schlußbestimmungen.**

§ 90. Von Zahlung der Gebühren sind befreit:
das Reich in dem Verfahren vor den Landesgerichten,
die Länder in dem Verfahren vor dem Reichsgerichte.

Die landesgesetzlichen Vorschriften, welche für gewisse Rechtssachen oder gewisse Personen in dem Verfahren vor den Landesgerichten Gebührenfreiheit gewähren, werden durch dieses Gesetz nicht berührt.

Für das Verfahren vor dem Reichsgerichte kann die Befreiung von Gebühren durch Verordnung der Reichsregierung mit Zustimmung des Reichsrats gewährt werden.

Soweit demjenigen, welchem die Gebührenfreiheit zusteht, Kosten des Verfahrens auferlegt oder von ihm übernommen werden, sind Gebühren überhaupt nicht zu erheben und erhobene zurückzuzahlen.

§ 91. Die Behörden haben einander zum Zwecke der Einziehung von Gebühren und Auslagen nach näherer Bestimmung der von der Reichsregierung mit Zustimmung des Reichsrats zu erlassenden Anweisung Beistand zu leisten.

52. Gesetz
über die Gerichtskosten und die Gebühren der Rechtsanwälte.

Vom 28. Januar 1927 (RGBl. 53).

Art. I. (Ändert das Gerichtskostengesetz; s. nun die Neufassung oben Nr. 51.)

Art. II. (Ändert die Gebührenordnung für die Rechtsanwälte; s. nun die Neufassung unten Nr. 57).

Art. III. Soweit in Reichsgesetzen oder Landesgesetzen auf Vorschriften verwiesen ist, die durch dieses Gesetz geändert werden, treten vorbehaltlich anderweitiger landesgesetzlicher Regelung die entsprechenden Vorschriften dieses Gesetzes an ihre Stelle.

Art. IV. Art. VII des Gesetzes zur Änderung des Gerichtskostengesetzes vom 21. Dezember 1922 (Reichsgesetzbl. 1923 I S. 1) und Art. VII des Gesetzes über die Gebühren der Rechtsanwälte und die Gerichtskosten vom 18. August 1923 (Reichsgesetzbl. 1923 I S. 813) fallen fort.

Art. V. Dieses Gesetz tritt am 1. April 1927 in Kraft.

Es findet auf die vor seinem Inkrafttreten anhängig gewordenen Rechtssachen Anwendung, soweit nicht die Instanz vor diesem Zeitpunkt beendet war. Als Ende der Instanz im Sinne dieser Vorschrift gilt in bürgerlichen Rechtsstreitigkeiten, sofern die Instanz mit einem Urteil abschließt, hinsichtlich der Gerichtskosten der Zeitpunkt der Verkündung und hinsichtlich der Anwaltsgebühren der Zeitpunkt der Zustellung und, wenn ein Rechtsmittel gegen das Urteil nicht stattfindet, der Zeitpunkt der Verkündung. Hinsichtlich der vor Inkrafttreten dieses Gesetzes entstandenen Schreibgebühren bleiben die bisherigen Vorschriften in Kraft.

Sofern in den Fällen des Abs. 2 der Betrag einer dem Rechtsanwalte vor dem Inkrafttreten dieses Gesetzes erwachsenen Gebühr auf Grund der bisherigen Vorschriften höher ist als auf Grund der Vorschriften dieses Gesetzes, steht dem Rechtsanwalte der höhere Betrag zu.

Art. VI. Der Reichsminister der Justiz wird ermächtigt, den Wortlaut des Gerichtskostengesetzes und der Gebührenordnung für Rechtsanwälte in der vom 1. April 1927 ab geltenden Fassung im Reichsgesetzblatt bekanntzugeben.

Hierbei sind einzustellen:

1. in das Gerichtskostengesetz als § 49 Abs. 4 Satz 3 der Art. III Nr. 6 der weiteren Verordnung zur Entlastung der Gerichte und über die Gerichtskosten vom 13. Dezember 1923 (Reichsgesetzbl. I S. 1186) in folgender Fassung:

   Der Wert ist nach dem Zeitpunkt der Verurteilung zu bestimmen;
2. in die Gebührenordnung für Rechtsanwälte an Stelle des § 38 der § 5 der Bekanntmachung zur Entlastung der Gerichte (Reichsgesetzbl. 1924 I S. 552).

53. Weitere Verordnung zur Entlastung der Gerichte und über die Gerichtskosten.

Vom 13. Dezember 1923 (RGBl. 1186).

Änderungen erfolgten durch § 2 der 2. DurchfVO. zum Reichsmünzgesetz v. 12. Dezember 1924 (s. diese oben unter Nr. 37).

Art. II. Für die Erhebung der Gerichtskosten gilt folgendes:

Abs. 4. Bis auf weiteres ist für die Umrechnung der vom Reichsminister der Finanzen bekanntgegebene Goldumrechnungssatz (§ 2 der Durchführungsbestimmungen zur Aufwertungsverordnung vom 13. Oktober 1923, Reichsgesetzbl. I S. 951) maßgebend. Der Reichsminister der Justiz ist ermächtigt, einen anderen Umrechnungssatz zu bestimmen.

Art. V. Die Verordnung tritt am 1. Januar 1924 in Kraft.

Sie findet auf anhängige Rechtssachen Anwendung hinsichtlich der Gebühren, die nach dem Inkrafttreten dieser Verordnung fällig geworden sind, sowie der Auslagen, die nach diesem Zeitpunkt entstanden sind. Sind auf Gebühren oder Auslagen dieser Art vor dem Inkrafttreten dieser Verordnung Vorschüsse erfordert, so sind diese in Reichsmark umgerechnet in Anrechnung zu bringen. Maßgebend für die Umrechnung ist der Umrechnungssatz (Art. II Abs. 4) und, sofern die Zahlung vor dem 1. September 1923 geleistet ist, das Goldzollaufgeld im Zeitpunkt der Zahlung, sofern jedoch die Zahlung vor dem Inkrafttreten dieser Verordnung noch nicht geleistet ist, der Umrechnungssatz (Art. II Abs. 4) am Tage des Inkrafttretens dieser Verordnung.

In anhängigen bürgerlichen Rechtsstreitigkeiten, die eine in Reichswährung (alter Ordnung) ausgedrückte Geldsumme betreffen, bestimmt sich der Wert des Streit- oder Beschwerdegegenstandes hinsichtlich der nach dem Inkrafttreten dieser Verordnung fällig werdenden Gebühren nach dem Umrechnungssatz (Art. II Abs. 4) im Zeitpunkt des Inkrafttretens dieser Verordnung.

Gebühren, die vor dem Inkrafttreten dieser Verordnung fällig geworden sind, werden, sofern sie nicht vor diesem Zeitpunkt bereits erfordert sind, in Reichsmark umgerechnet. Das gleiche gilt hinsichtlich der vor diesem Zeitpunkt entstandenen, nicht durch Vorschüsse gedeckten Auslagen. Bei der Umrechnung ist der Umrechnungssatz (Art. II Abs. 4) am Tage des Inkrafttretens dieser Verordnung zugrunde zu legen. Die sich hiernach ergebenden Gesamtbeträge sind auf volle 50 Reichspfennig nach unten abzurunden; Beträge unter 50 Reichspfennig werden nicht erhoben. Die Vorschriften dieses Absatzes finden auch auf Rechtssachen Anwendung, in denen die Instanz vor dem Inkrafttreten dieser Verordnung beendigt war.

54. Verordnung über die Entschädigung der Arbeitgeber- und Arbeitnehmer-Beisitzer der Arbeitsgerichtsbehörden.

Vom 24. Juni 1927 (RGBl. 129).
Geändert durch VO. v. 26. Mai 1928 (RGBl. 159).

Auf Grund des § 25 Abs. 2, § 37 Abs. 2 und § 43 Abs. 3 des Arbeitsgerichtsgesetzes vom 23. Dezember 1926 (Reichsgesetzbl. I S. 507) wird verordnet:

§ 1. Entschädigung für Verdienstausfall. Die Arbeitgeber- und die Arbeitnehmer-Beisitzer der Arbeitsgerichtsbehörden erhalten für den ihnen aus der Wahrnehmung des Beisitzeramts erwachsenden Verdienstausfall eine Entschädigung. Diese beträgt für jede angefangene Stunde der durch die Amtstätigkeit versäumten Arbeitszeit wenigstens 20 Reichspfennige und höchstens 1,50 Reichsmark. Die Höhe der Entschädigung wird im Einzelfall unter Berücksichtigung der regelmäßigen Erwerbstätigkeit festgesetzt. Die Entschädigung wird für höchstens zehn Stunden für den Tag gewährt.

§ 2. Entschädigung für Aufwand. (1) Neben der Vergütung für den Verdienstausfall erhalten die Beisitzer für den mit ihrer Amtstätigkeit verbundenen Aufwand für jeden Sitzungstag eine Entschädigung.

(2) Die Entschädigung beträgt für die Beisitzer der Arbeitsgerichte und der Landesarbeitsgerichte bei einer Sitzungsdauer bis zu vier Stunden 1,50 Reichsmark, bei längerer Sitzungsdauer 3 Reichsmark.

(3) Beisitzer, die nicht innerhalb der politischen Gemeinde des Sitzungsorts wohnen, erhalten außerdem eine weitere Entschädigung von 3 Reichsmark für den Sitzungstag und jeden weiteren Reisetag.

(4) Für Beisitzer des Reichsarbeitsgerichts, die innerhalb der politischen Gemeinde des Sitzungsorts wohnen, beträgt die Entschädigung 6 Reichsmark für den Sitzungstag. Auswärtige Beisitzer erhalten für den Sitzungstag und jeden Reisetag eine Entschädigung von 12 Reichsmark.

§ 3. Übernachtungsgeld. (1) Wird durch die Wahrnehmung des Beisitzeramts eine auswärtige Übernachtung erforderlich, so wird außer der Entschädigung für Verdienstausfall nach § 1 und der Entschädigung für Aufwand nach § 2 ein Übernachtungsgeld gezahlt. Es beträgt

a) für Beisitzer der Arbeitsgerichte und der Landesarbeitsgerichte in besonders teuren Orten 7 Reichsmark, in anderen Orten 5 Reichsmark; ob das Übernachtungsgeld für besonders teure Orte oder das für andere Orte zu gewähren ist, entscheidet sich nach dem Sitzungsorte;

b) für die Beisitzer des Reichsarbeitsgerichts 9 Reichsmark.

(2) Welche Orte als besonders teuere gelten, bestimmt sich nach den Vorschriften über Dienstreisen der Reichsbeamten.

§ 4. Fahrkosten. (1) Beisitzer der Arbeitsgerichtsbehörden, die nicht innerhalb der politischen Gemeinde des Sitzungsorts wohnen, erhalten als Fahrkostenentschädigung

a) für Wegestrecken, die auf Eisenbahnen, Schiffen, Kraftposten oder sonstigen regelmäßig fahrenden Verkehrsmitteln zurückgelegt sind oder hätten zurückgelegt werden können, die wirklich erwachsenen Auslagen, einschließlich der Kosten für Beförderung und Versicherung des notwendigen Gepäcks, jedoch bei Benutzung von Eisenbahnen oder Schiffen höchstens den Fahrpreis für die 3. Wagen- oder 2. Schiffsklasse, wenn es sich um Beisitzer der Arbeitsgerichte und der Landesarbeitsgerichte, und höchstens den Fahrpreis für die 2. Wagen- oder 1. Schiffsklasse, wenn es sich um Beisitzer des Reichsarbeitsgerichts handelt;

b) für Wegestrecken, die nicht mit den unter a genannten Verkehrsmitteln zurückgelegt werden können, für je 1 km (angefangene Kilometer werden als voll gerechnet) 10 Reichspfennig.

Ist der Beisitzer durch besondere Umstände genötigt, sich eines Fuhrwerks zu bedienen, so sind die dadurch erwachsenen Unkosten in angemessenen Grenzen zu ersetzen. Dies gilt auch dann, wenn ein eigenes Fuhrwerk benutzt worden ist; in diesem Falle sind in der Regel zwei Drittel der ortsüblichen Kosten eines Mietfuhrwerkes als ausreichende Entschädigung anzusehen.

(2) Kosten für Fahrten oder Wege innerhalb der politischen Gemeinden des Wohnorts und des Sitzungsorts werden nicht erstattet.

55. Gebührenordnung für Zeugen und Sachverständige.

In der Fassung der Bek. v. 21. Dezember 1925[1]) (RGBl. 471).

§ 1. In den vor die ordentlichen Gerichte gehörigen Rechtssachen, auf welche die Zivilprozeßordnung, die Strafprozeßordnung oder die Konkursordnung Anwendung findet, erhalten die Zeugen und Sachverständigen Gebühren nach Maßgabe der folgenden Bestimmungen.

§ 2. Der Zeuge erhält eine Entschädigung für die erforderliche Zeitversäumnis im Betrage von 20 Reichspfennig bis zu 1,50 Reichsmark für jede angefangene Stunde.

Die Entschädigung ist unter Berücksichtigung des von dem Zeugen versäumten Erwerbes zu bemessen und für jeden Tag auf nicht mehr als zehn Stunden zu gewähren. Ob eine Erwerbsversäumnis stattgefunden hat, ist nach freiem Ermessen unter Berücksichtigung der Lebensverhältnisse und der regelmäßigen Erwerbstätigkeit des Zeugen zu beurteilen. Bis zu der im Abs. 1 bestimmten Höchstgrenze ist der volle Verdienstausfall zu ersetzen.

Personen, welche durch einfache Handarbeit, Handwerksarbeit oder geringeren Gewerbebetrieb ihren Unterhalt suchen oder sich in gleichen Verhältnissen mit solchen Personen befinden, erhalten die nach dem geringsten Satze zu bemessende Entschädigung auch dann, wenn die Versäumnis eines Erwerbes nicht stattgefunden hat.

§ 3. Der Sachverständige erhält für seine Leistung eine Vergütung nach Maßgabe der erforderlichen Zeitversäumnis im Betrage bis zu 3 Reichsmark für jede angefangene Stunde. Ist die Leistung besonders schwierig, so darf der Betrag bis zu 6 Reichsmark für jede angefangene Stunde erhöht werden.

---

[1]) Die Neufassung erfolgte auf Grund der durch Art. IV des Ges. v. 21. Dez. 1925 (s. unter Nr. 56) erteilten Ermächtigung.

Die Vergütung ist unter Berücksichtigung der Erwerbsverhältnisse des Sachverständigen zu bemessen.

Außerdem sind dem Sachverständigen die auf die Vorbereitung des Gutachtens verwendeten Kosten sowie die für eine Untersuchung verbrauchten Stoffe und Werkzeuge zu vergüten.

§ 4. Besteht für die aufgetragene Leistung ein üblicher Preis, so ist dem Sachverständigen auf Verlangen dieser und für die außerdem stattfindende Teilnahme an Terminen die im § 3 Abs. 1 Satz 1 und Abs. 2 geregelte Vergütung zu gewähren.

Beschränkt sich die Tätigkeit des Sachverständigen auf die Teilnahme an Terminen, so erhält er lediglich die im § 3 bestimmte Vergütung.

§ 5. Haben in bürgerlichen Rechtsstreitigkeiten die Parteien sich dem Gerichte gegenüber mit einer bestimmten Vergütung für die Leistung des Sachverständigen einverstanden erklärt, so ist diese Vergütung zu gewähren, sofern ein zu ihrer Deckung ausreichender Betrag an die Staatskasse gezahlt ist.

§ 6. Als versäumt gilt für den Zeugen oder Sachverständigen auch die Zeit, während welcher er seine gewöhnliche Beschäftigung nicht wieder aufnehmen kann.

§ 7. Mußte der Zeuge oder Sachverständige außerhalb seines Aufenthaltsorts einen Weg bis zur Entfernung von mehr als zwei Kilometer zurücklegen, so ist ihm außer den nach §§ 2 bis 6 zu bestimmenden Beträgen eine Entschädigung für die Reise und für den durch die Abwesenheit von dem Aufenthaltsorte verursachten Aufwand nach Maßgabe der folgenden Bestimmungen zu gewähren.

§ 8. Soweit nach den persönlichen Verhältnissen des Zeugen oder Sachverständigen oder nach äußeren Umständen die Benutzung von Transportmitteln für angemessen zu erachten ist, sind als Reiseentschädigung die nach billigem Ermessen in dem einzelnen Falle erforderlichen Kosten zu gewähren. In anderen Fällen beträgt die Reiseentschädigung für jedes angefangene Kilometer des Hinwegs und des Rückwegs 10 Reichspfennig.

§ 9. Die Entschädigung für den durch Abwesenheit von dem Aufenthaltsorte verursachten Aufwand ist nach den persönlichen Verhältnissen des Zeugen oder Sachverständigen zu bemessen, soll jedoch den Satz, der den Reichsbeamten der Stufe III (§ 2 Abs. 2 der Reisekostenverordnung für die Reichsbeamten

[Reichsgesetzbl. 1921 S. 1345, 1923 I S. 981])[1]) als Tagegeld zusteht, nicht überschreiten. Die Vorschriften der genannten Verordnung, nach denen bei Reisen, die an demselben Kalendertag angetreten und beendet werden, sich das Tagegeld vermindert oder ein Tagegeld nicht gewährt wird, gelten entsprechend. War der Zeuge oder Sachverständige genötigt, außerhalb seines Aufenthaltsorts ein Nachtquartier zu nehmen, so erhält er den angemessenen Betrag, der glaubhaft gemacht ist.

[1]) § 2 Abs. 2 der Reisekosten-VO. für die Reichsbeamten ist neugefaßt durch die VO. v. 29. Dezember 1927 (RGesBl. 206).

§ 10. Mußte der Zeuge oder Sachverständige innerhalb seines Aufenthaltsorts einen Weg bis zu einer Entfernung von mehr als zwei Kilometer zurücklegen, so ist ihm für den ganzen zurückgelegten Weg eine Reiseentschädigung nach den Vorschriften des § 8 zu gewähren.

§ 11. Konnte der Zeuge oder Sachverständige den erforderlichen Weg ohne Benutzung von Transportmitteln nicht zurücklegen, so sind die nach billigem Ermessen erforderlichen Kosten auch außer den in den §§ 7, 10 bestimmten Fällen zu gewähren.

§ 12. Abgaben für die erforderliche Benutzung eines Weges sind in jedem Falle zu erstatten.

§ 13. Bedarf der Zeuge wegen jugendlichen Alters oder wegen Gebrechen eines Begleiters, so sind die Entschädigungen für beide zu gewähren.

§ 14. Notwendige bare Auslagen, soweit sie nicht den durch den Aufenthalt außerhalb der Wohnung verursachten Aufwand betreffen, können dem Zeugen oder Sachverständigen nach billigem Ermessen erstattet werden. Dies gilt namentlich von den Kosten für eine notwendige Vertretung.

§ 15. Die dem Zeugen oder Sachverständigen zu zahlende Gesamtvergütung wird auf volle 5 Reichspfennig aufgerundet.

§ 16. Soweit für gewisse Arten von Sachverständigen besondere Taxvorschriften bestehen, welche an dem Orte des Gerichts, vor welches die Ladung erfolgt, und an dem Aufenthaltsorte des Sachverständigen gelten, kommen lediglich diese Vorschriften in Anwendung. Gelten solche Taxvorschriften nur an einem dieser Orte oder gelten an demselben verschiedene Taxvorschriften, so kann der Sachverständige die Anwendung der ihm günstigeren Bestimmungen verlangen.

In den Fällen des Abs. 1 kann der Sachverständige, wenn er nicht öffentlicher Beamter ist, an Stelle der Gesamtvergütung nach den Taxvorschriften die Berechnung der Gesamtvergütung nach den Vorschriften dieses Gesetzes beanspruchen.

Dolmetscher erhalten Entschädigung als Sachverständige nach den Vorschriften dieses Gesetzes, sofern nicht ihre Leistungen zu den Pflichten eines von ihnen versehenen Amtes gehören.

§ 17. Öffentliche Beamte erhalten Tagegelder und Reisekosten nach Maßgabe der für Dienstreisen geltenden Vorschriften, falls sie zugezogen werden:

1. als Zeugen über Umstände, von denen sie in Ausübung ihres Amtes Kenntnis erhalten haben;
2. als Sachverständige, wenn sie aus Veranlassung ihres Amtes zugezogen werden und die Ausübung der Wissenschaft, der Kunst oder des Gewerbes, deren Kenntnis Voraussetzung der Begutachtung ist, zu den Pflichten des von ihnen versehenen Amtes gehört.

Soweit allgemeine Vorschriften für Dienstreisen nicht erlassen sind, kann die oberste Verwaltungsbehörde über die Gewährung der den öffentlichen Beamten in den Fällen des Abs. 1 den Gerichten gegenüber zustehenden Tagegelder und Reisekosten besondere Vorschriften erlassen.

Werden nach den Vorschriften dieses Paragraphen Tagegelder und Reisekosten gewährt, so findet eine weitere Vergütung an den Zeugen oder Sachverständigen nicht statt.

Die vorstehenden Bestimmungen finden auf Personen des Soldatenstandes entsprechende Anwendung.

Auf Beamte der Gemeinden (Gemeindeverbände) finden die allgemeinen Vorschriften für Dienstreisen insoweit keine Anwendung, als die oberste Verwaltungsbehörde Bestimmungen über die Höhe der ihnen den Gerichten gegenüber zustehenden Tagegelder und Reisekosten erlassen hat.

Die oberste Verwaltungsbehörde kann die ihr durch Abs. 2 und Abs. 5 gegebene Befugnis zum Erlasse der bezeichneten Bestimmungen auf andere Behörden übertragen.

§ 18. Ist ein Sachverständiger für die Erstattung von Gutachten im allgemeinen beeidigt, so können die Gebühren für die bei bestimmten Gerichten vorkommenden Geschäfte durch Übereinkommen bestimmt werden.

§ 19. Die Gebühren der Zeugen und Sachverständigen werden nur auf Verlangen derselben gewährt. Der Anspruch erlischt, wenn das Verlangen binnen drei Monaten nach Beendigung der Zuziehung oder Abgabe des Gutachtens bei dem zuständigen Gerichte nicht angebracht wird.

§ 20. Die einem Zeugen oder Sachverständigen zu gewährenden Beträge werden durch gerichtlichen Beschluß festgesetzt, wenn der Zeuge oder Sachverständige oder die Staatskasse eine richterliche Festsetzung beantragt oder das Gericht sie für angemessen hält. Der Ansatz kann von Amts wegen berichtigt werden, wenn die Beträge aus der Staatskasse gezahlt und dieser nicht erstattet sind. Für die Festsetzung und Berichtigung ist das Gericht oder der Richter zuständig, vor welchem die Verhandlung stattgefunden hat, und für die Berichtigung auch das Gericht der höheren Instanz.

Gegen die richterliche Entscheidung findet Beschwerde nach Maßgabe des § 567 Abs. 3, der §§ 568 bis 575 der Zivilprozeßordnung sowie des § 4 Abs. 3 des Gerichtskostengesetzes, in Strafsachen nach Maßgabe der §§ 304 bis 310 der Strafprozeßordnung statt.

§ 21. Im Falle einer wesentlichen Änderung der wirtschaftlichen Verhältnisse kann die Reichsregierung mit Zustimmung des Reichsrats die Gebühren für Zeugen und Sachverständige anderweitig festsetzen.

56. Gesetz über die Gebühren der Zeugen und Sachverständigen.

Vom 21. Dezember 1925 (RGBl. 470).

Art. I. (Der Art. I bringt nur Änderungen der früheren Fassung vom 13. März 1922, RGBl. 1922, 242 u. 806; 1923,

[1]) Der neue Wortlaut (Bek. v. 21. Dez. 1925) ist oben unter Nr. 55 abgedruckt; die VO. v. 21. Dez. 1923 und das Ges. v. 24. Okt. 1922 sind damit gegenstandslos geworden.

632 u. 1239, die bei dem Abdruck der Neufassung, oben Nr. 55, bereits berücksichtigt sind.)

Art. II. (Der Art. II bringt nur Änderungen des gegenstandslos gewordenen Ges. zur Änderung der Gebührenordnung für Zeugen u. Sachverständige v. 24. Oktober 1922, RGBl. 806).

Art. III. Soweit in Reichsgesetzen oder Landesgesetzen auf Vorschriften der Gebührenordnung für Zeugen und Sachverständige verwiesen ist, die durch dieses Gesetz geändert werden, treten die Vorschriften dieses Gesetzes an ihre Stelle.

Art. IV. Dieses Gesetz tritt am 1. Januar 1926 in Kraft.

Der Reichsminister der Justiz wird ermächtigt, den Wortlaut der Gebührenordnung für Zeugen und Sachverständige mit den bis zu diesem Zeitpunkt ergangenen Gesetzen und Verordnungen in Einklang zu bringen und in fortlaufender Paragraphenfolge im Reichsgesetzblatt bekanntzumachen. Hierbei sind der Art. II der fünften Verordnung über die Gebühren für Zeugen und Sachverständige vom 21. Dezember 1923 (Reichsgesetzbl. I S. 1239) hinter § 12a und der Art. II Satz 1 des Gesetzes zur Änderung der Gebührenordnung für Zeugen und Sachverständige vom 24. Oktober 1922 (Reichsgesetzbl. I S. 806) hinter § 17 einzustellen.

57. Gebührenordnung für Rechtsanwälte.

In der Neufassung vom 5. Juli 1927 (RGBl. 152 u. 162.)

Änderungen erfolgten durch das Ges. v. 9. Juli 1927 (RGBl. 175) und die VO. v. 30. November 1927 (RGBl. 334.).

Erster Abschnitt: Allgemeine Bestimmungen.

§ 1. Die Vergütung für die Berufstätigkeit des Rechtsanwalts in einem Verfahren vor den ordentlichen Gerichten, auf welches die Zivilprozeßordnung, die Strafprozeßordnung, die Konkursordnung oder das Gesetz über den Vergleich zur Abwendung des Konkurses Anwendung findet sowie für die beratende Berufstätigkeit des Rechtsanwalts, welche den Beginn oder die Fortsetzung eines solchen Verfahrens betrifft, bestimmt sich nach den Vorschriften dieses Gesetzes.

§ 2. Für die Ausführung eines Auftrags, dessen gemeinschaftliche Erledigung mehreren Rechtsanwälten übertragen ist, steht jedem derselben die volle Vergütung zu.

§ 3. Bei Ausführung von Aufträgen mehrerer Auftraggeber durch dieselbe Tätigkeit haftet jeder Auftraggeber dem Rechtsanwalte für denjenigen Betrag an Gebühren und Auslagen, welcher bei abgesonderter Ausführung seines Auftrags erwachsen sein würde. Die Mitverhaftung der anderen Auftraggeber kann dem Rechtsanwalte gegenüber nicht geltend gemacht werden.

§ 4. Für die Tätigkeit als Beistand stehen dem Rechtsanwalte die gleichen Gebühren zu wie für die Vertretung.

§ 5. Für Unterzeichnung eines Schriftsatzes erhält der Rechtsanwalt die gleichen Gebühren wie für Anfertigung desselben.

§ 6. Für Anfertigung und Übersendung von Rechnungen über Gebühren und Auslagen und für Zahlungsaufforderungen wegen derselben kann der Rechtsanwalt eine Gebühr nicht beanspruchen.

§ 7. Bei dem Betrieb eigener Angelegenheiten kann der Rechtsanwalt von dem zur Erstattung der Kosten des Verfahrens verpflichteten Gegner Gebühren und Auslagen bis zu dem Betrage fordern, in welchem er Gebühren und Auslagen eines bevollmächtigten Rechtsanwalts erstattet verlangen könnte.

§ 8. Der niedrigste Betrag einer jeden nach den Vorschriften der Abschnitte zwei bis vier zu berechnenden Gebühr wird auf eine Reichsmark bestimmt.

Nicht durch 5 teilbare Reichspfennigbeträge sind auf den nächsthöheren durch 5 teilbaren Betrag aufzurunden.

Zweiter Abschnitt: Gebühren in bürgerlichen Rechtsstreitigkeiten.

§ 9. In bürgerlichen Rechtsstreitigkeiten werden die Gebühren nach dem Werte des Streitgegenstandes erhoben.

Der Gebührensatz beträgt bei Gegenständen im Werte

bis 20 Reichsmark einschließlich	2 Reichsmark,
von mehr als 20 bis 60 Reichsmark einschließlich	4 „ ,

von mehr als 60 bis 100 Reichsmark einschließlich . . . . 6 Reichsmark,
von mehr als 100 bis 150 Reichsmark einschließlich . . . . 8 " ,
von mehr als 150 bis 200 Reichsmark einschließlich . . . . 10 " .

Bei Gegenständen mit höherem Streitwert beträgt die volle Gebühr von dem Werte

bis zu 500 Reichsmark einschließlich . . 5 vom Hundert,
von dem Mehrbetrage bis zu 1000 Reichsmark einschließlich . . . . 4 " " ,
von dem Mehrbetrage bis zu 3000 Reichsmark einschließlich . . . . 3 " " ,
von dem Mehrbetrage bis zu 6000 Reichsmark einschließlich . . . . 2 " " ,
von dem Mehrbetrage bis zu 10000 Reichsmark einschließlich . . . . 1 " " ,
von dem Mehrbetrage bis zu 100000 Reichsmark einschließlich . . . . ½ " " ,
von dem Mehrbetrage bis zu 1000000 Reichsmark einschließlich . . . . ¼ " " ,
von dem Mehrbetrage bis zu 5000000 Reichsmark einschließlich . . . . ⅕ " " ,
von dem Mehrbetrage . . . . 1/10 " " .

Dabei ist der Wert auf die nächsthöheren 100 Reichsmark, bei Gegenständen mit einem Streitwert von mehr als 20000 Reichsmark auf die nächsthöheren 1000 Reichsmark aufzurunden.

§ 10. Auf die Wertberechnung finden die Vorschriften der §§ 9 bis 15 des Gerichtskostengesetzes Anwendung.

§ 11. Die für die Berechnung der Gerichtsgebühren maßgebende Festsetzung des Wertes ist für die Berechnung der Gebühren der Rechtsanwälte maßgebend.

§ 12. Gegen den im § 18 des Gerichtskostengesetzes bezeichneten Beschluß steht dem Rechtsanwalte die Beschwerde nach Maßgabe des § 567 Abs. 3 und der §§ 568 bis 575 der Zivilprozeßordnung zu.

§ 13. Die Sätze des § 9 stehen dem als Prozeßbevollmächtigten bestellten Rechtsanwalte zu:

1. für den Geschäftsbetrieb, einschließlich der Information (Prozeßgebühr);
2. für die mündliche Verhandlung (Verhandlungsgebühr);
3. für die Mitwirkung bei einem zur Beilegung des Rechtsstreits abgeschlossenen Vergleiche (Vergleichsgebühr).

Die Sätze des § 9 stehen demselben zu fünf Zehnteilen zu:

4. für die Vertretung in dem Termine zur Leistung des durch ein Urteil auferlegten Eides sowie in einem Beweisaufnahmeverfahren, wenn die Beweisaufnahme nicht bloß in Vorlegung der in den Händen des Beweisführers oder des Gegners befindlichen Urkunden besteht (Beweisgebühr).

§ 14. Soweit der Auftrag vor Beginn des zur mündlichen Verhandlung bestimmten Termins (Zivilprozeßordnung § 220) erledigt ist, ohne daß der Rechtsanwalt die Klage eingereicht hat oder einen Schriftsatz hat zustellen lassen, steht ihm die Prozeßgebühr nur zu fünf Zehnteilen zu.

In einem Verfahren, für welches eine mündliche Verhandlung durch das Gesetz nicht vorgeschrieben ist, findet die gleiche Ermäßigung statt, soweit der Auftrag erledigt ist, bevor der Antrag an das Gericht eingereicht, der mündliche Antrag gestellt oder der Auftrag an den Gerichtsvollzieher oder den diesen Auftrag vermittelnden Urkundsbeamten der Geschäftsstelle erteilt ist.

§ 15. Die Verhandlungsgebühr steht dem Rechtsanwalte nicht zu, welcher zur mündlichen Verhandlung geladen hat, ohne daß dieselbe durch das Gesetz vorgeschrieben oder durch das Gericht oder den Vorsitzenden angeordnet war.

§ 16. Für eine nicht streitige Verhandlung steht dem Rechtsanwalte die Verhandlungsgebühr nur zu fünf Zehnteilen zu. Diese Minderung tritt nicht ein, wenn die Entscheidung nach Lage der Akten (Zivilprozeßordnung § 331a) beantragt wird sowie in Rechtsstreitigkeiten der im § 21 des Gerichtskostengesetzes bezeichneten Art, sofern der Kläger verhandelt. Sie tritt ferner nicht ein, wenn der Berufungskläger oder der Revisionskläger ein Versäumnisurteil beantragt.

§ 17. Insoweit sich in den Fällen des § 13 Nr. 4 die Vertretung auf die weitere mündliche Verhandlung erstreckt, erhöht sich die dem Rechtsanwalte zustehende Verhandlungsgebühr um fünf Zehnteile, und wenn die weitere mündliche Verhandlung eine nicht kontradiktorische ist, um die Hälfte dieses Betrags.

§§ 18 bis 20. fortgefallen.

§ 21. Der Rechtsanwalt erhält neben den ihm sonst zustehenden Gebühren die Prozeßgebühr nur zu fünf Zehnteilen, wenn seine Tätigkeit ausschließlich die Erledigung eines bedingten Urteils betrifft.

§ 22. Der Rechtsanwalt erhält die Prozeßgebühr und die Verhandlungsgebühr nur zu fünf Zehnteilen, wenn seine Tätigkeit Anträge auf Sicherung des Beweises (Zivilprozeßordnung §§ 485 bis 494) oder eine gerichtliche Entscheidung über die Ernennung oder Ablehnung eines Schiedsrichters, das Erlöschen eines Schiedsvertrags oder die Anordnung der von Schiedsrichtern für erforderlich erachteten richterlichen Handlungen (Zivilprozeßordnung § 1045) betrifft. Für die Vertretung bei der Beweisaufnahme erhält der Rechtsanwalt die Beweisgebühr (§ 13 Nr. 4).

§ 23. Drei Zehnteile der in den §§ 13 bis 17 bestimmten Gebühren erhält der Rechtsanwalt, wenn seine Tätigkeit betrifft:

1. die Zulässigkeit einer Nebenintervention (Zivilprozeßordnung § 71);
2. die vorläufige Einstellung, Beschränkung oder Aufhebung einer Zwangsvollstreckung (Zivilprozeßordnung §§ 707, 719, 769, 771 Abs. 3, §§ 785, 786, 805 Abs. 4, § 810 Abs. 2);
3. die Festsetzung der vom Gegner zu erstattenden Prozeßkosten oder die Abänderung der Kostenfestsetzung (Zivilprozeßordnung § 107);
4. die Bestimmung einer Frist zur Rückgabe und die Anordnung der Rückgabe einer Sicherheit in den Fällen des § 109 Abs. 1, 2 der Zivilprozeßordnung;
5. die Prozeß- oder Sachleitung, einschließlich der Bestimmung oder Änderung von Terminen und Fristen;
6. die Bewilligung oder Entziehung des Armenrechts sowie die Verpflichtung zur Nachzahlung von Kosten (Zivilprozeßordnung § 126);
7. die Zuständigkeit des obersten Landesgerichts (§ 7 des Einführungsgesetzes zur Zivilprozeßordnung) oder der

Kammern für Handelssachen (Gerichtsverfassungsgesetz §§ 97 bis 101), die Bestimmung des zuständigen Gerichts (Zivilprozeßordnung § 36), die Übernahme eines Entmündigungsverfahrens (Zivilprozeßordnung § 650 Abs. 3, § 651 Abs. 2), die Bestimmung eines Gerichtsvollziehers (Zivilprozeßordnung § 827 Abs. 1, § 854 Abs. 1) oder eines Sequesters (Zivilprozeßordnung §§ 848, 855);

8. die Ablehnung eines Richters, eines Urkundsbeamten der Geschäftsstelle oder eines Sachverständigen (Zivilprozeßordnung §§ 42 bis 49, 406);
9. die Verpflichtung eines Urkundsbeamten der Geschäftsstelle, gesetzlichen Vertreters, Rechtsanwalts oder anderen Bevollmächtigten sowie eines Gerichtsvollziehers zur Tragung der durch ihr Verschulden veranlaßten Kosten (Zivilprozeßordnung § 102);
10. Erinnerungen gegen den Kostenfestsetzungsbeschluß (Zivilprozeßordnung § 104 Abs. 3);
11. die Verpflichtung eines Rechtsanwalts zur Zurückgabe einer vom Gegner ihm mitgeteilten Urkunde (Zivilprozeßordnung § 135);
12. die Verpflichtung zur Abgabe eines Zeugnisses oder Gutachtens (Zivilprozeßordnung §§ 386 bis 389, 408);
13. die Zwangsmaßregeln gegen einen Zeugen oder Sachverständigen sowie die Verurteilung derselben zu Kosten und Strafe (Zivilprozeßordnung §§ 380, 381, 390, 409, 411);
14. die Bestellung eines Vertreters einer nicht prozeßfähigen oder unbekannten Partei für ein von dem Eigentümer aufgegebenes Grundstück oder für einen Erben, der die Erbschaft noch nicht angenommen hat (Zivilprozeßordnung §§ 57, 58, 494, 668, 679, 686, 779, 787);
15. die Berichtigung eines Urteils oder seines Tatbestandes (Zivilprozeßordnung §§ 319, 320);
16. die Vollstreckbarkeit der durch Rechtsmittelanträge nicht angefochtenen Teile eines Urteils (Zivilprozeßordnung §§ 534, 560);
17. die Zulassung einer Zustellung oder eines Aktes der Zwangsvollstreckung zur Nachtzeit oder an einem Sonn-

tag oder allgemeinen Feiertage (Zivilprozeßordnung §§ 188, 761);

18. die Zwangsvollstreckung.

§ 24. Zwei Zehnteile der in den §§ 13 bis 17 bestimmten Gebühren erhält der Rechtsanwalt, wenn seine Tätigkeit Anträge oder Gesuche betrifft:

1. auf Erteilung der Vollstreckungsklausel oder auf Zurücknahme der Vollstreckungsklausel, sofern diese Anträge nicht im Wege der Klage gestellt werden (Zivilprozeßordnung §§ 724 bis 730, 732, 738, 742, 744, 745 Abs. 2, §§ 749, 795, 796 Abs. 1, § 797 Abs. 1, 3, §§ 797a, 929) oder auf Erteilung einer weiteren vollstreckbaren Ausfertigung (Zivilprozeßordnung § 733);
2. auf Anordnung der Rückgabe einer Sicherheit im Falle des § 715 der Zivilprozeßordnung sowie auf Erteilung des Zeugnisses der Rechtskraft oder auf Erteilung des Zeugnisses, daß innerhalb der Notfrist ein Rechtsmittelschriftsatz nicht eingereicht sei (Zivilprozeßordnung § 706).

§ 25. Jede der im § 13 benannten Gebühren kann der Rechtsanwalt in jeder Instanz rücksichtlich eines jeden Teiles des Streitgegenstandes nur einmal beanspruchen.

§ 26. Für die Bestimmung des Umfanges einer Instanz im Sinne des § 25 finden die Vorschriften des § 27 Abs. 1 des Gerichtskostengesetzes entsprechende Anwendung.

§ 27. Im Falle der Zurückverweisung einer Sache an das Gericht unterer Instanz (Zivilprozeßordnung §§ 538, 539, 565, 566a) wird das weitere Verfahren vor diesem Gerichte für die Gebühren der Rechtsanwälte, mit Ausnahme der Prozeßgebühr, als neue Instanz behandelt. Die Beschränkung hinsichtlich der Prozeßgebühr gilt jedoch nicht im Falle der Zurückverweisung an das Oberlandesgericht gemäß § 566a Abs. 5 der Zivilprozeßordnung. Die Vorschrift im Satz 1 gilt entsprechend im Falle der Zurücknahme oder Verwerfung des gegen ein Versäumnisurteil eingelegten Einspruchs für das Verfahren über den Einspruch.

Im Falle der Zulassung des Einspruchs steht dem Rechtsanwalte des Gegners der den Einspruch einlegenden Partei die Gebühr für die mündliche Verhandlung, auf welche das Versäumnisurteil erlassen ist, besonders zu.

§ 28. Das Verfahren über einen Antrag auf Anordnung, Abänderung oder Aufhebung eines Arrestes oder einer einstweiligen Verfügung gilt, auch wenn es mit dem Verfahren über die Hauptsache verbunden ist, für die Berechnung der Gebühren des Rechtsanwalts als besonderer Rechtsstreit. Das gleiche gilt für das ordentliche Verfahren, welches nach der Abstandnahme vom Urkunden- oder Wechselprozesse sowie nach dem mit Vorbehalt in demselben erlassenen Urteil anhängig bleibt (Zivilprozeßordnung §§ 596, 600). Der Rechtsanwalt muß sich jedoch die Prozeßgebühr des Urkunden- oder Wechselprozesses auf die gleiche Gebühr des ordentlichen Verfahrens anrechnen.

Das Verfahren über einen Antrag auf Abänderung oder Aufhebung eines Arrestes oder einer einstweiligen Verfügung bildet mit dem Verfahren über den Antrag auf Anordnung des Arrestes oder der einstweiligen Verfügung eine Instanz.

§ 29. Die im § 13 benannten Gebühren umfassen die gesamte Tätigkeit des Rechtsanwalts von dem Auftrage bis zur Beendigung der Instanz.

Zu der Instanz gehören insbesondere:

1. das Verfahren behufs Festsetzung des Wertes des Streitgegenstandes;
2. Zwischenstreite mit Nebenintervenienten sowie mit Zeugen oder Sachverständigen;
3. das Verfahren zur Sicherung des Beweises (Zivilprozeßordnung §§ 485 bis 494), wenn die Hauptsache anhängig ist;
4. das Verfahren über einen Antrag auf vorläufige Einstellung, Beschränkung oder Aufhebung einer Zwangsvollstreckung (Zivilprozeßordnung §§ 707, 719, 769, 771 Abs. 3, §§ 785, 786, 805 Abs. 4, § 810 Abs. 2), soweit das Verfahren mit dem Verfahren über die Hauptsache verbunden ist;
5. das Verfahren über einen Antrag auf Änderung einer Entscheidung des beauftragten oder ersuchten Richters oder des Urkundsbeamten der Geschäftsstelle (Zivilprozeßordnung § 576);
6. das Verfahren über die im § 23 Nr. 5 bis 9, 11 bis 17 bezeichneten Streitpunkte und Anträge;

7. die Zustellung und Empfangnahme der Entscheidungen und die Mitteilung derselben an den Auftraggeber;
8. die Übersendung der Handakten an den Bevollmächtigten einer anderen Instanz.

§ 30. Die Gebühren werden besonders erhoben für die Tätigkeit bei Streitigkeiten und Anträgen, welche betreffen:
1. die Sicherung des Beweises (Zivilprozeßordnung §§ 485 bis 494), wenn die Hauptsache noch nicht anhängig ist;
2. das Verfahren über einen Antrag auf vorläufige Einstellung, Beschränkung oder Aufhebung einer Zwangsvollstreckung (Zivilprozeßordnung §§ 769, 771 Abs. 3, §§ 785, 786, 805 Abs. 4, § 810 Abs. 2), sofern das Verfahren von dem Verfahren über die Hauptsache getrennt ist;
3. die im § 23 Nr. 3, 4 bezeichneten Angelegenheiten.

Wird die vorläufige Einstellung, Beschränkung oder Aufhebung der Zwangsvollstreckung bei dem Vollstreckungsgericht und bei dem Prozeßgericht beantragt, so wird die Prozeßgebühr nur einmal erhoben.

Die Festsetzung der Kosten mit Einschluß der Erinnerungen gegen den Kostenfestsetzungsbeschluß und die Abänderung der Kostenfestsetzung (§ 23 Nr. 3 und 10) bilden eine Instanz. Das gleiche gilt von dem Verfahren über die im § 23 Nr. 4 bezeichneten Anträge.

§ 31. In der Zwangsvollstreckung bildet eine jede Vollstreckungsmaßregel zusammen mit den durch dieselbe vorbereiteten weiteren Vollstreckungshandlungen bis zu der durch die Maßregel zu erlangenden Befriedigung des Gläubigers eine Instanz.

Die landesgesetzlichen Bestimmungen in betreff der Gebühren für eine den Vorschriften der Zivilprozeßordnung nicht unterliegende Zwangsvollstreckung bleiben unberührt.

§ 32. Das Verfahren über einen Antrag auf Erteilung einer weiteren vollstreckbaren Ausfertigung (Zivilprozeßordnung § 733), das Verfahren zur Abnahme des Offenbarungseides (Zivilprozeßordnung §§ 900, 901) und die Ausführung der Zwangsvollstreckung in ein gepfändetes Vermögensrecht durch Verwaltung (Zivilprozeßordnng § 857 Abs. 4) bilden besondere Instanzen der Zwangsvollstreckuug.

§ 33. Die Vollstreckung der Entscheidung, durch welche der Schuldner nach Maßgabe des § 887 Abs. 2 der Zivilprozeßordnung zur Vorauszahlung der Kosten verurteilt wird, scheidet aus der Zwangsvollstreckung zur Erwirkung der Handlung als besonderes Verfahren aus.

Soll die Zwangsvollstreckung auf Unterlassung oder Duldung einer Handlung durch Strafen ausgeführt werden (Zivilprozeßordnung § 890 Abs. 1), so bildet eine jede Verurteilung zu einer Strafe nach Maßgabe der Vorschriften des § 29 den Schluß der Instanz.

Die Erwirkung der einer Verurteilung vorausgehenden Strafandrohung (Zivilprozeßordnung § 890 Abs. 2) gehört zur Instanz der Hauptsache; dem Rechtsanwalte, welcher diese Instanz nicht geführt hat, steht die im § 23 bestimmte Gebühr zu.

§ 34. Bei Ausführung der Zwangsvollstreckung auf Vornahme einer Handlung durch Geldstrafen oder Haft (Zivilprozeßordnung § 888) bildet das gesamte Verfahren eine Instanz.

§ 35. Für die einmalige Erwirkung des Zeugnisses der Rechtskraft (Zivilprozeßordnung § 706) oder der Vollstreckungsklausel (Zivilprozeßordnung §§ 724 bis 730, 738, 742, 744, 745 Abs. 2, §§ 749, 795, 796 Abs. 1, § 797 Abs. 1, 2, §§ 797a, 929) steht weder dem Rechtsanwalte der Instanz, in welcher dieselben zu erteilen, noch dem Rechtsanwalte, welcher mit dem Betriebe der Zwangsvollstreckung beauftragt ist, und für die Aufhebung einer Vollstreckungsmaßregel weder dem Rechtsanwalte, welcher deren Vornahme veranlaßt hat, noch dem Rechtsanwalte, welcher mit dem Betriebe der weiteren Zwangsvollstreckung beauftragt ist, eine Gebühr zu.

§ 36. Die Vorschriften der §§ 31 bis 35 finden bei Vollziehung eines Arrestbefehls oder einer einstweiligen Verfügung (Zivilprozeßordnung §§ 928 bis 934, 936) entsprechende Anwendung.

Die Instanz dauert bis zur Aufhebung des Arrestes oder der einstweiligen Verfügung oder bis zum Anfange der Zwangsvollstreckung aus dem in der Hauptsache erlassenen Urteile.

§ 37. Für die Mitwirkung bei einem der Klage vorausgehenden Sühneverfahren (Zivilprozeßordnung §§ 609, 610) erhält der Rechtsanwalt drei Zehnteile der Sätze des § 9.

§ 38. Im Mahnverfahren erhält der Rechtsanwalt:

1. die Sätze des § 9 für die Erwirkung des Zahlungsbefehls einschließlich der Mitteilung des Widerspruchs an den Auftraggeber;
2. zwei Zehnteile der Sätze des § 9 für die Erhebung des Widerspruchs;
3. fünf Zehnteile der Sätze des § 9 für die Erwirkung des Vollstreckungsbefehls.

Die Gebühren in Nr. 1 und 2 werden sowohl auf die in einem nachfolgenden Güteverfahren zustehende Gebühr wie auf die in einem nachfolgenden Rechtsstreit zustehende Prozeßgebühr angerechnet.

§ 38a. Im Güteverfahren erhält der Rechtsanwalt die Sätze des § 9. Auf die in dem nachfolgenden Rechtsstreit zustehende Prozeßgebühr wird die Gebühr voll angerechnet.

Die gleiche Gebühr erhält der Rechtsanwalt für die Mitwirkung bei einem im Güteverfahren abgeschlossenen Vergleiche.

§ 39. Für die Vertretung im Verteilungsverfahren (Zivilprozeßordnung § 858 Abs. 6, §§ 872 bis 877, 882) stehen dem Rechtsanwalte fünf und, falls der Auftrag vor dem Termine zur Ausführung der Verteilung erledigt wird, drei Zehnteile der Sätze des § 9 zu.

Der Wert des Streitgegenstandes wird durch den Betrag der Forderung und, wenn der zu verteilende Geldbetrag geringer ist, durch diesen Betrag bestimmt.

§ 40. Im Aufgebotsverfahren (Zivilprozeßordnung §§ 946 bis 956, 959 bis 972, 977 bis 1024) stehen dem Rechtsanwalt, als Vertreter des Antragstellers (Zivilprozeßordnung § 947), drei Zehnteile der Sätze des § 9 zu:

1. für den Betrieb des Verfahrens einschließlich der Information;
2. für den Antrag auf Erlaß des Aufgebots;
3. für den Antrag auf Anordnung der Zahlungssperre, sofern derselbe vor dem Antrag auf Erlaß des Aufgebots gestellt wird;
4. für die Wahrnehmung des Aufgebotstermins.

Als Vertreter einer anderen Person erhält der Rechtsanwalt diese Gebühr nur einmal.

§ 40a. Im Verfahren über Anträge auf Vollstreckbarerklärung eines Schiedsspruchs oder eines von einem Schiedsgerichte vermittelten Vergleichs (Zivilprozeßordnung §§ 1042, 1044a) erhält der Rechtsanwalt die Sätze des § 9.

Wird die Klage auf Aufhebung des Schiedsspruchs gemäß § 1042 Abs. 3 der Zivilprozeßordnung erhoben, so wird die Gebühr auf die in diesem Rechtsstreit zustehende Prozeßgebühr angerechnet.

§ 41. Drei Zehnteile der in den §§ 13 bis 17 bestimmten Gebühren erhält der Rechtsanwalt:

1. in der Beschwerdeinstanz;
2. wenn seine Tätigkeit sich auf ein Verfahren beschränkt, welches die Änderung einer Entscheidung des beauftragten oder ersuchten Richters oder des Urkundsbeamten der Geschäftsstelle (Zivilprozeßordnung § 576) betrifft.

§ 42. Der zum Prozeßbevollmächtigten bestellte Rechtsanwalt, welcher auf Verlangen der Partei die Vertretung in der mündlichen Verhandlung einem anderen Rechtsanwalt übertragen hat, erhält neben den ihm zustehenden Gebühren fünf Zehnteile der Verhandlungsgebühr. Diese Gebühr wird auf eine ihm zustehende Verhandlungsgebühr angerechnet.

§ 43. Dem Rechtsanwalte, welchem von der Partei oder auf deren Verlangen von dem Prozeßbevollmächtigten nur die Vertretung in der mündlichen Verhandlung oder die Ausführung der Parteirechte in derselben übertragen ist, steht neben der Verhandlungsgebühr die Prozeßgebühr zu fünf Zehnteilen zu. Letztere Gebühr steht ihm auch dann zu, wenn der Auftrag vor der mündlichen Verhandlung erledigt wird. Erstreckt sich die Vertretung auf eine mit der mündlichen Verhandlung verbundene Beweisaufnahme (§ 13 Nr. 4), so erhält der Rechtsanwalt außerdem die Beweisgebühr.

§ 44. Dem Rechtsanwalte, welcher lediglich den Verkehr der Partei mit dem Prozeßbevollmächtigten führt, steht eine Gebühr in Höhe der Prozeßgebühr zu.

Die mit der Übersendung der Akten an den Rechtsanwalt der höheren Instanz verbundenen gutachtlichen Äußerungen dienen nicht zur Begründung dieser Gebühr, wenn nicht zu denselben Auftrag erteilt war.

§ 45. Der Rechtsanwalt, dessen Tätigkeit sich auf die Vertretung in einem nur zur Leistung des durch ein Urteil auferlegten Eides oder nur zur Beweisaufnahme bestimmten Termine beschränkt, erhält neben der dem Prozeßbevollmächtigten im gleichen Falle zustehenden Beweisgebühr eine Gebühr in Höhe von fünf Zehnteilen der Prozeßgebühr. Letztere Gebühr steht ihm auch dann zu, wenn der Auftrag vor dem Termin erledigt wird.

Die Wahrnehmung eines weiteren Termins zur Fortsetzung der Verhandlung begründet nicht eine Erhöhung der Gebühr.

§ 46. Beschränkt sich die Tätigkeit des Rechtsanwalts auf die Anfertigung eines Schriftsatzes, so erhält er eine Gebühr in Höhe von fünf Zehnteilen der Prozeßgebühr.

§ 47. Für einen erteilten Rat erhält der nicht zum Prozeßbevollmächtigten bestellte Rechtsanwalt eine Gebühr in Höhe von drei Zehnteilen der Prozeßgebühr.

Eine Gebühr in Höhe von fünf Zehnteilen der Prozeßgebühr steht dem mit Einlegung der Berufung oder der Revision beauftragten Rechtsanwalte zu, wenn derselbe von der Einlegung abrät und der Auftraggeber seinen Auftrag zurücknimmt.

§ 48. Der nicht zum Prozeßbevollmächtigten bestellte Rechtsanwalt erhält höchstens die für den Prozeßbevollmächtigten bestimmte Gebühr, falls die ihm aufgetragenen Handlungen in den Kreis derjenigen Tätigkeit fallen, für welche die dem Prozeßbevollmächtigten zustehende Gebühr bestimmt ist.

§ 49. Wird ein Rechtsanwalt, nachdem er in einer Rechtssache tätig gewesen, zum Prozeßbevollmächtigten bestellt, so erhält er für die ihm vorher aufgetragenen Handlungen, soweit für dieselben die dem Prozeßbevollmächtigten zustehende Gebühr bestimmt ist, und als Prozeßbevollmächtigter zusammen nicht mehr an Gebühren, als ihm zustehen würde, wenn er vorher zum Prozeßbevollmächtigten bestellt worden wäre.

§ 50. Wird der einem Rechtsanwalt erteilte Auftrag vor Beendigung der Instanz aufgehoben, so stehen dem Rechtsanwalte die Gebühren in gleicher Weise zu, als wenn die Instanz zur Zeit der Aufhebung des Auftrags durch Zurücknahme der gestellten Anträge erledigt wäre, unbeschadet der aus einem Verschulden sich ergebenden zivilrechtlichen Folgen.

§ 51. Bei Vertretung mehrerer Streitgenossen, einschließlich der Nebenintervenienten, stehen dem Rechtsanwalte die Gebühren nur einmal zu. Bei nachträglichem Beitritt von Streitgenossen erhöht sich durch jeden Beitritt die Prozeßgebühr um zwei Zehnteile. Die Erhöhung wird nach dem Betrage berechnet, bei welchem die Vollmachtgeber gemeinschaftlich beteiligt sind; mehrere Erhöhungen dürfen den einfachen Betrag der Prozeßgebühr nicht übersteigen.

§ 52. Die Gebührensätze erhöhen sich in der Berufungs- und in der Revisionsinstanz um drei Zehnteile.

Dritter Abschnitt: Gebühren im Konkursverfahren und im Vergleichsverfahren zur Abwendung des Konkurses.

§ 53. Auf die Gebühren im Konkursverfahren und im Vergleichsverfahren zur Abwendung des Konkurses finden die Vorschriften der §§ 9, 11, 12 entsprechende Anwendung.

§ 54. Im Verfahren über einen Antrag auf Eröffnung des Konkursverfahrens (Konkursordnung §§ 104 bis 106) erhält der Rechtsanwalt zwei Zehnteile oder, wenn er einen Gläubiger vertritt, fünf Zehnteile der Sätze des § 9.

§ 55. Für die Vertretung im Konkursverfahren erhält der Rechtsanwalt sechs Zehnteile, wenn jedoch die Vertretung vor dem allgemeinen Prüfungstermine (Konkursordnung § 138) sich erledigt oder erst nach demselben beginnt, vier Zehnteile der Sätze des § 9.

§ 56. Der Rechtsanwalt erhält die Sätze des § 9 besonders:
1. für die Tätigkeit bei Prüfung der Forderungen;
2. für die Tätigkeit in dem Zwangsvergleichsverfahren;
3. für die Tätigkeit in dem Verteilungsverfahren.

§ 57. Beschränkt sich die Tätigkeit des Rechtsanwalts auf die Anmeldung einer Konkursforderung, so erhält derselbe zwei Zehnteile der Sätze des § 9.

§ 58. Für die Vertretung:
1. in der Beschwerdeinstanz,

2. in dem Verfahren über Anträge auf Anordnung von Sicherheitsmaßregeln im Falle des § 197 Abs. 2 der Konkursordnung

erhält der Rechtsanwalt besonders die im zweiten Abschnitt (§§ 23, 41) bestimmten Gebühren.

§ 59. Die Gebühren der §§ 54 bis 56 sowie des § 58 im Falle der Beschwerde gegen den Beschluß über Eröffnung des Konkursverfahrens (Konkursordnung § 109) oder den Beschluß über Bestätigung eines Zwangsvergleichs (Konkursordnung §§ 189, 230 Abs. 2, § 236) werden, wenn der Auftrag von dem Gemeinschuldner erteilt ist, nach dem Betrage der Aktivmasse (Gerichtskostengesetz § 43) berechnet.

Ist der Auftrag von einem Konkursgläubiger erteilt, so werden die Gebühren der §§ 54, 55, 57 und die Gebühr im Falle der Beschwerde gegen den Beschluß über Eröffnung des Konkursverfahrens nach dem Nennwert der Forderung, die Gebühren des § 56 und die Gebühr im Falle der Beschwerde gegen den Beschluß über die Bestätigung eines Zwangsvergleichs nach dem Werte der Forderung des Gläubigers unter entsprechender Anwendung des § 148 der Konkursordnung berechnet.

§ 60. In einem wieder aufgenommenen Konkursverfahren erhält der Rechtsanwalt die Gebühren nach den Bestimmungen der §§ 55 bis 59 besonders.

§ 61. Insoweit dem Rechtsanwalte Gebühren für die Vornahme einzelner Handlungen im Konkursverfahren zustehen, darf der Gesamtbetrag derselben die im § 55 bestimmte Gebühr nicht übersteigen.

Wird der Rechtsanwalt, nachdem er einzelne Handlungen im Konkursverfahren vorgenommen hat, mit der Vertretung im Konkursverfahren beauftragt, so erhält er zusammen nicht mehr an Gebühren, als ihm zustehen würde, wenn er vorher mit der Vertretung im Konkursverfahren beauftragt worden wäre.

§ 61a. Der Rechtsanwalt erhält für die Tätigkeit im Vergleichsverfahren zur Abwendung des Konkurses die Sätze des § 9. Die Gebühr verringert sich um die Hälfte, wenn sich die Vertretung vor dem Vergleichstermin erledigt.

Für die Vertretung in der Beschwerdeinstanz erhält der Rechtsanwalt den Satz des § 41 Nr. 1.

Die Gebühren werden bei der Vertretung des Schuldners nach dem Betrage der Aktiven (§ 48b des Gerichtskostengesetzes) und bei der Vertretung eines Gläubigers nach dem Werte der Forderung unter entsprechender Anwendung des § 148 der Konkursordnung berechnet.

§ 62. Die Gebühren werden für jeden Auftrag gesondert, ohne Rücksicht auf andere Aufträge, berechnet.

Vierter Abschnitt: **Gebühren in Strafsachen.**

§ 63. In Strafsachen erhält der Rechtsanwalt als Verteidiger in der Hauptverhandlung erster Instanz vor dem Reichsgerichte, dem Oberlandesgericht oder dem Schwurgericht 80 Reichsmark, im übrigen 40 Reichsmark.

§ 64. Erstreckt sich die Verhandlung auf mehrere Tage, so erhöhen sich die im § 63 bestimmten Gebühren für jeden weiteren Tag der Verteidigung um den vollen Betrag.

Im Verfahren auf erhobene Privatklage findet diese Bestimmung nicht Anwendung.

§ 65. Findet in den auf Privatklage verhandelten Sachen eine Beweisaufnahme statt, so erhöht sich die im § 63 bestimmte Gebühr um ein Viertel.

§ 66. In der Berufungsinstanz sowie in der Revisionsinstanz stehen dem Rechtsanwalte die in den §§ 63 bis 65 bestimmten Sätze zu. Die Stufe bestimmt sich nach der Ordnung des Gerichts, welches in erster Instanz erkannt hat.

§ 67. Für die Verteidigung im Vorverfahren erhält der Rechtsanwalt in den zur Zuständigkeit des Reichsgerichts, des Oberlandesgerichts oder des Schwurgerichts gehörigen Sachen 40 Reichsmark, im übrigen 20 Reichsmark.

Die gleiche Gebühr erhält der Rechtsanwalt für die Mitwirkung bei der mündlichen Verhandlung über den Haftbefehl (§§ 114d, 115a der Strafprozeßordnung).

§ 68. Fünf Zehnteile der im § 63 bestimmten Sätze stehen dem Rechtsanwalte zu für Anfertigung:

1. einer Schrift zur Rechtfertigung einer Berufung;
2. einer Schrift zur Begründung einer Revision;

3. eines Antrags auf Wiederaufnahme des Verfahrens;
4. eines Gnadengesuchs.

Die Stufe bestimmt sich nach der Ordnung des Gerichts, welches in erster Instanz erkannt hat.

§ 69. Für Einlegung eines Rechtsmittels sowie für Anfertigung anderer als der im § 68 bezeichneten Anträge, Gesuche und Erklärungen erhält der Rechtsanwalt je 2 Reichsmark.

§ 70. Die in den §§ 63 bis 66 sowie die im § 67 bestimmten Gebühren umfassen die Anfertigung der zu derselben Instanz oder zu dem Vorverfahren gehörigen Anträge, Gesuche und Erklärungen sowie die Einlegung von Rechtsmitteln gegen Entscheidungen oder Verfügungen derselben Instanz oder des Vorverfahrens.

§ 71. Auf die Gebühr für Rechtfertigung der Berufung (§ 68 Nr. 1) und auf die Gebühr für Begründung der Revision (§ 68 Nr. 2) wird die Gebühr für Einlegung des Rechtsmittels (§ 69) angerechnet.

§ 72. Im Falle der Verteidigung mehrerer Beschuldigter durch einen gemeinschaftlichen Verteidiger erhöhen sich die Gebühren um fünf Zehnteile.

§ 73. In Ansehung der Gebühren für Vertretung eines Privatklägers, eines Nebenklägers oder einer Verwaltungsbehörde (Strafprozeßordnung § 424) kommen die Bestimmungen über die Gebühren für die Verteidigung zur entsprechenden Anwendung.

Die Anfertigung einer Privatklage begründet für den Rechtsanwalt die im § 67 bestimmte Gebühr.

§ 74. Für Anfertigung eines Antrags auf gerichtliche Entscheidung im Falle des § 172 der Strafprozeßordnung erhält der Rechtsanwalt die im § 67 bestimmten Sätze.

§ 75. Nach Maßgabe der Vorschriften des zweiten Abschnitts (§ 23) stehen dem Rechtsanwalte Gebühren besonders zu für die Vertretung:

1. in dem Verfahren behufs Festsetzung der zu erstattenden Kosten (Strafprozeßordnung § 464 Abs. 2);
2. in der Zwangsvollstreckung aus Entscheidungen, welche über eine Buße oder über Erstattung von Kosten ergangen sind (Strafprozeßordnung §§ 463, 464).

Fünfter Abschnitt: Auslagen.

§ 76. Der Rechtsanwalt hat Anspruch auf Erstattung der bei der Ausführung des Auftrags entstandenen Post-, Telegraphen- und Fernsprechgebühren.

Schreibgebühren stehen dem Rechtsanwalte nur zu:

1. für die auf besonderes Verlangen gefertigten Abschriften;
2. für eine von ihm gefertigte beglaubigte Abschrift der Klageschrift, falls diese zur Herstellung einer Ausfertigung des Urteils (§ 317 Abs. 4 der Zivilprozeßordnung) benutzt wird;
3. für ein Schreibwerk, soweit es außerhalb des Rahmens einer gebührenpflichtigen Tätigkeit entsteht.

Soweit dem Rechtsanwalte Schreibgebühren zustehen, bemißt sich ihre Höhe nach dem für die gerichtlichen Schreibgebühren geltenden Satze.

§ 77. Für Verpackung von Briefen und Akten dürfen Auslagen nicht berechnet werden.

§ 78. Bei Geschäftsreisen erhält der Rechtsanwalt Tage- und Übernachtungsgelder sowie Fahrkosten nach den für die Reichsbeamten der Stufe III (§ 2 Abs. 2 der Reisekostenverordnung für die Reichsbeamten vom 14. Oktober 1921, Reichsgesetzbl. S. 1345)[1]) geltenden Sätzen sowie Abwesenheitsgelder in Höhe von 10 Reichsmark für den Tag.

Beansprucht die Geschäftsreise nicht mehr als vier Stunden, so ermäßigen sich das Tagegeld und das Abwesenheitsgeld je um die Hälfte.

Nebenkosten, insbesondere beim Zu- und Abgang zur Eisenbahn, sind in angemessenen Grenzen zu erstatten.

[1]) § 2 Abs. 2 der Reisekosten VO. für die Reichsbeamten ist jetzt ersetzt durch die VO. v. 29. Dezember 1927 (RBesBl. 205).

§ 79. Die Fahrkosten werden für die Hin- und Rückreise besonders berechnet.

Hat ein Rechtsanwalt Geschäfte an verschiedenen Orten unmittelbar nacheinander ausgerichtet, so ist der von Ort zu Ort zurückgelegte Weg ungeteilt der Berechnung der Fahrkosten zugrunde zu legen.

Ist eine Reise zur Ausführung mehrerer Geschäfte unternommen, so ist die dadurch erzielte Ersparnis an Reisekosten und Abwesenheitsgeldern gleichmäßig nach der Zahl der Geschäfte auf diese zu verteilen.

§ 80. Für Geschäfte am Wohnorte stehen dem Rechtsanwalte weder Tagegelder noch Fahrkosten zu; dasselbe gilt von Geschäften außerhalb des Wohnorts in geringerer Entfernung als zwei Kilometer von demselben.

War der Rechtsanwalt durch außergewöhnliche Umstände genötigt, sich eines Fuhrwerks zu bedienen, oder waren sonstige notwendige Unkosten, wie Brücken- oder Fährgeld, aufzuwenden, so sind die Auslagen zu erstatten.

Für einzelne Ortschaften kann durch die Landesjustizverwaltung bestimmt werden, daß den Rechtsanwälten bei den nicht an der Gerichtsstelle vorzunehmenden Geschäften die verauslagten Fahrkosten zu erstatten sind.

§ 81. Bei Berechnung der Entfernungen wird jedes angefangene Kilometer für ein volles Kilometer gerechnet.

§ 82. Der Rechtsanwalt, welcher seinen Wohnsitz verlegt, kann bei Fortführung eines ihm vorher erteilten Auftrags Reisekosten und Abwesenheitsgelder nur insoweit verlangen, als sie ihm auch bei Beibehaltung seines Wohnsitzes zugestanden haben würden.

§ 83. Hat ein Rechtsanwalt seinen Wohnsitz an einem Orte, an welchem sich kein Gericht befindet, so kann die Landesjustizverwaltung bestimmen, daß ihm Reisekosten und Abwesenheitsgelder nur insoweit zustehen, als er solche auch verlangen könnte, wenn er seinen Wohnsitz an dem Orte des Amtsgerichts, in dessen Bezirk er wohnt, genommen hätte.

Sechster Abschnitt: **Einforderung von Gebühren und Auslagen.**

§ 84. Der Rechtsanwalt kann von seinem Auftraggeber angemessenen Vorschuß fordern.

§ 85. Dem Auftraggeber gegenüber werden die Gebühren des Rechtsanwalts fällig, sobald über die Verpflichtung, dieselben zu tragen, eine Entscheidung ergangen ist, sowie bei Beendigung der Instanz oder bei Erledigung des Auftrags.

§ 86. Die Einforderung der Gebühren und Auslagen ist nur zulässig, wenn vorher oder gleichzeitig eine von dem Rechtsanwalt unterschriebene Berechnung derselben mit Angabe des Wertes des Streitgegenstandes, sofern der Wert maßgebend, und unter Bezeichnung der zur Anwendung kommenden Bestimmungen dieses Gesetzes mitgeteilt wird. Die Auslagen des Rechtsanwalts sind nur auf Verlangen im einzelnen aufzustellen und zu belegen.

Die Mitteilung dieser Berechnung kann auch nach erfolgter Zahlung verlangt werden, solange nicht die Handakten zurückgenommen sind oder die Verpflichtung des Rechtsanwalts zur Aufbewahrung derselben erloschen ist (Rechtsanwaltsordnung § 32).

Siebenter Abschnitt: **Schlußbestimmungen.**

§ 87. Für Erhebung und Ablieferung von Geldern erhält der Rechtsanwalt von der auf volle 10 Reichsmark aufgerundeten Summe

bis zu 1000 Reichsmark einschließlich . 1 vom Hundert,
von dem Mehrbetrage bis zu 10000
Reichsmark einschließlich . . . . ½ " " ,
von dem Mehrbetrage . . . . ¼ " " .

Für Erhebung und Ablieferung von Wertpapieren erhält der Rechtsanwalt nach Maßgabe des Wertes die gleichen Gebühren.

Die Gebühr für Erhebung und Ablieferung von Geldern kann von diesen bei der Ablieferung entnommen werden.

§ 88. Für die Ausarbeitung eines Gutachtens mit juristischer Begründung hat der Rechtsanwalt angemessene Vergütung zu beanspruchen. Über die Höhe der Vergütung wird im Prozeßwege, nach eingeholtem Gutachten des Vorstandes der Anwaltskammer, entschieden.

§ 89. Ist für das dem Rechtsanwalt übertragene Geschäft der Betrag der Gebühr in diesem Gesetze nicht bestimmt, so erhält er eine unter entsprechender Anwendung der Bestimmungen dieses Gesetzes zu bemessende Gebühr.

§ 90. Insofern in diesem Gesetze für die begonnene oder vorbereitete Ausführung eines vor der vollständigen Ausführung erledigten Auftrags eine Gebühr nicht vorgesehen ist, erhält der Rechtsanwalt eine nach Maßgabe des § 89 zu bemessende Gebühr.

§ 91. Die Vorschriften dieses Gesetzes finden entsprechende Anwendung:

1. im schiedsrichterlichen Verfahren;
2. im Verfahren wegen Richtigkeitserklärung oder Zurücknahme eines Patents;
3. im Disziplinarverfahren nach Maßgabe des Reichsbeamtengesetzes vom 18. Mai 1907 (Reichsgesetzbl. S. 245);
4. im ehrengerichtlichen Verfahren gegen Rechtsanwälte;
5. bei der Untersuchung von Seeunfällen.

Für die Berechnung der Gebühren des im schiedsrichterlichen Verfahren als Prozeßbevollmächtigten bestellten Rechtsanwalts gilt das gerichtliche Verfahren im Falle des § 1036 der Zivilprozeßordnung als zum schiedsrichterlichen Verfahren gehörig.

Das Verfahren vor der Disziplinarkammer, vor dem Ehrengericht und vor dem Seeamt steht im Sinne des § 63 dem Verfahren vor dem Schöffengerichte gleich.

§ 92. Fällt eine dem Rechtsanwalt aufgetragene Tätigkeit, für welche ihm nach Vorschrift dieses Gesetzes eine Vergütung zusteht, zugleich in den Kreis derjenigen Angelegenheiten, in welchen die den Rechtsanwälten zustehende Vergütung durch landesgesetzliche Vorschrift geregelt ist, so kommt, soweit die Anwendung beider Vorschriften zu einer zweifachen Vergütung derselben Tätigkeit führen würde, nur eine derselben, und zwar die dem Rechtsanwalte günstigere, zur Anwendung.

§ 93. Sofern der Rechtsanwalt nicht einer Partei zur Wahrnehmung ihrer Rechte beigeordnet oder als Verteidiger bestellt ist, kann der Betrag der Vergütung durch Vertrag abweichend von den Vorschriften dieses Gesetzes festgesetzt werden. Die Festsetzung durch Bezugnahme auf das Ermessen eines Dritten ist ausgeschlossen.

Ist die vereinbarte Vergütung unter Berücksichtigung aller Umstände übermäßig hoch, so kann sie im Rechtsstreit nach eingeholtem Gutachten des Vorstandes der Anwaltskammer bis auf den in diesem Gesetze bestimmten Betrag herabgesetzt werden.

§ 94. Für das Verhältnis des Auftraggebers oder des Rechtsanwalts zu dem Erstattungspflichtigen kommt die vertragsmäßige Festsetzung der Vergütung (§ 93) nicht in Betracht.

58. Gesetz über die Erstattung von Rechtsanwaltsgebühren in Armensachen.

Vom 6. Februar 1923 (RGBl. 103).

Geändert durch Art. V des Ges. v. 18. Aug. 1923 (RGBl. 813), § 2 der VO. v. 13. Sept. 1923 (RGBl. 881), Art. 3 der VO. v. 27. Sept. 1923 (RGBl. 912), Art. VI der VO. v. 13. Dez. 1923 (RGBl. 1188), § 2 der VO. v. 12. Dez. 1924 (RGBl. 775), Ges. v. 14. Juli 1925 (RGBl. 136) mit Änderung v. 17. Dez. 1926 (RGBl. 503), Ges. v. 9. Juli 1927 (RGBl. 175) mit Art. 1 der VO. v. 30. Nov. 1927 (RGBl. 334) u. das Ges. v. 14. Juli 1928 (RGBl. 197).

§ 1. In bürgerlichen Rechtsstreitigkeiten werden im Falle der Bewilligung des Armenrechts dem für die arme Partei bestellten Rechtsanwalte die Gebühren und Auslagen nach Maßgabe der Gebührenordnung für Rechtsanwälte und der sie ergänzenden Vorschriften von der Staatskasse ersetzt. *Übersteigt der Wert des Streit- oder Beschwerdegegenstandes 2000 Reichsmark, so ist nur der Betrag der Gebühren zu ersetzen, der sich bei diesem Werte ergeben würde.*[1]*)* Die Reisekosten werden nicht vergütet, wenn die betreffende Reise nicht erforderlich war.

§ 85 der Gebührenordnung für Rechtsanwälte findet entsprechende Anwendung. Der Ersatzanspruch wird auch fällig, wenn das Verfahren länger als drei Monate ruht.

§ 2. § 1 gilt im Verfahren auf erhobene Privatklage entsprechend.

§ 3. Das Gesuch um Festsetzung des zu erstattenden Betrags ist bei der Geschäftsstelle des Gerichts der Instanz anzubringen. Die zur Rechtfertigung der einzelnen Ansätze dienenden Belege sind beizufügen. Die Festsetzung erfolgt durch den Urkundsbeamten der Geschäftsstelle. § 4 des Gerichtskostengesetzes findet mit der Maßgabe Anwendung, daß die Erinnerung auch dem Rechtsanwalte zusteht.

---

[1]) Siehe hierzu nun das Ges. v. 14. Juli 1928 (unten unter Nr. 59).

§ 4. Soweit dem Rechtsanwalte wegen seiner Gebühren und Auslagen ein Anspruch gegen die von ihm vertretene Partei oder einen ersatzpflichtigen Gegner zusteht, geht der Anspruch mit der Erstattung auf die Staatskasse über. Auf die Geltendmachung des Anspruchs finden die Vorschriften über die Erhebung von Gerichtskosten entsprechende Anwendung.

§ 5. Das Gesetz tritt gleichzeitig mit dem Gesetze zur Änderung des Gerichtskostengesetzes (15. Febr. 1923) in Kraft. Gleichzeitig tritt der Art. II des Gesetzes über Teuerungszuschläge zu den Gebühren der Rechtsanwälte und Gerichtsvollzieher vom 18. Dezember 1919 (Reichsgesetzbl. S. 2113) außer Kraft.

Die §§ 1 bis 4 des Gesetzes finden auf die vor seinem Inkrafttreten anhängig gewordenen Rechtssachen Anwendung, soweit nicht die Instanz vor diesem Zeitpunkt beendet war.

59. Weiteres Gesetz über die Erstattung von Rechtsanwaltsgebühren in Armensachen.

Vom 14. Juli 1928 (RGBl. 197)[1].

Art. I. Die Erstattung von Rechtsanwaltsgebühren in Armensachen auf Grund des Gesetzes vom 6. Februar 1923 (Reichsgesetzbl. I S. 103, 813, 1188) wird nach Maßgabe der folgenden Vorschriften beschränkt:

An die Stelle der vollen Gebühr (§ 9 der Gebührenordnung für Rechtsanwälte) treten bei einem Werte des Streitgegenstandes

von mehr als 200 bis 500 Reichsmark einschließlich 12 Reichsmark,

von mehr als 500 bis 1000 Reichsmark einschließlich 20 Reichsmark.

von mehr als 1000 Reichsmark 35 Reichsmark.

Art. II. Dieses Gesetz tritt mit dem Tage nach der Verkündung (20. Juli 1928) in Kraft. Es findet auf anhängige Rechtssachen

---

[1]) Inhaltlich gleichlautende Bestimmungen galten auf Grund der Gesetze vom 14. Juli 1925 (RGBl. 136) u. 17. Dez. 1926 (RGBl. 503) auch für die Zeit vom 1. Aug. 1925 bis 30. Juni 1928.

Anwendung. Soweit jedoch der Ersatzanspruch Gebühren betrifft, die vor diesem Zeitpunkt entstanden sind, bleiben die bisherigen Vorschriften maßgebend.

Das Gesetz tritt mit dem Ablauf des 31. Dezember 1928 außer Kraft.

60. Gebührenordnung für Gerichtsvollzieher.

Vom 14. Dezember 1922 (RGBl. 917).

Geändert durch die fünfte VO. über die Gebühren der Gerichtsvollz. v. 13. Dez. 1923 (RGBl. 1189), § 2 die VO. zur Durchf. des Münzges. v. 12. Dez. 1924 (RGBl. 775) u. Ges. v. 14. Juli 1928 (RGBl. 197).

Gegenstandslose Änderungen: VO. betr. die Geb. der Gerichtsvollz. v. 20. März 1923 (RGBl. 221); Zweite VO. v. 12. Juli 1923 (RGBl. 633); Dritte VO. v. 13. Sept. 1923 (RGBl. 881); Vierte VO. v. 30. Okt. 1923 (RGBl. 1042).

S. auch die VO. v. 13. Dez. 1923 (unter Nr. 62).

§ 1. In den vor die ordentlichen Gerichte gehörigen Rechtssachen, auf welche die Zivilprozeßordnung, die Strafprozeßordnung oder die Konkursordnung Anwendung findet, werden Gebühren und Auslagen des Gerichtsvollziehers nur nach Maßgabe der folgenden Bestimmungen erhoben.

§ 2. Die Gebühr für eine Zustellung durch Aufgabe zur Post (Zivilprozeßordnung § 175), für das an die Post gerichtete Ersuchen um Bewirkung einer Zustellung (Zivilprozeßordnung § 194) sowie für die im Auftrag eines Anwalts an den Gegenanwalt bewirkte Zustellung beträgt 0,40 Reichsmark.

Stellt der Gerichtsvollzieher persönlich ohne Inanspruchnahme der Post zu, so erhöht sich die Gebühr um den Betrag der Postgebühren, der entstanden sein würde, wenn durch die Post zugestellt worden wäre.

Ist mit der Zustellung eine Aufforderung gemäß § 840 der Zivilprozeßordnung oder bei der Ladung von Zeugen oder Sachverständigen das Darbieten einer Entschädigung (Strafprozeßordnung § 219 Abs. 2)[1]) verbunden, oder ist dem Empfänger zugleich mit der Zustellung eine Urkunde vorzulegen, so erhöht sich die Gebühr um weitere 0,20 Reichsmark.

Ist die versuchte persönliche Zustellung ohne Erfolg geblieben, weil die Wohnung des Empfängers nicht zu ermitteln war, so erhält der Gerichtsvollzieher die Hälfte der Gebühr.

Für die Beglaubigung eines ihm zum Zwecke der Zustellung übergebenen Schriftstücks erhält der Gerichtsvollzieher außerdem eine Gebühr von 0,05 Reichsmark für die Seite. Eine angefangene Seite wird als voll berechnet.

Wird der Zustellungsauftrag vor seiner Erledigung zurückgenommen, so erhält der Gerichtsvollzieher unbeschadet der Gebühr für eine bereits vorgenommene Beglaubigung 0,20 Reichsmark.

Die Zustellung an den Zustellungsbevollmächtigten mehrerer Beteiligter (Zivilprozeßordnung § 189 Abs. 2) gilt als eine Zustellung.

[1]) Anstatt § 819 f. nun § 820.

§ 3. Die Gebühr für die Pfändung von beweglichen körperlichen Sachen (Zivilprozeßordnung §§ 808, 809), von Früchten, welche von dem Boden noch nicht getrennt sind (Zivilprozeßordnung § 810), sowie von Forderungen aus Wechseln oder anderen Papieren, welche durch Indossament übertragen werden können (Zivilprozeßordnung § 831), beträgt von dem auf 10 Reichsmark aufgerundeten Betrage der beizutreibenden Forderung:

bis zu 100 Reichsmark einschließlich . . . 2 vom Hundert,
von dem Mehrbetrage bis zu 500 Reichsmark einschließlich . . . . 1 „ „ ,
von dem Mehrbetrag . . . . $1/2$ „ „ ,
mindestens jedoch 1 Reichsmark.

(Die Umrechnung einer in Reichswährung bestimmten Forderung erfolgt nach dem in Art. II Abs. 4 der Weiteren Verordnung zur Entlastung der Gerichte und über die Gerichtskosten v. 13. Dezember 1923 [RGBl. I S. 1186] bestimmten Umrechnungssatz im Zeitpunkt der Erledigung des Auftrags)[1]).

Erfolgt die Pfändung zur Vollziehung eines Arrestes, so ist der in dem Arrestbefehle nach § 923 der Zivilprozeßordnung festgestellte Geldbetrag maßgebend. Bei der Pfändung eines im Schiffsregister eingetragenen Schiffes (Zivilprozeßordnung § 931) ist der Mindestbetrag der Gebühr 3 Reichsmark.

Nimmt die Pfändung mehr als eine Stunde in Anspruch, so erhöht sich die Gebühr für jede angefangene weitere Stunde um die Hälfte, jedoch höchstens um je 3 Reichsmark.

Ist eine versuchte Pfändung ohne Erfolg geblieben, weil nach Inhalt des Protokolls pfändbare Gegenstände nicht vorhanden waren oder die Pfändung nach § 803 Abs. 2, § 812 der Zivilprozeßordnung zu unterbleiben hatte, so erhält der Gerichtsvollzieher die Hälfte der Gebühr.

[1]) Abs. 2 ist gegenstandslos durch § 2 der VO. 12. Dez. 1924 (RGBl. 775).

§ 4. Für die Übernahme beweglicher Sachen zum Zwecke der Verwertung in den Fällen der §§ 790, 847, 854 der Zivilprozeßordnung sowie im Falle des Ausscheidens des Gerichtsvollziehers, welcher die Pfändung vorgenommen hat, erhält der Gerichtsvollzieher die Hälfte der im § 3 bestimmten Gebühr.

§ 5. Werden Pfandstücke, die im Gewahrsam des Schuldners belassen sind, zum Zwecke der Versteigerung oder aus einem anderen Grunde aus dem Gewahrsam des Schuldners entfernt, so erhält der Gerichtsvollzieher eine Gebühr von 1 Reichsmark.

Nimmt das Geschäft mehr als eine Stunde in Anspruch, so erhöht sich die Gebühr für jede angefangene weitere Stunde um den gleichen Betrag.

§ 6. Wird der Vollstreckungsauftrag zurückgenommen, ehe sich der Gerichtsvollzieher zwecks Vornahme der in den §§ 3, 4 bezeichneten Handlungen an Ort und Stelle begeben hat, so erhält er ein Viertel der Gebühr.

Hat eine Vollstreckungshandlung der in den §§ 3, 4, 5 bezeichneten Art, nachdem sich der Gerichtsvollzieher an Ort und Stelle begeben hat, infolge Zurücknahme des Auftrags, infolge Leistung an den Gerichtsvollzieher oder zufolge der Vorschrift des § 775 der Zivilprozeßordnung oder, weil im Falle des § 5 die Pfandstücke nicht mehr vorgefunden wurden, nicht stattgefunden, so erhält der Gerichtsvollzieher die Hälfte der Gebühr. Das gleiche gilt, wenn die Vollstreckungshandlung deshalb unterblieben ist, weil die Wohnung des Schuldners oder des Dritten, bei dem die Vollstreckungshandlung erfolgen sollte, nicht zu ermitteln war oder weil sich der Dritte zur Herausgabe nicht bereit erklärt hat.

Betreffen die in Abs. 1, 2 bezeichneten Voraussetzungen Teile der beizutreibenden Forderung, so sind die Gebühren von jedem Teile besonders zu berechnen. Es darf jedoch nicht mehr erhoben werden, als wenn die Gebühr von dem Gesamtbetrage der Forderung unter Zugrundelegung der höchsten zum Ansatz kommenden Gebühr erhoben würde.

§ 7. Für die Versteigerung oder den Verkauf aus freier Hand von beweglichen Sachen, Früchten, die von dem Boden noch nicht getrennt sind, Forderungen oder anderen Vermögensrechten erhält der Gerichtsvollzieher von dem auf volle 10 Reichsmark aufgerundeten Betrage des Erlöses

bis zu 100 Reichsmark einschließlich . . . 5 vom Hundert,
von dem Mehrbetrage bis zu 300 Reichsmark einschließlich . . . . 3 " ",
von dem Mehrbetrage bis zu 1000 Reichsmark einschließlich . . . . 2 " ",
von dem Mehrbetrage bis zu 5000 Reichsmark einschließlich . . . . 1 " ",
von dem Mehrbetrag . . . . ½ " ",

mindestens jedoch 1 Reichsmark.

Ist ein zum Zuschlag führendes Gebot nicht abgegeben, so beträgt die Gebühr 1 Reichsmark.

Ist die Versteigerung oder der Verkauf, nachdem sich der Gerichtsvollzieher an Ort und Stelle begeben hat, infolge Zurücknahme des Vollstreckungsauftrags, auf Antrag des Gläubigers, infolge Leistung an den Gerichtsvollzieher oder zufolge der Vorschrift des § 775 der Zivilprozeßordnung oder, weil die Pfandstücke nicht mehr vorhanden waren, unterblieben, so beträgt die Gebühr 1 Reichsmark.

Hat der Versteigerungstermin auf Antrag des Gläubigers oder zufolge der Vorschrift des § 775 der Zivilprozeßordnung nicht stattgefunden, oder ist der Versteigerungstermin infolge ungenügender Gebote erfolglos geblieben, so erhält der Gerichtsvollzieher für die Anberaumung eines neuen Versteigerungstermins eine Gebühr von 0,50 Reichsmark.

§ 8. Der Gerichtsvollzieher erhält für die Wegnahme beweglicher Sachen einschließlich der Übergabe derselben (Zivilprozeßordnung § 883) eine Gebühr von 2 Reichsmark. Die Gebühr wird auch dann erhoben, wenn der Schuldner an den zur Vornahme der Vollstreckungshandlung erschienenen Gerichtsvollzieher freiwillig leistet.

Nimmt das Geschäft mehr als eine Stunde in Anspruch, so erhält der Gerichtsvollzieher für jede angefangene weitere Stunde 1 Reichsmark.

Ist eine versuchte Wegnahme ohne Erfolg geblieben, weil nach Inhalt des Protokolls die herauszugebenden Sachen nicht aufzufinden waren, so erhält der Gerichtsvollzieher die Hälfte der Gebühr.

§ 9. Die Vorschriften des § 8 finden auf die Wegnahme einer Person mit der Maßgabe entsprechende Anwendung, daß die doppelten Gebührensätze erhoben werden.

§ 10. Der Gerichtsvollzieher erhält

1. für die Entsetzung aus dem Besitz unbeweglicher Sachen oder bewohnter Schiffe und die Einweisung in denselben (Zivilprozeßordnung § 885),
2. im Falle der Zuziehung zur Beseitigung des Widerstandes des Schuldners gegen die Vornahme einer Handlung (Zivilprozeßordnung § 892)

eine Gebühr von 3 Reichsmark für die erste angefangene Stunde von dem Erscheinen an Ort und Stelle bis zur Beendigung seiner Tätigkeit. Nimmt das Geschäft mehr als eine Stunde in Anspruch, so erhält der Gerichtsvollzieher für jede angefangene weitere Stunde 1 Reichsmark.

In die Dauer der unter Nr. 1 erwähnten Vollstreckungshandlungen ist auch die Zeit einzurechnen, welche der Gerichtsvollzieher zu verwenden hat, um bewegliche Sachen, welche nicht Gegenstand der Zwangsvollstreckung sind, wegzuschaffen, zu übergeben oder in Verwahrung zu bringen.

§ 11. Wird der Vollstreckungsauftrag zurückgenommen, ehe sich der Gerichtsvollzieher zwecks Vornahme der in den §§ 8, 9, 10 bezeichneten Handlungen an Ort und Stelle begeben hat, so erhält er eine Gebühr von 0,50 Reichsmark.

Ist die Vollstreckungshandlung, nachdem sich der Gerichtsvollzieher an Ort und Stelle begeben hat, infolge Zurücknahme des Auftrags, zufolge der Vorschrift des § 775 der Zivilprozeßordnung oder deshalb unterblieben, weil die Wohnung des

Schuldners oder der Ort, an dem die Handlung vorzunehmen war, nicht zu ermitteln war, so erhält der Gerichtsvollzieher eine Gebühr von 1 Reichsmark.

§ 12. Der Gerichtsvollzieher erhält für die Verhaftung einer Person, einschließlich der Ablieferung derselben zur Haft, und für die zwangsweise Vorführung einer Person eine Gebühr von 10 Reichsmark, für die Nachverhaftung einer bereits verhafteten Person 2 Reichsmark.

Konnte eine unternommene Verhaftung nicht ausgeführt werden, weil nach Inhalt des Protokolls sich bei derselben das Vorhandensein eines der in den §§ 904, 906 der Zivilprozeßordnung aufgeführten Gründe herausgestellt hat, so erhält der Gerichtsvollzieher eine Gebühr von 3 Reichsmark.

Die Vorschriften im § 6 Abs. 1, 2 gelten mit der Maßgabe entsprechend, daß im Falle des Abs. 1 dieser Vorschrift eine Gebühr von 1 Reichsmark und im Falle des Abs. 2 eine Gebühr von 2 Reichsmark erhoben wird.

§ 13. Leistet der Schuldner oder für ihn ein Dritter an den Gerichtsvollzieher eine Zahlung, so beträgt die Gebühr, unbeschadet einer weiteren Gebühr gemäß § 6 Abs. 2, § 7 Abs. 3 oder § 12 Abs. 3 von dem auf volle 10 Reichsmark aufgerundeten Betrage

bis zu 100 Reichsmark einschließlich . . . ½ vom Hundert,
von dem Mehrbetrag . . . . ¼ " "
minbestens jedoch 0,20 Reichsmark.

§ 14. Die in den §§ 3 bis 13 bestimmten Gebühren umfassen die gesamte Tätigkeit des Gerichtsvollziehers bei der Zwangsvollstreckung, insbesondere

1. die Nachsuchung der Unterstützung der polizeilichen Vollzugsorgane und die Zuziehung der Zeugen und Sachverständigen (Zivilprozeßordnung §§ 758, 759, 813, 814);
2. die zu den Vollstreckungshandlungen gehörenden Mitteilungen, Aufforderungen, Zustellungen und Postsendungen;
3. die Umschreibung eines auf den Namen lautenden Wertpapiers auf den Namen des Käufers und die Wiederinkurssetzung eines gepfändeten Inhaberpapiers (Zivilprozeßordnung §§ 822, 823);

4. die Annahme und Quittierung, Ablieferung oder Hinterlegung der schuldigen Leistungen sowie des gepfändeten oder erlösten Geldes und die Zurückgabe gepfändeter Gegenstände;
5. die Bekanntmachung der Versteigerung.

§ 15. Wird eine Zustellung oder eine Vollstreckungshandlung auf Antrag zur Nachtzeit oder an einem Sonn- oder Feiertage vorgenommen oder versucht, so wird die doppelte Gebühr erhoben.

§ 16. An baren Auslagen werden dem Gerichtsvollzieher vergütet:

1. die Schreibgebühren;
2. die Post-, Telegraphen- und Fernsprechgebühren sowie die Kosten für Postvordrucke;
3. die durch öffentliche Bekanntmachungen, insbesondere durch Einrückung in öffentliche Blätter entstandenen Kosten;
4. die an Zeugen und Sachverständige zu zahlenden Beträge;
5. die Entschädigung der zum Öffnen von Türen und Behältnissen sowie zur Durchsuchung weiblicher Schuldner zugezogenen Personen;
6. die für Umschreibung eines auf Namen lautenden Wertpapiers oder für Wiederinkurssetzung eines Inhaberpapiers zu zahlenden Beträge;
7. die Kosten eines Transports von Personen oder Sachen, die Kosten der Verwahrung und Beaufsichtigung von Gegenständen, die Kosten der Aberntung von Früchten sowie der Erhaltung von Tieren;
8. die Reisekosten;
9. die für Auskünfte über die Wohnung von Beteiligten an polizeiliche Meldestellen zu zahlenden Beträge;
10. die Kosten für die bei Erledigung des Auftrags verwandten Vordrucke aller Art, insoweit dem Gerichtsvollzieher nicht Schreibgebühren zustehen.

Die Vordrucke sind mit je 1 Reichspfennig und, soweit sie mehr als zwei Bogenseiten umfassen, mit 2 Reichspfennig in Rechnung zu stellen.

§ 17. Schreibgebühren werden dem Gerichtsvollzieher nach Maßgabe des § 80[1]) des Gerichtskostengesetzes vergütet:

1. für alle nach gesetzlicher Vorschrift oder auf Antrag erteilten Abschriften der von demselben aufgenommenen Urkunden und Protokolle, mit Ausnahme der nach gesetzlicher Vorschrift zu erteilenden Abschrift der Zustellungsurkunde; im Falle des § 2 Abs. 7 wird ihm jedoch für jede Abschrift der Zustellungsurkunde die Schreibgebühr vergütet;
2. für die bei einer Hinterlegung zu erstattende Anzeige an das Vollstreckungsgericht (Zivilprozeßordnung §§ 827, 854);
3. für die Aufnahme der von dem Drittschuldner nach Zustellung eines Pfändungsbeschlusses abgegebenen Erklärungen (Zivilprozeßordnung § 840);
4. für die vor der Verhaftung erforderliche Anzeige an die vorgesetzte Dienstbehörde des zu Verhaftenden (Zivilprozeßordnung § 910).

[1]) Anstatt § 80 s. nun § 71 Abs. 4.

§ 18. Den zu einer Vollstreckungshandlung in Gemäßheit des § 759 der Zivilprozeßordnung zugezogenen Zeugen ist auf Verlangen eine angemessene Entschädigung für Zeitversäumnis zu zahlen.

§ 19. Dem in den Fällen der §§ 813, 814 der Zivilprozeßordnung zugezogenen Sachverständigen kann eine Vergütung nach dem ortsüblichen Preise einer solchen Leistung gewährt werden.

§ 20. Muß der Gerichtsvollzieher zur Vornahme einer Amtshandlung einen Hinweg und einen Rückweg von je 2 Kilometer oder mehr außerhalb seines dienstlichen Wohnsitzes zurücklegen, so erhält er an Reisekosten für jedes angefangene Kilometer des Hinwegs und des Rückwegs eine Entschädigung von 0,15 Reichsmark.

Nimmt der Gerichtsvollzieher mehrere Geschäfte auf derselben Reise vor, so erhält er für jedes derselben die volle, nach der Entfernung des Ortes von seinem dienstlichen Wohnsitz zu berechnende Entschädigung. Jedoch steht dem Gerichtsvollzieher für mehrere Geschäfte, welche für denselben Auftraggeber an demselben Orte vorgenommen werden und sich auf dieselbe Rechtsangelegenheit beziehen oder welche für mehrere Auftraggeber kraft eines oder mehrerer Schuldtitel gegen denselben Schuldner gleichzeitig vorgenommen werden, die Entschädigung nur einmal zu; in diesem Falle ist sie auf die mehreren Aufträge nach ihrer Zahl umzulegen.

Für einzelne Ortschaften oder Gruppen benachbarter Ortschaften kann die Landesjustizverwaltung darüber Bestimmung treffen, ob und in welchem Umfang dem Gerichtsvollzieher für Wege, die er zur Vornahme einer Amtshandlung innerhalb dieser Ortschaften oder außerhalb derselben in einem Umkreis von weniger als 2 Kilometer zurücklegen muß, eine Entschädigung für Reisekosten zu gewähren ist.

§ 21. Der Gerichtsvollzieher kann die Übernahme eines Geschäfts von der Zahlung eines zur Deckung der baren Auslagen und des vermutlichen Betrags der Gebühren hinreichenden Vorschusses abhängig machen, sofern nicht das Geschäft von Amts wegen angeordnet oder für eine zum Armenrechte zugelassene Person auszuführen ist.

§ 22. Schuldner der Gebühren und Auslagen des Gerichtsvollziehers ist bei Geschäften, welche von Amts wegen angeordnet werden, die Staatskasse, bei sonstigen Geschäften der Auftraggeber.

§ 23. Die Gebühren und Auslagen sind, unbeschadet der Bestimmung des § 788 der Zivilprozeßordnung, fällig, sobald der Auftrag erledigt ist. Der Gerichtsvollzieher ist berechtigt, dieselben von dem Auftraggeber durch Postnachnahme zu erheben.

§ 24. Im Falle der Bewilligung des Armenrechts werden dem für die arme Partei bestellten Gerichtsvollzieher die baren Auslagen von der Staatskasse ersetzt, falls nicht dieselben von dem Ersatzpflichtigen beigetrieben werden können (Zivilprozeßordnung §§ 124, 788).

§ 25. Bei Erinnerungen gegen den Ansatz von Gebühren oder Auslagen des Gerichtsvollziehers findet, soweit nicht § 766 Abs. 2 der Zivilprozeßordnung Platz greift, § 4 des Gerichtskostengesetzes entsprechende Anwendung.

§ 26. Die Gerichtsvollzieher sind verpflichtet, unter den Urschriften und Abschriften ihrer Akte eine Berechnung der Gebühren und Auslagen aufzustellen und bei Geschäften, welche nach Verhältnis der verwendeten Zeit vergütet werden, in dem Protokolle die Dauer der letzteren anzugeben. Ist die Zeitangabe unterblieben, so darf nur die für die geringste Zeitdauer bestimmte Gebühr berechnet werden.

§ 27. Den einzelnen Ländern bleibt vorbehalten,

1. für Zustellungen, für deren Nachweis auf Grund des § 39 der Strafprozeßordnung einfachere Formen zugelassen sind, abweichend von den Vorschriften dieses Gesetzes, geringere Gebühren zu bestimmen;
2. an Stelle von Gebühren und Auslagen, welche die Gerichtsvollzieher auf Grund dieses Gesetzes zu beanspruchen haben, denselben eine anderweite Vergütung zu gewähren.

Für die von den ersatzpflichtigen Personen zu erhebenden Beträge bleiben im Falle der Nr. 2 die Bestimmungen dieses Gesetzes maßgebend.

§ 28. Den einzelnen Ländern bleibt die Feststellung der Vergütungen überlassen, wenn den Gerichtsvollziehern in Sachen, auf welche die Zivilprozeßordnung, die Strafprozeßordnung oder die Konkursordnung Anwendung findet, Geschäfte übertragen werden, welche denselben in jenen Gesetzen nicht ausdrücklich zugewiesen sind.

61. Gesetz

zur Änderung der Gebührenordnung für Gerichtsvollzieher.

Vom 14. Dezember 1922 (RGBl. 914).

Art. I. (Gegenstandslos.)

Art. II. (Gegenstandslos.)

Art. III. Im Falle einer wesentlichen Änderung der wirtschaftlichen Verhältnisse kann die Reichsregierung mit Zustimmung des Reichsrats die Gebühren und Reisekosten der Gerichtsvollzieher anderweitig festsetzen.

Art. IV. (Gegenstandslos.)

Art. V. Soweit in Reichsgesetzen oder in Landesgesetzen auf Vorschriften der Gebührenordnung für Gerichtsvollzieher verwiesen wird, die durch dieses Gesetz geändert werden, treten vorbehaltlich anderweitiger landesgesetzlicher Regelung die entsprechenden Vorschriften dieses Gesetzes an ihre Stelle.

Art. VI. Dieses Gesetz tritt eine Woche nach der Verkündung (19. Dezember 1922) in Kraft.

Der Reichsminister der Justiz wird ermächtigt, den Wortlaut der Gebührenordnung für Gerichtsvollzieher, wie er sich aus diesem Gesetz ergibt, unter fortlaufender Nummernfolge neu bekanntzumachen.

62. Fünfte Verordnung

über die Gebühren der Gerichtsvollzieher.

Vom 13. Dezember 1923 (RGBl. 1189).

Auf Grund des Art. III des Gesetzes zur Änderung der Gebührenordnung für Gerichtsvollzieher vom 14. Dezember 1922 (Reichsgesetzbl. I S. 914)[1]) wird mit Zustimmung des Reichsrats verordnet:

Art. I. ...

Art. II. An Stelle der entsprechenden Vorschriften der Gebührenordnung für Gerichtsvollzieher (Reichsgesetzbl. 1922 I S. 917, 1923 I S. 1042) gilt folgendes:

. . . .

12. Nicht durch 5 teilbare Gebührenbeträge sind auf volle 5 Reichspfennig aufzurunden.

13. ...

Art. III. Die Verordnung tritt gleichzeitig mit der weiteren Verordnung zur Entlastung der Gerichte und über die Gerichtskosten vom 13. Dezember 1923 (Reichsgesetzbl. I S. 1186) in Kraft (1. Januar 1924).

Die Verordnung findet auf Gebühren und Auslagen Anwendung, die nach dem Inkrafttreten dieser Verordnung fällig geworden sind. Sind auf Gebühren oder Auslagen dieser Art vor dem Inkrafttreten dieser Verordnung Vorschüsse geleistet, so sind diese in Gold umgerechnet nach dem im § 3 Abs. 2 der

[1]) S. dieses unter Nr. 61.

Gebührenordnung v. 14. Dez. 1922 bestimmten Umrechnungssatz im Zeitpunkt des Einganges in Anrechnung zu bringen.

Gebühren, die vor dem Inkrafttreten dieser Verordnung fällig geworden sind, werden, sofern sie nicht vor diesem Zeitpunkte bereits erfordert sind, in Gold umgerechnet. Das gleiche gilt hinsichtlich der vor diesem Zeitpunkt entstandenen, nicht durch Vorschüsse gedeckten Auslagen. Bei der Umrechnung ist der Umrechnungssatz (§ 3 Abs. 2 der Gebührenordnung vom 14. Dez. 1922) am Tage des Inkrafttretens dieser Verordnung zugrunde zu legen. Von diesem Zeitpunkt an ergehen sämtliche Rechnungen über Kosten und Vorschüsse, gleichviel ob sie noch anhängige oder bereits erledigte Aufträge betreffen, ausschließlich in Goldmark.

Art. V des Gesetzes zur Änderung der Gebührenordnung für Gerichtsvollzieher vom 14. Dezember 1922 (Reichsgesetzbl. I S. 914) findet entsprechende Anwendung.

63. Gesetz
zur Änderung der Gebührenordnung für Gerichtsvollzieher.

Vom 14. Juli 1928 (RGBl. 914).

Art. I. (Ändert den § 20 der Gebührenordnung; ist bei deren Abdruck oben unter Nr. 60 berücksichtigt.)

Art. II. Das Gesetz tritt mit dem 15. August 1928 in Kraft.

Soweit in Reichs- oder Landesgesetzen auf die Gebührenordnung für Gerichtsvollzieher verwiesen wird, gilt, vorbehaltlich anderweitiger landesgesetzlicher Regelung, von diesem Zeitpunkt an § 20 in der Fassung des Artikel I.

Sachregister.

Fettgedruckte Zahlen = Seite des Buches;
Zahlen in gewöhnlicher Schrift = § oder Artikel.

A

Abgekürzte Ausfertigungen **72** 317.

Abgekürztes Urteil **159** 696.

Abgelehnter Richter **134** 579.

Abgesonderte Verhandlung, Anordnung der **62** 275.

Abkürzung der Fristen **49** 224; **49** 225; **49** 226.

Ablehnung von Gerichtspersonen **8** 41 ff.; von Gerichtspersonen in Mietaufhebungssachen **410** 8; von Richtern **9** 42ff.; **126** 551; von Richtern bei den Arbeitsgerichten **465** 49; von Sachverständigen **93** 406.

Ablehnungsgründe der Geschworenen **279** 88.

Ablösungen, Sondergerichte für **259** 14.

Abschriften aus den Akten, Erteilung von **67** 299; Vorlegung von — von Urkunden **99** 435; Übergabe von — bei Zustellungen **38** 169; Zustellung von **38** 170.

Abstimmung **301** 192ff.; in Arbeitsgerichtssachen **450** 9; Mehrheit bei der **301** 196; in Mieteinigungssachen **440** 26; Reihenfolge bei der **302** 197; Stillschweigen über die **302** 198.

Abteilungen des Vorstands der Anwaltskammer **326** 58a.

Abtretung des Klageanspruchs **59** 265.

Abweisung wegen Verzichts **69** 306; **70** 311.

Akten-Einforderung u. -Zurückgabe bei Berufungseinlegung **124** 544; Einsicht **67** 299; Einsicht in die — des Gerichtsvollziehers **174** 760; Pflicht zur Vorlage **33** 143.

Aktenlageurteil **55** 251a; **76** 331a; **77** 335; **77** 337; des Einzelrichters **80** 349.

Aktenmitteilung **297** 168.

Alimentenforderungen, Unpfändbarkeit **197** 850.

Alimentenurteile, vorl. Vollstreckbarkeit **163** 708.

Altenteilsstreitigkeiten 262 23.
Amtsanwälte 292 142; **292** 145.
Amtsgericht 192 828; **205** 873; **261** 22ff.; **295** 157; **394** 3; **395** 5; **395** 6; **398** 1a; Besetzung in Mietaufhebungssachen **409** 7; **410** 8; **411** 11; Verfahren vor dem **110** 495ff.; Zuständigkeit **150** 648; **156** 680; **158** 689; **166** 722; Zuständigkeit in bürgerlichen Rechtsstreitigkeiten **262** 23; Zuständigkeit in Strafsachen **263** 24.
Amtsrichter 284 106; als Einzelrichter **264** 25; Zuständigkeit **174** 761; zweiter **265** 29.
Amtsverschwiegenheit, Entbindung von der **85** 376; der Mitglieder des Mieteinigungsamts **433** 2.
Amts wegen, Berücksichtigung von **11** 56; Verfahren von — in Ehesachen **145** 622.
Änderung der Klage s. Klageänderung.
Aneignungsrecht, Einfluß auf die Zwangsvollstr. **180** 787.
Anerben, Zwangsvollstr. gegen **245** 15.
Anerkenntnis, Aufnahme ins Protokoll **36** 160; in Ehesachen **144** 617; Einfluß auf die Kostenpflicht **20** 93; Vollmacht für das **17** 81; **17** 83.
Anerkenntnisurteil 69 307; **70** 311; abgekürztes **71** 313; des Einzelrichters **80** 349; vorläufige Vollstreckbarkeit des **162** 708.
Anfechtbarkeit der Ehe, Aussetzung bei **34** 152.
Anfechtung der Entmündigung **153** 664ff.; **156** 684; von Kostenentscheidungen **21** 99.
Angestellte, Pfändung der Versicherungsansprüche der **356** 91.
Angriffsmittel, neue — im Berufungsverfahren **121** 529; Beschränkung der Verhandlung auf einzelne **33** 146; Kostenpflicht bei erfolglosen **20** 96; nachträgliches Vorbringen von **63** 278; **63** 279; des Nebenintervenienten **14** 68.
Anhaltische Gesetze, Revisionsfähigkeit der **251** 1.
Anklageschrift im ehrengerichtlichen Verfahren gegen Anwälte **330** 76; **330** 79.
Anlagen zum Protokoll **36** 160.
Annahme des Geständnisses **65** 288.
Anordnung s. u. einstweilige Anordnung.
Anschlußberufung 120 521; selbständige **120** 522.
Anschlußrevision 128 556.

Ansprüche, neue — im Berufungsverfahren **122** 529.
Anstalten, Gerichtsstand der **4** 17; Mieterschutz gemeinnütziger **420** 32; Zwangsvollstreckung gegen **245** 15.
Anträge, Bindung des Gerichts an die **69** 308; Feststellung der **116** 510a; an das Mieteinigungsamt **433** 4; vorherige Mitteilung **60** 272; Aufnahme ins Protokoll **36** 160; Aufnahme in Schriftsätze **29** 130; Verlesung **67** 297; auf Wiedereinsetzung **51** 236.
Antragstellung **31** 137; in Entmündigungssachen **150** 646; **150** 647.
Anwalt s. Rechtsanwalt.
Anwaltsbestellung, Aufforderung zur **48** 215.
Anwaltskammern **322** 41ff.; **335** 105; Beschlußfassung **325** 54; Gebühren- u. Stempelfreiheit **327** 60; Einziehung der Mitgliederbeiträge **327** 58b; Mitgliederzahl **322** 42; Pflichten der Mitglieder **326** 58; beim Reichsgericht **334** 102; Sitz **322** 41; Versammlungen **324** 52; **325** 53; Vorstand **318** 3; **319** 23; **322** 42ff.; **324** 49; **324** 50; **324** 51; **324** 54; **325** 55; **326** 58; **326** 58a; **327** 59; **329** 67; Wirkungskreis **324** 48; **324** 50.
Anwaltsprozeß **16** 78; Ladung im **48** 215; Ladungsfrist **48** 217; Stellung der Partei im **31** 137.
Anwaltszustellung **44** 198.
Apotheken, Unpfändbarkeit des Inventars **188** 811.
Arbeiter, Pfändung gegen **188** 811. Pfändung gegen invalide **197** 850.
Arbeitgeberbeisitzer **456** 22; **492** 3; Entschädigung der **531** 1ff.
Arbeitnehmer, Begriff **448,** 5.
Arbeitnehmerbeisitzer **457** 23; **492** 3; Entschädigung der **531** 1ff.
Arbeitsgerichte **442** 1; Dienstaufsicht **458** 15; **460** 34; Errichtung **452** 14; Kammern **458** 17; **459** 30; Kosten **449** 7; Verfahren **449** 8; Zusammensetzung **458** 16; Zuständigkeit **121** 528; **446** 2; **448** 3; **474** 82.
Arbeitsgerichtsbehörden **446** 1; Besetzung **449** 6.
Arbeitslohn, Beschlagnahme **350** 1ff.; Pfändung **352** 1; Unpfändbarkeit **197** 850.
Arbeitsrichter **449** 6.
Arbeitsstreitigkeiten **262** 23.
Arbeitsverhältnisse, Vermietung wegen **415** 20; **416** 21; **416** 22.

Arbeitsverträge, Zuständigkeit des Pachteinigungsamts **448** 2.
Armenanwalt, Haftung des Gegners für Kosten des **28** 124.
Armenrecht **25** 114ff.; für Ausländer **25** 114; Beschwerdeverfahren **28** 127; Entziehung **27** 121; Erlöschen **27** 122; Gesuch um **26** 118; nach dem Haager Abkommen **390** 20ff.; Haftung des Gegners für die Gerichtskosten **28** 123; in der höheren Instanz **27** 119; in Mieteinigungssachen **439** 19; in Pachteinigungssachen **445** 3; teilweises **26** 115; Verfahren bei Bewilligung usw. **28** 126; Wirkungen **26** 115; Wirkung für den Gegner **27** 120.
Armensachen, Erstattung von Rechtsanwaltsgebühren in **559** 1ff.; **560** I.
Armenverband, Entmündigungsantrag des **156** 680.
Arrest **214** 916ff.; Abwendungssicherheit **215** 923; Anordnung der Klageerhebung **216** 926; Aufhebung **216** 926; **216** 927; **218** 934; **220** 945; für bedingte u. betagte Ansprüche **214** 916; dinglicher **214** 917; Erlassung durch Beschluß u. Urteil **215** 922; Gebühren **511** 32; Gesuch um Erlassung **215** 920; persönlicher **215** 918; **218** 933; Schadensersatz bei Aufhebung **220** 945; gegen Sicherheitsleistung **215** 921; Vollmacht für **17** 82; Vollstreckungsklausel **216** 929; Vollzug **216** 928; **216** 929; Vollzug durch Forderungspfändung **217** 930; Vollzugsfrist **217** 929; Vollzug in Grundstücke u. grundstücksgleiche Rechte **217** 932; Vollzug des persönlichen **218** 933; Vollzug durch Pfändung **217** 930; Vollzug in Schiffe **217** 931; Widerspruch **215** 924; **216** 925; zuständiges Gericht **215** 919.
Arresturteile, Revision gegen **124** 545; **125** 546; vorl. Vollstreckbarkeit **162** 708.
Ärzte, Pfändung gegen **188** 811.
Ärztliches Zeugnis in Entmündigungssachen **150** 649.
Aufenthaltsort, Gerichtsstand des **4** 16; **4** 20; **12** 57.
Aufgabe zur Post, Zustellung durch **39** 175; **43** 192; **47** 213; **54** 244.
Aufgebotsverfahren **220** 946ff.; **372** 4; Anfechtungsklage **222** 957; **222** 958; **224** 973ff.; rechtzeitige Anmeldung **221** 951; Antrag **220** 947; **228** 963;

228 992; **230** 1002; **231** 1007; **232** 1011; Antragsberechtigter **223** 962; **225** 979; **226** 984; **227** 988; **228** 991; **229** 999; **229** 1000; **230** 1004; Aufgebotsfrist **221** 950; **223** 965; **227** 987; **228** 994; **230** 1002; **232** 1010; **233** 1015; **235** 1023; **236** 1024; Gebühren **512** 33; Aufgebotstermin **221** 950; **232** 1010; **232** 1011; **233** 1013; **233** 1014; **233** 1015; zur Ausschließung nach § 927 BGB. **225** 977ff.; zur Ausschließung von Gesamtgutgläubigern **229** 1001; zur Ausschließung von Hypotheken-, Grundschuld-, Rentenschuldgläubigern **226** 982; zur Ausschließung von Nachlaßgläubigern **227** 989; zur Ausschließung von Schiffsgläubigern **230** 1002; Ausschlußurteil **221** 952; **224** 970; **233** 1017; **234** 1018; Bekanntmachung des Aufgebots **221** 948; **221** 949; **222** 955; **223** 966; **231** 1008; **235** 1023; **236** 1024; Bekanntmachung des Ausschlußurteils **222** 956; **234** 1017; **236** 1024; Bestreitung des behaupteten Rechts **221** 953; gemäß §§ 887, 1104, 1112, 1269 BGB. **227** 988; Feststellung des Todeszeitpunktes **224** 970; Inhalt des Aufgebots **223** 964; **225** 981; **227** 987; **228** 995; **229** 997; **230** 1002; **231** 1008; Inhalt der Forderungsanmeldung beim Aufgebot von Nachlaßgläubigern **228** 996; Kosten bei Todeserklärungen **224** 971; zur Kraftloserklärung einer Urkunde **230** 1003ff.; zur Kraftloserklärung von Urkunden nach § 808 BGB. **235** 1023; landesgesetzliche Regelung **243** 11; Meldung des Verschollenen **224** 969; neuer Termin **222** 954; **222** 955; Rechtsmittel gegen das Ausschlußurteil **222** 957; sofortige Beschwerde **221** 952; zum Zwecke der Todeserklärung **223** 960ff.; Verbindung von Verfahren **223** 959; von Wertpapieren **232** 1010ff.; Zahlungssperre **234** 1019; **234** 1020; **235** 1021; **235** 1022; Zurückweisung des Antrags **221** 952; zuständiges Gericht **220** 946; **223** 961; **224** 972; **225** 978; **226** 983; **228** 990; **230** 1002; **230** 1005; **231** 1006; **263** 23.

Aufhebung der Aussetzung **35** 155; Klagen auf — der ehelichen Gemeinschaft **148** 639; teilweise — des Mietverhältnisses **405** 4; des Termins **50** 225; des Ur-

teils durch das Revisionsgericht **130** 564; **130** 565; von Vollstreckungsmaßregeln **177** 772; **178** 776; der vorläufigen Vollstreckbarkeit **205** 868; Wirksamkeit der — der Entmündigung **154** 672.
Aufhebungsklage gegen arbeitsgerichtliche Schiedssprüche **481** 100.
Aufnahme des Verfahrens **52** 239; **53** 240; **53** 242; **53** 243; **54** 244; **54** 246; **55** 250; **55** 251.
Aufrechnung im Berufungsverfahren **122** 529; getrennte Verhandlung über **33** 145; Rechtskraftwirkung **73** 322; gegenüber dem Vermieter **418** 28; Vorbehaltsurteil bei **68** 302.
Aufsicht über Schlichter u. Schlichtungsausschüsse **489** 8.
Auftragslose Prozeßführung **18** 89.
Aufwandsentschädigung der Zeugen u. Sachverständigen **534** 9.
Augenscheinseinnahme von Amts wegen **33** 144; Beweis durch **84** 371; im Güteverfahren **113** 499c; Aufnahme des Ergebnisses ins Protokoll **36** 160; vorbereitende **61** 272b.
Ausbauten, Mieterschutz bei **422** 33b.
Auseinandersetzungen, Sondergerichte für **259** 2.
Ausfertigungen aus den Akten **67** 299; Zustellungen von **38** 170; s. auch vollstreckbare Ausfertigung.
Ausführungsbestimmungen zum Arbeitsgerichtsgesetz **483** 108; zur Schlichtungsverordnung **489** 1; **491** 49.
Ausgeschlossener Richter **126** 551; **134** 579.
Auslagen in Arbeitsgerichtssachen **451** 12; Erhebung von **522** 72; bei Rechtshilfe nach dem Haager Abkommen **388** 16; der Sachverständigen **534** 3; bei Zustellungen nach dem Haager Abkommen **386** 7.
Ausland, Beweisaufnahme im **82** 363; **82** 364; **84** 369; Einlassungsfrist bei Zustellung im **112** 492; Klagezustellung im **58** 262; Zwangsvollstr. im **181** 791; Zustellung im **44** 199; **78** 339.
Ausländer, Armenrecht für **25** 114; Prozeßfähigkeit **11** 54; Pflicht zur Sicherheitsleistung **24** 110; **25** 111; Vorschußpflicht **526** 85; zuständiges Gericht in Ehesachen für **141** 606.
Ausländische Urkunden **100** 438.
Ausländische Urteile, Aner-

kennung der **75** 328; Vollstreckung von **166** 722.
Ausnahmegerichte **260** 16; **310** 105.
Ausschließung von Gerichtspersonen **8** 41 ff.; von Gerichtspersonen in Mietaufhebungssachen **410** 8; von der Rechtsanwaltschaft **333** 96.
Ausschlußurteil **373** 12; **374** 18.
Ausschuß für die Schöffenwahl **268** 40.
Ausschußmitglieder des Reichs- u. Landtags, Zeugnisverweigerung **309** 40a.
Außerverfolgungsetzung im ehrengerichtlichen Verfahren gegen Anwälte **330** 77.
Aussetzung in Ehesachen **145** 620; **145** 621; des Entmündigungverfahrens **156** 681; bei Hauptintervention **13** 65; von Schlichtungsverfahren **497** 14; des Verfahrens **52** 239 ff.; **54** 246; **54** 247; das Verfahren bei **55** 248; der Verhandlung **33** 148; **34** 149; Wiederaufhebung der **34** 150; **34** 151; **34** 152; **34** 154; **35** 155; Wirkung der **55** 249.
Austrägalgerichte **305** 7.
Auszüge aus den Akten **67** 299; von Urkunden **29** 131.

B

Badisches Recht, Revisionsfähigkeit **249** 7.
Bayerische Rechte, Revisionsfähigkeit **249** 6.
Beamte, Pflicht zur Amtsverschwiegenheit **85** 376; Gerichtsstand von — im Ausland **3** 15; Leistung des Editionseids **98** 426; Ersatzzustellung an **41** 184; Beschlagnahme der Gehälter **351** 4; Haftung des Staates für **311** 131; Anstellung auf Lebenszeit **310** 129; Pfändung gegen **188** 811; **198** 850; Reisekosten der — als Zeugen **536** 17; als Sachverständige **94** 408; Tagegelder als Zeugen **536** 17; Urkundenvorlegung durch **99** 432; Rechtsweg für vermögensrechtliche Ansprüche **310** 129; Vorentscheidung bei Haftung aus Amtshandlungen **306** 11; Zuständigkeit für Ansprüche gegen **275** 71.
Beauftragter Richter, kein Anwaltszwang vor dem **16** 78; Augenscheinseinnahme **84** 372; Stellung im Beweisverfahren **82** 360; **82** 361; **83** 365; **83** 366; Eidesleistung vor dem **107** 479; Fristenbehandlung **50** 229; Geständnis vor dem **65** 288; Protokoll des **37** 165; Anrufung des

Prozeßgerichts gegen **133** 576; **134** 577; Sachverständigenauswahl **93** 405; Verfügungen des **76** 329; Vernehmung der Partei in Ehesachen **145** 619; Zeugenbeweiserhebung **85** 375; Zeugnisverweigerung vor dem **90** 389; Ablehnung der Fragestellung an Zeugen durch den **92** 398.
Bedienstete, Ersatzzustellung an **40** 181; **41** 184.
Bedingte Forderungen, Überweisung bei **196** 844.
Bedingtes Endurteil **103** 460; **104** 462; **107** 477.
Beeidigung, Verzicht auf — in Ehesachen **174** 617.
Befangenheit s. Ablehnung.
Beglaubigung der Vollmacht **17** 80; bei Zustellungen **38** 170.
Begleiter der Zeugen, Gebühren der **535** 13.
Behauptungen, vorherige Mitteilung **60** 272.
Behörden, Gerichtsstand der **4** 17; **4** 18; **4** 19; Urkundenvorlegung durch **98** 426; **99** 432; Zustellung an **38** 171; **41** 184; Mitwirkung in der Zwangsvollstr. **180** 789.
Beisitzer der Arbeitsgerichte **455** 20; **456** 21; **457** 24 ff.; **465** 53; Fragestellung durch **81** 139; der Landesarbeitsgerichte **461** 37; in Mietaufhebungssachen **409** 7; des Mieteinigungsamts **423** 38; **433** 1; in Pachteinigungssachen **443** 3; des Reichsarbeitsgerichts **462** 43; im Schiedsverfahren **343** 19; des Schlichtungsausschusses **492** 3; **493** 4; der Schlichtungsausschußkammern **494** 5;
Beisitzerausschüsse der Arbeitsgerichte **459** 29; **461** 38.
Beistände **18** 90; Gerichtsstand für Klagen der **7** 34; Zurückweisung geschäftsmäßiger u. ungeeigneter **35** 157.
Bekanntmachung der Entmündigung **157** 687; Einschränkung öffentlicher **347** 21.
Beleuchtungsmittel, Unpfändbarkeit **187** 811.
Belgien, Abkommen mit **382** 40.
Benachbarte Orte **254** 8; **317** 18.
Beratung **301** 192 ff.
Berechnung der Fristen **49** 222.
Berechtigungen, Vollstr. in grundstücksgleiche **204** 864; **205** 870.
Berichtigung des Tatbestands **72** 320; des Urteils **72** 319.
Berlin als Gerichtsstand **3** 15.
Berufsausübung, Unpfänd-

barkeit hierzu erforderlicher Gegenstände **188** 811.
Berufssoldaten, Rechtsweg für vermögensrechtliche Ansprüche der **311** 129.
Berufung in Arbeitsgerichtssachen **449** 8; gegen Urteile des Arbeitsgerichts **470** 64; gegen Urteile des anwaltschaftlichen Ehrengerichts **332** 90; **332** 91; in Mietaufhebungssachen **412** 14; in Pachteinigungssachen **443** 3; Verwerfung als unzulässig **119** 519b; gegen Versäumnisurteile **117** 513; **120** 521; Verzicht auf **117** 514; **120** 521; Zulässigkeit **116** 511a; Zulassung im Urteil des Arbeitsgerichts **468** 61; Zurücknahme **117** 515.
Berufungsanschlußschrift **120** 522a.
Berufungsbegründung **118** 519.
Berufungsbegründungsfrist **118** 519.
Berufungsfrist **118** 516; **118** 517; **120** 521; Wiedereinsetzung **51** 233.
Berufungsgerichte **276** 72; **276** 74.
Berufungsinstanz, Gebühren in der **510** 28; **512** 32; **518** 55; **520** 62.
Berufungsschrift **118** 518.
Berufungsverfahren **116** 511ff.; Kostenpflicht **20** 97; Verhandlung über vorl. Vollstreckbarkeit im **165** 718.
Berufungsverhandlung, Gegenstand der **123** 537.
Bescheinigung über die Erfolglosigkeit des Güteverfahrens **113** 499e; **114** 500a.
Beschlagnahme von Mieträumen **406** 4.
Beschlüsse, Verkündung der **76** 329; des Arbeitsgerichts **475** 84.
Beschlußverfahren im arbeitsgerichtlichen Verfahren **474** 80ff.
Beschränkte Haftung, Vorbehalt der **69** 305.
Beschränkung der Zwangsvollstr. 177 775; **179** 782.
Beschwerde, Abhilfe durch das Untergericht **132** 571; **133** 577; gegen Entscheidungen der Arbeitsgerichte **473** 78; in Armenrechtssachen **28** 127; aufschiebende Wirkung **131** 572; bei Aussetzung des Verfahrens **56** 252; im ehrengerichtlichen Verfahren gegen Rechtsanwälte **332** 89; **332** 91; Einlegungsort **132** 569; in Gerichtskostensachen **504** 4; gegen das Landesarbeitsgericht **471** 70; im Schlichtungsverfahren **499** 18; Zulässigkeit **131** 567; Prüfung der Zulässigkeit **133** 574; s. a. Rechtsbe-

schwerde, sofortige Beschwerde, weitere Beschwerde.
Beschwerdeform 132 569.
Beschwerdegegenstand für die Berufung **116** 511a; für Revisionen **125** 546; **125** 547.
Beschwerdegerichte 132 568; **276** 72; **276** 73; **284** 104; **286** 119; **287** 121.
Beschwerdeschrift 132 569.
Beschwerdestelle in Mietsachen **426** 42ff.
Beschwerdesumme 132 567.
Beschwerdeverfahren 131 567ff.; vor den Arbeitsgerichten **477** 90; Gebühren im **513** 38; **515** 47; **516** 48c; **521** 69.
Besitzer, Gerichtsstand für Klagen gegen den **6** 26; Streitverkündung durch den **15** 76; vollstreckb. Ausfertigung gegen **167** 727.
Besitzklagen, Gerichtsstand für **5** 24.
Besitznachfolger, Rechtskraftwirkung gegen **74** 325.
Besitzstreitigkeiten, Streitwert **2** 6.
Besondere Gebühr 513 39.
Besondere Gerichte, s. Sondergerichte.
Bestattung, Unpfändbarkeit von Gegenständen zur **188** 811.
Bestimmung des zuständigen Gerichts **7** 36; **8** 37.
Betagte Forderungen, Überweisung bei **196** 844.
Beteuerungsformel an Stelle des Eids **108** 484.
Betten, Unpfändbarkeit **187** 811.
Bevollmächtigter, Eigenschaften der **16** 79; Kostenhaftung **22** 102; ungeeignete **35** 157; Zurückweisung geschäftsmäßiger **35** 157.
Bevormundete, Leistung des Editionseids **98** 426; Eideszuschiebung u. -zurückschiebung an vorläufig — **106** 473.
Bewegliches Vermögen, Zwangsvollstr. gegen **185** 803ff.
Beweisantritt 64 284.
Beweisaufnahme 81 355ff.; von Amtswegen in Ehesachen **145** 622; vor dem Arbeitsgericht **467** 58; des Einzelrichters **80** 349; Nichterscheinen der Parteien bei **83**, 367; Parteienöffentlichkeit **81** 357; Verhandlung über **64** 285.
Beweisbeschluß 64 284; Anfechtung **81** 355; Ergänzung u. Änderung **82** 360; Eidesanordnung durch **104** 461; Inhalt **81** 358; **81** 359.
Beweisbeschränkung 245 14.
Beweiserhebung in Entmündigungssachen **151** 653; vor

dem Mieteinigungsamt **435** 10.
Beweisgebühr **508** 20; **509** 23; **509** 24.
Beweiskraft von Personenstandsurkunden **246** 16; des Protokolls **37** 164.
Beweismittel, Erklärung über **64** 284; Angabe im Güteantrag **112** 499a; Mitteilung durch Schriftsatz **29** 130; **56** 253; **60** 272; im Urkundenprozeß **138** 595; im Wechselprozeß **140** 605; Zurückweisung im Berufungsverfahren **121** 529.
Beweispflicht, Einfluß der Eideszuschiebung auf die **101** 447.
Beweisregeln, gesetzliche **65** 286.
Beweissicherung **108** 485; Gebühr **512** 32.
Beweisverfahren, Zwischenstreit im **83** 366.
Bezugsrechte, Streitwert 2 9.
Braunschweigische Gesetze, Revisionsfähigkeit **250** 10; **251** 1.
Bremische Gesetze, Revisionsfähigkeit **252** 1.
Brillen, Unpfändbarkeit 188 811.
Bruchteile, Zwangsvollstr. in **204** 864.
Bücher, Unpfändbarkeit 188 811.
Bulgarien, Abkommen mit **382** 40.
Bußen, Höhe **377** IV.

D

Dänemark, Abkommen mit **382** 40.
Danzig **382** 40.
Deckoffiziere, Pfändung gegen **188** 811; **198** 850.
Dienende Personen, Zustellung an **40** 181.
Dienstalter der Mitglieder des Reichsgerichts **288** 125.
Dienstaufsicht über die Amtsgerichte **261** 22ff.; über die Arbeitsgerichte **453** 15; **460** 34.
Dienstboten, Gerichtsstand 4 20.
Diensteinkommen, Pfändung von **193** 833; Unpfändbarkeit **188** 811.
Dienstleistung, Vollstreckung von **209** 888.
Dienstlohn, Beschlagnahme **350** 1ff.; Pfändung **352** 1; Unpfändbarkeit **197** 850.
Dienstverhältnisse, Vermietung mit Rücksicht auf **415** 20; **416** 21; **416** 22.
Dingliche Ansprüche, Gerichtsstand für Klagen aus 5 24.
Dolmetscher, Ausschließung u. Ablehnung **300** 191; Eid des **300** 189; Entschädigung des **586** 16; Übersetzung von

Urkunden **82** 142; Zuziehung von **300** 185; **300** 186.
Dritte, Beteiligung am Rechtsstreit **13** 64ff.
Drittschuldnererklärung **195** 840.
Duldungen, Vollstreckung von **209** 890.
Duldung der Zwangsvollstr. **182** 794; Verurteilung zur **169** 739.
Dünger, Unpfändbarkeit **187** 811.
Durchstreichungen in Urkunden **97** 419.
Durchsuchungsrecht des Gerichtsvollziehers **173** 758.

E

Echtheit der Urkunden **100** 437ff.
Editionseid **98** 426.
Eheanfechtungsklage **141** 606; **143** 612; **143** 615; **143** 616; **144** 617; **147** 629.
Ehebestand, Aussetzung bei Streit über **34** 154.
Ehebruch, Feststellung im Scheidungsurteil **146** 624.
Eheeingehung, Vollstreckung der **209** 888.
Ehefrau, Prozeßfähigkeit **11** 52; Vollstreckung gegen **170** 744.
Ehegatte, Unpfändbarkeit wegen notdürftigen Unterhalts des **197** 850; Zeugnisverweigerung **88** 383.
Eheliche Gemeinschaft, Klage auf Aufhebung **148** 639.
Ehelichkeit, Anfechtung der **148** 641; Aussetzung bei Anfechtung der **34** 153.
Ehemann, Widerspruchsklage des **177** 774.
Ehenichtigkeitsklage **141** 606; **144** 617; **146** 625; **147** 629; **147** 631ff.
Ehesachen, Öffentlichkeit in **297** 170; Prozeßfähigkeit in **143** 612; Verfahren in **141** 606ff.; zuständiges Gericht **141** 606.
Ehrengericht der Anwaltskammer **329** 67; **329** 68.
Ehrengerichtliches Verfahren gegen Anwälte **327** 62ff.; Kosten, Gebühren u. Stempel **333** 94.
Ehrengerichtshof der Rechtsanwälte **332** 90; **334** 102.
Ehrenzeichen, Unpfändbarkeit **188** 811.
Eid, Abnahme **107** 478; Zeit der Abnahme 81 357a; Annahme **102** 452; **103** 456; Widerruf der Annahme **103** 458; Leistung eines beschränkteren **105** 469; Beweis durch **101** 445ff.; Erklärung über **102** 452; **102** 454; **103** 455; Erlassung des **104** 464; Form des **103** 459; Gegenbeweis gegen **104** 463; über die Höhe des Schadens oder

Interesses **65** 287; nachträgliche Leistung **104** 466; des Rechtsanwalts **317** 17; des Sachverständigen **95** 410; des Schöffen **270** 51; Wirksamkeit der Verweigerung für die Berufungsinstanz **122** 533; des Zeugen **90** 392; Widerruf der Zurückschiebung **103** 457; **103** 458; **105** 470; **105** 471; Zurückschiebung **102** 448; **102** 449; **102** 452; Zuschiebung **102** 451; Zuschiebung zur Glaubhaftmachung **66** 294; Zuschiebung im Restitutionsverfahren **135** 581; Zuschiebung gegenüber einer Vermutung **66** 292; Zuschiebung im Wechselprozeß **140** 605; Widerruf der Zuschiebung **105** 470; **105** 471.
Eidesbeweis in Ehesachen **144** 617.
Eideserklärungen, Feststellung der **76** 298; **116** 510a; Wirksamkeit für die Berufungsinstanz **122** 533.
Eidesform, religiöse **311** 136; **311** 177.
Eidesformel **108** 481.
Eidesleistung, Verweigerung **104** 464; Wirksamkeit für die Berufungsinstanz **122** 533.
Eidesnorm im Beweisbeschluß **82** 359.
Eides Statt, s. Versicherung.
Eidesverfahren vor dem Arbeitsgericht **466** 54; **467** 58; im Urkundenprozeß **138** 595.
Eidesverletzung, Restitutionsklage bei **135** 580.
Eigentümerhypothek, Entstehen in der Zwangsvollstr. **205** 868.
Eigentumsklagen, Gerichtsstand für **5** 24.
Eigentumsübertragung, Vollstreckung der **211** 897.
Einführungsgesetz zur ZPO. **241**.
Eingebrachtes Gut, Pfändung **202** 861; Vollstreckung in das **169** 739; **170** 741; **170** 742.
Einigungsverfahren in Arbeitsstreitigkeiten **482** 101.
Einlassungsfrist **58** 261; **58** 262; Abkürzung **49** 226; im amtsgerichtlichen Verfahren u. im Güteverfahren **112** 499; bei dem Arbeitsgerichte **464** 47; Bestimmung der **58** 262; zu kurze **78** 337; im Wechselprozeß **140** 604.
Einlassungsverweigerung bis zur Kostenerstattung **60** 271.
Einrede der Rechtshängigkeit **58** 263; s. a. prozeßhindernde Einreden.
Einspruch **78** 338; **78** 340; **78** 341; **78** 342; Entscheidung über den **79** 343;

Verwerfung **79** 345; Verzicht **79** 346; gegen Vollstreckungsbefehle **160** 700; weiterer **79** 345; Zurücknahme **79** 346.
Einspruchsfrist 78 339; Wiedereinsetzung **51** 233.
Einspruchsschrift, Inhalt 78 340.
Einstellung, Gebühren bei — des Verfahrens **519** 58; der Versteigerung **180** 818; der Vollstr. **205** 868; der Zwangsvollstreckung **177** 771; **177** 775; der Zwangsvollstreckung bei Wiedereinsetzung oder Wiederaufnahme **162** 707.
Einstweilige Anordnung 168 732; des Beschwerdegerichts **132** 572; in Pachteinigungssachen **445** 3.
Einstweilige Verfügungen 246 16; Aufhebung **219** 939; **220** 945; Belastungsverbot durch **219** 938; in dringenden Fällen **219** 942; **220** 944; in Ehesachen **146** 627; Gebühren **511** 32; auf Eintragungen ins Grundbuch oder Schiffsregister **219** 941; **219** 942; Inhalt **219** 938; in Mietsachen **414** 19; Schadensersatz bei Aufhebung **220** 945; Sequestration durch **219** 938; Veräußerungsverbot **219** 938; Verpfändungsverbot **219** 938; Vollmacht für **17** 82; Voraussetzungen der Erlassung **218** 935; **219** 940; Erlaß durch den Vorsitzenden **220** 944; zuständiges Gericht **218** 937; **219** 942; **220** 943; s. auch Arrest.
Einstweilige Zulassung zur Prozeßführung **18** 89.
Eintragungen ins Grundbuch u. Schiffsregister, Vollstreckung von **210** 895.
Einwendungen, Mitteilung von — durch Schriftsätze **56** 253; gegen die Zulässigkeit der Vollstreckungsklausel **168** 732; **176** 768; gegen die Zwangsvollstreckung **175** 766; **175** 767; **182** 796; **183** 797; **184** 797a; **203** 861; **203** 862.
Einzelrichter, Anfechtung der Entscheidungen des **80** 350; Entscheidungsbefugnis **80** 349; in Strafsachen **264** 25; **264** 26; Verfahren vor dem **79** 348ff.
Einziehung, Gebühren bei **517**, 49.
Eisenbahnen, Vollstr. in **205** 871.
Elbschiffahrtsgerichte 259 14.
Elterliche Gewalt, Feststellungsklage über **148** 640.
Elternverhältnis, Aussetzung bei Streit über **34** 154; Feststellungsklage über **148** 640.

Endurteil 68 300; bedingtes **103** 460; **104** 462; **107** 477.

Enteignungen, Gerichtsstand für Klagen wegen **6** 26.

Entfernung aus der Verhandlung **35** 158.

Entlastung der Gerichte **338** 1 ff.; des Reichsgerichts **347** 20.

Entmündigte, Leistung des Editionseids **98** 426; Eideszuschiebung u. -zurückschiebung an **106** 473.

Entmündigung, Anfechtung **153** 664; Bekanntmachung **157** 687; wegen Geisteskrankheit **149** 645; wegen Geistesschwäche **149** 645; wegen Trunksucht **156** 680; wegen Verschwendung **156** 680; Wiederaufhebung **155** 675 ff.; **155** 679; **156** 685; **157**, 686; Wirksamkeit **152** 661.

Entmündigungsbeschluß, Zustellung u. Mitteilung **152** 659; **152** 660; **156** 683.

Entmündigungssachen, Öffentlichkeit **297** 171.

Entmündigungsverfahren, Gebühr **512** 33.

Entschädigung, eventuelle Verurteilung zu **116** 510 b; der Beisitzer der Arbeitsgerichtsbehörden **531** 1 ff.

Entschädigungsleistungen, Vollstreckung von Titeln auf **209** 888 a.

Entscheidungen nach Lage der Akten **55** 251 a; des Mieteinigungsamts **425** 40; Aufnahme ins Protokoll **36** 160.

Entscheidungsgründe, Verkündung **70** 311.

Entwürfe von Urteilen usw., Einsicht von **67** 299.

Entziehung des Armenrechts **27** 121.

Erbbaurecht, Aufhebung u. Kündigung von Mietverhältnissen bei **417** 24.

Erbe, Aufnahme des Verfahrens durch u. gegen den **53** 239; vollstr. Ausfertigung gegen **167** 728; aufschiebende Einwendungen des **179** 782; **179** 783; Vorbehalt der beschränkten Haftung **69** 305; Pfändung gegen minderjährige **188** 811; Rechtskraftwirkung gegen den **75** 327.

Erbenhaftung, beschränkte **179** 780; **179** 781.

Erbschaft, Gerichtsstand der **6** 27; **6** 28.

Erbschaftsklagen, Gerichtsstand **6** 27.

Erbschaftsnutzungen, Pfändung der **203** 863.

Erbschein, Erwirkung durch den Gläubiger zu Vollstreckungszwecken **181** 792.

Erfüllung, Gerichtsstand der **6** 29.

Ergänzung des Urteils 73 321; Gebühr für **509** 26.
Ergänzungsgeschworene 301 192.
Ergänzungsrichter 301 192.
Ergänzungsschöffen 301 192.
Erinnerung gegen den Ansatz von Gebühren u. Auslagen **504** 4; gegen den Kostenfestsetzungsbeschluß **22** 104; gegen die Zwangsvollstreckungen **175** 766.
Erklärung über Beweismittel **64** 284; über den Eid **102** 452; **102** 454; **103** 455; Feststellung der **67** 298; Fristbestimmung für **60** 272a; Nachholung im Berufungsverfahren **122** 531; mit Nichtwissen **31** 138; über Tatsachen **31** 138; unterbliebene in Ehesachen **144** 617; Unterlassung der **77** 334; über Urkunden **100** 439.
Erklärungsabgabe, Fristsetzung zur **63** 279a.
Ermächtigung zur Prozeßführung **11** 51; **11** 54.
Eröffnungsbeschluß im ehrengerichtlichen Verfahren gegen Anwälte **330** 78; **333** 93.
Errungenschaftsgemeinschaft, Vollstr. bei **202** 860.
Ersatzraumsicherung 407 6; **419** 32; **422** 36; **429** 51; **429** 52; **431** 52d.
Ersuchter Richter, kein Anwaltszwang vor dem **16** 78; Augenscheinseinnahmen **84** 372; Stellung im Beweisverfahren **82** 360; **82** 362; **83** 365; **83** 366; Vernehmung der Partei in Ehesachen **145** 619; Eidesleistung vor **107** 479; in Entmündigungssachen **151** 654; Fristenbehandlung **50** 229; Geständnis vor **65** 288; Protokoll des **37** 165; Anrufung des Prozeßgerichts gegen den **133** 576; **134** 577; Sachverständigenauswahl **93** 405; Verfügungen des **76** 329; Zeugenbeweiserhebung **85** 375; Ablehnung der Fragestellung an Zeugen **92** 398; Zeugnisverweigerung vor dem **90** 389.
Ersuchungsschreiben nach dem Haager Abkommen **386** 8; **394** 3.
Erziehungsgelder, Unpfändbarkeit **197** 850.
Estland, Abkommen mit **382** 40.
Exterritoriale, Gerichtsstand **3** 15; Zustellung an — Deutsche **44** 200.

F

Fabrikarbeiter, Gerichtsstand **4** 20.
Fabrikbetrieb, Gerichtsstand des **5** 21.

Fachkammern **491** 1.
Fähigkeit zum Richteramt **257** 2.
Fahrnisgemeinschaft, Vollstr. bei **202** 860.
Fälligkeit der Gerichtskosten **523** 74.
Familienpapiere, Unpfändbarkeit **188** 811.
Feiertage, Einfluß auf den Fristenlauf **49** 222; Termin an **48** 216; Vollstreckung an **174** 761; Zustellung an **41** 188.
Ferienkammern **303** 201.
Feriensachen **302** 200; **303** 202; **450** 9; Fristenlauf bei **49** 223.
Feriensenate **303** 201.
Fernsprechgebühren, Ersatz von **522** 72.
Festsetzung des Streitwerts **508** 17; **508** 18; der Zeugen- u. Sachverständigengebühren **537** 20; s. auch Streitwertfestsetzung.
Feststellung des Bestehens einer Ehe **147** 629; **148** 638.
Feststellungsklagen **57** 256; **64** 280; Eintritt der Unzuständigkeit durch **115** 506.
Feuerungsmittel, Unpfändbarkeit **187** 811.
Fideikommisse, Zwangsvollstr. in **245** 15.
Finnland, Abkommen mit **382** 40.
Fischereistreitigkeiten, Zuständigkeit der Pachteinigungsämter **445** 5.
Fiskus, Gerichtsstand des **4** 18; **4** 19; Rechtsweg gegen den **241** 4; Zwangsvollstreckung gegen den **245** 15.
Forderungen, Vollstr. in **192** 828ff.
Fortgesetzte Gütergemeinschaft, Vorbehalt von Einreden bei **69** 305; Vollstreckung bei **171** 745; Einfluß auf die Zwangsvollstr. **180** 786.
Fortlaufende Bezüge, Pfändung von **193** 832.
Fragestellung durch Gerichtsmitglieder **31** 139; unzulässige **32** 140.
Frankreich, Abkommen mit **382** 40; **383.**
Französisches Recht, Revisionsbegründung mit Verletzung des **248** 1; **248** 2; **248** 4.
Frauen, Fähigkeit zum Richteramt **312** 1.
Freie Beweiswürdigung **65** 286.
Freigebigkeit, Unpfändbarkeit der Einkünfte auf Grund der — eines Dritten **197** 850.
Freiheitsstrafe, Rechtshilfe zum Vollzug von **295** 162; **296** 163.
Freiwillige Gerichtsbarkeit, Erledigung von Sachen der

— durch Urkundsbeamte **337** 2.

Fristbestimmung für Erklärungen **60** 272a; im Urteil bei eventuellen Schadensersatzansprüchen **57** 255.

Fristen 48 217ff.; Abkürzung der **49** 224; **49** 225; **49** 226; Berechnung der **49** 222; für die Berufungsverhandlung **120** 520; Einfluß der Gerichtsferien **49** 223; für die Revisionsverhandlung **128** 555; für die Abgabe von Schriftsätzen **30** 132; zur Urkundenvorlage **98** 428; **98** 431; Verlängerung **49** 224; **49** 225; für die Wiederaufnahmeklage **136** 586; zur Wiedereinsetzung **51** 234.

Fristenlauf, Beginn **48** 221; bei Unterbrechung oder Aussetzung des Verfahrens **55** 249.

Fristsetzung im Beweisverfahren **81** 356; zur Erklärungsabgabe **63** 279a.

Früchte, Pfändung u. Versteigerung von **187** 810; **189** 813; **191** 824; Streitwertsberechnung **2** 4; **507** 15; Antragstellung auf Zuerkennung von **69** 308.

Fürsorge, Unpfändbarkeit der Einkünfte auf Grund der — eines Dritten **197** 850.

Futtervorräte, Unpfändbarkeit **187** 811.

G

Garnisonort, Gerichtsstand des **3** 14; **5** 20; **12** 57.

Gebetbücher, Unpfändbarkeit **188** 811.

Gebühren in Arbeitsgerichtssachen **451** 12; in bürgerlichen Rechtsstreitigkeiten **505** 8; für die Tätigkeit der Gerichte **504** 3; in Mieteinigungssachen **427** 46; in Mietsachen **403** 10; bei Rechtshilfe nach dem Haager Abkommen **388** 16; der Beisitzer im Schiedsverfahren **343** 19; im Schlichtungsverfahren **499** 19; bei Todeserklärungen **373** 23; bei Zustellungen nach dem Haager Abkommen **386** 7.

Gebührenfreiheit 527 90.

Gebührenvorschuß 525 83; **526** 84.

Geburten, Zeugnisverweigerung über **89** 385.

Gegenforderung, nichtkonnexe **33** 145.

Gegenüberstellung von Zeugen **91** 394.

Gehaltspfändung 193 832; **354** 25.

Gehilfen, Ersatzzustellung an **41** 183.

Geistliche, Pfändung gegen **188** 811; **198** 850; Zeugnisverweigerung **88** 383.

Geistliche Gerichtsbarkeit **260** 15.
Geld, Vollstr. in **186** 808; **189** 815.
Geldforderungen, Pfändung von **192** 829; Pfändung für mehrere **199** 853; Zwangsvollstr. wegen **185** 803ff.
Geldrenten, Pfändung von **198** 850; Unpfändbarkeit **197** 850.
Geldrentenurteile, vorl. Vollstreckbarkeit **163** 708; nachträgliche Anordnung von Sicherheit **74** 324.
Geldstrafen der Anwaltskammer **326** 58; **333** 97; Höhe **376** II ff.; Festsetzung in Reichsmark **376** II.
Gemeindegebäude, Mieterschutz **420** 32.
Gemeindemitglieder, Gerichtsstand der **5** 22.
Gemeinden, Gerichtsstand der **4** 17; Leistungen der — nach dem Arbeitsgerichtsgesetz **485** 118; Rechtsweg gegen **241** 4; Zustellung an **38** 171; **41** 184.
Gemeindeverband, Entmündigungsantrag des **156** 680.
Gemeines Recht, Revisionsbegründung bei Verletzung des **248** 1; **248** 2.
Generalbevollmächtigte, Zustellung an **39** 173.
Genossenschaften, Gerichtsstand der **4** 17.
Genossenschaftsbauten, Mieterschutz **420** 33.
Genossenschaftsmitglieder, Gerichtsstand der **5** 22.
Genossenschaftsregister, Veröffentlichungen der Eintragungen in die **348** 9.
Gerichte, besondere **304** 3; Unterbrechung des Verfahrens bei Beendigung der Tätigkeit der **54** 245; vorschriftswidrige Besetzung **134** 579.
Gerichtsdiener, Bezeichnung als **381** 3; **381** 1.
Gerichtsferien, Dauer **302** 199; Einfluß auf die Fristen **49** 223.
Gerichtskosten, allgemeine Bestimmungen **504** 1; im Arrestverfahren **511** 32; im Aufgebotsverfahren **512** 33; Aufrundung **505** 7; **505** 8; Auslagen für Zustellungen **522** 73; in der Berufungsinstanz **510** 28; **510** 30; **512** 32; **518** 55; im Beschwerdeverfahren **513** 38; **515** 47; **521** 69; besondere Gebühr **513** 39; Beweisgebühr **508** 20; **509** 23; **509** 24; bei Beweissicherungen **512** 33; in bürgerl. Rechtsstreitigkeiten **505** 8ff.; **524** 77; bei Einstellungen **519**, 58; im Entmündigungsverfahren **512** 33; Erinnerungen gegen den Ansatz von Ge-

bühren u. Auslagen **504** 4; Ersatz von Barauslagen **522** 72; Fälligkeit **523** 74; **524** 74b ff.; Gebührenfreiheiten **527** 90; Haftung des Gegners für **28** 124; Gewährung von Gebühren- u. Auslagenfreiheit **505** 6; Gesamthaftung **525** 82; **527** 87; im Güteverfahren **511** 31a; im Konkursverfahren **514** 40ff.; **524** 78; bei Kostenauferlegung auf den Antragsteller **519** 57; Kostenschuldner **524** 77ff.; im Mahnverfahren **510** 31; Mindestgebühr **505** 7; bei Entscheidung ohne mündliche Verhandlung **339** 8; Nachforderung von **504** 5; Streitwert bei nichtvermögensrechtl. Ansprüchen **507** 11; Niederschlagung von Gebühren u. Auslagen **505** 6; im Offenbarungseidsverfahren **512** 33; Streitwert bei Pacht- u. Mietverhältnissen **506** 10; in Privatklagesachen **519** 59; **519** 60; **520** 61ff.; Prozeßgebühr **508** 20; Rechtshilfe zwecks Einzugs der **528** 91; Umrechnung in Reichsmark **529** II; **530** V; in der Revisionsinstanz **510** 28; **510** 30; **518** 55; im Schiedsverfahren **343** 18; **510** 30a; **512** 33; Schreibgebühren **521** 71; Schuldner der **522** 78; bei Strafbefehlen **518** 53; in Strafsachen **516** 49ff.; Streitwert bei Unterhalts- u. Rentenansprüchen **506** 10; bei Urteilsergänzungen **509** 26; Urteilsgebühr **509** 20; **509** 21; **509** 22; Urteilsgebühr bei Zwischenurteilen **509** 22; **509** 25; bei Vergleichen **513** 36; im Vergleichsverfahren **516** 48a; **525** 78a; im Verteilungsverfahren **512** 33; bei Klagen der Verwaltungsbehörde **520** 65ff.; bei Verweisungen **510** 27; bei Vollstreckung von Vermögensstrafen, Bußen u. Kostenentscheidungen **521** 70; Vorbehaltsurteil **509** 25; Vorschußpflicht **523** 74ff.; **525** 83; **526** 84; Vorschußpflicht der Ausländer **526** 85; Wertberechnung **506** 9ff.; Streitwertfestsetzung **508** 18; Streitwert bei Widerklagen **507** 13; bei Wiederaufnahme des Konkursverfahrens **515** 48; bei Wiederaufnahme des Strafverfahrens **518** 56; **520** 63ff.; bei Zahlungssperren **512** 33; für Zustellungsersuchen **513** 37; in der Zwangsvollstreckung **512** 33; **512** 34.

Gerichtskostengesetz, Neufassung **529** VI.

Gerichtskostenvorschuß 523 74.
Gerichtspersonen, Ausschließung u. Ablehnung **8** 41.
Gerichtsschreiber, Bezeichnung als **380** 38; **381** 1.
Gerichtsschreiberei 380 38; **381** 1.
Gerichtssprache 299 184ff.; in Arbeitsgerichtssachen **450** 9; vor dem Mieteinigungsamt **433** 3.
Gerichtsstand 3 12ff.; allgemeiner **3** 13ff.; ausschließlicher **3** 12; **5** 24; **7** 33; **8** 40; **121** 528; **185** 802; besonderer **4** 20ff.; dinglicher **5** 24; **6** 25; **6** 26; **261** 20; für Personenstandssachen **149** 642; der Vereinbarung **8** 38ff.; allgemeiner im Wechselprozeß **140** 603; s. a. Zuständigkeit.
Gerichtsstelle, Abhaltung der Termine an der **48** 219.
Gerichtstafel, Anheftung an **45** 204.
Gerichtstage, ordentliche **114** 500.
Gerichtsverfassungsgesetz 257; Inkrafttreten **304** 1.
Gerichtsvollzieher 181 790; **186** 808; **189** 814; **189** 815; **190** 819; **191** 822; **191** 823; **191** 824; **191** 826; **191** 827; **192** 829; **196** 845; **200** 854; **207** 883; **213** 909; **213** 910; **294** 154; **295** 161; **340** 11; **348** 1; **401** 1f.; Auftragsverweigerung des **175** 766; ausgeschlossener **294** 155; Beiordnung im Armenrecht **26** 115; Gerichtsstand für Klagen der **7** 34; Kostenpflicht der **22** 102; Befugnis zum Leistungsempfang **172** 754; Zustellung an **41** 183; Zustellungen durch den **37** 166; Bewirkung der Zwangsvollstreckung durch **172** 753; **172** 754; **173** 755; Stellung in der Zwangsvollstreckung **172** 753; **173** 757; **173** 758; **173** 759;
Gerichtsvollziehergebühren, Änderung **570** III; bei Armenrecht **569** 24; Aufrundung **571** II; bei Ausscheiden des Gerichtsvollziehers **563** 4; zu ersetzende Barauslagen **567** 16; für Beglaubigungen **562** 2; Aufstellung von Berechnungen **569** 26; bei Besitzentsetzungen u. -einweisungen **565** 10; für Entfernung von Pfandstücken aus dem Gewahrsam des Schuldners **563** 5; Erinnerung gegen **569** 25; Fälligkeit **569** 23; für den Verkauf aus freier Hand **564** 7; Vorbehalt zu Gunsten der Länder **570** 27; bei Nachtzeit **567** 15; für Nachverhaftungen **566** 12; Pauschalcharakter **566** 14; für Pfändung bewegl. Sa-

chen **562** 3; für Pfändung von Früchten **562** 3; für Pfändung indossabler Papiere **562** 3; für Pfändung von Wechseln **562** 3; Reisekosten **567** 16; **568** 20; Schreibgebühren **567** 16; **567** 17; Schuldner der **569** 22; an Sonn- u. Feiertagen **567** 15; bei Unterbleiben der Vollstreckung **563** 6; **565** 11; für Verhaftungen **566** 12; für Versteigerungen **564** 7; für vorbereitende u. nachfolgende Handlungen **566** 14; für Vordrucke **567** 16; für Vorführungen **566** 12; Recht auf Vorschuß **569** 21; bei Wegnahme von Personen **565** 9; für Wegnahmen u. Übergaben **564** 8; bei Widerstandsbeseitigung gegen Handlungen **565** 10; bei Entgegennahme der Zahlung **566** 13; bei Zurücknahme des Verkaufsauftrags **564** 7; bei Zurücknahme des Vollstreckungsauftrags **563** 6; **565** 11; für Zustellungen **561** 2.

Gerichtswachtmeister 381 3.

Gesamtgut, Vollstreckung in das **170** 740; **170** 741; **170** 742; **170** 743; **171** 744.

Gesamtgutsanteile, Vollstr. in **202** 860.

Gesamtschuldner, Kostenhaftung der **21** 100.

Gesandte, Gerichtsbarkeit über **261** 18; Zustellung durch **44** 199.

Geschäftsbücher, Unpfändbarkeit **188** 811.

Geschäftsführung ohne Auftrag im Prozeß **18** 89.

Geschäftslokal, Zustellung in dem **40** 180; **41** 183; **41** 184.

Geschäftsordnung der Anwaltskammer **324** 48; des Reichsgerichts **291** 140.

Geschäftsstellen 294 153; der Arbeitsgerichte **460** 32; Bezeichnung als **380** 2; Tätigkeit in Rechtshilfesachen **295** 161; Bewirkung der Zustellungen **46** 209; Zustellung unter Vermittlung der **37** 166ff.; **44** 196.

Geschäftsverteilung der Arbeitsgerichte **459** 30; der Landesarbeitsgerichte **461** 39; beim Landgericht **273** 63; des Reichsarbeitsgerichts **463** 44.

Geschworene 259 11; **310** 104.

Gesellschaften, Gerichtsstand der **4** 17.

Gesellschaftsanteil, Pfändung des **202** 859.

Gesellschaftsbauten, Mieterschutz **420** 33.

Gesellschaftsmitglieder, Gerichtsstand der **5** 22.

Gesellschaftsvermögen, Vollstreckung in das **169** 736.

Gesetz im Sinne der ZPO. **242** 12.
Gesetzesverletzung **126** 550.
Gesetzlicher Vertreter, Eideszuschiebung u. -zurückschiebung an **106** 473; **107** 474; Leistung des Editionseids **98** 426; Kostenhaftung **22** 102; richterlicher Eid **107** 476; Tod des — u. Ende der Vertretungsbefugnis **53** 241; **54** 246; Zustellung an den **38** 171; **41** 184; s. auch Vertreter.
Gesetzliche Vertretung, Änderung der — des Vollmachtgebers **17** 86.
Gesinde **187** 811.
Geständnis des Bevollmächtigten **17** 85; in Ehesachen **144** 617; Einschränkungen u. Zusätze **65** 289; Feststellung des **67** 298; **116** 510a; gerichtliches **65** 288; Widerruf **66** 290; Wirksamkeit für die Berufungsinstanz **122** 532.
Getrenntleben der Ehegatten, Anordnung des **146** 627.
Gewährleistungsansprüche in der Zwangsvollstr. **186** 806.
Gewaltverhältnis, Aussetzung bei Streit über **34** 154.
Gewerbebetrieb, Gerichtsstand des **5** 21.
Gewerbegeheimnis, Zeugnisverweigerung über **89** 384.
Gewerbegehilfe, Gerichtsstand **4** 20; Zustellung an **41** 183.
Gewerbetreibende, Zustellung an **41** 183.
Gewerbliche Arbeiter, Pfändung gegen **188** 811.
Gewerkschaften, Gerichtsstand **4** 17.
Gewohnheitsrecht, Beweis **66** 293.
Glaubhaftmachung, Form der **66** 294.
Gliedmaßen, künstliche, Unpfändbarkeit **188** 811.
Gnadengehalt, Unpfändbarkeit **198** 850.
Goldmark, Schuldtitel in **341** I.
Goldsachen, Zuschlag von **190** 820.
Grenzscheidungsklagen, Gerichtsstand für **5** 24.
Grundbucheintragungen, Vollstreckung von **210** 95.
Grunddienstbarkeiten, Gerichtsstand für Klagen aus **5** 24; Streitwert **2** 7.
Gründe s. Entscheidungsgründe.
Grundschuldbrief, Vollstreckung der Übergabe **11** 897.
Grundschulden, Gerichtsstand für Klagen aus **6** 25; Zahlungsbefehle bei Ansprüchen aus **157** 688; Zwangsvollstr. in **201** 857.

Grundschuldurkunden, Vollstr. von **181** 794; **184** 799; **184** 800.
Grundstücke, Zwangsvollstr. in **204** 864.
Grundstücksbeschädigung, Gerichtsstand für Klagen wegen **6** 26.
Grundstückseigentümer, Vollstr. gegen den jeweiligen **184** 800.
Grundstücksveräußerung. Einfluß der — auf die Rechtskraftwirkung **74** 325; Eintritt des Rechtsnachfolgers in den Prozeß bei **59** 266.
Grundurteil 69 304; im Wiederaufnahmeverfahren **137** 590.
Güteantrag, Inhalt des **112** 499a; Zurückweisung **122** 499b.
Gütergemeinschaft, Vollstr. bei **202** 860.
Gütestelle in Arbeitsstreitigkeiten **482** 102; **482** 103.
Güteverfahren 110 495ff.; 256 VII; vor dem Arbeitsgericht **466** 54; **466** 55; Entbehrlichkeit **110** 495a; Gebühren im **511** 31a; Erstattung der Kosten des **19** 91; Ladung im **111** 497; Terminsbestimmung im **111** 497; Zustellungen im **111** 496.
Güteverhandlung, Gegenstand der **113** 499c; im Mahnverfahren **159** 696; in Mietaufhebungssachen **410** 9.
Gütevertrag in Arbeitsstreitigkeiten **482** 101.
Gutgläubiger Erwerb, Einfluß auf die Rechtskraftwirkung **75** 325.
Gutsbewirtschaftung, Gerichtsstand der **5** 21.

H

Haager Zivilprozeßabkommen 382 40; **396** 42; **396** 43; Ausführungsgesetz **398** 1.
Haft in Entmündigungssachen **151** 653; gegen die nichterschienene Partei **145** 619; bei Zeugnisverweigerung **90** 390.
Haftkosten, Ersatz von **522** 72.
Hamburgische Gesetze, Revisionsfähigkeit **250** 11.
Handakten des Rechtsanwalts, Zurückbehaltungsrecht u. Aufbewahrungspflicht **321** 32.
Handarbeiter, Gerichtsstand **4** 20.
Handelsgebräuche, Entscheidung über **286** 114.
Handelsgeschäfte, vollstr. Ausfertigung bei Übernahme von **168** 729.
Handelsregister, Eintragungen, Veröffentlichungen der **348** 9.

Handelsrichter **259** 11; **284** 105; **310** 104; Enthebung **285** 113; Ernennung **285** 108; **285** 109; **285** 110; Tage- u. Übernachtungsgelder **284** 107; Verpflichtung **285** 111.
Handelssachen, Kammern für **275** 68; **275** 71; **280** 93; Zuständigkeit **281** 95.
Handlungen, Vollstreckung der Vornahme von **209** 888; zwangsweise Erwirkung von **208** 887.
Handlungsbetrieb, Gerichtsstand des **5** 21.
Handlungsgehilfen, Pfändung gegen **353** 3.
Handwerker, Pfändung gegen **188** 811.
Hauptgeschworene **279** 85; **280** 92.
Hauptintervention **18** 64; des Rechtsnachfolgers **59** 265; Vollmacht für die **17** 82.
Hauptschöffen **269** 43; **272** 58; **277** 78.
Hauptstadt als Gerichtsstand **8** 15.
Hauptverhandlung im ehrengerichtlichen Verfahren gegen Anwälte **330** 82ff.
Hausgenossen, Zustellung an **40** 181.
Hausgerät, Unpfändbarkeit **187** 811.
Haushaltungsbücher, Unpfändbarkeit **188** 811.
Hauswirt, Zustellung an den **40** 181.
Hebammen, Pfändung gegen **188** 811.
Heilanstalt, Unterbringung in — in Entmündigungssachen **151** 656.
Heizöfen, Unpfändbarkeit **187** 811.
Herausgabe von Mieträumen, Klagen auf **417** 27; Zwangsvollstreckung zur — von Sachen **209** 887.
Herausgabeansprüche, Pfändung von **196** 846; **196** 847; **196** 848; **199** 854; **200** 855; Vollstr. der **207** 883; **208** 885.
Herstellung des ehelichen Lebens, Klage auf **145** 621; Vollstreckung der **209** 888.
Herstellungsklage in Ehesachen **141** 606; **142** 608; **143** 615; **144** 617.
Hessische Rechte, Revisionsfähigkeit **250** 8; **251** 1.
Heuerlingsverträge **443** 2.
Hilfsbeamte der Staatsanwaltschaft **293** 152.
Hilfskassen, Unpfändbarkeit von Hebungen aus **197** 850.
Hilfsrichter beim Oberlandesgericht **286** 118; beim Reichsgericht **289** 132.
Hilfsschöffen **269** 42; **269** 43; **270** 48; **270** 49; **272** 58; **277** 77; **277** 78; **280** 91.
Hilfssenat beim Reichsgericht **307** 16.

Hinterbliebene der Militärpersonen, Pfändung der Gebührnisse der **357** 68; Pfändung gegen — der Wehrmachtangehörigen **363** 79.
Hinterlegung des Pfanderlöses **200** 854; der Sicherheit **24** 108; des Zwangsvollstreckungserlöses **186** 805; **189** 815.
Höhe einer Forderung, Feststellung der **65** 287.
Hypotheken, Geltendmachung im Urkundenprozeß **138** 592.
Hypothekenbrief, Vollstreckung der Übergabe des **211** 897.
Hypothekenforderungen, Pfändung von **192** 830; Überweisung von **194** 837; Zahlungsbefehl bei Ansprüchen aus **157** 688.
Hypothekenklagen, Gerichtsstand für **6** 25.
Hypothekenurkunden, Vollstreckbarkeit **254** 7; Vollstr. von **181** 794; **184** 799; **184** 800.

J

Jagdstreitigkeiten, Zuständigkeit der Pachteinigungsämter für **445** 5.
Jahreslisten der Schöffen **269** 44; **277** 77.
Indossable Papiere, Pfändung von **193** 831.
Inhaberpapiere, Vollstr. in **191** 823.
Insertierungskosten, Ersatz von **522** 72.
Instanz, Begriff der **44** 178; **544** 26; **545** 29; **546** 31; **546** 32; **547** 36; **554** 70; Ende der **528** V.
Interesse, Klage auf Leistung des **210** 893; Entscheidung nach freier Überzeugung **65** 287.
Invalide Arbeiter, Pfändung gegen **197** 850.
Invalidenpension, Unpfändbarkeit **197** 850.
Italien, Abkommen mit **382** 40.
Justizbeamte, Beiordnung im Armenrecht **26** 116.

K

Kammern der Arbeitsgerichte **453** 17; **459** 30; Besetzung der — für Handelssachen **284** 105; Zulassung von Rechtsanwälten bei den — für Handelssachen **315** 8; der Landesarbeitsgerichte **460** 35; **461** 39.
Kapitalabfindungssumme der Militärpersonen, Pfändung der **359** 83.
Kassengeschäfte der Anwaltskammer **326** 57.
Kinder, Pfändungsbeschränkung wegen notdürftigen Unterhalts der **197** 850; Regelung der Personen-

frage für – in Ehesachen **146** 627.
Kindesverhältnis, Feststellungsklage über **148** 640; Aussetzung bei Streit über **34** 154.
Kindesvermögen, Vollstreckung in das **171** 746.
Klage auf Aufhebung des Mietverhältnisses **403** 1 pff.; Inhalt im Urkundenprozeß **138** 593; im Verteilungsverfahren **206** 878; **207** 879.
Klageänderung **58** 264; **59** 268; **60** 269; **60** 270; im Berufungsverfahren **121** 527; Entscheidung über **60** 270.
Klageerhebung **56** 253; vor dem Arbeitsgericht **464** 47.
Klageerweiterung **64** 280; Eintritt der Unzuständigkeit durch **115** 506.
Klagefrist im Wiederaufnahmeverfahren **136** 586.
Klagegrund **56** 253.
Kläger, Kostenpflicht des **20** 93; **20** 94.
Klageschrift, Inhalt der **56** 253; Zustellung im Güteverfahren **112** 498.
Klageverbindung **58** 260; in Ehesachen **147** 633; in Entmündigungssachen **154** 667; in Mietaufhebungssachen **412** 15.
Klagezurücknahme, s. Zurücknahme.
Kleidung, anständige, Unpfändbarkeit **188** 811.
Kleidungsstücke, Unpfändbarkeit **187** 811.
Kleinbahnen, Vollstr. in **205** 871.
Knappschaftskassen, Unpfändbarkeit von Hebungen aus **197** 850.
Knappschaftsvereinskassen, Unpfändbarkeit von Hebungen aus **197** 850.
Kochöfen, Unpfändbarkeit **187** 811.
Kollegialgerichte, Vorsitz **274** 66.
Kommandobehörde, Zustellung an die **39** 172; **45** 201.
Kompetenzkonflikte **245** 14; **260** 17.
Konkurs, Kündigungsrecht des Vermieters bei **417** 26; Unterbrechung des Verfahrens bei **53** 240.
Konkursverfahren, Gebühren im **514** 40.
Konsolidationen, Gerichte für **259** 14.
Konsul, Gebühren bei Zustellungen u. Ersuchen **394** 2; **394** 4; Gerichtsbarkeit über **261** 21; Zustellung durch **44** 199; Zwangsvollstr. durch 181 791; s. auch Reichskonsul.
Körperliche Sachen, Vollstr. in **186** 808.
Körperschaften, öffentliche, Mieterschutz **420** 32;

Zwangsvollstreckung gegen **245** 15.

Korporationen, Gerichtsstand der **4** 17; Rechtsweg gegen **241** 4; Zustellung an **38** 171; **41** 184.

Korporationsmitglieder, Gerichtsstand der **5** 22.

Kostbarkeiten, Versteigerung von **189** 814; Vollstr. in **186** 808.

Kosten bei dem Arbeitsgericht **468** 61; **470** 63; Aufhebung gegeneinander **19** 92; der Berufungszurücknahme **118** 515; der Wiederaufhebung der Entmündigung **155** 677; Erinnerungen gegen die — des Gerichtsvollziehers **175** 766; bei Klagezurücknahme **60** 271; des Mahnverfahrens **160** 698; in Mietaufhebungssachen **412** 13; in Mieteinigungssachen **427** 46; der Nebenintervention **21** 101; in Pachteinigungssachen **444** 3; Erstattung der — des Rechtsanwalts **321** 37; des Rechtsmittelverfahrens **20** 97; des Schlichtungsverfahrens **489** 9; **499** 19; Streitwertsberechnung **2** 4; Teilung der **19** 92; der Vergleiche **21** 98; des Versäumnisverfahrens **79** 344; bei Verweisungen **63** 276; der Wiedereinsetzung **52** 238; Ersatz der — der Zustellung **44** 197; der Zwangsvollstr. **180** 788; **180** 789; s. a. Prozeßkosten u. Gerichtskosten.

Kostenempfang, Vollmacht für **17** 81.

Kostenentscheidungen, Anfechtung von **21** 99; des Mieteinigungsamts **437** 15; **438** 18; Vollstreckung nach dem Haager Abkommen **388** 18; **389** 19; **395** 5ff.

Kostenerstattung, Einrede der mangelnden **62** 274; Umfang der **19** 91.

Kostenfestsetzung **22** 103ff.; in Reichsmark **503** I.

Kostenfestsetzungsbeschlüsse, Vollstr. aus **181** 794; **182** 795a; **184** 798.

Kostenpflicht in Entmündigungssachen **152** 658; **154** 673; **156** 682; bei nachträglichem Vorbringen **63** 278; des Sachverständigen **95** 409; bei Streitgenossenschaft **21** 100; des Zeugen **87** 380.

Kostenverteilung nach Quoten **23** 106.

Kostenvorschuß zugunsten des Rechtsanwalts **321** 38.

Kostenwesen, Regelung des **241** 2.

Krankenkassen, Unpfändbarkeit von Hebungen aus **197** 850.

Krieg, Aussetzung des Verfahrens bei **54** 247; Unterbrechung des Verfahrens bei **54** 245.
Kriegsfahrzeug, Pfändung gegen die Besatzung eines **197** 850; Zustellungen für die Besatzung eines **44** 201.
Kriegsgerichte **260** 16.
Kriegsteilnehmer, Pfändung gegen **353** 5.
Kriegsverschollene, Todeserklärung der **371** 34; **375** 35.
Küchengerät, Unpfändbarkeit **187** 811.
Kündigung von Mietverhältnissen **398** 1; **399** 1 b; der Vollmacht **18** 87.
Kündigungsschreiben **399** 1 b; **399** 1 c.
Künftige Leistung, Klage auf **58** 259.
Künftige Zahlung, Klage auf **57** 257.
Kunstgeheimnis, Zeugnisverweigerung über **89** 384.
Künstler, Pfändung gegen **188** 811.
Kurzschrift, Anwendung im Protokoll **37** 163a.

L

Ladungen **47** 214 ff.; im Güteverfahren **111** 497; in Mietaufhebungssachen **410** 10; vor das Mieteinigungsamt **424** 40; zur mündlichen Verhandlung **56** 253; öffentl. Zustellung von **45** 204; **45** 205; **45** 206; im Schlichtungsverfahren **498** 16; der Zeugen **86** 377; **86** 378; **86** 379.
Ladungsfristen **48** 217; Abkürzung **49** 226; bei dem Arbeitsgericht **464** 47; zu kurze **78** 337; Bestimmung durch den Vorsitzenden **53** 239; im Wechselprozeß **140** 604.
Lage der Akten, Entscheidung des Einzelrichters nach **80** 340; Urteil nach **76** 331a; **77** 335; **77** 337.
Länder, Mietverträge über Gebäude der **419** 32.
Landesarbeitsgerichte **460** 33; Verfahren **470** 64.
Landesarbeitsrichter **449** 6.
Landesgesetze, Höhe der Geldstrafen in **378** VIII.
Landesherren, Rechtsweg gegen **241** 5.
Landesjustizverwaltung **184** 797a; **189** 813; **273** 61; **275** 70; **277** 78; **293** 147; **294** 153; **294** 154; **305** 4; **313** 3; **316** 10; **317** 16; **317** 18; **319** 23; **322** 41a; **322** 47; **327** 61; **336** 17; **453** 15; **460** 34; **461** 35.
Landespräsident, Eidesleistung **107** 479; keine Erscheinenspflicht **48** 219; Zeugenvernehmung des **85** 375;

Zeugnisverweigerung **85** 376.

Landesregierungsmitglieder, Entbindung von der Amtsverschwiegenheit **85** 376; Vernehmung am Aufenthaltsorte **87** 382.

Landesverratssachen, Zuständigkeit für **290** 134.

Landgerichte 272 59; Zuständigkeit **141** 606; **153** 665; **166** 722; ausschließliche Zuständigkeit **275** 71.

Landgerichtsdirektoren 272 59.

Landgerichtspräsidenten 272 59.

Landtagsmitglieder, Offenbarungseid **212** 904; **212** 905; Vernehmung als Zeuge **87** 382; Zeugnisverweigerung **309** 38; **309** 40a.

Landtagspräsident 309 40a.

Landwirtschaft, Pfändung des Geräts zur **187** 811.

Läuterungsurteil, Verkündung **70** 311; vorl. Vollstreckbarkeit **162** 708.

Lebenszeit, Ernennung der Richter auf **258** 6.

Lehen, Zwangsvollstreckung in **245** 15.

Lehrer, Pfändung gegen **188** 811; **198** 850.

Lehrlinge, Gerichtsstand **4** 20.

Leibgedingsstreitigkeiten 262 23.

Leistungen, Zwangsvollstreckung auf **209** 887.

Leistungsansprüche, Pfändung von **196** 846; **196** 847; **196** 848; **199** 854; **200** 855; Vollstr. der **208** 884.

Letztwillige Verfügungen, Gerichtsstand für Klagen aus **6** 27.

Liste der Rechtsanwälte **318** 20; **319** 24.

Lohnpfändung 352 1; **354** 25.

Luxemburg, Abkommen mit **382** 40.

M

Mahnverfahren 157 688ff.; Gebühren für das **510** 31; Rechtsanwaltsgebühren **339** 5; Unzuständigkeitserklärung **159** 697.

Mängel einer Urkunde **97** 419.

Mannschaften, Pfändung gegen **197** 850; **198** 850; Zustellung an **39** 172.

Marineangehörige, Pfändung gegen **361** 28.

Marktsachen, Einlassungsfrist **58** 262; Gerichtsstand für **6** 30; Ladungsfrist **48** 217.

Mehrere Bevollmächtigte 17 84.

Meiningensche Gesetze, Revisionsfähigkeit **251** 1.

Meßsachen, Einlassungsfrist **58** 262; Gerichtsstand für **6** 30; Ladungsfrist **48** 217.
Miete mit Rücksicht auf Dienstverhältnisse **415** 20; auf Grund Dienst- oder Arbeitsverhältnisses **418** 27.
Mieteinigungsämter **423** 37ff.; Besetzung **424** 39; Entscheidungen der **437** 14; **438** 16; Verfahren vor den **434** 5ff.; **440** 29.
Mieterschutz **398** 1; Befreiung vom **429** 52.
Mietstreitigkeiten **262** 23; Streitwert **2** 8.
Mietverhältnisse, Aufhebung durch Urteil **403** 1p; Kündigung von **398** 1; Kündigung beim Tod des Mieters **414** 19; Streitwert **506** 10.
Mietverträge, Anzeige von **419** 31.
Mietzins, Zahlungstermine **418** 30.
Milchkuh, Unpfändbarkeit **187** 811.
Militär, Hilfeleistung bei der Zwangsvollstreckung **173** 758.
Militärärzte, Pfändung gegen **188** 811; **198** 850.
Militärbehörde, Begriff der **364** 31.
Militärgerichtsbarkeit **305** 7.
Militärpersonen, Gerichtsstand **3** 14; **5** 20; Offenbarungseid **212** 904; Pfändung gegen **197** 850; Pfändung der Versorgungsgebührnisse **357** 68.
Minderjährige, Leistung des Editionseids **98** 426; Eideszuschiebung u. -zurückschiebung an **106** 473; Versäumung von Prozeßhandlungen **50** 233.
Mindestgebot bei Versteigerungen **348** 1.
Missionen, Gerichtsbarkeit über Mitglieder der **261** 18; **261** 19.
Miteigentum, Zwangsvollstr. in **204** 864.
Miterbenanteil, Pfändung des **202** 859.
Mobiler Truppenteil, Pfändung gegen Mitglieder eines **197** 850; Zustellung für **44** 201.
Moratorium **245** 14.
Mündliche Verhandlung vor dem Berufungsgericht **121** 526; über die Beschwerde **133** 573; in Entmündigungssachen **154** 669; vor dem Mieteinigungsamt **434** 7; Entscheidung ohne **339** 7; Verfahren in der **31** 137; vor dem Vollstreckungsgericht **175** 764; Vorbereitung **61** 272b; s. auch Verhandlung.

N

Nacherbe, Rechtskraftwirkung gegen **75** 326; vollstr. Ausfertigung gegen **167** 728; Widerspruchsklage des **177** 773.

Nacherbfolge, Unterbrechung des Verfahrens bei Eintritt **53** 242; **54** 246.

Nacherbschaft, Pfändung bei **203** 863.

Nachforderung von Gerichtskosten **504** 4.

Nachlaß, Vollstr. in den **171** 747; **171** 748; **178** 778; **179** 779.

Nachlaßanteil, Vollstreckung in **202** 859.

Nachlaßkonkurs, Aufnahme des Verfahrens bei **53** 243; Einfluß auf die Zwangsvollstr. **180** 784.

Nachlaßpflegerbestellung, Einfluß auf die Unterbrechung **53** 243.

Nachlaßverbindlichkeiten, Gerichtsstand für Klagen aus **6** 28.

Nachlaßverwaltung, Ende der Unterbrechung bei **53** 241; **54** 246; Einfluß auf die Zwangsvollstr. **180** 784.

Nachpfändung **191** 826; **191** 827.

Nachträgliches Vorbringen **63** 278.

Nachtzeit, Vollstreckung zur **174** 761; Zustellung zur **41** 188.

Nachzahlung bei Armenrecht **28** 125.

Nahrungsmittel, Unpfändbarkeit **187** 811.

Nationalversammlung **812** 179.

Nebenforderungen, Antragstellung über **69** 308; Streitwert **2** 4; **507** 13; Beweis im Wechselprozeß **140** 605.

Nebenintervenient, Beitritt des **14** 70; Eideszuschiebung u. -zurückschiebung **102** 449; Zulassung als **14** 71.

Nebenintervention **13** 66ff.; Kostenpflicht bei **21** 101; des Rechtsnachfolgers **59** 265; Zurückweisung **14** 71.

Nebenkläger, Gebühren **520** 66.

Neubauten, Mieterschutz **420** 33.

Neues Vorbringen im Berufungsverfahren **121** 529; in Mietaufhebungssachen **411** 13.

Richterscheinen im Eidestermin **104** 464; **105** 467; **105** 468; im Güteverfahren **113** 499f.

Nichtigkeit der Ehe, Aussetzung bei **34** 151.

Nichtigkeitsklage **246** 20; im arbeitsgerichtlichen Verfahren **474** 79; Inhalt **137** 587; **137** 588; gegen

Schiedsurteile **348** 18; Zulässigkeit **134** 578; **134** 579; **187** 590.
Nichtverhandeln 77 333.
Nichtvermögensrechtliche Ansprüche, Streitwert **507** 11.
Niederlande, Abkommen mit **382** 40.
Niederlassung, Gerichtsstand der **5** 21.
Niederlegung des zuzustellenden Schriftstücks **40** 182.
Niederschlagung von Gebühren u. Auslagen **505** 6.
Niederschrift s. Protokoll.
Nießbrauch, Aufhebung u. Kündigung von Mietverhältnissen bei **417** 24; Vollstreckung bei **169** 737.
Norwegen, Abkommen mit **382** 40.
Notare, Pfändung gegen **188** 811; Zustellung an **41** 183.
Notarielle Urkunden, Vollstr. auf Grund von **181** 794; **183** 797.
Notdürftiger Unterhalt 197 850.
Notfrist 78 339; **126** 552; **133** 577; **136** 586; **222** 958; Abkürzung der **49** 224; Begriff **49** 223; Fristenlauf **49** 223; Wiedereinsetzung **51** 233; **51** 235; **52** 236; **52** 238.
Nutznießung des Ehemanns, Pfändung der **202** 861; Pfändung der elterlichen **203** 862.
Nutzungen, Streitwert **2** 4; **507** 15.
Nutzungsrechte, Pfändung von **201** 857.

O

Oberlandesgerichte 305 9; **322** 41; **323** 47; **327** 59; **327** 61; **332** 89; Besetzung **286** 115; **287** 122; Plenarbeschluß **316** 10; Entscheidung in Rechtshilfesachen **295** 159; Zuständigkeit **286** 119; **286** 120; **287** 121; **299** 181.
Oberlandesgerichtspräsident 327 59; **329** 71.
Oberreichsanwalt 292 142; **292** 143; **293** 146; **293** 147; **293** 148; **293** 149.
Oberste Landesbehörde 483 109; **489** 8; **493** 4; **499** 19; **502** 26; in Mieterschutzsachen **428** 48.
Oberstes Landesgericht 305 8; **305** 9; Besetzung **306** 10; Revisionseinlegung beim **242** 7; revisionsfähige Rechte **249** 6; Zulassung von Rechtsanwälten beim **335** 104; Bestimmung des zuständigen Gerichts **243** 9.
Offenbarungseid 186 807; **208** 883; **211** 899ff.; Bestreitung der Leistungsverpflichtung **211** 900; Gebühr

512 33; **515** 46; Haftanordnung **212** 901; Haft gegen Wehrmachtangehörige **213** 912; Haftbefehl bei Haftanordnung **213** 908; **213** 909; Haftdauer **213** 913; Haftunterbrechung **212** 905; Vorschuß der Haftverpflegungskosten **213** 911; Vollstreckung der Haft **212** 907; wiederholter Haftvollzug **213** 914; Klage auf Leistung **57** 254; nochmalige Leistung **212** 903; Pflicht zur Leistung **246** 16; Krankheit des Schuldners **212** 906; Verhaftung von Beamten, Geistlichen u. Lehrern **213** 910; Verhaftungsverbot **212** 904; Verzeichnis der geleisteten **214** 915; Vollstreckung der Leistung des **209** 889.

Offenkundigkeit **66** 291.

Öffentliche Zustellung **45** 203ff.; **78** 339; von Ladungen **348** 2.

Öffentlichkeit der Verhandlungen **297** 169ff.; bei den Arbeitsgerichten **465** 52; Ausschluß der **297** 170; **297** 171; **297** 172; Verletzung der **126** 551.

Offiziere, Pfändung gegen **188** 811; **198** 850; Pfändung der Versorgungsgebührnisse der **362** 71.

Oldenburgische Gesetze, Revisionsfähigkeit **250** 9; **251** 1; **253** 1.

Orden, Unpfändbarkeit **188** 811.

Ordentliche Gerichte, Zuständigkeit **259** 13.

Ordnung in der Sitzung **298** 176; **298** 177.

Ordnungsstrafen gegen die Beisitzer der Arbeitsgerichte **458** 28; des Mieteinigungsamts **437** 13; **438** 18; **441** 29; gegen Sachverständige **95** 409; **95** 411; gegen Schöffen- u. Vertrauenspersonen **272** 56; im Schlichtungsverfahren **498** 16; **498** 17; wegen Ungebühr **299** 178; **299** 179; **299** 182; gegen Zeugen **87** 380; **87** 381; bei Zeugnisverweigerung **90** 390.

Organisationen, Mieterschutz **420** 32.

Organisationsänderungen der Gerichte, Entfernung von Richtern bei **258** 8.

Österreich, Abkommen mit **382** 40; **383**.

P

Pachteinigungsämter, Einrichtung **443** 3; Errichtung **441** 1.

Pachtschutzordnung **441** 46.

Pachtverhältnisse, Streitwert **2** 8; **506** 10.

Papiermark, Kosten in **502** I.

Parteleid **101** 445; in Entmündigungssachen **154** 670.
Parteien, Stellung der — in Anwaltsprozessen **31** 137; im Güteverfahren **113** 499c.
Parteienöffentlichkeit bei Beweissicherung **110** 493.
Parteifähigkeit 11 50ff.; 11 56; in Arbeitsgerichtssachen **450** 10.
Pensionen, Unpfändbarkeit **188** 811; **197** 850.
Personalhaft, Beschränkungen nach dem Haager Abkommen **391** 24.
Personenstandsklagen **148** 640ff.
Persönliches Erscheinen, Anordnung des **32** 141; **61** 272b; vor den Arbeitsgerichten **465** 51; in Ehesachen **144** 619; in Entmündigungssachen **151** 654; vor dem Mieteinigungsamt **434** 7; im Schlichtungsverfahren **498** 15; **498** 16; zwecks Sühne **66** 296.
Pfandgläubiger, Widerspruch gegen die Vollstreckung **178** 777.
Pfandrechte, Streitwert 2 6; Widerspruch gegen die Pfändung auf Grund von **185** 805; Wirksamkeit **247** 23.
Pfändung der Ansprüche aus der Angestelltenversicherung **356** 91; der Versorgungsgebührnisse der Offiziere **362** 71; von Versicherungsansprüchen **355** 119; der Bezüge der Angehörigen der Wehrmacht u. ihrer Hinterbliebenen **361** 28.
Pfändungsbenachrichtigung **196** 845.
Pfändungsbeschluß **192** 829.
Pfändungspfandrecht **185** 804.
Pfleger, Vertretung Prozeßfähiger durch 11 53.
Pflichtteilsansprüche, Gerichtsstand für **6** 27; Pfändung von **199** 852.
Pläne, Vorlage von **32** 142; **61** 272b.
Plenarbeschluß des Reichsgerichts **289** 129.
Plenarentscheidung des Obersten Landesgerichts **306** 10; des Reichsgerichts **290** 136; **291** 138.
Plenum des Landgerichts **273** 62.
Polen, Abkommen mit **382** 40.
Polizei, Hilfeleistung bei der Zwangsvollstreckung **173** 758.
Polizeibeamte, Verhältnis zur Staatsanwaltschaft **293** 152.
Portugal, Abkommen mit **382** 40.
Post, Zustellung durch die **43** 193; **43** 194.
Postbote, Zustellung durch den **43** 195.

Postgebühren, Ersatz von **522** 72.
Präsentationen für das Richteramt **260** 15.
Präsident des Landgerichts **278** 83; **279** 86; **279** 87; **279** 88.
Präsidium des Landgerichts **273** 64; **277** 78; des Reichsgerichts **289** 131.
Preßdelikte **305** 6.
Preußische Gesetze, Revisionsfähigkeit **248** 1; **252** 5.
Privatgerichtsbarkeit **260** 15.
Privatklageverfahren, Gebühren im **519** 60; **520** 61.
Privaturkunden, Beweiskraft **96** 416.
Prokurist, Zustellung an **39** 172.
Protokoll über die Wahlen in der Anwaltskammer **326** 56; des beauftragten u. ersuchten Richters **37** 165; Beweiskraft **37** 164; im ehrengerichtlichen Verfahren gegen Anwälte **330** 81; des Gerichtsvollziehers **174** 762; **174** 763; über die Güteverhandlung **114** 499g; in Kurzschrift **37** 163a; des Mieteinigungsamts **436** 12; Unterzeichnung **36** 163; s. a. Sitzungsprotokoll.
Protokollanlage **67** 297; **67** 298.
Provision, Streitwertsberechnung **2** 4.
Prozeß, s. auch Verfahren.
Prozeßakten, Behandlung im Revisionsverfahren **130** 566.
Prozeßbevollmächtigte **16** 78ff.; Gerichtsstand für Klagen der **7** 34; Aufnahme in das Urteil **71** 313; Zustellung an **39** 176; **40** 177; **46** 210a.
Prozeßfähigkeit **11** 51; **11** 56; bei Klagen auf Feststellung der Ehelichkeit **149** 641; in Ehesachen **143** 612; Verlust der **53** 241; **54** 246; Verlust durch den Vollmachtgeber **18** 86.
Prozeßführung, Zulassung zur – mit Vorbehalt **11** 56.
Prozeßgebühr **508** 20; **510** 29; **510** 30; **511** 31; bei Berufungseinlegung **119** 519; für die Revisionsinstanz **127** 554.
Prozeßgebührenfrist, Wiedereinsetzung **51** 233.
Prozeßgericht 181 791.
Prozeßhandlungen, Ermächtigung zu einzelnen **11** 54; Versäumung von **50** 230ff.
Prozeßhindernde Einreden **62** 274; **62** 275; im amtsgerichtlichen Verfahren **115** 504; im arbeitsgerichtlichen Verfahren **478** 92; im Berufungsverfahren **121** 528; Entscheidung des Einzelrichters über **80** 349; in der Revisionsinstanz **130** 566.

Prozeßkosten 19 91ff.; Entscheidung über — ohne Antrag **69** 308; Beitreibung nach dem Haager Abkommen **388** 18; **389** 19; Sicherheitsleistung **24** 110; **26** 115; Sicherheitsleistung für — nach dem Haager Abkommen **388** 17; **395** 5; s. a. Kosten.

Prozeßkostenentscheidungen, weitere Beschwerde **132** 568.

Prozeßunfähige, Eideszuschiebung u. Zurückschiebung an **106** 473.

Prozeßvollmacht, Umfang der **17** 81ff.; s. a. Vollmacht.

Prozeßvorschriften, Rüge der Verletzung der **66** 295.

Prüfungen für das Richteramt **257** 2.

Prüfungstermin, Gebühren für **515** 44.

Q

Quittierung durch den Gerichtsvollzieher **173** 754; **173** 757.

Quittungen, Beweiskraft **246** 17.

R

Radierungen in Urkunden **97** 419.

Räumung, Klage auf künftige **57** 257.

Räumungsansprüche, Vollstr. der **208** 885.

Räumungsbefehl 400 1f; **401** 1g; **401** 1i.

Räumungsfrist 166 721; **407** 5; **417** 27; Antrag auf **401** 1k.

Raumwucher 428 49a.

Reallasten, Gerichtsstand für Klagen aus **5** 24; **6** 25; Zwangsvollstr. in **201** 857.

Rechnungsfehler im Urteil, Berichtigung **72** 319.

Rechnungslegung, Klage auf **57** 254.

Rechnungsprüfung der Anwaltskammer **324** 48.

Recht, fremdes, Beweis des **66** 293.

Rechtsagenten 35 157.

Rechtsanwalt, Beiordnung **321** 33; **321** 34; **321** 35; **321** 36; Beiordnung im Armenrecht **26** 115; Beiordnung in Entmündigungssachen **154** 668; Beiordnung als Verteidiger **322** 39; Beglaubigung durch den **38** 170; Berufspflichten **320** 28; Ablehnung der Berufstätigkeit **320** 30; **320** 31; Eid des **317** 17; Empfangsbekenntnis bei Zustellungen an **44** 198; **47** 212a; Gebühren der **538** 1ff.; Zurückbehaltungsrecht an den Handakten **321** 32; Kosten mehrerer **19** 91; Pfändung gegen **188** 811; Anleitung von Referendaren **322** 40; Selbstvertretung des **16** 78; Simultanzulassung **315** 9; **316** 10; Stellvertretung **319** 25; **320** 29; **335** 1; Unterbrechung des Verfahrens bei Tod oder Verlust der Vertretungsfähigkeit **54** 244; Mitteilung von Urkunden **30** 135; Wohnsitz **317** 18; Aufgabe der Zulassung **319** 24; Zulassungsbescheid **317** 16; Aussetzung der Entscheidung über die Zulassung **315** 7; Notwendigkeit der Zulassung **320** 26; **320** 27; Versagung der Zulassung **314** 5; **314** 6; **316** 13; **316** 14; **316** 15; Zurücknahme der Zulassung **318** 21; **319** 22; **319** 23; keine Zurückweisung vom Verhandeln **35** 157; Zustellung an **41** 183; s. a. Armenanwalt.

Rechtsanwaltsbestellung beim Reichsgericht **243a**.

Rechtsanwaltschaft beim Reichsgericht **334** 98; Zulassung zur **313** 1; **313** 2.

Rechtsanwaltsgebühren bei Ablehnungen **543** 8; bei Aktenlageentscheidungen **154** 16; im Armenrechtsverfahren **542** 23; Erstattung in Armensachen **559** 1ff.; **560** I; im Arrestverfahren **545** 28; **547** 36; im Aufgebotsverfahren **548** 40; Aufrundung **539** 8; **540** 9; mehrere Auftraggeber **539** 3; Auslagenersatz **555** 76ff.; bei Anträgen gegen den beauftragten oder ersuchten Richter oder Urkundsbeamte **549** 41; als Beistand **539** 4; für die Berufsbegründung **553** 68; **554** 71; in der Berufungsinstanz **551** 52; **553** 66; in der Beschwerdeinstanz **549** 41; **551** 58; **552** 59; **553** 61a; Beschwerderecht **540** 12; Beweisgebühr **541** 13; im Beweissicherungsverfahren **542** 22; **545** 29; **546** 30; im Beweisverfahren **543** 11; **543** 12; **550** 45; in bürgerl. Rechtsstreitigkeiten **539** 9ff.; in Disziplinarsachen **558** 91; im ehrengerichtl. Verfahren **558** 91; Besorgung eigener Angelegenheiten **539** 7; Einhebungsgebühr **557** 87; im Einspruchsverfahren **544** 27; bei einstweiligen Verfügungen **545** 28; **547** 36; bedingtes Endurteil **542** 21; Fälligkeit **556** 85; für Fernsprechgebühren **555** 76; bei Forderungsprüfung **551** 56; für Fuhrwerke **556** 80; für Antrag auf gerichtl. Entscheidung **554** 74; bei Geschäftsreisen **555** 78; **555** 79; für Gnadengesuche **554** 68; für Gutachtenerstattung **557** 88;

im Güteverfahren **548** 38a; im Haftprüfungsverfahren **553** 67; für Handaktenübersendung **546** 29; als Verteidiger in der Hauptverhandlung **553** 63; **553** 64; Begriff der Instanz **544** 26; **545** 29; **546** 31; **546** 32; **547** 36; **554** 70; für Anmeldungen im Konkurs **551** 57; für den Konkursantrag **551** 54; im Konkursverfahren **551** 55; im Konkursverteilungsverfahren **551** 56; Gesamtbetrag im Konkurs **552** 61; im Kostenfestsetzungsverfahren **542** 23; **543** 10; **546** 30; **554** 75; Gebühren im Mahnverfahren **339** 5; **548** 38; Beauftragung mehrerer Anwälte **539** 2; für Verteidigung mehrerer **554** 72; Mindestgebühr **539** 8; Mitteilung einer Berechnung **556** 86; für Vertretung in der mündl. Verhandlung **549** 43; bei Entscheidung ohne mündliche Verhandlung **339** 8; in Mietsachen **403** 10; bei Zustellung oder Zwangsvollstreckung zur Nachtzeit **543** 17; bei Nebenintervention **542** 23; für Vertretung des Nebenklägers **554** 73; des nichtprozeßbevollmächtigten **550** 48; **550** 49; in nichtgeregelten Fällen **557** 89; bei nichtstreitiger Verhandlung **541** 16; bei nicht vollständiger Ausführung des Auftrags **557** 90; Notfristattest **544** 24; im Offenbarungseidsverfahren **546** 32; im Patentverfahren **558** 91; für Postgebühren **555** 76; für Vertretung des Privatklägers **554** 73; in Privatklagesachen **553** 64; **553** 65; Prozeßgebühr **541** 13; **541** 14; **542** 21; **542** 22; Ermäßigung der Prozeßgebühr **541** 14; bei Tätigkeiten betr. die Prozeßleitung **542** 23; für Ratserteilung **550** 47; Übersendung von Rechnungen **539** 6; Rechtskraftzeugnis **544** 24; **547** 35; für Rechtsmitteleinlegungen **554** 69; **554** 71; für die Revisionsbegründung **553** 68; **554** 71; in der Revisionsinstanz **551** 52; **553** 66; im Schiedsverfahren **343** 18; **542** 22; **549** 40a; im schiedsrichterl. Verfahren **558** 91; Schlußverhandlungsgebühr **541** 17; Schreibgebühren **555** 76; für Anfertigung von Schriftsätzen **550** 46; Unterzeichnung von Schriftsätzen **539** 5; bei Seeunfällen **558** 91; Rückgabe einer Sicherheit **542** 23; **544** 24; bei Vertretung von Streitgenossen u. Nebenintervenienten **551** 51; Streitwert **540** 10; **540** 11; **548** 39; für die Tätigkeit bei der Streitwertfestsetzung **545** 29; im Sühneverfahren **547** 37; im Urkundenprozeß **545** 28; bei Urteilsberichtigung **543** 15; Vergleichsgebühr **541** 13; im Vergleichsverfahren **552** 61a; Verhandlungsgebühr **541** 13; **541** 15; **549** 42; **549** 43; Verkehrsgebühr **549** 44; für Verpackung **555** 77; im Versäumnisverfahren **541** 16; im Verteilungsverfahren **548** 39; vertragsmäßige Regelung **558** 93; **558** 94; für Vertretung der Verwaltungsbehörde **554** 73; für die Vollstreckungsklausel **547** 37; Recht auf Vorschuß **556** 84; für Verteidigung im Vorverfahren **553** 67; im Wechselprozeß **545** 28; für Wiederaufnahmeanträge **554** 68; bei Wiederaufnahme des Konkursverfahrens **552** 60; bei Wohnsitz an einem anderen Ort **556** 83; bei Wohnsitzverlegung **556** 82; für Zahlungsaufforderungen **539** 6; bei Zurücknahme des Auftrags **550** 50; bei Zurückverweisung **544** 27; bei Zuständigkeitsbestimmungen **542** 23; im Zwangsverfahren gegen Zeugen oder Sachverständige **543** 13; im Zwangsvergleichsverfahren **551** 56; in der Zwangsvollstreckung **542** 23; **544** 23; **544** 24; **545** 29; **546** 30; **546** 31; **546** 32; **547** 33; **547** 34; **554** 75; bei Zwischenstreiten **545** 29.

Rechtsanwaltsgebührenordnung, Neufassung **529** VI.

Rechtsanwaltskosten, Ersatz der **19** 91.

Rechtsbeschwerde in Arbeitsgerichtssachen **450** 8; gegen das Mieteinigungsamt **425** 41ff.; in Mieteinigungssachen **439** 21ff.; in Pachteinigungssachen **443** 3.

Rechtsbeschwerdeeinlegung **476** 87.

Rechtsbeschwerdeverfahren im arbeitsgerichtlichen Verfahren **475** 85.

Rechtsentscheide in Mieteinigungssachen **440** 24.

Rechtsgeschäfte, Zeugnisverweigerung über **89** 385.

Rechtshängigkeit, Begründung u. Wirkung **58** 263; **58** 264; **59** 265; **59** 267; Einrede der **62** 274; Eintritt der **64** 281.

Rechtshilfe **295** 156ff.; in Arbeitsgerichtssachen **452** 13; im ehrengerichtlichen Verfahren gegen Anwälte **331** 86; nach dem Haager Abkommen **386** 8; Kosten-

u. Auslagenersatz **296** 164; in Kostensachen **528** 91; gegenüber dem Mieteinigungsamt **436** 10; beim Strafvollzug **295** 162; **296** 163.

Rechtskraft, Eintritt der **161** 705; in Mietaufhebungssachen **414** 17; in Personenstandssachen **149** 643; Umfang der **73** 322; **74** 325; **75** 326; **75** 327.

Rechtskraftwirkung der Urteile in Ehesachen **147** 629.

Rechtskraftzeugnisse **162** 706.

Rechtslehrer, Befähigung zum Richteramt **258** 5.

Rechtsmittel, Verfahren in Ehesachen **148** 636; Streitwert bei wechselseitigen **507** 13; im Wiederaufnahmeverfahren **138** 591.

Rechtsmittelbelehrung in Arbeitsgerichtssachen **450** 9.

Rechtsmittelverfahren, Kostenpflicht **20** 97.

Rechtsnachfolge, Nachweis der **20** 94.

Rechtsnachfolger, Aufnahme des Verfahrens **52** 239; Eintritt in den Rechtsstreit und Interventionsrecht **59** 265; **59** 266; Rechtskraftwirkung gegen **74** 325; Vollstreckung gegen **184** 799; vollstreckbare Ausfertigung gegen **167** 727.

Rechtsweg, Zulässigkeit **241** 4; **260** 17.

Referendare **319** 25; Anwesenheit bei der Abstimmung **301** 193; Beiordnung im Armenrecht **26** 116.

Regierungsmitglieder, Entbindung von der Amtsverschwiegenheit **85** 376; Vernehmung am Aufenthaltsort **87** 382.

Registereintragungen, Vollstreckung von **210** 896.

Reich, Mietverträge über Gebäude des **419** 32; Zuständigkeit für Ansprüche gegen **275** 71.

Reichsanwälte **292** 142; **293** 147; **293** 148; **293** 149.

Reichsanzeiger, öffentl. Zustellung durch den **45** 204.

Reichsarbeitsgericht **462** 40ff.; Verfahren vor dem **472** 72.

Reichsarbeitsrichter **449** 6.

Reichsbeamte, Zuständigkeit für Ansprüche gegen **275** 71.

Reichsgericht **307** 11; **309** 103; Besetzung **287** 124; Entlastung **347** 20; Stellung der Mitglieder des **288** 125ff.; Plenarentscheidung **290** 136; **291** 138; Plenum **468** 45; Rechtsanwaltschaft beim **334** 98; Sitz **287** 123; vereinigte Zivilsenate **468** 45; Zuständigkeit **254** 9; **289** 133; **289** 134; **290** 135; **295** 159.

Reichsjustizminister **294** 153; **294** 154.
Reichsknappschaftsgesetz, Pfändung der Versicherungsansprüche aus dem **356** 224.
Reichskonsuln, Beweisaufnahme durch **82** 363; Zustellung an **44** 200; s. auch Konsul.
Reichsmark, Ersetzung der Goldmark durch **380** 37; Umrechnung von Gerichtskosten in **529** II; **530** V.
Reichspräsident **312** 179; Eidesleistung **107** 479; keine Erscheinenspflicht **48** 219; Zeugenvernehmung des **85** 375; Zeugnisverweigerung **85** 376.
Reichsratsmitglieder, Vernehmung als Zeuge **87** 382.
Reichsregierungsmitglieder, Entbindung von der Amtsverschwiegenheit **85** 376; Vernehmung am Aufenthaltsorte **87** 382.
Reichstagsmitglieder, Leistung des Offenbarungseids **212** 904; **212** 905; Zeugnisverweigerung **309** 38; **309** 40a.
Reichstagspräsident, Zeugnisverweigerung **309** 40a.
Reichsverfassung **308** 13.
Reichswehrangehörige, Vorführung **87** 380.
Reichswehrfiskus, Vertretung des — als Drittschuldner **367** 32; **368** 33.
Reichswirtschaftsratsmitglieder, Vernehmung als Zeuge **87** 382.
Reihenfolge der Geschworenen **279** 86.
Reiseauslagen, Erstattung der — des Gegners **19** 91.
Reiseentschädigung der Zeugen u. Sachverständigen **534** 7; **534** 8; **535** 11.
Reisekosten, Ersatz von **522** 72; des Rechtsanwalts **19** 91; **322** 39.
Reisestreitigkeiten **262** 23.
Rentenansprüche, Streitwert **506** 10.
Rentenschuldbriefe, Vollstreckung der Übergabe von **211** 897.
Rentenschulden, Gerichtsstand für Klagen aus **6** 25; Zahlungsbefehl bei **157** 688; Zwangsvollstr. in **201** 857.
Rentenschuldurkunden, Vollstr. von **181** 794; **184** 799; **184** 800.
Restitutionsklage, Zulässigkeit **134** 578; **134** 580; **135** 581; **136** 582; **137** 587; **137** 588; **137** 590; **246** 20.
Reußische Gesetze, Revisionsfähigkeit **251** 1.
Revision in Arbeitsgerichtssachen **449** 8; zur Begründung geeignete Rechte **248** 1; gegen die Urteile des Landesarbeitsgerichts **471**

72; Einlegung beim Obersten Landesgericht **242** 7; Verwerfung als unzulässig **128** 554a; gegen Versäumnisurteile **130** 565; Verzicht auf **130** 566; Zulässigkeit **125** 545; **242** 6; Zurücknahme **130** 566; Zuständigkeit für **287** 121.
Revisionsanträge **129** 559.
Revisionsbegründung **127** 554.
Revisionsbegründungsfrist **127** 554.
Revisionsbeschwerde **473** 77.
Revisionsfrist **126** 552; Wiedereinsetzung **51** 233.
Revisionsgericht, Umfang der Prüfung **129** 559; Entscheidung in der Sache selbst **130** 565.
Revisionsgründe, absolute **126** 551.
Revisionsinstanz, Gebühren in der **510** 28; **518** 55; **520** 62.
Revisionsrügen **129** 559.
Revisionsschrift **126** 553; **127** 553a.
Revisionssumme 2 Anm. 2.
Revisionsverfahren **124** 545ff; Kostenpflicht **20** 97.
Rheinschiffahrtsgerichte **259** 14.
Richter, Altersgrenze **310** 104; Amtsenthebung **258** 8; **309** 104; Ausschließung u. Ablehnung **8** 41ff; Dienstaufsicht **293** 151; Gehälter **258** 7; nicht ständige **275** 71; Versetzung in den Ruhestand **310** 104; ständig angestellte **275** 70; Unabhängigkeit **309** 102; Rechtsweg für vermögensrechtliche Ansprüche **258** 9; Versetzung **258** 8;
Richteramt **257** 1.
Richtergeschäfte, zeitweilige Wahrnehmung **259** 10.
Richterlicher Eid **107** 475ff.; s. auch Parteieid.
Richtlinien für Schlichter u. Schlichtungsausschüsse **489** 7.
Risse, Vorlage **32** 142; **61** 272b.
Rücktritt in Mietsachen **403** 1n.
Rüge der Verletzung von Verfahrensvorschriften **66** 295.
Ruhegehalt der Mitglieder des Reichsgerichts **289** 128; Unpfändbarkeit **198** 850.
Ruhegelder, Pfändung von **353** 3; **353** 6.
Ruhen des Verfahrens **55** 251; **56** 252.
Ruhestandsversetzung der Mitglieder des Reichsgerichts **289** 129.
Rumänien, Abkommen mit **382** 40.
Rußland, Abkommen mit **382** 40; **383**.

S

Sachen, unpfändbare **187** 811.

Sachleitende Anordnung 32 140.

Sächsische Gesetze, Revisionsfähigkeit **251** 1; **252** 1.

Sachverständige, Ablehnung **93** 406; Zuziehung zum Augenschein **84** 372; Auswahl **93** 404; Beeidigung **95** 410; allgemeine Beeidigung **95** 410; Beweis durch **93** 402ff.; in Ehesachen **145** 623; im ehrengerichtlichen Verfahren gegen Anwälte **329** 73; **331** 87; **331** 88; Einigung über **93** 404; Entschädigung **96** 413; in Entmündigungssachen **151** 653; Pflicht zur Gutachtenerstattung **94** 407; Gutachtensverweigerung **94** 408; Beeidigung der — im Güteverfahren **118** 499c; Richterscheinen **95** 409; öffentliche **93** 404; schriftliche Begutachtung **95** 411; Entschädigung der — bei Vollstreckungshandlungen **568** 19; Aufnahme der Aussagen ins Protokoll **36** 160; **36** 161.

Sachverständigengebühren 533 1ff.

Sachverständigenvernehmung von Amts wegen **33** 144; in Entmündigungssachen **151** 654; **151** 655; **154** 671; vorbereitende **61** 272b.

Schadensersatzansprüche, Entscheidung über **65** 287; wegen Nichterfüllung **57** 255; bei Vollstreckung eines Vorbehaltsurteils **68** 302; bei Aufhebung der vorläufigen Vollstreckbarkeit **165** 717; gegen den Rechtsanwalt, Verjährung **321** 32a.

Schafe, Unpfändbarkeit **187** 84.

Schätzung, eidliche **65** 287; bei Versteigerungen **348** 1.

Scheidungsklage 141 606; **142** 608; **143** 612; **143** 615; **143** 616; **144** 617; **145** 620; **145** 623; **146** 625.

Schenkungsansprüche, Pfändung von **199** 852.

Schiedsgerichte in Arbeitsstreitigkeiten **479** 93.

Schiedsgutachtenvertrag in Arbeitsstreitigkeiten **482** 106.

Schiedsgutachterstelle 483 107.

Schiedsrichterliche Anordnung in Pachteinigungssachen **445** 4.

Schiedsrichterliches Verfahren 236 1025ff.; **237** 1034; Verzögerung der Entscheidung **237** 1033; Gebühren für das **510** 30a; **512** 33; auf Grund letztwilliger Verfügungen **240** 1048; vor dem Mieteinigungsamt **480** 52a; Parteieid im **238** 1035; rechtliches Gehör **237** 1034; Ersuchen um richterl. Handlungen **238** 1036; **240** 1045; Ablehnung von Schiedsrichtern **237** 1032; **240** 1045; Amtsverweigerung des Schiedsrichters **237** 1031; **237** 1033; Ernennung der Schiedsrichter **236** 1028; **236** 1029; **237** 1030; **237** 1031; **240** 1045; Tod des Schiedsrichters **237** 1031; **237** 1033; Wegfall des Schiedsrichters **237** 1031; **237** 1033; Aufhebung des Schiedsspruchs **238** 1041; **239** 1044; Unterschrift, Zustellung u. Niederlegung des Schiedsspruchs **238** 1039; Vollstreckbarerklärung des Schiedsspruchs **239** 1042; Vollstreckung des Schiedsspruchs **239** 1042; Wirkung des Schiedsspruchs **238** 1040; Außerkrafttreten des Schiedsvertrags **237** 1033; Erfordernisse des Schiedsvertrags **236** 1025; **236** 1026; **236** 1027; sofortige Beschwerde **240** 1045; Stimmengleichheit **237** 1033; Stimmenmehrheit **238** 1038; Einrede der Unzulässigkeit des Schiedsverfahrens **238** 1037; vollstreckbarer Vergleich **239** 1044a; Vernehmung u. Beeidigung von Zeugen u. Sachverständigen **238** 1035; Zuständiges Gericht **236** 1029; **237** 1031; **238** 1036; **240** 1045; **240** 1046; **240** 1047.

Schiedsspruch in Arbeitsstreitigkeiten **480** 98; der Schlichtungskammer **488** 5; **488** 6; **500** 21; **501** 22ff.; Verbindlichkeitserklärung **488** 6; Schiedsurteil **342** 18.

Schiedsvertrag, Einrede des **115** 504; in Arbeitsgerichtssachen **448** 4; in Arbeitsstreitigkeiten **477** 91; in Mietaufhebungssachen **409** 7.

Schiffe, Zwangsvollstr. in **204** 864; **205** 870.

Schiffspart, Zwangsvollstr. in **201** 858.

Schiffspersonal, Leistung des Offenbarungseids **212** 904.

Schiffsregistereintragungen; Vollstreckung von **210** 895.

Schlichter **487** 2; **488** 3; **494** 6; **495** 10.

Schlichtungsausschüsse **487** 1; **488** 3; **491** 1; **495** 10.

Schlichtungsausschußkammern **494** 5.

Schlichtungsbehörden **495** 8; Einrichtung **491** 1; Verfahren **495** 9ff.

Schlichtungskammer **488** 5; **494** 7; Verfahren vor der **500** 21ff.

Schlichtungsstellen, vereinbarte **495** 9.
Schlichtungswesen **487** 1ff.
Schöffen **259** 11; **310** 104; Ablehnungsrecht **266** 35; **271** 53; Beeidigung **270** 51; Entbindung vom Dienst **271** 54; Entschädigung **271** 55; Reihenfolge des Dienstes **269** 45; **269** 47; Stimmrecht **265** 30; der Strafkammer **276** 77; Unfähigkeit zum Amt **265** 32; **271** 52; Untauglichkeit **266** 33; **266** 34; Wahl **268** 40.
Schöffengerichte **265** 28ff.; Zusammensetzung **265** 29.
Schreiber, Ersatzzustellungen **41** 183.
Schreibfehler, Berichtigung **72** 319.
Schreibgebühren **521** 71.
Schriftführer des Vorstands der Anwaltskammer **323** 46; **326** 57; des Mieteinigungsamts **436** 12; **441** 29.
Schriftliche Begutachtung durch Sachverständige **95** 411.
Schriftsätze, Niederlegung **30** 133; s. auch Vorbereitende Schriftsätze.
Schriftstücke, Bezugnahme auf — und Verlesung **31** 137.
Schriftvergleichung, Beweis durch **100** 441; **101** 442.
Schulbücher, Unpfändbarkeit **188** 811.
Schuldscheine, Beweiskraft **246** 17.
Schüler, Gerichtsstand **4** 20.
Schweden, Abkommen mit **382** 40.
Schweiz, Abkommen mit **382** 40.
Schwurgerichte **278** 79ff.; Besetzung **278** 81; **278** 83; Bezirke **280** 92; Zuständigkeit **278** 80; **305** 6.
Schwurpflichtiger, Verurteilung des — wegen Meineids **105** 471; **107** 477; Tod des — u. Eintritt der Eidesunfähigkeit **105** 471.
Senate des Reichsarbeitsgerichts **462** 41; **463** 44; Besetzung der — des Reichsgerichts **291** 139.
Separationen, Sondergerichte für **259** 14.
Sequesterbestellung **196** 848; **200** 855.
Sicherheiten, Zurückgabe **24** 109.
Sicherheitsbeamte **293** 152; Tätigwerden außerhalb des Landes **296** 167.
Sicherheitsleistung, Einrede der mangelnden **62** 274; nachträgliche Anordnung **74** 324; für die Prozeßkosten durch Ausländer **388** 17; **395** 5; prozessuale **24** 108ff.; Vollstreckung bei Anordnung von **172** 751.

Sicherstellungsansprüche, Streitwert **2** 6.
Sicherung des Beweises **108** 485ff.
Sicherungshypotheken, Vollstr. durch Eintragung von **204** 866; **204** 867.
Silbersachen, Zuschlag von **190** 820.
Sitzungen, außerordentliche **269** 48; Feststellung der — des Schöffengerichts **269** 45.
Sitzungspolizei 298 176.
Sitzungsprotokoll im amtsgerichtl. Verfahren **116** 510a; **Inhalt des 85** 159ff.; Bedeutung für das Revisionsverfahren **129** 561; Entkräftung des Tatbestands durch **71** 314; s. auch Protokoll.
Sofortige Beschwerde 10 46; **14** 71; **56** 252; **131** 567; **133** 577; **181** 793; **374** 20; **152** 656; **153** 663; **155** 678; **221** 952; **235** 1022; **240** 1045; **395** 7; **396** 9; **401** 1 f.; **409** 6; **412** 13; **412** 14; **478** 77; gegen Kostenentscheidungen **21** 99; **22** 102; gegen den Kostenfestsetzungsbeschluß **22** 104; bei Ablehnung von Sachverständigen **94** 406; bei Urteilsberichtigungen **72** 319; bei Ablehnung eines Versäumnisurteils **77** 336; bei Zeugnisverweigerung **90** 387; gegen Zwischenurteile **31** 135; s. auch Beschwerde.
Soldaten, Zeugenladung **86** 378; Zustellungen an **39** 172; Zwangsvollstr. gegen **181** 790.
Sondergerichte 241 3; **259** 13; **259** 14.
Sonntage, Einfluß auf den Fristenlauf **49** 222; Termine am **48** 216; Vollstreckung an **174** 761; Zustellung an **41** 188.
Spanien, Abkommen mit **382** 40.
Sprungrevision 130 566a; gegen Urteile der Arbeitsgerichte **478** 76.
Staat, Zuständigkeit für Ansprüche gegen den **275** 71.
Staatenausschuß 312 179.
Staatsanwälte 372 5; **373** 9; **373** 14; Aufsicht u. Leitung **293** 147; Stellung in Ehesachen **142** 607; **147** 632; **147** 634; **148** 636; **148** 637; Stellung in Entmündigungssachen **150** 646; **151** 652; **153** 666; **154** 673; **155** 679; **156** 680; erste **292** 145; Verbot richterl. Geschäfte **293** 151; Zuständigkeit **292** 143.
Staatsanwaltschaft 291 141ff.
Staatsbeamte, Zuständigkeit für Ansprüche gegen **275** 71.
Stammbäume, Vorlage von **32** 142; **61** 272b.

Stammgüter, Zwangsvollstr. in **245** 15.
Standgerichte 260 16.
Statut, Gerichtsstandsregelung durch **4** 17.
Statuten, Beweis der **66** 293.
Stellvertretung des Rechtsanwalts **319** 25; **320** 29.
Stempel, Erhebung von **504** 2.
Stempelpflicht in Pachteinigungssachen **444** 3.
Sterbefälle, Zeugnisverweigerung über **89** 385.
Sterbegehalt, Unpfändbarkeit **198** 850.
Sterbekassen, Unpfändbarkeit von Hebungen aus **197** 850.
Stiftungen, Gerichtsstand der **4** 17; Mieterschutz **420** 32; Unpfändbarkeit von Einkünften aus **197** 850; Zwangsvollstreckung gegen **245** 15.
Strafbefehle, Gebühren bei **518** 53.
Strafen gegen die nichterschienene Partei **82** 141.
Strafgerichte, gemeinsame **272** 58.
Strafkammern beim Amtsgericht **277** 78; Besetzung **276** 76; **277** 78; große **276** 76; kleine **276** 76; Sitzungsort **280** 91; Zuständigkeit **276** 73; **276** 74.
Strafsachen, Gebühren für **516** 49.
Strafsenate des Obersten Landesgerichts **306** 10; des Reichsgerichts **289** 130; **291** 139; vereinigte **290** 136; **291** 138.
Strafurteil, bindende Kraft **245** 14.
Strafvollstreckung durch Urkundsbeamte **337** 1.
Streitgegenstand, Angabe des **508** 16; Wert des **1** 3; **506** 9; s. auch Streitwert.
Streitgenossen, Leistung des Editionseids **98** 426; Eidesannahme **106** 472; Eidesverweigerung **106** 472; Eideszuschiebung u. Zurückschiebung an **106** 472; richterlicher Eid **107** 476.
Streitgenossenschaft 12 59ff.; **186** 805; **200** 856; Kostenpflicht bei **21** 100; notwendige **13** 62.
Streitverkündung 14 72ff.; **195** 841; Form der **15** 73.
Streitwert 1 3; **2** 4ff.; Angabe **56** 253; in Mietaufhebungssachen **412** 13; s. auch Streitgegenstand.
Streitwertfestsetzung des Arbeitsgerichts **468** 61; nach Kostenfestsetzung **28** 107; s. auch Festsetzung.
Streuvorräte, Unpfändbarkeit **187** 811.
Studienstipendien, Unpfänbarkeit **197** 850.
Studierende, Gerichtsstand **4** 20.

Stumme, Eidesleistung **108** 483; Verhandlung mit **300** 186.
Sühneversuch 66 296; in Ehesachen **142** 608; **142** 609; **142** 610; **142** 611; des Einzelrichters **80** 349.

T

Tagegelder des Rechtsanwalts **322** 39.
Tatbestand, Berichtigung des **72** 320; des Berufungsurteils **124** 543; Beweiskraft des **71** 314; Bedeutung für das Revisionsverfahren **129** 561; des Urteils **70** 313.
Tatsachen, Erklärung über **31** 138.
Taube, Verhandlung mit **300** 186; **300** 187.
Taxvorschriften für Sachverständige **535** 16.
Teilansprüche, Streitwert **507** 14.
Teilungsklagen, Gerichtsstand für **5** 24; **6** 27.
Teilungsplan 206 874; **206** 875.
Teilurteil 68 301.
Telegraphengebühren, Ersatz von **522** 72.
Termine 48 214ff.; im Verteilungsverfahren **206** 875; **206** 876; **206** 877.
Terminsaufhebung 50 227.
Terminsbestimmung 48 216; zur Berufungsverhandlung **120** 520; nach Beweisaufnahme **84** 370; in Ehesachen **142** 608; im Güteverfahren **111** 497; für die Klage **58** 261; zur Revisionsverhandlung **128** 555; Verhandlung ohne **114** 500.
Terminswahrnehmung, Erstattung der Kosten der **19** 91.
Testamente, Gerichtsstand für Klagen aus **6** 27.
Testamentsvollstrecker, Rechtskraftwirkung des Urteils gegen den **75** 327; Vollstreckung gegen **171** 748; **171** 749.
Testamentsvollstreckung, Einfluß auf die Unterbrechung **53** 243; Pfändung bei **203** 863.
Tod des Anwalts, Unterbrechung **54** 244; der Partei **52** 239; **54** 246; der Partei in Ehesachen **146** 628; Einfluß des — der Partei auf das Armenrecht **27** 122; Einfluß des — des Schuldners auf die Zwangsvollstr. **179** 779; des Vollmachtgebers **18** 86.
Todeserklärung Kriegsverschollener **371** 34; **375** 35.
Transportkosten, Ersatz von **522** 72.
Trauringe, Unpfändbarkeit **188** 811.

Trennung von Prozessen **33** 145; Wiederaufhebung der **34** 150.
Truppen, Zustellung für mobile **44** 201.
Tschecho-Slowakei, Abkommen mit **382** 40; **383.**

U

Übergabe, Vollstreckung der **211** 897.
Übergangsbestimmungen zur ZPO. **256** VII.
Übersetzungen von Urkunden **32** 142.
Überweisung zur Einziehung **193** 835ff.; **195** 839; des Verfahrens in Entmündigungssachen **150** 650; **150** 651; von Hypothekenforderungen **194** 837; von Pfandforderungen **194** 838; Klagerecht bei — der Pfandforderung **200** 856; **201** 857; an Zahlungs Statt **193** 835ff.; **195** 839; **197** 849; s. auch Verweisung.
Überweisungsbeschluß, Wirkung gegen Dritte **194** 836.
Überzeugungseid **103** 459.
Umbauten, Mieterschutz **420** 33.
Unbeeidigte Zeugen **91** 393.
Unbewegliches Vermögen, Zwangsvollstr. in **204** 864ff.
Unbrauchbarmachung, Gebühren bei Erkennung auf — in Strafsachen **517** 49.
Unentbehrliche Gegenstände, Pfändung von **187** 811.
Unerlaubte Handlungen, Gerichtsstand für Klagen aus **7** 32.
Ungarn, Abkommen mit **382** 40.
Ungebühr vor Gericht **299** 178.
Universitätsstudium der Richter **257** 2.
Unpfändbare Forderungen **197** 850; **199** 851; Sachen **187** 811.
Unrichtigkeiten des Urteils, Berichtigung **72** 319.
Unterbrechung des Verfahrens **52** 239ff.; Wirkung der **55** 249.
Unterhalt, notdürftiger, Einfluß auf die Pfändung **197** 850.
Unterhaltsansprüche, Streitwert bei **506** 10.
Unterhaltsregelung in Ehesachen **146** 627.
Unterhaltsstreitigkeiten **262** 23.
Unterlassungen, Vollstreckung von **209** 890.
Untermiete, Erlaubnis zur **418** 29.
Untermietverhältnisse, Kündigung u. Aufhebung **417** 24.
Unteroffiziere, Pfändung gegen **197** 850; **198** 850; Zustellung an **39** 172.

Untersuchungsrichter 273 61; **274** 65.
Unveräußerliche Rechte, Pfändung von **201** 857.
Unvermögen, Zeugnis über das **27** 118.
Unversorgte Kinder, notdürftiger Unterhalt der — Einfluß auf die Pfändung **197** 850.
Unzulässigkeit des Rechtswegs **62** 274; Revision wegen — des Rechtswegs **125** 547; Revision wegen — der Berufung **125** 547.
Unzuständigkeit des Gerichts **62** 274; Urteilsanfechtung wegen **3** 10; Einrede der — im amtsgerichtlichen Verfahren **115** 504; Einrede der — des Gerichts im Berufungsverfahren **121** 528; Berufung wegen örtlicher **117** 512a; Revision wegen örtlicher **126** 549.
Unzuständigkeitserklärung 63 276; im amtsgerichtl. Verfahren **115** 506; im Güteverfahren **113** 499d; im Mahnverfahren **159** 697.
Urkunden, Vorlage von Abschriften **29** 131; **99** 435; Beseitigung von **101** 444; Beweis durch **96** 415ff.; Beweiskraft **97** 419; Vermutung der Echtheit **100** 437; Erklärung über **116** 510; falsche **135** 580; fremdsprachige **32** 142; Klage auf Anerkennung oder Feststellung der Unechtheit **57** 256; Mitteilung an Rechtsanwälte **30** 135; Niederlegung der **29** 131; **30** 134; Beweiskraft der öffentlichen **96** 417; **96** 418; Begriff der öffentlichen **96** 415; Stempelpflicht **504** 2; Verwahrung **101** 443; vollstreckbare **181** 794; **183** 797; Vorlage von **32** 142; **61** 272b; Vorlage durch Dritte **98** 428; Vorlage durch den Gegner **97** 421ff.
Urkundeneditionseid 98 426.
Urkundenerholung 61 272b.
Urkundenprozeß 138 592ff.; Abstand vom **138** 596; Klageabweisung **139** 596; Vorbehaltsurteil **139** 599; **139** 600; vorl. Vollstreckbarkeit der Urteile **162** 708; Zulässigkeit **138** 592; Zurückweisung von Einwendungen **139** 598.
Urkundenzahlungsbefehl 338 3; **338** 4.
Urkundsbeamte 294 153; kein Anwaltszwang vor dem **16** 78; Ausschließung u. Ablehnung **10** 49; Bezeichnung als **380** 2; als Dolmetscher **300** 190; Kostenhaftung **22** 102; Erledigung richterlicher Geschäfte durch **336** 17.
Urliste, Einsprache gegen **268** 41; der Schöffen **267** 36ff.

Urteile 68 300ff.; abgekürzte **71** 313; Abschriften **72** 317; Änderung bei wiederkehrenden Leistungen **74** 323; des Arbeitsgerichts **468** 60; **468** 61; Ausfertigungen **72** 317; Auszüge **72** 317; Inhalt des Berufungsurteils **124** 543; des Ehrengerichts der Anwälte **332** 90; **333** 95; Ergänzung **73** 321; Inhalt **70** 313; des Landesarbeitsgerichts **471** 69; über prozeßhindernde Einreden **62** 275; des Reichsarbeitsgerichts **472** 75; Inhalt des — in Scheidungssachen **146** 624; Unterschrift **71** 315; Verkündung **69** 310; **70** 311; **70** 312; Zustellung **70** 312; **72** 317; Zustellung von Amts wegen **146** 625.

Urteilsgebühr 509 20; **509** 21; **509** 22.

Urteilsgründe 65 286.

Urteilsverfahren der Arbeitsgerichtsbehörden **463** 46ff.

V

Vaterschaft, uneheliche, Feststellungsklagen **149** 644.

Veräußerung der Streitsache **59** 265; **59** 266.

Veräußerungsverbot, Einfluß auf die Zwangsvollstr. **177** 772.

Verbindlichkeitserklärung von Schiedssprüchen **501** 23ff.

Verbindung in Ehesachen **143** 615; von Klagen **58** 260; von Prozessen **33** 147; von Schlichtungsverfahren **497** 14; Wiederaufhebung der **34** 150.

Vereinbarung des Gerichtsstands **8** 38.

Vereine, Gerichtsstand der **4** 17; Parteifähigkeit der **11** 50; Vollstreckung gegen **169** 735; Zustellung an **38** 171; **41** 184.

Vereinsmitglieder, Gerichtsstand der **5** 22.

Verfahren in Mieteinigungssachen **427** 47.

Verfahrensrügen im Berufungsverfahren **122** 530; bei der Sprungrevision **130** 566a; Revisionsbegründung mit **129** 558.

Verfahrensverordnung 255 10.

Verfallserklärung, Gebühren bei **517** 49.

Verfügung einstweilige s. Einstweilige Verfügung.

Vergeltungsrecht 248 24.

Vergleiche im Armenrechtsverfahren **27** 118a; Gebühren bei **513** 36; Kostenpflicht bei **21** 98; Vollstreckung in Mieteinigungssachen **427** 45; Aufnahme ins Protokoll **36** 160; Voll-

macht für **17** 81; **17** 83; Vollstr. aus **181** 794; **183** 797a.
Vergleichsverfahren, Gebühren für **516** 48a.
Verhandlung über Beweisaufnahme **64** 285; mündliche **29** 128ff.
Verheiratungen, Zeugnisverweigerung über **89** 385.
Verjährung zugunsten des Rechtsanwalts **321** 32a; der Zeugen- u. Sachverständigengebühren **437** 19.
Verkehr, Aussetzung bei Abschneidung des **54** 247.
Verkoppelungen, Sondergerichte für **259** 14.
Verkündung der Beschlüsse **76** 329; der Urteile **69** 310; **70** 311; **70** 312; Vermerk auf dem Urteil **71** 315.
Verlängerung der Fristen **49** 224; **49** 225.
Verlobte, Zeugnisverweigerung **88** 383.
Vermächtnisse, Gerichtsstand für Klagen aus **6** 27.
Vermieter, Zustellung an **40** 181.
Vermögen, Gerichtsstand des **5** 23.
Vermögensmassen, Gerichtsstand der **4** 17.
Vermögensrechtliche Ansprüche, Entscheidung durch den Einzelrichter **80** 349; Gerichtsstand für **4** 20; **5** 23; **8** 40.
Vermögensstrafen 375 36.
Vermögensübernahme, vollstr. Ausfertigung bei **168** 729.
Vermögensverwaltungen, Gerichtsstand für Klagen aus **7** 31.
Vermögensverzeichnis, Klage auf Vorlegung **57** 254.
Vermögenszeugnis 27 118.
Vermutung, Gegenbeweis **66** 292.
Verpachtung von Grundstücken im Wege der Versteigerung **446** 6.
Verpflichtung des Vorsitzenden der Arbeitsgerichte **455** 18.
Versäumnis im Güteverfahren **113** 499f.
Versäumnisurteil 76 330ff.; abgekürztes **71** 313; Berufung gegen **117** 513; **120** 521; in Ehenichtigkeitssachen **147** 635; Kostenentscheidung **79** 344; in Mietaufhebungssachen **411** 11; Revision gegen **130** 565; Verkündung **70** 311; im Verteilungsverfahren **207** 881; vorl. Vollstreckbarkeit **162** 708.
Versäumnisverfahren vor dem Arbeitsgericht **468** 59; in der Berufungsinstanz **124** 542; in Ehesachen **144** 618; im Urkundenprozeß **139** 600.

Versäumung von Prozeßhandlungen **50** 230ff.; des Termins **48** 220.
Verschwägerte, Zeugnisverweigerung **88** 383.
Versicherung an Eides Statt **9** 44; **66** 294; **116** 511a; **125** 546.
Versicherungsansprüche, Pfändung u. Verpfändung **355** 119; **356** 91; **356** 224.
Versorgungsgebührnisse, Pfändung u. Verpfändung **357** 68.
Verspätetes Vorbringen in Ehesachen **146** 626.
Versteigerungen, Mindestgebot bei **348** 1; gepfändeter Sachen **189** 814; **189** 816; **190** 817.
Vertagung der Revisionsverhandlung **130** 566; bei Versäumnis **77** 337.
Verteidigungsmittel, Beschränkung der Verhandlung auf einzelne **33** 146; Kostenpflicht bei erfolglosen **20** 96; nachträgliches Vorbringen **63** 278; **63** 279; des Nebenintervenienten **14** 68; neue im Berufungsverfahren **121** 529.
Verteilungsverfahren **205** 872ff.; Gebühr **512** 33.
Vertragsaufhebung, Fristsetzung bei Klagen auf **57** 255.
Vertrauenspersonen für die Schöffenwahl **268** 40; **271** 55; **272** 56.
Vertreter, besondere — Nichtprozeßfähiger **12** 57; gesetzliche **11** 51; **11** 56; Versäumungen des **51** 233; Bestellung durch den Vorsitzenden **12** 57; **12** 58; Bestellung in der Zwangsvollstr. **179** 779; s. a. gesetzliche Vertreter.
Vertreterbestellung, Vollmacht für **17** 81.
Vertretung in Arbeitsgerichtssachen **450** 11; Nichtigkeitsklage bei mangelnder **134** 579; in Mietaufhebungssachen **411** 12; vor dem Mieteinigungsamt **435** 8; des Reichswehrfiskus als Drittschuldner **367** 32; **368** 33; im Schlichtungsverfahren **497** 15.
Verwahrungskosten, Ersatz von **522** 72.
Verwaltung, Gerichtsstand der **7** 31; Gerichtsstand des Sitzes der **4** 17; Klage auf Anordnung **57** 255.
Verwaltungsgegenstände, Übertragung an die Gerichte **305** 4.
Verwaltungsgerichtshof **307** 11.
Verwaltungsstrafverfahren, Gebühren im **520** 65.
Verwandte, Zeugnisverweigerung **88** 383.

Verweigerung des Zeugnisses 88 383.
Verweisung im amtsgerichtlichen Verfahren **115** 506; **115** 508; durch den Einzelrichter **80** 349; Gebühr bei **510** 27; im Güteverfahren **118** 499 d; an die Kammer für Handelssachen **282** 96; **282** 98; **283** 101; **283** 102; **284** 104; an das Landgericht im Mahnverfahren **161** 700; des Rechtsstreits **62** 276; s. auch Überweisung.
Verwertung, anderweitige — gepfändeter Sachen **191** 825; gepfändeter Forderungen **196** 844.
Verzicht auf den Anspruch **69** 306; auf Berufung **117** 514; **120** 521; auf den Einspruch **79** 346; auf Pfändungspfandrechte **195** 843; Aufnahme ins Protokoll **36** 160; auf Revision **130** 566; auf Urkundenbeweis **99** 436; Vollmacht für **17** 81; **17** 83; auf Zeugen **92** 399.
Verzichtsurteil des Einzelrichters **80** 349.
Vieh, Unpfändbarkeit **187** 811.
Viehmängel, Streitigkeiten wegen **262** 23.
Vollmacht, Beglaubigung **17** 80; in Ehesachen **143** 613; für einzelne Prozeßhandlungen **17** 82; Erlöschen **18** 86; Kündigung **18** 87; im Mahnverfahren **161** 703; Rüge des Mangels der **18** 88; für mehrere **17** 84; in Mietsachen **402** 1 m; Nachbringung **18** 89; Nachweis **17** 80; des Prozeßnachfolgers **18** 86; schriftliche **17** 80; **18** 89; Übergabe **17** 80; Wirkung **17** 85; s. a. Prozeßvollmacht.
Vollstreckbar s. vorläufig vollstreckbar.
Vollstreckbare Ausfertigung **166** 724; Auslieferung der **178** 754; in Mietaufhebungssachen **413** 16; von Urkunden **183** 797; Voraussetzungen der Erteilung **167** 726; **167** 727; **176** 728; **168** 729; **169** 738; **171** 749; **176** 768; weitere **168** 733.
Vollstreckbare Urkunden **181** 794; **247** 22.
Vollstreckung der Entscheidungen der Anwaltskammer **334** 97; ausländischer Urteile **166** 722; wertbeständiger Schuldtitel **340** 10 ff.
Vollstreckungsbeamte **294** 154 ff.
Vollstreckungsbefehl **160** 699; **160** 700; Vollstr. aus **181** 794; **182** 796.
Vollstreckungsgegenklage **175** 766.
Vollstreckungsgericht **175** 764; **175** 766; **176** 769; **179** 779; **180** 787; **181** 790; **186**

805; **191** 822; **191** 823; **191** 825; **191** 827; **192** 828; **201** 858; **208** 885; **211** 899; **211** 900; **214** 915; **217** 930; **218** 934; **340** 11; **341** 12; **341** 15; **349** 2; **508** 18.

Vollstreckungsklausel **182** 796; **183** 797; **183** 797a; **184** 797a; bei Arrestbefehlen **216** 929; Fassung **166** 725; **168** 730; **169** 733; Klage auf **168** 731; des Mieteinigungsamts **438** 17; **441** 29; Zustellung **171** 750.

Vollstreckungsurteil **166** 722; **166** 723.

Vorabentscheidung über den Grund **69** 304; in Mieteinigungssachen **440** 24.

Vorbehalt der beschränkten Erbenhaftung **179** 780; **179** 781.

Vorbehaltsurteil **68** 302; **69** 305; **139** 599; **139** 600; Gebühr für **509** 25.

Vorbereitende Schriftsätze, Inhalt der **29** 129; **29** 130; **57** 253; **67** 297; **67** 298; Pflicht zur Abgabe **60** 272; Abweichungen von **67** 298; s. auch Schriftsätze.

Vorbereitung der Verhandlung **61** 272b.

Vorbereitungsdienst der Richter **257** 2; **258** 3.

Vorbringen, nachträgliches **63** 278; **63** 279; **63** 279a; **64** 283.

Vorerbschaft, Zwangsvollstr. in **177** 773.

Vorführung von Zeugen **87** 380; **87** 381.

Vorkaufsrechte, Gerichtsstand für Klagen aus **5** 24.

Vorläufige Vollstreckbarkeitserklärung **161** 704; Ablehnung **164** 712; auf Antrag **164** 710; ohne Antrag **162** 708; **163** 709; der Urteile des Arbeitsgerichts **469** 62; Aufhebung **177** 775; Außerkrafttretung **165** 717; im Berufungsverfahren **123** 534; in Mietaufhebungssachen **412** 13; im Revisionsverfahren **129** 560; gegen Sicherheit **164** 710; **164** 713; **164** 715.

Vormundschaftsbehörde, Mitteilungen an die — in Entmündigungssachen **152** 657; **154** 660; **154** 674; **155** 678; **156** 683.

Vormundschaftsgericht, Mitteilung an das — in Ehesachen **147** 630.

Verpfändung **196** 845.

Vorschußerlage bei Zeugenvernehmung **86** 379.

Vorsitz bei den Kollegialgerichten **274** 66; beim Landgericht **273** 62; stellvertretender beim Landgericht **274** 66; **274** 67.

Vorsitzender **184** 797a; des Vorstands der Anwaltskammer **328** 46; **324** 52; **326** 56; **326** 57; **327** 61; des Arbeitsgerichts **454** 18; **455** 19; **465** 53; **466** 54; **466** 55; **473** 78; **474** 80; **474** 83; **476** 87; Anordnung des — auf Erteilung der vollstr. Ausfertigung **168** 730; **168** 733; als Einzelrichter **80** 350; Erlassung des Ersuchungsschreibens **45** 202; Erlassung des Ersuchungsschreibens bei Beweisaufnahmen **82** 362; **82** 364; Bestimmung der Ladungsfrist **53** 239; des Landesarbeitsgerichts **461** 36; des Mieteinigungsamts **428** 38; **486** 11; Verpflichtung des — des Mieteinigungsamts **433** 1; **441** 29; in Pachteinigungssachen **448** 3; des Schlichtungsausschusses **491** 2; **494** 5; **497** 14; **498** 16; **498** 17; der Schlichtungskammer **497** 13; des Schwurgerichts **278** 83; Stellung des **31** 136; **31** 139; **32** 140; Terminsbestimmung durch den **48** 216; Verfügungen des **76** 329; Stellung bei der Zeugenvernehmung **92** 396; **92** 397.

Vorstand der Anwaltskammer **323** 43ff.; **324** 49; **324** 50; **324** 51; **325** 54; **325** 55; **326** 58; **326** 58a; **327** 59; **329** 67; Beschlußfähigkeit **335** 1ff.

Vorsteher, Zustellung an den **38** 171; **41** 184.

Vortrag, Untersagung des weiteren **35** 157.

Voruntersuchung des Ehrengerichts der Anwaltskammer **329** 69; **329** 71; **329** 73; **330** 74.

Vorverfahren im Schlichtungsverfahren **499** 20.

Vorzugsrechte, Widerspruch gegen die Pfändung auf Grund von **185** 805; Wirksamkeit **247** 23.

W

Wahlkonsuln, Gerichtsstand **4** 15.

Waisen, Pfändung gegen **197** 850.

Waldeckische Gesetze, Revisionsfähigkeit **251** 1.

Wäsche, Unpfändbarkeit **187** 811.

Wechselforderungen, Pfändung von **193** 831.

Wechselklage, Inhalt der **140** 604.

Wechselprozeß **139** 602ff.; zuständiges Gericht **140** 603.

Wechselprozeßurteile, vorl. Vollstreckbarkeit **162** 708.

Wechselzahlungsbefehl **338** 3; **338** 4.

Wegegebühren der Zeugen u. Sachverständigen **535** 12.
Wehrmachtsangehörige, Vollstreckung gegen **172** 752; **861** 28; Zustellung an **39** 172.
Weitere Beschwerde im arbeitsgerichtlichen Verfahren **473** 78; Zulässigkeit der **132** 568 s. auch Beschwerde.
Wertbeständige Schuldtitel **340** 9ff.; **345** I.
Wertbeständige Zahlungsmittel, Vollstreckungstitel in **340** 9.
Wertpapiere, Vollstr. in **186** 808; **190** 821; **191** 822.
Widerklage **282,** 97; **283** 98; **283** 99; im amtsgerichtl. Verfahren **115** 506; in Ehesachen **143** 615; **147** 633; in Entmündigungssachen **154** 667; auf Feststellung **64** 280; Gebühren **520** 62; Gerichtsstand der **7** 33; in Mietaufhebungssachen **413** 15; Streitwert **2** 5; **507** 13; Trennung der **33** 145; im Urkundenprozeß **138** 595; Versäumnisverfahren **79** 347; Vollmacht für **17** 81.
Widerruf des Geständnisses **66** 290.
Widerspruch gegen einen Arrest **215** 924; **216** 925; gegen die Kündigung **400** 1d; **400** 1e; **402** 1i; im Verteilungsverfahren **206** 876; **206** 877; gegen Zahlungsbefehl **159** 694; **159** 696; gegen die Zwangsvollstr. **178** 777.
Widerspruchsklage **176** 771; **177** 773; **177** 774.
Widerstand bei der Zwangsvollstreckung **173** 758; **178** 759; **210** 892.
Wiederaufnahme des Verfahrens **134** 578ff.; im arbeitsgerichtlichen Verfahren **474** 79; Gebühren im **518** 56; **520** 63; des Konkursverfahrens, Gebühren bei **515** 48; Verfahren vor dem Revisionsgericht **137** 590; Vollmacht für **17** 81; zuständiges Gericht **136** 584; Einstellung der Zwangsvollstreckung **162** 707.
Wiedereinsetzung in den vorigen Stand gegen Fristenversäumung **51** 233ff.; Kosten der **52** 238; in Mieteinigungssachen **489** 20; Einstellung der Zwangsvollstreckung **162** 707;
Wiedereröffnung der Verhandlung **35** 156.
Wiederkehrende Leistungen, Klage auf **58** 258; Änderung von Urteilen über **74** 323.
Wiederkehrende Nutzungen u. Leistungen, Streitwert **2** 9.

Wildschaden 262 23.
Willenserklärungen, Vollstreckung der Abgabe von **210** 894; **210** 895.
Witwen, Pfändung gegen **188** 811; **197** 850.
Wohnsitz, Einfluß auf den Gerichtsstand **3** 13; letzter — als Gerichtsstand **4** 16; **6** 27.
Wohnung, Zustellung in der **40** 180; **40** 181.
Wohnungsteilungen, Mieterschutz bei **421** 33a.
Wucher in Mietverhältnissen **428** 49a; **428** 49b.
Württembergische Gesetze, Revisionsfähigkeit **251** 1.

Z

Zahlungsbefehl bedingter **157** 687; Gesuch um **158** 690; Inhalt **158** 692; Unwirksamwerden des **161** 702; Zustellung **158** 693.
Zahlungsfristengewährung 245 14; **339** 6.
Zahlungsort, Gerichtsstand des **140** 603.
Zahlungssperre, Gebühren **512** 33.
Zeichnungen, Vorlage **32** 142; **61** 272b.
Zeitversäumnis, Ersatz der **19** 91; der Zeugen u. Sachverständigen **533** 2; **533** 3; **536** 18.
Zeugen, Beeidigung **90** 391ff. Verzicht auf die Beeidigung **90** 391; im ehrengerichtlichen Verfahren gegen Anwälte **329** 73; **331** 87; **331** 88; Entschädigung **92** 401; Fragestellung **92** 396; **92** 397; Gegenüberstellung **91** 394; Beeidigung der — im Güteverfahren **113** 499c; Ladung **86** 377; **86** 378; **86** 379; Ladung und Anhörung zur Vorbereitung **61** 272b; Folge des Nichterscheinens **87** 380; schriftliche Äußerung **86** 377; **93** 401; Gang der Vernehmung **91** 395; **91** 396; wiederholte Vernehmung **92** 398; Verzicht auf **92** 399; Entschädigung der — bei Vollstreckungshandlungen **568** 18; bei der Zwangsvollstreckung **174** 759.
Zeugenaussagen, Aufnahme ins Protokoll **36** 160; **36** 161.
Zeugenbeweis 85 373ff.
Zeugeneid 90 392.
Zeugengebühren 533 1ff.; in Arbeitsgerichtssachen **450** 9.
Zeugengebührenordnung, Fassung **538** IV.
Zeugenvernehmung in Entmündigungssachen **151** 653.
Zeugnis, schriftliches **86** 377; **93** 401; s. auch Rechtskraft.
Zeugnisverweigerung 88 383ff.; der Abgeordneten **309** 38; **309** 40a; Folgen der **90** 390; Verfahren bei **89** 386ff.

Ziegen, Unpfändbarkeit **187** 811.
Zinsen, Antragstellung auf Zuerkennung von **69** 308; Streitwert **2** 4; **507** 15.
Zivilkammern, Besetzung **276** 75; Verweisung an die **282** 97; **283** 101; **283** 102; **284** 104.
Zivilprozeßordnung, Textfassung **256** VIII.
Zivilsenate des Obersten Landesgerichts **306** 10; des Reichsgerichts **289** 130; **291** 139; vereinigte **290** 136; **291** 138.
Zubehör, Pfändung **204** 865.
Zug um Zugleistungen, Vollstreckung **167** 726; **173** 756; **175** 765.
Zurückbehaltungsrechte, Widerspruch gegen die Zwangsvollstr. auf Grund von **178** 777.
Zurücklassung des zuzustellenden Schriftstücks **41** 186.
Zurücknahme der Berufung **117** 515; des Einspruchs **79** 346; der Klage **60** 271; der Revision **130** 566.
Zurücknahmeurteil des Einzelrichters **80** 349.
Zurückschiebung des Eides **102** 448; **102** 449; **102** 452.
Zurückverweisung im arbeitsgerichtlichen Verfahren **471** 68; **477** 89; durch das Berufungsgericht **123** 538; **124** 539; Gebühren bei **510** 27; durch das Revisionsgericht **130** 565; **131** 566a.
Zurückweisung nachträglichen Vorbringens **68** 279.
Zusammenhang, Gerichtsstand des **7** 33.
Zuschlag in der Zwangsversteigerung **190** 817.
Zuständiges Gericht, Bestimmung des **7** 36; **8** 37; **243** 9; **254** 9; in Entmündigungssachen **150** 648; für die Wiederaufhebung der Entmündigung **155** 676; bei Wechselklagen **140** 603.
Zuständigkeit, ausschließliche **141** 606; **153** 665; der Arbeitsgerichtsbehörden **464** 48; für die Klage auf Anfechtung der Entmündigung **158** 653; örtliche — für das Güteverfahren **113** 499b; sachliche **1** 1; für Zahlungsbefehle **158** 689.
Zuständigkeitsentscheidung, bindende Kraft **3** 11.
Zustellung von Amtswegen **46** 208; Annahmeverweigerung **41** 186; von Anwalt zu Anwalt **44** 198; in Arbeitsgerichtssachen **450** 9; **465** 50; durch Aufgabe zur Post **39** 175; **43** 192; **47** 213; **54** 244; **318** 19; im Ausland **44** 199; **385** 6; der Berufungsschrift u. der Berufungsbegründung **119** 519a; der Beschlüsse **76** 329;

der Beschlüsse in Entmündigungssachen **152** 659; **152** 660; **153** 662; mittels Ersuchens **46** 207; fehlerhafte **41** 187; im Güteverfahren **111** 496; nach dem Haager Abkommen **384** 1ff.; **393** 1; der Klageschrift **58** 261; durch Niederlegung **40** 182; öffentliche **45** 203ff.; Ort der **40** 180; im Parteibetrieb **37** 166ff.; durch die Post **43** 193; **43** 194; des Urteils **70** 312; **72** 317; des Versäumnisurteils **115** 508; an den Vertreter mehrerer **42** 189; Zeitpunkt der **46** 207.

Zustellungsbeamte **294** 154ff.

Zustellungsbevollmächtigte **39** 174; **39** 175; **40** 177; **42** 189; Gerichtsstand für Klagen der **7** 34; des Rechtsanwalts **318** 19; **318** 21.

Zustellungsersuchen, Gebühren bei **518** 37.

Zustellungskosten, Ersatz der **44** 197; **523** 73.

Zustellungsnachweis bei Zustellungen im Ausland **385** 5.

Zustellungsurkunde **42** 190; **42** 191; **43** 195; **44** 198; **45** 202; **47** 211; **47** 212; **47** 212a.

Zuvielforderung, Kostenpflicht bei **19** 92.

Zwangsenteignungen **245** 15.

Zwangsversteigerung **204** 866; **205** 869; Rechtskraftwirkung **75** 325.

Zwangsverwaltung **204** 866; **205** 869.

Zwangsvollstreckung der Urteile des Arbeitsgerichts **469** 61; **469** 62; Armenrecht für die **27** 119; Voraussetzungen des Beginns **171** 750; Einstellung **176** 769; einstweilige Einstellung **165** 719; Einwendungen u. Erinnerungen **175** 766; gegen den Fiskus, Körperschaften u. Anstalten **245** 15; Gebühren **512** 33; **512** 34; **515** 45; zur Herausgabe oder Leistung von Sachen **209** 887; auf Herausgabe von Mieträumen **429** 51; **429** 52; in Pachteinigungssachen **444** 3; von Schiedssprüchen u. Schiedsvergleichen **481** 99; Streitgegenstand **506** 9; **507** 15; Titel zur **181** 794; **185** 801; Vollmacht für die **17** 81.

Zweigkammern **491** 1.

Zwischenstreit im Beweisverfahren **83** 366; Eidesbeweis im **104** 461; Versäumnisverfahren **79** 347.

Zwischenurteil **14** 71; **69** 303; Bindung des Gerichts an **72** 318; Gebühr für **509** 22; **509** 25; über die Zurückgabe von Urkunden **31** 135; bei Zeugnisverweigerung **90** 387.